感谢教育部人文社会科学重点研究基地重大项目：企业知识资产的价值贡献测度研究（08JJD820177）对本研究的资助！同时本研究成果是国家自然科学基金项目：企业核心竞争力价值贡献测度与扩散路径研究——基于国家经济安全视角71072166），以及教育部人文社会科学重点研究基地重大项目：企业国际竞争力与自主品牌战略（13JJD630012）的阶段性成果。

知识产权专题研究书系

QIYE ZHISHI ZICHAN JIAZHILUN

企业知识资产价值论

汤湘希　李经路　周江燕　等著

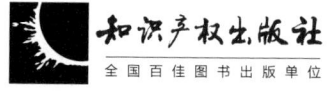

知识产权出版社
全国百佳图书出版单位

图书在版编目（CIP）数据

企业知识资产价值论／汤湘希，李经路，周江燕等著 .—北京：知识产权出版社，2014.8
ISBN 978 – 7 – 5130 – 2947 – 6

Ⅰ.①企… Ⅱ.①汤…②李…③周… Ⅲ.①企业 – 知识资产 – 资产价值 – 研究 Ⅳ.①F27

中国版本图书馆 CIP 数据核字（2014）第 199669 号

| 责任编辑：刘 睿 罗 慧 | 责任校对：韩秀天 |
| 特约编辑：胡新芳 王晓琳 | 责任出版：刘译文 |

企业知识资产价值论

汤湘希 李经路 周江燕 等著

出版发行：知识产权出版社 有限责任公司	网　　址：http://www.ipph.cn
社　　址：北京市海淀区马甸南村 1 号	邮　　编：100088
责编电话：010 – 82000860 转 8113	责编邮箱：liurui@cnipr.com
发行电话：010 – 82000860 转 8101/8102	发行传真：010 – 82000893/82005070/82000270
印　　刷：保定市中画美凯印刷有限公司	经　　销：各大网上书店、新华书店及相关专业书店
开　　本：720mm×960mm　1/16	印　　张：37.75
版　　次：2014 年 8 月第一版	印　　次：2014 年 8 月第一次印刷
字　　数：520 千字	定　　价：98.00 元
ISBN 978 – 7 – 5130 – 2947 – 6	

出版权专有　侵权必究
如有印装质量问题，本社负责调换。

前　　言

　　江泽民 1995 年在全国科学技术大会上明确指出，创新是一个民族进步的灵魂，建设创新型国家是我国的基本方略之一。2012 年 7 月 6 日，在全国科技创新大会上，胡锦涛又明确指出，2020 年我国将进入创新型国家行列。即到 2020 年，基本建成适应社会主义市场经济体制、符合科技发展规律的中国特色国家创新体系，原始创新能力明显提高，集成创新、引进消化吸收再创新能力大幅增强，关键领域科学研究实现原创性重大突破，战略性高技术领域技术研发实现跨越式发展，若干领域创新成果进入世界前列；创新环境更加优化，创新效益大幅提高，创新人才竞相涌现，全民科学素质普遍提高，科技支撑引领经济社会发展能力大幅提升，进入创新型国家行列。与此同时，温家宝也曾强调，企业强则国家强。我国是制造业大国，已经具备很强的制造能力，但仍然不是制造业强国，总体上还处于国际分工和产业链的中低端，根本原因就是企业创新能力不强。如果能在"中国制造"前面加上"中国设计""中国创造"，我国的经济和产业格局就会发生根本性变化。企业的创新能力，很大程度上决定我国经济的发展前景。❶ 因此，国家创新体系建设的基础抑或基石，就是企业的创新能力和知识资产。其目的为实现国民经济整体素质提高和经济结构的优化，提高国家的经济实力和国际竞争力。其核心内涵是实现国家对提高全社会技术创新能力和效率的有效调控和推动、扶持与激励，以取得竞争优势。

---

❶ 人民网，http://society.people.com.cn/n/2012/0708/c136657-18466627.html，最后访问日期：2012 年 7 月 8 日。

在知识经济时代，知识成为企业、区域乃至国家提高核心竞争力的重要平台。创新是知识资产价值的体现，其形成过程和结果都离不开人的创造力。创新型社会建设方针必然产生更多的无形财富，更多的技术、知识、能力被开发和创造出来，从而促进了无形资产理论的发展。另一方面，创新型社会的建设又离不开无形资产理论的进步和完善，也只有解决好无形资产的会计理论问题，对无形资产的确认、计量、报告才更为可靠和相关，为创新型社会发展提供理论支撑。

一直以来，传统经济学认为，企业是消耗有形资产的组织，企业在创造价值的过程中消耗有形资产。但事实上，有形资产在生产消耗的过程中仅仅是实现了价值转移，即只是为企业创造价值提供条件，而并不真正创造价值。在企业创造价值的过程中，与有形资产相对应的无形资产才是创造企业价值的源泉。薛云奎、王志台（2001）以在上海证券交易所上市的公司为研究对象，运用实证的方法考察了无形资产对企业经营活动的作用，他们指出，上市公司披露的无形资产与股价之间存在显著的正相关关系，无形资产对企业的经营活动发挥了重要作用。汤湘希（2004）论证了经营无形资产与提升企业核心竞争力的关系。邵红霞、方军雄（2006）研究了不同的无形资产对企业会计盈余质量和会计信息价值相关性的影响，对高新技术行业公司来说，技术性无形资产、商标权和其他无形资产和市场价值有显著相关性。张丹（2008）以49家A股上市公司2001~2005年年报为样本，对智力资本进行研究后发现，企业越来越愿意披露智力资本及其价值贡献，智力资本的披露对企业的市价影响显著。众多研究表明，无形资产对于企业价值是重要的资产，对其价值增值有着积极的作用。

2008年，笔者有幸获得教育部人文社科重点研究基地重大项目"企业知识资产价值贡献测度研究"（批准号：08JJD820177），2010年获得了国家自然科学基金项目"企业核心竞争力价值贡献测度与扩散路径研究——基于国家经济安全视角"（批准号：71072166），2013年获得了教育部人文社科重点研究基地重大项目"企业国际竞争力与自主品牌战略"（批准号：13JJD630012）等项目的资助。以这些项目为基础，研究团队对上述问题进行了积极的思考与探索，并采用实地实验、调查走访、问卷调查、动态模拟等方式开展研究。在研究过程中，课题组发表了10余篇学术论文，出版了《无形资产会计研究》《无形资产会计问题探索》《公允价值会计研究》《企业知识资产的价值贡献测度研究》等学术专著，取得了应有的学术成果，达到了课题研究的目标。课题结项报告也得到了多位专家的高度认可，并提出了一些建设性的意见。

本书是在"企业知识资产价值贡献测度研究"结题报告的基础上修改而成，结构上除导论和结语外，共分为五篇18章，各篇、章之间具有严密的逻辑关系。其中：第一篇（第1～3章）知识资产基本理论问题研究——主要研究企业知识资产的基本理论问题，为后续研究奠定坚实的理论基础；第二篇（第4～9章）知识资产价值决定论——主要研究企业知识资产的价值决定，即剖析知识资产的价值由何种机制、何种因素决定，其价值到底有多少；第三篇（第10～14章）知识资产价值贡献论，亦是本书的重点篇章——主要研究知识资产对企业、对行业的价值贡献，众所周知，知识资产是能对企业和行业进行价值贡献的，但其贡献的数额有多大，一直为人们所困惑，本部分采用实地研究、案例研究等方法对知识资产的价值贡献进行了系统的研究，还以上市公司为背景对知识资产对企业核心竞争力的贡献予以排序，限于篇幅，本书未予以列示，有兴趣的读者可参阅汤湘希、杨帆、田延平著的《企业知识资产价值贡献测度研究》（经济科学出版社，2011年10月版）；第四篇（第15～17章）知识资产的产权界定——主要研究知识产权的产权归属与收益分享机制，企业知识资产，其权利归属犹如"雾里看花"，它到底是归属发明人还是企业，也一直让人们困惑，为此，本部分以专利权为代表，在比较不同国家有关法律的基础上提出了解决此问题的思路和方法；第五篇（第18章）知识资产价值报告——主要研究企业知识资产的价值报告。会计——作为提供决策有用信息的学科，其信息的载体就是财务报告。为此，本部分从会计的视角提供了一个企业知识资产价值报告的框架，力图将企业知识资产这种看似"虚无缥缈"的隐性资源通过价值报告的形式凸显出来，并为信息使用者使用。

  本书是研究团队集体智慧的体现，原课题结项报告的初稿主要由杨帆、田延平、周江燕、李经路、黄兴、刘力一、崔伶俐等执笔，课题主持人汤湘希进行修改、补充和总纂。在此，首先要感谢在课题研究过程中给予重要指导的台湾政治大学郑丁旺教授、王国纲副教授，中南财经政法大学知识产权研究中心吴汉东教授、曹新民教授、赵家仪教授，MBA 学院汪海粟教授；其次要感谢课题组主要成员杨帆、田延平、刘昌胜、祝涛、赵彦锋、孔令辉、谭艳艳、李经路、周江燕、高娟等博士，杨俊、蔡丽琴、张志远、陈金男等博士生以及刘力一、吴文黎、赵珂、孙艺铭、田野等硕士（生）在资料收集、课题讨论、实地调研、文字校订等方面所做的工作。同时还要感谢深圳证券交易所、瑞华会计师事务所、湖北省财政厅会计处、湖北致远科技集团公司、深圳广田股份有限公司等多家单位为课题调研和实地实验等方面提供的便利。还要感谢经济科学出版社王长廷先生对课题前期成果出版给予的支持，以及知识产权出版社刘睿女士对本书出版的支持！在研究过程中，本研究团队借鉴了大量已有的研究成果，虽尽量以参考文献的形式列示在报告中，也许仍有疏漏，敬请海涵！本书的错漏及不当之处，敬请读者批评指正。

汤湘希

2012 年 4 月 26 日初稿

2013 年 12 月 26 日修改定稿

目 录

导 论 ……………………………………………………………… (1)
 一、研究缘起与研究意义 ………………………………………… (1)
 二、研究内容与研究框架 ………………………………………… (6)
 三、研究方法与研究创新 ………………………………………… (8)

第一篇　知识资产基本理论问题研究

第一章　知识资产：国家创新体系建设的基石 …………………… (15)
 一、创新与国家创新体系 ………………………………………… (15)
 二、国家创新体系的理论基础 …………………………………… (22)
 三、R&D：国家创新体系建设的基础工程 ……………………… (28)
 四、知识资产与国家创新体系 …………………………………… (36)
 五、知识资产与国家创新体系目标 ……………………………… (39)
 六、我国上市公司无形资产的现状描述 ………………………… (43)

第二章　经济增长的主要驱动力 …………………………………… (52)
   ——知识资产
 一、新经济增长理论的沿革与知识资产 ………………………… (53)
 二、新经济增长理论与经济增长驱动因素 ……………………… (62)
 三、新经济增长理论面临的挑战与知识资产的贡献 …………… (65)
 四、知识资产正在成为企业最重要的生产要素 ………………… (67)

第三章　知识资产基本理论问题研究 ……………………………… (69)
   ——已有研究成果的梳理与反思
 一、企业知识资产的内涵及特征 ………………………………… (69)
 二、知识资产的价值内涵 ………………………………………… (83)

三、知识资产：企业价值创造的源泉 …………………………（87）
　　四、知识资产价值贡献测度：多种方法的组合运用 ……………（89）
　　五、知识资产信息的披露研究 ……………………………………（92）
　　六、对已有研究的基本评论 ………………………………………（94）
　　本篇小结 ………………………………………………………………（95）

第二篇　知识资产价值决定论

第四章　知识资产价值决定研究动态 ………………………………（99）
　　一、知识资产价值贡献及价值相关性研究 ………………………（99）
　　二、知识资产价值计量与评估方法研究 …………………………（101）
　　三、知识资产价值影响因素研究 …………………………………（105）
　　四、知识资产价值内涵研究 ………………………………………（106）
　　五、知识资产价值研究述评 ………………………………………（107）

第五章　知识资产价值决定理论基础：市场均衡价值的博弈 ……（110）
　　一、劳动价值论 ……………………………………………………（111）
　　二、效用价值论 ……………………………………………………（117）
　　三、博弈论 …………………………………………………………（121）

第六章　知识资产价值内涵分析 ……………………………………（125）
　　一、价值内涵分析 …………………………………………………（125）
　　二、价值的经济学内涵 ……………………………………………（130）
　　三、价值的决定及源泉 ……………………………………………（132）

第七章　知识资产价值决定因素研究 ………………………………（134）
　　一、知识资产价值决定内在因素 …………………………………（134）
　　二、知识资产价值决定外部因素 …………………………………（187）
　　三、内在因素与外部因素的辩证关系 ……………………………（199）

第八章　知识资产价值决定机制研究 ………………………………（203）
　　一、完全理性假设下市场参与者对知识资产的价值预期 ………（204）
　　二、有限理性假设下的价值预期——"禀赋效应"分析 …………（224）

三、价值预期差异的消除机制——议价博弈 ……………………（230）
第九章　知识资产价值决定的经验研究 ……………………………（242）
　　　　——基于沪、深股市的数据
　　一、研究假设 …………………………………………………（243）
　　二、变量与模型设计 …………………………………………（244）
　　三、样本描述性统计 …………………………………………（245）
　　四、回归结果分析 ……………………………………………（250）
　　五、实证结论 …………………………………………………（255）
　　本篇小结 ………………………………………………………（258）

第三篇　知识资产价值贡献论

第十章　耦合理论与知识资产价值贡献机理 ………………………（265）
　　一、知识资产的耦合现象 ……………………………………（265）
　　二、企业知识资产价值贡献机理剖析 ………………………（273）
第十一章　企业知识资产价值贡献经验分析 ………………………（316）
　　一、研究设计 …………………………………………………（316）
　　二、研究变量选取 ……………………………………………（321）
　　三、经验研究技术 ……………………………………………（328）
　　四、经验研究过程 ……………………………………………（332）
　　五、经验研究结果说明 ………………………………………（357）
第十二章　企业知识资产价值贡献案例研究 ………………………（360）
　　　　——以深圳华为公司为例
　　一、华为公司简介 ……………………………………………（361）
　　二、重视人力资本 ……………………………………………（366）
　　三、强化结构资本 ……………………………………………（371）
　　四、扩充关系资本 ……………………………………………（378）
　　五、案例小结 …………………………………………………（383）

第十三章　知识资产对企业核心竞争力贡献的经验分析……（384）
——以我国IT行业为例
一、知识资产：创造和提升企业核心竞争力……………………（384）
二、知识资产与核心竞争力的关系……………………………（386）
三、IT业的核心竞争力…………………………………………（388）
四、IT行业核心竞争力评价指标和评价方法…………………（392）
五、IT企业核心竞争力的实证研究……………………………（401）
六、IT企业专利权数量与核心竞争力的实证研究……………（410）

第十四章　财务结构对核心竞争力影响的实证分析……………（415）
一、研究假设……………………………………………………（415）
二、模型设计……………………………………………………（417）
三、核心竞争力评价指标的构建………………………………（427）
四、财务结构对核心竞争力影响的实证检验…………………（444）
五、实证检验结果………………………………………………（474）

第四篇　知识资产的产权界定
——职务发明的权利归属与分享机制

第十五章　知识资产与职务发明制度……………………………（479）
一、研究缘起……………………………………………………（479）
二、研究内容……………………………………………………（480）
三、研究动态……………………………………………………（481）
四、职务发明制度概要…………………………………………（483）

第十六章　职务发明的界定及权利归属研究……………………（489）
一、国外对职务发明的界定及权利归属概况…………………（489）
二、我国职务发明的界定及权利归属…………………………（495）
三、职务发明界定及权利归属比较研究………………………（499）
四、我国职务发明权利归属制度存在的问题剖析……………（502）
五、完善我国职务发明权益归属制度的建议…………………（506）

第十七章　职务发明创造报酬制度与分享机制研究 (510)
一、国外主要国家职务发明报酬制度研究 (510)
二、我国职务发明报酬制度的研究 (515)
三、我国职务发明报酬制度存在的问题 (517)
四、完善职务发明报酬制度的建议 (519)
五、职务发明分享机制的构建 (522)
本篇小结 (528)

第五篇　知识资产价值报告

第十八章　企业知识资产价值报告 (533)
一、企业知识资产价值报告的理论依据 (534)
二、国内外知识资产报告的现状及模式 (537)
三、企业知识资产信息披露的博弈分析 (545)
四、企业知识资产价值报告的构建 (550)

结语 (556)
一、研究结论 (556)
二、研究创新 (559)
三、研究不足与后续研究 (560)

主要参考文献 (562)

导　　论

一、研究缘起与研究意义

2008 年，美国次贷问题所引发的金融危机席卷了全球，短短几个月时间，美国贝尔斯登公司被摩根大通公司收购，"房利美"和"房地美"由政府接管，雷曼兄弟宣告破产，高盛和摩根斯坦利转为银行控股公司，克莱斯勒及通用汽车也申请破产保护。在欧洲，冰岛遭遇"国家破产"危机，富通集团业务被巴黎银行收购，金融危机的阴霾至今仍然未能完全消退，欧债危机又愈演愈烈。远在大洋彼岸的中国在这场突如其来的金融危机面前也不能完全独善其身，仅截至 2008 年 8 月，全国就有 6.7 万家企业破产，失业率上升，社会不稳定因素增加。与此同时，中国在世界上的声音越来越响亮，4 万亿元的经济刺激计划发挥了重要作用，中国率先走出了全球金融危机的阴霾。但是，在全球的经济分工中，中国并不是最大的赢家，从财富的流向看，其最终流到那些拥有和控制知识产权的国家。比如，中国出口一台 DVD，售价是 32 美元，支付给跨国公司的专利费为 18 美元，制造成本为 13 美元，中国企业只能赚区区 1 美元。❶ 再比如，一台售价为 79 美元的国产 MP3，跨国公司专利费更高达 45 美元，制造成本为 32.5 美元，

---

❶ 具体情形参考郎咸平教授的 "6+1" 产业链理论。即 "6+1" 产业价值链中，"1" 是纯粹的制造业，"6" 是产品设计、原料采购、仓储运输、订单处理、批发经营和零售。以美国为主导的国际分工把 "6+1" 里面最差的 "1" 放在中国。载 http://blog.sina.com.cn/s/blog_ 4b89ab570100amv9.html.

中国企业获得的利润仅仅为1.5美元。❶ 随着经济全球化和信息化的发展，历史有力地证明：三流企业卖苦力，二流企业卖商品，一流企业卖专利，超一流企业靠无形资产获取长久收益。

2008年席卷全球的金融危机也再次证明，仅仅依靠简单劳动力输出的经济结构是无法长期稳定发展的，必须加强知识产权、技术等知识资产的研发和投入，改变资产的价值贡献方式，尽快实现从"中国制造"向"中国创造"的转变❷。这既是我国建立创新型国家的需要，同时也是遏制和防范金融危机的重要举措，还是国家维护国家经济安全、实现长治久安的基本国策。

全球经济正经历着一个根本性的转变，这个转变使得决定企业存在的基础从传统的财务资本变为知识资产。与之相对应的是，企业之间的竞争态势已经从传统金融资本积累、物质资本投资和规模扩张转向人力资本、组织能力、客户价值等知识资产的获得，知识资产成为企业价值增长的驱动因素的现实对企业管理理论与方法提出了挑战。知识资产对企业价值的贡献就是知识资产价值的体现，知识资产作为

---

❶ 赵大庆、强燕平：《原创技术发明方法：自主创新源泉》，华夏出版社2006年版，第2页。

❷ 2013年12月25日，在"第十三届中国经济论坛"上，国家能源局原局长张国宝在演讲中明确指出："创新是企业的生命"，并以与苏州市委书记蒋宏坤先生的一段谈话作为例证。蒋宏坤先生告知，苏州2000~2010年这10年当中业绩非凡，一共投入了多少要素呢？10年当中苏州一共投入人力350万人，包括外来到苏州就业的民工。使用土地104万亩，就是说有104万亩土地从农用地转为了工业用地，创造了万亿元的产值，本级财政收入增加了1 000亿元，可以说苏州是改革开放城市中的佼佼者，这些数字已经说明了这一点。但是他也讲到，这种靠要素高强度投入的发展模式已经难以维持了，你怎么还能拿出104万亩地来？拿不出来了，没有了。那么下一步苏州靠什么来发展？只有靠体制机制的创新，靠科技创新才能释放出新的发展活力。不能靠原来的要素投资，增加人、增加土地、增加投资，单靠这个不行，一定要靠体制机制的创新、要靠技术的创新。http：//bbs.hongxiu.com/view.asp? BID = 12&id = 5640465，最后访问日期：2013年12月26日。

知识经济时代的企业财富创造的源泉，如何对其进行行之有效的计量和报告就成为摆在我们面前的一项艰巨任务。

国家创新体系是国家经济安全的重要保障，是增强国家综合竞争力、保证竞争优势的重要手段，很早以来，西方主要大国就开始了对国家创新体系的研究，如美国、日本等国从20世纪80年代就开始了从工业经济向知识经济的转变，导致了其一直在世界经济中保持优势地位。

随着科学技术的发展及企业自身的不断完善，企业有形资产的贡献率不断降低，企业的业绩更多地受到所拥有无形资产质与量的影响与制约。特别是在经济全球化不断深入的今天，不同企业的差异也越来越小，同行业内各企业趋同化日益明显，仅靠固定资产的投入很难在行业竞争中获得优势。无形资产，尤其是知识资产在经济生活中的作用越来越突出，特别是在作为经济学微观主体的企业中所占的比重越来越大，对企业的价值贡献不断提高，已经成为企业核心竞争力高低的决定性因素。因此，在知识资产与国家创新体系建设中存在这样一种逻辑关系："创新能力—知识资产—无形资产—核心竞争力—国家创新体系。"

经济合作与发展组织（Organization for Economic Co-operation and Development, OECD）在2007年的一份报告中指出，从1995年开始的十多年间，中国研发支出以每年近20%的"惊人"速度增长。截至2007年，中国研发支出已达488亿美元，已成为世界研发支出第四大国，研发支出占国内生产总值的比重已经达到1.49%，可以与某些经济合作与发展组织成员国比肩。但问题是，这些研发支出是否带来了同样速度的经济增长？是否使得中国企业在面对国际市场竞争时占主动地位？其收益是否达到了投入的预期目标？是否形成了相应的自主知识产权？对维护国家安全是否起到了应有的作用？是否对国家创新体系建设作出了应有的贡献？这些问题值得我们深思。

经济增长或发展问题是经济学研究的永恒主题之一。纵观经济增长理论演变过程，有形资本和无形资本的投资导致人均产出累积性增长（速水和拉坦，Hayami & Ruttan，1998）。在知识经济时代已经到来的背景下，知识资产已经成为经济发展的强劲"驱动力"，成为企业核心竞争力的基本载体与核心要素。为此，本书将以发展经济学等为基本理论基础，测度知识资产的价值创造能力与价值创造贡献。

20世纪90年代以来，随着全球竞争的加剧、科学技术的进步和经济的发展，知识的重要性获得了前所未有的显现和证明。组织学习、知识管理、组织创造新知识的能力得到相当的重视。随着知识成为最重要的生产和战略资源，组织成功越来越依赖于其生产、获取、传播知识的能力，知识管理成为企业创建和维持竞争优势的决定性因素。企业核心竞争力在于对知识的有效管理，在于学习和获取企业持续发展所需的组织知识，尤其是集体的隐性知识，而与企业知识密切相关的知识学习能力决定了企业的知识积累，从而成为企业持续竞争优势的关键。因此，本书具有如下五个方面的重大意义。

（一）显现企业的真实价值

当今，企业或组织的实际价值往往与其账面价值严重背离，其主要原因是传统财务报表仅能反映其财务资本存量，对于知识资产等无形资产创造的价值并未得以完整反映。企业知识资产的价值贡献是当代企业追求价值最大化的强烈需求，全面而完整地反映企业价值、经营业绩也是当代会计改革的基本诉求。

（二）寻求企业的竞争优势

美国学者劳伦斯·布鲁萨克（Laurence Prusak，1998）指出，唯一能给组织带来竞争优势的是：知道如何利用所拥有的知识和快速获取新知识，突出体现在技术创新活动中。企业的可持续竞争优势来源由物质资本转向知识资本。人们日益认识到企业价值已不单取决于厂房、设备等实物资本，而在于企业员工的创造能力、所拥有的知识产权等所谓的无形的"第三资源"或知识资产。因此，应采用相应手段将企业的竞争优势通过会计语言展示给利益相关者，同时为企业的未来发展寻求到目标与方向。

（三）测度知识资产的价值贡献

众所周知，包括知识资产在内的无形资产对企业保持持续的竞争优势具有重要意义，但迄今为止，人们还尚未寻找到公认的知识资产对企业价值贡献的测度方法。管理学大师彼得·德鲁克（Peter F. Drucker，1993）曾明确指出，我们无法管理我们不能衡量的事物。知识资产作为企业价值创造的关键性因素和隐性因素，迄今人们还只能"意会"、不可度量。如果不能将其量化，则难以管理且不利于企业价值的创造，而对其进行有效的价值测度是关键。但当今大多数研究基本上都是以案例为基础，即对已制定的知识资本计划进行评论；或者对斯堪的亚公司开发的计量方法以及其他一些计量方法进行文献综述，尚未形成一套行之有效的、大家公认的知识资产的价值贡献测度理论与方法体系。

（四）提升企业、产业和国家的核心竞争力

本书认为，知识资产的价值决定与价值贡献主要体现在两个方面：一方面，是知识资产作为企业生存与发展的重要资源，其本身为企业带来经济利益和提升企业的核心竞争力；另一方面，企业拥有核心竞争力，进而影响到产业核心竞争力，最终形成国家的核心竞争力，从而构建国家的创新体系以保证国家经济安全。

（五）寻求知识资产价值贡献的理论支持

先哲早就告诫我们，没有理论指导的实践是盲目的实践，在知识资产的价值管理中尤其突出。因知识资产具有隐性和结构性等特征，欲将其予以价值测度，涉及多门学科，也涉及坚实的理论基础。因此，

本书以"价值论"作为哲学理论基础，以"发展经济学"等作为经济学基础，以"测度学"作为计量基础，以"统计学"作为分析工具全面测度知识资产对企业的价值贡献。

二、研究内容与研究框架

（一）研究内容

本书以"知识资产价值论"为主线，以"问题导向"入手，以"知识资产价值决定论"和"知识资产价值贡献论"为研究主题，循着提出问题—分析问题—解决问题的思路，以厘清国家创新体系建设与知识资产的关系为起点，以价值论、发展经济学等为理论基础，以知识资产的内涵研究、知识资产的价值决定、价值贡献为研究重点，以测度知识资产的价值及其贡献为突破点，以知识资产的产权界定和分享机制强化知识产权的保护，最后编制知识资产的价值报告，向利益相关者提供对决策有用的信息。本书还以实际案例、经验实证和数理实证等方法检验其研究结论。为此，本书内容分为五篇18章。

第一篇，基本理论问题研究，内容涵盖第1~3章。主要研究知识资产价值贡献测度的一般性理论问题，为后续研究奠定坚实的理论基础。本篇剖析了新经济增长理论与知识资产的关系，说明了在知识经济时代，经济发展的主要驱动力是知识资产。

第二篇，知识资产价值决定论，内容涵盖第4~9章。本篇以劳动价值论、效用价值论、博弈论等为理论基础，围绕知识产权价值决定进行了深入的研究，并采用实证研究等方法量度了知识资产本身的价值，为其价值贡献的测度奠定坚实的基础。

第三篇，知识资产价值贡献论，内容涵盖第10~14章，也是本书的重点内容。本篇在知识资产具有耦合特点的基础上，借鉴耦合理论，采用数理方法推导推出知识资产价值贡献的耦合模型；利用结构方程 Amos 20.0 版本模拟知识资产价值耦合的结构方程，测度了企业知识资产价值的贡献度和知识资产价值贡献耦合协调度。并采用案例研究、经验研究等方法对其研究结论做进一步检验。研究表明，如同资本和能源取代土地和劳动力一样，独立于财务资本又能够转化为财务资本的非物质形态知识资产，正在取代货币资本和能源成为企业财富的主要源泉。

第四篇，知识资产的产权界定与分享研究，内容涵盖第 15～17 章，本篇以职务发明的产权界定为基础，通过剖析国内外职务发明制度，发现我国职务发明制度存在的问题，界定了企业知识资产的归属与产权分享机制，同时，从微观层面上提出了构建企业知识资产激励机制的建议。

第五篇，知识资产价值报告研究，内容为第 18 章。确认、计量、记录和报告是会计的基本方法。其中，报告是财务会计的目的。由于现行会计准则和知识资产所具有的特性，使得企业知识资产相关信息在很多情况下游离于报表之外，不能被报表使用者获知，这显然不能满足信息使用者的需要。本书对知识资产价值报告的理论基础进行了分析，对比了国内外知识资产相关信息披露的实际情况，在博弈的基础上分析了企业与外部报表使用者之间在知识资产信息披露问题上的矛盾，最终尝试性地构建了一套企业知识资产价值报告体系。

除此之外，本书还根据相关研究成果对我国上市公司以知识资产为替代变量的核心竞争力进行了排序作为其附录。

（二）研究框架

相关研究内容的结构框架如图 0-1 所示。

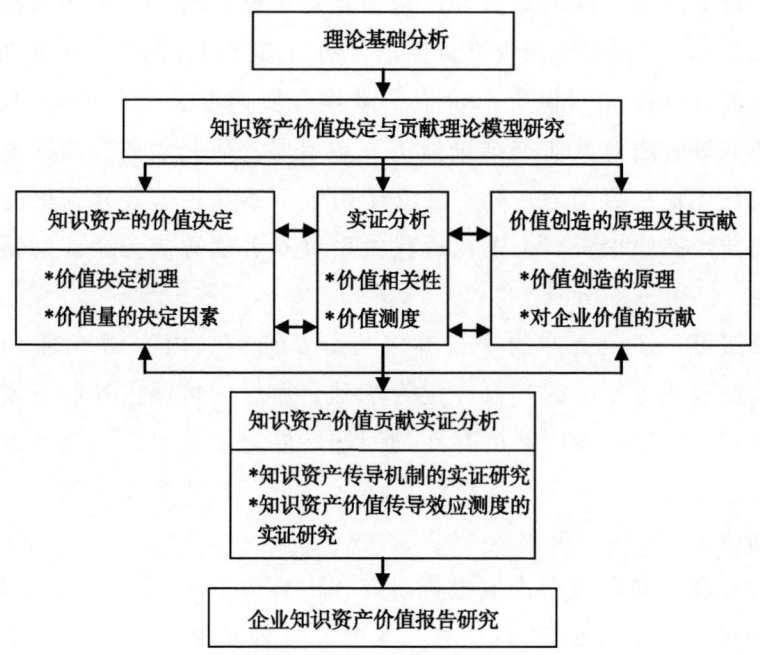

图 0-1　企业知识资产价值贡献测度研究框架

三、研究方法与研究创新

（一）研究方法

本书研究过程中运用了多种研究方法，其中包括文献研究法、比较分析法、定性分析与定量结合，以及运用到了层次分析法和模糊数学、博弈论等多种分析方法，做到理论和实践结合，使研究结论更具说服力。

1. 文献研究法

在理解和消化前人研究成果的基础上，通过搜集、鉴别、归类、提炼等环节，梳理知识资产的经济学渊源、管理学渊源、耦合理论根基等理论基础，探究知识资产基本概念，以规范知识资产概念、推导知识资产价值贡献耦合机理，为本书后面的研究作准备。

2. 比较研究法

20世纪70~80年代，比较研究法迅速兴起。比较研究不仅仅是一种具体的分析方法，更是一种思维方式。一系列与此思维方式相关的学科纷纷出现。在社会科学中，比较研究法有其广泛的用途。

比较研究法，又称类比分析法，是对两个或者两个以上的事物或者对象加以对比，找出它们之间的相似性与差异性的一种分析方法。本书在梳理知识资产经济学渊源、管理学渊源以及知识资产相关概念时运用比较研究法将国内外文献中相关概念进行对比，找出其本质所在。

3. 结构方程法

结构方程实质上是协方差结构分析的一种应用，协方差分析应用非常广泛，应用于心理学、经济学、社会学、行为科学等研究领域。结构方程法是探讨问卷调查或者实验型数据，用于分析潜在变量❶（latent vaiables，无法观察的变量或者理论变量）间的假设关系，潜在变量可以用显示性指标❷（manifest indicators，观察指标或者实证指标）来测度。一个完整的协方差结构模型包括测量模型（measurement model）和结构模型（structural model），测量模型描述的是潜在变量如何被显性指标所测度或者概念化（operationalized）；结构模型指的是潜在变量之间的关系，以及模型中其他变量无法解释的变异变量部分。协方差结构分析本质上是一种验证式的模型分析，试图利用研究者所搜集的资料来确定假设变量之间的关系，以及潜在变量与显性指标的一致性程度。结构方程模型整合了因素分析（factor analysis）和路径分析

---

❶ 很多社会、心理、经济学中涉及的变量都不能准确、直接地测量这种变量称为潜在变量。如知识资产、学习动机、社会地位等。

❷ 显示性指标是间接测量潜在变量的变量，比如，通过学生的学习成绩考察学生的能力，学习成绩可以通过成绩单及学生平时的表现来测量，学生成绩是显示性指标。

（path analysis）两种统计方法。❶

4. 案例研究法

案例研究是对现实环境中较有代表性的现象进行考察以确定该现象背后隐含的规律的经验性方法。❷ 案例研究的价值表现在，其能够突出公司情境、展示行为过程和揭示复杂关系。首先，案例研究对情境的关注有助于解答"为什么"的问题，有助于研究者深入了解管理现象，进而理解并应用学术研究的成果。其次，案例研究对过程的展示突出了历史因素和时间因素的重要性，有助于实践者进行过程设计。此外，案例研究有助于揭示复杂的现象之后的各种关系，而截面式研究则难以挖掘这些关系。本书利用华为公司的真实案例来佐证企业知识资产价值贡献机理及其产权分享等问题。

在进行定性研究后，采用模糊数学模型对影响企业价值贡献的知识资产进行数量分析验证，对识别出来的知识资产进行了实证研究，并使用 SPSS 和 STATA 等统计软件对相关模型进行实证分析。

（二）研究创新

本书从明确知识资产是经济发展的主要驱动力入手，采用理论分析、实地调研和实证研究等方法，综述了现有的研究成果并从中得到启发，界定了知识资产的内涵与外延，为后续的研究限定了边界，辨析了知识资产与相关概念的关系，明确了知识资产在经济发展和企业生存与发展中的重要地位，构建了企业知识资产价值决定和价值贡献的基本模型，验证了知识资产对企业的价值贡献，提出了国家创新体系建设与企业知识资产管理的辩证关系，验证了知识资产与企业核心竞争力的关系，搭建了企业知识资产的报告体系。这些研究的创新之处主要体现在如下方面。

---

❶ 吴明隆：《结构方程模型－AMOS 的操作与应用》，重庆大学出版社 2011 年版，第 1 页。

❷ Robert R. K. *Case Study Research*：*Design and Method*，Sage Publication. 1994.

1. 分析了企业知识资产的价值预期

通过分析知识资产供给与需求的一般均衡关系，提出了基于盈利价值与战略效应系数预期的知识资产效用价值模型。从理论上阐明了知识资产供给方与需求方的价值预期差异的产生机理，分析了知识资产价值决定机制，构建了知识资产价值决定的理论框架。

2. 验证了知识资产价值的相关性

通过验证研发支出、市场竞争与知识资产价值的相关性，实证了企业知识资产价值受到研发投入的影响且具有滞后性的结论，以及知识资产价值受到企业市场竞争优势的决定与影响的结论。

3. 测算了知识资产耦合协调度

在会计界首次将知识资产的结构方程分析与耦合度测量结合起来，进行了一次尝试性的实证研究，探索了知识资产三因素的耦合协调度的测度问题。

纵观知识资产价值贡献方面的国内外研究文献，笔者发现，对知识资产价值贡献耦合度测度方面的研究寥若晨星。知识资产三因素的相互影响、相互作用的机制，已经得到学术界的认同，不少学者已经提到过知识资产"耦合"一词，但未做深入研究。对知识资产价值贡献采用解方程的分析方法，不胜枚举。本属于物理学的耦合理论，2005年经过德国物理学家哈肯的提倡发扬，已经在社会科学领域被广泛借鉴，耦合理论已经应用到金融学、旅游学、农业科学、产业经济学等领域，而在会计学领域内进行耦合理论的研究鲜为人知。本书在梳理国内外文献的同时，借鉴前人的研究成果，沿着前人的研究思路，继续前行，探索了知识资产价值贡献耦合度的测量。

4. 提出了会计计量的无纲量化观点

在会计计量方面，本书试图说明这样一个意图：会计计量存在货币计量与非货币计量共存的现状，鉴于知识资产的价值依附性、价值垄断性，对其进行准确的会计计量实属难题，研究建议对企业知识资产的计量可以计量其价值贡献度和价值耦合度，以补充现行会计计量的尴尬局面。

产生于工业经济时代的现行会计制度主要是对有形资产的计量，而在知识经济时代，知识资产成为社会的财富核心，如果沿用现行会计制度对知识资产进行计量，可能达不到预期的目的，人们关注企业知识资产，重在关注知识资产的价值贡献机理问题，因此探索知识资产价值贡献机理采用模糊计量或者无纲量化计量知识资产，也许会给会计计量带来新的思路。

5. 剖析了知识资产耦合机理与价值贡献测度

在知识资产价值贡献机理方面，借鉴了经济学、管理学以及耦合理论相关文献，采用数理分析方法推导出了知识资产价值贡献的耦合机理。

文章分为两个步骤探讨知识资产价值贡献机理，分别是单因素分析和耦合视角的分析。单因素分析中文章推导出了人力资本、关系资本对企业价值贡献情况，解释了人力资本、结构资本、关系资本单因素对企业价值的影响程度。测度了在耦合视角下企业知识资产对企业价值的贡献度，在一定程度上解决了困扰会计界对看似抽象的知识资产的价值量化问题。

6. 构建了企业知识资产价值报告框架

将知识资产价值报告与现行财务报告体系相联系，提出知识资产价值报告应从定量信息与定性信息两个方面，从研发投入、盈利能力、战略效应三个维度披露知识资产的价值信息。

（执笔人：汤湘希　杨　帆）

第一篇

知识资产基本理论问题研究

第一章

劉氏家乘及著述考

第一章　知识资产：国家创新体系建设的基石

江泽民在1995年召开的全国科学技术大会上就特别强调，创新是一个民族进步的灵魂，是一个国家兴旺发达不竭的动力。2012年7月6日，在全国科技创新大会上，胡锦涛又明确指出，2020年我国将进入创新型国家行列。与此同时，温家宝也强调，企业强则国家强。我国是制造业大国，已经具备很强的制造能力，但仍然不是制造业强国，总体上还处于国际分工和产业链的中低端，根本原因就是企业创新能力不强。如果能在"中国制造"前面加上"中国设计""中国创造"，我国的经济和产业格局就会发生根本性变化。企业的创新能力，很大程度上决定我国经济的发展前景。❶ 因此，国家创新体系建设的基础抑或基石，就是企业的创新能力和知识资产。

一、创新与国家创新体系

（一）创新：一种新的生产函数

创新（Innovation）作为经济学概念，是指具有经济意义的新的创造。创新一词最早可追溯至1912年经济学家熊彼特（J. A. Joseph Alois Schumpeter）在其所著的《经济发展理论》中对创新的界定。他认为，创新是建立一种新的生产函数，即实现生产要素的一种从未有过的新

---

❶ http://society.people.com.cn/n/2012/0708/c136657-18466627.html，最后访问日期：2012年7月8日。

组合，创造一种新的产品，采用一种新的生产方法，开辟一个新的市场，取得或控制一种新的供给来源，及实现一种新的产业组织方式或企业重组。❶在熊彼特看来，创新是一个社会过程，而不仅仅是一种技术的或者经济现象。技术上的成功并不能保证市场上的成功，即技术只是实现市场应用的必要而非充分条件。成功的创新必须同时满足技术和市场的条件，它是技术和市场交叉作用的结果，创新成果必须同市场联合起来一同发挥作用，这里的创新成果是一种知识资产或者知识资本。创新不是一个纯技术或纯市场的过程，它是由两种不同力量相互作用以一种微妙而不可预测的方式进行的过程（克兰和罗森伯格 Kline and Rosenberg，1986）。

简而言之，创新就是创造的过程，就是现实人无我有、人有我优的状态。"创新"的基本意义在于技术与经济的结合。在《经济发展理论》中，熊彼特从"企业家"的职能出发，对"发明"和"创新"的概念进行了区分。发明是创新或改进装置、产品、工艺或系统的思想、草图或模型，发明常常被专利保护，但是不一定会带来技术创新。创新在经济学的意义上是新产品、新工艺、新系统或装置实现了第一次商业交易，或者整个过程。❷后来，技术创新经济学研究者把创新的含义推广，包括技术扩散和应用，而不单单是技术第一次得到商业利用。发明或发现只有在其创造经济或社会价值时才能称为创新。

（二）国家体系：内生性科学技术战略的理论基础

弗里德里希·李斯特（Freidrich Liszt）研究后进国家的政治经济发展问题以及后进国家在激烈的国际经济竞争中所应该采取的政治经济对策，率先提出了"政治经济学的国家体系"概念。在其《政治经济学的国民体系》一书中明确指出：政治经济学的国民体系中的一个

---

❶ 熊彼特：《经济发展理论》，商务印书馆1991年版，第73~74页。

❷ Freeman, C. *The Economics of Industial Innovation*, Sceond Edition, Frances Pinter, London, p. 7.

主要特征是国家,国家的性质是处于个人与整个人类之间的中介体,❶所谓"国家体系"主要有两方面的含义:一是国家体系是指民族国家在分工协作的基础上形成的一种国家联盟或者说是联合,比如英国与其海外新移民地区所组成的以英国为首的国家体系等;二是国家体系是指国家作为一个整体在国际经济竞争中的自处之道。这两种国家体系现今都得到了较为广泛的运用,如联合国组织、欧盟组织、美国所建立的国家导弹防御体系都属于第一种类型的国家体系,它超越了传统的国家的概念,是一种泛国家概念。

与亚当·斯密(Adam Smith)极力强调经济原理的普遍性不同,李斯特极力强调国家专有因素的独特性,强调不同国家的历史条件、文化传统、地理环境、自然资源以及国际背景等对于一国经济发展战略选择的决定性影响。从根本上说,他认为这些经济学原理的应用是有条件的,因各国具体国情不同而有所区别。另外,李斯特明确提出了后进国家在面对先进国家的技术限制和技术封锁的情况下应该采取的国家技术战略,强调一国内生性科学技术的重要性。正是因为李斯特的国家体系理论和熊彼特的创新理论的出现,为国家创新体系的提出提供了理论基础。

(三)国家创新体系:技术创新、组织创新和制度创新

从20世纪80年代开始,日益激烈的国际竞争环境充分显示了创新和国家系统有关,英国经济学家克里斯托弗·弗里曼(Christopher Freeman)首先提出了"国家创新体系"概念❷,他在1987年研究日本的经济发展轨迹时发现,日本在技术落后的情况下,以技术创新为主导,辅以组织创新和制度创新,只用了短短的几十年时间便发展成

---

❶ [德]弗里德里希·李斯特著,陈万煦译:《政治经济学的国民体系》,商务印书馆1997年版,第7页。

❷ 胡志坚:《国家创新系统理论分析与国际比较》,社会科学文献出版社2000年版,第31页。

为工业化大国。他认为,在人类历史上,技术领先国家从英国、德国、美国,再到日本,这种追赶、跨越,不仅是技术创新的结果,而且还有制度、组织的创新,从而是一种国家创新系统演变的结果。换言之,在一国的经济发展和追赶、跨越中,仅靠自由竞争的市场经济是不够的,需要政府提供一些公共商品,需要从一个长远的、动态的视野出发,寻求一个资源的最优配置,以推动产业和企业的技术创新。为此,弗里曼将国家创新体系定义为:"公私部门机构组成的网络,它们的活动和相互作用促成、引进、修改和扩散了各种新技术。"❶ 弗里曼的国家创新体系理论侧重于分析技术创新与国家经济发展实绩之间的关系,特别强调国家专有因素对于一国经济发展的影响。他认为,现代国家的创新体系既包括各种制度因素以及技术行为因素,也包括致力于公共技术知识的大学,以及政府的基金和规划之类的机构。其中,以营利为目的的企业是所有这些创新体系的核心,它们相互竞争也彼此合作。概括而言,弗里曼国家创新体系的核心思想是:不论技术如何好,也不论企业家如何具有进取心,如果没有必要的基础设施和网络以支持其创新活动,并允许新技术扩散的话,这种技术动力在经济中就不可能变为现实。这样一种制度安排包括从政治性和制度性国家机器到作为市场所提供新产品或服务的最终消费者的特定个人。

纳尔逊（Nelson,1993）在比较了美国和日本等国家的技术创新国家制度体系的基础上,明确提出了国家创新体系在制度上相当复杂,它们既包括各种制度因素以及技术行为因素,又包括致力于公共技术知识的大学,以及政府的基金和规划之类的机构。纳尔逊认为,国家创新体系是通过其相互作用决定某国企业创新活动的一组机构。纳尔逊将技术变革及其演进特点作为研究的起点,将重点放在知识的生产和创新对于国家创新体系的影响。其贡献主要在于将国家创新体系

---

❶ [英] 克里斯托·弗里曼:"日本:一个新国家创新系统",见 [美] 多西等主编:《技术进步与经济理论》,钟学以译,经济科学出版社1992年版。

与高新技术产业的发展联系起来，并且将企业、大学体系与国家技术政策之间的相互作用置于国家创新体系分析的核心地位。在他看来，每个国家都有其特有的国家创新体系结构。与此相适应，国家创新体系中不同主体所发挥的作用、所要解决的问题、资助国内企业的程度以及所提供的资助是公共性的还是私人性的各不相同。

佩特尔和帕维蒂（Patel & Pavadee，1994）认为，国家创新体系提出的重要性在于：传统的技术进步理论认为，开放的贸易系统将使技术的国际性迅速扩散成为可能，从而使后发达国家的追赶成为可能。但不同国家对技术的投资政策是不相同的，从而造成了国际技术差距在国家之间的扩大。而国家创新体系理论可以帮助一国确定应如何对技术进行投资，根据这种投资的效果，去理解不同国家在这种投资上的差异和不同模式。由此出发，佩特尔和帕维蒂把国家创新体系定义为"决定一个国家内技术学习的方向和速度的国家制度、激励结构和竞争力"。

以本特·阿克·伦德瓦尔（Bengt-Aake Lundvall，1992）为代表的一批学者主要是通过考察消费者与企业之间的相互作用来研究国家创新体系的各个组成部分，属于国家创新体系研究的微观学派。根据消费者—生产者相互作用的分析方法，伦德瓦尔认为，地理和文化的差距以及政府的作用是影响消费者和生产者相互作用的一个重要因素。因此，伦德瓦尔将国家创新体系定义为：在生产、扩散和使用新的和经济上有用的知识过程中各种成分和关系的相互作用，都位于或者说根植于一国的疆界之内。[1]

简而言之，国家创新体系的核心就是创新。创新是具有经济和社会目标导向的行为，创新的实质是发展经济。国家创新体系是由创新资源、创新机构、创新机制和创新环境四个相互关联、相互协调的主要部分构成的。如果没有创新就谈不上国家创新体系，缺少了创新的

---

[1] ［丹麦］伦德瓦尔："创新是一个相互作用的过程"，见［美］多西等主编：《技术进步与经济理论》，钟学以译，经济科学出版社1992年版。

国家体系就缺少了发展、进步的动力。齐建国（1995）认为，国家经济系统就是一个综合技术创新系统，经济发展和国际竞争取决于国家的技术创新，而技术创新快慢又取决于经济体制，没有高效率的国家技术创新系统，经济从粗放型、速度型向效益型转换就没有技术支撑。OECD的《国家创新体系》（1997）报告指出，创新是不同主体和机构间复杂的互相作用的结果。技术变革并不以一个完美的线性方式出现，而是系统内部各要素之间的互相作用和反馈的结果。

（四）国家创新体系构成：知识创新系统、技术创新系统、知识传播系统和知识应用系统

弗里曼（1992）认为，国家创新体系主要有以下四个方面的组成：政府政策、企业的研究与发展、产业结构、教育培训。他认为创新的成功和失败取决于国家调整其社会经济范式以适应技术经济范式的要求和可能性的能力。

佩特尔和帕维蒂（1994）认为，国家创新体系中的制度是指：第一，企业，尤其是对创新进行投资的企业；第二，提供基础研究和相关培训的大学和机构；第三，提供一般教育和职业培训的公共和私有部门；第四，促进技术进步的政府、金融等部门。

伦德瓦尔（1992）区别了狭义的国家创新体系和广义的国家创新体系，前者包括参与研究的机构与组织——比如研究与开发部门、技术研究所与大学等，后者包括经济结构、研究与探索的研究机构、生产系统、营销系统以及作为一个亚系统出现的金融系统等。

石定寰、柳卸林（1999）将国家创新体系概括为由政府和社会部门组成的、以推动技术创新为目的的机构和制度网络。❶他们认为，国家创新系统主要由以下四方面因素组成：一是国家科研机构和高校，

---

❶ 石定寰、柳卸林：《国家创新系统：现状与未来》，经济管理出版社1999年版。

其职能是向社会提供新的知识，向企业提供技术源；二是企业，其职能主要是应用知识，并且最终在市场上实现技术创新，推出新产品、新工艺和新服务；三是教育部门和中介服务机构，包括生产力促进中心、技术咨询机构和工程技术研究中心等，其职能是进行技术传播和转移；四是政府相关部门，其职能是支持知识生产特别是战略性研究开发活动，引导企业的技术创新和产业发展，建设科技基础设施等。

路甬祥（2006）认为，国家创新体系是知识创新和技术创新相关的机构和组织构成的网络系统，其骨干部分是企业（大型企业集团和高技术企业为主）、科研机构和高等院校等；广义的国家创新体系还包括政府部门、其他教育培训机构、中介机构和起支撑作用的基础设施等。国家创新体系的主要功能是知识创新、技术创新、知识传播和知识应用，具体包括创新资源（人力、财力和信息资源等）的配置、创新活动的执行、创新制度的建设和相关基础设施建设等。根据其功能，国家创新体系可分为知识创新系统、技术创新系统、知识传播系统和知识应用系统四个子系统。

2006年，我国颁布并实施的《国家中长期科学和技术发展规划纲要（2006～2020年）》（以下简称《规划纲要》）将我国的国家创新体系划分为五大子体系（"五大系统"）：以企业为主体、产学研结合的技术创新体系，科学研究与高等教育有机结合的知识创新体系，军民结合、寓军于民的国防科技创新体系，各具特色和优势的区域创新体系及社会化、网络化的科技中介服务体系。从《规划纲要》中可看出，国家创新体系强调了多系统的结合，内容涉及企业、高校、科研机构、军队、政府等。

分析整个系统的运行方式及其结果可以发现，国家创新体系从宏观角度来看，其主体为国家，国家利益是国家创新体系的出发点和落脚点，国家利益在创新体系中占据最高地位。而从微观角度来看，国家创新体系实施的主体为以企业为主的各主体。在该结构中：行为主体是政府、企业、大学、科研机构及中介机构，其中企业是技术创新的主体，大学和科研机构是知识创新的主体和科技知识供应者和创新源，政府是协调机构及政策支持者和导向者，中介机构为技术转移和扩散提供方便；主要任务是启发、引进、改造、传播与应用新知识和新技术，配置创新资源，优化产业和组织结构，促进国家的创新活动和经济发展；国家创新体系要解决的问题主要是克服市场失灵、防范政策失灵、缓解系统性失灵，因此，创新主体间的联动至关重要。

综上所述，国家创新体系是创新理论和国家特质相结合的产物，是经济社会发展到一定阶段后出现的，其本质为科学技术在国民经济体系中的循环与应用。它涉及复杂的制度安排，而国家则意味着这种循环流转主要发生在一国的疆界之内。因此，国家创新体系就是一国疆界之内有关科学技术知识在国民经济体系中循环流转的制度安排，是一国疆界之内促进创新的网状结构。在该结构中：行为主体是政府、企业、大学、科研机构及中介机构，其中企业是技术创新的主体，大学和科研机构是知识创新的主体和科技知识供应者和创新源，政府是协调机构及政策支持者和导向者，中介机构为技术转移和扩散提供方便；主要任务是启发、引进、改造、传播与应用新知识和新技术，配置创新资源，优化产业和组织结构，促进国家的创新活动和经济发展。国家创新体系要解决的问题主要是克服市场失灵、防范政策失灵、缓解系统失灵，因此，创新主体间的联动至关重要。简言之，国家创新体系中强调创新是一个系统化的行为，一个领域或部门的创新活动，在该体系中应该追求最大的扩散效应和经济效应。制度、组织环境和市场等因素在创新发展中发挥着极为重要的作用，制度安排和网状结构是创新活动系统性效率高低的决定因素。

二、国家创新体系的理论基础

笔者认为，国家创新体系建设，应遵循的理论基础包括：比较优势理论、竞争优势理论与可持续发展理论等。

（一）比较优势理论

比较优势理论有三个基本的理论根基：亚当·斯密（Adam Smith）的绝对成本论、大卫·李嘉图（David Ricardo）的比较成本论和赫克歇尔与俄林（Hecksher & Ohli）的资源禀赋论。

1. 绝对成本论

亚当·斯密在其《国民财富的性质和原因的研究》（《国富论》）中提出了"绝对成本论"，标志着古典贸易理论的产生。绝对成本论认为，国际贸易的原因和基础是各国劳动分工形成的劳动生产率和生产成本的绝对差别。各国应该集中生产并出口其具有劳动生产率和生产成本"绝对优势"的产品，进口其不具有"绝对成本优势"的产品，这样贸易的双方都会从交易中获益。

2. 比较成本论

比较成本论亦称比较利益说或比较优势说。该理论由大卫·李嘉图在其著作《政治经济学及赋税原理》中正式提出。李嘉图的比较成本论认为贸易的基础是生产技术的相对差别（而非绝对差别）以及由此产生的相对成本的不同。每个国家都应集中生产并出口其具有比较成本优势的产品而进口其具有比较成本劣势的产品。这样，即使一国在各种商品生产上都处于劣势的情况下也能从贸易中得到收益。

3. 资源禀赋论

资源禀赋论由瑞典经济学家赫克歇尔和俄林提出。该理论认为，比较优势产生的根源在于各国或区域生产要素相对禀赋的不同。各国应当生产出口那些密集使用本国相对充裕要素的产品而进口那些密集使用本国相对稀缺生产要素的产品。在 H-O 理论中❶，劳动不再是唯

---

❶ H-O 理论（赫即克歇尔-俄林理论）以要素分布为客观基础，强调各个国家和地区不同要素禀赋和不同商品的不同生产函数对贸易产生的决定性作用。要素合作型 FDI 是该理论的扩展，其基本原则是转移可流动要素与不可流动要素的结合，提高各类生产要素的利用效率。

一的投入，资本、土地等也成为重要的生产要素。在各国资源禀赋不同的情况下，各种生产要素组合和投入的相对价格构成了各国的比较优势。

（二）竞争优势理论

竞争优势是企业能够获取超额收益并达到发展壮大和长盛不衰的根本原因，而如何使企业在激烈的市场竞争中获得超额收益并且发展壮大和长盛不衰又是所有企业家和管理学者关心和研究的最终问题。因此，对企业发展问题的研究最终落实到竞争优势这一根本原因上，即到底企业竞争优势是如何形成的，其来源要素是什么。围绕这一问题学者们展开了深入的研究并形成了不同的观点和理论。

1. 竞争战略理论

自20世纪80年代以来，哈佛大学迈克尔·波特（Mihcael E. Porter）教授提出的企业竞争理论一直深刻影响着企业的战略管理实践，他发表的著名的三部曲：《竞争战略》（1980）、《竞争优势》（1985）和《国家竞争优势》（1990），系统地提出了竞争战略理论。波特理论引入了产业组织理论中的结构—行为—绩效模式来分析企业竞争战略和优势形成，认为产业结构决定了产业内竞争状态和水平，从而决定了企业的行为和战略以及企业最终的利润水平。在波特看来，即使是一个非常有吸引力的产业，如果处于其中的企业不能获得有利的竞争地位，依然不能得到充分发展；另一方面，一个具有优势的企业如果处于一个前景黯淡的产业，也不能获取满意的利润。因此，波特认为企业要获得竞争优势和超额收益，首要问题是产业选择，其次是在产业中的竞争地位。围绕上述两个核心，波特提出了企业战略管理的基本过程：第一，产业结构分析。企业要分析波特提出的产业环境中存在的五种基本竞争力量：新进入者、替代品、买方、卖方和现有竞争者，这五种力量决定了一个产业的结构及其获利能力。第二，战略选择。企业要决定是否进入该产业和进入后的竞争战略，波特提出了

"成本领先"和"产品差异"两种基本战略。第三，战略实施，取得竞争优势，获得超额收益。在这一大框架外，波特还首次提出了用于判定企业竞争优势和寻找方法以增强优势的基本工具——价值链，这一概念将企业经营划分为产品设计、生产、营销和分销等互相联系的活动环节，它们形成了企业内部价值链，而这一内部链条不是孤立存在的，而是处于一个更大更复杂的价值链系统中，如何通过调整企业自身的价值链环节来适应竞争环境是企业创造竞争优势的关键。

2. 核心竞争力理论

普拉哈拉德和哈默尔（C. K. Prahald、G. Hmael，1990）在《企业核心竞争力》一文中首次提出了"核心竞争力"概念，他们认为，核心竞争力是组织中的积累性学识，尤其是关于如何协调不同的生产技能和有机结合多种技术流派的学识。

尼古莱·福斯（N. J. Foss，1998）在《企业能力理论的兴起》中认为：企业能力是指与知识相关的，看不见、摸不着却又能让大家感受到的、难以买卖和在企业内各部门可分割的资产。同时他还指出，企业能力论至少包含三方面含义：（1）企业在本质上是一个能力体系；（2）积累、保持和运用能力开拓产品市场是企业长期竞争优势的决定因素；（3）企业能力储备参与决定企业的经营范围，特别是企业多元化经营的广度和深度。埃里克森和米克尔森在《企业竞争优势与核心竞争力理论》中将企业核心竞争力定义为组织资本和社会资本的综合，其中组织资本反映协调和组织生产的技术效率，可通过组织结构体现，而社会资本显示了社会环境的重要性，可通过企业文化体现，二者相互补充和影响。尼克森（Nixon）和克里夫（Clifford）等人的研究则认为企业能力是指企业分配资源的效率，企业能力使企业能够利用洞察力和智慧创造并利用外部的机会建立持久的优势，为获得竞争优势和战略能力，关键在于将能力建立在发展、积累信息和知识以及在企业内部员工间交流信息和知识的基础上。迈克尔·希特（Miehael A. Hitt）和杜安·爱尔兰（R. Duane Ireland）在总结了众多学者的研究后指出：核心竞争力是指作为企业战胜其竞争者的竞争优势来源的资源和能力，但并不是所有资源和能力都能成为核心竞争力，它们必须具备四个条件，即有价值、稀有、难以模仿和不可替代。

（三）可持续发展理论

"可持续发展"最早由生态学家提出，即所谓"生态持续性"，旨在说明经济发展与生态（包括环境）之间的平衡。瑞德里福特（M. Redelift, 1991）指出，当由于经济行为导致的环境污染使生物种类减少，环境质量下降时，生产和经济系统遭受环境和其他条件恶化影响下的恢复性就低，从长期来看，系统就难以保持持续发展。康威和巴比尔（Conway & Barbier, 1987）等人认为，持续发展的本质在于维持生产和经济系统的恢复性，即寻求经济与环境之间的动态平衡。伯恩斯坦（Bemstein, 1990）等人则认为，可持续发展是经济系统对于环境生态的动态适应能力，是使经济系统向稳定方面逼近的一系列现实步骤。

在对企业的可持续发展问题研究方面，影响深远的主要有：

（1）阿里·德赫斯（Arie de Geus, 1998）在其《长寿公司》一书中认为，长寿公司具有4个共同的关键因素：①对周围的环境都非常敏感，能及时做出反应，与环境非常和谐；②有凝聚力，员工对公司有较强的认同感；③长寿公司是宽容的，允许打破常规和不落俗套的思考和尝试；④在理财观念上相对是比较保守的，以便保持灵活性，使公司有效控制自己的增长和进化。

（2）彼得斯和沃特曼（Tom Peters、Robert H. Waterman, 1982）的《追求卓越》，他们认为，造就企业成功且长久不衰的主要是八大属性，即崇尚行动、贴近顾客、自主创新、以人促产、价值驱动、不离本行、精兵简政、宽严并济。

（3）柯林斯和波拉斯（Collins、Porras, 1994）的《基业长青》，柯林斯和波拉斯选择了18家高瞻远瞩的公司和18家对照公司进行对比研究，形成了 12 条结论：①伟大的公司并非靠伟大的构想起家；②高瞻远瞩公司绝对不需要眼光远大的魅力型领导，这种领导可能对长期发展有害；③最成功的公司不是以追求利润为首要目标，而是追求一组目标，为一种核心理念所指引；④这些公司之间并不拥有共同的"正确"的价值组合；⑤高瞻远瞩公司几乎都虔诚地保存核心理念；⑥成功的公司并不事事谨慎而是勇于投身冒险的目标；⑦只有极度符合公司核心理念和要求标准的人，才是公司的绝佳工作人员；⑧成功公司的最佳行动并不都是来自高明、复杂的策略规划，而是来自实验、尝试错误和机会主义；⑨高瞻远瞩公司极少外聘 CEO（首席执行官）；⑩最成功的公司最注重的并非击败竞争对手，而是战胜自我；⑪鱼与熊掌有时可以兼得，可以通过兼容并蓄来实现；⑫高瞻远瞩公司不是发布了远见就了事，而是一步一个脚印地去实现它。

此外，还有一些学者从不同的角度分别对企业可持续发展理论进行了论述，如爱瑞·德·葛斯（1997）和艾伦·鲁宾逊（2000）从企业生命活动力的角度进行了论述；斯图尔特·L.哈特（1997）从环境的角度进行了论述；波特（1985）从竞争战略的角度进行了研究；圣吉（1990）从学习型组织角度进行了研究；迈克尔·哈默和詹姆斯·钱皮（1993）合作的企业再造研究。

总体而言，国家创新体系就是实现全社会技术创新能力和效率的有效调控和推动、扶持与激励，以取得竞争优势。其目标就是为了获得竞争优势，在经济社会中占据有利地位，也就是说拥有其他国家企业所不具有的垄断资源，增强国家、企业的核心竞争力。可以认为，国家创新体系就是以增强国家核心竞争力为目标的、以企业为主体的创新系统。由于企业的主体作用，国家核心竞争力主要是由企业核心竞争力综合而成的，这种综合并不是简单的加总，而是相互作用、相互协调的综合效力。但是可肯定的是，随着创新主体的核心竞争力的不断增强，整个国家体系的核心竞争力也会跟着增强；反之，如果创新主体的核心竞争力减弱，则整个国家体系的核心竞争力也必然会相应减弱。

三、R&D：国家创新体系建设的基础工程

（一）研究与开发（R&D）

研究与开发（Research and Development，R&D）是科学研究与技术开发活动的统称，是指为了增加知识储备，包括关于人类文化和社会的知识并探索其新的应用而进行的系统的创造性工作。它是创新的前期阶段，是创新的投入，是创新成功的物质和科学基础。研发是反映一个国家研发实力最重要的指标之一，也是开展研发工作的重要基础条件。世界各国对科技进步在经济和社会发展中发挥巨大的推动作用已经达成共识，因此各国根据本国实际情况，纷纷加大研发投入力度，尽可能地支持研发活动，试图抢占进入知识社会的先机。尽管研发支出受限于经济增长，但世界各国都尽力增加研发支出，表现出各国对研发极为重视。

人类社会面临的一个基本问题就是资源稀缺性与人类需求无限性之间的矛盾，而科学技术，尤其是创新或研究开发活动可以被视为缓解这一矛盾的有效手段。纵观世界经济发展史，无论从世界层面还是国家层面，都可以清晰地看到这一点。科技革命导致产业革命，产业革命引起经济高涨又对新技术提出了更高的要求，提供了更好的经济支持，从而引发了新一轮的技术革命。每一轮的技术革命都引发了新兴产业的形成和发展，世界经济就在这种周而复始的运动中得到了高涨、繁荣与发展。从国家层面上、企业层面上观察，一个国家、一个企业的兴衰从根本上是由技术创新及其有效性决定的，比较一下当今国际社会的排名状况，保持领先地位的国家与后来居上的国家和地区，无一不是依靠卓有成效的科技进步和技术创新。

（二）R&D：知识资产的主要来源

对于 R&D 支出来说，其本身并不是无形资产或知识资产，首先，R&D 支出是一种费用的支出，不符合会计上资产的定义。一般而言，资产是特定主体由于交易或事项（包括资本投入或退出的产权交易）以及交易虽未执行但在法律上不可更改的契约而取得或控制，而由企业配置和运用，旨在为企业带来未来经济利益（未来现金净流入）的经济资源。R&D 支出后，是否能为企业带来未来经济利益具有很大的不确定性，其支出和收益之间并没有很直接的相关关系，其产出效率很大程度上受其他因素的影响。R&D 并不能像资产那样进行交易，只有在研发成功后，形成了无形资产才可以参与交易，R&D 并不能用于抵债、清算等。其次，R&D 不符合无形资产的定义及特征，不能作为无形资产。R&D 不是以知识形态存在的某种特权或权利，也不是为企业带来超额盈利能力的资本化价值。在对无形资产分类时也无法将其作为那一类无形资产。

虽然 R&D 并不是纯粹的无形资产，而只是一种费用的投入，但是对 R&D 投入的目标却和无形资产有着不可分离的关系。就无形资产来源来说，没有研究开发，无形资产、尤其是知识资产就不可能获得，在无形资产形成过程中，R&D 发挥了举足轻重的作用。如一项专利技术的研发成功，离不开研发经费的投入，对于研究开发来说高投入并不意味着高产出，但是研发投入不足，其产出必定是有限的。创新是对知识创造、投入与产出的过程，创新的第一步就是 R&D 的投入，经过不断重复的实验之后，如果研发成功，R&D 将以专利权、非专利技术、商标权、著作权等形式转化为以知识产权为主的无形资产，知识产权是在国家创新体系中的重要成果之一，知识资产即为会计上可确认的无形资产。

（三）R&D：国家创新体系建设的重要内容

联合国教科文组织（United Nations Educational, Scientific and Cultural Organization，UNESCO）关于研究与开发（R&D）活动的界定是：为增加知识的总量（包括人类、文化和社会方面的知识），以及运用这些知识去创造新的应用而进行的系统的、创造性的工作。❶ 显然，R&D 活动是集中体现知识创新的一种创造性活动。大量研究显示，R&D 投入的规模和强度同创新成果的产出及经济增长具有很强的非线性相关性，高速增长的产业与 R&D 高密集正相关。研究开发是创新的重要源头之一，也是技术创新的重要方面，如果没有研究开发的投入，国家创新体系的建设也仅仅是停留在结构制度上，只有投入大量研究开发，国家创新体系才会有更大的活力与竞争力。白玫（2000）在《技术创新与管理创新》一书中指出，技术创新能力由六种能力组成：创新决策能力、R&D 能力、制造能力、市场营销能力、资金能力和组织能力。在新产品、新工艺从思想形成—产品构思—基型设计—小批试制—批量生产—市场营销—产业化的整个过程中，影响技术创新能力提高最关键的要素就是 R&D 能力，它是企业实现产品创新的根本保证，而 R&D 能力提高的核心是人员能力的提高。世界经济强国一直关注 R&D 的投入，全球 GDP 排名靠前的国家对 R&D 投入的绝对量及相对量也居于世界前列，如美国 2008 年用于研发的投入就达 3 437 亿美元，占 GDP 总量的 2.62%。可以说，R&D 是国家创新体系的重要内容，国家对 R&D 投入量的大小决定了国家创新体系建设的好坏。要获得更多的创新成果就必须有高 R&D 投入相对应。一般而言，科技竞争力就是 R&D 活动的效率，就是国家对本国 R&D 活动在制度层面的支持和管理。至于国家的经济安全就在于该国是否能够按经济规律，以有效的手段，通过 R&D 保持自己的竞争优势。

可见，R&D 与无形资产及国家创新体系建设都有着密切的关系，可以认为，R&D 是无形资产与国家创新体系之间的桥梁，其逻辑关系

---

❶ 联合国教科文组织编写，田清雯译：《科学技术统计指南》，科学技术文献出版社 1990 年版。

为：在国家创新体系建设下，国家加大对 R&D 的投入，在大量研究开发过程中，形成了对企业、国家有用的知识资产类无形资产，即 R&D 投入—知识资产—无形资产—国家创新体系。

（四）国内外 R&D 的现状扫描

1. 代表性国家 R&D 支出状况与我国的对比

根据经济合作与发展组织（Organization for Economic Co-operation and Development, OECD）2008 年公布的数据，2007 年全球 R&D 经费支出前十大国家是：美国、日本、德国、中国、法国、英国、韩国、加拿大、意大利、俄罗斯。其中美国的 R&D 经费为 3 437 亿美元，占十大支出国 R&D 经费总额的 43.47%，中国位列第四位，总支出 488 亿美元，占中国 GDP 总额的 1.49%。十国中，R&D 经费总额占 GDP 比重最高的是韩国，占 GDP 总额的 3.23%，其次是美国 2.62%。十国的 R&D 经费总额均值为 790.6 亿美元，仅有美国和日本达到均值，R&D 经费总额占 GDP 总额的均值为 2.121%，有六个国家超过均值水平。对比来看，中国 R&D 经费支出虽然位列第四，但相对于我国的 GDP 总量来说并不相称，由 R&D 经费占 GDP 总额的比例来看，我国研究开发投入在国际上的地位低于其经济产出的低位，投入还严重不足。相关数据如表 1-1、表 1-2 所示。

从表 1-2 可知，我国 R&D 经费支出在 2002~2008 年间飞速增长，2008 年 R&D 经费支出 4 570 亿元，比 2007 年增长 23.2%，是 2002 年 R&D 经费支出的 3 倍还多，占国内生产总值（GDP）的 1.52%，虽然增长幅度比较大，但相对于 2007 年美国 R&D 经费支出占 GDP 的 2.62%，不论在相对量还是绝对量上都相距甚远。投入资金的不足，势必造成我国无形资产研发水平与美国、日本等研发大国差距悬殊。

表 1-1 2007 年代表性国家 R&D 经费支出情况

国　家	R&D 经费（亿美元）	R&D 经费/GDP（%）
美　国	3 437	2.62
日　本	1 485	3.39
德　国	738	2.53
中　国	488	1.49
法　国	475	2.11
英　国	427	1.78
韩　国	286	3.23
加拿大	270	1.89
意大利	194	1.09
俄罗斯	106	1.08
均　值	790.6	2.121

数据来源：中国科技部：Main Science and Technology Indicator 2008/1（OECD）；UNESCO。

表 1-2 中国 R&D 经费支出（2002~2008）情况

	2002	2003	2004	2005	2006	2007	2008
R&D 经费支出（亿元）	1 287.6	1 539.6	1 966.3	2 450	3 003.1	3 710.2	4 570
R&D 经费支出/GDP（%）	1.07	1.13	1.23	1.33	1.42	1.49	1.52

数据来源：中国科技部：Main Science and Technology Indicator 2008/1（OECD）；UNESCO。

从国际经验看，一个国家经济在发展初期，研究开发投入占国内生产总值的比例一般在 0.5%~0.7% 左右；在经济起飞阶段，该比例应当上升到 1.5% 左右；进入稳定发展期，该比例应当保持在 2% 以上。我国改革开放 30 多年来，中国经济一直处于高速增长阶段，GDP 以每年 10% 左右的速度增长，令世界瞩目，但是我国 R&D 经费支出却长期占 GDP 总量的 1% 左右，仅在 2006 年以后的三年才勉强接近 1.5% 的水平，这种低支出与中国经济发展完全不平衡。因此，必须加强对科技的投入，只有 R&D 经费支出达到 GDP 总量的 2% 左右，才能更加符合我国经济社会发展的真实状况，也才能使我国在较短的时间实现创新型国家的目标。

2. 代表性国家 R&D 分部门支出状况与我国的对比

对 R&D 经费支出按执行部门进行归类，可以看出，企业是使用 R&D 经费最多的部门，其中韩国、日本、中国、美国企业的经费使用量都超过了总 R&D 经费的 70%，俄罗斯、法国、中国的研发机构使用 R&D 经费比例相对其他国家也较高。中国 R&D 经费在高校中投入的比例相对较少，在所列的八个代表性国家中位居第七；此项指标中，英国、法国较高，研发投入大国中美国和日本也将超过 10% 的研究经费投入高校。由此可见，中国对高校的研发投入不足，应该加大高等学校研发费用的投入比例。相关数据如表 1-3 所示。

表 1-3　2007 年 R&D 经费支出按执行部门分布　（%）

国　家	研发机构	企业	高等学校	其他
中　国	18.5	72.3	8.5	0.7
美　国	11.1	70.3	14.3	4.3
日　本	8.3	77.2	12.7	1.8
德　国	13.8	69.9	16.3	0
法　国	17.3	63.2	18.2	1.3
英　国	10	61.7	26.1	2.2
俄罗斯	27	66.7	6	0.3
韩　国	11.5	77.3	10	1.2
均　值	14.69	69.83	14.01	1.48

数据来源：中国科技部；Main Science and Technology Indicator 2008/1（OECD）；UNESCO。

3. 代表性国家 R&D 分研究领域支出与我国的对比

研发支出按其支出目的可分为基础性研究、应用研究及试验发展。

基础研究指为了获得关于现象和可观察事实的基本原理的新知识（揭示客观事物的本质、运动规律，获得新发展、新学说）而进行的实验性或理论性研究，它不以任何专门或特定的应用或使用为目的。

应用研究指为了确定基础研究成果可能的用途，或是为达到预定的目标探索应采取的新方法（原理性）或新途径而进行的创造性研究。应用研究主要针对某一特定的目的或目标。

试验发展指利用从基础研究、应用研究和实际经验所获得的现有知识,为产生新的产品、材料和装置,建立新的工艺、系统和服务,以及对已产生和建立的上述各项作实质性的改进而进行的系统性工作。美国 2007 年三者所占比例分别为 18.6%、23.1%、58.3%,法国为 23.7%、39%、37.3%,日本为 12.7%、22.2%、65.1%。

长期以来,我国 R&D 经费投入结构严重失衡,2007 年基础研究、应用研究和试验发展三者的比例分别为 4.7%、13.3% 和 82%。日本在 1967～1973 年经济起飞初期,基础研究投入占 R&D 总经费比例平均高达 25%,韩国在 20 世纪 70 年代初,基础研究投入占 R&D 总经费的比例高达 22.9%。据科技部统计,我国基础研究经费占研究与发展经费的比例从 20 世纪 90 年代初的 7.5% 下降到 2003 年 5.3%,远低于创新型国家 15%～17% 的平均水平。相关数据如表 1-4、表 1-5 所示。

表 1-4　代表性国家 2007 年 R&D 经费按活动类型分类　　　　(%)

国　家	基础研究	应用研究	试验发展
中　国	4.7	13.3	82
美　国	18.6	23.1	58.3
法　国	23.7	39	37.3
意大利	27.7	44.4	27.9
日　本	12.7	22.2	65.1
韩　国	15.2	19.8	65
俄罗斯	15.4	15.3	69.3
均　值	16.86	25.3	57.84

数据来源:中国科技部;Research and Development Statistics 2008 (OECD)。

表 1-5　2007 年中国 R&D 经费支出活动类型分布　　　　(%)

	基础研究	应用研究	试验发展
研究机构	10.9	33	56.1
高等学校	27.6	51.4	21
企　业	0.4	3.5	96.1

基础研究是新知识生产和创新的源泉，对基础研究和应用研究投入不足会严重影响到创新活动的产出效率，降低我国重大原创性科学研究和影响力。如果一个国家的科技战略是把主要精力放在应用研究和试验发展上，省掉基础科学的研究过程，将较多经费用于技术开发，通过引进、消化和改造，虽然可以在短时期内有效地发展自己的科学技术体系，加快生产技术进步，迅速实现技术现代化。但这种科技发展战略的缺点也十分明显，即这种科技发展战略只有前劲而没有后劲，会导致"创造力的贫困"。❶

总之，R&D 活动对于国家创新体系来说是一项很重要的投入，国家创新体系的构建离不开 R&D 活动，其投入量的大小及其效率都决定了国家创新能力的强弱。首先，R&D 活动是一种知识的投入，其整个过程充满了脑力劳动、智力活动的投入，成功的研究开发能够为国家、企业带来更多的科技创新，为无形资产或知识资产的培育与形成提供可能。其次，在 R&D 活动中要消耗大量的资金，这些资金在符合条件情况下可以资本化为无形资产（知识资产）。

通过对我国 R&D 支出与国外进行比较，可以发现以下不足：

（1）我国 R&D 支出不论是在绝对量还是相对量上与西方国家还是有差距，R&D 支出占 GDP 总量还达不到平均水平，也不符合我国经济发展的现状。

（2）我国 R&D 支出部门分布不平均，高校的研发投入比例严重不足，造成了我国基础研究薄弱。

（3）我国的 R&D 活动主要是用于试验发展，像基础研究、应用研究等原创性研究缺乏，造成我国科技的总水平还相对不高。

---

❶ 我国高速铁路快速发展就是典型的例证。据报道，截至 2013 年 12 月 28 日，我国铁路营运里程突破 10 万千米。高速铁路突破 1 万千米，在建规模 1.2 万千米，使我国成为世界上高速铁路运营里程最长、在建规模最大的国家。但一些关键部件还受制于人，如高速列车的轴承等。这与我们创新体系建设中过多地关注试验发展不无关系。

四、知识资产与国家创新体系

(一) 国家创新体系的重要成果：知识产权

国家创新体系是种种不同特色的机构的集合，这些机构联合地和分别地推进新技术的发展和扩散，是创造、储存和转移知识、技能及新技术产品的相互联系的机构所构成的系统。知识通过在大学、科研机构和产业界之间的扩散，最后以知识产权的形式成为一种无形资产被储存起来。知识产权是知识流动和扩散的重要结果，也是国家创新体系的重要成果，知识产权质量和数量直接决定了国家创新体系实施的效果，也决定了国家核心竞争力的大小。

知识产权符合资产确认的条件，同时也符合无形资产的可辨认的条件，是人们很早就认识了解的一类无形资产，属于经典类无形资产的范畴。

(二) 国家创新体系建设：构建以企业知识资产为主体的无形资产体系

OECD 提出的技术创新能力评价体系，其核心是由知识投入、知识存量、知识流量、知识产出、知识网络、知识与学习等六部分构成。2005 年，科学技术和工业记分牌（Science、Technology and Industry Scoreboard，STI）包括了 R&D 和创新：知识创造与扩散；科学技术人力资源：知识和技能；专利：保护和商业化的知识；信息与通信技术：一个知识社会的推动者；知识流动和全球企业：知识在生产活动中的影响等五个方面的指标。从这五方面的指标来看，OECD 的评价体系主要是以对知识评价为主的无形资产评价体系。此外，瑞士洛桑管理学院也把公司信誉、管理效率、公司战略、文化、价值观等作为企业竞争力的重要方面。对竞争力的讨论扩大到产业、国家的层面，无形资产也便是其主要的衡量标准。

从资金的流动循环来看，企业是资金流动、分配的重要机制。首先，政府、高校等资金主要来自税收，而企业的纳税占了很大的比重。这部分资金用于创新研究后，产生的研究成果运用于企业的生产经营，资本又一次回归到企业，从而企业成为创新资金来源、营运、分配的关键部门。OECD 在 1997 年发布的公告也认为国家创新系统的核心是企业，是企业组织生产和创新、获取外部知识的方式。企业、公共或私有的研究机构、大学和中介组织只是外部知识的主要来源。因此，将企业作为国家创新体系的微观主体来研究是合适的，只是在研究过程中要重视企业和其他外部环境的关系。于玉林（2000）指出，一个企业拥有无形资产的多少，代表这个企业经济技术实力和竞争能力的强弱；一个国家拥有无形资产的多少，代表这个国家综合国力的强弱。国家创新体系是一个系统，虽然涉及众多制度安排，其好坏的衡量标准可以由无形资产的质与量来评判。对国家创新体系的评价也就是对其目标的测评，即对核心竞争力的评价，汤湘希（2006）认为，核心竞争力是以无形资产为基础，是企业通过多种无形资产的有机整合而形成的，拥有一定数量和质量的无形资产是培育企业核心竞争力的必要条件，决定着企业价值的高低。二者的密切关系主要体现在三个方面：一是衡量企业核心竞争力大小的依据是无形资产的质与量；二是企业核心竞争力的强弱体现在创造和提升无形资产的能力；三是提升企业核心竞争力的资产主要是无形资产[1]。无形资产的数量和质量已经成为衡量企业核心竞争力的重要标志。

（三）我国知识资产现状描述

2005 年，国家知识产权局宣布：我国只有 3‰ 的企业有自主知识

---

[1] 汤湘希：《企业核心竞争力会计控制研究》，中国财政经济出版社 2006 年版，第 36 页。

产权，99%的企业没有申请自己的专利，60%的企业没有自己的商标。截至2007年年底，中央企业累计拥有有效专利45 547项，比上年增长26.6%。其中，有效发明专利15 681项，占总量的34.4%。从申请情况看，2007年中央企业申请专利21 374项，比上年增长45.4%，占全国专利申请量的3.1%。其中申请发明专利11 004项，比上年增长53.9%，高于申请总量的增长，占全国发明专利申请量的4.5%。申请发明专利占申请专利总量的51.5%，高于全国35.3%的平均水平[1]。

根据国家知识产权局的数据，2007年国内外专利数量都有所增加，其中国内专利总量从2006年548 758个增长到2007年的622 409个，增幅为13.42%，国外专利总量增幅为27.55%。从发明（Invention）、实用新型（Utility Model）和外观设计（Design）三种专利各自所占比例可知，国内专利与国外专利的结构有着很大的区别，国内有效专利中发明类所占比例最低，而实用型专利所占比例却很高，占据了专利总额的一半以上，而国外专利却恰恰相反，实用型专利仅仅占2%左右，而近8成的专利是发明类专利。相关数据如表1－6所示。

表1－6　国内外三种专利有效状况

		发明（件）	比例（%）	实用型（件）	比例（%）	外观设计（件）	比例（%）	合计（件）
国内	2006	72 941	13.29	288 032	52.49	187 785	34.22	548 758
	2007	95 678	15.37	294 463	47.31	232 268	37.32	622 409
国外	2006	145 981	81.8	4 291	2.4	28 195	15.8	178 467
	2007	176 239	77.42	4 779	2.1	46 616	20.48	227 634
合计	2006	218 922	30.1	292 323	40.2	215 980	29.7	727 225
	2007	271 917	31.99	299 242	35.2	278 884	32.81	850 043

资料来源：国家知识产权局网站。

---

[1] 佚名："知识产权是国企提升竞争力的最佳途径"，《中国企业报》，载http：//www.lawtime.cn/info/zscq/ipnews/2008101037027.html/2010－02－09，最后访问日期：2008年10月7日。

知识产权是知识流动和扩散的重要结果，也是国家创新体系的重要成果，知识产权质量和数量直接决定了国家创新体系实施的效果，也决定了国家核心竞争力的大小。因此，如何从国家宏观政策层面鼓励原始创新和集成创新，多些发明，则需要进行更深入的思考。

五、知识资产与国家创新体系目标

（一）国家创新体系建设目标：提升国家核心竞争力

1986年，以美国技术经济学家保罗·罗默（Paul M. Romer）为代表的一批经济学家，在对新古典增长理论重新思考的基础上提出了以"内生技术变化"为核心的"新增长理论"。该理论认为，知识和资本一样，是一个全新的生产要素，它"内生"于经济活动中，起源于企业为获得最大利益所做的投资决策努力。尽管某些特定的技术突破或许是偶然的，但技术的全面增加是与人们为其提供的资源成比例的。知识可以提高投资收益，具有递增的边际生产率。新增长理论解释了保持强劲增长率的原因，如人力资本、知识总量对经济增长率起着决定性作用。发达国家可能由于丰富的人力资本和知识储备而保持较高的持续增长，不发达国家则可能因为人力资本和知识资源稀缺而陷入贫困陷阱，经济增长始终缓慢甚至停滞。根据竞争优势理论，对于先进国家来说，为了长期的发展与繁荣必将不断提高自身的竞争优势，使自己长期处于不败之地；而对于后进国家来说，必须不断赶超先进国家，也就要加强和提高自身的核心竞争力的培育。国家创新体系都是在这一背景下提出来的，其目的都是为了加强国家创新能力，研究和开发先进的技术水平，赶超或使自身处于不断领先状态，保持竞争中的优势，这种竞争优势的培养就是对核心竞争力的培育。所以，国家创新体系建设的目标是提高国家核心竞争力。

（二）核心竞争力内涵

核心竞争力可以从两个层面来分析，一是宏观层面，是从国家整体状况来考虑，另一个是微观层面，即企业核心竞争力，两者密切相关，相互作用。❶

1. 国家层面

人们普遍认为，国家之间的竞争是经济的竞争，也就是其综合国力或竞争力的较量，而这种较量可还原为技术优势的抗衡。《中国国家竞争力报告》（2000）认为，从理论上看，一国科学技术的国际竞争力主要体现在以下几个方面：（1）该国应具备将现有技术资源通过研究与开发活动有效地和创造性地应用于技术实践的优势，即将已有技术资源变成现实科技生产的能力。这要求该国具有充足的高素质应用型研究与开发人才、有效的研究开发激励机制和雄厚的资金保障。（2）该国应当有充足的投资用于基础性研究和创新活动，以保证有充足的、源源不断的新的技术资源应用于研究开发。(3) 一国用于非国防性研究与开发活动的开支越多，越有利于提高其科技竞争水平。(4) 对于企业而言，增加研发的长期投资，将有助于提高企业的竞争力。

2. 企业层面

2001年9月，国务院办公厅转发当时国家经贸委等8部委《关于发展具有国际竞争力的大型企业集团的指导意见》，按照该意见的内容，国际竞争力强的企业具有以下特征：技术创新能力强，拥有知名品牌和自主知识产权；市场开拓能力强，有健全的营销网络和持续的市场占有率；经营管理能力强，有适应国际化经营的优秀管理人才队伍和现代化管理手段等。2003年，领袖企业竞争优势峰会指出：企业

---

❶ 对企业核心竞争力的具体定义，有兴趣的读者可参阅汤湘希著：《企业核心竞争力会计控制研究》（中国财政经济出版社2006年版）有关内容，此处不再赘述。

是不是有自己的核心技术,是一个企业具有竞争力的重要标志,唯有如此企业才具有持久的生命力。一个企业拥有了品牌,就拥有了消费者,就拥有了市场竞争力。如果企业的信用状况好,就拥有了众多的战略伙伴,市场竞争就能保持优势。汤湘希(2005)认为,企业实质上是由各种各样的细分能力或资源组合而成的一个组织体系。企业将各种资源或能力有机整合形成企业核心竞争力,并为企业作出价值贡献。企业微观外部环境的组成要素紧密地和企业联系在一起,其竞争力的状况和综合强度决定着企业间竞争的激烈程度,同时也决定企业在行业中获得利润的潜力。其次,企业素质、经营能力(包括决策能力和管理能力)、销售能力和理财能力等构成了企业经营的内部环境,其综合作用形成的领先竞争对手的优势就是核心竞争力,并通过无形资产的经营而凸显出来。

在国家层面与企业层面间同时存在一个中观层面,即产业层,同一产业中所有企业核心竞争力构成了整个产业竞争力,而一国内众多产业竞争力为国家竞争力提供了保障。因此,对于国家核心竞争力的研究可以分解为企业核心竞争力,从企业的角度来研究,可以说,国家核心竞争力在很大程度上是企业核心竞争力的积累。相关结构如图1-1所示。

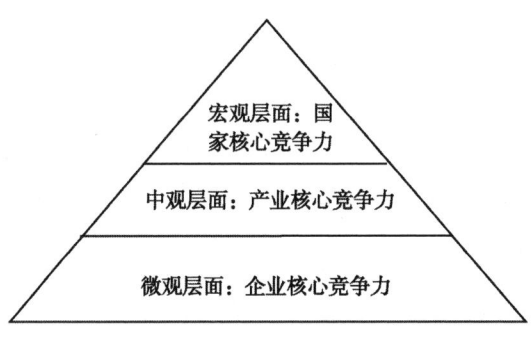

图1-1 竞争力的分层结构

（三）企业核心竞争力的外在表现：知识资产

国家创新体系的一个重要目标就是提高国家竞争力，核心竞争力是多种资源和能力共同作用而形成的一种合力（汤湘希，2006）。无形资产抑或知识资产是核心竞争力的构成要素，是其载体。在知识经济时代，知识、技术成为企业、区域乃至国家提高核心竞争力的要素，因此，国家创新体系既包括提高技术创新能力与效率，也包括提升全社会的知识基础等重要内涵。从企业核心竞争力理论的奠基人普拉哈拉德和哈梅尔到 D. 福克纳和 C. 鲍曼均认为，核心竞争力是公司专有的、优异的、扎根于组织之中的一种复合性、整合性的能力。这种能力是适应市场机会的，更有可能实现持续竞争优势，获得超额收益的无形资产（王明夫，2001）。核心竞争力是企业拥有的独特知识与技能的集合，从无形资产的视角来看，企业核心竞争力就是企业的无形资产。汤湘希（2004）认为，企业的核心竞争力是第四类无形资产，即合力无形资产。其表现形态是企业通过各种资源、能力在一定制度环境下进行整合而获得的能力。❶

当今世界不同于以前任何一个时代，政治、军事都不得不让位于经济，谁在经济上占据主导谁就占据了世界的话语权，就能获得想要的政治地位、军事地位。

企业是国家创新体系中最重要的主体，其他的各主体都是为企业服务的，各种研究机构、高校等都只是为企业提供知识资产来源，给创新不断提供知识储备。其他部门产生出的创新成果仅仅是劳动的产品，也只有通过企业的方式进入市场后才成为商品，具有商品的属性。当一项创新成果不进入市场，其价值就不能得到体现，专利就只是专利，技术也只是技术，只有和资本结合才能发挥出更大的效用，成为

---

❶ 汤湘希："无形资产会计的两大误区及其相关概念的关系研究"，载《财会通讯》2004 年第 7 期。将无形资产分为经典无形资产、边缘无形资产、组合无形资产和合力无形资产四类。

一种竞争能力。企业的科技创新能力既是企业自身发展壮大的根本动力，也是提升国家竞争力的重要因素，科技创新能力不仅在于能产生什么样的科研成果，更重要的是在成果转化、产业化应用和市场开拓方面，企业具有把选择适合市场的科技成果转化为产品的先天优势，有直接面向市场并了解市场需求的灵敏机制，有实现持续的科技创新的条件。无形资产的价值在于它可以创造价值。美国对世界500强企业的长期跟踪研究表明，在1982年，无形资产对价值创造的贡献率只有38%，1992年增长到62%，目前已达到82%，企业价值创造的驱动从过去的资本型，经过以质量管理为标志的人力资源型，转向以知识为第一驱动力。例如美国可口可乐公司的灌装厂遍布世界，它的主要投资无非是它的品牌、以商业秘密保护的"母液"等知识产权。充分利用他人的市场、原材料、设备、厂房、劳动力，就地灌装，就地销售，就地获利，这是可口可乐公司利用知识产权投资、扩张的基本模式。定牌加工就是其中很重要的一种知识产权——无形资产投入方式。美国耐克（NIKE）公司主要是以定牌加工的方式进行运作。中国是耐克运动鞋的主要加工地。同样一个定牌加工制造耐克运动鞋的厂家，制造的同款式、同档次、同质量的运动鞋，如果采用自己的商标在国外销售，其价格大约只有耐克运动鞋的1/10。

六、我国上市公司无形资产的现状描述

无形资产，是企业和经济发展的驱动力和至关重要的资产，在全球前五名的品牌公司中，可口可乐公司的无形资产占总资产的比重为93%；微软公司的无形资产占99%；IBM公司的无形资产占89%；GE公司的无形资产占90%；英特尔公司的无形资产占87%。反观我国的企业，其无形资产的比重较低，在无形资产中，其知识资产的比重更低。在研究中，笔者收集了我国上市公司2004~2007年的年报数据并进行整理。相关数据如表1-7所示。

（一）总体状况描述

本书以沪、深两市 A 股上市公司 2004~2007 年的数据为样本，[1]重点考察无形资产在我国目前的存续状况，主要包括上市公司的无形资产信息披露的类型、主要影响因素及行业差异分析。总体情况如表 1-7 所示。

表 1-7 沪深两市 A 股上市公司 2004~2007 年无形资产总体状况

年份	公司数（个）	有无形资产的公司数（个）	有无形资产的公司比例（%）	无形资产总额（元）	资产总额（元）	无形资产比重（%）
2004	1 081	981	90.75	88 783 907 542	4 214 640 000 000	2.11
2005	1 094	1 000	91.41	99 734 984 042	5 000 440 000 000	1.99
2006	1 160	1 082	93.28	124 653 000 000	6 157 180 000 000	2.02
2007	1 236	1 193	96.52	206 261 000 000	8 459 490 000 000	2.44

数据来源：国泰君安数据库。公司数为深、沪两市剔除 ST 和 PT 公司及缺失数据后的数目。

从表 1-7 可以看出，"有无形资产的公司数"占上市公司的比例呈上升趋势，2007 年几乎达到了 97%，说明上市公司在这 4 年间通过外购或自创形成了更多的无形资产。所拥有的无形资产的数量也有较大幅度的增长，从 2004 年的 887 亿元到 2007 年的 2 062 亿元，增长幅度为 132.23%。可以看出，上市公司对无形资产的披露已经趋于普遍化，并且价值量较大，说明上市公司对无形资产的重视程度越来越高，无形资产的地位和作用在上市公司中也显现得愈发突出。

2007 年披露的无形资产总数比 2006 年有大幅度提高，也反映了 2006 年《企业会计准则》的实施，使无形资产的披露更加规范。然而，作为知识经济时代企业的重要资产，无形资产的数量还远远不够，可以想象，它在企业中发挥的作用还是微乎其微。

---

[1] 因获得本课题时是 2008 年，当时的数据截止日期是 2007 年，故选取了 2004~2007 年这一时间段，当然，在 2008 年后有些变化。特此说明。

（二）明细信息统计描述

我国企业到底存在哪些无形资产？是否都在报表附注里进行了列示？上市公司的 R&D 和在研项目是否被披露？无形资产中，具有创新意义的知识资产到底有多少，其质量如何？针对这些问题，我们选择 2007 年❶在深市上市的 A 股公司作为研究对象。样本的选择遵循如下两个原则。

一是不考虑金融类上市公司，这是借鉴于国际上作此类研究时，因金融类上市公司自身特性而一般将之剔除于样本外。

二是剔除 ST 和 PT 类❷上市公司，这些公司或处于财务状况异常的情况，或者已连续亏损两年以上，若将其纳入研究样本将影响研究结论。这样得到有效样本为 571 家公司。有关各种无形资产的明细直接取自国泰君安数据库（CAMAR）中上市公司披露的年度财务报告的附注信息，并与上市公司年报进行了核对。相关数据如表 1-8 所示。

表 1-8　无形资产的具体构成

类　　别	总额（万元）	平均值（万元）	中位数（万元）	标准差（万元）	占无形资产总数比例（%）
土地使用权	5 539 676.43	5 082.27	1 030.60	20 876.16	77.59
各种经营权、特许权	547 752.16	10 533.70	895.31	29 037.81	7.67
采（探）矿权	398 877.44	4 335.62	985.92	10 038.49	5.59
专有技术	225 196.72	1 471.87	170.08	6 351.04	3.15
软件	108 992.37	156.37	16.36	1 054.35	1.53
商标（使用）权	74 099.52	748.48	36.28	2 079.32	1.04
专利权	68 768.97	809.05	47.57	3 111.04	0.96

---

❶ 因我国《企业会计准则》（2006）从 2007 年 1 月 1 日开始实施，其无形资产中不再包括商誉，对其披露的要求也有所提高，故选择 2007 年的样本具有一定的代表性，特此说明。

❷ 现在上市公司中已经没有了 PT 公司，这是根据当时的情形予以说明。

续表

类　别	总额（万元）	平均值（万元）	中位数（万元）	标准差（万元）	占无形资产总数比例（%）
非专利技术	35 616.97	593.62	165.12	1 313.82	0.50
林权	23 212.89	7 737.63	5 614.50	7 463.12	0.33
运输工程（电站设施）	18 828.94	3 765.79	441.69	5 214.23	0.26
出租车营运牌照	15 276.30	7 638.15	7 638.15	9 909.30	0.21
著作权	12 660.58	1 808.65	257.50	3 753.96	0.18
枢纽立交使用权	10 425.25	3 475.08	4 141.35	2 975.26	0.15
优先收益权	10 077.78	5 038.89	5 038.89	180.71	0.14
其他	8 609.72	253.23	59.50	800.88	0.12
海域使用权	5 623.39	937.23	324.06	1 102.95	0.08
冠名权	4 996.77	1 249.19	102.38	2 360.67	0.07
捕鱼权	4 687.72	1 171.93	954.44	1 158.78	0.07
生产经营权	3 684.85	1 842.42	1 842.42	2 144.13	0.05
用电（水、气）权、通信权	3 407.94	262.15	43.14	363.46	0.05
车牌使用权	2 958.52	2 958.52	2 958.52	—	0.04
售后服务模式	2 927.52	2 927.52	2 927.52	—	0.04
综合商誉	2 359.50	2 359.50	2 359.50	—	0.03
客户关系	2 119.10	2 119.10	2 119.10	—	0.03
交易席位费	1 619.13	1 619.13	1 619.13	—	0.02
铁路专用线（权）	1 472.01	490.67	207.43	563.23	0.02
（电能表）销售网络	1 201.16	400.39	350.10	371.43	0.02
房屋使用权	1 101.00	137.63	61.72	204.91	0.02
品牌及管理	1 094.67	364.89	493.33	294.48	0.02
客户合约	703.20	703.20	703.20	—	0.01
项目	552.14	69.02	58.97	59.67	0.01
地质勘探费	504.50	504.50	504.50	—	0.01
承办权	500.00	250.00	250.00	70.71	0.01
品种使用权	198.08	198.08	198.08	—	0.00
高尔夫球证、会员卡	114.68	57.34	57.34	76.24	0.00
营销系统	77.58	77.58	77.58	—	0.00
车位使用权	15.31	7.65	7.65	5.01	0.00

表 1-8 显示，截至 2007 年 12 月 31 日，我国上市公司无形资产的具体构成已达近 40 种，其中价值量最大的是土地使用权，约占无形资产总数的 78%。其次是特许经营权和特许权，约占 8%，而其中高速公路和隧道收费经营权又占主要部分。❶ 采矿权与林权分别约占 6% 和 0.3%，这些与自然资源的开发有关的无形资产比重较大。而知识资产类无形资产，包括专利权、非专利技术（亦称专有技术，抑或技术秘密）、商标权、软件等所占比重全部加起来也只有 7.2%，这也从一个侧面反映了我国上市公司自主创新能力还很弱。在样本公司中，有一家企业列出了售后服务模式，另外一家企业列出了客户关系和客户合约。销售网络、营销系统也有企业列示。太原刚玉（000795）将品牌、分销网络确认为综合无形资产予以披露，❷ 2008 年，该公司又将其改为品牌和分销网络分别披露。

除此之外，笑市公司的财务报表附注中，还发现存在以下一些不规范的情况，比如直接列出技术转让费，或以知识产权、工业产权、专利及非专利技术来概括。还有企业直接列出技术的名称或者英文名，在一定程度上给报表使用者造成困扰，无法深入理解企业真正具有哪些无形资产。同时，有近 50 家上市公司披露了研发支出的详细情况，这可以说是令人欣慰的。

（三）无形资产的行业分布特征

我国上市公司无形资产的行业分布有何特征？我国高新技术企业

---

❶ 对于土地使用权是否应作为无形资产，理论上还存在一定的争议。我们认为，土地使用权、特许权等可以界定为"边缘无形资产"。尤其是土地使用权不应作为无形资产，具体理由可参见汤湘希："无形资产会计的两大误区及相关概念的关系研究"，载《财会通讯》2004 年第 7 期。笔者认为，土地使用权可以界定为边缘无形资产，因为它不具有一般无形资产的基本特性，将土地使用权界定为无形资产，在一定程度上是误导了信息使用者。至于详尽理由，此处不再赘述。

❷ 该公司 2008 年审计报告。

的无形资产现状如何？简便起见，我们在507个样本中，按照无形资产总额排序，取出前100名上市公司作为我们的研究样本。行业分类按照证监会的规定，分为12大类。由于前100家中有62家属于制造业，我们继续将制造业再细分为三类，即轻纺工业、资源加工业和电子机械制造业。其中，轻纺工业指纺织、服装、皮毛、食品、饮料、造纸、印刷、家具木材；资源加工业指石油、化学、塑料塑胶、医药、生物制品和金属等；电子机械制造业指电子、机械、设备仪表等。统计数据表明，资源加工业和电子机械制造业的公司数量多，分别为26家和24家，比例分别为35.42%和15.30%。轻纺工业和电煤水业的公司数和无形资产所占比例也较多。而信息技术业只有3家，所占比例不到2%。几乎所有行业排在第一位的无形资产都是土地使用权，电、煤及水的生产和供应类企业，土地使用权居然达到了94.04%。除了信息技术业，其他所有行业的土地使用权都位列前三。这说明上市公司拥有真正意义上的无形资产微乎其微。相关数据如表1-9、表1-10所示。

表1-9 无形资产总额前100家公司的行业分布

	数量（家）	无形资产总额（万元）	比例（%）
资源加工业	26	1 757 714.75	35.42
电子机械制造业	24	759 363.04	15.30
交通运输、仓储业	7	653 495.24	13.17
轻纺工业	12	511 884.81	10.31
电、煤及水的生产供应业	8	362 701.83	7.31
批发零售业	4	177 137.34	3.57
建筑业	2	144 550.50	2.91
综合类	4	135 097.57	2.72
房地产业	2	123 706.18	2.49
社会服务业	3	112 261.12	2.26
信息技术业	3	88 961.85	1.79

续表

	数量（家）	无形资产总额（万元）	比例（%）
采掘业	3	79 537.20	1.60
农林牧渔业	1	35 024.96	0.71
传播与文化业	1	21 478.14	0.43
合计	100	4 962 914.533	100.00

表1-10　各行业总额前三位的无形资产明细

行业名称	第一位	金额（万元）	比例（%）	第二位	金额（万元）	比例（%）	第三位	金额（万元）	比例（%）
资源加工业	土地使用权	1 507 747.83	85.78	采（探）矿权	144 765.68	8.24	专有技术	16 369.01	0.93
电子机械制造业	土地使用权	619 625.77	81.60	专有技术	74 473.65	9.81	软件	17 312.63	2.28
交通运输、仓储业	经营权	370 204.74	56.65	土地使用权	262 558.07	40.18	枢纽立交使用权	10 202.07	1.56
轻纺工业	土地使用权	467 461.27	91.32	专利权	25 505.75	4.98	商标	13 681.34	2.67
电煤水生产及供应业	土地使用权	341 098.75	94.04	运输工程	12 336.31	3.40	海域使用权	2 634.01	0.73
建筑业	土地使用权	73 988.19	51.19	采矿权	69 478.84	48.07	房屋使用权	636.05	0.44
房地产业	土地使用权	76 893.71	62.16	经营权	46 326.39	37.45	软件	486.08	0.39
社会服务业	土地使用权	68 188.21	60.74	经营权	43 127.80	38.42	专利权	845.83	0.75
信息技术业	采矿权	48 818.28	54.88	经营权	15 006.50	16.87	软件	14 753.95	16.58
采掘业	采矿权	61 599.10	77.45	土地使用权	17 309.74	21.76	软件	424.33	0.53

（四）统计分析结论

1. 无形资产的数量和比例偏低

在本研究选取的样本区间内，我国上市公司无形资产总额占总资产的比例不到3%，有些上市公司甚至没有无形资产。说明目前我国企业的资产结构仍然保有浓厚的传统经济特征，即固定资产在企业资产中占有较大份额，并在企业发展中起着重要作用。无形资产总量是在不断增长的，但与其他形式资产的增长速度相比还存在着明显差距，这是与知识经济的时代特征相悖的。以美国为例，多数企业无形资产占资产总值的比例达到了50%~60%，无形资产已经成为企业核心竞争力的主要体现。我国企业目前存在无形资产比例较小的情况，可能是上市公司无形资产较少，也可能是上市公司虽然拥有较多的能对公司价值创造做出较大贡献的无形资产，但是按照我国现行会计准则未能全面地把它们披露出来，即无形资产信息披露得不充分。这一方面说明企业知识化程度不高，对无形资产的认识程度不够；另一方面说明目前我国对无形资产的计量还不够客观、合理，造成了一定程度的会计信息失真。

2. 无形资产的构成不够合理

我国无形资产的绝大部分都是土地使用权，尽管按照现行会计准则将用于出租的土地使用权作为投资性房地产核算，土地使用权的金额依然巨大，甚至很多企业除了土地使用权就没有其他无形资产。无论是单个企业还是行业，土地使用权所占比例总是占据78%以上。其次，采矿权、探矿权等用益物权类无形资产也占据了约6%。这些无形资产的取得主要是依靠政策和行政许可，并不需要企业自主创新。而体现智力成果的专利权、非专利技术、商标权等则不到2%，再次说明了企业缺乏创新和自主知识产权。

3. 无形资产的披露不够规范

由于上市公司对于其无形资产的披露是一个被迫的要求，所以上市公司在对其无形资产进行披露的过程中表现得较为随意。根据《企业会计准则第6号——无形资产》（2006）及其指南的规定：无形资产是指企业拥有或者控制的没有实物形态的可辨认非货币性资产，包括专利权、非专利技术、商标权、著作权、土地使用权、特许权等。从表面看，这一主要以列举定义的无形资产似乎一目了然，但目前上市公司实际披露情况却与规定相差甚远。本书在对样本公司进行基础数据收集整理时发现，在众多的无形资产中，除《企业会计准则》(2006)中规定的项目外，上市公司所列示的无形资产明细多达几十种，有的则以"土地使用权"一言以蔽之，有的洋洋洒洒列出几十项明细，要么以项目名称或者专业术语代替，很不规范。

另外，针对无形资产的具体信息，如取得、摊销和减值信息，大部分上市公司披露内容相对集中单一，套用同样的模板，缺乏多样性。这就使得上市公司的无形资产信息披露较为呆板、机械。

4. 无形资产的行业分布不显著

理论上，无形资产的数量和质量在高新技术企业应该分布明显，其产品价值体现在所包含的知识、技术等无形因素上，如软件业、计算机服务业等；然而，无形资产金额前100名企业中，信息技术业只有三家入选。而传统行业，如制造业，在新经济条件下其无形资产也显得格外重要。相关数据显示，无论制造业还是高新技术业，占据前两位的无形资产都是土地使用权和采矿权。制造业和服务业本应成为创造无形资产和知识资产的主力军，但是目前无形资产的分布并没有明显的行业特征。

综上所述，无形资产作为新经济时代的主要驱动力，不仅是驱动企业经济可持续发展的动力，也是某一产业和国民经济可持续发展的主要驱动力，更是国家创新体系建设的必备条件之一。因此，应从理论上重新界定无形资产，即无形资产应是以"知识产权"为代表的不具有实物形态的资产。

第二章 经济增长的主要驱动力
——知识资产

先哲弗朗西斯·培根（Francis Bacon，1561~1626）早有论断：知识就是力量。丹尼斯·魏特利（Denis Waitley，1983）更明确指出，知识是明天的一切。❶ 在知识经济时代，社会经济发展的驱动力中80%~90%来源于知识及知识的创新。换言之，只有10%~20%来源于其他生产要素的贡献。正因为知识及知识创新已经成为社会经济发展的主动力，因此，现代经济的增长动力机制开始从传统的资本、技术和劳动力三要素中，凸显出知识资产的决定性作用。一个以智力资源为基础、知识创新为动力的新经济时代正在来临。而知识资产已成为推动知识经济迅速发展，引导世界财富大转移的强大力量。随着知识经济的全面发展，一个极其重要的知识经济新理念——知识资产范畴，日渐成为未来社会新经济理论的统一灵魂。

从资本概念的历史形成与发展的轨迹来看，在资本主义300多年的历史发展过程中，在社会经济生活中居主导地位的资本形态，先后出现过商业资本、工业资本和金融资本等几种典型的形式。在知识时代的今天，企业最具有价值和稀缺的资源不再是物质资源、货币资本和硬件设备等，而是诸如人才、智力和创新等的知识资产。知识资产不仅是企业获得竞争优势的关键所在，也是企业价值的关键驱动因素。

经济增长或发展问题是经济学研究的永恒主题之一。纵观经济增长理论演变历程，有形资产和无形资产❷投入导致人均产出累积性增长

---

❶ Denis Waitley, *Seeds of Greatness*, Hardcover, Bookthrift Co, 1983, p.1.
❷ 在外文文献中，无形资产和无形资本经常混用，此处不作区分。

（速水和拉坦，1998），经济增长理论大都围绕无形资产问题展开，无形资产问题成为经济增长理论关注的焦点。在知识经济时代已经到来的背景下，无形资产成为经济发展的主要"驱动力"，亦成为企业核心竞争力的基本载体与核心要素。❶

一、新经济增长理论的沿革与知识资产

新经济增长理论❷的发展经历了古典经济增长理论、哈罗德—多玛增长理论、新古典经济增长理论、新增长理论等不同阶段。不同阶段的经济增长驱动力虽有所差异，但其主要的驱动力是以知识资产为典型代表的无形资产。现简述如下。

（一）古典经济增长理论中的经济增长驱动因素

经济增长驱动因素是亚当·斯密（1776）、托马斯·马尔萨斯（Thomas Malthus，1820）、大卫·李嘉图（1817）等古典经济学家们研究的核心问题（唐纳德·哈里斯，Donald J. Harris，1986）。❸ 古典经济学家们除强调资本和劳动对经济增长的重要作用外，还强调知识积

---

❶ 汤湘希：《无形资产会计问题探索》，武汉大学出版社2010年版，第1页。

❷ 新经济增长理论是20世纪80年代中期以后，由罗默（Paul Romer）和卢卡斯（Robert Lucas）等为代表所创立。其重要内容之一是把新古典增长模型中的"劳动力"的定义扩大为人力资本投资，即人力不仅包括绝对的劳动力数量和该国所处的平均技术水平，而且还包括劳动力的教育水平、生产技能训练和相互协作能力的培养，等等，这些统称为"人力资本"。罗默于1990年在理论上第一次提出了技术进步内生的增长模型，把经济增长建立在内生技术进步上。（来源于百度百科，http://baike.baidu.com/view/853647.htm。）这方面的理论也可参阅沃尔特·W. 罗斯托（Walt Whitman Rostow）的"经济起飞六阶段理论"。载罗斯托：《经济成长的阶段》（The Theory of Stage of Economic Growth）（1960，中文版由商务印书馆1962年出版）。

❸ 约翰·伊特韦尔、默里·米尔盖特、彼特·纽曼编，陈岱孙译：《新帕尔格雷夫经济学大辞典》，经济科学出版社1992年版，第484~488页。

累、技术进步、精神资本等无形资产对经济增长的作用，并且阐释了决定经济增长过程的简单机制。

亚当·斯密认为，影响国民财富增加的因素有劳动、资本、社会经济制度等。❶ 斯密在重视资本对经济增长重要性的同时还强调了分工与劳动生产率的提高对于经济增长的重要作用。李嘉图则主张为了避免经济陷入"静止状态"，不仅需要资本的不断积累和劳动的持续投入，而且还需要技术革新和实行自由贸易。约翰·穆勒（John Stuart Mill, 1848）明确指出，技术知识的进步及其在工业上的应用，会使同样数量和同样强度的劳动生产出更多的产品。❷ 边沁（Bentham J., 1818、1843）、霍奇金（Hodgskin T., 1825）、瑞伊（Rae J., 1834）等认为，知识积累是经济增长的发动机，并且知识积累和有形资本积累同时进行。边沁更强调企业家的个人特质对经济增长的贡献。❸ 弗里德里希·李斯特（1844）首次运用近似于"人力资本"的概念——"精神资本"。❹ 威廉·罗雪尔（Wilhelm Roscher, 1854）强调，技术进步是一个国家增加财富的真实源泉及其实力❺，并提出了涵盖劳动能力、信心、灵巧、厂商名声等的无形资本概念。马尔萨斯（Malthus, 1820）认为，继续增长的人口是经济发展的重大约束条件。1890年，阿尔弗雷德·马歇尔（Alfred Marshall）发现了因技术进步和资本积累

---

❶ 方齐云、王皓、李卫兵等：《增长经济学》，湖北人民出版社2002年版，第31~35页。

❷ 约翰·穆勒：《政治经济学原理及其在社会哲学上的若干应用》，商务印书馆2009年版，第131页。

❸ Renee Prendergast Accumulation of knowledge and accumulation of capital in early "theories" of growth and development, Cambridge Journal of Economics, 2010, 34 (3), pp. 413~431.

❹ 葛扬、李晓蓉：《西方经济学说史》，南京大学出版社2003年版，第208页；还可参阅黄国群："企业精神资本与前言软实力：内涵及关系分析"，载《工业技术经济》2011年第4期。

❺ 罗雪尔：《国民经济学原理》（英文），霍尔特出版公司1878年版，第322页。

而促成生产中报酬渐增趋势,该渐增趋势因外在经济而加强。马歇尔指出,良好的教育是物质财富生产的一个重要手段。[1] 其经济增长理论如公式（2-1）所示。

$$g = f_1(n, e, w, F, A, S) \quad (2-1)$$

式中,g——一国的实际总收入;

n——该国劳动力数量;

e——劳动力的效率;

w——积累的财富数量;

F——自然资源的丰歉程度;

A——生产技术水平;

S——公共安全状况。

从公式（2-1）可知,一个国家的经济增长,取决于多个要素的组合,但这些要素中,与知识、智力等相关的因素则是最具影响力的变量,即劳动力数量、劳动力效率和生产技术水平。

（二）哈罗德—多玛增长模型中的经济驱动因素

哈罗德（Roy Forbes Harrod,1939）和多玛（Evsey D. Domar,1946）在凯恩斯"有效需求"理论的基础上,提出了动态均衡的"哈罗德—多玛"模型,将凯恩斯的短期分析长期化。在严格的假设条件下,他们认为经济持续增长的条件是：一国的储蓄率等于资本—产出率与有效劳动增长率的乘积。他们强调了资本积累在经济增长中的决定性作用,资本投入是经济增长的原动力。该理论在短期中有一定的现实性,但没有考虑供给方面的生产函数,均衡增长不被模型独立决定,其稳定状态的增长很难实现。由于累积性的扩张或收缩问题,被称为不稳定原理（Harrod,1939）。但是,哈罗德—多玛模型构建标志着经济学界运用数理经济方法研究经济增长问题的肇始,是将经济增

---

[1] 马歇尔：《经济学原理》,商务印书馆1983年版,第229页。

长理论模型化的开端。

（三）新古典经济增长理论中的经济驱动因素

现代经济增长理论虽然以哈罗德—多玛模型为开端，但是现代经济增长理论却大多以索洛模型为出发点。索洛（Solow，R.）和斯旺（Swan，T.）1956年构建了索洛—斯旺模型，该模型克服了哈罗德—多玛模型的"刀锋均衡"问题。米德（J. E. Meade）和萨缪尔森（P. A. Samuelson）也相继提出了与索洛论点基本一致的模型。丹尼森（Denison，E.）、肯德里克（Kendrick，J.）、卡斯（Cass，D.）以及库普曼斯（Koopmans，T.）从理论和实证方面修正并扩展索洛—斯旺模型，并日益使之精细化。在新古典生产函数和固定折旧比例的假设条件下，索洛—斯旺模型得到均衡增长的条件如公式（2-2）所示。

$$k \cdot (t) = sf[k(t)] - (n + g + \delta)k(t) \qquad (2-2)$$

式中，$k \cdot (t)$——资本增长速度；

s——用于投资的比率；

$f[k(t)]$——每单位有效劳动的平均产量；

n、g、δ——劳动增长率、技术增长率、折旧率；

$k(t)$——人均资本。

从公式（2-2）可知，在上述模型中，经济增长不仅取决于资本和劳动要素的投入，还取决于技术变化。该模型强调技术进步的重要作用，纠正了"资本决定论"的论断，具有里程碑式的意义。其经济增长模型完全从供给方面研究长期经济增长的根源。在索洛—斯旺模型的引领下，主流经济增长理论都以长期增长稳态来解释形成"卡尔多稳态"的原因。

但是，在该模型中，长期人均增长率完全依赖于外生的技术进步率，技术进步本身被假定为外生决定的、偶然的、不费成本的资源，而对技术进步及其源泉则未明确，缺乏一个明晰的动力源泉，即该模型是通过假定增长来解释增长的（罗默和大卫 [Romer，David]，

1996)。

为了充分考虑到消费者、厂商的个体最优决策行为，为宏观经济增长奠定坚实的微观分析基础，拉姆齐（Ramsey，1928）、卡斯（Cass，David，1965）、库普曼斯（1965）将储蓄率作为内生变量建立家庭最优消费选择模型，深入探讨经济增长的内在机制。

阿莱（Allais，1947）、萨缪尔森（1958）和戴蒙德（Diamond，1965）以离散的方法研究消费者和厂商最优行为，用世代交替模型代替 RCK 模型的无限生命假设。布兰查（Blanchard，1985）发展了一个连续时间的世代交替模型，使其进一步接近现实。他们从微观经济的角度考察长期宏观经济总量运行情况，不仅完善了新古典经济增长模型，而且为以后的经济增长模型确定了准则。

（四）新经济增长理论中的经济驱动因素

20 世纪 70 年代，在阿罗—德布鲁的一般均衡理论建立以后，经济增长理论力图将经济增长的宏观问题建立在"可靠的微观基础"上，从个体、部分出发解释整体的思想，已视其为科学研究的必要条件。阿罗（Arrow，1962）、宇泽（Uzawa，1964、1965）、辛斯基（Sheshinski，1967）、罗默（1986）、琼斯、曼纽尔（Jones、Manuelli，1990）、金和雷贝洛（King、Rebelo，1990）、巴罗（Barro，1990）、雷贝洛（Rebelo，1991）、琼斯、曼纽尔、罗西（Jones、Manuelli、Rossi，1993），雷贝洛、斯托克（Rebelo、Stokey，1995）等用凸性生产函数来替代新古典生产函数，使用 AK 模型、具有收敛性的内生增长模型、CES 模型等探求经济增长的驱动因素，以此研究内生经济增长。

新经济增长理论从以下几个方面探求经济增长的驱动因素，进行内生化处理。

1. 以资本投资的外部性作为经济驱动因素

将技术进步和生产率的提高当做物质资本和技术投资的副产品，把资本投资的外部性作为经济增长的驱动因素。阿罗（1962）提出，知识与生产率的增益来自投资和生产，边干边学或知识是投资的副产品。知识水平本身作为一个生产要素参与生产过程，由于其公共品属性，作为一个整体，经济具有收益递增的特点。利维哈里（Levhari，1966）区分了私人收益和社会收益的性质；谢辛斯基（Sheshinski，1967）对阿罗模型进行简化和扩展。但是由于阿罗的边干边学概念只适应于单个产业或产业过程，不适应于整个经济状况；再加上阿罗模型存在两个问题：一是存在外部性时竞争均衡的存在性；二是动态最优过程中，社会最优与目标函数的有限性。罗默（1986）在确保竞争均衡存在的前提下，对阿罗模型进行扩展，建立了罗默模型。该模型得出均衡增长既不依赖于外生技术进步，也不依赖于人口或劳动力的自然增长率。罗默（1986）认为私人边际产品与社会边际产品的比例如公式（2-3）所示。[1]

$$\frac{D_1 f(k,Nk)}{D_1 f(k,Nk)+ND_2 f(k,Nk)}=\frac{v}{\gamma+v} \quad (2-3)$$

式中，$D_1 f(k,Nk)$——私人边际产品；

$ND_1 f(k,Nk)$——社会上所有其他私人边际产品；

γ——整个经济的全部知识存量弹性；

v——补充知识存量弹性。

从公式（2-3）可知，由于竞争均衡导致私人投资知识低于社会最优水平，罗默（1990）随后对其1986年模型进行了修正。

2. 以产品创新作为经济驱动因素

罗默（1990）认为，技术变化为持续的资本积累提供激励，而资本积累和技术进步又解释了产出的绝大部分。技术进步源于人们根据市场刺激作出反应而采取的有意识的行动。罗默（1990）假定经济中存在最终产品部门、研究与开发部门、中间产品生产部门，从而建立

---

[1] 左大培、杨春学：《经济增长理论模型的内生化历程》，中国经济出版社2007年版，第172页。

水平创新的内生化模型如公式（2-4）所示。❶

$$g = \frac{\delta H + \Lambda \rho}{\delta \Lambda + 1} \qquad (2-4)$$

式中，g——增长率；

δ——效用函数中跨期替代弹性的倒数；

ρ——时间折现率；

$\Lambda = \dfrac{\alpha}{(1-\alpha-\beta)(\alpha+\beta)}$，$\alpha$、$\beta$——人力资本和劳动力的产出弹性。

从公式（2-4）可知，该理论说明经济增长与 H 相关，即存在规模效应（增长率与人力资本成正比）；而这一结论成了后来学者实证检验的焦点。

格罗斯曼和海普曼（Grossman & Helpman, 1991a, ch4, 1991b）认为，生产率的提高表现为同种产品质量的提高，而产品质量的提高源于专门的技术研发。与罗默（1990）不考虑新知识产生以后对原有知识的负外部性不同，他们认为，优质产品的出现会使旧产品不断被淘汰，创新表现为创造破坏性过程，建立起产品质量阶梯不断提高的内生增长模型。但他们忽视了厂商从事有成本的模仿活动的刺激，以行业领先者不从事研究创新为假设前提，与事实不符。阿吉翁和豪伊特（Philippe Aghion & Peter Howitt, 1992）在赛格斯特罗姆等（Segerstrom, Anant & Dinonpoulos, 1991）研究的基础上，解释了熊彼特的"创造性破坏"假说，建立一个创造性破坏的内生增长模型（AH模型）。AH模型表明经济增长不是线性的而是存在起伏的过程，知识成为经济增长的双刃剑。新知识对于知识的生产既有正的外部性，同时新知识对原有知识的替代降低了收益，具有负外部性。

---

❶ 谭崇台、邹薇、庄子银：《发展经济学的新发展》，武汉大学出版社1999年版，第448页。

3. 以人力资本积累作为经济驱动因素

卢卡斯（Lucas，1988，1993）、贝克尔等（Becker，Murphy & Tamura，1990；Tamura，1991）、古德弗里德等（Goodfriend & Mcderott，1995）学者强调人力资本是经济增长的重要源泉，他们为人力资本的产生和积累设立"生产函数"来内生化人力资本的存量变动，解释经济增长。

卢卡斯（Lucas，1988）引入舒尔茨（Schultz）和贝克尔（Becker）的人力资本概念，借鉴罗默（1986）的处理技术，修改了宇泽的技术方程，建立人力资本外部效应的"两时期模型""两商品模型"，得到最优均衡增长率，如公式（2-5）所示。❶

$$g^* = \sigma^{-1}\left[\delta - \frac{(1-\beta)(\rho-\lambda)}{1-\beta+\gamma}\right] \quad (2-5)$$

式中，g^*——最优增长率；

σ——跨时替代弹性的倒数；

ρ——时间偏好率；

λ、β、γ——人口增长率、整个经济中资本总存量的产出弹性、人力资本的产出弹性。

公式（2-5）避免了"没有人口增长就没有经济增长的不愉快的结果"，但是没有考虑两部门内生增长的动态性质，穆里甘（Mulligan）和萨拉—伊—马丁（Sala-i-Martin）、谢丹阳（1991）对其进行修正。曼昆等（Mankiw，Romer and Weil，1992）建立一个标准的4变量最终产品总量生产函数，得到每单位有效劳动的人力资本增长速度函数，如公式（2-6）所示❷。

$$\overset{\cdot}{h}(t) = s_h \cdot y(t) - (n+g+\delta) \cdot h(t) \quad (2-6)$$

---

❶ 谭崇台、邹薇、庄子银：《发展经济学的新发展》，武汉大学出版社1999年版，第410页。

❷ 左大培、杨春学：《经济增长理论模型的内生化历程》，中国经济出版社2007年版，第215页。

式中，$h·(t)$——人力资本增长速度；

s_h——总收入中投资与人力资本的份额；

$y(t)$——单位人均产出；

$h(t)$——单位人均人力资本；

n、g、δ——劳动增长率、技术增长率、折旧率。

4. 以技术模仿、扩散作为经济驱动因素

在新古典经济学家看来，知识是完全外在于经济体系增长过程的，不存在扩散过程。其实，知识是公共产品（Alfred Marshall，1890）以企业间不付费用方式转移而扩散的。技术扩散是在不确定和有限信息的条件下进行的，一般表现为：消费者剩余、生产者剩余以及研发的溢出效应等（Griliches，1991）。而研发溢出效应是经济增长所关注的重点。由于逻辑斯蒂方程不令人满意，巴罗和萨拉—伊—马丁（1995）引入国际技术扩散模型，谢卡尔等（Shekhar Aiyar & Cal-Johan Dalgaard，2002）建立一个知识不完全代际转移模型，来说明知识在扩散过程中的失真问题。虽然约翰森（L. Johansen，1959）、索洛（1960）、费尔普斯（Phelps，1962）、马修斯（Matthews，1964）、布雷斯（Bliss，1968）以及巴尔德汉（Bardhan，1973）等都提出了技术传导模型，但是令人遗憾的是，到目前为止，知识扩散模型片面强调知识在国际上的扩散，事实上知识在企业间、产业间、在新知识生产部门间的扩散更为重要，更具现实意义（左大培，杨春学，2007）。

5. 以创新、企业家精神作为经济增长的驱动因素

熊彼特（1912，1939，1942）将经济增长看成是对现存经济关系格局的突破，突破力来自企业家的创新。研发和创新是推动技术进步和经济增长的决定性因素。沿其思路，赛格斯特罗姆（Paul S. Segerstorm，1990）、阿吉翁和豪伊特（Philippe Aghion & Peter Howitt，1992）分别建立了具有破坏特征的内生增长模型。

除此之外，巴罗和贝克尔（1989）及贝克尔等（Becker, Murphy & Tamura，1990）把生育内生化与经济增长联系起来建立模型。杨小

凯和博兰德（Yang and Borland，1991）采用"超边际分析"将最终产品生产上的劳动分工内生化建立模型，为经济增长提供了一个微观机制。

二、新经济增长理论与经济增长驱动因素

20世纪90年代以后，学者们再探索经济增长的驱动因素时发现，已有的研究存在一些固有缺陷需要弥补。如萨拉—伊—马丁（1997）认为，截面数据解释经济增长问题是无法信服的。冈龚等（Gang Gong，Alfred Greiner & Willi Semmler，2004）利用时间序列，引入非线性知识生产函数（$\frac{A'}{A} = \mu H_A^\gamma A^{\phi-1} - \delta_A$），以此来修改罗默（1990）模型，验证了修改后的模型并不存在规模效应；并认为政府可以通过财政政策短期影响人均增长率，虽然长期增长率不受影响，但是会影响变量水平（Turnovsky，2000）。[1]

阿吉翁和豪伊特（Aghion、Howitt，1998）指出，琼斯（1995）的结论忽略了技术复杂性程度的提高，忽视了社会总产品数增多的情形。

李大金（Dajin Li，2002）基于宇泽（1965）和卢卡斯（Lucas，1988）的两部门模型，发现从长远来看不能拒绝AK模型具有促进经济增长正外部效应。[2] 迪诺普洛斯和汤普逊（Dinopoulos & Thompson，2000）发现改进的罗默模型（1990）表明长期经济增长与实物资本投资呈正相关关系。

---

[1] Gang Gong, Alfred Greiner and Willi Semmler: Endogenous Growth: Estimating the Romer Model for the US AND Germany, Oxfod Bulletin of Economics and Statitcs：2004，66（2），pp. 147～164.

[2] Dajin Li：Is the AK model still alive? The long-run relation between growth and investment re-examined, *Canadian Journal of Economics*，Vol. 35，No. 1，pp. 92～114，2002.

阿奇内利和布里达（Accinelli and Brida，2007）假定对数增长率的人口增长对拉姆齐（Ramsey，1928）模型进行扩展；而卢卡·圭里尼（Luca Guerrini，2010）利用圭里尼（2006）模型假定人口的非持续增长，引入二维动态系统，再次扩展拉姆齐（1928）经典模型。❶

凯姆和王（Timothy Kam and Yi-Chia Wang，2008）扩展了格罗姆和拉维鲁玛（Glomn and Ravilumar，1994）的内生增长模型，研究表明政府的公共投资具有溢出效应。❷

熊俊（2005）放松了"希克斯中性""规模报酬不变""完全竞争的市场结构"，对总生产函数自变量进行调整，扩展了索洛模型。❸ 贺俊、陈华平、毕功兵（2006）认为垂直型和水平型模型忽略了人力资本积累对净增长的作用，应把这两个因素纳入同一个分析模型之中，并增加一个人力资本生产部门构建新模型；得到均衡增长率模型，如公式（2-7）所示。❹

$$g = \frac{\delta_2 - \rho}{\sigma} \qquad (2-7)$$

式中，σ——跨期替代弹性的倒数；

ρ——时间贴现率；

δ_2——人力资本生产部门的生产率。

公式（2-7）说明经济均衡增长率与人力资本部门生产率成正比，与时间贴现率成反比。

---

❶ Luca Guerrini, The Ramsey Model with a Bounded Population Growth Rate, *Journal of Macroeconomics*, 2010, 3 (2), pp. 872~878.

❷ Timothy Kam, Yi-Chia Wang, Public Capital Spillovers and Growth Revisited: A long-run and Dynamic Structural Analysis, *the Economic Record*, 2008, 84 (266), pp. 378~392.

❸ 熊俊："经济增长因素分析模型：对索洛模型的一个扩展"，载《数量经济技术经济研究》2005年第8期。

❹ 贺俊、陈华平、毕功兵："一个基于产品水平创新和人力资本的内生增长模型"，载《数量经济技术经济研究》2006年第9期。

张延港、戎晓霞、王峰（2008），在罗默模型基础上引入了人力资本因素，同时内生化技术进步和人力资本，克服了琼斯（Jones，1995）曾指出的技术进步是常数这一假设的缺陷。他们认为，在平衡路径上，产出、技术的增长都与人力资本的最大积累率有关，而非简单的仅由人口增长率来决定[1]，另外，经济平衡增长率与技术水平的外部性无关。

鉴于内生经济增长理论的实证研究经常忽视转型动态（克雷默，[Kremer, 1993]；琼斯［Jones, 1995ab］；Todo and Miyamoto, 2002；Ha and Howitt, 2007；Madeson, 2008），哈和豪伊特（Ha and Howitt, 2007）以及麦迪逊（Madeson, 2008）通过协整分析来区分琼斯（1995ab）模型和熊彼特模型。赛得利和埃尔姆斯利（Norman Sedgly & Bruce Elmsile, 2010）利用艾彻尔和图尔诺夫斯基（Eicher & Turnovsky, 1999）建立的新古典和内生增长杂交模型，验证第一代内生增长模型、半内生增长模型及熊彼特增长模型，并支持创新模型。[2]

毕德利和饶（B. Bedgly Haskara Rao, 2010）认为，索洛（1956）外生模型能够解释长期经济增长现象，对外贸易和人力资本对其有重要影响。[3] 帕克（Man-Seop Park, 2010）指出，保罗和萨拉—伊—马丁模型（2004, ch, 6）以及产品水平创新模型存在的问题是内部不一致。[4] 刘和东、施建军（2010）认为自主创新与经济增长互为因果关

---

[1] 张延港、戎晓霞、王峰："基于研发型知识经济的内生增长模型"，载《山东大学学报》（理学版）2008年第4期。

[2] Norman Sedgly, Bruce Elmsle, Reinterpreting the Jones critique：Atime series apprpach to testing and understanding idea driven growth models with transitional dynamics，*Journal of Macroeconomics*, 2010, 32（1），pp. 103～117.

[3] B. Bhaskara Rao: Time-series econometrics of growth-models: a guide for appied economists, *Applied economics*, 2010, 42, pp. 73～86.

[4] Man-Seop Park, Capital and interest in horizontal innovation models, *Cambridge Journal of Economics*, 2010, 34（4），pp. 755～772.

系，经济增长是技术创新的原因；同时，技术转移与技术创新互为因果关系。[1]

三、新经济增长理论面临的挑战与知识资产的贡献

无形资产已经成为经济增长的驱动因素，无形资产抑或知识资产的投资问题已成为经济增长所关注的焦点。新增长理论对经济增长、发展问题提出了许多深刻独到的见解，在理论界和实践界产生了深远的影响，但是随着经济发展，新增长理论将面临新的挑战。

第一，在生产理论方面新增长理论没有取得突破。生产理论基本假设的变化是增长理论取得突破的关键，新增长理论仍然以固定要素替代弹性生产函数和柯布—道格拉斯函数为基础，柯布—道格拉斯函数不能解释技术进步的意义。从某种意义上说，新增长理论与索洛模型的假设没有本质区别。

第二，新经济增长理论虽然追求经济增长的微观基础，但是忽视技术进步的微观机制，只探寻到R&D这一层面，未做深入分析，技术进步的微观基础是厂商的内部组织、技术进步效率、厂商知识产权对技术进步的影响等。

第三，新增长理论开启了索洛"余值"的"黑箱"，给出了技术变化的一个内生解释，但不顾及历史、社会、制度等非经济因素对经济增长的影响而进行超越时空的纯经济分析。无法解释经济发展的动态变化。

近年来，制度的计量研究已经成为制度经济学实证研究的热点和重点（Acemoglu，2001；Person & Jabellini，2005）。经济增长及经济现实都与其制度、文化、政府的经济政策和发展战略相关，不能简单地

---

[1] 刘和东、施建军："自主创新、技术转移与经济增长的动态均衡研究"，载《数理统计与管理》2010年第5期。

从经济系统本身进行解释（Chang，Eans，2005）。要素的积累和技术的创新不是增长的原因，而是增长（North and Thomas，1973）。制度主要用于激励与约束个体或组织从事生产及政治、经济、社会和其他活动，对保持合作、减少不确定性和交易成本以及提高经济产出具有重要作用（诺思，North，1981、1990）。就经济增长的贡献而言，产权制度的作用往往表现得更为显著。

第四，新经济增长理论忽视了技术变化过程的不确定性，假定技术一开始就能实现其生产能力。新经济增长理论认为"最大化行为、市场均衡和稳定偏好假定的结合，并始终如一地贯彻到底"（贝克尔，Becker，1976）。在分析方法上，新经济增长理论以库恩—塔克定理为核心，瓦尔拉斯一般均衡为基础，动态一般均衡分析为基本分析方法（科普曼斯，Koopmans，1965），这是一种经济学牛顿力学的机械决定论范式。经济增长或发展不是力学上机械的位置移动，而是生物学上的有机运动（阿尔弗雷德·马歇尔，Alfred Marshall）。一般均衡分析只是着手研究主要问题之前的一种有益准备工作而已。技术创新过程中存在着大量的不确定性使经济增长表现为非均衡的进化过程，技术进步具有累进性和路径依赖的特性，实际上是一个马尔科夫过程。

第五，新增长理论需要根据时代的要求进行改进。用既有的理论解释现实，无论是对经济科学的发展还是对现实的解释，都是不够的，需要在现实考察的基础上进行理论上的创新。在许多发达国家的"后工业"经济的上升中，知识和技能等无形资本取代实物资本而成为主要的投入（迪恩和科尔，Deane and Cole，1969；雷维尔，Revell，1967）。后工业经济时代，自然资源相对宽裕，经济发展与环境资源的冲突还未引起足够重视。随着经济的发展，21世纪环境和资源成为经济发展的重要的内生变量和刚性约束条件。新古典经济学家，只重视经济系统而忽视了支持经济系统的生态系统；内生增长理论有必要考虑内生增长理论理念的循环经济模型（杨永华，诸大建，胡冬洁，2007）❶。

纵观经济增长理论的发展沿革，我们可以看出，资本投资的外部性、产品创新、人力资本积累、技术模仿和扩散、创新和企业家精神、制度等无形资产已经成为经济增长的主要驱动因素，但是为了进一步揭示无形资产的经济贡献，在影响经济增长的因素中是否考虑制度因素，生产理论基本假设的前提是否合理，如何进一步分析技术进步的微观机制等方面有待进一步修正。

四、知识资产正在成为企业最重要的生产要素

20世纪90年代以来，世界经济发生了一系列深刻的变化，知识经济正悄然走向我们。1996年，联合国经济合作与发展组织（OECD）发表了题为"Knowledge-based Economy"（以知识为基础的经济）的报告，首次将知识经济定义为：建立在知识和信息的生产、分配和使用上的经济。这一定义得到了人们的广泛认同，它表明人类社会正在步入一个以现代科学技术为核心的，以知识资源的占有、配置、生产、分配、消费为最重要因素的新经济时代。

知识经济正在成为实际的经济形态，这种转变使得决定企业存在的基础从传统的财务资本变为知识资产。与之对应的是，竞争已经从传统的金融资本积累、物质资本投资和规模扩张转向人力资本、结构创新能力、客户价值等知识资产的获得与提升。

著名管理学家彼得·德鲁克在《后工业社会》一书中明确指出，知识将取代机器设备、资金、原料和劳动力成为企业经营最重要的生产要素。换言之，企业竞争优势的来源不再是土地、设备、厂房等实

---

❶ 杨永华、诸大建、胡冬洁："内生增长理论的循环经济研究"，载《中国石油大学学报》（社会科学版）2007年第2期。

物资本，决胜的关键因素在于企业拥有的知识资产和知识创造的价值。

人类正在由工业经济逐步走向知识经济时代，越来越多的企业更多地将资源投入到无形资产，传统的会计体系已经无法准确度量企业的真正价值。据摩根史坦利指数（Morgan Stanley Capital Index，MSCI）的资料显示，在20世纪90年代末，全球范围内所有公司的平均股票市值是其账面价值的2倍，而美国企业的市值更是高达其账面价值的2~9倍。市值与账面价值的巨大差额，显示出公司的价值状态已不能用传统的资源和资产定义来表达，一种具有市场价值的新资源已成为未来全球经济发展的新动力。这种新资源即企业的知识资产（Intellectual Capital），这种隐藏价值（Hidden value）在目前的会计报表中是无法显现的。

尽管知识资产的价值创造能力不容置疑，然而由于其所具有的无形性、依附性、价值测度难和管理的复杂性，知识资产至今在内涵及外延问题上仍然没能达成一致。作为企业价值创造的关键要素，知识资产的价值贡献及其测度，以及价值报告等的研究几乎还未涉及，这显然与其在企业价值创造过程中所起的作用不相符。由此可知，知识资产成为企业价值增长的驱动因素的现实对企业管理理论与实践提出了挑战，知识资产的相关问题研究将是未来很长一段时间有待解决的重大课题。

第三章 知识资产基本理论问题研究
——已有研究成果的梳理与反思

对于知识资产的相关研究,国内外的研究领域主要包括:知识资产(智力资本)内涵的研究❶,知识资产与企业价值相关性研究,知识资产的价值测度研究以及知识资产信息的披露和报告研究等方面。

一、企业知识资产的内涵及特征

知识资产概念的形成经历了一个逐步明晰的过程,其内涵和外延不断发生着变化。理论上,智力资本(Intellectual Capital,IC)最早是作为人力资本的同义词由西尼尔(Senior)于1836年提出。西尼尔认为,智力资本(知识资产)是指个人所拥有的知识和技能。这一概念是针对人类而言的,是从宏观的视角来界定的。1969年,经济学家约翰·加尔布雷斯(John Kenneth Galbraith)拓展了这一概念,第一次明确提出了"智力资本"(Intelleetual Capital)这一术语。在他看来,智力资本(知识资产)不仅仅表现为个人所拥有的静态能力,而是一种知识性的活动,是动态的,没有固定的资本形式,表现为有效利用知识的过程,是一种实现目标的手段。❷ 这一观点被理论界普遍认可。令

---

❶ 在本书中,将智力资本和知识资产作为同义语使用。至于知识资产、知识资本、智力资本、智力资产,本书统称为"知识资产",至于其间的一些区别和联系,可参阅汤湘希:"无形资产会计的两大误区及其相关概念的关系研究",载《财会通讯》2004年第7期,此处不再赘述。当然,本书在后面的章节中将对此及其他一些重要的概念予以辨析,以限定本书的边界,特此说明。

❷ 易凌峰、朱景琪:《知识管理》,复旦大学出版社2008年版,第140~141页。

人遗憾的是，加尔布雷斯仅仅勾勒出知识资产的大概轮廓，却并没有对此作出明晰的界定。从实践角度看，1995年以后，瑞典Skandia保险公司的一系列知识资产报告奠定了知识资产理论的现实基础。

（一）知识资产内涵与外延分析

1. 知识资产内涵

综观知识资产研究的相关文献可以发现，从知识资产引起理论界的关注到现在，对于知识资产的概念界定主要从如下三个方面展开。

（1）知识和能力观。此观点以托马斯·斯图尔特（Thomas Stewart）为代表。斯图尔特（1994）认为，知识资产是能够用来创造财富的智力物——知识、信息、智力所有权、经验；布鲁金（Brooking，1996）和斯威比（Sveiby，1997）将知识资产定义为企业中以知识为基础的无形资产，斯威比进一步指出，知识资产等同于企业的核心竞争力；沙利文（Sullivan，2000）认为，知识资产是可转换为利润的企业知识。

（2）权益观。列弗（Lev，2001）指出，知识资产作为一种非实物形态的权利，体现在企业对未来收益的要求权。国际会计师联合会（International Federation of Accountants，IFAC，1998）以及Brennan and Connell（2000）也提出知识资产权益观，认为它是企业基于知识观下面所拥有的权益。傅元略（2002）和余绪缨（2004）则明确指出，知识资本在会计上属于所有者权益的范畴，它与知识资产相互对应，表现为企业员工所拥有的一种权益。

（3）价值差额观。奥德涅斯·D. 帕布罗（Ordonez de Pablos，2003）指出，知识资产表现为企业市场价值同企业账面价值之间的差异，是形成企业核心竞争力的无形资源的价值体现，这一观点被学术界普遍接受。贝尔（Bell，1997）、爱德文森和马龙（Edvinsson and Malone，1997）等对此都进行了论述，虽表述不尽相同，但观点几乎一致。

有关知识资产研究的基本观点和重要事项如表 3-1 所示。

表 3-1　智力资本（知识资产）研究重要事项

1969 年	John Kenneth Galbraith 第一个提出智力资本（知识资产）的概念，并用它来解释企业价值创造的过程
1980 年	伊丹广之（Hiroyuki Itami）发表 "Mobilizing Invisible Assets"
1989 年	Sveiby 发表 "The Invisible Balance Sheet" /Sullivan 研究如何把创新成果商业化
1990 年	Sveiby 发表了 "Knowledge Management"
1991 年	Stewart 在财富杂志上发表 "Brainpower"。 Sknadia 公司成立了第一个知识资产部门，并任命 Edvisson 为该部门的负责人
1993 年	St. Onge 提出 "customer capital" 概念。Hudson, W. J. 发表 "Intellectual Capital"
1994 年	Stewart 在财富杂志上发表 "Intellectual Capital"； Sullivan，Petrash 和 Edvisson 决定举行一次知识资产管理经理的聚会
1995 年	Sknadia 公司公布了有史以来第一张公司知识资产报表
1996 年	美国证券交易委员会举行了知识资产/无形资产度量研讨会，Lev 在美国纽约大学成立了无形资产研究所
1997 年	Sveiby 出版 *The new organization Wealth* 一书， Edvisson 和 Michael Malone 合作出版 *Intellectual Capital*， Stewart 出版 *Intellectual Capital* 一书
1998 年	Sullivan 出版了 *Profiting from IC* 一书
1999 年	第一本有关智力资本研究的期刊 *Journal of Intellectual Capital* 由英国 MCB 大学发行
2000 年	智力资本杂志 *Journal of Intellectual Capital* 公开征集相关稿件
2002 年	台湾地区台湾智慧资本研究中心在政治大学成立
2004 年	教育部人文社会科学重点研究基地——中南财经政法大学知识产权研究中心成立

资料来源：由笔者整理得出。

国内对知识资产的研究始于 20 世纪末 21 世纪初。虽然国内会计界迄今尚未全面认可和接受国外的知识资产的概念，但这并不妨碍研究者在这一领域的探索。朱学义、黄元元（2004）提出，知识资产是以知识为前提条件，以企业员工智能开发及创新为主要特征的，给企业带来持续竞争优势和提升企业价值的资本。闫化海、赵武（2004）认为，凡是可以增加企业价值者、或为企业创造并享有竞争优势者、或超出企业账面价值的无形资产，均可以称为企业的知识资产。更多的学者开始意识到，在当今知识经济时代的大背景下，应该扩充原来无形资产的外延，应将企业智力资源、市场资源、组织资源等众多内容涵盖进去，提出应对原有的无形资产会计系统进行重构，或者将原有的无形资产会计发展为知识资产会计或企业核心竞争力会计等（谭劲松，1999；唐雪松，1999；汤湘希，2003）。

2. 知识资产外延

关于知识资产（智力资本）的外延，目前学术界也存在一定的争议，这影响了知识资产研究的对象和要素的认定。迄今为止，西方大部分学者提出知识资产三元论，将知识资产（智力资本）分为人力资本、组织资本和关系资本三部分，比如鲁斯等（Roos et al.，1997）、卡利班罗等（Canibano et al.，1999）、布伦南和康奈尔（Brennan and Connell，2000）、桑切斯等（Sanchez et al.，2000）、冈瑟（Gunther，2001）和莫利斯坦等（Mouristsen et al.，2002）等。安妮·布鲁金（Annie Brooking，1996）在《第三资源：知识资产及其管理》一书中，把知识资产划分为市场资产、人才资产、基础结构资产和知识产权资产，把知识资产意义体现在一个简洁的公式中，即"企业＝知识资产＋有形资产"。这个公式可以看出，知识资产是企业生产不可或缺的重要资本。埃德文森和沙利文（Edvinsson & Sullivan，1996）将知识资产的构成用公式表示为：知识资产（智力资本）＝人力资本（未编码知识）＋结构性资本（已编码的知识资产和经营性资产）；斯图尔特（1997）考察了一批优秀企业的实际管理经验，吸收了企业管理实践中的有效做法，他认为企业的知识资产（智力资本）价值体现在企业的人力资本（Human Capital）、结构性资本（Structural Capital）和顾客资本（Customer Capital）中，并构建了知识资产的 H—S—C 结构。而斯维比（1997）则从企业内外部角度分析，将知识资产看成是雇员能力（Employee Capability）、内部结构（Inter Structure）和外部结构（Extra Structure）这三部分的组合。

国内学者对知识资产（智力资本）的研究起步较晚，茅宁（2001）指出，知识资产是指由企业创新活动、组织设计和人力资源实践所形成的非物质形态的价值创造来源（未来收益的要求权），并具体表现在企业探索能力、组织资本和人力资本等三方面；王勇、许庆瑞（2002）和景莉（2004）认为，知识资产是由人力资本和结构资本构成的，其中结构资本包括组织资本和顾客资本。他们认为，知识资产是一种组织现象，不仅仅是人力资本，人力资本只有经过组织结构整合后，才能升华为知识资产，对企业价值产生影响；李冬琴（2004）将知识资产看成由人力资本、组织资本和关系资本三部分构成，但她认为这三者之间的产权属性并不一致，人力资本的所有权不属于企业，组织资本的所有权属于企业，而关系资本的所有权则部分属于企业。除此以外，徐鸣（2004）认为，知识资产应该与人力资本并列成为企业的主要生产要素，而不能凌驾于人力资本之上；谭劲松（2001）提出，智力资本实质上是一种高级的人力资本，它主要分为科研创新型的知识资产和资源配置型的知识资产这两大类；张文显和傅欣（2004）也持同样的观点。

（二）知识资产概念的界定

1. 知识资产的概念

本书认为，知识资产的内涵可以界定为：基于企业战略角度，企业内外所有因知识和智力的积累而形成的无形资源，并在企业运作与管理过程中为企业创造价值的资本（如图 3-1 所示）。

知识资产的内涵涵盖了两个要点：其一，知识资产是能够为企业创造价值的资本。如果该项资源不能为企业创造价值，则不能称之为知识资产。其二，知识资产是以知识和智力积累而形成的，可能是直接形成或者间接形成的无形资源。

2. 知识资产的构成

对于知识资产的构成要素，本书采用知识资产（智力资本）的三要素划分法，即人力资本、结构资本和客户资本。

（1）人力资本。现代人力资本学说奠基人西奥多·W. 舒尔茨

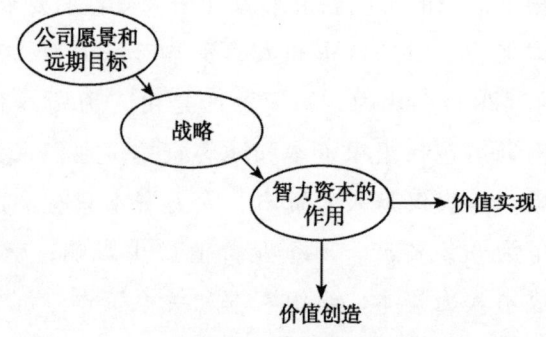

图 3-1　知识资产企业战略观

（Thodore W. Schults）在 1960 年就明确指出：人们获得了有用的技能和知识，这些技能和知识是一种资本形态，这种资本在很大程度上是慎重投资的结果。用于教育、卫生保健和旨在获得较好工作出路的国内迁移的直接开支就是（人力资本投资的）明显例证。❶ 舒尔茨人力资本学说的中心论点就是，人力资源的提高对经济增长的作用远比物质资本的增加重要得多。

人力资本是指存在于人体之中的具有经济价值的知识、技能和体力（健康状况）等质量因素之和。它是以企业价值创造为目的而投入和管理的，因此，人力资本虽然凝结在企业员工身上，但为企业价值增值服务，企业通过各种手段，例如，教育、培训、工资及其福利等方式来促进人力资本的形成，并推动企业创新机制形成，最终表现为企业价值创造能力的提升。

人力资本作为个体知识和企业创新能力转化的中介，是知识资产的重要组成部分。企业的价值创造在很大程度上要依赖于企业的自主创新能力，而其本质在于对知识的扩展、创新以及应用，是知识升华到一定程度的产物，但它必须依托于人力资本才能达到转化的目的。

---

❶ 徐爱萍：《知识资产的三维协同机理与绩效评价研究》，武汉理工大学博士论文，2009 年，第 48 页。

（2）结构资本。马歇尔和阿尔弗雷德（Marshall and Alfred，1961）明确提出资本在一定程度上存在于知识和组织结构里，而且将组织结构归属于非物质财富。斯图尔特（1997）认为，结构资本是指企业的组织结构、制度规范和企业文化等内容。埃德文森和沙利文（1996）认为，组织资本是指不依附于企业人力资本而存在的其他所有资本，代表了企业各种要素投入转化为最终价值的能力，这种能力是企业所拥有的，即使组织成员离开，它仍然是留存于组织中的无形资产。

结构资本作为知识资产的一部分，固化在企业组织内部，是企业中体现为组织结构价值的核心要素，也是一个动态的、不断积累的要素。同时，它表现为企业内部的协同、整合以及创新机制，这些机制具体实施于企业组织结构、业务流程、文化和信息技术及设施等方面，对企业运营的每个环节和阶段发挥着至关重要的作用，为企业基于知识的创造及应用的企业价值实现与增值提供支持与保障。

（3）客户资本。客户资本，亦称关系资本。❶ 是以"客户资本"命名企业的客户关系类知识，它同样满足知识资产内涵的两个要点，因此本书将客户资本纳入到企业知识资产考察的范围中来，作为知识资产概念中处于最外层的要素。客户资本是指企业与业务往来客户之间的组织关系的价值，是客户与企业保持业务往来关系的可能性。一般地说，构成客户资本的基础是客户库、营销渠道、企业信誉、服务力量和客户忠诚等。将客户资本纳入知识资产的范畴，是因为在市场经济条件下，企业要想立于不败之地，必须拥有大量的客户资源，这是企业价值实现的重要环节。

综上分析可知，知识资产（智力资本）依附于人力资本，如企业员工所存有的知识、技能等是知识资产的基础。而工作流程、企业文化、规章制度等组织化形式和专利技术、特许使用权等技术创新能力共同构成了企业的结构资本，他们保障了员工个人的知识和能力有效

---

❶ 在本书中，客户资本和关系资本作为同义语使用，特此说明。

地转化到企业的生产运作过程，保障企业创造财富。客户资本反映了企业价值创造过程中终端实现机制，企业只有拥有良好的客户群，才能将所创造的社会财富具体体现到企业的利润中去，并最终完成企业价值的社会认可。知识资产各要素之间是相互联系、相互依赖的。本书采用的这种划分方式不仅明确强调了在企业中，人作为重要的"软"资产与企业知识资产的相互关系，并且也肯定了中间环节的结构资本对企业价值创造的中介作用，以及将客户资本纳入到企业知识资产内涵的框架之中，考虑到了知识资产的价值实现问题。

（三）知识资产与相关概念的辨析

通过上述文献的梳理可知，国内外学者对于知识资产内涵与外延的界定尚未有明确的、一致的认识，对于同一研究对象在命名上仍然存在显著差异。如在研究文献时会发现经常出现"无形资产""智力资产""知识资本""知识资产""智慧资本""人力资本"等诸多术语。巴鲁·列弗（1975）认为，无形资产、智力资本与知识资产这几个概念是可以互相替换的。查阅我国台湾地区的文献，发现"智慧资本"概念运用得比较普遍。本书认为"知识资产"与"智慧资本"是本质相同的概念，是对同一英文（Intellectual Capital）的不同译法，在这里采用"知识资产"（Knowledge Assets）一词，主要是考虑到知识资产较智慧资本使用得更普遍且更通俗。但对于其他术语的内涵，本书认为，知识资产与无形资产、人力资本、智力资产、知识资本等概念之间在考虑问题的角度和研究内容上有一定的差异，不能简单地混为一谈。

1. 知识资产（Knowledge Assets）与无形资产（Intangible Assets）

美国经济学家托尔斯·本德（Thorstein Bande，1857~1929）在19世纪末最早提出无形资产（Intangible Assets）的概念，他把那些不具有实物形态，但却能为企业提供某种权利或特权的资产定义为无形资产。特别值得一提的是，对无形资产会计研究作出突出贡献的中国著名会计学家杨汝梅（众先）先生在其著作《无形资产论》（Goodwill and Other Intangible Assets）中对无形资产进行了详细的论述。❶ 1993年，我国在《企业财务通则》和《企业会计准则》中对无形资产第一次作出较为权威和完整的官方认定。2006年颁布的《企业会计准则》又对其进行了修订，将无形资产界定为：无形资产是指企业拥有或者控制的没有实物形态的可辨认非货币性资产。❷ 对于知识资产与无形资产的区别和联系，欧洲有一部分学者对此不加以区别，认为两者是一致的，其中典型代表人物是英国学者安妮·布鲁金。布鲁金（1997）认为，知识资产是对使企业得以运行的所有无形资产的总称，包括市场资产、知识产权资产、人才资产和基础结构资产。

知识资产的核心是一个简单的发现，即组织中的有形资产——现金、土地和建筑物、工厂和设备以及其他资产负债表上的项目对企业的价值贡献占很小比例。本书认为，作为企业"软"资产的知识资产，不过是无形资产产生和发展的基础，并不是完全意义上的无形资产。无形资产突出在"资产"的概念上，强调以营利为目的，带来预期的经济效益，所以说它是一个会计上的术语，而对于知识资产，更突出的是企业整体价值管理的需求，突出在企业运营实践中，通过在企业内发挥正向作用，能够给企业带来相关收益的知识资产才能转化为无形资产，但这并不是无形资产的全部。因此，对于这两个概念，本书认为不是简单的包含或从属关系。

2. 知识资产（Knowledge Assets）与人力资本（Human Capital）

较为公认的一个观点认为：知识资产是对人力资本理论的一个扩展。20世纪60年代，美国经济学家舒尔茨和贝克尔创立的人力资本理论，开辟了人类关于人的生产能力分析的新思路。在对人力资本理论进行深入研究的过程中，人们发现人力资本中一个重要的组成部

---

❶ 杨汝梅：《无形资产论》，中国财政经济出版社1992年版，第2～5页。
❷ 中华人民共和国财政部：《企业会计准则》（2006），经济科学出版社2006年版，第28页。

分——智力比体力发挥更重要的增值作用,起着决定性的作用,这就是知识资产研究的萌芽阶段。随着知识经济的兴起和经济的快速发展,企业的账面价值和企业市场价值之间的差距越来越大,虽然这其中有资本运作的原因,但这种价值差异更多地是体现在企业所拥有的无形价值,人们把这一部分归为知识资产产生的价值。

知识资产来源于人力资本,但又在人力资本之上。它是在人力资本研究理论上对一般资本理论进行了革命性的拓展,具有极其重要的理论意义。同传统的人力资本理论比较,知识资产包含的内容显然更为丰富。它跳出了人力资本这个狭窄的范畴,而是扩展到了将人力资本转化到企业价值所需要的各个要素,例如,企业的规章制度,组织结构,企业文化以及品牌效应,客户,关联方和上下游供应商等方方面面。从这个角度来看,知识资产更能体现企业价值的真正驱动因素。

3. 知识资产(Knowledge Assets)与知识资本(Knowledge Capital)

"知识资产"和"知识资本"这两个概念,虽然仅一字之差,但本书认为,它们两者内涵是完全不同的,其主要差别在于"资本"与"资产"的本质不同。

按照马克思主义政治经济学的观点,资本是能够带来剩余价值的价值。❶ 这一观点表明,资本首先应具备价值增值和创造的功能,换言之,也就是自我的复制和扩张。重农主义晚期最重要的代表人物——安·罗伯特·雅克·杜尔阁(Anne Robert Jacques Targot,1727~1781)认为,资本是"可动的财富",在这一观点中强调资本处在运动状态中,并通过自身的运行逐渐积累价值。这两个观点都突出了资本的流动性和增值性的重要特征。

《后汉书·崔骃传》:"葬讫,资产竭尽。"❷ "资产"是指资财、产业的意思。财务会计中对资产的界定为:指过去的交易或事项形成

---

❶ 马克思:《资本论》(第1卷),人民出版社1975年版。

❷ [宋]范晔撰,[唐]李贤等注:《后汉书》,中华书局2005年版,第57页。

并由企业拥有或者控制的资源,该资源预期会给企业带来经济效益。❶可见资产更注重现实状况,因此"知识"是一个静态的概念,它并不一定是知识资产,只有投入到企业生产运营中,具有流动性和增值性的知识才可以转化为知识资产。从知识资产的权益观而言,如果将知识资产运用于权益的生产经营活动并由此带来价值增值,即为知识资本。简言之,站在资产负债表左边资产的立场,能够为企业带来预期经济利益的知识即为知识资产;站在资产负债表右边权益的立场,实现企业净资产的增加即为知识资本。

4. 知识资产(Knowledge Assets)与智力资本(Intellectual Capital)

知识资产和智力资本这两个概念在使用上经常互相替代,虽然本书也未对此进行仔细的划分。但笔者认为,知识资产和智力资本还是存在一定差异的。单从"智力"和"知识"这两个词来看,"智力"(Intellectual)是指智慧的创造物,它强调创造性,而不是含义广泛的知识。"知识"(knowledge)一词,在《辞海》中解释为:知识是人类认识的成果和结晶,是人们在社会实践中积累起来的经验。从本质上说,知识属于认识论的范畴。人的知识包括属于知识范畴的才能,是后天在社会实践中形成的,是对现实的反映。知识可以物化为某种劳动产品的形式,并成为人类共同的精神或物质财富。❷ 然而,无论是知识,抑或智力,如果不参与企业的生产经营活动,不能为企业带来预期的经济利益,都不能界定为资产或资本。因此,从资产的价值贡献视角,从企业管理的视角和尊重习惯等基础上,本书更倾向于使用知识资产这一术语。

(四)知识资产的特征与效应分析

1. 知识资产的特征分析

企业的知识资产具有价值属性,它能够为企业创造财富,获得持

---

❶ 中华人民共和国财政部:《企业会计准则》(2006),经济科学出版社2006年版,第2页。

❷ 范庆华:《现代汉语辞海》,黑龙江人民出版社2002年版,第1371页。

续的竞争优势。与传统意义上的资本，如厂房、设备、土地等相比较，因其所具有的特性，使得知识资产在知识经济的大背景下发挥着更大的作用，是企业生存和发展的关键。

（1）无形性与高度的价值增值性。知识资产之所以不易被人认知，主要的原因在于它是一种无形资源，不具有实物形态。如知识资产中的人力资本在个体层面往往体现在企业各层级员工自身所具备的知识和技能，在整体层面可能表现在企业劳动生产率的效率和质量上。结构资本主要体现在企业组织结构安排、企业文化、创新能力、信息网络等方面。客户资本主要表现在以企业与客户之间存在的关系资源为核心。这些都具有无形性，它们共同表现为企业所具有的根植于企业组织之中的复合的知识和能力。

而这些知识和能力又具有高度的增值性。资本的一个重要特点就是能够带来剩余价值，具有价值增值性。但知识资产的增值性与传统资本相比，其增值效应要大很多。它以知识和能力为依托，将企业无形和有形的资源融合起来，往往产生更大的协同效应。

（2）依附性与不可复制性。知识资产的依附性表现在它必须依附于员工自身、产品、制度和流程以及运营网络等一系列的载体，不能脱离载体而单独存在。而且，对于不同的知识资产对其载体的依附程度是不一致的。大多数载体（比如人脑、组织制度、企业文化、运营网络等）中的知识资产不容易显性化，往往难以发现和表达，但它们确实在企业价值创造过程中发挥了重要的作用。

企业知识资产作为特定企业的个性化产物，必须是难以复制的，竞争对手难以模仿和追赶，也无法完全交易。例如，企业文化离开了企业生存和发展的背景，生硬地模仿和学习，往往很难达到预期的效果。否则，经济学家所说的竞争导致利润均衡的现象就会出现，在这种情况下，企业就不可能长期拥有竞争优势和超额利润。

（3）收益报酬递增性和高风险性。资本边际效率递减是经济学的一个基本原理，即指随着投资的增加，当资本达到一定程度时，其资本的边际收益率会存在递减的趋势。而对于知识资产而言，与之相反，可实现投资的规模报酬递增。知识资产的收益报酬递增性是由于知识是可以累积的，每一个思想都是建立在前一个思想的基础上。知识资产以内含知识为特征，而知识具有累积性，所以只需常规的投入、维持对知识的学习，通过鼓励员工"干中学"的激励措施，则可实现知识资产投资的事半功倍的效果，促使知识资产的价值通过这样的持续投入来保持和创造。

知识资产收益的高风险性源于知识资产的依附性，知识资产往往表现为隐性的资源，需要借助载体来实现其价值，受载体的影响很大，因而这一过程在企业价值创造系统中的作用具有很强的不确定性，也就引发知识资产收益的高风险性。典型表现在人力资本上，人力资本的应用程度在很大程度上取决于企业各层员工的态度，而企业员工可能会由于代理问题产生逆向选择和道德风险，这都会使知识资产的收益低于预期。

（4）难以测度性和管理的复杂性。知识资产的无形性和依附性，增加了对其价值测度的难度。在现行公认会计准则下，知识资产往往不能够确认、计量记录和报告，使得它游离在报表体系之外。对于知识资产的测度，又不能简单地叠加，因为它更多地表现为企业的一个体系，是各个知识资产要素的有机结合，往往总体能产生更大的协同效应，所以无法将知识资产价值拆分为各个要素，通过对要素测度来衡量总体价值。更何况对于知识资产各要素的价值测度也是比较困难的。

从管理的角度对知识资产的获取、创造、转移、保持和应用等都对企业提出了较高的要求。而知识资产所具有的特性，又使得企业难以正确地认知和掌握它，更谈不上有效管理。

上述特征分析表明，知识资产是企业价值创造的源泉，给企业带来了巨大的财富。企业一旦拥有并掌握了知识资产，将会取得长期

81

的高收益,当然,高收益也意味着企业将面临较大的风险。传统工业经济中,有形的物质资本是重要的生产要素,而知识资产则是以无形的非物质形态存在的资源,这种资源对生产经营的作用可能不如有形的物质资本直接,但更关键、更基础、更持久、更有效。企业只有加大对知识资产的管理,才能更好地认知知识资产。在企业各个生产经营环节中重视知识资产的价值创造过程和属性,才能将知识资产的超额收益转化为具体产品和服务的收益,实现企业价值,为企业获得持续的竞争优势。在市场竞争越来越激烈的情况下,知识资产成为竞争的最终利器。

2. 知识资产的效应分析

(1)协同效应。协同效应原来指企业生产、营销、管理的不同环节、不同阶段、不同方面共同利用同一资源而产生的整体效应。而知识资产的协同效应反映在知识资产的各个要素之间相互渗透、有机互补。人力资本、结构资本以及客户资本单独、两两之间或三者间相互配合,作为一个整体融入企业日常的生产经营过程中,对企业价值的增量贡献往往不是三者单独贡献的简单相加,而是产生了 1+1>2 的协同效应。

(2)马太效应。马太效应(Matthew Effect)是指好的愈好,坏的愈坏,多的愈多,少的愈少的一种现象,即强者恒强,弱者恒弱。马太效应来源于《圣经·马太福音》中的一则寓言。在《圣经·新约》的"马太福音"第二十五章中有此一说:"凡有的,还要加给他,叫他多余;没有的,连他所有的也要夺过来。"❶

在知识资产领域表现为,企业如果缺乏优秀的人才资源,组织结构较差,技术水平较低以及没有很好的客户资源,这必然导致企业效率低下,投入产出比比较低,销售渠道狭窄,直接表现为企业业绩较差。企业业绩较差,没有市场优势,这势必导致人才的流失。没有好

---

❶ 中国基督教三自爱国运动委员会:《圣经》之马太福音篇。

的业绩支持又使得企业组织管理受限，市场开拓受限，技术更新更没有资金支持，知识资产不断弱化，企业进一步陷入这样的恶性循环之中。

（3）激活效应。知识资产对传统的物质资本以及财务资本有激活效应。❶ 知识资产是以知识和智力为核心的企业无形资源，具有较强的主观能动性。企业传统资本的生产经营过程中加入了知识资产的各要素，对其有明显的激活作用，能够使得生产资料最大限度和最大效率地生产，使得生产出来的商品或服务得到市场的认可，并以较快的速度转化成企业的收益。比如，我国于2006年基本完成对上市公司的股权分置改革，经过改制后的企业，其经济效益明显提升，其原因在于股权明晰，企业结构资本得以提升，知识资产强化，使得知识资产对企业传统资本的激活效应得以增强，促进了企业业绩增长和效益的提高。

二、知识资产的价值内涵

要对知识资产价值决定与价值贡献进行研究，首先要对知识资产价值内涵进行分析，准确界定知识资产价值的概念，分析知识资产价

---

❶ 在日本北海道有一种极其珍贵的鱼种，俗称鳗鱼。这种鱼之所以珍贵不仅在于数量相对较少，且不易存活；脱离海洋后，不管用何种方式饲养，它们都会半天内全部死亡。活鳗鱼价格是死鳗鱼的三倍以上，渔民们想尽办法，尝试让鳗鱼成活，但无人成功。一次，一位渔民照例出海，忙碌几日，收获颇丰。他喜出望外，驾船火速返回。谁知才到半途，鳗鱼便不再鲜活。老渔民一边察看鱼舱，一边心里暗急。他无计可施，只得按老办法，挑出那些死去的鳗鱼。这时，他看见狗鱼也不动了，拣出来正要扔掉，鱼儿忽地一跃，掉进了装着鳗鱼的鱼槽。渔民失望地返回，然而让他不敢相信的是，半天后，鳗鱼竟然是活蹦乱跳的。渔夫终于发现了鳗鱼存活的秘密：原本死气沉沉的鳗鱼，因为"狗鱼"这个死对头的出现极度活跃起来，加速游动，使水面不断波动，带来充足的氧气。在无形的竞争中，鳗鱼离海后的寿命也得以延长。此为"激活效应"的来源。

值的特点，以此作为知识资产价值研究的基础。

（一）知识资产价值

价值是人在对世界的认知和实践活动中建立的，客体的存在及其性质满足主体的需要与目的，并且以其是否与主体的目的、需要等相一致、相适合、相接近作为尺度的一种客观的主客体关系。[1] 即价值是指价值客体的存在及其属性对价值主体的有用性，或者说是价值客体的存在及其属性同价值主体需要之间的一种特定关系，这种特定关系就是价值关系。由此可见，价值不是由主体的生存和发展需要单方面决定，也不是由客体属性（稀缺的效用）单方面决定，而是由主体需要和客体属性的相互作用所共同决定。

客体的属性尽管是价值产生的基础，但若不与主体需要相联系，也就无所谓价值的意义。同样，若仅仅从主体需要去理解价值，而不与客体属性相联系，也不能正确理解价值的含义。因此，价值是主体的需要与客体属性（稀缺的效用）满足需要的关系范畴，体现了价值客体对价值主体生存与发展的肯定或者否定的关系。

根据价值的上述定义，知识资产价值是指知识资产客体对主体的有用性，是知识资产的客观属性亦即稀缺的效用性与作为社会实践主体的人或者其群体的需要之间所存在的一种特定关系，这种关系也就是我们所说的价值关系。知识资产的效用性与有着这种效用需要的主体之间的价值关系是在实践活动中形成的，是在主体需要与客体属性的相互作用中体现出来的。知识资产价值来源于知识资产本身所具有的属性，知识资产价值表达了该资产对主体（在本书中主要指企业）的需要、发展的肯定或否定的性质以及程度。当知识资产对企业的需要和发展起到肯定作用时，它就具有价值，反之则没有价值。

---

[1] 李德顺：《价值论（第 2 版）》，中国人民大学出版社 2007 年版。

知识资产价值不是知识资产本身的属性,也不是主体单方面的规定,而是知识资产客观属性与主体间的一种相互关系。知识资产的价值是一个动态发展的过程,随着主体需要以及外部环境的变化而发展变化。比如,某项知识资产对一个有着该知识资产相关需要的企业可能具有较大的价值,而对于不需要该知识资产的企业可能就没有任何价值。知识资产的价值会随着技术水平的发展、资产市场的变化、相关法规的变化等而发生相应的改变,如技术进步可能会导致原有技术水平上的知识资产价值下降,市场上同类或者类似资产的供给增加也可能会导致知识资产价值的变化等。知识资产价值关系中知识资产的客观属性不仅能满足主体的需要,同时也会对主体施加影响。因此,知识资产价值反映了知识资产这一重要资产对企业的生存、发展和完善所产生的实际效应。

本书研究知识资产价值决定与价值贡献,就是探讨知识资产在企业的实践活动中对企业乃至社会的生存、发展和完善已经产生和即将产生的效应,并对此效应进行反思,以此为依据对企业的知识资产管理作出规划和指导。

(二)知识资产价值的特征

综合有关学者的研究,本书认为,知识资产价值具有客观性、主体性、实践性、历史性、多维性、迁延性及风险性等特点。

1. 客观性

知识资产价值的客观性是指知识资产的客观属性即稀缺的效用性与主体即企业之间的价值关系是在企业的实践活动中建立并客观存在的,不以人的主观意志为转移。知识资产所具有的稀缺的效用属性是客观存在的,企业对知识资产这种属性的需要也是客观存在的,同时企业利用知识资产满足自身需要的条件也是客观存在的。

2. 主体性

知识资产价值的主体性,是指知识资产价值同企业主体相联系,同企业的需要相联系，脱离了企业主体，知识资产的价值也就不具有意义。知识资产价值作为企业主体与知识资产客观属性的关系范畴，在这种价值关系中，知识资产的客观属性（效用）在主体（企业）的实践活动中被具体化，展现为对企业的价值。由于主体的需要不同，并且知识资产与不同企业的相互作用方式不同，如企业对知识资产的获得、运用及管理等方式不同，同一知识资产对不同的企业可能具有不同的价值。

3. 实践性

知识资产价值的实践性是指知识资产的价值是在企业的实践活动中与企业相互作用而产生的，如企业通过各种方式获得知识资产，同时对知识资产进行合理运用和管理，使得知识资产对企业的经营乃至生存、发展产生影响等。知识资产只有通过企业的实践活动才能体现其价值，如果离开企业的实践活动，离开知识资产与企业的相互作用，知识资产的价值也就不能体现出来。

4. 历史性

知识资产价值的历史性，是指知识资产的客观效用属性与企业主体的相互作用形成的价值关系是特定时间和条件所形成的产物，这种价值关系会随着人类社会的发展、生产力水平的变化而改变。如知识资产对于企业在某个时期具有价值，但是随着企业的发展、技术的进步，出现了更能满足企业需要的知识资产，则原知识资产的价值会逐渐降低。

5. 多维性

知识资产价值的多维性，是指知识资产不仅仅是满足主体的某一方面需要，而是用来满足整体多方面需要。如企业的知识资产，不仅可以为企业的生产与经营活动服务，而且可以作为企业后续技术研发的基础。并且从价值关系主体来看，我们可以从个人、集团、社会或者全人类的角度来考察知识资产价值，不同的视角会形成不同的知识资产价值观。

6. 迁延性

知识资产价值的迁延性，是指知识资产价值不是企业一次性完成并且实现的，而是一个不断展现的过程。知识资产价值随着时间的推移表现出时效性、次生性及难以预料性。如随着技术进步和企业的变化、发展，知识资产价值会发生一定的变化。同时，知识资产在使用过程中可能会引发次生效果，形成知识资产的次生价值，这种次生价值往往是难以预料的。

7. 风险性

知识资产价值的风险性，是指知识资产价值将随着企业知识资产的垄断地位、技术的发展、市场环境的变化以及制度环境的变化等因素而处于不稳定状态。企业对知识资产价值的正确判断与估计，需考虑其风险性。

三、知识资产：企业价值创造的源泉

在知识经济条件下，知识资产已经成为企业价值创造的源泉。加拿大学者尼克·鲍帝斯（Nick Bontis）1998年和2000年分别利用加拿大和马来西亚两国的数据，对企业的知识资产投资与企业绩效的关系进行了探索性研究。研究结果表明，知识资产要素和企业绩效之间存在着显著的因果关系，结构资本和关系资本对企业绩效具有显著性影响。❶ 列弗（Lev, 2001）等通过对1 500家研发密集型企业的研究表明，那些处于成长初期的知识资产密集型企业（表现为较高的研发增长和较低的盈利增长）的股票在市场上的定价明显过低。这一结果是符合市场预期的，因为研发投资将全部计入当期成本，资本市场对高研发增长和低盈利增长企业的评价肯定是最差的。只有当研发最终产

---

❶ 人力资本对企业绩效具有显著影响是不言而喻的结论，但人力资本对企业的影响应有一个转换机制。

生经济效益后，投资者才会对过低估价进行调整。巴斯（Bassi）和范布伦（Van Buren）1999年通过实证分析研究了人力资本投资与组织绩效的关系，研究结果表明，人力资本投资在一个较长的时期会对企业绩效有显著的影响，对企业的产品销售利润及绩效有一定的正向作用。同时通过对研究对象进行行业分类，发现知识资产在不同行业中对企业绩效的影响存在差异性。雷恩和伊卡（Raine and Ikka，2003）从人力资本、结构资本以及关系资本这三个知识资产要素层面的交互作用出发，通过对芬兰72家中小生物科技企业的数据进行分析，对这些企业的销售额进行了观察和预测，发现知识资产的三类表现形式可以用来解释企业的预期销售额，中小企业的预期销售额基于现实的知识资产。人力资本、结构资本和关系资本的平衡能实现最高水平的预期销售额。

我国学者陈劲等（2004）把知识资产划分为四个层次：人力资本层次、结构资本层次、创新资本层次以及客户资本层次。在这四个层次划分基础上，构建了知识资产指标评价体系。通过研究发现，知识资产各个层次所得的分值与企业价值具有相关性，从而验证了该指标体系是有效的、设计是合理的。肖静（2004）也提出了在知识密集型的企业，知识资产与企业价值的这种相关关系更为突出。李嘉明（2004）、万希（2006）运用智力增长系数（Value Added Intellectual Coefficient，VAIC）模型研究了我国高度依赖知识资产的计算机行业及我国2003年度运营最佳企业的主要资源（人力资本、物质资本、结构资本）与企业价值之间的关系。宁德保、李莹（2007）基于Pulic模型对知识资产与财务绩效的关系进行实证研究，得出企业的人力资本效率与财务绩效具有正的相关性及有形资产效率与财务绩效具有正的相关性的结论，并对完善企业的知识资产管理提出建议。刘超、原毅军（2008）以我国2005年98家IT上市公司为研究对象，通过分位数回归模型检验了知识资产与企业绩效的关系。实证结果表明，知识资产对企业价值具有显著的正效应。

林文雄等（2009）采用因子分析法及 Tobit 回归分析模型对知识资产和四种企业价值驱动的各类资本投入关系进行了经验分析，得出创新资本、客户资本和人力资本是知识资产价值提高的正相关驱动力。卢馨、黄顺（2009）选取深、沪交易所 A 股市场中制造业、信息技术业和房地产业上市公司作为研究对象，对知识资产能否驱动企业的绩效进行实证研究，探索现阶段不同行业有效的知识资产驱动因素的差异。

四、知识资产价值贡献测度：多种方法的组合运用

知识资产的价值测度源于无形资产评估，无形资产评估的理论和方法可以应用到知识资产测度中。国外一些学者也把无形资产评估和知识资产测度一并研究。但是，知识资产概念的内涵和外延都区别于会计上认知的无形资产的概念，知识资产测度要比无形资产测度复杂得多。知识资产测度着重于对企业市场价值超出其账面价值的那部分价值中知识资产的贡献度进行测度。国外对知识资产测度研究和应用的主要贡献者有：日本学者伊丹广之（Hiroyuki Itami, 1987）是在该领域极具影响力的人物。伊丹广之在对知识资产与企业价值的关系作了开创性研究的基础上撰写了《调动无形资产》一书。该书被认为是知识资产计量理论发展过程中的重要里程碑，它为日后知识资产计量理论研究及实践的发展奠定了理论基础。1992 年，卡普兰（Kaplan）和诺顿（Norton）提出了包括财务、顾客、企业内部流程和学习与成长等四维度平衡计分卡（Balanced Scorecard）理论。尹格·迪肯（Ingo Deking, 2001）在平衡计分卡基础上提出了知识记分卡方法。知识记分卡关注的是知识资产的管理，它和企业的知识战略密切相关。其指标设定参照了知识战略的目标和标准，构造方式是对知识资产的投入产出分析。知识记分卡中的指标直接与企业业务相联系，其目的是在知识战略与知识资产管理之间建立直接联系。斯堪的亚模型的创始人

埃德文森和马龙（Edvinsson & Malone，1997）创造了斯堪的亚浏览器（Skandia Navigator），并提出计算知识资产方程式：知识资产 = iC。其中，i 是企业运用知识资产的效率系数；C 是知识资产的绝对测量值。斯堪的亚模型为创建一个测量企业知识资产的分类法作出了突出贡献。它超越了财务会计的传统假设，为知识资产组合结构和组织要素的确认和计量提供了一个明确的思路，并为此探索了一条操作性较强的计量方法。当然，也有专业人士认为，斯堪的亚模型将企业文化纳入知识资产的范畴值得商榷，模型仅选用知识资产的替代性指标来预测未来价值，没有提供知识资产的货币价值计量方法（Lynn，1998）。斯维比（K. E. Sveiby，1997）提出了监测企业知识资产的监测器并把测度知识资产的方法分为直接测度知识资产方法（Direct Intellectual Methods，DIC）、市场资本化方法（Market Capital Methods，MCM）、资产收益法（Return on Assets Methods，ROA）和记分板法（Score Card Method），并按此分类方法把 1992 年到 2000 年出现的 17 种测度方法进行归类。安特帕布里克（Ante Pulic，2000）从企业价值增加的角度构建了智力资本增值系数法，用来测量企业的知识资产（智力资本）的增值潜力。

阿瑟·安德森（Arthur Anderson）公司 1997 年曾经对 2 350 家欧洲、南美和亚洲企业进行了一项关于知识资产测量的国际调查，其中 368 家企业对调查信函做了回复（回复率为 15%）。该调查得出了这样一些结论：一是大多数企业认为，未来企业将不断增加对知识资产的公开报告；二是大约 3/4 的企业对知识资产测量已采用了两种以上的非财务方法；三是大多数企业认为，对 iC 的测量有助于提高组织绩效；四是大约一半的企业相信，从测量知识资产过程中得出的信息与从测量结果获得的信息同样重要；五是研究者推断知识资产并不包括在企业的资产负债表中，且知识资产测量能够成为一项有效的内部管理工具。

沃特豪斯（Waterhouse）和斯文森（Svendsen）于 1998 年对加拿

大大型企业的调查显示,知识资产披露已成为企业一项重要的战略决策。在评级较高的9项非财务战略指标中,企业主管往往对知识资产指标状况最不满意。

休斯曼(Huseman)和古德曼(Goodman)于1999年对美国1 500家最大企业中的202家就其与人力资本有关的知识资产披露情况进行了调查。调查表明,大部分企业在积极地收集有关员工的信息:约有66%的企业采用的是它们所拥有的程序或系统来获取知识、技术和最有用的实践经验,约15%企业采用与有关知识资产文献定义基本一致的人力资本测量系统;约35%的企业认为,它们现在尚未使用,但将来定会采用人力资本测量系统。

总的来看,国外非常重视知识资产测度的调查研究和应用,而且正在日益发展,一些专门从事知识资产测度和知识管理的企业已经出现。国内对知识资产测度的研究,目前只能说处于引进介绍国外成果阶段,开拓性的研究很少。钱省三、龚一之(1998)描述了知识资产形成的一般过程模型和科技知识转化为知识资产的三个市场价值创造过程和资本形成模型。范徵(2000)从人力资本、组织资本、技术资本、市场资本和社会资本五大方面给出了63个指标和各指标的操作内容,并在此指标体系的基础上给出了模糊量化知识资产的测度模型。但他给出的知识资产测度的指标体系中指标数量较多,且针对性不强,另外,指标体系要达到进入财务报告的实用水平还须实践检验,关于知识资产测度应用方面的报道比较少。赵建生、李克华(2002)探讨了知识密集型企业价值的评价方法,提出了企业创新能力价值的评价方法。刘国武(2003)提出了基于生产函数模型的知识资产分析,建立了相应的评价模型。张宗益、李金勇(2005)对我国钢铁行业上市企业以及医药制造行业上市企业的知识资产水平进行了评价。曾洁琼(2006)采用"动态四分法"对知识资产进行科学分类,然后进行计量与估价,进而得出一种由识别、诊断和结果构成的三步式的企业知识资产计量的框架结构。何川等(2008)运用模糊综合评价方法建立了知识资产的评估模型,对企业知识资产状况进行综合评价。赵秀芳(2008)运用价值链理论进行知识资产的价值驱动因素分析,构建了基于价值链理论的知识资产价值评价体系。蒋天颖(2009)采用自行研制的企业知识资产问卷,对问卷调查获取的数据进行探索性因素分析和验证性因素分析。结果表明,企业知识资产是由人力资本、结构资本与关系资本构成的有层次的结构,可以用来测量企业知识资产的价值贡献。

五、知识资产信息的披露研究

知识资产信息披露的不足不仅会影响到投资者的投资决策,也会进一步妨碍社会资源的优化配置,影响知识资产密集型企业的健康发展。盖尔布(Gelb,2002)采用直接的方法检验具有庞大的知识资产的企业是否会选择按照传统的一般公认会计准则编制会计信息,还是注重更有弹性地将知识资产相关信息补充性地披露。艾略特(Elliott,1994)通过实证认为知识资产的披露可以使企业在投资人及债权人心中营造出坦率、开放的正面形象,有利于资本市场的流动性。森古普塔(Sengupta,1998)和伯托桑特(Botosant,1997)等人证明了财务报表质量与企业债务资本成本和权益资本成本的负相关性。因此,知识资产披露不足将导致企业不得不负担额外的资本成本。摩哈尔兰德(Mohalnland,2005)通过内容分析法对美国财富500强企业中抽选的60家企业进行了分析,从这些企业1993~1997年的年报数据中分离出知识资产的相关信息,通过回归模型求证了知识资产信息披露的水平与企业资本化之间存在正向相关性。内容分析法在研究知识资产信息披露过程中普遍适用,当然也有很多学者通过其他替代变量来反映知识资产的信息披露。贝克奥伊(Belkaoui,2003)通过企业商标持有量这个指标来替代知识资产变量,把它作为自变量来研究知识资产信息披露对企业价值的影响。该研究以美国81家最大的跨国制造和服务企业为研究对象，搜集了 1987～1991 年的相关数据，最终得出知识资产相关信息的披露与企业价值存在相关性的结论。

近几年来，国外还有不少学者在研究知识资产的披露与股票 IPO 抑价及企业价值的关系，例如，莱昂等（Leone et al.，2003），斯兰德（Schrand）和费勒尔（Verrechia，2004），米契尔·冯德扎恩（J-L. W. Mitchell van der zahn，2007）等。

国内学者对此内容的研究早期主要集中在无形资产的披露问题上。薛云奎和王志台（2001）以上海证券交易所上市的股票为研究对象，研究无形资产信息披露对股票价格的影响。他们发现，上市企业披露的无形资产与股价之间存在显著的正相关关系。王化成、卢闯、李春玲（2005）引入会计利润作为未来业绩的替代变量而不是股价，从无形资产的绝对量和增量变动两方面分析了我国上市企业中无形资产对企业经营业绩的贡献以及资本市场中上市企业披露的无形资产信息对投资者的有用性。研究结果表明无形资产与企业未来的业绩有着显著的正相关关系，无形资产信息具有价值相关性。饶淑华（2005）对知识资产价值驱动因素和知识资产的信息披露问题进行了系统的研究。赵靖宇等（2007）通过对我国上市企业知识资产的调查、分析，提出上市企业知识资产披露的改进意见。王娟娟和梅良勇（2007）通过对 2001～2005 年 A 股上市企业的数据研究，发现我国知识资产信息披露的状况趋向规范，但还存在一些问题。我国知识资产的行业特征不明显，企业的主营业务利润、企业规模和市净率都与知识资产的数量呈正相关。冉秋红（2007）运用内容分析法对我国上市公司 2005 年公布的知识资产信息进行分析，知识资产的相关信息披露往往是以非货币性信息为主，通过对内容的量化揭示我国知识资产信息披露的状况，而且在此基础上，阐述了知识资产对企业业绩的影响。屈志凤、肖志雄（2007）实证研究知识资产信息披露对我国上市企业股价的影响。结果表明，我国上市企业披露的知识资产信息与股价之间存在显著的正相关。杨政等（2007）指出知识资产信息披露对企业外部利益相关者的重要性，分析目前知识资产信息披露的困境。张丹（2008）以中国社会科学院公司治理中心评出的 2006 年度上市公司 100 强中在 A 股上市的 49 家企业五年间的年报为样本对知识资产信息披露进行了研究，提出我国企业知识资产报告可以建立在企业年度报告的基础上。董必荣（2009）提出知识资产报告在发达国家逐步兴起，并逐渐成为部分知识密集型企业对外报告的一部分，知识资产报告应做到标准化与差异化的有机结合。

六、对已有研究的基本评论

从本质上而言，知识资产并不是凭空而生的新鲜事物。因为它所涵盖的内容，诸如企业员工的能力以及管理者的领导能力，企业的规章制度、组织能力和客户资源等一直都为人们普遍关注。甚至可以这样认为，这些因素交织起来，共同作用于企业，其中所体现的知识资产一直就在我们周围默默地发生着作用，只不过还没有被人们完全认知。知识经济的兴起和信息技术引发的环境改变，使知识投入可以代替物质投入，从而达到节约物质资源、提高经济效益的目的。企业价值与一些无形因素之间的联系逐渐清晰，这些因素虽没有实物形态，但却对企业价值产生直接影响，从而导致需要构建一个体系将这种企业无形的因素系统地囊括在内，这就导致了"知识资产"概念的诞生。从这种意义上而言，知识资产又是一个全新的术语。

通过对国内外已有研究的现状分析可以看出，知识资产作为企业价值创造的核心要素已为多数学者认可并得以验证，但对知识资产价值贡献的测度研究则明显不足。知识资产的确认、知识资产增值过程分析和知识资产的价值报告都离不开知识资产的测度，正所谓"不能测度就不能管理"。而企业现行的测度系统仍然沿用传统的以交易和历史成本为基础的方法体系，而在这一体系下进一步对知识资产进行测度和报告似乎显得力不从心。

据此，本书提出，企业价值驱动的因素已经转变到了知识资产驱动的时代，传统的实物资本的价值驱动理论已不能完全适应知识经济发展的要求。我们注意到，管理学界对识别价值创造的主要、次要因素作出了大量细致的分析工作，取得了一定的成果。但是，在现有财务会计确认、计量、记录、报告的体系框架内，由于受会计假设和基本原则的束缚，直到现在仍没有突破性的进展。因此，对于知识资产管理方面的信息，对知识资产不能有效地确认、计量和报告，不能最终将知识资产的全部信息传递给"信息使用者"，造成信息不对称。

缺乏成熟的知识资产理论指导也是造成知识资产信息披露不足的一个重要原因。从研究领域涉及的范围看，现在学者更多的研究是放在知识资产对企业的影响层面来谈"应该去做"，而很少涉及"如何去做"的问题。笔者认为，设计和实施切实可行的知识资产企业价值贡献的测度体系和方法，强化知识资产的确认和价值计量以及报告是今后学者研究的一个重要课题。

本篇小结

本部分从知识资产与国家创新体系建设的关系入手，以"创新——一种新的生产函数"为基本理论基础，构建了研发支出—知识资产—无形资产—核心竞争力—国家创新体系的逻辑关系。

以新增长理论为基础，剖析了经济增长的主要驱动力——知识资产，提出了知识资产是与土地、劳动相并列创造价值的"第三要素"。纵观经济增长理论的发展沿革，我们可以看出，资本投资的外部性、产品创新、人力资本积累、技术模仿和扩散、创新和企业家精神、制度等无形资产已经成为经济增长的主要驱动因素，并以罗默、多玛、索洛、斯旺等的新增长理论予以验证。

在回顾已有研究成果的基础上，对知识资产的内涵和外延予以界定，限定了本书的边界——本书认为，知识资产和智力资本，其本质是相同的，只是视角不同，在多数情况下，两者作为同义语使用。从智力资本视角，本书仍然采用 H—S—C 结构，即人力资本、结构资本和关系资本（客户资本）共同构成智力资本，从知识资产视角，知识资产是智力创造的成果，其核心是智力劳动创造的知识，并在报告主体中应用，它的存在形式实质上就是知识产权，为此，本书不完全认可现行会计准则对无形资产的认定，笔者认为，土地使用权、特许权（特许经营权）可以界定为"边缘无形资产"，但不是通常意义上的无形资产，更不是知识资产或智力资本。

以相关经济学、管理学理论为基础，提出了知识资产是知识经济时代价值创造的源泉，并介绍了目前常用的价值创造测度方法、信息披露等基本理论问题，评价了现有研究的不足，为后续知识资产的价值决定、价值贡献测度等研究奠定坚实的理论基础。

（本篇执笔人：刘力一　李经路　杨　帆）

第二篇

知识资产价值决定论

第四章　知识资产价值决定研究动态

随着全球化的推进和知识经济的到来，知识资产等无形资产已成为国家间竞争的重要资源，并且是企业保持竞争力、维护可持续发展的关键资源。近年来，国内外学者对于知识资产的研究较为关注。研究内容主要涉及知识资产保护、知识资产法律制度、知识资产管理等，对知识资产价值的研究主要从企业创新投入以及无形资产价值的研究角度进行拓展。国内外对于知识资产等无形资产价值的研究形成了较为丰富的研究成果，研究所涉及的领域也较广。从研究的无形资产内容上分析，对企业智力资本、人力资本、商誉、商标与品牌、企业核心竞争力、企业 R&D 支出等都有所研究。从研究的具体内容上看，主要有知识资产等无形资产的定义、特征、构成内容及分类研究，无形资产对企业价值贡献及价值相关性研究，无形资产管理及价值创造研究，无形资产价值波动、计量研究，无形资产价值评估研究，无形资产减值与摊销，无形资产价值内涵研究，无形资产准则建设与信息披露研究等。

综观国内外关于知识资产价值决定研究的文献，对知识资产等无形资产价值理论的研究集中在知识资产价值贡献及价值相关性研究、知识资产价值计量与评估方法研究、知识资产价值影响因素研究与知识资产价值内涵研究等几个方向。

一、知识资产价值贡献及价值相关性研究

作为企业的重要经济资源，知识资产等无形资产的投资效益不会在企业投资当期得到体现，因此很多学者转而研究企业市场价值与无

形资产价值的相关性，以此说明知识资产对企业业绩的贡献。企业的市场价值是有形资产与无形资产价值之和，知识资产与无形资产的价值提升有着线性关系（Griliches, 1990）。知识资产与企业市场价值相关（Kavida & Sivakoumar, 2008），且研发投入与企业的市场价值也存在着一定的相关性，研发投入能够比知识资产本身更好地解释企业的市场价值（Hall, 2000；Czarnitzki et al., 2005）。Sveiby（1995）提出股价是唯一能够合理衡量企业无形资产市场价值的工具，并且认为拥有较多无形资产的企业其股价也较高。列弗（Lev）与拉达克里什纳（Radhakrishanan, 2002）通过对300个样本企业的统计分析得出导致企业业绩与收益增长的四个因素为有形资产、人力资源、R&D投入以及商标。格林哈尔布（Greenhalgh）与龙兰德（Longland, 2002, 2005）的研究认为，独立披露R&D投入信息的企业以及通过商标注册和专利登记的企业往往拥有较高的生产率，并且知识在企业生产过程中的可消耗性与可模仿性导致企业必须不断地进行技术创新投入以维持市场竞争优势。陈、常（Chen与Chang, 2010）通过人工神经网络系统分析专利指标对企业市场价值的影响，认为专利引用次数对企业市场价值存在U型影响，当专利引用次数适当时企业价值将达到最大。桑德（Sandner）与布洛克（Block, 2011）认为，企业知识资产在金融市场对企业的价值估计中得以体现，并且商标对企业价值有着重要的影响。

随着知识资产等无形资产在整个经济发展中的作用增强，其对企业的发展已成为关键因素，是企业形成核心竞争力、保持市场优势的重要资产。企业绩效的可持续增长主要取决于企业所拥有的无形资产（蒋琰，2008；卢馨，2009），无形资产对企业的经营活动作出了重要贡献（薛云奎，2001），并且不同类型无形资产由于行业差异对上市公司会计盈余质量的影响不同（邵红霞等，2006）。企业可建立非财务性指标与智力资产的效益贡献评价指标相结合而形成的综合评价体系来评价无形资产对企业的贡献（傅元略，2001）。刘志国（2009）通过实证研究发现企业知识资产对公司净利润作出了显著的、正向的贡献，但贡献度不大。同时我国资本市场对知识资产信息做出了显著的价格反映，但是资本市场对单位知识资产的定价偏低。

二、知识资产价值计量与评估方法研究

知识资产等无形资产的价值计量属性与价值评估方法及程序一直是学者们研究的热点领域。国外对于知识资产等无形资产价值的研究主要从估价方法与模型的研究来评价无形资产价值，通过模型或者方法的构建，对知识资产等无形资产价值进行分析。国外学者所提出的知识资产等无形资产的估价方法根据其结果性质可分为两类：定量方法与定性方法。

（一）定量方法

一般情况下，定量方法分为三类：成本法、市场法与收益法。近年来，还出现了一种新的方法，即基于期权理论的方法。

（1）第一类是基于成本的方法（Cost-Based Method），该方法认为开发研究知识资产的成本与其最终价值具有一定的联系，主要包括历史成本法、重置成本法、预期成本法、节约成本法、可避免成本法等。其中，历史成本法被认为是所有成本类方法与估价程序的起点（席琳·拉格罗斯特［Ce'line Lagrost et al.］，2010）。重置成本法通过量化重新获得知识资产未来服务能力所需的货币量来计量该资产的经济利益（帕尔［Parr］，1998；莱利［Reilly］，斯奇韦斯［Schweihs］，1998）。博伊特尔（Beutel）与雷（Ray，2004）认为企业并购时购买一项智力资本类无形资产时，自创成本是无形资产价格的上限；无形资产的收益是购买价格的上限。此时，对无形资产的价值分析就成为对其重置成本的计量。可避免成本法通过计算企业合并时获得已经存在的功用性无形资产，相比重新开发该资产而可避免的成本来估计无

形资产的价值（Marc G. Olsen et al.，2007）。

（2）第二类是基于市场的方法（Market-Based Method）。基于市场的估价方法或者模型通过识别可比资产以及为它们所支付的价格来估计无形资产价值。斯图尔特（Stewart，1997）提出市场—账面价值模型，通过企业的市场与账面价值比率来估计无形资产价值，但是该方法存在一定的局限性。首先，市场—账面价值比率使用了基于历史成本的账面价值，受到许多企业外部的不可控因素的影响（布迪尔，Bouteiller，2002；斯图尔特，Stewart，1997）。其次，账面价值与市场价值可能由于会计政策如税收、折旧等被夸大从而不能准确反映真实的价值（斯图尔特，1997；布迪尔，2002）。再次，市场与账面价值之间的差异不仅仅归因于无形资产（安德里森［Andriessen］，2004）。乐利特（Leliaert）与Rodov（2002）提出了相互重叠的三叶模型来估计企业无形资产价值，该模型试图找出企业市场价值与无形资产之间的直接联系。哈格林（Hagelin，2002）认为市场可以相同或类似资产交易价格为基础来估计无形资产价值，应用该方法应满足如下条件：相同或类似资产存在于活跃的市场，有充分的类似资产交易数量，有可提供的交易信息，交易当事人必须是独立的。

（3）第三类是基于收益的方法（Income-Based Method）。该类方法通过计算知识资产在预计经济寿命期间内所产生的未来现金流量的现值来估计知识资产的价值（Kamiyama et al.，2006）。其中通常使用的有折现现金流量法，使用该方法的主要问题是折现率的确定，影响折现率的因素有很多，如通货膨胀、流动性以及风险溢价等（史密斯和帕尔，Smith & Parr，2000）。另一个难点在于怎样恰当地将知识资产所产生的现金流量与企业其他资产所产生的现金流量分离（Otsuyama，2003；OECD，2005）。马克（Mark）与理查德（Richard，2005）提出知识资产的价值不取决于其成本，很多知识资产来源于思想上的创新或者想法的突现，其成本微不足道或者不可计量。同样重置成本也不适用于计量知识资产的价值。

（4）基于期权理论的方法（Option-Based Method）。该类方法运用期权定价理论来估计知识资产价值（Kamiyama et al.，2006）。期权定价方法起初是作为财务期权的定价方法而产生的（Pitkethly，1999），主要有三种方法对知识资产进行估价：决策树分析法、实物期权法、二叉树模型或者布莱克—斯科尔斯（Black 与 Scholes）模型，以及蒙特卡洛（Monte Carlo）模型。

以上定量分析方法中，成本法主要考虑知识资产的历史状况及信息，而收益法着眼于资产未来的获利能力，市场法则通过与市场上类似资产及交易的比较，考虑了知识资产的当前状况。期权法在运用时比以上三种较为复杂，模型参数的变化有高度敏感性。

（二）定性方法

定量方法作为知识资产评估的方法，仍存在一定的局限性，如市场法需要可提供的市场交易信息，正如赖利（Reilly）与 Schweihs（1998）所言，成本法也并不能准确反映知识资产的价值，而收益法以预期潜在收益为基础，对于风险因子的选择具有较高的敏感性。在此情况下，许多学者提出了评估无形资产或者某一类知识资产的定性方法。

（1）无形资产负债表。无形资产负债表由瑞典的康纳得（德）（Konrad）无形资产研究小组于20世纪80年代提出，以计量和报告企业的无形资产。该模型分别设置了测度企业无形资产的40个关键指标，并且将企业无形资产分成两类：个人资本和组织资本。根据康纳得（德）小组的研究与描述，个人资本指企业员工拥有的解决问题的知识与技能。企业组织资本由企业的工作流程或者制度组成，包括工作手册、程序、管理制度与流程等，组织资本代表了企业整体解决问题的能力。康纳得（德）研究小组的无形资产负债表提出了测度无形资产的关键指标以及分类方式，为斯维比（1997）的无形资产监视器（Intangible Asset Monitor，IAM）奠定了基础。

(2) 无形资产监视器 (Intangible Asset Monitor, IAM)。无形资产监视器 (IAM) 的假设前提是企业总市场价值由权益价值与无形资产价值构成。斯维比 (1997) 提出企业的价值大部分存在于无形的以知识为基础的资产中。企业无形资产划分为三类：外部结构资产、内部结构资产以及能力资产。以这三种无形资产为基础，企业通过四种途径创造价值：增长、创新、稳定和效率。

(3) Skandia 导航器 (Skandia Navigator)。Skandia 导航器将无形资产计量方法相结合，测量企业的业绩以及目标的实现程度。通过对企业进行财务、顾客、人力资源、流程、创新与开发等五方面的考察，导航器能够识别出企业的隐性资产。许多企业都采用了 Skandia 导航器模型，如 Dow 化学公司，用该模型计量企业智力资本价值（埃德文森 [Edvinsson]，Stenfelt，1999；佩蒂 [Petty]，格思里 [Guthrie] 2000；斯维比，1997）。也有学者（安德里森，2004；斯特拉斯曼 [Strassmann]，2000）对导航器模型的估价提出了质疑。安德里森不赞同导航器模型广泛的指标目录，斯特拉斯曼 (2000) 认为在股票业绩所表示的市场价值与导航器度量标准体系之间几乎不存在关联性，这表明导航器模型对于投资者可能不具有有用性。

(4) 等级/计分模型 (Rating/Scoring Method)。等级/计分模型 (Razgaitis, 2007) 主要基于多参数计分和评级，以此作为依据得出知识资产的数字评分。该模型主要用于评价企业技术、专利或专利组合，为专利评估及战略管理提供了一个有用框架。评分标准可分为五类：合法性标准、技术性标准、市场标准、财务标准以及战略性标准，其中每一标准都有 5~10 个关联指标。每一个指标都作为价值指示器为专利的优劣打分。所有指标将综合形成对专利的完整评价，包含相关风险与机遇，以作为管理层的战略决策依据。

(5) 竞争优势模型 (Rating/Scoring Method, Hagelin, 2002)。知识资产价值的竞争优势模型根据知识资产对企业产品或服务的市场竞争优势的影响以计量和报告知识资产价值。当计量与报告知识资产价值时，首先估计由于知识资产在企业生产与经营过程中的应用而给企业带来的竞争优势，将由于该竞争优势所获得的利润从企业总利润中分解出来，以计量和报告知识资产的价值。在估计竞争优势时，主要考虑该知识资产的载体（如企业产品、服务或者方法等）的市场份额、市场价格等参数。

（6）其他定性方法及模型。Aaker于1996年提出商标权十要素法（Brand Equity Ten），将商标的十种关键特征要素分成五类，通过对商标业绩以及影响力的分析来评价商标权益。列弗（2001）提出了价值链计分板模型，该模型是一个非财务因素的矩阵模型，这些非财务因素可分为三类：发现和学习、执行、商业化。罗伯塔（Roberta），科斯塔（Costa）与西蒙卢卡、埃万杰利斯塔（Simonluca, Evangelista, 2008）通过运用层次分析法，评估商标无形资产对企业价值创造的影响，弥补了现存的商标价值评估方法的不足。贝思德·法布里（Bernd Fabry, 2006）从货币价值、技术价值以及法律价值三个角度提出了知识资产的三维估价。

在国内的知识资产计量与股价研究中，公允价值会计模式逐渐体现在无形资产会计中，应作为无形资产的计量属性（谭劲松等，2001；谢诗芬，2005）。国内无形资产的价值评估主要有收益法、成本法、市场比较法等。收益法认为，无形资产价值具有很大的不确定性，应将其价值用企业的收益来反映，无形资产代表企业具有的超额获利能力（崔也光，1999；唐雪松，1999；苑泽明，2001；于冬等，2004；曲艳梅，2006）。胡悦等（2003）提出，可以通过衡量由于无形资产的作用使价值链中各环节实现价值增值的部分来衡量无形资产的价值。此外，在传统的估价方法基础上运用期权定价模型不失为一种有益补充和创新（万虎高，2002）。

三、知识资产价值影响因素研究

知识资产等无形资产的价值确定在很大程度上取决于其影响因素

及这些影响因素之间的相互关系。博伊特尔与雷（2004）认为无形资产价值确定应考虑具体的市场环境，用收益法评估无形资产时，要考虑该资产的经济实质。林和唐（Lin 与 Tang, 2009）运用层次分析法，对无形资产的价值驱动因素划分层级，对非货币性价值驱动因素量化分层。史蒂芬·陈（Stephen Chen, 2003）认为知识资产的不可移动性可使公司获得竞争优势，但是其可移动性却可以增加知识资产的价值。哈利根（Halligan）与韦扬德（Weyand, 2005）认为商业秘密的价值不仅取决于其本身，还取决于对其进行的管理和维护。高（Gow, 2002）识别出，无形资产的六个价值驱动因素：R&D 投入、广告支出、资本支出、信息技术、技术并购以及人力资源实践。

我国部分学者对无形资产价值的影响因素进行了分析。无形资产的价格，以价值为基础还要受市场需求、技术进步、类似技术的比较、转让权利大小和次数、买方经济承受能力等多种市场因素的影响（刘希宋，1994）。此外，垄断程度也是影响知识资产等无形资产价值的重要因素（张梅良，2007；陈洁，2008）。汪海粟等（2009）通过问卷调查总结了不同类型无形资产价值的影响因素。马敬（2007）通过运用模糊综合评价法对影响知识资产价值的经济成本、技术生命周期、法律状态三个因素进行评价以确定知识资产价值。因此，知识资产价值的影响因素大致上可分为经济因素、技术因素、法律因素（张亚楠，2010）。

四、知识资产价值内涵研究

知识资产等无形资产的价值确定一直是无形资产研究的难点问题，要准确把握无形资产价值，就必须准确界定无形资产的价值内涵，在此基础上对无形资产进行价值估计。我国学者对这一问题的研究各自提出了不同的见解，主要有劳动价值观、效用价值观、多元价值论等观点。劳动价值观认为无形资产与有形资产一样，同样是劳动者的劳动成果，耗费了人们大量的物化劳动和活劳动，分摊了相应的间接劳动，这些劳动耗费决定了无形资产具有价值和市场价值（杨武，1998；安广实，2002；王凌云，2005）。效用价值观认为，无形资产的价值体现为给企业带来的效用，即为企业带来的超额收益（史美君，1998；蔡继明，2002）。姜楠（2002、2004）认为无形资产的价值或者评估价值属于"价格"范畴，但并不是市场价格本身，也不是资产的内在劳动价值。无形资产的评估价值可以是其潜在获利能力的全部或部分转化。蒋传宓（2004）认为知识资产之所以有价值是知识资产制度造成的，知识资产的交易实质上是权利的交易，交易价格也就是知识资产的价值。汤湘希（2009）提出，无形资产的价值由生产该种无形资产的个别劳动耗费加上产出效益决定，产出效益可用平均利润或者超额利润来衡量，同时供求关系也是重要的影响因素。

五、知识资产价值研究述评

国内外学者对知识资产等无形资产价值领域的研究形成了丰富的研究成果。关于知识资产等无形资产价值相关性的研究结果显示无形资产价值与企业价值密切相关，这正说明知识资产已逐渐成为企业发展的主导因素。并且，知识资产等无形资产信息已逐渐反映到资本市场上，引导资本市场的资源配置。

对知识资产价值影响因素的研究是知识资产价值研究的起点，确定知识资产的价值影响因素是正确评价知识资产价值的关键所在。国内外部分学者研究了知识资产等无形资产价值的影响因素，并且归纳出不同类型知识资产其价值的具体影响因素也不同。在无形资产的价值内涵研究方面，我国一直都有学者不断研究这一问题，试图找到无形资产价值的本质所在。学者们提出了各自不同的见解，主要有马克思的劳动价值论、西方效用价值论、供求价格理论等观点。

在估价方法与程序的研究上，国内外学者提出了许多知识资产等无形资产价值评价方法。其中包括定量方法与定性方法。定量方法主要有成本法、市场法、收益法、期权法等，这些方法在运用时需要收集的信息各有不同，因此运用它们来对无形资产进行价值评价各有利弊。同时，这些方法由于运用时具有一定的局限性，企业在使用它们评价自己的知识资产时有一定的技术难度与操作难度。利用定性方法来确定知识资产乃至无形资产价值也具有一定的主观性。但是该类方法虽然不提供企业知识资产具体的数量价值，却能多方面说明企业的知识资产情况，为企业对知识资产的有效管理与经营提供了很好的依据，同时也有助于信息使用者较为全面地了解企业知识资产等无形资产信息。定量评价方法能够得出知识资产价值的具体数值或者数值区间，更适合于会计目的的价值评价，而定性方法由于不能提供知识资产的数量价值，因此较适合于企业管理目的的价值评价。

在现有研究中，对于知识资产价值理论体系的研究涉及较少，对知识资产价值决定理论的研究还有所欠缺，尚未建立完整的知识资产价值决定理论体系。通过评估方法或者模型来确定知识资产的价值，需要有完整的理论体系作为支撑，如果缺乏完整理论体系的支持，这些评价方法或者模型必然会在应用过程中表现出其局限性。在研究知识资产价值决定理论时，对于知识资产价值影响因素的研究与价值决定机制的研究是关键环节，只有在确定价值影响因素的基础上，才能正确分析知识资产的价值形成机理，构建知识资产价值报告模式，完善价值分析框架，构建知识资产价值决定理论体系。

综上所述，本书认为知识资产价值决定理论还有以下问题值得研究：

其一，知识资产价值决定基本理论研究；

其二，知识资产价值决定因素研究；

其三，知识资产价值决定机制研究；

其四，知识资产价值与决定因素相关性研究；

其五，知识资产价值报告理论研究。

本书正是基于这一研究思路,从知识资产价值分析的理论基础出发,对知识资产价值相关概念做出科学的界定,探讨知识资产的价值影响因素,分析知识资产的价值决定机制,构建完整的知识资产价值决定理论体系,通过实证分析验证知识资产价值与相关影响因素之间的关系。本书在知识资产价值决定理论与实证研究的基础上将进一步构建知识资产价值报告模式。

研究内容之间的相互关系与结构如图4-1所示。

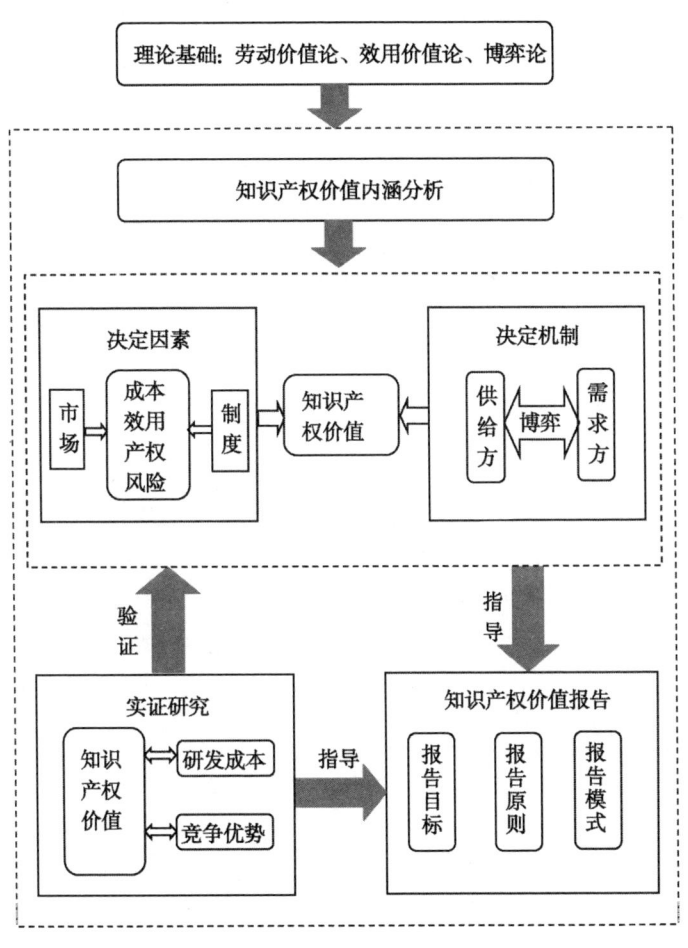

图4-1 知识资产价值决定研究路线

第五章　知识资产价值决定理论基础：
　　　　市场均衡价值的博弈

无论是社会科学研究还是自然科学研究，都需要理论基础作为其研究的起点和基石。[1] 任何一门学科的理论结构体系都是丰富而复杂的，其演进发展历史也是悠久而曲折的，会计理论也是如此（许家林，2010）。会计理论作为重要的社会科学研究领域，其理论体系需要社会科学中的其他学科理论以及自然科学理论的支撑。当然，无形资产会计作为会计理论研究的重要领域，同样有着其研究的理论基础。而知识资产价值理论作为无形资产会计理论体系的重要组成部分，其理论体系与其他学科的理论有着密不可分的关系，需要哲学、经济学、管理学、心理学等学科的相关理论作为依据。

知识资产价值决定的理论基础是指在知识资产价值决定理论构建与形成过程中起着支撑作用的相关理论，主要有劳动价值论、效用价值论、博弈论等。劳动价值论从劳动决定价值的角度诠释知识资产价值的构成，而效用价值论则从效用决定价值的角度诠释了知识资产的价值内涵。虽然两者对知识资产价值的诠释有着差异，但是两者是不同的市场参与者分别站在不同的角度预期知识资产价值的出发点。知识资产价值的最终决定机制在于市场参与者之间的博弈，博弈双方的各种力量对比将决定知识资产的均衡价值。

---

[1] 理论基础是指一门学科在研究其对象和范畴时作为基本立论的理论依据，即对构建所研究学科的理论与方法起着支撑或指导作用的理论。

一、劳动价值论

正如意大利哲学家克罗齐（Benedetto Croce，1866~1952）所言："经济学体系删掉了价值，就像没有概念的逻辑学，没有道义的伦理学，没有表情的美学一样。那是截断了适当对象的经济学。"价值理论是经济学中的基础理论，不同的学术流派在各自的立场上形成了各自的价值理论，如劳动价值论、效用价值论、生产要素价值论、均衡价值论等，对于知识资产而言，影响较大的是劳动价值论和效用价值论。

（一）劳动价值论的发展历程

劳动价值学说最初由威廉·配第（William Petty，1623~1687）提出，经过亚当·斯密与大卫·李嘉图的继承与发展后，马克思在此基础上将其推向了一个新的发展阶段，形成了完善的、科学的理论体系。

1. 劳动价值论的提出

劳动创造价值学说的提出奠定了英国古典政治经济学的基础。在封建社会后期，商业资本逐渐向产业资本过渡，形成了生产和流通的一体化过程。配第在《赋税论》（1662）一书中对商品价值的形成问题进行了研究，认为"劳动是财富之父，土地是财富之母"。配第把商品的自然价格（或价值）看成是由生产该商品的劳动决定的，用劳动时间来测量商品的价值量，并对剩余价值的具体形式地租和利息作了初步分析。可见，劳动价值学说是一定的社会历史条件下的产物，是资本主义生产方式的现实反映。随着资本主义生产的发展，它的进一步发展也成为一种不可阻挡的趋势。

2. 劳动价值论的发展

随着资本主义经济的发展与第一次工业革命的发生，工场手工业逐步向机械大工业过渡，被称为"现代经济学之父"的亚当·斯密在这一历史与经济发展背景下进一步发展了劳动价值学说，他从不同的劳动中抽象出一般劳动，并且第一次把劳动一般、而不是某种具体的劳动形式看成是价值的源泉。他在《国民财富的性质和来源》（《国富论》，1776）中明确提出了价值、使用价值、交换价值和价格等概念，并对它们作了一定的区分，在此基础上对劳动价值论作了一般意义上的说明。亚当·斯密第一次在一般意义上较为完整地表述了劳动价值论的思想。他第一次明确提出了商品具有使用价值和交换价值两重属性，从而把一切劳动及劳动一般看成是财富的源泉。他明确地把使用价值和交换价值区分开来，认为使用价值和交换价值是任何一宗商品都具有的两重属性，把劳动看成是交换价值和使用价值共同的源泉。

此后，大卫·李嘉图继承和发展了亚当·斯密的劳动价值理论。在劳动问题上，他一贯地坚持了劳动的基础地位，坚持了劳动价值尺度。李嘉图赋予劳动以重要的地位，他在《政治经济学及赋税原理》中指出，"一件商品的价值，或曰用以与之交换的任何其他商品的数量，取决于生产此件商品所必需的相对劳动量"。在价值问题上，认为商品生产所耗费的劳动是它的实在价值的尺度。在劳动与价值的关系上，坚持劳动时间决定价值的观点，并以此作为分析其他具体经济范畴如工资、利润和地租等的出发点。大卫·李嘉图从劳动时间决定价值的前提出发，运用演绎的方法，使资本主义的各种经济范畴在统一的基础上得到说明。

3. 劳动价值理论体系的创立

随着经济的进一步发展，资本主义生产进入机器大工业阶段后，资本家和工人之间的矛盾日益尖锐，并代替了资本家和地主之间的矛盾成为社会的主要矛盾。在亚当·斯密和大卫·李嘉图初步奠定的劳动价值论的基础上，马克思通过对资本主义生产的深入研究和分析，突破了古典政治经济学的局限，把劳动价值学说的发展推进到一个新阶段，创立了科学的劳动价值理论。马克思在《资本论》中首次提出"劳动二重性"和"商品二因素"学说，认为生产商品的劳动具有两重性：具体劳动和抽象劳动。任何商品都凝结了人类的劳动，具有价值和使用价值。抽象的人类劳动是商品价值的体现；而具体的劳动是商品使用价值的体现。马克思在价值论上的突破就在于：他不是仅仅把商品看成物，而且认为在商品身上通过人类的物化劳动体现了人与人的社会关系。

纵观劳动价值论从提出到发展，再到科学完善的历程，可见劳动价值论是人类社会与经济发展的产物，经过经济学大师们的不断发展与完善，它已经成为一套完整的、科学的价值理论，为经济学中价值的分析提供了必要的理论支撑。

（二）劳动价值论的基本观点

劳动价值论阐明了商品的二因素、劳动的两重性、价值的决定与构成等观点，揭示了商品价值中所蕴含的人与人之间的社会关系。

1. 商品的二因素

劳动价值论认为，商品具有使用价值与价值两个属性。马克思认为："如果把商品体的使用价值撇开，商品体就只剩下一个属性，即劳动产品这个属性。"

使用价值是商品满足人的某种需要的属性或商品对人的有用性。不论财富的社会形式如何，使用价值总是构成财富的物质内容。物所具有的使用价值属性，不会随社会经济关系的变化而变化，使用价值本身并不反映社会生产关系。同时，使用价值是交换价值的承担者，它充当了一定经济关系的物质承担者。

商品价值是凝结在商品中的抽象劳动。单就商品体本身而言，抽去了使用价值，就只剩下作为人类劳动结晶的价值。而在商品的交换关系中，价值表现为交换价值，表现为与使用价值无关的东西。先有商品，然后才有商品的交换，因此，商品的二因素不是表现为使用价值和交换价值，而是表现为使用价值和价值。商品的价值则撇开了一切具体劳动的特点，是对具体劳动的抽象。任何商品都凝结了人类的劳动，抽象的人类劳动才是对商品体的最一般的本质规定，是商品价值的体现；而具体的劳动只是反映了商品具体的有用特性，它是商品使用价值的体现。

2. 劳动的二重性

劳动价值论认为，商品具有使用价值和价值两个因素，是由生产商品的劳动二重性即具体劳动和抽象劳动所决定。马克思认为，生产商品的劳动具有两重性，相对于商品的有用性即自然性来说，它是具体劳动，表现出劳动的差别性；相对于商品的交换性即社会性来说，它是抽象劳动，反映了劳动的共同性。具体劳动创造商品的使用价值，而抽象劳动形成商品的价值。

具体劳动是指生产不同使用价值的劳动、不同质的劳动。各种不同质的劳动根据劳动的目的、操作方式、对象、手段和结果的差别来划分。劳动的性质不同，所生产的使用价值也就不同。具体劳动是人类生活的永恒范畴，它与自然物质一起构成了使用价值即物质财富的源泉。具体劳动体现了人与自然的关系。抽象劳动是指撇开劳动的具体形式、无差别的一般人类劳动。劳动价值论认为商品价值是人类抽象劳动的凝结，抽象劳动是商品价值的唯一源泉。抽象劳动体现了商品生产者之间的经济关系，是生产商品的劳动的社会属性。

劳动价值论认为，生产商品的劳动有简单劳动和复杂劳动之分。抽象劳动以简单劳动为计量单位，复杂劳动只是自乘的或多倍的简单劳动。因此，少量的复杂劳动等于多量的简单劳动。复杂劳动折合成简单劳动的比例由社会过程决定。

3. 价值的决定与构成

劳动价值论认为，商品的价值量由社会必要劳动时间所决定。"社会必要劳动时间是在现有的社会正常的生产条件下，在社会平均的劳动熟练程度和劳动强度下生产某种使用价值所需要的时间。"❶ 社会必要劳动时间是在商品生产者的背后通过市场竞争形成的，不以个人意

---

❶ 《马克思恩格斯全集（第 23 卷）》，人民出版社 1975 年版，第 52 页。

志为转移。商品价值的实体是凝结在商品中的人类劳动,它的价值量取决于它所包含的劳动量。

根据劳动二重性原理,在商品生产条件下,一方面工人的劳动作为具体劳动创造了新的使用价值,同时把生产资料(物化劳动)的价值转移到新产品中去。另一方面,工人的劳动作为抽象劳动创造了新价值。商品价值形成过程就是生产资料即物化劳动价值转移和活劳动创造新价值的过程。商品的价值包括工人具体劳动转移的生产资料即物化劳动价值和工人抽象劳动创造的新价值,即商品价值由 $c+v+m$ 构成,其中 c 表示转移的物化劳动价值,v 表示活劳动即劳动力价值,m 为剩余价值(生产利润由此转化而来),$v+m$ 是活劳动创造的新价值。

(三)劳动价值论对知识资产价值决定的诠释

在现代经济社会中,知识资产等无形资产是经济发展的关键要素和资源。知识资产的产生主要来源于人类的智力劳动,来源于人类对知识和科学技术的不断追求与研究。马克思曾提出了"科学技术是生产力"(1857)的思想,我国改革开放的总设计师邓小平(1988)继而提出"科学技术是第一生产力"的著名论断。可见,体现科学技术和知识进步成果的知识资产是人类社会与经济发展的重要资源。知识资产是人类智力劳动的成果,其价值必然与人类智力劳动相关。马克思的劳动价值论诠释了知识资产价值的来源与其决定因素。

1. 马克思对劳动的分析包含了智力劳动创造价值的思想

马克思的劳动价值论在分析劳动范畴时,把劳动理解为"人类生产某种使用价值时运用的体力和智力的总和"。马克思明确指出,生产过程中所运用的智力劳动或者脑力劳动是劳动的一部分。劳动是价值的源泉,劳动创造价值,那么智力劳动必然也是价值的源泉,智力劳动同样创造价值。由此可见,知识资产的价值来源于创造知识资产过程中的智力劳动以及体力劳动(以智力劳动为主),即人类的智力劳动创造了知识资产,创造了知识资产价值。

2. 马克思对简单劳动与复杂劳动的论述揭示了智力劳动与知识资产价值的关系

马克思认为"复杂的劳动只是自乘的或不如说多倍的简单劳动",即复杂劳动等于多倍简单劳动。而知识资产是最复杂的劳动即智力劳动的产品,比一般产品凝聚了更多的人类劳动。智力劳动是最复杂的劳动,与一般性生产劳动所创造的价值相比,智力劳动创造的价值更多、更大,是自乘的、多倍的关系。因此,作为智力劳动成果的知识资产比其他一般性劳动生产的产品具有更大的价值。

3. 马克思对价值的构成分析诠释了知识资产价值的决定与构成

马克思认为,商品的价值由生产该商品的"社会必要劳动时间"所决定。在生产产品的过程中所耗费的劳动者的体力和脑力称为活劳动,活劳动是创造价值的劳动,是价值的唯一源泉,它作为新的劳动,不但物化成新的价值,还保存了原先存在于生产资料的价值并将其转移到产品中去,马克思把活劳动这一作用称为它的"自然恩惠"❶。商品价值的形成过程就是物化劳动(生产资料)价值转移和活劳动创造新价值的过程。

知识资产作为智力劳动创造的产品,其所耗费的智力劳动是多倍的简单劳动,知识资产价值大小由生产它的劳动时间所决定。而其价值同样由 $c+v+m$ 所构成,其中 c 与 v 表示知识资产生产过程中所耗费的物化劳动价值与活劳动价值,m 则表示知识资产生产的经济剩余。根据这一原理,站在知识资产生产者的角度分析,知识资产价值取决于生产知识资产的劳动耗费以及经济剩余的预期,即取决于生产者的研发投入等成本耗费以及生产者对经济利润的预期。知识资产的价值必须在补偿生产者的成本耗费的情况下,为生产者提供一定的利润,生产者才会从事知识资产的生产即从事知识资产的研发。

---

❶ 《马克思恩格斯全集》(第 23 卷),人民出版社 1975 年版,第 665 页。

二、效用价值论

效用价值论是西方经济学中的重要理论,它由多个相关价值理论逐渐演变、综合而形成并发展。效用价值论与劳动价值不同的是,它从反映人和物关系的角度来解释价值。

(一) 效用价值论的发展与演变

资本主义商品经济的发展为效用价值论的形成与发展提供了必要的社会历史条件。早在17~18世纪的经济学著作中就出现了效用价值思想的雏形,如英国早期经济学家巴本(Barbon)提出物品的价值来自它们的效用,意大利经济学家加里安尼(Galliani)通过物品的稀缺性来描述效用。1776年,被认为是效用价值论开创者的法国经济学家孔迪亚克在《谈商业与政府关系》一书中,提出效用是消费者由于商品消费所获取的满足感而赋予商品的主观属性,并且认为价值由效用和稀缺性两个因素决定。

此后,德国经济学家戈森(Gossen)在《论人类交换规律的发展及由此引起的人类行为规范》中再次表述了效用价值论的思想,并且提出了满足人类需求的"戈森定理",为后来的边际效用价值论的产生奠定了基础。19世纪70年代,英国经济学家杰文斯(Jevons)、法国经济学家瓦尔拉斯(Walras)以及奥地利经济学家门格尔(Menger)提出了边际效用价值论的思想。他们把商品的价值归结为主观价值,提出用主观价值来取代使用价值和交换价值。

19世纪80~90年代,边际效用价值论发展为以奥地利学派为代表的心理学派以及以洛桑学派为代表的数理学派。心理学派以门格尔与庞巴维克(Bohm-Bawerk)为代表,将心理因素分析引入经济学领域的研究,认为物品的价值取决于效用和稀缺性,取决于商品消费者主观上所感觉到的边际效用,总结出边际效用决定商品价值的规律。数理学派以杰文斯、瓦尔拉斯与帕累托（Pareto）为代表，用数学方法论证边际效用理论，包括基数效用论与序数效用理论。

（二）效用价值论的主要观点

效用价值论对物的效用与价值、效用大小的评价等观点进行了理论阐述，揭示了人与物之间的经济关系。

1. 效用与价值

效用价值论认为物品的效用指消费者从消费某种商品或者劳务中所获得的主观上的满足程度。商品的价值取决于商品的效用，即取决于商品满足人的需要的程度，是人对物的有用性的主观评价。萨伊（Say）认为"效用乃是物品价值的基础"，庞巴维克认为"价值的正式定义是一件财物或各种财物对物主福利所具有的价值"，同时他还提出物品要具有价值就必须具有有用性和稀缺性。可见，效用价值论认为价值是人们对稀缺的物品有用性的评价。

效用价值论的价值从人对物的评价抽象而得，揭示了人与物之间的基本经济关系、人与自然之间的关系，但是却过分强调了人的主观因素，忽略了物具有满足人类需求的属性的客观性。

2. 价值量的决定

效用价值论中对价值量大小的评定取决于物品效用的大小，边际效用价值论认为物品的边际效用是衡量物品价值的尺度。人类对物品的需求和欲望随着不断地满足而逐渐递减，如果物品能够无限地供给，则人类对物品的需求和欲望将降为零。但是现实世界中物品的供给是有限的，人的欲望则是多方面的，不会被无限满足，人类的欲望被完全满足的中断点形成了人类的"边际欲望"，满足这种边际欲望的物品所具有的效用则为边际效用，即一定量物品中最后一单位物品为人类提供的效用，该效用决定了物品的价值。

3. 基数效用与序数效用

西方经济学家曾先后提出用基数效用和序数效用来衡量物品对人

类需求和欲望的满足程度。基数效用理论是研究消费者行为的一种理论，该理论假设物品对消费者需求的满足程度可以用基数表示，并且可以相加，这样便可以对不同效用做出权衡，在基数效用理论框架下可使用边际效用分析法以使消费者做出效用最大化的选择。

序数效用理论则认为效用是一种心理现象，无法计量，从而也不能相加。该理论假设物品满足消费者需求的程度可用序数进行排序，消费者可以依据这种方式对各种物品所带来的效用进行比较，以选择对需求满足程度最大即效用最大的物品。

（三）效用价值论对知识资产价值决定的诠释

效用价值论是西方经济学中重要的价值理论，它由于部分理论过于强调人的主观性，忽略了物品满足人类需求的客观属性，并非完全合理，但是其部分具体理论仍有着合理因素，可作为知识资产价值决定的理论基础。

1. 效用价值论的合理成分

效用价值论的心理学派（主观效用价值论）试图用人的主观心理评价来解释价值，认为价值并非是商品的内在属性，而是人的欲望与物品满足这种欲望的能力之间的关系，是人对物品效用的主观心理评价。该理论充满唯心主义的色彩，过分强调了人的主观因素，忽略了物品效用满足人类需求的客观属性，显然有着错误的一面。但效用价值论本身有着合理的因素，它注重人与物之间的关系研究，从人对物的评价过程中抽象而得，正确反映和揭示了人与物之间的基本经济关系。效用价值是在考虑物的稀缺性因素时，人们对物的有用性的评价。这种评价取决于物的客观有用性，并非主观因素。因而，效用价值论的合理性在于它体现了人与物、人与自然之间的经济关系，研究如何评价物对人的有用性即物的效用。

在研究知识资产价值决定理论时，本书运用了效用价值论的合理内核来解释知识资产的效用价值。

2. 效用价值论揭示知识资产效用价值的决定与评价

效用价值论认为，效用和稀缺性是价值形成的条件，效用是商品对人们的有用性，价值是人们对效用满足主体需求的评价，效用决定价值，效用价值的大小决定商品的交换价值。对于消费者而言，商品价值取决于该商品能在多大程度上满足消费者的需要；对于生产者而言，商品价值在于该商品能为生产者带来多少收益。

依据效用价值观点可知，知识资产的效用和稀缺性是其价值形成的条件。知识资产的效用即知识资产对其主体的有用性，是知识资产满足主体需求的程度。知识资产价值是指知识资产的稀缺的效用性与人类需求之间所存在的一种特定关系。知识资产的客观效用属性与主体需求之间的这种相互关系，不是主体单方面的规定，是由知识资产稀缺的效用和主体需求所共同决定。因此，知识资产的价值可用知识资产效用满足企业需求的程度来衡量。

知识资产的效用，体现为企业通过行使知识资产的有关权利所带来的收益。分析知识资产的效用时，可以从消费者的角度出发，将企业看做是知识资产的消费者（使用者或者需求者）。从知识资产消费者（使用者或者需求者）的角度考虑，知识资产的效用在于能够为企业带来市场竞争优势并且获取超额收益，从而满足实现长期可持续发展的需要。如企业可以通过专利与非专利技术的运用，降低生产成本、提高产品质量，通过对商标的运用提高顾客忠诚度从而获取更多的市场份额等方式以获取超额收益，增加企业价值。知识资产的价值取决于知识资产效用满足企业需求的程度，即用效用满足企业需求程度这一客观属性作为价值大小的客观评价依据。

知识资产能够为企业带来超额收益和长期市场竞争优势，作为知识资产需求方的企业将更为重视知识资产的效用价值即重视知识资产为企业带来的效用。因而，企业在对知识资产价值进行预期时，知识资产的效用价值将是其价值预期的主要内容。需求方企业的知识资产价值将取决于知识资产的效用大小即知识资产能够在多大程度上满足企业获取竞争优势和超额收益的需求。

由以上分析可知,效用价值论对人与物之间经济关系的揭示,即物的效用与人类需求之间的关系较好地诠释了知识资产的效用价值(知识资产对于需求方企业的价值)关系中主体与客体的关系,物的效用满足人类需求程度的评价从需求方的角度较好地诠释了知识资产价值的决定与评价。

三、博弈论

博弈论的基本出发点是具有个体理性的经济人追求自身利益的行为,主要研究行为和利益有相互依存性的经济个体的决策和相关的市场均衡问题,包括决策的原则、方式和效率意义等。博弈论被广泛运用于经济学的研究,贯穿了几乎整个微观经济学的研究领域,并且已扩展到宏观经济学、产业组织理论、环境经济学、劳动经济学、福利经济学等研究领域。

(一) 博弈论的基本内容

博弈是指参与人在一定的规则下,同时或者先后、一次或多次,从各自允许选择的行动或战略中进行选择并实施,而取得相应结果(得益)的过程。博弈论即是系统研究这种过程,寻求参与各方合理选择战略情况下的解并进行讨论分析的理论体系。

1. 博弈论的构成要素

博弈论的构成要素包括参与人、行动、信息、战略、支付(效用)、结果和均衡。其中,参与人、战略和支付是描述一个博弈所需要的最少的要素,参与人、行动和结果统称为"博弈规则"。博弈分析的目的是使用博弈规则预测均衡。

参与人指博弈中的决策主体,其目的是通过选择行动或战略以最大化自己的支付(效用)水平;行动是参与人在博弈的某个时点的决策变量，即参与人在某个时点选择的方案；信息是参与人有关博弈的知识，尤其是有关"自然"的选择、其他参与人的特征和行动的知识；战略是参与人在给定信息集的情况下的行动规则；支付指在特定的战略组合下参与人所得到的期望效用水平；结果是博弈分析者所感兴趣的所有要素的集合；均衡是所有参与人的最优战略组合。

2. 博弈模型的分类

博弈的划分可以从两个角度进行。第一个角度是参与人行动的先后顺序。依据这一划分标准，博弈可以划分为静态博弈和动态博弈，前者指参与人同时选择行动或者虽非同时行动但后行动者并不知道先行动者的具体行动，后者指参与人的行动有先后顺序并且后行动者能够观察到先行动者的行动。第二个角度是参与人对有关其他参与人的特征、战略空间以及支付函数的信息。依据这一划分标准，博弈可划分为完全信息博弈和不完全信息博弈，前者每一个参与人对其他参与人的特征、战略空间以及支付函数有准确的知识，反之则为不完全信息。

将以上两种划分标准结合，可得到四种不同类型的博弈，即完全信息静态博弈、完全信息动态博弈、不完全信息静态博弈、不完全信息动态博弈，与之相对应的均衡分别为纳什均衡、子博弈精炼纳什均衡、贝叶斯纳什均衡、精炼贝叶斯均衡。

（1）完全信息静态博弈与纳什均衡。纳什均衡是完全信息静态博弈的最优战略组合，由纳什于1950年提出。在此战略组合中，每个博弈参与人都确信，在给定其他参与人选择的策略的情况下，该参与人选择了最优策略，即在给定别人战略的情况下，没有任何单个参与人有积极性选择其他战略以打破这种均衡。

（2）完全信息动态博弈与子博弈精炼纳什均衡。子博弈精炼纳什均衡由泽尔腾于1965年首先提出，通过对动态博弈的分析，将纳什均衡中所包含的不可置信威胁予以剔除后，从而得到动态博弈的均衡解。该均衡要求参与人的决策在任何时点上都是最优的，决策者要"随机应变"，而不是固守旧略。

（3）不完全信息静态博弈与贝叶斯纳什均衡。对不完全信息静态博弈，海萨尼（1967）通过将"不完全信息博弈"转换成"完全但不完美信息博弈"❶，提出了贝叶斯纳什均衡。在该均衡中，给定参与人的类型及其他参与人类型的概率分布的情况下，每个参与人的期望效用达到最大化，没有人有积极性选择其他战略，因为每个参与人的决策目标都是在给定自己的类型和别人的类型依从战略的情况下，最大化自己的期望效用。

（4）不完全信息动态博弈与精炼贝叶斯均衡。精炼贝叶斯纳什均衡是不完全信息动态博弈的均衡，该均衡来自完全信息动态博弈的精炼纳什均衡和不完全信息静态博弈的贝叶斯均衡的组合，对此均衡的提出作出贡献的有泽尔腾（1975）、克瑞普斯和威尔逊（1982）以及弗登伯格和泰勒尔（1991）等。弗登伯格和泰勒尔在泽尔腾所定义的"颤抖手均衡"以及克瑞普斯和威尔逊定义的"序贯均衡"的基础上，给出了"精炼贝叶斯均衡"的正式定义。精炼贝叶斯均衡要求参与人要根据所观察到的其他参与人的行为修正自己有关其他参与人类型的"信念"，并由此选择自己的行动。在此，修正过程使用贝叶斯规则。❷

（二）知识资产价值决定的博弈机制

知识资产供给方对知识资产价值的预期主要取决于其成本因素以及相应的经济剩余。知识资产供给方只有在其劳动成本得到补偿并且预期能够获得一定经济剩余的情况下，才会具有知识资产研发的积极性。知识资产成本是供给方能够接受的价值空间的最低水平。知识资产需求方对知识资产价值的预期主要取决于知识资产的效用因素，即取决于知识资产为企业带来的获取超额收益的能力及市场竞争优势，

---

❶ 按照海萨尼的方法，某一参与人的真实类型是给定的随机变量，其他参与人不知道某一参与人的真实类型，但是知道可能出现的类型的概率分布，从而可将不确定条件下的选择转换为风险条件下的选择，这种转换被称为"海萨尼转换"。

❷ 贝叶斯规则是概率统计学中应用观察到的现象修正先验概率的一种标准方法。

这构成知识资产需求方能够接受的知识资产价值空间的最高水平。可见，知识资产供给方与需求方对知识资产价值预期基础的差异将导致知识资产价值的差异，即站在不同的主体角度，知识资产的价值将会不同。而知识资产均衡价值的确定将取决于知识资产供给方与需求方的博弈。可用于分析知识资产价值决定机制的博弈模型有完全信息动态博弈中的讨价还价模型以及不完全信息静态博弈中的双方叫价模型。

将完全信息动态博弈中的讨价还价模型运用于知识资产价值决定机制的分析时，假设知识资产的成本与效用为共同知识，成本与效用的差为总剩余，双方对总剩余的分析取决于双方的耐心程度即双方的贴现因子。博弈参与人越具有耐心，贴现因子也就越大。由于知识资产供需双方贴现因子的存在，将使得讨价还价的期限越多，被贴现因子侵蚀的总剩余就越多，因此双方的理性将会促使交易在讨价还价的第一轮完成。此时总剩余的分配，即知识资产均衡价值取决于博弈期限以及博弈双方的耐心程度。

将不完全信息静态博弈中的双方叫价模型运用于知识资产价值决定机制的分析时，考虑了现实交易中的信息不完全情况。当供给方与需求方对市场及对方的了解不足时，成本和效用将变为私人信息，双方的信息存在不对称情况，供给方仅知道知识资产的成本，而需求方只能预测知识资产的效用，双方的议价博弈在不完全信息状态下进行。虽然知识资产的成本和效用是私人信息，但是成本和效用的分布函数为公共信息，博弈双方通过无限期讨价还价决定知识资产的均衡价值。此时，知识资产的成本、效用及效用的分布情况、双方耐心程度对知识资产均衡价值都有着决定性的影响作用。

可见，完全信息动态博弈与不完全信息静态博弈均可用于分析知识资产价值的决定机制。由于知识资产供需双方对知识资产价值的预期存在差异，知识资产最终价值的确定将取决于知识资产供给方与需求方的博弈。而博弈的均衡结果决定于双方在博弈中的耐心程度，以及知识资产的成本、效用与博弈自身的特征等。

第六章 知识资产价值内涵分析

对知识资产价值决定的研究,首先要对知识资产价值的基本理论进行研究,清晰界定知识资产价值的内涵。本章在对价值内涵与知识资产概念进行评述与界定的基础上,探讨知识资产价值的内涵。

一、价值内涵分析

价值理论在经济学的研究中具有基础性的地位。约翰·穆勒(John Stuart Mill,1806~1873)曾言道:"在产业体系完全以买卖为基础的社会状态内,价值问题是个根本问题……几乎一切有关经济利害关系的思考都以某种价值理论为前提。"价值理论的研究一直是经济学中重要的基础研究领域。经济学中关于价值内涵的研究是以哲学中对价值的定义为基础的,传统经济学中的价值理论建立在哲学价值定义的基础之上。

(一) 哲学中的价值定义

关于价值的定义问题,一直是学术界分歧最大、争议最多的问题。迄今为止,并未出现一个获得学术界普遍认同的"价值"定义。哲学中对于价值的定义,主要有以下几种观点:

1. 价值"实体说"

价值"实体说"认为价值就是有价值的事物本身,分为唯物主义的"实体说"与客观唯心主义的"实体说"。唯物主义认为价值是某种客观存在的实体,与人无关。客观唯心主义则认为价值是人之外的某个精神实体,如柏拉图的"理念世界"、基督教的"上帝"等。价值"实体说"将价值等同于事物本身,与人无关。而与人无关的事物,是无所谓价值的,我们讨论它的价值也就毫无意义。同时,这种观点也无法解释同一事物相对于不同主体,或者相对于不同时间、条件、状态下的同一主体有着不同价值的原因。

2. 价值"属性说"

价值"属性说"亦即价值"功能说",该观点认为价值是客体所固有的某些属性或者功能。这一定义的影响与应用超过了其他价值定义,事物的功能和属性在人的开放性思维的辅助和创造下是无穷尽的,即价值可以是无穷尽的。这一定义肯定了价值与客体及其属性或功能相关,但却忽视了与主体的联系。只有和主体相联系所实现或者呈现出来的价值才是现实的价值、真正的价值。该观点同样也无法解释同一事物相对于不同主体,或者相对于不同时间、条件、状态下的同一主体有着不同价值的原因。

3. 价值"观念说"

价值"观念说"认为价值是人类的一种精神或者心理现象,是与人的兴趣、欲望、情感、态度、意向或规定等相关的东西。这一定义肯定了价值与主体的关系即价值的主体性特征,认为没有主体也就没有价值,人对事物价值的评价与人的精神与心理状态、思想观念等密切相关,这在价值的认识上有一定的进步意义。但是该观点只是从主体的精神与心理状态来界定价值,忽视了价值的客观性,因此对价值的评价也就失去了客观的标准。同时,价值"观念说"混淆了价值的产生、存在与主体的兴趣、欲望、情感、态度等价值意识,即混淆了可观的价值现象与对价值的反映和评价,将评价的对象混同于评价的结果。

4. 价值"需要说"

价值"需要说"认为价值就是客体能够满足主体的一定需要。该观点强调了主体需要的主动意向方面,认为主客体间的价值关系都是反映主体的主观需要。但是在现实的主客体关系中并非如此,价值关系不仅反映了主体的需要,同时也反映了客体满足主体需要的客观属性。因此在理解价值时,不能仅重视主体需要方面,而忽视了客体满足需要的客观属性。价值应体现在统一的主客体关系之中,反映主客体之间需要与满足需要的关系。

5. 价值"关系说"

价值"关系说"认为价值是客体满足主体需要的关系,是人和对象即主体和客体之间的一种特定关系。该观点提出了主体与客体统一论的关系说,与其他几种定义相比较,更接近于价值的本质,具有一定的合理性。该观点认识到了价值不是由主体或者客体中的一方所单独决定,而是由两者的相互作用和关系所共同决定。价值存在于主客体相互作用的过程中,是人所创造并拥有的各种关系中,以人的目的和需要等为尺度的一种特殊关系,该种关系因主体不同而不同。"关系说"是价值研究中的一个重大进步,但是,也有学者在对这种观点进行肯定的同时提出了某些质疑。有学者认为这种观点仍然存有本体论思维的痕迹,表现在有的学者仍按实体主义的思维方式理解"关系",认为价值是主体与客体结合产生的新质,有的学者致力于确定作为"关系"的质,不可避免地引出了许多歧义,结果使得价值这一概念更加扑朔迷离。价值"关系说"趋向于把复杂的动态关系简单化,把开放的主客体互动过程凝固化(李德顺,1987、1992)。

(二) 关于价值的界定

通过对以上几种价值定义的考察与分析,本书汲取"关系说"的合理内核,扬弃各种观点中价值规定的局限,可以得出以下结论:

第一,价值并非指单一的客体或主体。价值不是客体的存在与属性,也不是主体及其情感、态度等,而是作为主体的人在认识和实践活动中所建立的特定的主客体关系。这种特定的关系以劳动实践为基础。人在现实的劳动实践活动中,将世界作为对象,从而形成主客体关系,价值正是这种以劳动实践为基础的主客体关系中一个基本的方面。在这一关系中,主体需要和客体属性是价值得以生成的条件,客体属性满足主体需要是价值关系得以生成的实质。

第二,价值这种特定的主客体关系因主体不同而不同,以主体作为尺度,具有鲜明的主体性。同一客体对于不同的主体或者不同时间、条件、状态下的同一主体,其关系的内容可能不同。

第三,这种特定的主客体关系也是客观存在的,具有"主体的客观性",并且这一关系可以通过评价来反映。价值是评价的对象,评价是对价值的能动反映。

第四,价值可以根据客体与主体目的、需要等特定关系来加以把握与界定。

综上所述,本书认为价值是人在对世界的认知和实践活动中所建立的,客体的存在及其性质满足主体的需要与目的,并且以其是否与主体的目的、需要等相一致、相适合、相接近作为尺度的一种客观的主客体关系。

(三)经济学中的价值理论

在哲学价值定义的基础上,经济学家对价值展开了深入的研究与分析。随着经济的发展,价值理论的发展形成了一个动态演进的过程,并且进一步推动着经济的发展。纵观整个经济学理论发展脉络,经济学家对价值的研究主要形成了以下几种理论:

1. 劳动价值论

威廉·配第的劳动创造价值观经过亚当·斯密、大卫·李嘉图等的修正、发展,并由马克思将其发展成完整成熟的价值理论体系,劳动价值论已成为在经济学理论中有着重要影响的价值理论之一。马克思认为,"一切劳动,从一方面看,是人类劳动力在生理学意义上的耗费;作为相同的或抽象的人类劳动,它形成商品价值。"可见,劳动价值论认为价值是凝结在商品中的抽象的人类劳动,使用价值是价值的物质承担者。马克思将"价值"定义为一个抽象的关系范畴,体现了人与人之间的社会关系。价值来源于人类的抽象劳动,价值的大小取决于物化在商品中的社会必要劳动量,可用社会必要劳动时间来衡量。

2. 生产要素价值论

生产要素价值论最早由法国经济学家萨伊在1802年发表的著作《政治经济学概论》中系统提出。萨伊认为,价值是个人对商品使用价值即效用的主观评价。劳动、资本、土地共同创造了效用,亦即共同创造了价值,从而创造了收入。所以价值的大小由效用的生产费用即工资、利息和地租决定。现代西方主流经济学中的生产要素价值论,继承并发展了萨伊的理论,不仅将劳动、资本和土地等同于生产要素,并且认为企业家才能、人力资本、技术、知识等都是生产要素,各种要素的报酬按其对产出的贡献分配。

生产要素价值论将劳动等同于物,将工资等同于物质生产成本,把人和人之间的生产关系看成是物和物之间或者是物和人的各种要素之间的生产分配关系,虚构和夸大了要素所有者的贡献。

3. 效用价值论

效用价值论认为效用和稀缺是价值的源泉,将人们对商品用途即效用的主观评价作为衡量商品价值的尺度。该理论将价值认为是一种主观心理感受,而不是物品的客观属性,用主观心理感受解释商品价值的本质。效用价值论认为"效用"是价值的源泉,并且与"稀缺"相结合才能构成价值形成的充分条件。在该理论的基础上所形成的"边际效用价值论"则认为效用的大小以人们的主观评价而转移,只有边际效用才是衡量商品价值的尺度。

效用价值论认为效用是价值的基础,对价值理论的发展有一定的贡献。但其强调价值取决于对效用的主观心理评价,而不是客观属性,这是该理论受到质疑的关键所在。在运用效用价值论来解释商品价值时,应该吸取其合理内核,效用是物品的客观属性,效用价值反映了人与物、人与自然的基本经济关系。

4. 均衡价格论

马歇尔的均衡价格论是一种调和的价值理论,是将供求论、边际效用论及生产费用论的思想相融合而形成的价值理论。该理论认为均衡价值（价格）由供给和需求两个方面所共同决定，商品的价值就是用其他商品来表现的交换价值。

均衡价格论对现代主流西方经济学产生了深远的影响。但是该理论以交换价值为桥梁，将价值与价格混为一体，用均衡价格来衡量商品的价值，以价格论代替了价值论。

5. 价值理论评述

经济学中的价值理论，对于价值的基本问题有着不同的见解。

（1）价值的本质问题。劳动价值论认为价值是凝结在商品中的抽象的人类劳动即人类的一般劳动，价值也是一种关系，"是生产费用对效用的关系"。边际效用价值论则认为价值是人们对效用的主观评价。

（2）价值的基础问题。劳动价值论认为物品之所以有价值是因为投入了人类劳动，而效用价值论则认为物品因为具有某种稀缺的效用才具有价值。

（3）价值的来源问题。劳动价值论认为凝结在商品中的物化劳动是价值的源泉，生产要素价值论认为生产要素是价值源泉，效用价值论认为效用和稀缺是价值的源泉。

（4）价值的尺度问题。劳动价值论以社会必要劳动时间来衡量价值，效用价值论认为主观效用加上稀缺性可以决定价值，边际效用价值论用边际效用作为衡量价值的尺度，生产要素价值论主张以补偿要素损失的费用即生产费用衡量价值，均衡价格论则以市场上的供求关系所形成的价格来度量价值。

可见，各种价值理论都有着其合理的见解，但是不能全面解释关于价值的基本问题。对于价值基本问题的研究，需要汲取各种理论合理的部分，扬长避短，以期对价值的基本问题做出正确的分析。

二、价值的经济学内涵

价值的哲学本源是经济学理论研究价值问题的基本出发点，即价值是客体与主体之间客观存在的需要与满足需要的关系。将这一定义运用到经济学中,价值则是指稀缺的效用(客体)与主体需求之间构成的关系,是主体与客体关系的具体化。经济学中的价值仍然是一个关系范畴,而不是实体范畴;既不是单纯的客体概念,也不是单纯的主体概念,更不是主观概念,而是一个包含客体和主体、体现两者关系的综合概念。不是所有存在的客体(效用)都能构成经济学意义上的价值关系,在经济学理论与实践中,只有稀缺的效用才会获得评价,才能与主体构成价值关系。因此,"效用"和"稀缺性"是构成价值的条件。

1. 效用

效用(utility)是经济学中最常用的概念之一。一般而言,效用是指对于消费者通过消费或者享受闲暇等使自己的需求、欲望等得到的满足的一个度量。《韦氏词典》对效用的解释为"有用""适合某一目的"。可见,效用这一概念的常规解释并未区分主体的主观评价与客体的客观属性,只有在效用价值论中,才将"效用"明确为主观评价,凸显了效用的主观意义。保罗·萨缪尔森认为,效用表示满足,可将效用理解为一个人消费某一种物品或劳务所获得的主观上的享受或者有用性。但不能把效用等同于生理功效或者感觉,效用是一种科学构想,经济学家用它来解释有理性的消费者怎样将有限的资源分配在各种能给他们带来满足的商品上。

根据马克思的劳动价值论,使用价值是指商品满足某种社会需要的属性,即对社会有用的属性。可见,"效用"和"使用价值"都是描述商品满足需要的属性,前者强调主观性,即满足主体主观需要的能力或者属性,而后者强调客观性,即满足某种社会需要的客观属性。事实上,物之所以具有效用,是因为该物质具有某种功能或者属性的客观性质,并且还能满足主体的主观需要。因此,对于效用的理解应当既体现物品所具有的客观属性又体现其能满足主体的主观需要,即物品的效用是指满足主体主观需要的客观有用性,价值关系的客体正是指这种客观有用性。

2. 稀缺性

稀缺是指资源相对于人类的需要总是少于人们能免费或自由取用的情形。社会资源具有有限性，即指社会所生产出的商品是有限的，无法满足人们所有的欲望。因为资源存在稀缺这一特性，才需要经济学研究如何最有效地配置资源，使人类的福利达到最大限度。

可见，稀缺描述的是物质（或者资源）的供给相对于需求不足的状态。稀缺状态包含并描述了需求强度、供给能力、人类的认知和技术状况等多种丰富的信息，稀缺与物质的生产、供给状态高度相关。各种物质的稀缺状态都是动态发展的，且形成原因不同，随着人类的认知能力、技术水平、需求和供给的变化而变化。物质的稀缺状态对于物质的价值判断十分重要。

3. 价值关系的主体与客体

经济学中的价值关系，仍然存在主体与客体的问题。在此，价值关系的主体是指人，即有着某种需要的一般意义上的人，既包括个人也包括群体，如企业等。价值关系中的客体则是指物质产品满足人类社会需要的客观属性，即稀缺的效用。价值关系不单指客体，也不单指主体，而是指客体满足主体需要的一种特殊关系，即物质产品所具备的客观属性满足人类社会需要的关系。

三、价值的决定及源泉

价值是指物质产品客观存在的稀缺的效用满足人类社会需要的一种特殊关系，价值的大小显然是由稀缺的效用和需求以及两者之间相互作用方式来决定。稀缺的效用不仅包括供给状态，还包含了效用本身的特征，需求则需要考虑市场、需求者等因素。换言之，稀缺的效用与需求及其作用方式分别受到多元要素的制约和决定，从而价值决定也表现为一个多层次的多元要素的互动系统。价值决定是这些因素互相作用、逐步实现均衡的过程。这种均衡可以是静态的，也可以是动态的；可以是局部的，也可以是一般的。实现这种均衡的环境和方式也是多样化的，并且对均衡的形成产生影响。

价值的来源即价值的形成基础就是产生稀缺效用的劳动以及劳动作用的对象——自然界。这里的劳动是一个不断发展和充实的概念，涵盖了简单劳动和复杂劳动、体力劳动和脑力劳动、操作劳动和服务劳动、经营管理劳动和科学研究劳动等。这种扩大的劳动通过对自然界的认知和实践创造了物质产品的稀缺效用，使得物质产品具备了形成价值的基础条件。

第七章　知识资产价值决定因素研究

　　知识资产对企业发展乃至整个社会经济发展的决定性作用使得知识资产价值的研究成为必然。知识资产价值研究中，其价值决定因素和价值决定机理的研究是关键环节。本章主要分析知识资产价值决定的影响因素，并将这些影响因素分为知识资产价值决定的内在因素与外部因素，其中内在因素包括成本因素、效用因素、风险因素与产权属性因素，而外部因素包括制度因素与市场因素。在分析知识资产价值决定内在因素与外部因素的基础之上，本章还将分析内在因素与外部因素之间的互动关系与作用机理。

一、知识资产价值决定内在因素

　　前已述及，价值是指物质产品客观存在的稀缺的效用满足人类社会需要的一种特殊关系，价值的大小由稀缺的效用和需求以及两者之间相互作用方式来决定。稀缺的效用与需求及其作用方式分别受到多元要素的制约和决定，从而价值决定也表现为一个多层次的多元要素互动的系统。价值决定是这些因素互相作用、逐步实现均衡的过程。知识资产的价值同样由其稀缺的效用和需求以及两者之间的相互作用方式来决定，而这种稀缺的效用和需求同样受到多元要素的制约和决定，即知识资产价值受到多种因素的制约和决定。唯物辩证法认为，事物的运动变化一方面是在内部诸要素之间的相互作用中实现，另一方面又在外界环境多种因素或条件的相互作用中实现。因此，导致事物运动与变化的原因可分为内因与外因。同样，知识资产的价值决定因素可分为内在因素和外部因素，其中内在因素对知识资产的价值有着不可替代的主导和决定作用。

（一）成本因素

在工业经济时代，经济的发展主要取决于劳动与资本的投入，有形资产在经济的增长中占据主导地位，稀缺的自然资源是经济发展的主要依托。企业经济的发展和价值的增长主要依赖有形资产投入的数量与规模。在这一时期，企业的成本构成主要包括物化劳动与活劳动的消耗，其成本的多少直接与物质消耗多寡相关。随着知识经济的到来，经济的发展逐渐呈现信息化、网络化、智能化趋势。企业的生产模式与经营观念发生着深刻的变化，从以有形资产为主要生产要素逐渐演变为以无形资产为主要生产要素，企业的物质资源逐步被信息、技术、知识等取代，成为经济发展与增长的主导因素。企业效率的提高和价值的增长越来越取决于知识与技术的生产、传播与应用，以及相关技术知识的有序叠加与相关信息的有效聚合，以知识资产作为重要组成部分的无形资产逐步成为经济发展的主要动力。与此同时，我们应该意识到，企业的成本构成与性质也随之发生着深刻的变化。而知识资产的成本是企业管理的重要内容，是研究知识资产价值的基础。

换言之，以知识资产为重要组成部分的无形资产是企业资产的重要组成部分，其成本是知识经济时代企业成本的重要构成内容，有着明显的时代特征，与其他成本相比有着自己的特点。首先，知识资产成本在企业总成本中的比例越来越高。随着企业生产模式的逐步改变，企业无形资产占总资产的比重逐步增加，S&P500企业无形资产价值占企业总市场价值的比例已达到80%以上。企业在日益加剧的市场竞争环境下，不断进行知识创新和产品创新，产品中的知识与技术含量日益增加，知识资产成本在企业产品成本中的比重逐渐增大，同时原材料、设备等物质资产成本比重逐步降低。其次，知识资产成本与企业的业务量（即生产量）不存在严格的依存关系，不会随着业务量的变动而变动，但是影响着产品成本和价格的变动。随着技术的不断进步，由于新技术和知识的应用,产品材料成本可能随之降低,但是知识资产成本会增加。因此,知识资产成本从多个方面影响着企业产品的单位成本和价格。最后,知识资产成本是对传统成本的突破与扩展,这说明在知识经济时代,企业生产不仅要重视物质成本补偿,同时要重视无形成本的补偿,加大研究与开发的投入,不断提高知识技术水平,获取产品市场竞争优势。

知识资产成本与其价值是否相关,理论界各持己见。知识资产的成本影响着知识资产的稀缺性,且劳动是知识资产价值的源泉,劳动耗费即劳动成本(包括物化劳动成本和活劳动成本)必然对其价值的决定起着重要的作用。本书通过对知识资产劳动成本与机会成本的分析来研究知识资产成本与其价值的关系。

1. 劳动成本

劳动成本包括活劳动成本与物化劳动成本。物化劳动是指凝结在劳动对象中体现为劳动产品的人类劳动,即商品生产过程中所耗费的生产资料。活劳动是物质资料生产过程中劳动者支出的体力和脑力,它是生产过程中的决定性因素。马克思的劳动价值论认为,活劳动是创造价值的劳动,是价值的唯一源泉,它作为新的劳动,不但物化成新的价值,还保存了原先存在于生产资料的价值并将其转移到产品中去,马克思把活劳动这一作用称之为它的"自然恩惠"。知识资产的劳动成本是指企业获得该项知识资产所需付出的全部成本,包括物化劳动成本与活劳动成本,既包括了知识资产研究开发与最终取得过程中所耗费的各项物质资料成本,也包括研究开发人员所付出的体力与脑力劳动成本。

(1)劳动与成本补偿。价值的来源即价值的形成基础就是产生稀缺效用的劳动以及劳动作用的对象——自然界。劳动通过对自然界的认知和实践创造了物质产品的稀缺效用,使得物质产品具备了形成价值的基础条件。基于劳动价值理论,从成本补偿的角度研究知识资产的成本对其价值产生的影响。正如马克思所言,劳动价值论并非其首创,他的贡献在于剩余价值论的发现和逻辑证明。威廉·配第认为,商品的自然价格(价值)由生产该商品的劳动所决定,并用劳动时间来测量商品的价值量。亚当·斯密从不同的具体劳动中抽象出一般劳动,并且把这种一般劳动而不是某种具体的劳动形式作为价值的源泉。大卫·李嘉图认为,商品的价值是由劳动决定的,但提出劳动的性质有所不同,简单劳动与复杂劳动、不熟练劳动与熟练劳动在劳动时间与劳动质量、数量上都有所不同。马克思在威廉·配第、亚当·斯密与大卫·李嘉图的理论基础上,不仅揭示了劳动的两重性即抽象劳动与具体劳动,还深入分析了商品的两重属性即价值和使用价值。马克思在价值论上的突破在于不仅仅把商品看成物,而且提出商品通过人类的物化劳动体现了人与人的社会关系。可见,经济学中对商品价值的分析离不开对劳动及其耗费的分析。知识资产作为一种特殊的商品,对其价值的分析,同样也不能脱离对其劳动耗费即成本耗费及其补偿的分析。

通过分析经济的发展轨迹可知,分工水平依赖于市场大小,劳动生产率的差异取决于分工水平的高低,而贸易的可能性即市场空间的大小又依赖于劳动生产率的差异(假设不考虑需求多样性),这便形成了亚当·斯密经济学中的"市场—分工—劳动生产率—市场"的循环,要使这一循环得到持续和不断扩大,则必须满足一个必要条件——所有劳动耗费需得到补偿。无论是物化劳动还是活劳动,其最低限度的劳动补偿是马克思所提出的简单再生产的必要条件,而经济循环的扩大即扩大再生产除了满足最低限度的劳动补偿外,还需要获取一定的利润。可见,成本补偿的实现是生产和贸易得以维持并扩大的必要条件。

(2)知识资产成本耗费与价值形式分析。知识资产作为一种特殊商品,其产生过程耗费了人类更为复杂的脑力劳动和物化劳动,只有这些劳动耗费得到正常的补偿,企业生存才得以持续并进一步发展。其所耗费的劳动量越大,成本补偿也就越多。企业经过研发和一系列相关活动而获得知识资产后，如果其成本得不到最低补偿，知识资产便不能为企业带来任何超额收益。在这一状态下，企业就无进行知识资产研发的必要，更无探讨其价值的必要。鉴于此，基于劳动价值的成本补偿必然成为其价值的重要决定因素之一，也必然成为知识资产定价的自然经济基础。换言之，企业知识资产的劳动成本必然成为影响其价值的重要因素之一。

企业既可作为知识资产的生产者，也可作为知识资产的需求者。在分析知识资产的劳动成本补偿时，本书站在知识资产生产者的角度进行分析，即暂不考虑企业作为知识资产需求者的情况。同时，知识资产的供给方除了企业外，还包括专门研究机构与个体研究者等。知识资产的创造者即供给者在知识资产的生产过程中耗费了脑力劳动和物化劳动，并且资本有机构成与物质产品的生产不同，不是提高而是相应下降。知识资产所包含的知识越复杂，其脑力劳动耗费就越大，资本有机构成相应就越低。在以知识为主导的经济时代，随着人类知识的不断增长和扩大，这种趋势日益明显。

前已述及，商品价值由 $c+v+m$ 构成，其中 c 表示物化劳动的耗费，v 表示活劳动的耗费，m 表示剩余价值（利润由此转化而来）。本书用 c_1 表示以折旧方式转移的物化劳动成本耗费，c_2 表示一次性全部消耗转移的物化劳动耗费，v_1 表示活劳动的耗费，m 表示新创造价值中的剩余价值，则知识资产的价值 w 由劳动成本（包括活劳动成本与物化劳动成本）与剩余价值构成。即 $w = c_1 + c_2 + v_1 + m$，其中，$c_1 + c_2 + v_1$ 是知识资产的生产成本，m 是经济交换中的经济剩余——利润的来源。这种价值构成形式未考虑知识资产生产过程中的偶然因素，并且也未能考虑经济交换中的交易成本因素。知识资产的生产与物质产品生产有着一定的差异，其脑力劳动的投入并非与生产成果形成固定的比例关系。如设计灵感的产生可能就发生于劳动者思考的瞬间，研发过程中的偶然发现也并非预料所及，等等。在知识资产的生产过程中，研究开发人员的研发工作有可能不止产生一项知识资产，可能随

第七章 知识资产价值决定因素研究

着偶然因素的介入，会获得多项知识资产，此时对每项知识资产的价值自然会产生一定影响。从知识资产生产者的角度分析，其所获得的知识资产成本进入交换阶段也会发生相应的费用，该项成本费用虽然不属于知识资产研发成本的范畴，但其生产者也会考虑其对知识资产成本耗费的影响。如果要进行知识资产的交换，这项耗费也必须得到补偿。

在考虑了偶然因素与交易成本后，知识资产的成本价值可扩展为包含单项知识资产生产成本耗费即分形生产成本耗费（物质耗费 c_3 和活劳动耗费 v_2）❶和交易过程中成本耗费（物质耗费 c_4 和活劳动耗费 v_3）的价值形式。而对于每一生产者来说，剩余价值 m 的总量没有改变。如果用 n 表示生产者在生产过程中由于各种因素的影响而获得的知识资产数量，则知识资产的价值可重新表示如公式（7-1）所示。

$$w = (c_1 + c_2 + v_1)/n + (c_3 + v_2) + (c_4 + v_3) + m/n \quad (7-1)$$

公式（7-1）所决定的知识资产的价值完全是从供给者亦即知识资产的生产者角度出发，通过对成本耗费的补偿和经济剩余（即剩余价值）的分析而得的，是单项知识资产的完全价值形式。其中 $c_1 + c_2 + v_1$ 是知识资产的初始成本耗费，可用 c_0 表示，随着偶然因素的介入，研究者所获得的知识资产数量越多（n 越大），这种成本耗费在单项知识资产的完全价值形式中所占的比重将逐渐下降。$c_3 + v_2$ 是单项知识资产的后续成本耗费（分形生产成本耗费），可用 c_a 表示。$c_4 + v_3$ 是知识资产交换中供给方即生产者所发生的成本耗费，可用 c_t 表示。知识资产的完全价值形式可以改写为公式（7-2）。

$$w = c_0/n + c_a + c_t + m/n \quad (7-2)$$

---

❶ 单项知识产权成本耗费，是指知识产权的生产者在知识产权的生产过程中，如研发机构或人员在研究开发的过程中，可能由于多项偶然因素的介入，会意外地获得其他知识产权，此时，对每项知识产权资产的形成都会各自发生一定的成本费用，本书将这些单独发生于某项知识产权的成本耗费称为单项知识产权成本耗费，或者称为分形生产成本耗费。

从知识资产供给方的角度分析，要使其进行知识资产的生产并且具有进入交换领域的可能性，交易价格（知识资产的市场价值）必须能够补偿生产者所发生的成本耗费，包括物化劳动耗费与活劳动耗费。假设用 P 表示知识资产的市场价值，则 $P \geqslant c_0/n + c_a + c_t$，如图 7-1 所示。

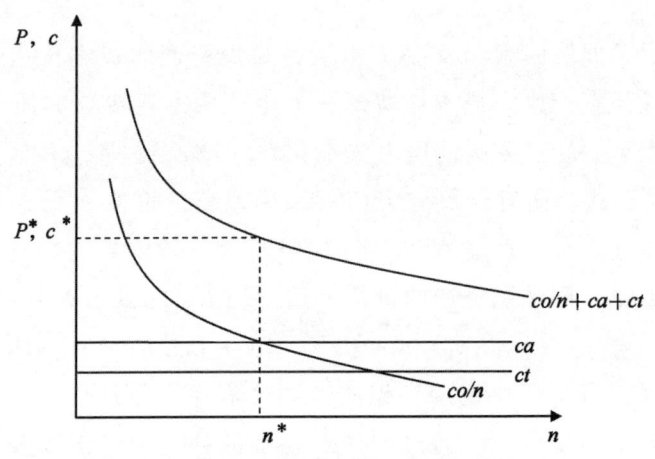

图 7-1 知识资产成本耗费补偿图

说明：图 7-1 中，横轴表示研发所获得的知识资产数量，纵轴表示知识资产的成本及市场价值。当所获得的知识资产数量为 n^* 时，单项知识资产的总成本为 $c = c_0/n + c_a + c_t$。此时知识资产生产者要求的价值 P^* 不能低于 c，否则知识资产生产者将无研发的可能性。

要使知识资产的供给方（生产者）具有知识资产交易的积极性，则交易价格除了补偿成本耗费外，还须给生产者带来一定的经济剩余（正常的利润）。由于知识资产的研发不同于其他类型资产的生产，其专用性和风险性与其他资产的生产有着巨大的差异。如为某一生产线开发的技术，不一定能运用于其他生产线。在知识资产的研发过程中，研发人员面临着研发失败的巨大风险。研发一旦失败，前期的成本耗费将得不到任何补偿，知识资产的价值也就无从谈起。因此，知识资产生产者对其生产的利润预期不同于其他资产。并且，知识资产的生产与供给仍然遵循着"物以稀为贵"的交换原则,知识资产的专用性越高,研发难度越大,其供给方对收益的预期也就越高。式 7-1 和式 7-2 中的 m/n 就是生产者的经济剩余,是其对知识资产生产的利润预期值。令 $m/n = EK$,而 EK_i 是一个随机盈余,其数值因人而异,EK 表示知识资产 K 的平均预期经济剩余。则公式(7-2)可以进一步改写为公式(7-3)。

$$w = c_0/n + c_a + c_t + EK \qquad (7-3)$$

因此,只有当知识资产的交换价值 $P = c_0/n + c_a + c_t + EK$ 时,知识资产的生产者即供给方才会进行研发并且进入交换领域。而当知识资产的生产者是企业时,如果交换价值 P 不能满足这一条件,该企业又具备运用知识资产的各种条件,此时知识资产的生产者将通过自己运用知识资产来实现其预期价值。即生产者不再是单纯的供给方(可以认为是一种知识资产生产的自给自足状态),知识资产将退出交换市场,而被研发企业作为生产要素投入到生产过程中,此时的知识资产价值将大于成本耗费,否则企业就无进行知识资产研发的必要。

此外,将劳动价值论与成本补偿观点运用于知识资产的价值分析时,我们必须满足这样的逻辑前提:知识资产是具有效用的,并且存在着供给方垄断的市场结构,知识资产的需求方是市场价格的被动接受者,且具有一致偏好。在这一逻辑前提下,劳动价值论与成本补偿观点给出了知识资产供给方价值空间的最低水平即供给方所能接受的最低价值——知识资产生产所发生的成本耗费的补偿,而供给方对知识资产价值的预期则为成本耗费加上经济剩余。❶

(3)不同类型知识资产劳动成本与价值分析。前文的研究约定已提及,本书研究的知识资产主要是企业的专利权、商标权以及非专利技术,并且研究中主要以企业的专利权价值决定作为重点研究对象,

---

❶ 假设供给方为理性,前文中虽已提到供给方的经济剩余 EKi 是一个随机盈余,但供给方对于经济剩余的预期仍然是一种理性行为。

兼顾商标权与非专利技术的价值决定研究。

根据前文的分析可知，知识资产的成本对其价值有着重要的决定作用。站在供给方的角度，其对知识资产价值预期为知识资产的成本耗费加上供给方的理性预期收益。这里的成本耗费除了知识资产产生过程中的成本耗费外，还包括交易过程中所发生的由供给方负担的交易费用。不论是哪一阶段的成本耗费，都可将其归纳为物化劳动耗费与活劳动耗费。无论是何种形式的知识资产，如专利权、非专利技术、商标权等其成本耗费也都归纳为物化劳动的耗费与活劳动耗费。

无论是专利权还是非专利技术的成本耗费，都是企业的技术创新与改进投入，通常表现为企业的研发投入。为了保持市场上的领先优势，企业必须不断进行研发投入，进行技术的改进和创新。在发达国家，企业的研发投入强度一般为3%~5%，高新技术企业甚至达到了10%。国际上通常认为企业的研发投入强度达到2%才能生存，5%才能具有竞争力，而我国很多企业都还达不到2%的基本生存水平。专利权与非专利技术的劳动成本包括物化劳动成本与活劳动成本。物化劳动成本主要指在研发和取得专利权与非专利技术过程中所发生的材料费、精密试验设备费、专利注册费；活劳动成本主要指专利权与非专利技术开发中的人力资源消耗费用，如研发人员的工资、各种培训费等。

商标权的劳动成本也可分为物化劳动部分和活劳动部分。商标权成本中的物化劳动主要指获得该项商标权的生产开发过程中发生的除人力资源以外的各种费用，如商标的设计制作中的材料费、商标注册登记费、广告宣传费等。其中广告宣传费是提高商标知名度及其价值的重要因素。商标权成本中的活劳动成本指获得商标权的开发过程中所发生的各种体力劳动成本和脑力劳动成本。商标的研究开发主要由知识、技术、经验相结合的脑力劳动完成，主要包括设计制作与广告宣传等方面的策划和创意，策划和创意的质量主要与开发人员的基础教育、专业培训、个人能力等相关，这直接影响到商标的知名度和市场价值。

综上所述,基于劳动成本价值论与成本补偿的观点,知识资产的劳动成本是知识资产价值的重要组成部分,影响着供给状态即稀缺性,如果知识资产劳动成本得不到补偿,企业将不会进行知识资产的研发。因此知识资产劳动成本对知识资产价值的大小起着决定性的作用。

2. 机会成本与风险补偿:对经济剩余 EK_i 的理性预期

知识资产的价值形式可表示为 $w = c_0/n + c_a + c_t + EK$,知识资产的价值除了包含在知识资产生产领域和交换领域的成本耗费外,还包含了 EK,即生产者或供给者对经济剩余的预期。前已述及,EK_i 是一个随机盈余,表示生产者对知识资产 K 的经济剩余的理性预期,其数值因人而异,EK 表示知识资产 K 的平均预期经济剩余。知识资产供给方对 EK_i 的理性预期主要取决于知识资产研发投入的机会成本与风险补偿。

(1)机会成本。机会成本是指将一定资源运用于某项目而放弃其他项目时,被放弃项目可能产生的最大收益。如果是自主研发而获得知识资产,其机会成本是从研发活动开始至最终获得知识资产的过程中的各项投入(包括活劳动和物化劳动投入)用于企业经营活动时可能获得的收益。如果是通过购买方式获得的知识资产,其机会成本是指购买价款用于企业经营活动所可能获得的收益。因此,知识资产的机会成本可用企业原收益率来衡量。❶ 此外,机会成本也可用市场平均收益率来衡量,此时知识资产的机会成本表示企业对知识资产的投入用于其他市场项目时可获得的最大收益。

(2)风险补偿。知识资产生产者(供给者)对知识资产的研究开发有着一定的风险预期,他们对知识资产生产(研究开发)的经济剩余 EK_i 的理性预期必然考虑风险补偿(风险报酬)。

知识资产具有内在风险性,这与企业或者个人创新活动的风险特

---

❶ 这里的原收益率是指企业在未进行知识产权投资情况下,即未拥有知识产权情况下的收益率。

征密切相关。首先，知识资产的研发投资风险要大于企业其他经营活动（如生产活动、营销活动等）的风险，因为知识资产的研究开发面临着创新失败的风险，一旦研究开发失败，前期的投入将成为企业的沉没成本。其次，知识资产的研究开发（创新活动）通常以新知识的探索为起点，然后经过新知识的运用，对产品与服务进行技术开发，最后将研究开发成果商业化（运用于企业的生产经营过程）。知识资产研究开发的风险将随着这一过程的逐步演化而降低。在创新的初始阶段与第二阶段即新知识的探索阶段与新技术的开发阶段，创新活动的风险水平最高。知识资产研发投入的各种要素（如员工培训、组织资产、科研人员的设计与创造等）主要集中在初始阶段与第二阶段，因此知识资产研发的风险水平要大于其他资产的投资风险。

（3）资本资产定价模型（CAPM）的运用。在考虑了知识资产机会成本与风险补偿这两个因素后，知识资产经济剩余 EK_i 的理性预期就可以通过知识资产的机会成本和风险补偿来确定。本书尝试运用资本资产定价模型（Capital Asset Pricing Model，CAPM）来确定知识资产经济剩余 EK_i 的理性预期值。

马克维茨（Markowitz）于1952年在其《资产选择：有效的多样化》中首次应用资产组合报酬的均值和方差这两个数学概念，从数学上明确地定义了投资者偏好，并且求得了投资决策问题的有效集，严格证明了以投资者最终财富最大化作为决策标准的理性投资者必然会在有效边界上选择投资组合的结论。此后，在马克维茨（1952）等的研究基础上，夏普（Sharpe，1964）与林特纳（Lintner，1965）提出了资本资产定价模型（CAPM），如公式（7-4）与公式（7-5）所示。

$$E(R_i) = R_f + \beta_i [E(R_W) - R_f] \quad (7-4)$$

$$\beta_i = \frac{\text{cov}(R_i, R_W)}{\text{var}(R_W)} \quad (7-5)$$

式中，R_i——资产 i 的期望收益率；

$E(R_W)$——市场组合的期望收益率；

β_i——资产 i 的贝塔系数；

R_f——无风险收益率。

作为现代理财与投资的理论基石之一，CAPM 是资产定价理论的一个里程碑，它认为资产的价格与系统风险有关，并且资产的风险与其收益率成正比。CAPM 的理论假设如下：

第一，风险厌恶（risk aversion），投资风险越大，投资者要求的回报相应越高。

第二，效用最大化（utility maximization），投资者的期望效用函数是投资者期末财富的严格递增凹函数。

第三，共同期望假设（homogeneous expectation），投资者对于每种证券的期望收益率、方差和它们之间的两两相关系数有着一致的预期。

第四，存在无风险资产，投资者可以按无风险利率进行借入或贷出。

第五，资产可交易并无限可分。

第六，完美市场假设（competitive & perfect market），市场完全竞争，信息对称，没有价格操纵，无交易费用和税收。

知识资产供给方（即投资者）对经济剩余 EK_i 的理性预期可用知识资产的预期收益率来衡量。根据资本资产定价模型，资产的期望收益率等于市场无风险利率 R_f 与资产的风险报酬之和，而资产的风险报酬由资产的风险系数 β 与市场平均风险报酬 $E(R_W) - R_f$ 决定。由此，知识资产的预期收益率可根据市场无风险利率与该项知识资产的风险补偿之和获得，其中知识资产的风险补偿由该项知识资产的风险系数与市场平均风险报酬决定。这里的市场平均风险报酬等于知识资产的机会成本与市场无风险利率之差额。知识资产的机会成本也就是知识资产的研发投资用于市场上其他项目投资时可获得的平均收益率。如果用 $E(K_i)$ 表示知识资产 i 的预期收益率，C_{Ki} 表示市场上其他项目投资的平均收益率即知识资产 i 的机会成本，β_{Ki} 表示知识资产 i 的风险系数，根据 CAPM 可得知识资产预期收益率的表达式如公式（7-6）

所示。

$$E(K_i) = R_f + \beta_{Ki}(C_{Ki} - R_f) \quad (7-6)$$

公式（7-6）是建立在理性假设与信息对称假设的基础之上。知识资产的潜在投资者有着完全理性、一致的预期，有着对称的市场信息并以相同的方式解读信息。知识资产的相同风险水平对应相同的预期收益率，风险水平越高即 β 的数值越大，风险溢价就越高，从而预期收益率也就越高。在此，将知识资产供给方（知识资产研发投资者）视为理性经济人。在知识资产供给方的理性最优化过程中，"信息""信念"和"偏好"对其研发投资的决策起着关键作用。理性经济人在拥有信息之后，根据知识资产研发投资的先验信念（如知识资产投资的市场预期、经济效益预期等）按照贝叶斯规则更新自己的信念，从而形成后验信念，并且对知识资产的收益率与经济剩余作出理性预期。因此，知识资产供给方正确后验信念的形成依赖于信息的对称与理性经济人的贝叶斯理性。在后验信念和风险偏好下，理性知识资产研发投资者将在财富预算约束下追求期望效用最大化而得到知识资产投资的决策信息（是否进行投资与其投资力度），通过研发投入最终获得知识资产价值与经济剩余。这一过程如图7-2所示。

但是，在现实中投资者并非在所有情况下都完全理性，市场信息也并非完全对称。知识资产投资者进行决策时有可能并未依照贝叶斯理性所描述的客观方法调整信念，而是高估新信息的重要性，低估旧信息的信息含量，从而形成有偏差的后验信念，做出并非最优的决策，此时所能获得的知识资产价值与经济剩余也并非最大化。当信息出现非对称状况时，也会导致投资者做出有偏差的预期和非最优化决策，从而影响经济剩余的预期与实现。

综上所述，知识资产经济剩余 EK_i 的理性预期可以通过知识资产的机会成本和风险补偿来确定。根据劳动价值论与成本补偿的观点，站在知识资产生产者（供给方）的角度分析，知识资产价值除了包含劳动耗费（活劳动耗费与物化劳动耗费）以外，还包含着知识资产研

第七章 知识资产价值决定因素研究

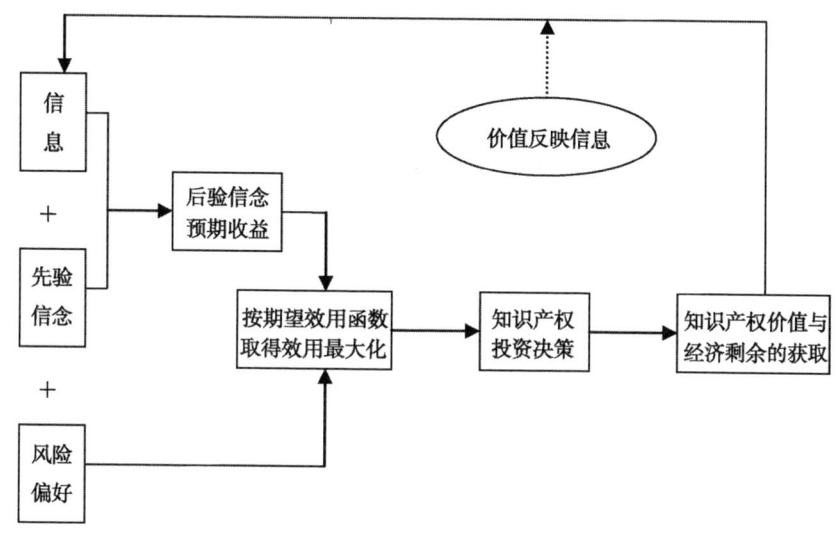

图7-2 信息、信念、偏好与知识资产价值获取逻辑

发者的经济剩余，这一剩余价值可利用资本资产定价模型，根据知识资产研发者的机会成本与风险补偿进行理性预期。由此可知，无论是知识资产的劳动成本还是机会成本都影响着知识资产的供给，从而影响其稀缺性，如果知识资产的劳动成本得不到补偿，并且不会为知识资产生产者带来经济剩余，则企业就不会对知识资产进行研发。因此，知识资产的劳动成本与机会成本对知识资产价值起着重要的决定作用。

（二）效用因素

知识资产价值除了受其成本影响外，同时受到知识资产效用的影响。经济学中的价值是指稀缺的效用（客体）与主体需求之间构成的关系，是主体与客体关系的具体化。知识资产价值是指知识资产客体对主体的有用性，是知识资产的客观属性亦即稀缺的效用性与作为社会实践主体的人或者其群体的需要之间所存在的一种特定关系，这种关系也就是我们所说的价值关系。

知识资产的效用性与有着这种效用需要的主体之间的价值关系是

147

在实践活动中形成的,并且在主体需要与客体属性的相互作用中体现出来。知识资产的效用,体现为企业通过行使知识资产的有关权利所带来的收益。效用价值论认为,效用和稀缺性是价值形成的条件,效用是商品对人们的有用性,价值是人们对效用满足主体需求的评价,效用决定价值,效用价值的大小决定商品的交换价值。对于消费者而言,商品价值取决于该商品能在多大程度上满足消费者的需要;对于生产者而言,商品价值在于该商品能为生产者带来多少收益。本书分析知识资产的效用时,从消费者的角度出发,将企业看做是知识资产的消费者(使用者),而并非是成本因素分析中的生产者。从知识资产消费者(使用者)的角度考虑,知识资产的效用在于能够为企业带来市场竞争优势并且获取超额收益,从而满足实现长期可持续发展的需要,知识资产的价值取决于效用满足企业需求的程度。即用效用满足企业需求程度这一客观属性作为价值大小的客观评价依据,而摒弃效用价值论以人的主观心理评价衡量价值大小的不合理观点。

　　企业无论是自主研发知识资产,还是通过其他方式从外界获得知识资产,其目的都是为了自身的可持续发展。企业通过对知识资产的运用和保护,能够节约生产成本,提高生产效率,生产技术领先的产品,或者通过品牌的运营扩大消费者市场、控制市场份额及提高顾客忠诚度等以获取超额收益,争取市场优势,维持企业的市场竞争力。可见,知识资产的效用对企业来说,就是企业获取市场竞争优势,提高市场竞争力,获取超额收益,其效用的大小是指知识资产能够在多大程度上满足企业获取竞争优势和超额收益的需求,是知识资产价值之体现。知识资产价值是知识资产的客观属性亦即稀缺的效用性与企业(消费者)需要之间存在的一种特定关系,可用知识资产效用满足企业需求的程度来衡量,而这种效用满足企业需求的程度可用知识资产为企业带来的盈利价值和战略效应系数来衡量。企业获取知识资产的目的就是为了满足其获取市场竞争优势和超额收益的需求。影响并决定企业获取市场竞争优势和超额收益的因素也就决定着知识资产效用的大小,从而决定着知识资产的价值。

企业在运用知识资产时,决定其效用即决定企业获取超额收益的能力和竞争优势的因素主要有知识资产的难以模仿性、垄断性、生命周期、技术水平及其组合效应等。

1. 难以模仿性

企业资源难以模仿是指企业的竞争对手难以复制同类资源,或者复制同类资源的成本较高以至于复制具有不经济性。拥有不可模仿资源的企业可以获得竞争优势并且在较长时期内保持这种竞争优势。知识资产的可模仿性较低,是企业所拥有的竞争对手难以模仿的经济资源。美国经济学家金德尔伯格曾说过:"模仿是廉价的,只要能模仿,其费用通常要少于通常的发明和创新。"但是,知识资产是一种特殊的经济资源,其模仿并非廉价。

知识资产是企业所拥有的具有垄断性、能在较长时期内为企业带来超额收益的非实物形态的稀缺性经济资源。其垄断性和稀缺性都取决于知识资产的供给状况,而知识资产的供给状况取决于其是否能够被其他企业所模仿。本书将进行知识资产研发的企业称为创新企业,将模仿他方知识资产的企业称为模仿企业。如果其他企业能够模仿同类知识资产的研发过程(如非专利技术的模仿),并且模仿符合成本效益原则,即模仿具有经济性,则同类知识资产的供给会增加,导致垄断程度和稀缺性降低。市场上同类知识资产的出现,会使得创新企业的竞争优势消失。如果同类知识资产能够为企业带来较低的生产成本,则同类知识资产的模仿企业都能降低生产成本投入,原创新企业的成本优势自然消失。如果知识资产的运用使企业能够生产出技术更为先进、性能更为卓越的产品,则同类知识资产的模仿企业都能够生产出类似功能乃至更优的产品,原创新企业的产品市场优势也就逐渐消失。因此,企业知识资产可模仿程度越高,则垄断性和稀缺性也就越低,拥有企业的竞争优势也就越不明显,获得超额收益的可能性也就越小。反之,知识资产越难以模仿,其垄断性和稀缺性也就越高,拥有企业就越具有市场竞争优势，获得超额收益也就越多。

在不考虑知识资产保护的情况下，市场上模仿企业的进入势必会影响拥有知识资产的原创新企业的收益，其影响如图7-3所示。

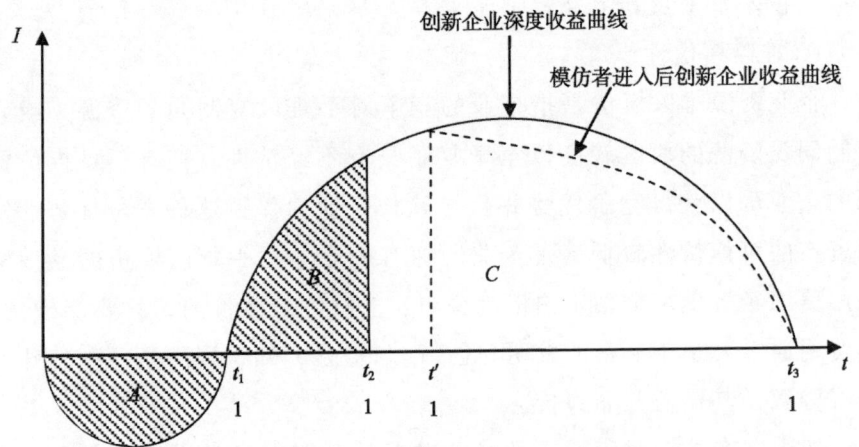

图7-3　模仿企业对创新企业收益的影响

说明：

A——创新企业的研究与开发投入；

B——创新企业知识资产垄断收益中研发成本的补偿，A＝B；

C——创新企业知识资产垄断净收益，B＋C为创新企业知识资产的垄断总收益；

t_1——创新企业获得知识资产，产品进入市场时点；

t_2——创新企业垄断收益等于研发成本时点；

t_3——创新企业产品寿命终止时点；

t'——模仿企业进入市场时点。

图7-3说明了模仿企业通过对创新企业知识资产的模仿，给创新企业收益造成的影响。图中，$t_1 \sim t_3$为产品的寿命周期，B所示区域与C所示区域之和为创新企业通过知识资产的研发与运用取得的垄断收益，C为进行研发成本补偿后所获得的净收益。这部分收益必须足够大，才能激励创新企业进行知识资产的研发。在产品寿命周期内，如果有模仿企业对创新企业的知识资产进行模仿，并进入该产品市场，则创新企业的收益曲线将如图中虚线所示向下变得扁平。因为模仿企

业进入市场后，创新企业的市场份额会受到影响，并且逐渐丧失原来的垄断优势，从而影响垄断收益的获得。

创新企业垄断收益受到影响的程度，即收益曲线扁平的程度主要取决于以下因素：知识资产保护情况；模仿企业的多少；模仿者进入市场的时点 t'；知识资产的研发难度；模仿的投资阈值；模仿收益等。这些因素不同，创新企业收益受到的影响也将不同。例如，知识资产保护制度较为完善时，模仿企业可能面临侵权诉讼等风险而放弃模仿。市场上知识资产的模仿企业越多，占有的市场份额和收益越多，创新企业的垄断收益也就越少。模仿者进入市场的时间越早，创新企业收益受到影响的时间就越长，收益也就越少。知识资产的技术难度越高，或者模仿企业进入市场的能力越弱，进入市场的时滞就越长，对创新企业的收益影响也就越小。模仿企业的投资阈值越小即模仿需要的最低成本投入越少，模仿收益越高，则模仿企业的模仿倾向就越强，对创新企业的影响也就越大，这时如果模仿者得到更多的模仿收益，创新者很可能被模仿者淘汰，则没有企业愿意进行创新。

但是由于各种原因，知识资产通常具有较大的模仿难度。创新企业一旦研究开发出新的知识资产后，也会竭力保护其创新成果，增加模仿难度，如对新技术申请专利、对非专利技术实行严格的保密制度等。知识资产的难以模仿性使得创新企业的垄断收益受到一定的保障，企业获取超额收益的能力增强，从而知识资产的效用越大，其价值也就越大。知识资产难以模仿主要有以下因素。

（1）研发过程难以模仿或者模仿不经济。知识资产的研究开发需要付出复杂的脑力劳动，是知识、技术与经验积累的结果，它的产生过程不仅是一个逐步积累的过程，还是一个需要长期资金成本和复杂脑力劳动投入的过程，即需要大量且连续的物化劳动和活劳动的投入。同时知识资产的研究开发过程中还有很多偶然因素，如研究者灵感的产生、环境变化等，这样的一个复杂并逐步积累和完善的生产过程决定了知识资产较低的可模仿性，导致知识资产的稀缺性和垄断性。即使知识资产的研究开发过程可以被竞争者模仿，但是模仿成本较高，导致不经济性，模仿带来的收益小于较高的模仿成本时，竞争者便不会选择模仿。

（2）知识资产保护制度导致模仿的高成本。知识资产保护制度的完善与保护的加强会使拥有知识资产的企业垄断力量加强，技术外溢的可能性降低，有利于企业垄断利润的获取，并且限制其他企业的自主研发。如果没有相应的知识资产制度对产权保护提供保障，势必会影响创新企业获取超额收益，抑制创新企业的积极性。但是在知识资产制度的产权保护下，市场上的竞争对手如果模仿企业的技术研发，即使前期投入模仿成本较低，但后期将遭遇"专利密丛"和严峻的知识资产壁垒，这必然导致模仿企业的高模仿成本与低模仿效益。

（3）企业竞争优势和经济资源关联的模糊性。企业拥有知识资产，能够为企业带来一定的竞争优势，使企业在市场竞争中立于不败之地。但是，很多企业拥有的知识资产数量都不仅仅限于一项或者几项，并且企业拥有的能够为企业带来竞争优势的资源也不仅仅限于知识资产。企业的稀缺资源往往以默示的形式存在，很难对其进行清晰的表述和分析（尼尔森和温特［Nelson & Winter］，1982；温特，1988）。当企业的竞争优势和某项稀缺性经济资源的联系较为模糊，不容易被竞争对手识别时，竞争对手也就不可能模仿企业的知识资产。因为在此种情况下，企业的竞争优势究竟是源于何种稀缺性资源，竞争对手无法识别和分辨，不知道应该要模仿什么，要进行什么稀缺性资源的模仿，模仿对象的模糊性使得竞争对手放弃知识资产的模仿。

在知识资产模仿中，专利权和非专利技术由于其研发过程的复杂性，模仿难度通常较大，即使能够模仿也可能是不经济的。上述三个导致难以模仿的因素主要是对专利权和非专利技术难以模仿而言。而对于商标的模仿，模仿成本虽然小，但是由于受到知识资产制度的保护，如《商标法》的保护，对商标的模仿可能面临较高的侵权成本。其次，只是对标识的模仿并非一定能为模仿企业带来收益。企业品牌或者商标为企业带来超额收益并不仅仅是因为商标标识的设计，主要是企业长期经营和发展过程中形成的品牌信誉、企业文化、市场优势等因素的组合效应为企业带来超额收益。只有对企业长期的经营过程进行模仿，才可能拥有类似的品牌效应，此时模仿企业可建立自己的品牌，而无须对其他企业的品牌或者商标进行模仿，是对其经营理念、态度、过程的模仿。

综上所述，知识资产具有的垄断性和稀缺性能够为企业带来垄断收益，企业获取垄断收益的多少受到知识资产可模仿性的影响。可模仿性越高，竞争优势越弱，企业获取超额收益就越少，知识资产效用就越小，价值也越小；反之，可模仿性越低，竞争优势越明显，企业获取超额收益就越多，知识资产效用就越大，其价值也就越大。但是，知识资产由于上述各方面的原因，模仿企业对其进行模仿的难度较大，或是由于技术难度不易模仿，或是需要付出较多的模仿成本导致模仿有可能不经济，或是由于知识资产保护制度而遭遇市场进入壁垒等，这为创新企业获取超额收益提供了一定的保障。

2. 垄断性

知识资产的垄断性是指企业独占某项知识资产从而取得市场上的获利优势。我国儒家学派代表人孟子曾有"必求垄断而登之，以左右望而网市利"之见解，"垄断"一词原指站在市集的高地上操纵贸易，后来泛指把持和独占。现在用于描述一个厂商或者少量厂商在某市场上对某产品具有排他性的控制的市场状况。知识资产的垄断性是给企业带来超额收益的主要原因之一，该垄断性使得企业拥有其他企业所没有的特权和优势，知识资产所有者可以基于这种特权和优势，独占性地获得市场收益。知识资产的价值存在与否，以及价值的大小必然受到该知识资产垄断程度的影响。

（1）垄断的经济学原理。垄断这一基本经济理论是在社会经济实践中逐步发展和形成的。从16世纪后期的重商主义到后来的古典经济学，再到20世纪的创新理论、产业经济学和制度经济学等经济理论的发展中，经济学家们在前人研究的基础上不断提出和丰富垄断理论，使人们在实践中较为客观地认识垄断这一社会经济现象。

在微观经济学中，市场被定义为商品买卖双方相互作用以决定交易价格和数量的组织形式或者制度安排，它反映了社会生产和社会需求之间、生产者和消费者之间的关系。市场机制怎样运行取决于市场结构，即取决于市场上有多少生产者、多少消费者、产品是否同质、生产要素是否可以自由流动、生产者与消费者是否能及时掌握市场信息等。根据垄断程度和竞争程度的不同，西方经济学将市场结构划分为完全竞争市场、完全垄断市场、垄断竞争市场和寡头垄断市场。经济学中研究的垄断是指具有不同垄断程度的完全垄断、垄断竞争和寡头垄断。

在完全垄断市场条件下，垄断企业能够控制产品的供给与价格，其生产的产品与其他企业产品不同质，资源在行业间不能自由流动即企业不能自由进入该行业，市场信息不流动即企业的技术、资源配置等信息不被他人掌握。这些特征使得企业在该行业内具备控制产品供给的垄断力和市场垄断优势。市场垄断主要发生在以下几种情况：一是企业拥有某种排他性权利，能够排他性地生产某种产品；二是企业控制着某行业生产的大部分原料来源，其他企业缺乏生产的基本要素；三是企业具有明显的规模经济特征，市场只需要一家企业即可满足消费者需求，如公用事业的产品生产。知识资产垄断就属于第一种情况，由于企业拥有知识资产，对其智力成果享有排他性的权利，能够排他性地运用该项知识资产于生产经营过程，从而形成市场上的垄断地位。

随着垄断程度的降低和竞争的加剧，市场将处于完全垄断与完全竞争之间，形成竞争与垄断相结合的市场，即垄断竞争市场与寡头垄断市场。垄断竞争又称为不完全竞争。在垄断竞争市场中，生产同类产品的企业数量有多个，但不构成完全竞争，且各企业生产的产品有着一定的差异，企业对市场的影响有着一定的限度。企业在市场中进入某个行业或者退出某个行业的阻力较小，即资源能够较为自由地流动。知识资产的所有者通过许可方式将其使用权转让给多个受让方时，就会有着多个同类产品的生产者，这时的市场结构就会由垄断变为垄断竞争。寡头垄断市场的竞争程度和垄断程度介于完全垄断与垄断竞争之间，是由少数企业控制整个市场的大部分市场份额，在市场中有着很大的控制力和影响力。

　　从经济学的角度考虑，企业在市场上的垄断要想持续，必须有着某些因素能够阻止竞争的产生或者延缓竞争的产生。企业在市场上的垄断优势通常能为企业带来超额利润，这必然会吸引其他企业进入某个市场。而要阻止其他企业进入该市场瓜分利润，就需要有能够阻止其他企业进入的因素，这些因素被称为进入壁垒。可见，进入壁垒是造成市场垄断并且使市场垄断得以持续的主要原因。进入壁垒有着各种形式，知识资产给企业带来的垄断优势同样因为进入壁垒的存在，使得企业的垄断优势得以长期持续以保持长期超额利润的获取。知识资产的进入壁垒包括由于其研发难度与高成本而引起的难以模仿性、知识资产制度的建立和完善对其形成的保护等。正是这些进入壁垒的存在，使得知识资产的垄断性得以持续，企业能够长期维持市场优势以获取超额收益。

　　垄断在经济的发展中有着正面效应，同样也有着一定的负面效应。从垄断对经济发展的积极作用来看，垄断有利于生产效率的提高和经济的发展。垄断集团在经济全球化时代，可以通过世界市场机制，利用各国的优势条件，进行生产、流通、分配和消费等各个环节的协调，实现资源的有效利用，提高生产力，扩大生产规模，有效利用规模经济来提高效益以加强市场竞争力，获取市场优势，通过对生产的推动和协调来促进经济的发展。但是，垄断在经济中也会出现非效率垄断的情况，即垄断也可能出现负面效应。当垄断企业对某一市场形成垄断后，将会导致其他企业较难进入该市场，缺乏竞争机制的市场将不利于企业效率的提高和经济的发展，因为垄断企业缺乏竞争压力可能不会积极地开发新技术、创造新产品，不利于技术的进步和生产力的提高。在垄断条件下，垄断资源得不到更为有效的利用（如知识资产），这必将导致经济损失和社会福利损失，这种情况的长期持续将不利于经济的发展和社会的进步。因此，知识资产垄断同样具有正面效应和负面效应，知识资产垄断使得企业对其知识资产拥有排他性的权利，能够获得市场优势，增加其效益，但是垄断的同时又使得知识资产所包含的技术和知识在整个社会中得不到更为有效的运用，对社会福利产生消极影响。知识资产垄断的正面效应和负面效应对其价值的影响是多方面的，下文将作出进一步研究。

（2）知识资产垄断的产生。知识资产垄断是创新垄断的一种具体形式，当一项创新借助于知识资产制度获得排他性垄断权时，便称为知识资产垄断。人类社会是一个从特权垄断走向创新垄断的过程。特权垄断是指社会中某些个人或者组织拥有的对某些资源或者要素的垄断权。这种垄断权在历史上通常源自王权的恩赐。特权垄断具有价值，它能为特权拥有者带来经济上的收益。如果一个企业拥有对某个市场的垄断权力，通常认为该项垄断权的价值在理论上等于企业利用这种垄断地位所获取的超额租金。从经济学角度来分析，其他各种类型特权的价值都来源于对要素市场或者产品市场的垄断。

在人类社会的历史发展中，统治集团通过各种类型的特权来获取财富。随着人类社会的发展和进步，这些源于王权恩赐的特权逐步被废除。经济的发展和社会财富的增加逐步依赖于各个领域的创新活动和人力资源的贡献。随着各类特权垄断逐渐退出历史舞台，创新垄断逐步成为经济发展和财富增长的根源。创新垄断是不同于特权垄断的一种垄断形式，是人们对自己的智力创造成果所享有的市场支配权力。在近代产业发展过程中，人类社会经过了数次技术革命，每次技术革命都意味着创新技术的产生，给产业带来技术革命的同时导致了创新垄断的产生。可以说，创新垄断是随着科学技术的进步而产生和不断发展的。知识资产制度的诞生，进一步推动了创新垄断的发展。当创新由于知识资产制度而具有排他性垄断权时，便形成了知识资产垄断。市场上的竞争者越来越借助于创新活动和知识资产来获得垄断地位和市场竞争优势，知识资产在知识经济时代已成为企业获取租金的主要手段，能为企业带来超额收益。

（3）知识资产垄断性对价值的决定作用。前文已提出，垄断既有正面效应也有负面效应。垄断的经济效率评价标准有两个：动态效率和静态效率。❶ 相应的，知识资产垄断同样有着正面效应与负面效应，其效率评价可从动态效率与静态效率进行分析。知识资产垄断对价值的影响是两方面的：积极影响与消极影响。

首先，从知识资产垄断的正面效应角度考虑，分析知识资产垄断的动态效率与其对价值的积极作用。知识资产垄断是技术创新的产物，是由技术的不断进步而导致的。这种创新技术产生的垄断是一种效率垄断，垄断企业在市场中通过知识资产的运用将获得市场优势，对社会经济的发展起着积极的推动与促进作用。知识资产制度赋予了智力成果发明者对知识资产垄断的权利即市场上的垄断位势，给发明人带来了创新激励及超额经济收益。知识资产的垄断对其价值起着积极的决定作用。

在熊彼特的创新理论中，垄断的市场结构被认为是有利于创新的，而创新的动态过程说明垄断对资源配置效率和消费者的损害只是暂时的，从长期来看，创新让社会资源达到充分利用，让消费者得到优质低价的福利。从动态竞争的观点看，垄断是进步的因素。垄断企业在

---

❶ 动态效率是指在较长的时期里实现的效率的总和。在经济学领域，动态效率特指企业对需求及其他外界变化能够做出快速和适当的反应。静态效率是指技术和偏好保持不变时的效率。如果偏离静态效率引起一个更快的技术变化率和生产率的提高，它们就会产生高于满足静态效率的条件时的消费者满足水平。在经济学史上，古典经济学家对垄断与竞争的分析采取的是动态的分析方法，但是并不系统。新古典经济学则采取静态分析方法对竞争和垄断进行研究，并得出相应的关于垄断静态效率的一些认识。20世纪后，创新主义学派的代表人物熊彼特重新进行了市场竞争中的动态分析，批判了古经济学对市场竞争的静态理解。他认为市场竞争本质上是一个"创造性破坏"的过程，这一过程来自于企业不断的创新活动，该过程无法用静态的模式进行评价。这种"创造性破坏"所实现的长期动态效率比传统理论中强调的在每个时点保持资源最优配置的静态效率更为重要。

给其他企业施加竞争压力的同时，为了保持自己的优势地位，必须不断创新，充分发挥企业资源的优势。由此可知，知识资产垄断从长期来看是市场竞争导致的，是创新与动态竞争的必然环节，由此产生的垄断利润是给市场竞争中由于创新而获胜的优胜者"颁发的奖金"。垄断企业通过创新，拥有知识资产的排他性垄断权力，由此可获得优越的生产方法和较高的生产效率与组织效率。但是垄断企业依然会面对其他竞争者的竞争压力，为了保持这种高效率的优势，在市场竞争中取得长期的垄断地位，垄断企业会不断进行技术改进和其他形式的创新，形成竞争—创新—垄断（获得超额收益）—竞争的循环。如此循环，企业通过不断创新获得的知识资产垄断有利于企业效率和劳动生产率的提高，有利于企业获得市场上的垄断优势，为企业带来超额收益，从而提升知识资产价值。因此，知识资产垄断导致企业获得垄断利润，是企业创新的回报，是市场动态竞争的必然环节。企业通过对知识资产的排他性权利的有效利用，能够长期获得超额收益，知识资产的垄断对知识资产价值起着积极的决定作用，而这种积极的决定作用正是通过企业垄断利润的获取来实现的，如图7-4所示。

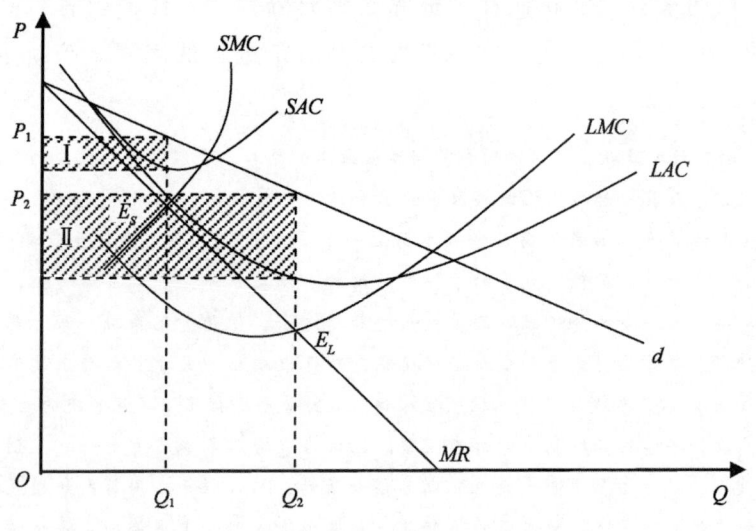

图7-4　企业知识资产垄断获取的垄断利润

图 7-4 中，SMC 与 SAC 分别表示企业的短期边际成本与短期平均成本，LMC 与 LAC 表示企业的长期边际成本与长期平均成本，MR 表示企业的边际收益曲线，d 表示企业的市场需求曲线。企业获得知识资产的垄断后，在市场上对产品的生产将形成一种垄断地位。在短期内，企业按照 $MR=SMC$ 的原则进行生产，市场达到短期均衡点 E_s，此时的产量为 Q_1，市场均衡价格为 P_1。图中阴影部分 I 的面积表示企业获得的垄断利润，即由于知识资产垄断导致市场垄断为企业带来的超额收益。如果企业在长期内能够调整生产规模，并且长期形成对市场的垄断即由于进入壁垒其他企业无法进入该市场，市场将达到长期均衡点 E_L，产量和价格分别为 Q_2 和 P_2。图中阴影部分 II 的面积表示企业由于知识资产垄断获得的长期超额收益，要获得这一长期超额收益必须在能够调整生产规模的情况下，长期保持知识资产的排他性权利，维持市场上的垄断地位。由此可知，企业对知识资产的垄断能给企业带来产品市场上的垄断地位，通过知识资产的运用带来超额收益。知识资产垄断程度越高，进入壁垒越高，维持垄断的时间越长，企业的市场垄断程度就越高，市场竞争优势越明显，获得的超额收益越多，知识资产的价值也就越大。

当市场进入壁垒较低时，企业的超额收益会吸引其他企业进入该市场，而企业知识资产的垄断优势将随着时间的推移而改变，企业的超额收益也将受到影响。此时的市场结构将逐渐由垄断变为垄断竞争，企业仍然能够获得超额收益。在垄断竞争市场条件下，企业由于知识资产的实施将比其他企业具有更高的生产效率和组织效率，生产的产品比同类产品具有更高的质量或者更好的功能，有着独特的某种品质，此时企业产品可以获得比同类产品更高的定价（如茅台酒），企业将获取由于知识资产垄断而产生的超额收益。或者，知识资产的实施能够降低其平均生产成本低于行业平均生产成本，在与其他企业产品价格相同的情况下，知识资产拥有企业也能够凭借其低成本优势获取超额收益，维持一定的市场垄断地位。如图 7-5 所示。

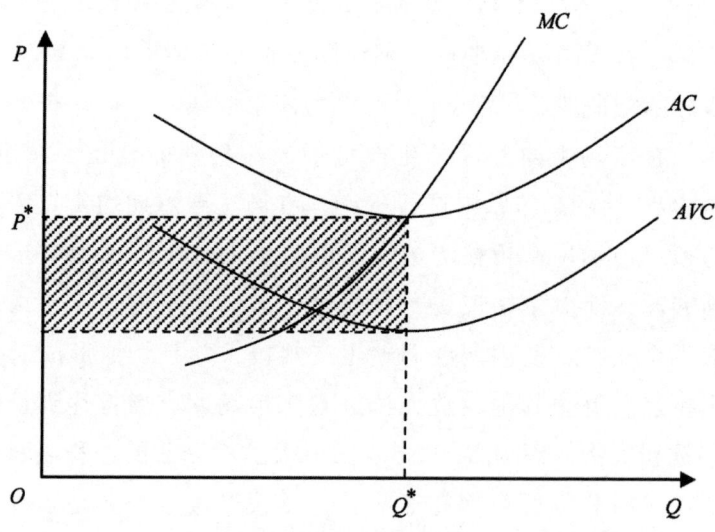

图 7-5 企业在垄断竞争市场获取的超额收益

图 7-5 中，AC 为行业的平均成本曲线，MC 为行业的边际成本线，P^* 和 Q^* 分别为均衡价格和均衡产量。AVC 是拥有知识资产企业的平均成本线，由于其成本优势，企业的平均成本线位于行业平均成本线的下方。图中的阴影部分为企业实施知识资产导致成本降低而获取的超额收益，即为企业拥有知识资产而获取的经济租金。此图说明，在垄断竞争市场上，企业由于对知识资产的实施，可在市场上获得一定的垄断地位，由此获取超额收益。此时，知识资产的垄断性越强，企业超额收益也就越多，从而知识资产的价值也就越大。

由以上分析可知，企业知识资产的垄断对企业的经济效率能够产生长期性的正面效应，对知识资产的价值起着积极的决定作用。垄断企业在市场中通过知识资产的运用将获得市场优势，对社会经济的发展起着积极的推动与促进作用。知识资产垄断是企业创新的结果，是动态市场竞争的环节，由此给企业带来的超额收益决定了知识资产的价值。企业由知识资产垄断获取的超额收益越多，市场竞争优势越为明显，知识资产价值也就越大。

其次，从知识资产垄断的负面效应考虑，分析知识资产垄断的静态效率与其对价值的消极作用。知识资产垄断性对其价值产生积极作用的同时，也会有着消极作用。知识资产的垄断赋予了发明人在市场上的垄断位势，给发明人以创新激励——超额收益，这是知识资产垄断的动态效率。正是因为知识资产的这一动态效率，导致了垄断静态低效率或无效率。无论是知识资产垄断还是市场垄断，其效果都不可能达到最优，只能是次优。相应地，知识资产垄断对其价值的影响也不可能是单方面的积极作用，还包含着消极的影响。知识资产垄断对其价值的消极作用表现在两个方面。

第一，当企业拥有某项知识资产的排他性权利且没有与之竞争的技术时，往往导致市场垄断的产生。企业通过利用新技术和新知识，控制产品的生产和市场供给量，影响市场价格，完全获得该市场的垄断地位。此时，由于竞争的缺乏和公司制度的原因可能会出现 X - 低效率（X-inefficiency）。❶ 在没有市场竞争压力的情况下，垄断企业由于所有权和经营权的分离，导致委托代理问题的产生，企业管理者的行为往往会偏离所有者或者企业利润最大化的轨道。企业管理者通常会追求规模最大化、资产业务多元化等，因为这与管理者的薪酬、职位等息息相关。而外部竞争的缺乏，更加加剧了企业内部问题的严重性，导致企业低效率。就企业运用知识资产而言，企业拥有知识资产的排他性权利，当企业不存在市场竞争，短期内也没有与之相竞争的知识资产出现时，企业将疏于对产品价格、产出和成本的控制。如果企业获得的超额利润水平达到预期，企业将不会致力于追求成本最小化，而是在垄断价格上大做文章。等到有相应的竞争技术出现时，才会致力于新技术的研发和创新。在此情况下，知识资产的效用必然不会得到更好的利用，知识资产这一稀缺性资源未能得到最优配置，其

---

❶ X - 低效率理论由莱本斯坦（H. Leibenstein）和弗朗茨（R. S. Franz）提出。X - 低效率是指经济单位（企业或家庭）由于缺乏竞争压力和内部原因而未能充分利用现有资源或者获利机会。

价值得不到充分的发挥，导致垄断的静态无效率或者低效率。而如果企业在市场上有着很多竞争对手，或者知识资产的垄断性逐渐消失，企业就会产生更多的压力，致力于成本的降低而不是垄断价格的提高。企业也会不断对生产技术进行改进以降低生产成本，最大限度地利用知识资产，不断提升知识资产的效用价值。

第二，知识资产的垄断不利于知识资产网络效应的产生，不利于知识资产的价值最大化。当企业所属行业具有网络外部性特征时，知识资产给消费者带来的效用，不仅取决于知识资产的技术属性和特点，还取决于使用该项知识资产产品的消费者数量。在网络效应的作用下，当运用该项知识资产的企业数量越多，知识资产成为市场主导技术的可能性就越大。然而，企业对知识资产的排他性垄断权阻碍了网络效应的发生。由于垄断企业是知识资产的所有者，当其采取较为保守的知识资产政策即独占性地实施知识资产时，该项知识资产所包含的技术和其所生产的产品在市场上的影响力不如多个企业共同实施该项知识资产的影响力大，尤其在市场上有着与之相竞争的知识资产时情况更是如此，在未能利用网络效应的前提下，知识资产成为市场主导的可能性减小，知识资产的效用得不到更好的利用，知识资产这一稀缺性资源不能得到最优的配置，导致知识资产垄断的静态无效率或者低效率。而当其他同类知识资产的垄断程度不如该项知识资产时，其他知识资产的市场影响力会逐渐增大甚至成为市场主导，导致该项知识资产拥有企业的市场垄断地位受到影响，市场份额也将逐渐被抢占，企业的超额收益逐渐降低，知识资产价值逐渐贬损。

第三，站在整个社会与经济的发展角度考虑，知识资产垄断同其他垄断一样也会造成社会福利的损失，使得知识资产的社会价值受到影响。西方经济学理论认为，垄断市场结构下的厂商必然是产量较低、价格较高，由此造成垄断的福利损失。当知识资产垄断程度过高时，市场上的生产厂商不能满足消费者的所有需求，因为垄断价格较高，部分消费者将选择放弃购买运用知识资产生产的产品。同时，知识资产的垄断使得其在社会生产中的运用受到限制,这将阻碍生产力的发展和经济效益的提高,影响资源的配置效率。因此,知识资产垄断将导致社会福利的损失,将消极地影响知识资产的社会价值。

综上所述,知识资产的垄断能够有效地激励智力成果的创造者,为其带来超额收益,对知识资产的价值起着积极的决定作用。知识资产的垄断给企业带来的超额收益越多,市场竞争优势越明显,其价值也就越大。但是,垄断也使知识资产的有效运用产生了负面影响。知识资产垄断使得所有者获取市场上的垄断地位而限制了竞争,可能导致垄断者生产和经营的无效率或者低效率,使得知识资产这一稀缺性资源得不到更为有效的利用,对其价值有着消极的抑制作用。当知识资产所属行业还具有网络外部性特征时,知识资产垄断将阻止知识资产网络效应的产生与扩散,不利于知识资产在行业中的运用与市场影响的扩大,对知识资产的价值也存在一定的抑制作用。同时,从社会福利的角度进行考虑,知识资产垄断限制了市场竞争,损害了社会公共利益,造成社会福利的损失。因此,在对知识资产的垄断机制制定相应的政策时,要从多方面因素予以考虑和权衡,兼顾知识资产垄断的动态效率与静态效率,最大化知识资产垄断对价值的积极决定作用,最小化其消极作用。

3. 生命周期

知识资产生命周期是其价值决定因素之一。知识资产生命周期越长,意味着企业通过知识资产获取超额收益的时间越长,获取的超额收益总量也就越多,知识资产价值越大。同时,知识资产生命周期还通过与产品生命周期的不同契合方式对产品生命周期产生不同的影响,进而影响企业超额收益的获取和知识资产价值的大小。

(1) 知识资产生命周期的确定。知识资产的生命周期分为技术生命周期和法律生命周期。其中技术生命周期指知识资产从产生到由于科学技术的进步出现了技术上更为先进的替代性知识资产而丧失其使用价值所经历的时间。法律生命周期指知识资产从获取法律保护到保护期结束所经历的时间。

技术生命周期包括技术的发生期、成长期、成熟期和衰退期四个阶段,通常也被认为是技术的经济寿命周期。在技术成熟期,当技术逐渐与环境或者生产规模不相适应时,会出现新技术革命,原有技术逐渐被新技术所取代,进入衰退期。而新的技术生命周期也将经历发生、成长、成熟和衰退这一过程。因此,知识资产的技术生命周期取决于无形损耗,当出现同类知识资产或者技术更为先进的替代性知识资产时,知识资产的技术生命周期将会缩短,其价值将受到影响。技术生命周期的长短直接影响到企业利用该技术获利时间的长短和获利能力的大小。知识资产技术寿命越长,企业获取超额收益的时间也就越长,获取的超额收益总额越多,知识资产的价值越大。技术生命周期越短,说明该类技术的发展和更新越快,知识资产的技术损耗就越大,价值越低。

专利权的生命周期是技术生命周期与法律生命周期两者中较短者,不仅取决于技术生命周期的长短,还受到法律生命周期的影响,法律生命周期是技术生命周期的上限。当专利权的技术生命周期长于法律生命周期时,专利的生命周期即为法律生命周期。因为一旦法律对专利的保护到期,其他竞争者便可以无偿使用该项专利技术,对于原专利权的拥有企业而言,该项专利技术的普及意味着企业垄断地位的消失,企业将失去由于专利权垄断而产生的超额收益,专利权对企业的价值将转化为社会价值(社会福利)。当专利权的法律生命周期长于技术生命周期时,专利权的生命周期为技术生命周期。随着科学技术的进步,市场上出现更为先进的替代技术时,专利权的技术生命周期结束,意味着企业的市场垄断结束。即使法律对专利权的保护期未结束,企业对该项专利权的运用也不会获得超额收益,专利权的价值大幅降低甚至为零。

对于非专利技术而言,不存在法律保护期限,只要企业的技术秘密不发生外泄,非专利技术就可能长期给企业带来垄断地位。因此,非专利技术的生命周期不取决于法律保护期限，而是取决于该项技术的技术生命周期、保密情况和市场需求。只要未出现同类或者更为先进的替代技术，非专利技术的生命周期就可以无限延长。当替代技术出现时，非专利技术的生命周期就将随之进入衰退期，直到生命期终结。当企业的非专利技术发生外泄时，其他企业将获取企业的技术秘密并无偿加以运用，使得市场竞争状况发生改变，企业将丧失原有的垄断地位，获取超额收益的时间和能力将受到影响。随着技术秘密的扩散，非专利技术虽然未被其他技术取代，但是对于原企业而言，市场垄断地位将消失，超额收益将减少，非专利技术生命周期缩短，对于企业的价值也将降低。此外，市场的需求也是影响非专利技术生命周期的因素之一。当市场需求发生改变时，企业运用该项非专利技术所获取的超额收益时间和能力将受到影响，市场需求逐渐减少，则获取超额收益的时间将缩短，非专利技术生命周期也将缩短，其价值将会降低。

由于企业的商标权法律有效期可以无限延展❶，商标权（或品牌）的生命周期不取决于法律保护期限，而是取决于企业对商标或品牌的管理。本书在研究约定中曾指出，商标权的价值通过品牌价值得以体现，因此本书对商标权与品牌不加以区分。企业品牌的生命周期同样包括诞生、成长、成熟、衰退四个阶段，品牌的生命周期即为品牌的市场寿命。企业要使品牌在市场上永葆竞争力，使其生命周期无限延长，就需要不断进行产品创新和提高产品质量，同时加强品牌的运营和管理，提高企业产品的知名度和普及度，使企业在市场竞争中保持优势地位，长期获取超额收益，从而不断提高企业品牌价值。

（2）知识资产生命周期对知识资产价值的影响。知识资产的生命周期通常与产品生命周期有关，知识资产生命周期对产品生命周期的

---

❶ 如我国《商标法》规定，商标权有效期10年，自核准注册之日起计算，期满前6个月内申请续展，在此期间内未能申请的，可再给予6个月的宽展期。续展可无限重复进行，每次续展期10年。

影响以及两者的契合方式将影响知识资产的价值。企业产品生命周期包括五个阶段：引入期、成长期、成熟期、衰退期、终结期。在这五个阶段中，企业产品销售收益呈钟形分布。在产品引入期产品刚投入市场，消费者对产品了解不够，销售增长较为缓慢。此时，企业仍需要大量的投入，如生产设备的投入、新产品技术完善研发投入、促销投入等。进入成长期后，消费者对产品逐渐熟悉，企业市场规模逐渐扩大，企业生产规模扩大，销售量和利润增长率逐步上升。市场上也将逐渐出现同类产品的竞争者，参与到利润追求与角逐中，市场上产品的供给增加，致使产品价格下降，企业利润增长速度减慢，企业产品生命周期达到利润最高点。随着竞争的进一步加剧，企业产品进入成熟期，在这一时期中，竞争者纷纷降低价格以获取市场份额，企业销售增长缓慢，增长率下降，企业利润基本趋于稳定。随着技术的进步，市场上将出现质量和功能更优的新产品，此时原产品将进入衰退期，市场份额逐渐减少，企业的销量和利润大幅下降。随着新产品在市场上供给的增加与市场份额的扩大，原产品的销售和利润到达终结期，此时产品销售已无利可图，企业将终止该产品的生产。

在产品生命周期的五个阶段中，企业的销售和利润发生不同性质的改变。本书以专利的生命周期为例，说明知识资产生命周期通过与产品生命周期的契合对知识资产价值的影响作用。由于产品生命周期与知识资产生命周期的不同变化程度，两者的契合方式通常有三种，在这三种方式下，两者相互影响决定着企业超额收益的获取，进而决定着知识资产的价值。

知识资产生命周期与产品生命周期的第一种契合方式为知识资产取得法律保护（如企业的专利技术获得专利保护）后，产品才投入市场，产品投入市场时间滞后于专利受保护的时间，如图7-6所示。

图7-6表示，产品生命周期与知识资产生命周期的第一种契合方式。企业知识资产获得法律保护后，企业可能因为市场调研、投资环境等因素而延缓新产品的生产与市场投入。企业新产品的生产与市场

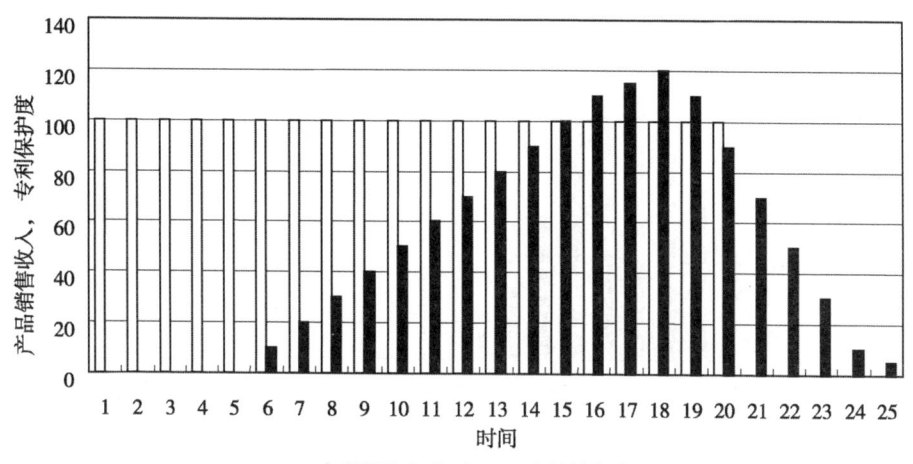

图 7-6 生命周期分析：产品投入市场滞后

说明：假设产品最大销售收入为 120 000 万元，专利保护期为 20 年。在专利保护期内，专利受到保护的程度均为 100%。

投入滞后于知识资产获得保护的时间。在此情况下，当知识资产法律生命周期结束后，企业产品的销售与市场情况将受到较大影响。由于知识资产不再受到法律保护，市场竞争者纷纷效仿产品的生产，市场竞争加剧，产品价格逐渐下降，企业市场份额缩减，利润以较快的速度降低，产品快速进入衰退期，直至产品生命周期的终结。该种契合方式说明知识资产的生命周期影响着企业产品的生命周期，知识资产生命周期的终结意味着产品生命周期将进入衰退期和终结期。因此，企业在取得知识资产后，应该审时度势，缩减产品投入市场的时滞，延缓产品生命周期，使企业在整个知识资产生命周期内获取更多的超额收益，以提高知识资产价值。

知识资产生命周期与产品生命周期的第二种契合方式为产品投入市场的时间先于知识资产获取法律保护的时间，且产品生命周期较短，如图 7-7 所示。

图 7-7 表示，产品生命周期与知识资产生命周期的第二种契合方式，企业的产品销售收益呈较窄的钟形分布。在知识资产获得法律保

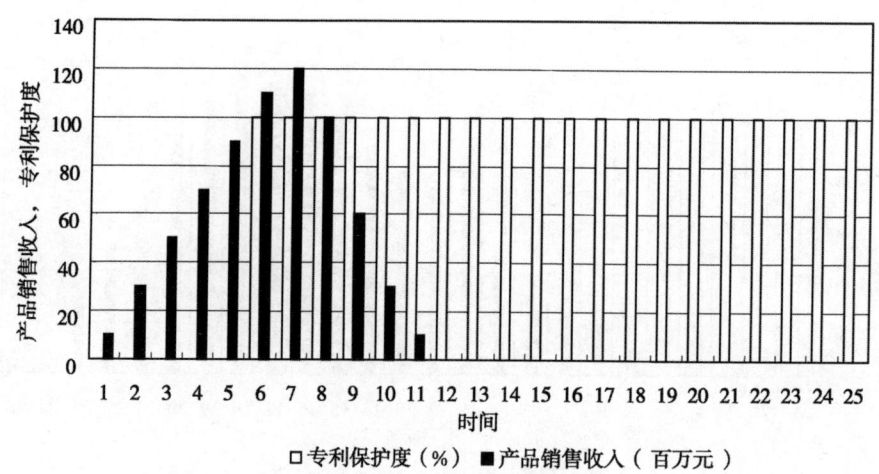

图7-7 生命周期分析：产品提前投入市场

护之前，如专利申请之前，企业在知识资产研发成功后，就立即将该项知识资产运用于产品的生产与经营过程。当知识资产获取法律保护时，企业产品进入成熟期。由于市场竞争者的加入，其他企业在利润的诱惑下可能研发出更优的产品，企业的产品市场份额逐渐缩减，利润降低，知识资产在市场上由于其他知识资产的存在经济寿命缩减（虽然法律寿命并未减少），产品生命周期缩短，这时企业超额收益将减少，这必然使知识资产价值降低。这种契合方式表明企业一旦研发出新的技术时，应该立即申请专利（对于商标而言则是较早进行商标的注册），使得知识资产在法律的保护下，减少模仿的可能性，最大限度地延缓由于竞争对手模仿而研发出更先进技术的时间，最大限度延长企业产品的生命周期（主要是成熟期），以保证企业长期超额收益的获取，从而增加知识资产价值。

知识资产生命周期与产品生命周期的第三种契合方式是产品投入市场的时间与知识资产取得法律保护的时间同步，此种方式为最优的契合方式，能最大化地利用知识资产的法律保护期来延缓产品的生命周期，如图7-8所示。

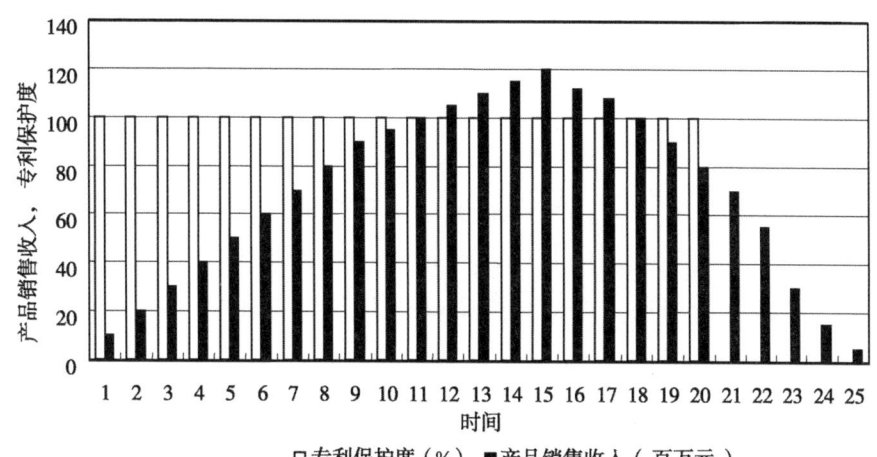

图 7-8　生命周期分析：产品投入市场与知识产权保护同步

图 7-8 表示，产品生命周期与知识资产生命周期同步，为最优的契合方式。在此种契合方式下，企业一旦研发出知识资产，便同时进行申请法律保护与市场调研工作，当知识资产获取法律保护后，产品立即投入市场，根据市场情况逐渐扩大企业生产规模。在整个知识资产法律保护期内，企业产品经过成长期步入成熟期。企业的销售规模与收益也逐渐增加，并且由于受到知识资产法律制度的保护以及其他进入壁垒的存在，竞争者较难进入该市场，企业产品将较为稳定地维持成熟期的态势，企业利润趋于稳定。直至竞争者研发出新的技术，产品逐渐被其他更优的产品所取代，企业利润逐渐降低。而此时随着知识资产法律保护期的总结，竞争更为激烈，模仿者逐渐增多，这意味着新技术出现的可能性更大。随着竞争的进一步加剧和其他新产品的增加，产品进入衰退期，企业超额收益急剧下降，知识资产价值也逐步降低。此种契合方式说明，知识资产生命周期与产品生命周期的最佳契合方式为两者同步。企业在进行知识资产研发的同时，就应该进行市场调研等前期工作。一旦知识资产获取法律保护，则企业就将产品投向市场。在知识资产受到法律保护的情况下，增加了市场进入

难度，将竞争程度降到最低，最大化地延缓竞争者进入市场的时间的同时最大化地维持产品的成熟期，以使企业获得较多的超额收益，最大化知识资产的价值。

综上所述，企业产品的生命周期与知识资产的生命周期高度相关。两者不同的契合方式决定了产品生命周期的长短、知识资产生命周期的长短和企业超额收益的获取，进而决定了知识资产的价值。当企业将知识资产生命周期与产品生命周期进行最优契合时，将最大化地延缓竞争者进入市场的时间，以延长企业产品的生命周期，从而使企业最大化地获取超额收益，最大化知识资产价值。

4. 技术水平

技术水平是专利和非专利技术类知识资产价值的重要决定因素。但是对于商标权这一类知识资产，技术水平并非其价值影响因素。衡量知识资产的技术水平的指标主要有技术创新度和技术成熟度。

（1）技术创新度。知识资产技术创新度指企业在一定的条件约束下，知识资产所达到的技术创新程度，亦即技术发展所到达的活动状态。创新度越高的知识资产，创新成本和风险也就越大，潜在的技术含量和未来收益也相对较大，同时市场模仿难度也会随着增大，该项知识资产可凭其技术新颖性取得市场上的竞争优势，知识资产的价值随着技术创新程度的增加而增加。对于企业而言，知识资产的不同技术创新度将直接决定企业的市场活动空间与企业的技术发展趋势，进而决定企业超额收益的获取和知识资产的价值。

在实现知识资产价值的过程中，企业的知识资产技术创新度受制于企业的内部资源状态，并与企业外部环境相联系。首先，企业知识资产的技术创新需要企业具备一定的知识基础，企业必须具备相关领域的专业知识和辅助知识，即具备一定的知识"广度"。其次，企业知识资产的技术创新需要企业具有一定的专门性知识积累即知识"深度"，当企业运用自身的资源和能力时，能够依靠这些知识的积累性学习而开展规模经济和范围经济（Kuivalainea，2002）。最后，企业的知识资产技术创新能否给企业带来经济效益还取决于企业创新的"速度"。在激烈的市场竞争中，最先利用其所积累的知识开发出新技术和新产品的企业必将优先取得市场竞争优势，以获取市场超额收益。可见，知识资产技术创新度取决于创新的广度、深度与速度，这三个维度共同决定了企业知识资产技术创新的程度。

企业知识资产技术创新广度、深度和速度受到技术发展轨迹及技术限度、认知差异及外部资源可获得性、市场扩展的非连贯性等因素的影响，这些因素是影响知识资产创新程度的关键因素，进而影响知识资产的价值。

第一，技术发展轨迹与技术限度的影响。企业知识资产的技术创新乃至整个产业的技术演化并非是漫无边际的发散过程，而是沿着一定的技术轨迹前进的。技术轨迹是企业在一定的经济、技术变量的约束下，依据某种方式进行技术创新的可行路径，是多维空间中一组可能的技术成长方向，其外部边界由技术范式本身加以规定。技术轨迹具有刚性特征，反映出"技术内在的规定性"（傅家骥，1988），其本质是技术体系在某个时段的相对稳定性和整个发展过程中的螺旋上升趋势。科学的进步是技术发展的基础，科学发现使整个技术发展过程呈现一条螺旋上升的 S 形曲线。当缺少科学发现时，技术创新只能围绕原有科学发现做渐进性创新，如图 7-9 所示。

如图 7-9 所示，每一次科学发现都会形成一个新的技术体系，从而产生相应的技术范式，不断促使技术创新和新产品的出现。因此，在一定时期内，技术轨迹主导着企业的技术创新行为，通过影响企业知识资产技术创新的深度、广度和速度而决定企业知识资产的技术创新程度。此外，企业能否突破现有技术范式进行创新，还取决于企业创新过程中的"路径依赖"，即技术发展的历史因素（如市场、技术管理、制度、规则、消费者预期等）在未来技术变迁中所起的作用。在这一作用下，企业技术创新程度受到社会、经济与文化的影响。

第二，认识差异与外部资源可获得性的影响。企业的技术创新存

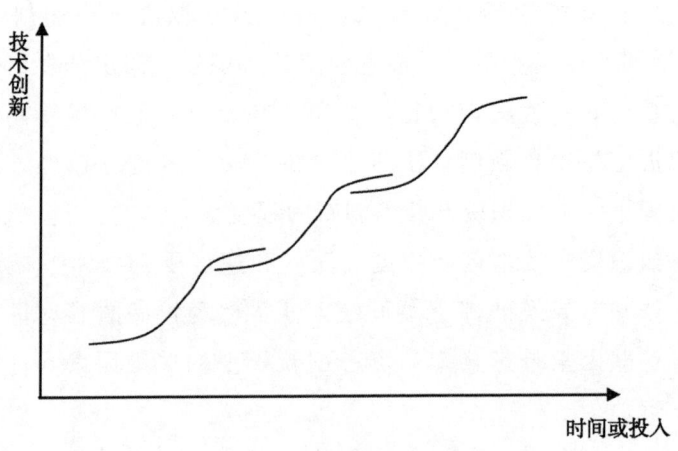

图 7-9 技术创新过程

在技术发现到市场转化的过程，有时技术创新者对技术的目标追求与市场需求之间存在不一致的情况，并且在市场经济中，技术创新者与企业管理者或者投资者信息不对称将影响企业的技术开发和产品开发，势必会影响企业知识资产技术创新程度和知识资产价值的实现。同时，企业在开发新技术的过程中，可能会利用企业外部互补技术等外部资源以将新技术整合到系统中，而这些外部资源的可获得性将直接影响企业知识资产的创新度及其价值。

第三，市场扩展的非连贯性。技术创新在市场化过程中呈现出非连贯性，即市场扩展具有非连贯性的特征，这必将影响企业知识资产的技术创新速度，从而影响企业知识资产的技术创新程度及其价值。技术创新的市场扩展呈现非连贯性的主要原因是市场化过程不仅依赖于技术，还依赖于人们的行为、文化、制度等一系列社会和经济因素。如科图姆（1999）等人研究美国的专利制度时发现，创新管理制度的变化导致了专利活动的增长，整个社会价值观转向更侧重于应用的研发活动。同时企业的技术发展轨迹的改变将导致高昂的转化和进入成本，这也导致了企业技术选择和市场化过程中的不连续性。

由以上分析可知，企业的技术发展轨迹及技术限度、认知差异及外部资源可获得性、市场扩展的非连贯性等因素通过影响企业知识资产技术创新的广度、深度和速度，决定企业知识资产的技术创新程度，进而决定着企业知识资产的价值大小。企业知识资产的技术创新程度越高，其价值就越大。

（2）技术成熟度。技术成熟度指知识资产在开发过程中所达到的可用程度或者完善程度。知识资产技术成熟度直接影响到企业对技术的运用（技术的消化与吸收）和知识资产价值的实现，它决定了企业技术风险和投资风险的大小。知识资产的技术成熟度越高，其价值也就越大。

当知识资产技术处于萌芽阶段时，由于市场调查不足和信息相对不完善，技术实施风险最大，并且这一阶段技术的开发投入也最大，由于技术刚刚起步，企业商品化程度很低，企业几乎不能实现盈利，并且需要投入更多资源与要素来突破关键与核心技术。此时知识资产价值稳定性最差，并且取决于该项技术是属于行业首创还是模仿。如果是行业首创，产品性能存在较大的不确定性，企业会经历不断的试错过程，知识资产的价值具有较大的不稳定性，可能存在较大的潜在价值。如果该项技术是行业模仿，那么其他企业也可能模仿该技术而进入市场，这必然影响到企业超额收益的获取，知识资产价值将受到抑制。

当技术处于成熟阶段并且进入企业的商品化阶段后，这时知识资产所包含的技术已经基本成型，核心和关键技术的发展呈现稳定的趋势。由于企业技术的成熟，更容易导致企业其他技术创意的产生，企业专利数量会大幅度增加。产品性能随着知识资产技术的成熟和数量的增加而逐渐趋于稳定，企业可以扩大生产规模，并且整合自身拥有的资源以促进创新和生产。随着企业市场的逐渐扩大，行业标准和市场进入壁垒逐渐形成，市场的不确定性降低，知识资产研发投入风险降低，企业获取超额收益的能力增强，知识资产价值达到最高。

随着科学技术的发展和市场竞争的加剧，企业的知识资产技术会逐渐被市场上出现的新技术所取代,其技术领先优势将逐渐消失。企业产品的性能与新产品相比,将不再具有优势,企业的市场优势也将逐渐丧失,利润趋于下降,知识资产的价值也随着新技术的不断出现而降低,直到知识资产所含技术退出市场时,其价值将逐渐向零趋近。

因此,企业知识资产技术的成熟度决定了知识资产价值的大小。当技术成熟度处于萌芽时期时,知识资产价值具有较大的不稳定性,可能存在较大的潜在价值。随着技术成熟度的提高,知识资产价值将达到最大。直到市场上的竞争加剧并出现替代技术时,知识资产的价值将由于企业市场优势地位的丧失和超额收益的减少而逐渐降低。

5. 组合效应

知识资产组合效应是指企业通过对多项知识资产的综合运用,获得的效益大于单独运用各项知识资产的效益之和。因此,知识资产的价值还受到与企业其他知识资产共同作用于企业生产经营过程时所发生的组合效应的影响。由于组合效应的存在,综合运用各项知识资产所获取的收益将大于单独利用每项知识资产的收益之和,知识资产的价值也将得到提升。

每项知识资产在运用于企业的生产经营过程中时,都有着一定的局限性,如专利为企业带来的垄断地位具有时间性,非专利技术的法律保护力度较弱,商标权为企业带来超额收益依赖于企业提供的产品和服务的功能与质量等。企业需要对其所拥有的知识资产进行有效配置,综合利用各项知识资产,获得知识资产保护、延长产品周期、创立品牌优势,为企业带来最优的生产与经营效率,使获取的超额收益最大化,进而最大化知识资产效用价值。企业在生产经营过程中,可以采取以下几种知识资产的组合方式,以有效利用其组合效应提高生产经营效率,提升知识资产价值。

(1) 专利组合。企业可以围绕自己的核心技术构建特定技术领域的专利组合,形成技术垄断和保护,使竞争对手无法利用专利回避进入市场,给企业带来更高的经济效益,提升专利价值。

企业通过专利组合的实施，可增加技术在市场中的保护范围，在特定技术领域形成规模排他性效应。企业专利技术保护范围的扩大，有利于企业的后续创新活动。因为专利保护范围越大，其后续创新空间也就越大，同时减小了侵犯他方专利的可能性。专利组合的排他性效应使企业能够在特定技术领域形成垄断地位，提高企业产品的市场竞争能力。因此，企业通过专利组合，可以更有效地配置和运用企业的资源，充分发挥企业专利的组合效应，提高产出和回报，获取更多的超额收益，以提升专利的价值。

（2）专利与非专利技术组合。企业申请专利会产生较高的专利申请与维护费用，但是能够得到较强的法律保护，保护时间有限。而企业的非专利技术可避免专利申请与维护费用，但其法律保护强度较弱，必须依靠企业的保密来保护新技术不被他人使用以维持企业在市场上的地位。只要企业的技术秘密不向外泄露，则新技术的保护可以无限期地延续。企业可以采用专利与非专利技术组合的方式来维护其智力创新成果，维持在市场上的竞争优势。这种组合方式可以克服专利技术和非专利技术保护的弊端，扬长避短，使企业能够长期维持新技术的垄断地位。当企业研制出某种新产品时，可以将其中易于被对手模仿的技术创新点申请专利保护，而其他不易被竞争对手模仿的创新技术作为企业的非专利技术加以保护，这样可以有效地维持企业的竞争优势，延长产品生命周期，从而为企业带来更多的超额收益，提高知识资产价值。

（3）专利权与商标权组合。企业在生产经营过程中将专利技术与商标进行组合，运用于企业的生产经营过程可以产生组合效应，提高企业的经济效益，提升专利权与商标权的价值。如企业在对企业进行专利许可授权时，可将其商标作为附加条件一同授权给受让企业，通过受让企业对本企业商标的使用，在获得专利权使用费的同时还提高了商标的知名度和消费者认可度，提升了商标权的价值。另外，企业可以利用商标权来承接专利的垄断。专利的法律保护期是有限的，而商标的法律保护期可以无限延伸。企业通过对专利技术的运用和商标的运营，形成专利产品在市场上的垄断优势，当企业的专利保护期限终止时，利用商标权持续企业在产品市场的地位。企业通过对专利权与商标权的综合运用，能够更为有效地发挥两者的效用，产生组合效应，使企业长时期地维持市场优势，持续获取超额收益，提升专利权和商标权的价值。

（4）商标权与非专利技术组合。企业可以通过商标权与非专利技术的组合，有效运用两者为企业带来经济效益的能力，使企业获取更多的经济收益。非专利技术在某些情况下可以借助商标权的法律保护地位而使企业维持市场上的竞争优势，即使竞争对手对企业的非专利技术加以模仿，但是由于商标权的保护，竞争对手不能在相同产品上使用企业的注册商标，也就不能挤占企业的市场份额，企业仍然能够凭借商标的知名度和非专利技术而维持市场竞争优势，获取超额收益，维护非专利技术价值，提升商标权价值。这一组合的经典案例便是可口可乐公司，它不断对自己的配方进行改进，通过技术保密获取竞争优势，同时成功运营其商标，将商标权的保护与其技术秘密相结合，维持了企业的市场竞争优势。

通过以上分析可知，企业在生产经营过程中，可以通过综合运用各项知识资产，以达到资源的有效利用，产生知识资产的组合效应，维持企业在市场上的竞争优势，给企业在长时期内带来更多的超额收益，提升各项知识资产价值。因此，知识资产的组合效应有助于知识资产的价值提升，组合效应越大，给企业带来的超额收益越多，越具备市场竞争优势，知识资产价值也就越大。

（三）风险因素

知识资产风险是知识资产价值的决定因素之一。风险越大的知识资产，企业超额收益获取的不确定性越大，知识资产价值受到超额收益不确定性的影响也就越大。企业知识资产风险与企业的生产经营活动密切相关，贯穿于企业整个生产经营过程。从时间维度上看，企业知识资产从产生到价值实现要经过企业研发投入、新产品的设计和生产、市场的开发与拓展直至企业超额收益的获取。这一价值实现的时间维度投射出知识资产风险的空间结构，知识资产风险空间包括三个维度：技术研发风险、产品生产风险、市场风险，如图7-10所示。

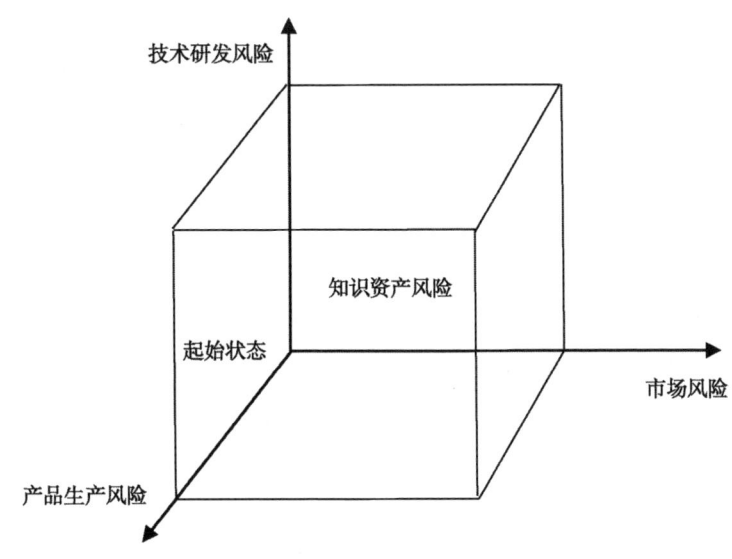

图7-10 知识资产风险空间

图7-10中，各个坐标轴分别表示知识资产风险的三个维度，这三个维度共同构成了知识资产风险的空间结构。当每个维度上的风险增加时，知识资产风险的空间结构将发生变化，即知识资产风险将发生改变。

1. 技术研发风险

技术研发是企业运用知识资产获取市场优势和超额收益的基础环节，在研发项目立项、技术开发和创新、研究成果保护等不同阶段都存在着风险，对企业超额收益的获取和知识资产价值的实现与价值大小都存在影响。对于企业专利研发，企业在研发项目立项时，要进行专利的详细检索，一旦与已存在专利技术重复，企业的自主研发成果将不能运用于生产经营过程，否则将构成侵权，导致企业研发成本无法收回，知识资产价值无法实现。而在技术创新的过程中，企业要有效运用自身资源，将内部资源与外部资源进行最优整合，提高研发项目的成功率，最大限度地降低技术创新失败的风险，获取知识资产以实现其价值。在研发完成并取得创新成果后，企业如果未及时申请专利，同时未进行技术秘密的有效保护时，将会导致竞争对手的模仿，使得竞争对手抢先进行专利申请而获得市场优势，企业的超额收益和知识资产价值将大幅降低。

在整个知识资产的技术研发过程中，都存在着知识资产风险。企业一旦对这些风险的防范和控制处理不当，将严重影响知识资产的获取以及价值的实现。

2. 产品生产风险

企业的研发项目成功后，需要将获得的知识资产如企业的专利技术运用于企业的生产经营过程，企业能够重复并且以较低成本大批量生产研发过程中所设计的产品，才能实现企业的超额收益和知识资产价值，收回企业研发成本。但是知识资产在运用于企业生产经营的过程中存在风险即产品生产风险。这些风险与技术转化有关，在这个转化过程中，研发过程中所生产的数量有限的样品技术将转化为具有一定商业规模的重复生产的技术。除了技术转化风险外，知识资产所面临的产品生产风险还包括以下三个方面。

（1）原材料供应风险。将知识资产运用于新产品的生产时，需要有原材料市场作为生产的基础。但是资源的有限性、原材料市场的供求不足和价格波动等因素可能导致知识资产所包含的新技术在生产过程中不能顺利实施，或者原材料的质量达不到新技术的要求，都会使知识资产运用于企业的生产经营过程难度加大，企业获取超额收益的难度也随之增大，导致知识资产价值不能完全实现。

（2）企业现有资源不足风险。企业在将知识资产运用于生产经营过程以获取超额收益时，需要对企业的生产设备和生产工艺进行调整，这会加大整个项目的投资，但是由于企业资源的有限性，企业并非能够完全按照新技术的要求来调整现有生产设备和进行工艺上的创新，这必然影响知识资产新技术在生产过程中的运用。此外，企业在运用新技术时，需要现有的管理和技术人员乃至生产工人等进行新技术的了解和新知识的学习，由于人力资源的有限性，这也未必能完全符合新技术所要求达到的知识环境，从而影响新技术在生产过程中的运用。因此，企业现有资源的有限性可能使得知识资产在生产过程中不能被最为有效地运用，而使得企业不能最大化地获取超额收益，知识资产价值也不能最大化。

（3）新产品的质量与性能风险。企业将知识资产运用于生产经营过程中所生产的产品可能由于知识资产技术发展不成熟而出现质量和性能上的缺陷，这必然会影响消费者对该产品的认可和需求。很多新技术研发成功后由于其技术上的不成熟并不能运用于企业新产品的生产，这必然影响到企业超额收益的实现和该项知识资产价值的大小。

3. 市场风险

知识资产的市场风险并非是知识资产价值决定的内在因素，而是影响知识资产价值的外部因素。但是由于市场风险与知识资产的技术研发风险与产品生产风险一起共同决定了知识资产风险空间，本书在此对知识资产价值决定所面临的市场风险加以论述。

市场风险是指由于市场以及相关的外部环境的不稳定性导致知识资产产品市场萎缩、企业知识资产开发达不到预期效果而不能获取市场优势和超额收益的可能性。企业的知识资产创新应该以市场为导向，若忽视市场的变化规律将导致整个知识资产开发项目的失败，使得知识资产不能实现其价值。影响知识资产价值的市场风险主要体现在以下几个方面。

（1）宏观经济环境变化风险。企业知识资产所面临的宏观经济形势变化会影响市场消费者的购买力和需求状况，如2008年发生的全球金融危机导致全球市场的萎缩和消费者购买力的下降。市场购买力的下降必然影响企业超额收益的实现进而影响知识资产价值。

（2）市场接受能力风险。企业运用知识资产所生产的产品可能不被消费者所接受，或者产品的市场扩散速度太慢，新产品的推出和市场需求之间存在较大的时滞，会使企业开发成本收回较慢，并且影响企业在市场上垄断优势的获取以及超额收益的实现，必然影响知识资产的价值。

（3）竞争风险。市场竞争是经济发展的动力，是市场经济的客观存在。知识资产拥有企业就是通过知识资产排他性垄断权的运用从而在市场竞争中确立其市场优势地位而获得超额收益。如果企业的知识资产在运用于生产经营的过程中，由于企业资源未得到有效运用或者决策失误等因素可能被其他竞争者通过模仿或者自主创新而后来居上，企业的垄断地位将会被打破，知识资产技术面临其他新技术的挑战，企业超额收益的获取将受到影响，这必然使知识资产价值降低。

由以上分析可知，知识资产价值受到知识资产风险的影响。知识资产风险空间由技术风险、生产风险和市场风险三个维度构成，它们分别从不同的角度影响知识资产的运用，从而影响并决定企业超额收益的获取和知识资产的价值。其中，专利权和非专利技术类知识资产的价值同时受到技术风险、生产风险和市场风险三个维度的影响，而商标类知识资产价值主要受到市场风险的影响，不会面临技术研发风险和产品生产风险。

（四）产权属性因素：产权变迁对知识资产价值的影响

产权属性是知识资产价值的又一内在决定因素，知识资产的权利属性改变即产权变迁无疑会对其价值产生一定的影响。这里的产权变迁包括知识资产所有权的变迁和使用权的变迁。

在制度经济学中，产权被定义为个人和组织的一组受保护的权利，它们使所有者能通过收购、使用、抵押和转让资产的方式持有或处置某些资产，并占有对这些资产的运用所产生的收益。经济系统的运行以建立和保护排他性私人产权的制度为基础。这种产权能用于以契约为基础的自愿交易。H. 登姆塞茨认为，产权的主要功能是引导人们实现将外部性较大地"内在化"。将这些外部性"内在化"的过程中，常常要发生产权变迁（产权不断得到修正），使得资源的收益和成本重新分配。

产权决定着财产运用上的权利和义务，具有可分割性和可转让性的特点。产权只有在可被分割和转让的情况下，才能最大限度地发挥资产的效用。产权的分割可以让所有者将财产的不同权利分派给多方需要者，必然会增加财产的有用性。如知识资产所有者可以向他人转让知识资产的使用权，即他人以支付租金的方式在规定的期限内使用该项知识资产，从而使知识资产能够最大限度地发挥其效用。产权的可分割性使具有不同需求和知识的人们能够将资产投入到最有价值的用途上。有些企业拥有知识资产的所有权，但是不具备实施的条件，此时知识资产的所有者就可通过许可的方式让其他企业来实施该项知识资产，发挥知识资产的效用，而所有者可以从中收取许可费，补偿研发成本，获取收益。

知识经济时代经济的增长主要依靠技术进步的推动。只有在相应产权制度的激励下，人们才愿意不断进行创新以获取新技术和新知识。由于知识产品的外部性、所有者的局限性等问题的存在，知识资产的权利属性将不断被修正，而这些新技术和新知识的产权变迁将导致稀缺性知识资源的重新配置，导致知识资产收益和成本的重新分配，使经济效益得到帕累托改进，这必然影响企业收益，进而影响知识资产价值。

1. 知识资产权利属性变迁对价值的影响分析

知识资产的交易分为两种类型：所有权转让和使用权转让。知识资产所有权转让是指知识资产拥有者将与该知识资产有关的使用权、支配权、收益权与处置权等一系列相关权利完全转让给他人。知识资产使用权转让则只是涉及使用权的让渡，转让方并不因此而丧失与该知识资产相关的使用权、支配权、收益权、处置权等权利。知识资产权利属性的变迁使得知识资产受保护程度、企业的垄断地位、市场份额等发生相应改变,继而影响知识资产的价值。

(1) 产权变迁对价值的抑制作用。站在知识资产所有者角度,知识资产的权利属性改变可能对其价值起到一定的抑制作用。当知识资产拥有企业通过许可方式转让知识资产的使用权时,该项知识资产将不仅被运用于转让企业的生产经营过程,还将运用于受让企业的生产经营过程。这必将导致转让企业原来的产品市场垄断地位发生改变,产品市场占有率可能降低,因为同质产品的生产厂商数量增加导致产品供给量增加。当市场上的产品生产商增加和产品供给量增加时,在需求不变的情况下将会导致产品的价格下降。此时转让企业的产品收益将随之下降,即企业通过专利获得的超额收益将减少,导致知识资产的价值发生贬值。

(2) 产权变迁对价值的提升作用。从知识资产拥有企业来考虑,知识资产的权利属性改变如使用权的转让使企业的竞争优势受到影响,从而使知识资产的价值受到抑制的同时,企业通过使用权费的收取又可以增加知识资产收益,使得知识资产价值增加,部分抵消由于产品价格下降而引起的知识资产价值减损。

同时,当企业所属行业具有网络外部性特征时,知识资产使用权的转让又会使产品市场规模发生改变进而影响专利价值。在网络外部性的条件下,该项知识资产给消费者带来的效用,不仅取决于知识资产的技术属性和特点,还取决于使用该项知识资产产品的消费者数量。在网络效应的作用下,当企业采取较为开放的许可政策时,运用该项知识资产的企业数量增加,提高了知识资产成为市场主导技术的可能性。如微软公司的 Windows 操作系统就是一个典型的成功案例,微软公司通过对其专利采取许可政策,使得该项技术成为业内主导技术,微软也随之获得了市场上的垄断地位。通过技术上的主导,必定影响整个产品市场的规模与竞争状况,使得知识资产的价值得以增加。

可见，知识资产使用权的转让从多个角度对知识资产价值发生影响。使用权转让不仅让转让企业获得使用权费收入，还影响到企业的产品市场占有率和垄断地位，进而影响知识资产的价值。同时，当网络外部性存在时，知识资产的转让又可能会让企业的技术成为市场主导技术，使企业获得市场垄断地位和竞争优势，企业获取超额收益的能力得以提高，导致知识资产价值增加。

此外，知识资产的权利属性变迁还包括所有权变迁的情况。知识资产所有权变迁包括所有权的转让、专利的申请与商标的注册等。所有权变迁对知识资产价值也具有一定的影响作用。如企业一旦研发出新技术，将面临是否申请专利的决策。如果企业选择申请专利并获得了该项专利权，则说明企业研发出的新技术在权利性质上发生了改变，将受到相关知识资产制度的保护，自然会对该知识资产的价值起到一定的提升作用。知识资产的所有权转让也可能会影响知识资产的价值，如果知识资产所有权转让后，受让方更加具备实施知识资产的条件，能够更好地运用该项知识资产，获得更多的超额收益，这将导致知识资产的价值增加。而商标的注册情况也会对商标的价值产生影响，这一问题将在下文作出分析。

2. 专利使用权的转让对价值的影响

专利权人可通过专利许可的方式来转让专利使用权。专利许可是专利制度下专利权所有者向他人转让专利技术的使用权，即许可他人在一定期限及地域内使用该专利技术。专利权所有者通过专利许可向被许可方收取一定的使用权费。专利许可将改变专利权人的产品市场状态，使专利技术资源按照更有效的方式得到配置，达到经济效益的帕累托改进，影响专利拥有企业的收益，进而影响专利权的价值。

（1）经济效益的帕累托改进对专利价值的影响。专利所有权人向他人转让专利技术的使用权必然有着私人利益动机，而专利使用权受让方获取专利许可也受到利益驱使，因此专利使用权的转让能够实现说明转让后能让转让双方的状况都得到改进，经济效益得到提高即存在帕累托改进。对于专利所有者而言，转让专利使用权的动机有可能是自己不存在实施专利的条件，通过使用权的转让，许可具备条件的企业实施专利，所有者通过使用权费的收取而获得专利开发收益，实现专利价值。因此，更多使用权费的收取将提高专利价值。另一动机也可能是通过专利转让，使得其他企业实施专利从而提高该专利技术在整个市场上的影响力，吸引更多的消费者，这有利于产品市场规模的扩大，从而使得专利所有者的专利技术更具备竞争力和市场优势，使得企业获取的超额收益增加，导致专利价值的提升。

总之，通过专利使用权的转让，专利这一稀缺性资源将重新得到配置，专利所有者和使用权的受让方的经济状况都会随之得到改进，由于使用权费的收取和专利市场影响力的扩大，所有者专利的价值将得到实现和提升。

（2）市场竞争状况的改变对专利价值的影响。当专利所有者本身具备实施专利的条件且在其生产经营过程中实施专利技术时，其对专利使用权的转让将改变市场竞争状况进而影响专利价值。专利所有者以许可方式将专利使用权转让给他人时，会使得实施专利的企业数量增加。如果该项专利能够节约企业生产成本，则实施该专利技术的企业生产成本都会得到降低，这必然使专利所有者的成本优势逐渐消失，从而影响专利所有者超额收益的获取。如果专利技术的实施能够让企业改进现有产品的质量和功能，获得专利许可的企业同样也能生产出质量得到改进和功能得到提高的产品，专利所有者的市场优势由于其他企业产品同样的质量提高和功能改进而受到影响，这同样会使专利所有者超额收益的获取受到影响，进而影响专利价值。如果专利实施能让企业生产出更高技术含量的新产品，则专利许可将允许其他获得许可的企业通过专利的实施而生产出同样技术含量的新产品，这必然使专利所有者在新产品市场上的垄断地位受到影响，市场结构从垄断逐渐演变为垄断竞争，专利所有者的市场优势将受到影响从而影响超额收益的获取，导致专利价值的降低。

企业通过专利许可转让其专利使用权时，受让企业通过专利实施将会影响产品市场的竞争状态，从而影响专利权拥有企业超额收益的获取，导致专利价值受到影响。即便如此，专利所有者在一定情况下还是会通过专利许可的方式转让其所有权，其动机除了上文分析的获取使用权费与扩大专利技术市场影响从而扩大市场规模外，还在于企业通过专利许可的方式可以让有专利技术研发能力的企业放弃自主研发的决策，以较低的许可成本实施专利。这样将使得其他企业模仿创新的可能性降低。如果专利所有者由于对市场垄断地位的顾虑，而排他性地实施专利，当市场有利可图并足以诱惑其他企业进行模仿时，其他企业将进行自主研发，可能会导致竞争性专利技术或者更高技术含量专利的产生，这将更为严重地影响企业的市场竞争能力和垄断地位，势必影响企业的超额收益，使企业的专利权发生技术性贬值。

由以上分析可知，专利所有者通过专利许可方式转让专利的使用权时，将导致专利这一稀缺性资源在市场上得到重新配置，专利所有者和使用权受让企业的经济状况都会因专利许可得到改进，从而经济效益将实现帕累托改进。专利拥有企业通过使用权费的收取与专利市场影响的扩大而实现和提升专利价值。同时，专利许可的实施使得产品市场的竞争状态改变，专利所有者的市场优势和垄断地位都会受到影响，企业获取超额收益将减少从而使专利价值降低。

3. 商标的注册情况与法律状态对商标价值的影响

商标的注册情况与法律状态对其价值有着一定的影响与决定作用。影响商标价值的注册情况包括商标是否注册、注册地点、核准使用范围等，影响商标价值的法律状态包括商标是否已过争议期及商标是否接近续展期等。

（1）商标注册与否直接影响商标的价值。我国商标法规定，商标专用权是商标注册人所专享的权利，并且这一专享权利在法定期限内有效。商标一旦注册，其权利便受到法律的保护。未经注册的商标其权利处于不稳定状态，一旦与他人注册的商标发生相同或者类似的状况，极有可能被视为侵犯他人商标专用权而受到诉讼威胁。因此，在同等情况下，商标的注册对商标价值的提升有着重要的影响作用。

（2）商标的注册地点影响商标的价值。商标权具有严格的地域性，注册商标的法律效力只能限于授予权利的国家或者领域，在其他国家或者领域不发生法律效力。因此，商标的注册地点对其价值的影响颇大。商标权法律效力所涉及的地域范围越大，其被消费者认可的程度越高，价值也就越大。如果商标权涉及的地域是国际性的，说明该商标有着国际化的潜力，企业有着国际化的能力，商标价值自然就更高。

（3）注册商标的核准使用范围对商标价值的影响。商标在注册时，都会规定能够使用该商标的商品范围。商标能够使用的范围越广，能够使用该商标的产品或者服务越多，说明该商标的通用性越强，企业对商标的预期收益也就越高，发展潜力也就越大。同时，使用该商标的商品消费层次越高，商标的预期收益也将越高。这些因素都影响企业对商标的预期收益，从而影响商标的效用价值。

（4）注册商标是否过争议期对商标价值存在影响。根据我国《商标法》第41条规定，注册商标争议期为5年❶。侵犯他人在先权利取得注册的商标，在先权利人可以在商标获准注册之日起五年内向商标评审委员会请求救济，即商标所有人或者利害关系人在争议商标获准注册五年内具有向商标评审委员会申请撤销侵权商标的权利。恶意注册他人驰名商标的，不受五年期限的限制。在注册商标的争议期内，如果该商标的注册违反了商标法的规定或者通过采取欺骗等不正当手段取得注册的，利害关系人具有向商标评审委员会申请撤销该注册商标的权利。由此可见，注册商标是否已过争议期，事关该商标专用权的稳定性，必然影响到商标权的价值。

（5）商标是否接近续展期影响注册商标的价值。商标在有效期末

---

❶ 2013年8月30日修正发布的《中华人民共和国商标法》自2014年5月1日实施。

面临着续展有效期问题，存在能否获得续展期的不确定性。如果原商标违反了修改后的法律规定将不能获得续展，商标图案、文字的变动也直接影响商标的续展。不能续展的商标其价值也会降低。因此，接近续展期的商标，其价值受到当时的法律规定、商标的续展障碍、续展相关费用等因素的影响。

综上所述，商标权的价值受到其注册状况与法律状态的影响。商标是否注册、注册地点、注册商标核准使用范围、注册商标是否过争议期、是否面临续展等因素都直接影响商标权的价值。

二、知识资产价值决定外部因素

知识资产价值是知识资产稀缺的效用与客体需求之间的一种特定关系，由稀缺的效用和需求以及两者之间的相互作用来决定。这种特定的价值关系是一个动态发展的过程，受到多方面因素的共同作用和影响。知识资产价值除了受到知识资产自身的成本因素、效用因素、风险因素及产权属性因素的决定和制约外，还受到制度因素和市场因素这两个外部因素的决定与制约。

（一）制度因素

"制度是人类相互交往的规则。它抑制着可能出现的、机会主义的和乖僻的个人行为，使人们的行为更为可预见并由此促进着劳动分工和财富创造。"制度被定义为由人制定的规则，制度对人们能够在多大程度上实现其经济上和其他方面的目标有着巨大影响，人们通常偏好能增进其选择自由和经济福利的制度。知识资产制度是对智力成果的所有者享有智力成果的所有权等相关权利作出规定与保护的一系列规则的总称。当知识资产成为经济发展的主要驱动力和企业发展的主导因素时，知识资产制度已成为经济体系中基础性的制度，它的建立和完善鼓励了企业的知识创新，使企业更有效地利用知识资产，对知识资产价值的提升提供了制度性的保障。

1. 经济增长的制度基础

在人类社会与经济发展的历史长河中,通过考察社会生产率和生活水平的进步状况不难发现,在漫长的过去人类的技术进步和经济发展极其缓慢。从一万年前以农业和畜牧业的诞生为标志的新石器革命直到18世纪的工业革命前,社会生产率和人类生活水平的提高尤为缓慢,反映基本物质生活条件的指标如平均寿命、健康状况、饥荒的发生率几乎没有很大的变化。直到18世纪后期,经济发展速度持续上升,并在19世纪全速推进。18世纪60年代从英国发起的技术革命是经济发展史与人类社会发展史上的一次伟大变革,它以瓦特发明的蒸汽机作为动力机的广泛使用为标志,掀开了以机器代替手工时代的序幕。英国、美国、德国等国家一个接一个开始起飞,进入工业化和持续增长的过程,人均收入以年均0.6%的速度增长,与第一次工业革命之前相比已经有了突飞猛进的进步。19世纪70年代至20世纪初,发生了以电力的广泛使用为标志的第二次工业革命。19世纪70年代以后,科学技术的发展突飞猛进,各种新技术、新发明层出不穷,并被迅速用于工业生产,大大促进了经济的发展,世界由"蒸汽时代"进入"电气时代"。在这一时期里,一些发达资本主义国家的工业总产值超过了农业总产值;工业重心由轻纺工业转为重工业,出现了电气、化学、石油等新兴工业部门。在建立了资本主义市场经济的老工业国家里,人均收入史无前例地以年均1.4%的速度增长。20世纪50年代,即第二次世界大战结束后,发生了第三次工业革命,它是人类文明史上继蒸汽技术革命和电力技术革命后的又一次重大飞跃。第三次工业革命以原子能、电子计算机、空间技术和生物工程的发明和应用为主要标志,是涉及信息技术、新能源技术、新材料技术、生物技术、空间技术和海洋技术等诸多领域的一场信息控制技术革命。这次科技革命不仅极大地推动了人类社会经济、政治、文化领域的变革,而且也影响了人类生活方式和思维方式,使人类社会和经济向更高境界发展。这次工业革命后,不仅经合组织国家的人均收入以年均3.5%的速度增长,而且这种经济增长现象还扩展到世界的其他地区,创造出一批不断发展的国家。1973年石油危机以后,全球经济增长速度有所降低,但是从长期的历史标准看,经济发展速度仍然是空前的。进入21世纪,经济的发展进入了新阶段,随着经济全球化和新科技革命的推进,世界各国不断提高经济增长质量和效益,增强国际竞争力,发达国家和发展中国家的经济与社会正在发生着空前的改变。

纵观这一历史发展过程,经济发展的同时,各项制度也在不断发展并呈现繁荣的态势。可否认为制度的发展促进了经济的增长和技术的进步?答案是肯定的。经济学家们曾用资本、劳动、技术等来解释经济增长,后又有学者提出自然资源对经济增长的贡献。然而,了解知识和技术的经济学家们认为资源的日益稀缺会使人类在如何更多地获取资源或如何节约资源方面调动新的知识,从而为增长开辟出新的途径(Beckerman,1974;Arndt,1978)。可见,在知识经济时代,知识逐渐成为经济增长的动力。这些因素尽管对经济增长至关重要,却未能解释为什么有些社会比其他社会积累了更多的物质资本和人力资本从而导致经济增长更为迅速,为什么有的技术知识上的巨大进步(如我国古代的四大发明)并没有导致工业革命等问题。事实上,技术进步推动经济增长,这完全依赖于有利于资本积累和市场交易制度的逐步演变(个人的公民自由、财产权利、法律对契约的有效保护、受约束的政府等)。企业家们要造就持续的经济增长就必须依赖经济自由、公民自由和政治自由,依赖相互信任的有利制度框架。中国古代的四大发明未能导致工业革命,未能推动经济的迅速增长,其原因就在于缺乏一定的社会、政治和法律前提,即缺乏一定的制度。制度发展的不足使技术进步成果的积累和潜在的巨大市场不能有力推动经济的增长。道格拉斯·诺斯(1994)认为,对经济增长的历史研究就是对制度创新的研究,这种制度创新能减少交易成本,实现日益复杂的交换活动。

制度是行为规则,并由此而成为引导人们行动的手段。制度通常要排除一些行为,使他人的行为变得可预见,并且通过协调人们的各种行动减少在知识和信息搜寻上的消耗。制度根据产生方式可分为内在制度和外在制度。内在制度被定义为群体内随经验而演化的规则,外在制度则被定义为由主体设计并靠政治行动强加于社会的规则。外在制度包括外在行为规则、具有特殊目的的指令、程序性规则或元规则等,本书所讨论的知识资产制度就属于外在行为规则。设计外在制度的目的是多方面的,其中与经济发展相关的目的有它允许人们做出可靠的契约承诺、解决"囚徒困境"、"搭便车"、"公地灾难"等问题。经济系统的运作需要以一些制度为条件,这些制度允许缔约自由,并确定明晰的权利和义务。经济的发展依赖于相关经济制度的建立,其中以建立和保护排他性私人产权的制度为基础。私人产权的决定性特征就是一项财产的所有者有权不让他人拥有和积极地使用该财产,并有权独自占有在使用该财产时所产生的效益,同时所有者要承担该财产在运用中所发生的所有成本。我国古代四大发明等卓越的技术和组织技能并没有转变成一场自我持续的工业革命,其原因就在于当时的统治者未建立相应的制度来保护相应的私人产权。封建统治时代缺乏经济秩序和信任,以及官方任意没收私人财产的管理抑制了对工业和企业的投资,导致经济发展的停滞不前。这一历史比较说明,对产权和产权运用的制度保护以及其他相关经济制度的建立和保护是持续的经济增长所不可或缺的。产权既可以附着于有形资产,也可附着于可识别的知识即无形资产。

通过前面的分析可知,现代经济增长在很大程度上要靠精良的技术知识和组织知识。人们通过对新知识的不断探索,不断促进生产率的提高以及社会的发展。因此必须建立相应的制度安排使得知识所有者从新知识的创造中获取收益,从而使经济和社会得以持续不断的发展,知识资产制度也就应运而生。

2. 知识资产制度安排的必然性

知识资产制度作为一种具体的产权制度,是对智力成果创造者的创新成果予以保护的基础性制度，决定并影响着企业知识资产的运用和价值。创新是企业得以生存和发展的基础，而对创新成果的保护能够鼓励企业的创新。知识资产就是在相应政策制度下智力成果创造者对其成果所享有的排他性权利。知识资产制度是企业运用创新成果获取收益的制度保障，知识资产制度的建立和调整能够鼓励企业在生产经营过程中不断创新，通过创新来获取市场优势从而实现长期可持续发展。知识资产制度的关键特征是将新知识的相关权利赋予其创造者，创造者通常可以独享新知识带来的收益。这让企业更加愿意进行创新，加大研发投入，也更加愿意将知识与大家分享。如果没有知识资产制度来保证创新企业对知识资产收益的独享权，新知识的创造、传播和应用都会受到限制。从整个社会经济来看，知识资产制度的安排能够实现效率的改进，协调利益冲突。知识资产制度不仅通过保护企业的智力成果从而鼓励企业创新，还兼顾了知识资产保护与社会公共利益的平衡，因为知识资产本身除了具有独占性的特点外，还具有一定的共享性。

企业或者个人研究开发的知识资产，具有独占性和专业性，并且在其领域内还具有一定的共享性。其本质上的排他性主要来源于知识资产的产生是由企业或者个人进行研究开发而获得的，其共享性来源于知识资产本身就属于知识产品这一基本属性，众所周知，知识在人类社会是可以共享的，知识资产虽然具有本质上的排他性和知识与技术上的专业性，但其所包含的新技术和新知识却可以被人们所共享。因此，对知识资产的产权制度安排不能是纯粹的私有产权制度安排，而应是准私有产权制度安排。即知识资产的排他性独占不是无限期的，而是有限期的。知识资产一旦超过法律保护期限，就不再被权利人所独占，而被社会所共享。知识资产法律保护期限的确定，则要在保持对企业创新研发的推动与满足社会对新知识与技术的共享之间做出权衡。

我国专利法规定，专利权的法律保护具有时间性，发明专利权的法律保护期限为20年，实用新型专利权和外观设计专利权的法律保护期限均为10年。这一制度安排保护了专利权人的合法权益，使其在法律保护期内能够获得专利的排他性独占权，由此获得专利研发投入而产生的经济效益。同时这一规定又兼顾了专利的共享性特点。如新技术的发明和改进对整个社会经济的发展必然起着推动作用，新技术与新知识的普及对提高人类社会生产力起着推波助澜的作用。因此，专利权一旦过了法律保护期，专利权人便不再享有该专利的排他独占权，其他企业或者个人均可运用该专利所包含的新技术和新知识于生产过程、营销过程等。此时，新技术和新知识将在整个生产和交换领域得到普及，这必然有益于提高整个社会的劳动生产率，有益于全社会的共同进步与发展。

3. 知识产权制度与企业经济效益、知识资产价值

知识产权是法律赋予人们就其智力创造成果所享有的专有权利。知识资产能够在有效期内对企业的生产经营过程持续发挥作用，使企业获得超额收益。企业通过对知识资产的运用可以降低产品生产成本，提高产品质量、销售价格，扩大企业的市场份额，最终获得超额收益。在现代激烈的市场竞争中，企业越来越依赖于专利等无形资产以创造经济效益，保持竞争优势和核心竞争力。可见，知识资产对企业的价值在于其能够为企业创造超额收益，保持核心竞争力。

知识产权制度能激励智力成果创造者的发明创造，使得发明创造不断涌现，从而增加企业的投资机会，提高资金的产出效率，使边际收益呈现出递增的趋势，经济活动得以打破短期增长的格局，实现长期持续增长。因此，知识资产制度使得企业创新投入的边际收益产生递增的效应。在许多建立了知识资产制度的国家，企业是创新活动的主体，企业拥有的知识资产是获取市场优势的核心竞争力所在。知识资产制度的经济合理性给企业带来了直接效应，知识资产制度安排的合理性在鼓励企业进行智力成果创造的同时，是企业在知识资产法律保护期内获得超额收益的制度保障，这必然对企业经济效益的获取起

着制度性保障作用，成为企业实现知识资产价值的基础保障。因此，知识资产制度的合理安排通过对企业经济效益的保障而影响知识资产的效用价值。

同时，在经济全球化的背景下，知识资产制度在全球范围内的广泛建立和运用进一步增加了企业由于知识资产运用所能获取的收益。在经济全球化的趋势下，关税壁垒的逐步降低使产品能够在全球范围内更为自由地流动，企业更容易从世界各地获取生产要素，也更容易将新产品推向全球市场，从对全球市场的垄断中获利。知识资产制度在全球范围的建立和推广赋予了企业这种垄断优势，从而进一步激励了企业的创新，鼓励企业在全球范围内寻找技术方案设计者和研发合作伙伴。企业在全球市场规模的扩大使企业能够在全球范围内发挥知识资产的效用以获取知识资产收益，导致知识资产的价值进一步增加。

4. 溢出效应与知识资产价值

通过以上分析可知知识资产制度能鼓励企业进行创新，对企业知识资产运用提供制度性保障，从而获得市场优势和长期超额收益。同时，知识资产制度的完善还能通过对市场失灵的纠正来解决知识资产的外部性问题，以减少知识资产的溢出效应，使企业较大程度地独享知识资产研发所带来的收益。如果知识资产制度不能够充分地保障知识资产所有者的权利，必然导致知识资产收益产生外溢，从而影响企业超额收益的获取，抑制了知识资产对企业的效用和价值。

知识领域存在着普遍的外部性问题。当涉及知识问题时，只要不可能测度全部成本和效益并将它们按其起源进行分配，或者这样做的代价过高，就会出现外部性问题。知识产品的创造者不能享有知识产品带来的全部收益时，将导致知识产品外部性问题的产生。知识资产也属于知识产品，因此也存在一定的外部性问题。由于知识资产制度的不完善性以及知识产品本身的共享性，知识资产的所有者也许不能完全享有由于知识资产的运用所带来的全部收益，即知识资产收益可能产生溢出效应。

知识资产外部性的存在和严重的溢出效应将会导致知识资产的供应不足,即企业将不愿意进行知识资产的研发。根据理性经济人假设,企业是否从事知识资产的研发完全取决于该项研发活动所带来的收益是否能弥补研发的成本(包括劳动成本和机会成本),企业研发的积极性受到知识资产能为企业所带来的超额收益的影响。当知识资产制度不能阻止外部性的存在和严重的溢出效应时,将导致企业的收益远远小于知识资产的社会收益,这将严重挫伤企业研发的积极性。如果企业不进行研发,知识资产也不会产生,不论是其对企业的效用价值还是对社会的价值都无从谈起。因此,从社会整体利益的角度出发,需要建立和完善知识资产制度,以解决市场失灵的外部性的问题,使企业从知识资产的研发中获得应有的收益,尽量控制知识资产的溢出效应,提升知识资产对企业的价值。

知识资产制度对知识资产保护的强化,可以减少知识资产收益的外溢,使企业具有创新的积极性,促使更多知识资产的产生。但是,知识资产制度对知识资产的保护也并非越强越好。因为知识资产保护的强化,在减少正外部性的同时,可能会导致负外部性的增加。这里的正外部性指知识资产被全社会享有的收益超过企业个体所享有的收益,负外部性则是指知识资产的社会成本如技术垄断所引起的福利损失超过企业个体所承担的成本。如专利法对专利保护的期限越长,给企业带来的收益就越多,对企业的效用价值就越大,社会收益与企业个体收益之间的差距越小;但是,保护期限越长将导致垄断带来的社会成本增加,社会福利损失越大,社会成本与企业私人成本之间的差距也就越大。赫普曼(Helpman,1993)的理论模型揭示,过强的专利保护也可能抑制创新,甚至损害发达国家的利益。赫普曼在研究发展中国家知识资产保护强化对全球福利的影响时得出结论,认为强化专利保护有降低全球福利的可能性。因此,知识资产制度的建立与完善需要平衡这两方面的因素,将社会福利与企业收益加以综合考虑,力求解决市场失灵外部性的同时兼顾社会效益的增加,提升知识资产价值的同时兼顾社会价值的增加。

综上所述，合理且有效制度的建立与完善是经济增长的基础和关键。产权制度是持续经济增长不可或缺的要素。作为一种具体的产权制度，知识资产制度对企业经济效益的实现起着基础性的保障作用，进而影响知识资产的效用价值。合理的制度安排能够使企业有效获得长期超额经济收益，保持企业的市场竞争力，巩固并扩大企业的市场份额，提升知识资产的价值。同时，合理的制度安排也有利于社会对新技术和新知识的共享，解决知识资产外部性问题的同时提升知识资产的社会价值。

（二）市场因素

除制度因素外，市场因素是决定与制约知识资产价值的另一外部因素。

1. 市场扩大有利于知识资产的创新与运用

20世纪90年代以来，新知识和新技术呈加速递增趋势。美国专利数倍增加，日本、西欧也出现类似情况。新知识和新技术在更为广阔的领域被广泛地创造，传播也更为迅速。这一现象的发生与经济全球化下的市场扩大有关。随着自由贸易的深入，贸易壁垒、投资壁垒进一步减少，知识资产创新逐步面临全球性市场。通信和交通技术的进步导致要素跨国流动的成本下降，进一步促进了知识资产拥有企业在全球范围内利用知识资产获利。

2. 企业产品的市场供求状况与市场份额对知识资产价值的影响

企业产品的市场供求状况与市场份额是知识资产价值的外部影响因素之一。企业产品的市场供求状况决定了该类产品的市场规模。当产品在市场上供不应求时，说明产品存在较大的潜在市场，其市场规模随着生产和供给的扩大会进一步扩大。当产品市场规模扩大时，企业凭借其市场优势获取的市场份额越大，超额收益越多，知识资产价值就越大。这里的市场份额是指知识资产所有者依靠该知识资产而占有的商品市场份额，如专利权或者非专利技术拥有者利用专利权或者非专利技术生产的商品所占有的市场份额，商标权拥有者通过对商标的运营与使用使其商品所占有的市场份额。当同类产品市场规模扩大时，企业通过对知识资产的运用而占有的商品市场份额，反映了企业知识资产的市场地位、领导力与竞争力。企业商品所占的市场份额越大，说明其所依托的知识资产的市场竞争力就越强，知识资产的价值也就越高。当企业的市场占有率较高时，尤其是企业商品垄断同类产品市场时，企业的产品较可能获得垄断价格，从而为企业带来长期的超额收益，企业知识资产的价值将增加。

3. 知识资产市场对知识资产价值的影响

知识资产市场不同于一般的产品市场，知识资产作为一种特殊的商品，与其他类型的商品最本质的区别是其不具备完全同质的替代品，即知识资产互不相同，各有自己的本质特征。如，企业的商标与生产同类型产品的其他企业的商标不能相同；专利技术必须具备新颖性和创造性，不能是对其他企业专利技术的模仿；非专利技术也是企业所独有的不为其他企业所知的技术等。因此，知识资产的交易市场不可能达到完全竞争的状态，因为不具备多种完全同质的知识资产。从市场结构看，知识资产市场具有垄断竞争或者完全垄断的特点。如一项基础性的专利技术在没有替代技术出现时，则完全处于垄断地位，市场结构呈现垄断的特征。而当出现替代技术时，这项专利技术和替代技术则处于垄断竞争的地位，此时的市场机构便呈现垄断竞争的特点。由此可知，知识资产市场是一个从垄断到垄断竞争再到垄断不断演变的动态市场，其市场结构随着企业创新活动的发生而不断变化。

（1）知识资产需求方决策对知识资产价值的影响。知识资产作为一种特殊商品，同样有着市场供给与需求。当企业作为知识资产的开发者和所有者，但并不实施知识资产（不将知识资产运用于自己的生产经营过程）或者并不独自排他性实施时，企业将会转让自己的知识资产（包括所有权转让和使用权转让），此时的知识资产所有者便是供给方,知识资产所有权或者使用权的受让企业则是需求方。当企业自己独自排他性实施知识资产时,则知识资产将退出交易市场,此时的企业也将脱离供给方的角色,通过将知识资产排他性地运用于自己的生产经营过程而实现知识资产价值。

作为知识资产的需求方在进行知识资产购买决策时,需要对知识资产作出成本效益分析。对知识资产的收益作出判断时,考察知识资产的运用能够给企业带来什么样的影响,如生产成本的下降、产品质量的提高、消费者评价的上升、企业未来竞争力的提升等多方面因素,以估计知识资产能为企业创造的超额收益。这一收益将作为需求方购买知识资产时所愿意支付的最高价格。同时,知识资产需求方还要对知识资产的获取方式作出决策,是自行研究开发还是通过接受转让、获得许可等方式从外部获得。每一种获得方式都有着自己的特点,其成本与收益将受到不同的影响。需求方对知识资产获得方式的选择将影响市场上已有的类似知识资产的价值。

当企业以自创方式获得知识资产时,市场上类似知识资产的供给将会增加。以专利技术为例,当企业以自主研究开发的方式创造出一项新的专利技术时,此时的专利市场或者技术市场上便多了一种竞争性技术,使市场呈现垄断竞争的特点,这无疑将影响到已有专利技术的价值,可能会使得原有的专利技术价值降低。如果最新的专利技术更为先进,还可能完全替代原有的专利技术,使得市场上原有的专利技术呈现技术性贬值,市场将趋于新的垄断状态。

相反,如果企业以获取专利许可或者接受转让等方式来获取专利,专利市场上的供给量并未改变,市场结构也未改变,仍然保持原来的垄断或者垄断竞争状态。此时,知识资产相对应的产品市场上将会发生改变,即应用该专利技术的企业发生了变化,产品市场上的供应者将增加或者改变,技术市场并未改变。但是,企业在以获取许可或者接受转让的方式获取知识资产时,通过产品市场的改变,将会对知识资产价值产生影响。如果产品供应者增加,则产品供给量自然增加,专利为原所有者带来的收益将会受到影响，专利价值也会受到影响。此时的影响是多方面的，供给增加会使企业的产品价格降低，从而减少企业的超额收益；但是产品供应者增加即使用该技术的企业增加，可能会产生网络效应，使得产品的影响力和消费者认可度得到提高，市场需求也会随着增加，而这又将提高产品的价格，导致原专利所有者的超额收益增加。如果产品供应者发生改变（即以接受所有权转让的方式获得专利），虽然使用专利技术的企业数量未发生改变，但由于企业运用专利的条件和本身的经营状况与原有企业不同，会导致专利的效用发生改变从而影响企业的超额收益，导致专利效用价值改变。

（2）知识资产供给方决策对知识资产价值的影响。知识资产不同于一般产品，其实现收益的方式与一般产品有着本质的区别。对于一般产品而言，企业都是通过出售获得收益从而实现产品对企业的价值。但是知识资产作为一种特殊的产品，企业在获得知识资产后，实现价值的方式可以有多种，企业既可以自己排他性实施该项知识资产（将知识资产运用于企业自身的生产经营过程），又可以通过许可或者转让的方式让予其他企业实施知识资产。知识资产供给方的选择方式受到不同外部因素的影响，而供给方的选择又将影响知识资产价值的实现方式，从而影响知识资产的价值。

影响知识资产供给方实施决策的因素是多方面的，主要有技术模仿壁垒、企业配套资源以及行业的竞争状态等。第一个影响因素是技术的模仿壁垒，知识资产的技术模仿壁垒越低，拥有知识资产的企业也就越倾向于通过许可授权的方式来实施知识资产以获取知识资产收益，从而实现知识资产价值。如果企业不进行许可授权，其他企业很可能开发出类似技术，对企业原有知识资产的垄断地位会产生影响，自然会对原有知识资产的价值产生影响。如果企业进行许可授权，则其他企业出于对模仿成本等因素的考虑会明智地选择获取许可的方式来获得知识资产。此时知识资产拥有企业还可以获得许可费收入，以弥补市场份额减少所带来的收益减损。知识资产供给方决策的影响因素之二是企业所拥有的配套资源，如果企业缺乏知识资产运用的相关配套资源，则企业可能会采取许可方式或者完全转让所有权方式来实现知识资产的价值，此时知识资产对企业的效用价值决定于企业所获取的转让收益。影响因素之三是行业的竞争状态，行业的竞争越大，竞争对手越可能进行创新以获取替代技术，此时知识资产供给方应该采取许可等转让方式来降低替代技术出现的可能性以减少知识资产的价值贬损。

可见，知识资产供给方决策受到多方面因素的影响。知识资产供给方作出不同的知识资产实施决策，企业知识资产的价值将受到不同影响。当供给方转让知识资产的所有权时，知识资产市场的竞争状态不会发生改变，此时对知识资产价值的影响取决于供给方的转让收入与受让方的超额收益预期。当供给方以许可方式转让知识资产的使用权时，知识资产的价值将受到企业的许可费收入的影响。同时，知识资产的使用方增加意味着产品的生产商增加，这会改变产品市场的竞争状态，导致生产商的超额收益发生改变从而影响知识资产价值（已在上文作出分析）。当供给方以排他性实施方式运用知识资产时，此时的知识资产市场状态并未改变，知识资产的价值决定于供给方企业的超额收益。但是一旦替代技术出现，影响了知识资产的供给状态，则知识资产的价值将会降低。

综上所述，知识资产的市场竞争状态会对知识资产的价值产生影响。而影响知识资产市场竞争状态的因素主要有供给方和需求方。当供给方和需求方做出不同的决策时，将对知识资产价值产生不同的影响。

三、内在因素与外部因素的辩证关系

通过前文的分析可知，知识资产的价值由其稀缺的效用和需求以及两者之间的相互作用方式来决定，而稀缺的效用和需求受到多元要素的制约和决定，因此知识资产价值受到多种因素的制约和决定。唯物辩证法认为，事物的运动变化一方面是在内部诸要素之间的相互作用中实现，另一方面又在外界环境多种因素或条件的相互作用中实现。因此，导致事物运动与变化的原因可分为内因与外因。同样，决定知识资产价值的因素可分为内在因素和外部因素。其中，内在因素包括成本因素、效用因素、风险因素及知识资产的产权属性因素，外部因素则包括知识资产的制度因素和市场因素。内在因素在知识资产的价值决定中起着主导作用，外部因素则通过对内在因素的影响和传导与内在因素共同决定了知识资产的价值。无论是内在因素还是外部因素，都是决定和制约知识资产价值的关键要素，两者之间是辩证统一的关系。

（一）内在因素是知识资产价值决定的根本

唯物主义辩证法认为，事物的运动是事物"自己"的运动，这种运动的源泉或者根据不在事物的外部，而在于事物的内部，在于事物内部的矛盾性即事物的内因。事物的内因是事物系统内部诸要素之间的相互作用关系，是事物运动变化的根据，决定了事物的基本性质以及事物运动变化的趋势，使得事物的运动和变化具有必然性的一面。现代系统论也认为，任何系统的整体性质和功能都取决于系统内部诸要素的相互作用关系或者结构，而不是由外部环境因素直接决定。并且内部诸要素还能调节外部因素对系统功能和性质的影响关系。知识资产价值由知识资产的成本因素、效用因素、风险因素以及产权属性因素决定。这些因素间相互影响和相互作用的关系决定了知识资产价值的变化与运动趋势。

知识资产的劳动成本、机会成本与风险补偿（经济剩余预期）决定了知识资产这一稀缺性效用或者资源的供给和稀缺性。当知识资产的劳动成本得不到补偿，并且不会为知识资产生产者带来经济剩余时，企业就不会对知识资产进行研发。同时，知识资产的效用因素影响着知识资产需求方对知识资产这一稀缺性资源的需求,当知识资产的难以模仿性、垄断性、生命周期、技术水平及组合效应等这些效用因素难以达到知识资产需求企业的效用预期时,即不能为企业带来预期的超额收益时,知识资产这一稀缺性资源的需求将受到影响,从而影响了知识资产的效用与需求这两者之间的相互关系和作用方式,必然影响知识资产价值。而知识资产的风险因素和产权属性因素通过对知识资产效用因素的影响,将影响知识资产价值决定要素之间的相互关系,进而影响知识资产价值。

可见,知识资产价值决定的根本是知识资产价值决定内在因素之间的相互关系和作用方式,这些要素间的相互关系和作用方式决定了知识资产价值的运动和变化趋势,同时这些内在因素还通过与外部因素的相互关系调节外部因素对知识资产价值的决定与影响作用。

(二)外部因素是知识资产价值决定的条件

唯物辩证法除了认为事物运动和变化的根本原因是事物的内部矛盾外,还充分估计了外因对事物发展的作用,外部原因是事物运动变化的条件。在一定的条件下,事物的外因对事物的运动与发展甚至可以起到决定性的作用,这种决定性的作用在于外因能够通过影响事物的内部矛盾各方的力量对比,而影响事物的发展进程。现代系统论认为,按照热力学第二定律,孤立、封闭的系统由于不与外界进行物质、能量和信息的交换,会朝无序化方向运动与变化,系统内部的熵自发地增大,最终达到"死寂"的平衡状态。而开放系统,由于不断同外界进行物质、能量和信息的交换,从外界吸收负熵流,不仅可以维持有序的结构,还可能向更新更高级的有序结构演变。由此说明,外因对于事物的发展变化起着重要的作用。知识资产价值的决定机制是一个开放系统,知识资产价值不仅受到内在因素的决定,还受到外部因素的影响与制约。知识资产价值决定的外部因素包括制度因素与市场因素,它们通过对内在因素的影响,不断改变内在因素之间的相互关系和作用方式，从而对知识资产价值的运动和变化起到决定作用。

知识资产制度能够鼓励企业进行技术创新，保护企业的智力成果，同时知识资产制度的完善还能从通过对市场失灵的纠正来解决知识资产的外部性问题，对企业经济效益的实现起着基础性的保障作用，进而影响知识资产的效用价值。知识资产的制度因素通过对知识资产效用的影响，将影响知识资产这种稀缺性效用与需求之间的相互关系和作用方式，从而影响知识资产价值的决定。而知识资产的市场因素通过对知识资产内在因素的影响，改变内在因素的力量对比和相互关系，以影响和制约知识资产价值。如全球市场的扩大、产品市场份额和规模的改变将影响知识资产对于企业的效用价值，知识资产市场供求双方的决策又将影响知识资产这种稀缺性资源的供给状态与企业对知识资产的需求之间的关系，必然影响知识资产价值的最终形成。

可见，知识资产价值决定的外部因素是知识资产价值形成的条件，它们通过对知识资产价值决定内在因素的影响，改变内在因素之间的相互关系和作用方式，通过内在因素的传导机制来影响和决定知识资产的价值。

（三）外部因素与内在因素的辩证与统一关系

内因是事物发展的根本原因，而外因是事物发展的条件。外因通过对内因的影响作用，影响事物内部诸要素的相互关系和结构，从而对事物的运动变化起着决定作用。

知识资产价值决定的内在因素与外部因素之间是辩证统一的关系，知识资产的成本因素、效用因素、风险因素与产权属性因素是知识资产价值决定的基础和根本，它们之间的相互关系和作用方式决定了知识资产的价值。同时，知识资产制度因素与市场因素是知识资产价值决定的条件，它们通过影响内在诸因素之间的相互关系和结构来决定知识资产的价值。

第八章　知识资产价值决定机制研究

知识资产价值决定机制是知识资产价值研究的关键。本书在第三章分析了知识资产的价值决定因素以及这些因素之间的相互关系，本章在第三章的研究基础之上，对知识资产需求方与供给方的价值预期进行分析，提出基于盈利价值与战略效应系数的知识资产效用价值模型，运用博弈论从知识资产稀缺性供给与需求的相互关系与作用的角度来研究知识资产的价值决定机理。

知识资产供给方在满足劳动成本得到合理补偿与经济剩余得到实现的情况下，才可能做出知识资产研究开发的决策，知识资产的劳动成本补偿是知识资产供给方能够接受的价值空间最低水平。对于知识资产供给方而言知识资产的价值除了包含劳动成本补偿的部分外，还应包括供给方的经济剩余。而知识资产需求方（运用知识资产的企业）在满足知识资产能够为企业带来效用（为企业带来市场竞争优势，以获取超额收益）的情况下，才可能产生知识资产需求，知识资产对于企业的效用价值便是需求方的知识资产价值空间的上限。知识资产供给方的价值预期基础在于知识资产的成本与经济剩余，而知识资产需求方的价值预期基础在于知识资产的盈利价值以及战略效应。本章将通过案例分析说明知识资产效用价值的确定过程。由于知识资产供给方与需求方在对知识资产价值预期中禀赋效应的存在，使得双方的价值预期并非完全理性行为，双方的预期价值将进一步存在差异。而知识资产价值的最终确定将取决于供给方与需求方的博弈，随着供给方与需求方行为的改变和市场环境的改变，知识资产价值将在成本价值与效用价值中达到不同的均衡。

一、完全理性假设下市场参与者对知识资产的价值预期

知识资产的价值是指知识资产客体对主体的有用性，是知识资产的客观属性亦即稀缺的效用性与作为社会实践主体的人或者其群体的需要之间所存在的一种特定关系，这种特定关系最终决定于市场参与者之间的博弈，即决定于稀缺的效用与需求之间的博弈。这里的市场参与者主要指知识资产的供给方与需求方。无论是知识资产供给方还是需求方，对知识资产的价值都会存在一个心理预期，双方的价值预期由于所处的市场交易角色会有所差异。

理性泛指人们的行为方式，指人们运用才智进行选择的过程。在经济学和社会学中理性又可指选择本身，人们的行动是否理性，取决于该项行动是否可以实现最大化和最优。可分为完全理性与有限理性。完全理性是主流经济学的重要假设，在完全理性假设下，行为人具有一切可以确定的信息和效用函数，并且行为人具有同质性和一致偏好、具有完备的计算和推理能力、可以确定地赋予每种选择结果一个具体的量化数值或者效用，行为人通过理性选择可以实现效用最大化或者最优目标。

在完全理性假设前提下，知识资产供给方和需求方对知识资产的价值预期是完全理性的，不会受到感性因素的影响，双方的价值预期都是在完全理性的驱使下使自己的效用实现最大化或目标达到最优化。

（一）知识资产供给方的完全理性价值预期

知识资产供给方可以是企业，也可以是个体或者机构研究者。他

们生产或者创造知识资产的目的在于获取经济效益。❶ 没有经济效益的驱使，理性经济人将不会从事知识资产的开发与创造。知识资产供给方在对知识资产价值预期时将会考虑劳动成本的补偿以及经济剩余的获取这两方面的因素。

知识资产的生产者在进行知识资产的研究与开发过程中，会发生一系列的劳动成本，其中包括物化劳动成本与活劳动成本。前已述及，马克思的劳动价值论表明商品的价值由 $c+v+m$ 所构成，这里的 c 即表示物化劳动的耗费，v 则表示活劳动的耗费，m 表示劳动所创造的剩余价值。$c+v$ 是知识资产的生产成本，m 是经济剩余（即利润）的来源。其中，物化劳动 c 既包括了以折旧方式转移的劳动耗费（如实验用的设备），也包括了一次性全部转移的物化劳动（如研究开发中所耗费的材料等），同时还包括由于偶然因素和交易因素所发生的物化劳动成本。活劳动成本则包括体力劳动成本和脑力劳动成本，知识资产的生产主要依靠脑力劳动，其中所包含的知识越复杂，脑力劳动的耗费就越大，资本的有机构成也就越低，这明显区别于有形资产的生产。知识资产供给方由于在知识资产的研究开发过程中耗费了物化劳动和脑力劳动，这部分劳动成本的耗费在知识资产的价值实现中必须得到补偿，才能满足生产的再生产和扩大再生产的基本条件。因此，知识资产供给方在对知识资产的价值进行预期时，首先会考虑知识资产研发过程中所耗费的劳动成本，知识资产的价值要实现这部分劳动成本的补偿，才能够激励知识资产供给方的研究与开发活动，鼓励他们进入交换领域，以实现知识资产的价值。否则，知识资产供给方将丧失研究与开发的积极性，放弃知识资产的生产。即使进行了知识资产的研究与开发，由于预期价值不能弥补劳动成本的耗费，供给方将退出交换领域，在具备条件的情况下，自行实施知识资产，以实现知识资

---

❶ 这里暂且忽略知识产权供给方由于兴趣使然等精神方面的需要与满足而进行的研究与开发。即使供给方是由于其他目的如兴趣使然等精神方面的需要与满足而进行了知识产权的开发与研究，在对其价值进行预期时仍然会考虑成本与效益因素。

产的价值。

知识资产供给方对知识资产价值的理性预期除了考虑研究与开发过程中的劳动成本耗费以外,还会考虑经济剩余的获取。要使知识资产供给方具备交易的积极性,知识资产价值必须能够为供给方带来一定的经济剩余即利润。知识资产供给方对经济剩余的预期不同于其他资产的利润预期,由于其生产的专用性和风险性等因素,知识资产的生产与其他类型资产的生产有着巨大的区别。知识资产供给方在生产过程中面临着研发失败的巨大风险,因而对知识资产经济剩余的预期将随着研发风险的变动而变动。知识资产的专用性越高、研发难度越大、研发风险越大,知识资产供给方对经济剩余的预期也就越高。知识资产供给方对经济剩余的预期主要取决于知识资产研发投入的机会成本与风险补偿。其中,机会成本可用企业的收益率衡量,也可用市场平均收益率来衡量,此时知识资产的机会成本表示企业对知识资产的投入用于其他市场项目时可获得的最大收益。本书运用资本资产定价模型来确定知识资产价值中经济剩余的理性预期值,如公式(8-1)所示。

$$E(K) = R_f + \beta_K(C_K - R_f) \qquad (8-1)$$

式中,$E(K)$ ——知识资产的预期收益率;

C_K ——市场上其他项目投资的平均收益率即知识资产的机会成本;

R_f ——市场无风险利率;

β_K ——知识资产的风险系数。

根据知识资产研究开发的机会成本与风险补偿,完全理性的知识资产供给方可得到经济剩余的理性预期值,再根据研究开发所耗费的劳动成本,可以进一步对知识资产价值做出完全理性假设下的预期。

(二)知识资产需求方的完全理性价值预期

知识资产价值是指知识资产客体对主体的有用性,是知识资产的客观属性亦即稀缺的效用性与作为社会实践主体的人或者其群体的需要之间所存在的一种特定关系，可用知识资产效用满足企业需求的程度来衡量。保罗·萨缪尔森认为，效用表示满足，可将效用理解为消费某一种物品或劳务所获得的需求的满足程度。知识资产的效用体现在知识资产给企业带来的有用性之上，即企业通过知识资产的实施能够使企业获取收益并且保持市场竞争优势的需求得到满足的程度。企业通过对知识资产的运用和保护，能够节约生产成本、提高生产效率或者生产出技术领先的产品，或者通过品牌的运营扩大消费者市场等以获取超额收益，争取市场优势，维持企业的市场竞争力。

换言之，知识资产的效用对知识资产需求企业而言，就是为企业带来超额收益，使企业具备市场竞争优势。效用的大小是指知识资产能够在多大程度上满足企业获取市场竞争优势和超额收益的需求，是知识资产价值之体现。因此，知识资产效用价值可用为企业带来的盈利价值和战略效应来衡量。在完全理性假设下，知识资产需求方对知识资产的价值预期取决于知识资产给企业带来的效用大小，即取决于知识资产为企业带来的盈利价值和战略效应。若用 V_U 表示知识资产需求方的价值预期，则有公式（8-2）：

$$V_U = \beta_t \times V_P \qquad (8-2)$$

式中，V_P——知识资产为企业带来的盈利价值；

β_t——知识资产战略效应系数。

1. 盈利价值预期

知识资产的盈利价值指知识资产为企业带来的预期获利能力，可用超额收益的期望值来衡量。知识资产的实施能够通过多种方式使企业获取超额收益，如新技术运用带来生产成本的降低、新产品的研究与开发使得企业能够生产出性能和质量更为优越的产品从而带来市场上的价格优势、商标的运营能够提高企业的市场知名度和消费者认可度进而为企业带来更大的销量等。企业通过知识资产的有效运用，能够在知识资产的经济寿命周期内获取超额收益，知识资产为企业带来的盈利价值可用预期超额收益的现值来衡量。若用 $E(V_P)$ 表示需求方

对知识资产盈利价值的理性预期,则有公式(8-3):

$$E(V_P) = \sum_{i=1}^{n} \frac{R_i}{(1+r)^i} \qquad (8-3)$$

式中,R_i——企业在实施知识资产的 i 期所获得的超额收益,这一数值根据实施知识资产前后产品价格、成本及销售数量的变动来确定;

r——超额收益的折现率,该折现率的确定需考虑市场无风险收益率、企业投资的机会成本以及项目实施风险等因素。

2. 战略效应系数预期——基于信息熵的非线性模糊综合评价

知识资产对于需求方企业的战略效应指知识资产为企业带来的市场竞争能力。知识资产的战略效应系数是对知识资产盈利价值的修正,以此预期知识资产的效用价值,这不仅兼顾了知识资产的盈利价值,还同时兼顾了知识资产对于企业的战略意义。知识资产由于具有难以模仿性、垄断性等特征,在给企业带来超额收益的同时,还能为企业带来市场上的垄断地位和竞争优势,这种市场竞争优势便是知识资产战略效应的体现。企业在运用知识资产的过程中,决定知识资产效用的因素有知识资产的可模仿程度、垄断程度、生命周期、技术水平和组合效应等,这些因素决定了知识资产的运用能为企业带来的市场竞争优势和能力的大小,即决定了知识资产对需求方企业战略效应的大小。同时,知识资产的风险因素、产权属性因素以及制度因素和市场因素等通过对知识资产效用因素及其关系的影响而对知识资产的市场竞争优势产生影响,进而影响知识资产的战略效应。因此,需求方企业对知识资产战略效应的理性预期可用这些因素对企业提高市场竞争优势与能力的共同作用来衡量,即企业知识资产盈利价值的修正系数——战略效应系数取决于知识资产的可模仿程度、垄断程度、生命周期、技术水平、组合效应、风险因素、产权属性因素、制度因素与市场因素的共同作用。

知识资产战略效应系数 β_t 可用基于信息熵的非线性模糊综合评价模型加以预期。知识资产战略效应具有模糊性,其影响因素大部分是定性因素，需求企业预期知识资产效应系数需要将这些定性因素进行量化和规范化处理，以得出知识资产战略效应系数的客观预期值。

（1）基于信息熵的非线性模糊综合评价模型基本原理。模糊综合评价运用模糊关系合成原理，从多个因素对评判事物隶属等级状况进行综合评价。其基本原理是将指标体系中每个指标的评估值进行模糊评价的规范化处理，以得到一个隶属度向量即指标的评分值，最后将所有指标的隶属度向量进行合成运算以求出评价对象的评估结果。在现有的模糊综合评价模型中，多为线性模型即评价结果是通过将权重向量与模糊关系矩阵进行合成运算而得，为一种线性的加权评价法。

然而，评价的本质是人类的一种智能活动，具有非线性的特征。大量评价实践表明评价工作的不确定性将导致评价的非线性，因此非线性的评价模型更符合评价的实际，更能反映某些评价指标对评价结果的突出影响。❶ 本书在评价模型中，运用非线性算子进行权重向量与模糊关系矩阵的合成运算，以反映知识资产战略效应影响因素的突出影响。

在进行模糊综合评价时，由于因素的重要程度不同，需要对各项指标的权重进行分配，权重分配结果将决定最终的评判结果。本书运用熵值法根据数据信息特征作出权重判断，以较好体现评价对象的客观情况。熵在信息论中是系统无序程度的度量，还可以度量数据提供的有效信息量。在模糊综合评价模型中，可用熵来确定各指标的权重。当评价对象的某指标值相差较大时，熵值较小说明该指标所提供的有效信息量较多，相应的该指标的权重也较大。反之，当评价对象的某指标值相差较小时，熵值较大说明该指标所提供的有效信息量较少，相应该指标的权重也就较小。

（2）知识资产战略效应系数评价过程。知识资产战略效应系数采

---

❶ 指标的突出影响指指标对评价结果的影响仅通过权重的增大无法完全体现的情况。

用基于信息熵的非线性模糊综合评价模型进行评价的过程如下。

第一步，建立知识资产战略效应评价指标集，记为 U。知识资产需求方效用影响因素即为战略效应的评价指标集，分别是知识资产的难以模仿性、垄断性、技术水平、生命周期、技术水平及组合效应，同时知识资产风险因素、产权属性因素、制度因素与市场因素也通过对效用因素的影响而影响知识资产战略效应及其价值。根据这些因素建立知识资产战略效应的评价指标体系如表8-1所示。

表8-1 知识资产战略效应评价指标体系

评价对象	一级指标	二级指标
知识资产战略效应 β_S	U_1 难以模仿性	U_{11} 模仿成本
		U_{12} 模仿技术难度
	U_2 垄断性	U_{21} 技术垄断程度
		U_{22} 产品市场垄断程度
	U_3 生命周期	U_{31} 知识资产经济寿命
		U_{32} 知识资产生命周期与产品生命周期契合程度
	U_4 技术水平	U_{41} 技术成熟度
		U_{42} 技术创新度
	U_5 组合效应	U_{51} 组合规模
		U_{52} 组合效应发挥程度
	U_6 产权属性	U_{61} 使用权转让对战略有利程度
		U_{62} 产权受保护程度
	U_7 风险因素	U_{71} 技术研发风险
		U_{72} 产品生产风险
		U_{73} 市场风险
	U_8 外部因素	U_{81} 知识资产市场环境
		U_{82} 知识资产制度环境

知识资产战略效应评价因素用 $U_i(i=1,2,\cdots,8)$ 表示，则知识资产战略效应评价因素集可表示为：

$$U = \{U_1, U_2, U_3, U_4, U_5, U_6, U_7, U_8\}$$

其中，$U_1 = \{U_{11}, U_{12}\}$，$U_2 = \{U_{21}, U_{22}\}$，$U_3 = \{U_{31}, U_{32}\}$，$U_4 = \{U_{41}, U_{42}\}$，$U_5 = \{U_{51}, U_{52}\}$，$U_6 = \{U_{61}, U_{62}\}$，$U_7 = \{U_{71}, U_{72}, U_{73}\}$，$U_8 = \{U_{81}, U_{82}\}$。

第二步，建立评价集 V。将对知识资产战略效应评价指标的评价设计若干等级，构成评语集 V。

$$V = \{V_1, V_2, \cdots, V_n\}$$

同时，给每个评语等级设定分值，以根据模糊评价结果的评语集隶属度计算战略效应系数。分值的设定可由若干专家根据企业知识资产的具体情况、行业及市场情况等来确定。例如，可设计知识资产评语等级为6，相应的评语集为：

$V = \{$很高（很好），高（好），较高（较好），一般，较低（较差），低（差）$\}$

专家根据具体情况设定与该评语等级对应的分值为：

$V' = \{2, 1.6, 1.2, 1.0, 0.8, 0.6\}$。

第三步，进行一级单因素模糊评价。一级单因素模糊评价是对评价因素子集 U_i 中的每一个指标 U_{ij} 进行单独评价。聘请若干位专家根据评价等级给每项指标 U_{ij} 评判一个等级，以确定每项指标对评语集 V 的隶属度 $r_{ij,k}(k = 1, 2, \cdots, 6)$ 及评价矩阵 $R_i(i = 1, 2, \cdots, 8)$。$r_{ij,k}$ 表示对 U_{ij} 进行评价时对评语 V_k 的隶属度，且满足 $\sum_{k=1}^{6} r_{ij,k} = 1$。

对越大越好型指标（如技术创新度）：

$$r_{ij,k} = \frac{\text{认为因素 } u_{ij} \text{ 属于等级 } v_k \text{ 的专家人数}}{\text{参与评价的专家总人数}};$$

对越小越好型指标（如技术研发风险）：

$$r_{ij,k} = \frac{1}{5} \times \left[1 - \frac{\text{认为因素 } u_{ij} \text{ 属于等级 } v_k \text{ 的专家人数}}{\text{参与评价的专家总人数}}\right]。$$

根据每项指标 U_{ij} 的隶属度，可得到子集 U_i 的模糊矩阵：

$$R_1 = \begin{bmatrix} r_{11,1} & r_{11,2} & r_{11,3} & r_{11,4} & r_{11,5} & r_{11,6} \\ r_{12,1} & r_{12,2} & r_{12,3} & r_{12,4} & r_{12,5} & r_{12,6} \end{bmatrix},$$

$$R_2 = \begin{bmatrix} r_{21,1} & r_{21,2} & r_{21,3} & r_{21,4} & r_{21,5} & r_{21,6} \\ r_{22,1} & r_{22,2} & r_{22,3} & r_{22,4} & r_{22,5} & r_{22,6} \end{bmatrix},$$

……

$$R_7 = \begin{bmatrix} r_{71,1} & r_{71,2} & r_{71,3} & r_{71,4} & r_{71,5} & r_{71,6} \\ r_{72,1} & r_{72,2} & r_{72,3} & r_{72,4} & r_{72,5} & r_{72,6} \\ r_{73,1} & r_{73,2} & r_{73,3} & r_{73,4} & r_{73,5} & r_{73,6} \end{bmatrix},$$

$$R_8 = \begin{bmatrix} r_{81,1} & r_{81,2} & r_{81,3} & r_{81,4} & r_{81,5} & r_{81,6} \\ r_{82,1} & r_{82,2} & r_{82,3} & r_{82,4} & r_{82,5} & r_{82,6} \end{bmatrix}。$$

第四步，确定因素子集各指标权重。在各指标的权重确定过程中，采用熵值赋权法。

指标 U_{ij} 的信息熵定义如公式（8-4）所示。

$$H_{ij} = -\frac{1}{\ln n} \sum_{k=1}^{n} r_{ij,k} \ln r_{ij,k} \quad i=1,2,\cdots,8; j=1,2,\cdots,m \tag{8-4}$$

式中，m——子集的指标数量；

n——评语集的等级数量，本书设 $n=6$。

当 $r_{ij,k}=0$ 时，令 $r_{ij,k}\ln r_{ij,k}=0$。

则指标 U_{ij} 的熵权定义如公式（8-5）所示。

$$w_{ij} = \frac{1-H_{ij}}{m - \sum_{j=1}^{m} H_{ij}} \tag{8-5}$$

式中，m——子集 U_i 的指标数量；w_{ij}——评价指标 U_{ij} 在子集 U_i 中的指标权重，且 $0 \leqslant w_{ij} \leqslant 1$，$\sum_{j=1}^{m} w_{ij} = 1$，相应的权重集为 W_i。

第五步，进行评价因素子集 U_i 的综合评价。U_i 的综合评价采用矩阵合成算法，设 B_i 为子集 U_i 的综合评价结果，则有公式（8-6）：

$$B_i = W_i \cdot R_i = (b_{i1}, b_{i2}, \cdots, b_{in}) \quad (8-6)$$

本书在进行指标的模糊综合评价时,采用非线性的矩阵合成算子,因为人类的评价活动本身具有非线性的特征,非线性的评价模型更符合评价的实际,更能反映某些评价指标对评价结果的突出影响。在进行矩阵合成运算时,需定义非线性的矩阵合成算子。首先,定义指标突出影响程度系数向量 Λ,记 $\Lambda = \{\lambda_1, \lambda_2, \cdots, \lambda_m\}$,其中 $\lambda_i \geq 1$,指标对评价结果的影响越大,则 λ_i 越大。为简便起见可将 λ_i 定义为大于或者等于1的整数。具体 λ_i 的取值可由专家根据经验判断而得。令 $\lambda = \max\{\lambda_1, \lambda_2, \cdots, \lambda_m\}$,在一级模糊综合评价模型中,定义非线性模糊矩阵合成算子形式如公式(8-7)所示。

$$f(w_1, w_2, \cdots, w_m; x_1, x_2, \cdots x_m; \Lambda) = (w_1 x_1^{\lambda_1} + w_2 x_2^{\lambda_2} + \cdots + w_m x_m^{\lambda_m})^{\frac{1}{\lambda}} \quad (8-7)$$

式中,$x_i \geq 1$,$i = 1, 2, \cdots, m$。由于在模糊综合评价中,指标 U_{ij} 的隶属度 $r_{ij,k} \in [0, 1]$,在运用此算子进行模糊矩阵合成运算时,需先对隶属度矩阵做变换,将隶属度的值变换为大于1的数,如可取 $r'_{ij,k} = e^{r_{ij,k}}$ 等,得到变换后的隶属度矩阵 R_i'。

该模糊矩阵合成算子式8-7具有如下性质:

① 当 $x_1 = x_2 = \cdots = x_m = c$ 时,其中 c 为常数,即指标的隶属度相同时,由于影响程度系数 λ_i 不同,评价结果与指标值不同。λ 值越大,具有较大影响程度的指标对评价结果的影响就越大。

② 若 $x_i < x_i'$,$(i = 1, 2, \cdots, m)$,则

$$f(w_1, w_2, \cdots, w_m; x_1, x_2, \cdots x_m; \Lambda) < f(w_1, w_2, \cdots, w_m; x_1', x_2', \cdots x_m'; \Lambda)$$

即评价对象的指标隶属度增加时,评价结果也会较以前好。指标隶属度的增大会导致评价结果的增大。

③ 由于函数 $f(W; X; \Lambda)$ 关于 X 可在 $[0, +\infty]^n$ 上取值,则

$$\lim_{x_i \to x_i'} f(w_1, w_2, \cdots, w_m; x_1, x_2, \cdots x_m; \Lambda)$$

$$= f(w_1, w_2, \cdots, w_m; x_1', x_2', \cdots x_m'; \Lambda)$$

即评价对象各指标隶属度的增大将会导致最终评价值的增大，但是这种增大是连续平稳的，没有突然的跳跃。

④ $\forall 1 \leq i \leq m$，且当 $x_k = \max\{x_t | \lambda_t = \lambda, 1 \leq t \leq m\}$ 时有，如公式（8-8）所示。

$$w_i^{\frac{1}{\lambda}} x_i^{\frac{1}{\lambda}} \leq f(W; X; \Lambda) \leq x_k \qquad (8-8)$$

式（8-8）也可写用式（8-9）表示。

$$\sqrt[\lambda]{w_k} x_k \leq f(W; X; \Lambda) \leq x_k \qquad (8-9)$$

在公式 8-9 中，即当 λ 足够大时，可使最终的评价值趋于具有最大突出影响程度系数的指标中的最大评价值。由 $x_i \geq 1$ 可知，λ_i 越大，则 $x_i^{\frac{1}{\lambda}}$ 就越大，说明 x_i 对评价结果的影响越大。同时，由于 $w_i \leq 1$，λ 值越大使得 $\sqrt[\lambda]{w_i}$ 的值越大，指标权重对评价结果的影响变小，而指标评价值对评价结果的影响增大。

可见，该模糊矩阵合成算子（8-7）能够满足评价的非线性实际，弥补了线性算子的不足。

将子集 U_i 的隶属度矩阵 R_i 进行变换后得到 R_i'，运用该合成算子进行矩阵合成后可得 $B_i' = W_i \cdot R_i' = (b_{i1}', b_{i2}', \cdots, b_{in}')$。然后将 B_i' 进行归一化处理，如公式（8-10）所示。

$$b_{ik} = \frac{b_{ik}'}{\sum_{k=1}^{n} b_{ik}'} \qquad (8-10)$$

$B_i = (b_{i1}, b_{i2}, \cdots, b_{in})$ 即为各子集 U_i 的非线性模糊综合评价结果。

第六步，进行二级非线性模糊综合评价。

将各子集 U_i 的综合评价结果 B_i 组成评价因素集 U 的模糊矩阵：$R = (B_1, B_2, B_3, B_4, B_5, B_6, B_7, B_8)^T$。

然后仿照第四步过程，运用熵值赋权法确定各指标 U_i 的权重，得到权重集：

$$W = \{w_1, w_2, w_3, w_4, w_5, w_6, w_7, w_8\}。$$

再仿照第五步过程，定义评价因素集 U 的指标突出影响程度系数向量 Λ，将模糊矩阵 R 进行隶属度变换得到变换矩阵：

$$R' = (B_1', B_2', B_3', B_4', B_5', B_6', B_7', B_8')^T$$

运用矩阵合成算子式（8-7）

$$f(w_1, w_2, \cdots, w_m; x_1, x_2, \cdots x_m; \Lambda) = (w_1 x_1^{\lambda_1} + w_2 x_2^{\lambda_2} + \cdots + w_m x_m^{\lambda_m})^{\frac{1}{\lambda}}$$

进行矩阵合成运算得到 $B' = W \cdot R' = (b_1', b_2', \cdots, b_n')$，进行归一化处理后，如公式（8-11）所示。

$$b_k = \frac{b_k'}{\sum_{k=1}^{n} b_k'} \qquad (8-11)$$

$B = (b_1, b_2, \cdots, b_n)$，即为评价因素集 U 的非线性模糊综合评价结果。

第七步，计算知识资产战略效应系数。根据专家考虑具体情况设定的与评语等级对应的分值集 $V' = \{2, 1.6, 1.2, 1.0, 0.8, 0.6\}$ 与战略效应影响因素的模糊综合评价结果可计算出战略效应系数：

$$\beta_t = V' B^T$$

根据知识资产战略效应系数，对知识资产盈利价值进行修正，可得到需求方企业对知识资产价值的理性预期。

（三）案例分析——专利权价值分析

如前文所述，通过对知识资产盈利价值的预期与战略效应系数的预期，可得到知识资产需求方对知识资产的理性价值预期值。本书以贵州民族药业股份有限公司治疗冠心病、心绞痛的中药制剂及其制备方法专利为例，说明知识资产盈利价值与战略效应系数预期的过程与方法，以对知识资产需求方的知识资产价值进行预期。

1. 案例背景简介

贵州民族药业股份有限公司治疗冠心病、心绞痛的中药制剂及其制备方法已完成临床试验，并进入试生产阶段，所预备实施专利的产品为"米槁心乐滴丸"（专利号为 ZL03135734.2，专利申请日为 2003 年 8 月 29 日，授权公告日为 2006 年 7 月 26 日，专利期限为20年，自申请日起算）。公司从2008年开始申请米槁心乐滴丸生产批件，到现在已进入最后的评审阶段，目前试生产已进行了10个批次，公司已掌握了该产品的工业化大生产的各项工艺参数及操作方法。

米槁心乐滴丸作为一种治疗心血管疾病的民族现代中药，属于中药复方制剂，生产工艺比较复杂。目前，市场上存在一些治疗冠心病、心绞痛的中药制剂如复方丹参滴丸、速效救心丸等，这些药物具有它们的优点，但是也存在一定的问题：它们的原料构成比较复杂，使用的药材较多，所以生产质量难于控制。与现有技术相比，该项发明专利所提供的药品构成特别简单，所以生产成本低廉、质量能够比较好地得到控制，另外它的治疗效果明显。目前生产当中的主要困难就是药材来源的质量稳定性有待提高，生产中所用材料三氯甲烷的回收和达标排放目前尚在研究之中。在临床试验中，米槁心乐滴丸大部分试验指标均超过了该类药品的龙头产品之一复方丹参滴丸，且具有较好的安全性。

2. 专利权盈利价值预期

根据公式（8-3）可知，该项专利权盈利价值预期值为：

$$专利预期盈利价值 = \sum_{i=1}^{n} \frac{实施专利所获得的超额收益_i}{(1+折现率)^i}$$

其中，i 表示获取超额收益的期数，n 表示专利的生命周期。可见，专利的盈利价值预期取决于实施该项专利每年能够获取的超额收益、专利的生命周期以及折现率这三个要素。

（1）超额收益的确定。超额收益的确定可采用销售收益分成法或者销售收入分成法获得，即：

实施专利所获得的超额收益 = 预计年销售收益 × 销售收益技术分成率

= 预计年销售收入 × 销售收入技术分成率

由于预测数据的可取得性，本书采用销售收入分成法计算实施专利所获得的年超额收益。根据贵州民族药业提供的销售预测数据，米槁心乐滴丸在2012年的预计销售收入为11 897.64万元，2013年的预计销售收入为15 466.93万元，2014年的预计销售收入为20 107.01万元，2015~2016年销售收入同比增长30%，2016年后销售收入呈现稳定状态。米槁心乐滴丸销售收入预测数据如表8-2所示。

表8-2 米槁心乐滴丸销售预测

年　　度	2012	2013	2014	2015	2016
销售收入（万元）	11897.64	15466.93	20107.01	26139.11	33980.84

说明：2016年后销售收入进入稳定状态，以后年度预测数据均为33980.84万元。

该项专利的销售收入技术分成率可参考国际技术贸易中已被众多国家认可的技术提成比例范围确定。随着国际技术市场的发展，提成率的大小已趋于一个规范的数值，联合国工业发展组织对各国的技术贸易合同的提成率作了大量的调查统计，结果显示，提成率的一般取值范围为0.5%~10%（分成基数为销售收入），分行业的统计数据如表8-3所示。

表8-3 分行业技术提成率统计　　　　　　　　　　　（%）

石油化工行业	2.5~4
日用消费品行业	1~2.5
机械制造行业	1.5~3
化学行业	2~3.5
制药行业	2.5~4
电器行业	3~4.5
精密仪器行业	4~5.5
汽车行业	4.5~6
光学及电子行业	7~10

根据专家综合评价与分析，该项专利的销售收入技术分成率为

3.48%，由此可得专利的预期超额收益如表 8-4 所示。

表 8-4　米槁心乐滴丸中药制剂及其制备方法专利超额收益预测

年　度	2012	2013	2014	2015	2016
超额收益（万元）	414.04	538.25	699.72	909.64	1182.53

说明：2016 年后销售收入进入稳定状态，以后年度预测数据均为 1182.53 万元。

（2）生命周期的确定。米槁心乐滴丸中药制剂及其制备方法专利的生命周期取其法律生命周期和技术生命周期中较短者。由于该项专利为发明专利，受我国专利法保护，保护期限自 2003 年 8 月 29 日起 20 年，剩余法律保护期限约为 12 年。该项专利为配制类中成药，技术开发壁垒不高；由于从技术开发到产品的形成过程中，除受设备的技术性能影响外无外来技术的约束环节，技术的纵向整合度较高；从专利产品的市场环境来看，目前类似疗效的相近产品较多，但由于该技术已被授予了中国发明专利，受法律保护，要达到该项专利的技术特征效果，需要避开其保护范围，因此该技术法律保护形成较高的进入壁垒。公司根据以上具体情况确定其剩余技术寿命为 10 年。因此，该项专利的生命周期取其剩余技术寿命 10 年。

（3）折现率的确定。折现率的确定需考虑市场无风险收益率、企业投资的机会成本以及项目实施风险等因素。无风险报酬率通常用国债利率替代，2011 年 11 月发行的凭证式 5 年期国债利率为 6.15%❶，转换为复利 $r = (1 + 6.15\% \times 5)^{\frac{1}{5}} - 1 = 5.51\%$。根据该企业投资的机会成本以及项目实施风险、经营风险、财务风险等因素，确定风险报酬为 8%。因此，米槁心乐滴丸中药制剂及其制备方法专利超额收益的折现率为 13.51%。

（4）专利预期盈利价值的确定

根据以上分析，可计算出该项专利在 2012 年年初的预期盈利价值：

---

❶ 数据来源：http://www.gov.cn/fwxx/sh/2011-11/07/content_ 1987253.htm。

专利预期盈利价值 = $\sum_{i=1}^{n} \frac{实施专利所获得的超额收益_i}{(1+折现率)^i}$ = 414.04 × $(1+13.51\%)^{-1}$ + 538.25 × $(1+13.51\%)^{-2}$ + 699.72 × $(1+13.51\%)^{-3}$ + 909.64 × $(1+13.51\%)^{-4}$ + 1182.53 × $\frac{1-(1+13.51\%)^{-6}}{i}$ × $(1+13.51\%)^{-4}$ = 4616.44(万元)

3. 专利战略效应系数预期

米槁心乐滴丸中药制剂及其制备方法专利战略效应系数的评价过程如下。

(1) 建立评价因素集 U。米槁心乐滴丸中药制剂及其制备方法专利战略效应系数的评价因素集采用前文所述的知识资产评价因素集 $U = \{U_1, U_2, U_3, U_4, U_5, U_6, U_7, U_8\}$。其中，$U_1 = \{U_{11}, U_{12}\}$，$U_2 = \{U_{21}, U_{22}\}$，$U_3 = \{U_{31}, U_{32}\}$，$U_4 = \{U_{41}, U_{42}\}$，$U_5 = \{U_{51}, U_{52}\}$，$U_6 = \{U_{61}, U_{62}\}$，$U_7 = \{U_{71}, U_{72}, U_{73}\}$，$U_8 = \{U_{81}, U_{82}\}$，各指标的含义如前文所述。

(2) 建立评价集 V。根据知识资产评价因素集 $U = \{U_1, U_2, U_3, U_4, U_5, U_6, U_7, U_8\}$ 建立评价集 V。本书设定评语等级为 6，将评价集设定为 $V = \{$很高（很好），高（好），较高（较好），一般，较低（较差），低（差）$\}$，专家根据具体情况设定与该评语等级对应的分值为 $V' = \{2, 1.6, 1.2, 1.0, 0.8, 0.6\}$。

(3) 一级单因素模糊评价。根据专利的具体情况，聘请 10 位专家根据评价等级给每项指标 U_{ij} 评判一个等级，以确定每项指标对评语集 V 的隶属度 $r_{ij,k}(k = 1, 2, \cdots, 6)$ 及评价矩阵 $R_i(i = 1, 2, \cdots, 8)$。假设专家打分情况如表 8-5 所示。

表 8-5 米槁心乐滴丸专利评价专家打分

等级＼指标	很高（很好）	高（好）	较高（较好）	一般	较低（较差）	低（差）
U_{11}	1	4	3	2	0	0
U_{12}	0	4	4	1	1	0

续表

指标 等级	很高 （很好）	高 （好）	较高 （较好）	一般	较低 （较差）	低 （差）
U_{21}	0	1	3	5	0	1
U_{22}	0	0	5	3	2	0
U_{31}	0	0	6	4	0	0
U_{32}	0	1	4	2	2	1
U_{41}	2	3	5	0	0	0
U_{42}	2	3	4	1	0	0
U_{51}	0	1	3	4	1	1
U_{52}	0	1	4	3	2	0
U_{61}	0	2	1	5	1	1
U_{62}	9	1	0	0	0	0
U_{71}	0	0	2	5	2	1
U_{72}	0	1	0	1	5	3
U_{73}	0	0	1	1	5	3
U_{81}	1	3	5	1	0	0
U_{82}	2	2	3	3	0	0

根据以上打分情况，可确定每个评价指标 U_{ij} 的隶属度 $r_{ij,k}(k=1,2,\cdots,6)$，得到每一个因素子集 U_i 的隶属度矩阵如下。

$$R_1 = \begin{bmatrix} 0.1 & 0.4 & 0.3 & 0.2 & 0 & 0 \\ 0 & 0.4 & 0.4 & 0.1 & 0.1 & 0 \end{bmatrix},$$

$$R_2 = \begin{bmatrix} 0 & 0.1 & 0.3 & 0.5 & 0 & 0.1 \\ 0 & 0 & 0.5 & 0.3 & 0.2 & 0 \end{bmatrix},$$

$$R_3 = \begin{bmatrix} 0 & 0 & 0.6 & 0.4 & 0 & 0 \\ 0 & 0.1 & 0.4 & 0.2 & 0.2 & 0.1 \end{bmatrix},$$

$$R_4 = \begin{bmatrix} 0.2 & 0.3 & 0.5 & 0 & 0 & 0 \\ 0.2 & 0.3 & 0.4 & 0.1 & 0 & 0 \end{bmatrix},$$

$$R_5 = \begin{bmatrix} 0 & 0.1 & 0.3 & 0.4 & 0.1 & 0.1 \\ 0 & 0.1 & 0.4 & 0.3 & 0.2 & 0 \end{bmatrix},$$

第八章 知识资产价值决定机制研究

$$R_6 = \begin{bmatrix} 0 & 0.2 & 0.1 & 0.5 & 0.1 & 0.1 \\ 0.9 & 0.1 & 0 & 0 & 0 & 0 \end{bmatrix},$$

$$R_7 = \begin{bmatrix} 0.2 & 0.2 & 0.16 & 0.1 & 0.16 & 0.18 \\ 0.2 & 0.18 & 0.2 & 0.18 & 0.1 & 0.14 \\ 0.2 & 0.2 & 0.18 & 0.18 & 0.1 & 0.14 \end{bmatrix},$$

$$R_8 = \begin{bmatrix} 0.1 & 0.3 & 0.5 & 0.1 & 0 & 0 \\ 0.2 & 0.2 & 0.3 & 0.3 & 0 & 0 \end{bmatrix}。$$

（4）确定因素子集各指标权重。

根据熵权赋值法，各因素子集的指标权重如下。

$W_1 = (0.46, 0.54)$，$W_2 = (0.45, 0.55)$，$W_3 = (0.78, 0.22)$，$W_4 = (0.6, 0.4)$，$W_5 = (0.42, 0.58)$，$W_6 = (0.23, 0.77)$，$W_7 = (0.32, 0.34, 0, 34)$，$W_8 = (0.59, 0.41)$。

（5）子集 U_i 的综合评价。首先，将子集 U_i 的隶属度矩阵通过变换（取 $r'_{ij,k} = e^{r_{ij,k}}$），得到变化后的隶属度矩阵如下。

$$R_1{}' = \begin{bmatrix} 1.11 & 1.49 & 1.35 & 1.22 & 1 & 1 \\ 1 & 1.49 & 1,49 & 1.11 & 1.11 & 1 \end{bmatrix},$$

$$R_2{}' = \begin{bmatrix} 1 & 1.11 & 1.35 & 1.65 & 1 & 1.11 \\ 1 & 1 & 1.65 & 1.35 & 1.22 & 1 \end{bmatrix},$$

$$R_3{}' = \begin{bmatrix} 1 & 1 & 1.82 & 1.49 & 1 & 1 \\ 1 & 1.11 & 1.49 & 1.22 & 1.22 & 1.11 \end{bmatrix},$$

$$R_4{}' = \begin{bmatrix} 1.22 & 1.35 & 1.65 & 1 & 1 & 1 \\ 1.22 & 1.35 & 1.49 & 1.11 & 1 & 1 \end{bmatrix},$$

$$R_5{}' = \begin{bmatrix} 1 & 1.11 & 1.35 & 1.49 & 1.11 & 1.11 \\ 1 & 1.11 & 1.49 & 1.35 & 1.22 & 1 \end{bmatrix},$$

$$R_6{}' = \begin{bmatrix} 1 & 1.22 & 1.11 & 1.65 & 1.11 & 1.11 \\ 2.46 & 1.11 & 1 & 1 & 1 & 1 \end{bmatrix},$$

$$R_7{}' = \begin{bmatrix} 1.22 & 1.22 & 1.17 & 1.11 & 1.17 & 1.2 \\ 1.22 & 1.2 & 1.22 & 1.2 & 1.11 & 1.15 \\ 1.22 & 1.22 & 1.2 & 1.2 & 1.11 & 1.15 \end{bmatrix},$$

$$R_8' = \begin{bmatrix} 1.11 & 1.35 & 1.65 & 1.11 & 1 & 1 \\ 1.22 & 1.22 & 1.35 & 1.35 & 1 & 1 \end{bmatrix}。$$

其次，对子集 U_i 定义指标突出影响程度系数向量 Λ_i，假设评价因素子集 U_i 的指标突出影响程度系数如下。

$\Lambda_1 = (2,3), \Lambda_2 = (4,3), \Lambda_3 = (3,2), \Lambda_4 = (1,2), \Lambda_5 = (1,3), \Lambda_6 = (1,3), \Lambda_7 = (3,3,2), \Lambda_8 = (1,1)$。

再次，根据矩阵合成算子进行矩阵合成运算可得到 B_i'。

$B_1' = (1.03, 1.41, 1.34, 1.12, 1.06, 1)$，$B_2' = (1, 1.05, 1.41, 1.47, 1.1, 1.05)$，

$B_3' = (1, 1.02, 1.73, 1.43, 1.03, 1.02)$，$B_4' = (1.15, 1.24, 1.37, 1.05, 1, 1)$，

$B_5' = (1, 1.08, 1.35, 1.27, 1.15, 1.02)$，$B_6' = (2.27, 1.1, 1.01, 1.41, 1.01, 1.01)$，

$B_7' = (1.19, 1.19, 1.17, 1.15, 1.12, 1.15)$，$B_8' = (1.16, 1.3, 1.53, 1.21, 1, 1)$。

最后，将 B_i' 进行归一化处理可得到 B_i。

$B_1 = (0.15, 0.2, 0.19, 0.16, 0.15, 0.15)$，$B_2 = (0.14, 0.15, 0.2, 0.21, 0.16, 0.14)$，

$B_3 = (0.14, 0.14, 0.24, 0.2, 0.14, 0.14)$，$B_4 = (0.17, 0.18, 0.2, 0.15, 0.15, 0.15)$，

$B_5 = (0.15, 0.16, 0.2, 0.18, 0.17, 0.14)$，$B_6 = (0.29, 0.14, 0.13, 0.18, 0.13, 0.13)$，

$B_7 = (0.17, 0.17, 0.17, 0.16, 0.16, 0.17)$，$B_8 = (0.16, 0.18, 0.21, 0.17, 0.14, 0.14)$

B_i 为各子集 U_i 的非线性模糊综合评价结果。

（6）二级非线性模糊综合评价。第一，将各子集 U_i 的综合评价结果 B_i 组成评价因素集 U 的模糊矩阵。

$$R = \begin{bmatrix} 0.15 & 0.2 & 0.19 & 0.16 & 0.15 & 0.15 \\ 0.14 & 0.15 & 0.2 & 0.21 & 0.16 & 0.14 \\ 0.14 & 0.14 & 0.24 & 0.2 & 0.14 & 0.14 \\ 0.17 & 0.18 & 0.2 & 0.15 & 0.15 & 0.15 \\ 0.15 & 0.16 & 0.2 & 0.18 & 0.17 & 0.14 \\ 0.29 & 0.14 & 0.13 & 0.18 & 0.13 & 0.13 \\ 0.17 & 0.17 & 0.17 & 0.16 & 0.16 & 0.17 \\ 0.16 & 0.18 & 0.21 & 0.17 & 0.14 & 0.14 \end{bmatrix}。$$

第二，根据熵权赋值法，确定各指标 U_i 的权重，可得到权重集：
$W = (0.06, 0.11, 0.21, 0.05, 0.05, 0.43, 0.01, 0.08)$。

第三，将模糊矩阵 R 进行隶属度变换（$r'_{ik} = e^{r_{ik}}$），得到变换矩阵如下。

$$R' = \begin{bmatrix} 1.16 & 1.22 & 1.21 & 1.17 & 1.16 & 1.16 \\ 1.15 & 1.16 & 1.22 & 1.23 & 1.17 & 1.15 \\ 1.15 & 1.15 & 1.27 & 1.22 & 1.15 & 1.15 \\ 1.19 & 1.2 & 1.22 & 1.16 & 1.16 & 1.16 \\ 1.16 & 1.17 & 1.22 & 1.2 & 1.19 & 1.15 \\ 1.34 & 1.15 & 1.14 & 1.2 & 1.14 & 1.14 \\ 1.19 & 1.19 & 1.19 & 1.17 & 1.17 & 1.19 \\ 1.17 & 1.2 & 1.23 & 1.19 & 1.15 & 1.15 \end{bmatrix}。$$

第四，对评价因素集 U 定义指标突出影响程度系数向量 Λ，假设评价因素子集 U 的指标突出影响程度系数向量 $\Lambda = (3, 3, 3, 3, 1, 1, 2, 1)$，运用矩阵合成算子将 W 与 R' 进行合成运算，可得到：

$B' = (1.12, 1.11, 1.14, 1.13, 1.1, 1.09)$。

最后，将 B' 进行归一化处理，可得：

$B = (0.17, 0.17, 0.17, 0.17, 0.16, 0.16)$。

B 即为评价因素集 U 的非线性模糊综合评价结果。

（7）计算知识资产战略效应系数。根据专家考虑具体情况设定的与评语等级对应的分值集 V' 与战略效应影响因素的模糊综合评价结果 B 可计算出战略效应系数：

$$\beta_t = V'B^T = (2.0, 1.6, 1.2, 1.0, 0.8, 0.6)(0.17, 0.17, 0.17, 0.17, 0.16, 0.16)^T = 1.21$$

4. 专利效用价值预期

根据米槁心乐滴丸中药制剂及其制备方法专利的战略效应系数，对该项专利预期盈利价值进行修正，可计算出该项专利的预期效用价值（需求方企业的理性价值预期）：

$$V_U = \beta_t \times V_P = 1.21 \times 4616.44 = 5585.89(万元)$$

由以上分析可知，米槁心乐滴丸中药制剂及其制备方法专利的预期盈利价值为4 616.44万元，战略效应系数为1.21，修正后的效用价值（即需求方企业的理性价值预期）为5 585.89万元。

综上所述，知识资产供给方与需求方在完全理性假设下对于知识资产的价值预期因为所处角色的不同而不同。知识资产供给方对知识资产的理性价值预期取决于知识资产研发所发生的劳动成本耗费以及供给方对知识资产经济剩余的理性预期。知识资产需求方对知识资产的理性价值预期则取决于知识资产给企业带来的效用的大小，取决于企业获取的超额收益能力以及市场竞争优势，即取决于知识资产给需求方企业带来的盈利价值与战略效应。

二、有限理性假设下的价值预期
——"禀赋效应"分析

完全理性假设使得主流经济学的选择理论显得非常完美和简洁，然而这只是一种抽象上的理想模式，现实中的经济生活与完全理性是有差距的。凯恩斯曾指出，行为人的选择在受到理性驱使的同时还会受到感性因素的影响，行为人并不具有完全理性导致的完全预期。西蒙也曾提出人的行动是在理性和感性的共同作用下做出的。同时，行为人并非像完全理性假设中所提出的具有完全的计算和推理能力，只是具备了有限的理性能力。此外，行为人由于受到各种因素的影响（包括自身的感性因素和外在环境因素），具有异质性和差异性偏好，即行为人的偏好并非完全一致，而是有着一定的异质性和差异性。在这样的现实经济环境中，行为人的完全理性假设存在着一定的局限，有限理性假设则更接近于现实的经济生活。有限理性假设认为，人的行为"既是有意识地理性的，但这种理性又是有限的"。行为人面临的环境复杂且不断变化，使得信息不可能完全且确定，人的计算和推理能力、认识能力都是有限的，行为人的选择除了受到理性因素的驱使之外，还会受到感性因素的影响。

在有限理性假设下，知识资产的供给方和需求方各自对知识资产的价值预期除了受到理性的预期影响之外，还会受到感性因素的影响。根据行为金融学的"损失厌恶"理论，一定量的损失给人们带来的效用降低要多过相同的收益给人们带来的效用增加。因此人们往往不太愿意将其拥有的可能具备较大价值的财产用于交换，即使有着交换的意愿，其要价通常会比购买方所愿意支付的价格要高。人们往往有着这样的倾向：在对商品价值进行预期时，出售一件商品的价值预期往往高于购买同样商品的价值预期。同样，拥有知识资产的供给方作为有限理性的市场参与者，往往会赋予知识资产一个更高的价值，这个价值将高于知识资产供给方在完全理性假设下的价值预期，甚至高于需求方愿意支付的价格，这一价值差异称为"禀赋效应"价值差异。

知识资产供给方与需求方在对知识资产价值做出预期时，会存在认知差异。这些认知差异导致知识资产的创造者或者拥有者在转让知识资产时所要求的价格要高于购买者愿意支付的价格。这种要价与出价之间的差异便是"禀赋效应"，与获取知识资产相比，人们倾向于赋予所拥有的知识资产较高的价值。

（一）禀赋效应的影响因素

通常禀赋效应的大小受到商品的稀缺性以及产权主体与该项商品

的关系（产权主体是通过购买获得还是通过其他方式获得该商品）的影响。越是具有稀缺性且市场中替代品很少的物品，供给方在出售时将赋予更高价值预期。当产权主体通过自创方式获得商品时赋予商品的价值将高于通过其他方式获得时的价值预期。

1. 知识资产稀缺性的影响

知识资产作为一项特殊的商品，具有稀缺性，是企业获取市场竞争优势的经济资源，供给方在进行知识资产交易时，由于其有限理性，将赋予知识资产更高的价值预期。而当知识资产供给方由于市场交易的参与积累到一定的经验时，这种价值预期过高而产生的禀赋效应将缩小。因为此时供给方会对市场有所了解，对知识资产可能带来的经济效果以及市场需求情况的了解进一步深入，随着所获取的市场信息的增加，对知识资产的价值预期将逐步回归理性，感性因素的影响将越来越小。

当知识资产在市场上存在替代品时，如某项专利在市场上存在其他替代性技术，知识资产需求方的市场选择将增加，知识资产供给方将面临替代性商品的竞争。知识资产供给方通过对市场状况的了解及市场经验的积累会导致禀赋效应的逐步缩小即知识资产供给方对知识资产的价值预期逐步向理性预期回归。因此，知识资产在市场上替代品的出现以及交易双方市场经验的逐渐丰富可使得供给方与需求方对知识资产的价值预期逐步趋向一致，禀赋效应逐渐减小。但是，由于知识资产属于人类的智力创造成果，具有稀缺性与独创性的特点，并非所有知识资产都存在替代性商品，很多知识资产都不存在相近或者类似的替代品，禀赋效应将大量存在于知识资产供需双方的价值预期中。当知识资产在市场上并无替代品时，尽管供需双方通过市场行为积累了一定的市场经验，但是其价值预期的禀赋效应仍然会存在，市场经验的积累对禀赋效应的抑制将受到影响，供需双方价值预期差异将会继续存在。

此外，经过市场经验的积累对禀赋效应有着一定的抑制作用。但是在真实的市场交易行为中，并非所有的知识资产供给方与需求方都具有或者即将获取关键的市场经验，很多知识资产的供给方在现实的交易中都缺乏相关的市场经验，如专利技术的发明者，对专利进行价值预期并且进入交换领域时，由于其所处的社会角色主要是智力成果创造者而并非市场经验丰富的参与者，对其专利价值的预期将受到禀赋效应的影响，并且这一影响由于市场经验（如对市场供需状况、类似替代技术的了解等）的缺乏而长期存在。

2. 供给方获取知识资产方式的影响

知识资产价值预期的禀赋效应大小在受到知识资产稀缺性影响的同时，还会受到知识资产供给方获取该项知识资产方式的影响。若知识资产属于供给方的智力创造成果，价值预期中的禀赋效应会更大。

当知识资产供给方通过自创方式获得该项知识资产时，由于其感性因素的影响（如对自己的智力成果的过高预期等），将赋予该项知识资产较高的价值预期。知识资产的创造者在创造知识资产的过程中，付出了一定的劳动（包括活劳动与物化劳动），亲自参与了知识资产的生产过程，由于成就感、满足感等心理因素使然对自己的劳动成果将赋予较高的期望，在对知识资产进行价值预期时，与其他方式获得知识资产（如他人转让、无偿赠予等）相比，将对其赋予一个较高的价值。当知识资产供给方通过向他人购买或者他人无偿赠与的方式获取知识资产时，供给方对知识资产的价值预期较于创造者，更加偏向于理性。因为他并未参与知识资产的整个创造过程，不会受到成就感等心理因素的影响，禀赋效应会受到抑制。因此，作为智力成果创造者的供给方在进行价值预期时，禀赋效应要大于通过其他方式获得知识资产的供给方。

（二）价值预期差异——禀赋效应的产生机理

知识资产供给方与需求方由于有限理性，在对知识资产价值预期时，除了受到理性的驱使，还会受到感性因素的影响，使得双方的价值预期并非完全理性，存在一定的"禀赋效应"，这种效应的产生主要源于乐观倾向、损失规避以及拥有效应等感性因素。

1. 拥有效应

知识资产供需双方进行价值预期时所产生的禀赋效应是拥有效应的一个特例。拥有效应认为，人们善于用积极的思维方式来衡量自己，并且易于把所拥有的物品作为自我价值的延伸，因此在对物品进行价值预期时会认为其所拥有的物品比未拥有时更具有价值，即人们易于过度欣赏自己拥有的物品，赋予他们更高的价值预期。知识资产供给方作为产权主体由于对知识资产的拥有，将赋予知识资产较高的价值预期。而知识资产需求方则正好相反，由于其进行价值预期时并未拥有知识资产，对知识资产的价值预期较已经拥有该知识资产状态而言要更为理性。

此外，知识资产供需双方对知识资产的认知差异也将导致知识资产拥有者的价值预期高于理性预期，而需求方的价值预期则更为理性。供给方会较为注重由于拥有知识资产而可能给自己带来的预期收益，而需求方则更为注重由于获取该项知识资产而需要付出的代价。因此，需求方对知识资产的价值预期将更为接近知识资产的真实价值（更为理性），而供给方对知识资产的价值预期则包含了更多的主观及感性因素，往往对知识资产的价值预期较高（高于理性价值预期）。

2. 损失规避

知识资产价值预期产生禀赋效应的另一个原因在于人们普遍对损失的厌恶心理。尤其是当人们对获取一件物品或者一项权利进行价值预期时，对收益的预期要低于由于失去这件物品或者这项权利而使他们丧失的收益。即当人们将要出售某件物品或者某项权利时，会对由于该物品或者权利的放弃而产生的未来的损失进行预期，这一预期将高于人们买进同样物品或者权利时对将来可能获得收益的预期。产生这一现象的原因在于人类普遍存在厌恶损失的心理，过度夸大损失给自己带来的效应，高估了情绪的紧张度与负面反应，低估自己适应新情况与环境的能力,以至于低估自己对于不利事件的心理承受能力,认为可能发生的损失将使自己长期性地存在遗憾。因此,人们总是倾向于维持现状,因为他们认为放弃某件物品或者权利所丧失的收益要远大于所获取的收益。在此情况下,物品或者权利的所有者放弃物品或者权利时将要求比购买同样物品或者权利更多的价值以弥补由于放弃该物品或者权利可能给自己带来的损失,即他们会要求一个更高的价值以补偿放弃物品或者权利的损失风险。

知识资产供给方的损失规避倾向来源于供给方尽量避免行动决策失误的心理,要求自己做出更为正确的选择。知识资产供给方由于损失厌恶心理,放弃知识资产的所有权时,所要求的价值即对价值的预期将高于购买同样知识资产时的预期价值。因为供给方过度夸大对放弃知识资产给自己带来的损失预期,认为放弃知识资产的损失会大于带来的收益。为弥补这种过度夸大的预期损失,知识资产供给方对知识资产的价值预期将高于理性预期,高于同等情况下购买知识资产的价值预期。由于知识资产供给方害怕和厌恶损失,总是会要求一个更高的价值预期以规避损失和风险。

3. 乐观倾向

人们在拥有某物品或者权利时,往往有着乐观的心理,认为此物品或者权利会给他们带来较多的效用或者收益。如在买彩票的例子中,买彩票的人总会有着一种乐观的预期,认为他可能会中奖,即使他们清楚自己中奖的客观概率,但是对中奖的主观预期往往会大于客观中奖概率,并且相信自己的这种主观心理预期。因此,当让他们出让自己的彩票(中奖的机会)时,他们会要求一个比彩票的客观预期收益更高的价值以补偿彩票一旦中奖可能给他们带来的较大损失以及心理遗憾。当人们所拥有的物品或者权利来源于自己的劳动或者创造成果时,这种乐观倾向将更为明显。

知识资产供给方在进行价值预期时,由于乐观倾向的影响,会在主观上认为知识资产在将来能够为自己带来效用或者收益,他们对这种效用或者收益的预期将高于知识资产的客观且理性的价值预期。当知识资产供给方作为智力成果的创造者（知识资产的创造者）时，这种对价值预期的乐观心理将更为明显。智力成果创造者通过劳动成本（包括活劳动和物化劳动）的投入，由于成就感、满足感等心理因素使然，对成果的预期效用会夸大。而知识资产需求方在对知识资产的效用价值进行预期时，也会受到乐观倾向的影响，但是这种乐观倾向对价值预期的影响小于知识资产供给方的乐观倾向对价值预期的影响，知识资产的预期价值对于知识资产供给方而言将更为理性。

综上所述，知识资产供给方与需求方在完全理性假设下，由于对知识资产价值预期的角度差异，导致知识资产价值预期存在一定的差异。知识资产供给方的价值预期基础为知识资产的劳动成本与经济剩余，而需求方的价值预期基础为知识资产的盈利价值与战略效应。同时，由于人类行为的有限理性，双方在价值预期中除了受到理性因素的影响外，还会受到感性因素的影响，这将导致双方在对知识资产的价值预期中产生禀赋效应，进一步促使双方价值预期差异的产生。这种禀赋效应来源于双方的拥有效应、损失规避及乐观倾向心理，且禀赋效应的大小受到知识资产稀缺性与获取知识资产方式的影响。

三、价值预期差异的消除机制——议价博弈

知识资产供给方在进行价值预期时，将考虑知识资产的成本以及经济剩余预期，其中知识资产成本是供给方能够接受的价值空间的最低水平。而知识资产需求方在对知识资产进行价值预期时，往往会考虑知识资产的效用价值，即知识资产的实施能够为企业带来的获取超额收益的能力及市场竞争优势（分别用知识资产的盈利价值和战略效应系数来衡量），这构成知识资产需求方能够接受的知识资产价值空间的最高水平。因此，供给方与需求方的价值预期存在一定差异。同时，知识资产供给方与需求方在知识资产的价值预期中由于禀赋效应的存

在，供给方的价值预期往往会高于理性预期，而需求方的价值预期则会更加偏向于理性。这将导致供给方与需求方对知识资产价值预期的进一步差异。知识资产供给方与需求方的价值预期差异如图 8-1 所示。

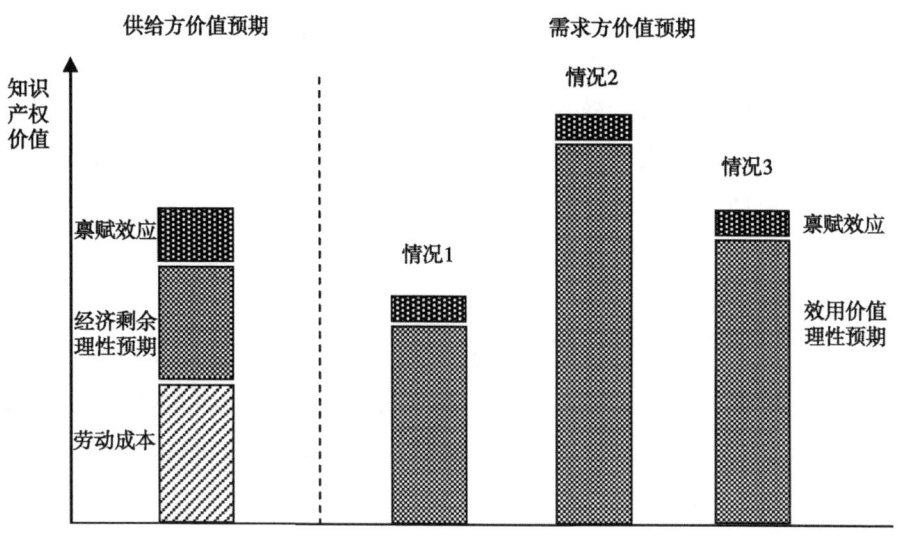

图 8-1　知识资产供需双方价值预期差异

知识资产供给方与需求方由于价值预期依据不同以及禀赋效应的影响，双方对知识资产的价值预期存在一定的差异。如图 8-1 所示，双方的价值预期差异可能存在三种情况。第一种情况，需求方可接受的最高价值低于供给方的价值预期。在此种情况下，双方只有在进一步获取市场信息的情况下，通过议价博弈最终确定知识资产价值。否则，双方将不能达到交易，知识资产价值也就不能达到均衡。第二种情况，需求方可接受的最高价值高于供给方的价值预期。此种情况下，双方很容易达成交易，知识资产最终的价值确定取决于双方在博弈过程中的力量对比。第三种情况，需求方可接受的最高价值等于供给方的价值预期。此种情况下，双方同样能够达成交易，但此种情况存在很大的偶然性，并且最终价值的确定仍然决定于供需双方的博弈。因此，在知识资产的市场交易中，知识资产价值的最终确定则取决于知识资产供给方与需求方的议价博弈，随着双方在博弈过程中力量对比的改变，知识资产价值将达到不同的均衡点。

（一）完全信息下的讨价还价博弈模型

知识资产成本是知识资产供给方能够接受的知识资产价值空间的最低水平，而知识资产效用价值是知识资产需求方能够接受的知识资产价值空间的最高水平。本书首先在完全信息假设下分析供给方与需求方的议价博弈。

完全信息假设表明知识资产的成本 c 与效用 u 为共同知识，为简单起见，本书同时假定供给方与需求方为双边垄断，即不存在其他买家和卖家。成本 c 与效用 u 的关系分析为：当 $c > u$ 时，双方将不会达成交易，知识资产价值也无法达到均衡；当 $c < v$ 时，知识资产的交易价格（即均衡价值）p，$p \in [c, u]$ 均是帕累托最优，此时供给方的利润为 $\pi_{supply} = p - c$，需求方的利润为 $\pi_{demand} = u - p$，交易的总剩余 $\pi = u - c$。双方对总剩余的分享比例将取决于双方在交易中的讨价还价，假定供给方对总剩余的分享比例为 x，需求方对总剩余的分享比例则为 $1 - x$。阶段本书将参照罗宾斯泰英（Rubinstein，1982）的轮流出价模型（alternating offers）以分析 x 与知识资产均衡价值的确定过程。❶

讨价还价的规则如下：在每一个博弈阶段，由供给方与需求方轮流出价，出价方都会给出一个 x。第一阶段，由供给方先出价，需求方如果接受则博弈结束，如果拒绝则进入第二阶段；第二段由需求方出价，供给方如果接受则博弈结束，如果拒绝则进入第三阶段；第三阶段由供给方出价……如此循环，直至双方结束博弈过程。如图 8 - 2 所示。

---

❶ 罗宾斯泰英（Rubinstein，1982）模型的描述可参考张维迎（1996）关于轮流出价的讨价还价模型的描述。

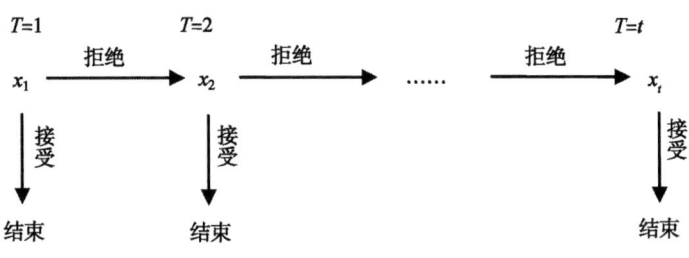

图 8-2　讨价还价博弈

x_t 表示 $T = t$ 期时供给方对交易总剩余的分享比例，需求方对交易总剩余的分享比例则为 $1 - x_t$。如 x_1 表示在 $T = 1$ 期，供给方出价时供给方对总剩余的分享比例，$1 - x_1$ 表示需求方的分享比例；x_2 表示在 $T = 2$ 期，需求方出价时供给方对总剩余的分享比例，$1 - x_2$ 表示需求方的分享比例。假设供给方与需求方的贴现因子分别为 δ_s 与 δ_d，博弈在 t 期结束时供给方对总剩余的分享为 $\pi_s = \delta_s^{t-1} x_t (u - c)$，需求方对总剩余的分享为 $\pi_d = \delta_d^{t-1} (1 - x_t)(u - c)$。

贴现因子 δ_s 与 δ_d 表示双方的耐心程度，且 $0 \leq \delta_s \leq 1$，$0 \leq \delta_d \leq 1$，双方分享总剩余的现值随着时间的推移而减少。对供给方而言，知识资产越具有新颖性和垄断性，δ_s 越大；同类或者类似知识资产的潜在竞争性越大，供给方越是急于交易，δ_s 越小；供给方的财务状况越差，对利润越渴求，δ_s 越小。对于需求方而言，对知识资产的需求越紧迫，δ_d 越小；需求方讨价还价的成本越高，δ_d 越小。当 $0 < \delta_s < 1$，$0 < \delta_d < 1$ 时，博弈的期数 t 越大，双方利润的贴现值也就越小，说明讨价还价将对稀释各方分享的利润。

知识资产供给方与需求方讨价还价博弈的均衡值取决于该博弈是有限期博弈还是无限期博弈。

1. 有限期博弈

如果供给方与需求方的博弈是有限期的，可用逆向归纳法求解子博弈精炼纳什均衡。首先假定 $T = 2$，即博弈只进行两个阶段，在第二阶段由需求方出价，由于供给方不再有出价的机会，此时的均衡叫价为 $x_2^* = 0$，需求方将得到的分享比例为 $1 - x_2^* = 1$。需求方在 $T = 2$ 时得到分享比例 1 相当于在 $T = 1$ 时得到 δ_d，如果供给方在 $T = 1$ 时出价 $1 - x_1 \geq \delta_d$，需求方都会接受，因此子博弈精炼均衡结果为供给方得到的分享比例 $x = x_1^* = 1 - \delta_d$，需求方得到的分享比例 $1 - x = \delta_d$。理性需求方将接受此叫价，讨价还价在第一阶段就结束，对应此博弈精炼纳什均衡的交易价格即知识资产的均衡价值如公式（8-12）所示。

$$p^* = c + x^*(u - c) = c + (1 - \delta_d)(u - c) \quad (8-12)$$

再假定 $T = 3$，即博弈只进行三个阶段。在第三阶段由供给方出价，他的均衡叫价为 $x_3^* = 1$。供给方在 $T = 3$ 得到的分享比例 1 相当于在 $T = 2$ 得到 δ_s，如果需求方在 $T = 2$ 的出价 $x_2 \geq \delta_s$，供给方都会接受，因此第二阶段的均衡叫价为 $x_2^* = \delta_s$，需求方得到的分享比例为 $1 - x_2^* = 1 - \delta_s$。需求方在 $T = 2$ 得到的 $(1 - \delta_s)$ 相当于在 $T = 1$ 期得到 $\delta_d(1 - \delta_s)$，如果供给方在 $T = 1$ 的出价 $1 - x_1 \geq \delta_d(1 - \delta_s)$，需求方会接受，因此子博弈精炼均衡结果为 $x = x_1^* = 1 - \delta_d(1 - \delta_s)$，知识资产的均衡价值计量如公式（8-13）所示：

$$p^* = c + x^*(u - c) = c + [1 - \delta_d(1 - \delta_s)](u - c) \quad (8-13)$$

以此类推，当 $T = 4$ 时，子博弈精炼纳什均衡结果为 $x = 1 - \delta_d[1 - \delta_s(1 - \delta_d)]$；当 $T = 5$ 时，子博弈精炼纳什均衡结果为 $x = 1 - \delta_d\{1 - \delta_s[1 - \delta_d(1 - \delta_s)]\}$，使用此方法可以推导出任何既定的 $T < \infty$ 的子博弈精炼纳什均衡。

从以上分析可以得出，δ_s 与 δ_d 决定了供给方与需求方对总剩余的分享比例。当 $\delta_s = \delta_d = 0$ 时，不论 T 取何值，子博弈精炼纳什均衡的结果均为 $x = 1$，即双方都完全无耐心，首先出价的供给方得到整个交易剩余。如果 $\delta_d = 0$，无论 δ_s 取何值，子博弈精炼纳什均衡结果都为 $x = 1$。如果 $\delta_s = 0$，$\delta_d > 0$，则子博弈精炼均衡结果为 $x = 1 - \delta_d$。在这几种情况下，均衡结果均与 T 的取值无关。而当 $\delta_s = \delta_d = 1$ 时，即双方都有无限的耐心，如果 $T = 1, 3, 5, \cdots$，均衡结果为 $x = 1$；如果 $T = 2, 4, 6, \cdots$，均衡结果则为 $x = 0$。此种情况下体现出了后动优势（last-mover advantage），即最后出价的人将全部得到交易总剩余。

在有限期博弈中，最后出价者将有权利得到全部总剩余，这就约束了每一个阶段的出价，知识资产供给方与需求方的理性导致在第一阶段就能达成交易，以此节省交易费用，改善双方福利。

2. 无限期博弈

当博弈期无限时，即 T 趋于无穷大时，根据罗宾斯泰英（Rubinstein, 1982）的研究，可得出唯一的子博弈精炼纳什均衡结果，如公式（8 - 14）所示。❶

$$x^* = \frac{1 - \delta_d}{1 - \delta_s \delta_d} \qquad (8 - 14)$$

知识资产的均衡价值的计量如公式（8 - 15）所示。

$$p^* = c + x^*(u - c) = c + \frac{1 - \delta_d}{1 - \delta_s \delta_d}(u - c) \qquad (8 - 15)$$

可见，在无限期博弈中，供给方与需求方对总剩余的分享比例及知识资产的均衡价值将受到双方贴现因子（即耐心程度）δ_s 与 δ_d 的影响。当 $\delta_s = \delta_d = \delta$ 时，$x^* = \frac{1}{1 + \delta}$。贴现率 δ 表示供需双方的耐心程度，$\delta \in [0, 1]$，δ 越大表明越具有耐心；δ 越小则表明双方越无耐心，期待叫价过程越早结束。当 $\delta_s = \delta_d = \delta < 1$ 时，$x^* = \frac{1}{1 + \delta} > \frac{1}{2}$，由于先动优势的存在，供给方的分享比例总是多于需求方。当 $\delta_s = \delta_d = \delta = 1$，双方都完全具有耐心时，$x^* = \frac{1}{2}$，双方平分总剩余，该均衡结果体现了萨林（Schelling, 1960）聚点均衡的思想。

由于 $\frac{\partial x^*}{\partial \delta_s} = \frac{(1 - \delta_d)\delta_d}{(1 - \delta_s \delta_d)^2} > 0$，$\frac{\partial x^*}{\partial \delta_d} = \frac{\delta_s - 1}{(1 - \delta_s \delta_d)^2} < 0$，知识资产供给方的分享比例随着自己耐心程度的提高而提高，随着需求方耐心程度的提高而降低。当需求方完全无耐心时，供给方将获得全部交易总剩余；当供

---

❶ 证明过程可参考张维迎：《博弈论与信息经济学》，上海三联书店、上海人民出版社2004年版，第120~122页。

给方完全无耐心时，供给方获得的总剩余分享比例为 $1-\delta_d$，而需求方获得的分享比例为 δ_d。

知识资产供给方与需求方的理性将导致交易仍然在第一阶段就会结束，以最大限度地减少贴现因子对总剩余的侵蚀，改善双方福利。如果交易在经过多次轮流出价后才达成，供给方与需求方的利益以及交易总剩余都将被稀释。假设双方经过多期讨价还价后在 t 期达成交易，且 x^* 为最后成交时供给方的分享比例，双方的贴现率都为 δ 的情况下，供给方利润（分享的剩余）为 $\pi_s=\delta^{t-1}x^*(u-c)$，并且随着 t 的递增而递减，需求方利润 $\pi_d=\delta^{t-1}(1-x^*)(u-c)$ 同时随着 t 的递增而递减，被侵蚀后的总剩余 $\pi'=(1-\delta^{t-1})(u-c)$ 也将随着 t 的递增而递减。

（二）不完全信息下的双方叫价博弈模型

在完全信息下的讨价还价博弈模型中，假设知识资产的成本和效用为供给方与需求方的共同知识，但是在现实的交易中，这个假定并非普遍成立。当供给方与需求方对市场及对方的了解不足时，成本和效用将变为私人信息，双方的信息存在不对称情况，供给方仅知道知识资产的成本，而需求方只能预测知识资产的效用，双方的议价博弈在不完全信息状态下进行。本书参照查特金和萨缪尔逊（Chatterjee and Samuelson，1983）的双方叫价拍卖模型来分析在不完全信息下知识资产均衡价值的确定过程。❶

1. 模型的建立与最优解

在双方叫价模型中，假定供给方与需求方为双边垄断，即不存在其他的买方与卖方。知识资产的成本和效用是私人信息，但是成本和效用的分布函数为公共信息。即知识资产的成本 c 为供给方的私人信息，知识资产效用（对需求方的价值）u 为需求方的私人信息。$c\in[0,a]$ 并服从均匀分布，为公共信息；$u\in[0,b]$ 并服从均匀分布，为公共信息。知识资产供给方与需求方同时出价，分别为 p_s 与 p_d。如果 $p_s>p_d$，交易不会发生；如

---

❶ 查特金和萨缪尔逊（Chatterjee and Samuelson，1983）双方叫价拍卖模型的描述可参考张维迎（1996）关于双方叫价拍卖模型的描述。

果 $p_s \leq p_d$，双方通过无限期讨价还价决定最终交易价格，即知识资产的均衡价值 p 可用公式（8-16）测度。

$$p = p_s + x(p_d - p_s) = xp_d + (1-x)p_s \tag{8-16}$$

式中，x——知识资产供给方对 $p_d - p_s$ 的分享比例；

$1-x$——需求方对 $p_d - p_s$ 的分享比例。

如果 $p_s \leq p_d$，供给方的利润为 $\pi_s = p - c = xp_d + (1-x)p_s - c$，需求方利润为 $\pi_d = u - p = u - [xp_d + (1-x)p_s]$。如果 $p_s > p_b$，则双方的利润均为 0。

在这个贝叶斯博弈中，供给方的报价 p_s 为知识资产成本 c 的函数，$p_s(c)$；需求方报价 p_d 为知识资产效用 u 的函数，$p_d(u)$；战略组合 $(p_s^*(c), p_d^*(u))$ 是贝叶斯均衡解。在贝叶斯均衡解中供给方与需求方的报价 (p_s^*, p_d^*) 都将最大化自己的利润。梅耶森和赛特斯威特（Myerson and Satterthwaite，1983）证明，在均匀分布的情况下，线性战略均衡比其他贝叶斯均衡产生的净剩余要高。根据线性战略，可以得出：

$$p_s(c) = \alpha_s + \beta_s c$$
$$p_d(u) = \alpha_d + \beta_d u$$

因为 c 在 $[0, a]$ 上均匀分布，u 在 $[0, b]$ 上均匀分布，可得出 p_s 在 $[\alpha_s, \alpha_s + \beta_s a]$ 上均匀分布，p_d 在 $[\alpha_d, \alpha_d + \beta_d b]$ 上均匀分布。

卖方的最优报价是下列卖方目标函数的最优化解。如公式（8-17）、公式（8-18）所示。

$$\max_{p_s} E(\pi_s) = \max_{p_s} \{ xE[p_d(u) | p_d(u) \geq p_s] + (1-x)p_s - c \} Prob\{p_d(u) \geq p_s\} \tag{8-17}$$

因为 $p_d(u)$ 在 $[\alpha_d, \alpha_d + \beta_d b]$ 上均匀分布，所以有公式（8-18）、（8-19）。

$$Prob\{p_d(u) \geq p_s\} = \int_{p_s}^{\alpha_d + \beta_d b} \frac{1}{b\beta_d} dy = \frac{\alpha_d + b\beta_d - p_s}{b\beta_d} = 1 - \frac{p_s - \alpha_d}{b\beta_d} \tag{8-18}$$

$$E[p_d | p_d(u) \geq p_s] = \int_{p_s}^{\alpha_d + \beta_d b} \frac{1}{b\beta_d} \frac{b\beta_d}{\alpha_d + b\beta_d - p_s} y dy = \frac{1}{2}(\alpha_d + b\beta_d + p_s) \tag{8-19}$$

将公式（8-17）、公式（8-18）代入卖方目标函数公式（8-17）可得公式（8-20）。

$$\max_{p_s}\left\{\frac{1}{2}x(\alpha_d+b\beta_d+p_s)+(1-x)p_s-c\right\}\frac{\alpha_d+b\beta_d-p_s}{b\beta_d} \quad (8-20)$$

对上式求一阶导，可得公式（8-21）。

$(1-x)(\alpha_d+b\beta_d)+(x-2)p_s+c=0$，则

$$p_s^*=\frac{1}{2-x}[(1-x)(\alpha_d+b\beta_d)+c] \quad (8-21)$$

买方的最优报价是下列卖方目标函数的最优解，如公式（8-22）所示。

$$\max_{p_d}E(\pi_d)=\max_{p_d}\{u-[xp_d+(1-x)$$
$$E(p_s(c)|p_s(c)\leq p_d)]\}Prob\{p_s(c)\leq p_d\} \quad (8-22)$$

因为 $p_s(c)$ 在 $[\alpha_s,\alpha_s+\beta_s a]$ 上均匀分布，所以有公式（8-23）、公式（8-24）。

$$Prob\{p_s(c)\leq p_d\}=\int_{\alpha_s}^{p_d}\frac{1}{a\beta_s}dy=\frac{p_d-\alpha_s}{a\beta_s} \quad (8-23)$$

$$E(p_s(c)|p_s(c)\leq p_d)=\int_{\alpha_s}^{p_d}\frac{1}{a\beta_s}\frac{a\beta_s}{p_d-\alpha_s}ydy=\frac{1}{2}(p_d+\alpha_s)$$
$$(8-24)$$

将公式（8-21）、公式（8-22）代入买方目标函数式（8-20）可得公式（8-25）。

$$\max_{p_d}\left\{u-xp_d-\frac{1}{2}(1-x)(p_d+\alpha_s)\right\}\frac{p_d-\alpha_s}{a\beta_s} \quad (8-25)$$

对公式（8-25）求一阶导，可得：

$u-(x+1)p_d+x\alpha_s=0$，则有公式（8-26）。

$$p_d^*=\frac{1}{x+1}(u+x\alpha_s) \quad (8-26)$$

将公式（8-21）与公式（8-25）以及线性定价战略 $p_s(c)=\alpha_s+\beta_s c$，$p_d(u)=\alpha_d+\beta_d u$ 联立，可得到公式（8-27）。

$$\alpha_s = \frac{1}{2}b(1-x), \beta_s = \frac{1}{2-x}; \alpha_d = \frac{x(1-x)}{2(1+x)}b, \beta_d = \frac{1}{x+1}.$$
(8-27)

因此，线性战略的贝叶斯均衡解如式（8-28）、（8-29）所示。

$$p_s^* = \frac{1}{2}b(1-x) + \frac{1}{2-x}c \quad (8-28)$$

$$p_d^* = \frac{x(1-x)}{2(1+x)}b + \frac{1}{x+1}u \quad (8-29)$$

2. 模型的经济含义

从以上模型的线性战略均衡解可知，知识资产供给方与需求方对 $p_d - p_s$ 的分享比率 x 与 $1-x$ 对知识资产均衡价值（即模型的最优解）有着决定性的影响作用。纳入无限期讨价还价博弈模型的分析结果 $x^* = \frac{1-\delta_d}{1-\delta_s\delta_d}$，可知供给方与需求方的耐心程度（即贴现率）决定了分享比率 x，进而影响着知识资产均衡价值的确定。此外，知识资产的成本 c、效用 u 以及效用的分布情况 b 对知识资产均衡价值的确定都有影响。当 $\delta_d = 0$ 时，$x^* = 1$，模型均衡解为 $p_s^* = c$，$p_d^* = \frac{1}{2}u$，交易价格（知识资产均衡价值）为 $p^* = p_d^* = \frac{1}{2}u$。当 $\delta_d = 1$，$\delta_s < 1$ 时，$x^* = 0$，模型均衡解为 $p_s^* = \frac{1}{2}(b+c)$，$p_d^* = u$，$p^* = p_s^* = \frac{1}{2}(b+c)$。

当 $\delta_s = \delta_d = \delta = 1$ 时，$x^* = \frac{1}{2}$，表示知识资产方与需求方都完全具有耐心，且在博弈中势均力敌，这种情况较其他情况（如 $x^* = 1$ 或者 $x^* = 0$）更具有普遍性。当 $x^* = \frac{1}{2}$ 时，模型的贝叶斯均衡如公式（8-30）所示。

$$p_s^* = \frac{1}{4}b + \frac{2}{3}c, p_d^* = \frac{1}{12}b + \frac{2}{3}u; \quad (8-30)$$

在均衡线性战略下，当 $c > \frac{3}{4}b$ 时，供给方的最优报价低于成本，但是高于需求方的最高出价 $p_d = \frac{1}{12}b + \frac{2}{3}u = \frac{1}{12}b + \frac{2}{3}b = \frac{3}{4}b$，供给方以低于成本出售的情况不可能发生，交易不能达成；类似，当 $u < \frac{1}{4}b$，需求方的出价高于其效用，但低于供给方的最低要价 $p_s = \frac{1}{4}b + \frac{2}{3}c = \frac{1}{4}b$，交易也不能达成，如图 8-3 所示。

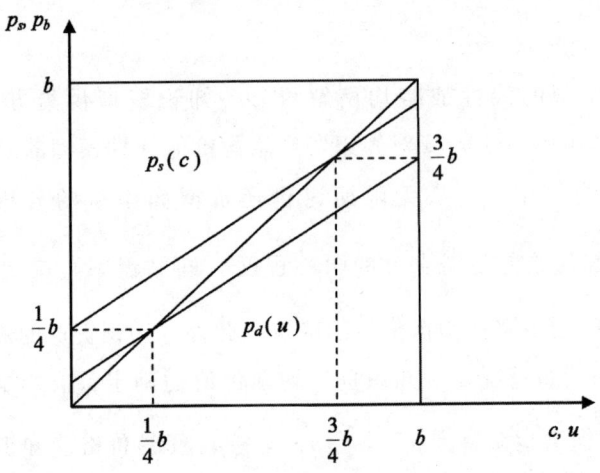

图 8-3 线性战略均衡

在均衡情况下，只有当 $p_d^* \geq p_s^*$ 时，知识资产供给方与需求方才会达成交易。由 $p_d^* \geq p_s^*$ 即 $\frac{1}{12}b + \frac{2}{3}u \geq \frac{1}{4}b + \frac{2}{3}c$ 可推出 $u \geq c + \frac{1}{4}b$，此时的成交价格及知识资产的均衡价值为：

$$p^* = \frac{1}{2}(p_s^* + p_d^*) = \frac{1}{6}b + \frac{1}{3}(u + c)$$

$p_d^* \geq p_s^*$，$u \geq c + \frac{1}{4}b$ 时的交易效率如图 8-3 所示。

由图 8-4 可知，市场效率要求 $u \geq c$ 时交易就应该达成，而线性战略均衡仅仅实现了 $u \geq c + \frac{1}{4}b$ 的交易，错过了所有 $c \leq u < c + \frac{1}{4}b$ 的交易。但梅耶森和赛特斯威特（Myerson and Satterthwaite, 1983）的证明表明在

第八章 知识资产价值决定机制研究

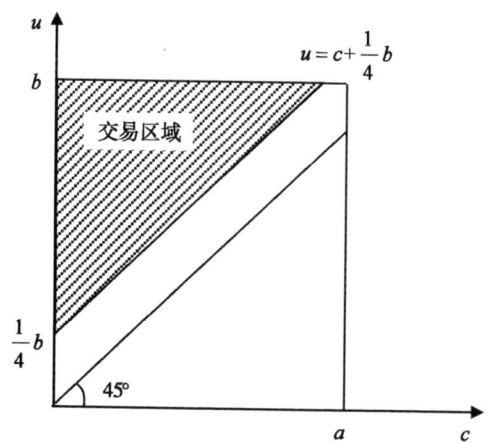

图 8-4 线性战略均衡下的交易效率

均匀分布的情况下,线性战略均衡比其他任何贝叶斯均衡产生的净剩余都高。

同时,通过以上分析可知,知识资产的均衡价值一般表达式如式(8-31)所示。

$$p^* = \frac{1-x}{2(1+x)}b + \frac{1-x}{2-x}c + \frac{x}{1+x}u \qquad (8-31)$$

成交条件为:

$$u \geq \frac{1-x}{2}b + \frac{1+x}{2-x}c$$

显然,当 $x < 1$ 时,由 $\frac{\partial p^*}{\partial b} > 0, \frac{\partial p^*}{\partial c} > 0, \frac{\partial p^*}{\partial u} > 0$ 可知,随着效用分布状况参数 b 的提高,知识资产均衡价值将提高;随着效用的提高,知识资产均衡价值将提高;随着成本的提高,均衡价值也将提高。

综上所述,知识资产的价值决定受到内外部多种因素的影响,尤其是供需双方的议价博弈过程非常复杂。通过上述一系列的模型和参数估计,能够将知识资产这一看似"虚无缥缈"的资产价值予以显现。

第九章　知识资产价值决定的经验研究
——基于沪、深股市的数据

在知识经济时代,无形资产已逐渐成为企业生存与发展的优势资源,尤其是以智力成果形式存在的知识资产为企业的生产与经营做出了巨大的价值贡献。许多企业都拥有大量的知识资产如专利权、商标权、著作权及各种非专利技术等,这些资产本身作为企业资产的一部分,在为企业创造价值的同时,也是企业市场价值的重要组成部分。

知识资产的研发成本在现行会计体系中并非完全资本化处理[1],这无疑造成了企业知识资产价值未能得到充分反映。知识资产价值不仅受到成本因素的影响与制约,同时还受到难以模仿程度、垄断性、生命周期、技术水平、组合效应等效用因素以及制度因素、市场因素等外部因素的影响与制约。本章在前文研究的基础上,将对研发成本与企业知识资产价值的相关性进行研究,以验证前文所提出的知识资产均衡市场价值受到成本因素的决定与影响这一结论。同时,本书还将基于样本企业的市场竞争优势以研究知识资产效用与其价值的相关性。前文已经提出知识资产价值受到效用因素的影响与决定,即决定于其为企业带来的超额获利能力和市场竞争优势,这将表现为企业盈利能力的提升,即在市场上表现为企业获利能力和竞争优势的提升。因此企业市场竞争优势与知识资产价值的相关性研究能够验证效用因素对知识资产的影响与决定作用。本章对知识资产价值决定的经验研究在验证前文所提出的价值决定理论的基础之上,还将为知识资产价值报告提供指导作用。

---

[1] 按照现行会计准则《企业会计准则》(2006),企业发生的研发支出,首先得区分是研究支出还是开发支出。研究支出为费用化支出,开发支出有条件资本化。

一、研究假设

（一）研发成本与知识资产价值

知识资产成本是知识资产价值的重要决定因素之一。企业在科技与经济飞速发展的今天，要取得市场上的领先优势，必然要重视知识资产的投入以在生产与经营环节取得竞争优势。企业的知识资产无论获得方式怎样即无论是外部购入还是自主研发，都要发生相应的成本投入。当企业自主研发知识资产时，企业将会发生劳动成本的耗费（包括物化劳动和活劳动）。根据劳动价值论的观点，劳动是价值的源泉，而企业自主研发知识资产的研发投入必然也会影响知识资产的价值，企业进行自主研发知识资产并将其运用于生产和经营过程中时，研发投入的多少直接影响了企业所拥有的知识资产的多少，影响着企业知识资产的价值。同时，知识资产的效用价值必然大于其成本耗费，只有当知识资产的预期效用价值能够补偿知识资产的成本耗费并且带来经济剩余时，企业才会具备研发的积极性。知识资产的劳动投入（研发投入）成为影响其价值的重要因素之一。鉴于此，本书提出如下假设：

假设1：企业研发成本与知识资产价值正相关。

（二）企业市场竞争优势与知识资产价值

如前文所述，知识资产价值除了受到成本因素的影响外，还受到效用因素的决定与制约。在"科学技术是第一生产力"的当今时代，知识和技术的进步对社会生产力的提高和经济的高速发展起着不可替代的作用。在微观经济中，企业技术知识的进步和企业对技术知识的运用主要体现在企业所拥有的知识资产数量和质量上。企业所拥有的知识资产的效用在于能够为企业带来市场竞争优势并且获取超额收益，从而满足实现长期可持续发展的需要，其价值取决于这种效用满足企业获取市场竞争优势的需求的程度。

企业所拥有的知识资产能够为企业带来市场上的竞争优势如成本优势、产品技术优势、市场知名度优势等，这些竞争优势必然会为企业带来更优的经济效益。知识资产为企业所带来的市场竞争优势为知识资产的效用之体现，也为知识资产价值之体现。知识资产为企业所带来的市场竞争优势的大小衡量了知识资产效用的大小与知识资产价值的大小。鉴于此，本书提出如下假设：

假设2：企业市场竞争优势与知识资产价值正相关。

二、变量与模型设计

（一）变量设计

本书在进行变量设计时，除了考虑研究假设中的理论因素外，还同时考虑了数据的可获得性等实际因素。

根据假设1与假设2可知，企业的知识资产价值受到研发成本与市场竞争优势的影响，由于企业专利权与非专利技术的研发数据可取得性，本书将被解释变量设为企业的专利与非专利技术价值❶，解释变量设为企业各年的研发支出❷与企业的市场竞争力。其中市场竞争力可用企业的市场占有率替代，可按以下公式计算：

企业的市场占有率＝企业营业收入/行业内所有企业的营业收入×100%

商标类知识资产的成本数据较难取得，本书暂不考虑商标的价值与其成本及市场竞争优势的相关性。

---

❶ 将专利与非专利技术合并设为一个解释变量而不是分别设置，其原因是样本企业在其财务报表附注中披露知识产权价值信息时，项目名称用法较为混乱，有专利技术、专利权、专有技术、专用技术、非专利技术等等，本书将这些项目统一为专利与非专利技术，合并为一个解释变量。

❷ 研发支出为当年发生的研究阶段和开发阶段支出之和。

此外，企业的知识资产价值还受到企业规模的影响，企业的规模越大，其可利用的资源也就越多，企业研发投入在与企业其他资源的协同效应下知识资产的价值将受到影响。因此，本书引入企业总资产对数作为控制变量，以控制企业规模的影响。同时本书将对企业 2007～2010 年[1]的知识资产数据进行分析，涉及不同的行业，因此引入年份控制变量与行业控制变量以控制年份差异与行业差异对知识资产价值的影响。

（二）模型设计

根据研究假设，本书在以上变量设计的基础上用如下模型检验假设 1 与假设 2。

$$IP_{i,t} = \alpha + \beta_1 RD_{i,t} + \beta_2 RD_{i,t-1} + \beta_3 RD_{i,t-2} + \beta_4 RD_{i,t-3} + \beta_5 com\_market_{i,t} + \beta_6 lnasset_{i,t} + \sum \beta_{6+n} Year(n)_{i,t} + \sum \beta_{6+n+k} Industry(k)_{i,t} + \varepsilon_{i,t}$$

其中，i 表示企业，t 表示年度。$IP_{i,t}$ 表示企业 i 在 t 年的专利与非专利价值之和，本书取 t 分别为 2007、2008、2009、2010 年；$RD_{i,t}$ 表示企业 i 在 t 年的研发支出总额；$RD_{i,t-1}$ 表示企业 i 在 $t-1$ 年即滞后一期的研发支出总额；$RD_{i,t-2}$ 表示企业 i 在 $t-2$ 年即滞后两期的研发支出总额；$RD_{i,t-3}$ 表示企业 i 在 $t-3$ 年即滞后三期的研发支出总额；$com\_market_{i,t}$ 为企业 i 在 t 年的市场占有率，以表示企业的市场竞争优势。$lnasset_{i,t}$ 为企业 i 在 t 年的总资产对数，控制企业规模对知识资产价值的影响；$Year(n)_{i,t}$ 为名义变量，控制年份差异对知识资产价值的影响；$Industry(k)_{i,t}$ 为名义变量，控制行业差异对知识资产价值的影响。$\varepsilon_{i,t}$ 为误差项。

三、样本描述性统计

（一）样本数据选取

本书中的样本企业为 2010 年年报中披露的知识资产（包括专利与非

---

[1] 因《企业会计准则》（2006）从 2007 年 1 月 1 日起开始实施，为了数据口径的前后一致，本书的数据取值从 2007 年以后，特此说明。

专利技术、商标权等，但不包括土地使用权和特许权等非知识资产）的上市企公司。❶ 通过统计，共有 841 家上市企业在 2010 年的会计报表附注中披露了知识资产价值，剔除 ST 企业与相关数据缺失的企业后，样本数为 771。在这些样本企业中，2010 年披露了当期及滞后三期研发支出数据信息的有 270 家，2009 年披露了当期及滞后三期研发支出数据信息的有 188 家，2008 年披露了当期及滞后三期研发支出数据信息的有 123 家，2007 年披露了当期及滞后三期研发支出数据信息的有 86 家。因此回归模型 2007~2010 年样本数据共有 667 个。本书所用数据均来源于巨潮资讯网站（http://www.sts.org.cn）上所公布的上市公司年报信息以及国泰安研究服务中心 CSMAR 系列数据库。

（二）样本描述性统计分析

1. 知识资产具体构成分析

根据 771 家样本公司数据，知识资产具体构成情况如表 9-1 所示。

从表 9-1 可知，样本企业商标权价值远小于专利权与非专利技术价值，前者均值为 6 908 192.45 元，而后者均值为 22 840 965.18 元，分别占知识资产百分比为 23.22% 和 76.78%，说明与商标权投资相比，我国企业更加重视专利权与非专利技术等技术类知识资产的投资。商标权价值占无形资产百分比为 1.68%，专利权与非专利技术占无形资产百分比为 5.56%，两者之和仅为 7.24%，说明我国企业知识资产占无形资产比率较低，原因是我国企业无形资产所包括的项目较多，并且企业在其财务报表附注中披露的无形资产构成信息显示，大多数企业的无形资产不仅包含了知识资产，还包含了土地使用权、各类特许权以及商誉等，尤其是土地使用权的价值所占无形资产比率较大。总体而言，我国上市公司中知识资产占企业资产与无形资产的比率都较低，在"科学技术是第一生产力"的今天，企业应该加大知识资产的投资。

---

❶ 本部分的实证研究只能选取知识资产中最具代表性的专利权、非专利技术、商标权等数据，以验证企业知识资产的价值决定及其对企业的价值贡献。特此说明。

表 9-1　样本企业知识资产具体构成

	最大值（元）	最小值（元）	均值（元）	占无形资产百分比（%）	占知识资产百分比（%）
商标权	1 456 995 148.97	0	6 908 192.45	1.68	23.22
专利与非专利技术	2 708 000 000	0	22 840 965.18	5.56	76.78
知识资产合计	2 708 000 000	133.33	29 749 157.63	7.24	100

说明：表中商标权、专利权与非专利技术最小值均为零，原因为部分企业仅披露了商标权的价值，而未披露专利权与非专利技术的价值，本书将这部分企业的专利权与非专利技术价值设为零；部分企业仅披露专利权与非专利技术价值，而未披露商标权价值，本书将这部分企业的商标权价值设为零。

2. 知识资产价值行业分布分析

根据 2010 年 771 家样本企业数据，知识资产价值的行业分布情况如表 9-2 所示。

表 9-2　样本企业知识资产价值行业分布　　　　　　　　　　（元）

	企业数（个）	占样本企业百分比（%）	知识资产总额（元）	知识资产均值（元）	占样本企业知识资产百分比（%）
农、林、牧、渔业	14	1.82	57 444 927.71	4 103 209.12	0.25
采掘业	16	2.08	2 947 299 899.57	184 206 243.72	12.85
制造业	581	75.36	17 291 419 425.72	29 761 479.22	75.39
电力、煤气及水的生产和供应业	16	2.08	750 346 053.69	46 896 628.36	3.27
建筑业	12	1.56	65 025 953.44	5 418 829.45	0.28
交通运输、仓储业	6	0.78	10 917 389.7	1 819 564.95	0.05
信息技术业	68	8.82	1 288 461 620.12	18 947 965	5.62
批发和零售贸易	19	2.46	191 937 489.94	10 101 973.15	0.84
金融、保险业	1	0.13	854 546.62	854 546.62	0.004
房地产业	2	0.26	16 244 115.31	8 122 057.66	0.07
社会服务业	12	1.56	177 937 237.69	14 828 103.14	0.78
传播与文化产业	7	0.91	678 787.52	96 969.65	0.003
综合类	17	2.2	138 033 081.85	8 119 593.05	0.6

根据表9-2可知，样本企业知识资产总额排名前三位的行业分别为制造业、采掘业、信息技术业，其知识资产总额占样本企业知识资产总额比例分别为75.39%、12.85%与5.62%，知识资产均值分别为29 761 479.22元、18 4206 243.72元及18 947 965元。其中采掘业知识资产均值高于所有样本企业知识资产均值，制造业知识资产均值与所有样本企业知识资产均值相当，而信息技术业知识资产均值低于所有样本企业知识资产均值，主要原因是样本企业中制造业企业较多，共581家，占所有样本企业数比例为75.36%。由此可推出，我国知识资产主要集中在制造业，而知识资产价值最低的是金融、保险业及传播与文化产业。引起知识资产这种分布特征的主要原因是行业特征的差异、生产与经营特征差异。制造业的生产经营过程对知识资产的运用明显要多于其他行业。

3. 知识资产价值与研发投入规模分析

样本企业知识资产价值与研发投入情况分析如表9-3所示。

表9-3 不同研发投入规模下知识资产价值分析

研发投入均值（元）	企业数（个）	占样本企业百分比（%）	知识资产总额（元）	知识资产均值（元）	占样本企业知识资产百分比（%）
100 000 000 以上	21	7.75	4 239 363 100.75	201 874 433.37	44.52
50 000 000 ~ 100 000 000	19	7.01	827 128 755.49	43 533 092.39	8.68
10 000 000 ~ 50 000 000	90	33.21	2 707 763 721.66	30 086 263.57	28.43
5 000 000 ~ 10 000 000	48	17.71	715 297 696.51	14 902 035.34	7.51
5 000 000 以下	92	33.95	1 033 378 317.95	11 232 373.02	10.85

说明：

①表中样本企业为2010年披露知识资产价值的771个样本企业中还披露了当期及滞后三期研发支出数据信息的270个样本，因此该统计表的样本总数为270。

②表中的知识资产包括专利权与非专利技术价值，不包括商标权价值，因为研究开发活动的目的是获取专利权与非专利技术。

③表中的研发投入均值为样本企业2007~2010年研究与开发支出的均值，知识资产均值为样本企业在2010年的知识资产均值。

从表 9-3 可知，样本企业 2007~2010 年四年的研发投入均值在 1 亿以上的企业仅有 21 家，占样本总数的 7.75%，而知识资产总额却占样本企业知识资产总额的 44.52%，其知识资产均值为 201 874 433.37 元，这类企业研发均值最高，知识资产均值也最高。随着研发投入均值的降低，知识资产均值也逐渐降低，说明研发投入均值大的企业，其所拥有知识资产的价值也较大。在所有的样本企业中，占所有知识资产总额比例居第二位的企业是研发投入均值在 1 000 万~5 000 万元的企业，其知识资产总额占所有样本企业知识资产总额的 33.21%，但是其知识资产均值并非最高，原因在于这部分企业的数量较多，共有 90 家。这说明样本企业中较多企业的研发均值都在 1 000 万~5 000 万元。但是仍有相当数量的企业研发均值在 500 万元以下，共 92 家，这部分企业的知识资产均值也最低。总之，随着研发投入规模的增大，企业所拥有的知识资产均值逐渐上升。可见，知识资产价值与研发投入成本有着较强的相关性。

4. 知识资产价值增长分析

根据 2007~2010 年样本企业数据，知识资产价值增长分析如表 9-4 所示。

表 9-4 知识资产价值增长情况分析

年 份	企业数（个）	知识资产均值（元）	增长率（%）
2007	86	27 510 876.50	—
2008	123	28 792 043.73	4.66
2009	188	33 771 304.88	17.29
2010	270	35 270 117.00	4.44

说明：

①表中样本企业为 2007~2010 年披露专利权与非专利技术价值、当期及滞后三期研发支出数据信息的企业。

②表中知识资产均值为样本企业披露的专利与非专利技术价值，未考虑商标权价值。

③表中的增长率表示与上年相比本年度知识资产均值的增长率。

由表 9-4 可知，披露知识资产价值以及当期、滞后三期研发数据信息的企业数量逐年增加，从 2007 年 86 家增加到 2010 年的 270 家。

样本企业的知识资产均值也逐年增加,从 2007 年的 27 510 876.50 元增加到 2010 年的 35 270 117.00 元,各年增长率分别为 4.66%、17.29%、4.44%。其中,2009 年知识资产均值增长率最高。样本企业知识资产均值增长的情况说明我国企业的知识资产价值逐年增加,知识资产在企业生产与经营过程中的地位日益凸显。

四、回归结果分析

根据所收集的 2007~2010 年样本企业知识资产、研发成本、市场竞争力等相关变量数据,对模型进行所有行业样本数据回归和分行业样本数据回归,可得到模型的所有行业样本数据回归结果和分行业样本数据回归结果。

(一)所有行业样本数据回归结果分析

根据所有行业的样本数据,模型的回归结果如表 9-5 所示。

表 9-5 模型 1 回归结果

Independent variables	Coefficient	t-statistic
constant	$-3.74e+08$ ***	-5.85
$RD_{i,t}$	0.0081178	0.89
$RD_{i,t-1}$	0.1168869 ***	6.48
$RD_{i,t-2}$	0.0645155 ***	4.51
$RD_{i,t-3}$	0.0257587	1.33
com_market	$6.21e+07$ *	1.87
lnasset	18079464 ***	6.11
N	667	
R^2	0.3399	
Adjusted R^2	0.3288	
F-statistic	30.66	

说明:

① * 表示在 10% 的水平下显著,** 表示在 5% 的水平下显著,*** 表示在 1% 的水平下显著。

② 变量 $Year(n)_{i,t}$ 与 $Industry(k)_{i,t}$ 分别为控制年份与行业的名义变量,回归系数不予列示。

从表9-5可知，解释变量$com\_market_{i,t}$与被解释变量$IP_{i,t}$存在显著的相关性，在10%的显著性水平下，解释变量$com\_market_{i,t}$的系数为6.21e+07，表示企业市场竞争优势每增加一个百分点，则企业知识资产价值将增加6.21e+05个单位。解释变量$RD_{i,t}$与被解释变量$IP_{i,t}$不存在显著的相关性。解释变量$RD_{i,t-1}$与被解释变量$IP_{i,t}$有着显著的相关性，在1%的显著性水平下，解释变量$RD_{i,t-1}$的系数为0.1168869，表示滞后一期的研发投入$RD_{i,t-1}$每增加一个单位，当期知识资产价值$IP_{i,t}$将增加0.1168869个单位。解释变量$RD_{i,t-2}$与被解释变量$IP_{i,t}$有着显著的相关性，在1%的显著性水平下，解释变量$RD_{i,t-2}$的系数为0.0645155，即滞后两期的研发投入$RD_{i,t-2}$每增加一个单位，当期知识资产价值$IP_{i,t}$将增加0.0645155个单位。解释变量$RD_{i,t-3}$与被解释变量$IP_{i,t}$不存在显著的相关性。模型的拟合优度为0.3288，F统计量通过检验，控制变量$lnasset_{i,t}$的系数符号与预期一致。

由以上分析可知，所有行业企业滞后一期及滞后两期的研发投入与知识资产价值都存在显著的相关性，而当期研发投入与知识资产价值不存在显著的相关性，这说明我国的知识资产研发周期平均为2~3年。并且滞后一期的研发投入系数大于滞后两期的研发投入系数，表示滞后一期的研发投入对当期知识资产价值的贡献大于滞后两期的研发投入对知识资产的价值贡献。与知识资产价值存在显著相关性的滞后一期与滞后两期研发投入的系数之和为0.1814024，该系数小于1的原因在于我国企业的研发投入并非完全形成知识资产价值。根据我国《企业会计准则第6号——无形资产》（2006）的规定，企业内部研究开发项目研究阶段的支出，应当于发生时计入当期损益；企业内部研究开发项目开发阶段的支出，在满足规定的条件下，才能确认为无形资产。其次，根据前文分析可知，知识资产价值除了受到成本因素的影响外，还受到效用因素以及制度因素、市场因素的影响。

同时，根据回归结果可知企业市场竞争优势与知识资产价值存在显著的相关性，这说明我国企业知识资产价值受到企业市场竞争优势的影响。

企业通过对知识资产的运用所带来的市场竞争优势越大，知识资产的效用越大，其价值也就越大。模型的回归结果说明知识资产价值不仅受到成本因素的影响与决定，同时还受到了效用因素的影响与决定。

该模型的回归结果证明假设 1 与假设 2 成立。

（二）分行业回归结果分析

在 2007 ~ 2010 年披露了当期及滞后三期研发支出信息的 667 个样本数据中，制造业有 531 个，信息技术业数据有 86 个，因此本书将利用上述模型对制造业与信息技术业进行分行业回归，以分析这两个行业的研发成本以及市场竞争优势与知识资产价值的相关性，控制变量不再考虑行业差异，回归模型如下：

$$IP_{i,t} = \alpha + \beta_1 RD_{i,t} + \beta_2 RD_{i,t-1} + \beta_3 RD_{i,t-2} + \beta_4 RD_{i,t-3} + \beta_5 com\_market_{i,t} + \beta_6 \ln asset_{i,t} + \sum \beta_{6+n} Year(n)_{i,t} + \varepsilon_{i,t}$$

1. 制造业回归结果分析

制造业的回归结果如表 9-6 所示。

表 9-6 制造业样本数据回归结果

Independent variables	Coefficient	t-statistic
constant	-2.94e+08 ***	-6.99
$RD_{i,t}$	0.0088153	1.15
$RD_{i,t-1}$	0.2097409 ***	6.36
$RD_{i,t-2}$	0.3235775 ***	23.66
$RD_{i,t-3}$	0.1745929 ***	10.27
com_market	5.18e+07 *	1.85
lnasset	1.37e+07 ***	6.99
N	531	
R^2	0.8064	
Adjusted R^2	0.8030	
F-statistic	241.10	

说明：

① * 表示在 10% 的水平下显著，** 表示在 5% 的水平下显著，*** 表示在 1% 的水平下显著。

② 变量 $Year(n)_{i,t}$ 为控制年份的名义变量，回归系数不予列示。

从表9－6可知，解释变量 $com\_market_{i,t}$ 与被解释变量 $IP_{i,t}$ 存在显著的相关性，在10%的显著性水平下，解释变量 $com\_market_{i,t}$ 的系数为5.18e+07，表示制造业企业市场竞争优势每增加一个百分点，则企业知识资产价值将增加5.18e+05个单位。解释变量 $RD_{i,t}$ 与被解释变量 $IP_{i,t}$ 不存在显著的相关性。解释变量 $RD_{i,t-1}$ 与被解释变量 $IP_{i,t}$ 有着显著的相关性，在1%的显著性水平下，解释变量 $RD_{i,t-1}$ 的系数为0.2 097 409，表示滞后一期的研发投入 $RD_{i,t-1}$ 每增加一个单位，当期知识资产价值 $IP_{i,t}$ 将增加0.2 097 409个单位。解释变量 $RD_{i,t-2}$ 与被解释变量 $IP_{i,t}$ 有着显著的相关性，在1%的显著性水平下，解释变量 $RD_{i,t-2}$ 的系数为0.3 235 775，即滞后两期的研发投入 $RD_{i,t-2}$ 每增加一个单位，当期知识资产价值 $IP_{i,t}$ 将增加为0.3 235 775个单位。解释变量 $RD_{i,t-3}$ 与被解释变量 $IP_{i,t}$ 有着显著的相关性，在1%的显著性水平下，解释变量 $RD_{i,t-3}$ 的系数为0.1 745 929，即滞后三期的研发投入 $RD_{i,t-3}$ 每增加一个单位，当期知识资产价值将增加0.1 745 929个单位。模型的拟合优度为0.8 030，F统计量通过检验，控制变量 $lnasset_{i,t}$ 的系数符号与预期一致。

由以上分析可知，制造业企业前三期的研发投入与知识资产价值都存在显著的相关性，而当期研发投入与知识资产价值不存在显著的相关性，这说明我国制造业企业的知识资产研发周期平均为3~4年左右。并且滞后两期的研发投入系数最大，表示滞后两期的研发投入对当期知识资产价值的贡献最大。三期研发投入的系数之和为0.7 079 113，该系数大于所有样本企业的回归系数之和，说明制造业企业知识资产价值受到研发成本因素的影响较大，大于所有行业企业的平均水平。

同时，根据回归结果可知制造业企业市场竞争优势与企业知识资产价值存在显著的相关性，其相关系数小于所有样本企业的平均水平，这说明我国制造业企业知识资产价值受到企业市场竞争优势的影响程度小于所有行业的平均水平。

2. 信息技术业回归结果分析

信息技术业样本企业的回归结果如表 9-7 所示。

表 9-7 信息技术业样本数据回归结果

Independent variables	Coefficient	t-statistic
$constant$	$-7.40\mathrm{e}+07$	-0.47
$RD_{i,t}$	-0.0116033	-1.21
$RD_{i,t-1}$	0.4853794***	4.82
$RD_{i,t-2}$	-0.0641938	-1.42
$RD_{i,t-3}$	-0.044424	-0.85
com_market	$6.75\mathrm{e}+08$***	5.50
$lnasset$	3782117	1.41
N	86	
R^2	0.6786	
Adjusted R^2	0.6405	
F-statistic	17.83	

说明：

① * 表示在 10% 的水平下显著，** 表示在 5% 的水平下显著，*** 表示在 1% 的水平下显著。

② 变量 $Year(n)_{i,t}$ 为控制年份的名义变量，回归系数不予列示。

从表 9-7 可知，解释变量 $com\_market_{i,t}$ 与被解释变量 $IP_{i,t}$ 存在显著的相关性，在 1% 的显著性水平下，解释变量 $com\_market_{i,t}$ 的系数为 $6.75\mathrm{e}+08$，表示信息技术业企业市场竞争优势每增加一个百分点，则企业知识资产价值将增加 $6.75\mathrm{e}+06$ 个单位。解释变量 $RD_{i,t}$，$RD_{i,t-2}$，$RD_{i,t-3}$ 与被解释变量 $IP_{i,t}$ 不存在显著的相关性，表示信息技术业知识资产价值与当期、滞后两期及滞后三期研发成本不存在显著的相关性。解释变量 $RD_{i,t-1}$ 与被解释变量 $IP_{i,t}$ 存在显著的相关性，在 1% 的显著性水平下，解释变量 $RD_{i,t-1}$ 的系数为 0.4853794，表示信息技术业企业滞后一期研发投入每增加一个单位，当期知识资产价值将增加 0.4853794 个单位。模型的 F 统计量通过了检验。

由以上分析可知，信息技术业滞后一期研发投入与企业知识资产价值存在显著的相关性，而当期研发投入、滞后两期研发投入、滞后三期研发投入与知识资产价值不存在显著的相关性，这说明我国信息技术业企业的研发周期为两年左右。滞后一期研发投入的系数为0.4 8353 794，小于制造业企业研发投入的系数之和，但高于所有样本企业的系数之和，说明信息技术业企业研发投入对知识资产价值的影响小于制造业企业但高于所有样本企业的平均水平。同时信息技术业企业市场竞争优势与知识资产价值存在显著的相关性，其系数大于所有样本企业的平均水平和制造业样本企业，这说明我国信息技术业企业知识资产价值受到企业市场竞争优势的影响程度大于制造业企业和所有行业的平均水平。

五、实证结论

通过对样本企业知识资产价值的描述性统计分析以及研发成本、企业市场竞争优势与知识资产价值的相关性回归分析，可得出我国企业知识资产占无形资产比率较低且行业分布较为集中、研发成本与知识资产价值有着显著的相关性且具有滞后性、企业市场竞争优势与知识资产价值存在显著的相关性的研究结论。

（一）知识资产行业分布状况分析

我国企业知识资产占无形资产比率较低，且行业分布较为集中。我国企业知识资产主要有商标权、专利权与非专利技术等，根据前文分析可知，样本企业商标权价值所占知识资产比例为23.22%，专利权和非专利技术所占比例为76.78%，这表明我国企业较为重视专利权与非专利技术的投资与开发。但是，样本企业知识资产总价值仅占无形资产价值的7.24%，这一比例明显低于其他无形资产所占比例。究其原因，其一，我国《企业会计准则》（2006）中对无形资产包含了较多的不完全具有无形资产特征的项目，尤其是土地使用权及各类特许权等。其二，我国企业对知识资产的投资较为不足，据美国著名的知识资产资本化综合性服务集团 Ocean Tomo 公司的统计，标准普尔500（S&P 500）企业无形资产价值占企业总市场价值的比例已从1975年的17%提高到2010年的80%，其中无形资产以知识资产为主要构成内容。其三，我国企业知识资产仍以自主研发居多，且在披露其价值时主要以研发成本作为参考，故知识资产价值主要反映其成本价值，较少反映其效用价值与市场均衡价值。根据我国企业会计准则，企业内部研究开发项目研究阶段的支出，应当于发生时计入当期损益。企业内部研究开发项目开发阶段的支出，满足一定的确认条件时，才能确认为无形资产。可见，我国知识资产的研发成本在其价值中未能得到完全反映，而其效用价值与市场均衡价值更是被拒于财务报表之外。

同时，根据前文知识资产价值行业分布分析可知，我国知识资产主要集中在制造业，该行业知识资产总额占所有样本企业的75.39%，其次是采掘业和信息技术业。可见，我国知识资产行业分布较为集中，这主要缘于行业生产和经营特征差异，制造业在生产过程中对知识资产的运用明显多于其他行业。

总而言之，通过上述分析，我们认为，企业应该加大知识资产的投资，发挥知识资产对经济增长与企业发展的主导作用与杠杆作用。

（二）研发成本与知识资产价值相关性分析

由前文研究可知，研发成本与知识资产价值有着显著的相关性，且具有滞后性。根据知识资产价值与研发投入规模描述性统计分析可知，2007~2010年研发投入均值较高的企业其知识资产均值也较高，即企业知识资产价值随着研发投入的增加而增加。多数样本企业的研发均值都在1 000万~5 000万元左右，但是仍有相当数量的企业研发均值在500万元以下，其所拥有的知识资产均值也在样本企业中最低。

同时，根据研发成本与知识资产价值的回归分析可知，我国企业研发成本与所拥有的知识资产有着显著的相关性，并且研发成本对知识资产的影响存在滞后性。其中，制造业企业的研发投入对知识资产价值的影响大于信息技术业和所有行业样本企业的平均水平，其影响系数之和为 0.7 079 113，该系数小于 1。原因在于企业在现有会计准则规定下，研发成本并非完全计入知识资产，同时知识资产价值除了受到成本因素影响外，还受到效用因素、制度因素等的影响。回归结果表明当期研发成本与企业知识资产不具有显著的相关性。通过回归分析结果可知，我国制造业企业的知识资产的研发周期平均为 3~4 年左右，信息技术业知识资产的研发周期平均为 1~2 年左右。

因此，我国企业的研发成本决定了其所拥有的知识资产的数量和质量。企业在知识经济时代想要可持续发展并保持不断的价值增长，就必须加大自己的研发投入，着眼于长期效益，在生产与经营过程中运用知识资产获取超额收益和市场竞争优势，使企业长期立于不败之地。

（三）企业市场竞争优势与知识资产价值相关性分析

通过模型的回归分析可知，我国所有行业企业的市场竞争优势与知识资产价值存在显著的相关性。其中，制造业企业市场竞争优势对知识资产价值的影响系数小于所有行业样本企业的影响系数，而信息技术业企业市场竞争优势对知识资产价值的影响系数大于所有行业样本企业的影响系数。这说明我国企业知识资产价值受到市场竞争优势的影响与决定，凸显了效用因素对知识资产价值的影响与制约。因此，企业在运用知识资产时，要更为注重其效用的发挥，使其成为企业的优势资源，以提高企业的市场竞争力与获利能力。

综上所述，知识经济时代是经济飞速发展的时代，是科学技术高速进步的时代，经济的增长和企业的发展越来越依靠知识资产等无形资产，知识资产已成为企业价值增长和长期可持续发展的主要驱动因素，能为企业带来长期持续的超额收益。因此，加大企业研究与开发成本的投入，通过自主研发或者外部购入等方式获取知识资产，并且通过不断的技术创新提升企业知识资产价值，发挥知识资产在生产与经营过程中的作用，提高企业的获利能力和市场竞争优势，是企业在竞争激烈的市场环境下长期持续发展的必要条件。重视知识资产投资与管理，提升知识资产的价值，发挥其对经济增长的驱动作用已势在必行。

本篇小结

知识资产作为企业无形资产的重要组成部分，与企业的生存与发展休戚相关。随着科学技术的进步和知识经济在全球范围的渗透，知识资产已成为21世纪企业发展与价值增长的主导因素，关系着企业长远的战略规划与发展方向。同时，知识资产已成为全球经济发展的主要驱动力，为经济的发展带来巨大的杠杆效应。知识资产价值信息对于企业内部及外部使用者的决策都至关重要，客观性与相关性兼备的知识资产价值信息将会正确引导市场资源的有效配置，促进资本市场的健康发展以及经济的可持续增长。知识资产具有价值，且能为企业创造价值，但是知识资产价值合理与正确的确定却是一大难题，这必然成为企业乃至整个资本市场、全球经济发展亟待解决的问题。

在这一背景下，本部分在比较、分析、界定有关价值、无形资产、知识资产等相关概念和内涵的基础上，对知识资产价值的决定因素进行了研究，并将其分为内在因素和外部因素两方面，从理论上阐述了知识资产价值的决定将受到多方面因素的相互影响与制约；本书还提出了知识资产价值供给方与需求方的价值预期模型，并且在引入禀赋效应分析的基础上，运用博弈论的分析方法构建了知识资产均衡价值模型，分析了知识资产价值决定机制，提出知识资产均衡价值的决定取决于知识资产供给方与需求方的博弈；通过实证研究，本书验证了企业研发成本、市场竞争优势与知识资产价值的相关性。其研究的结论如下：

第一，知识资产价值决定受到多方面因素的影响与制约，这些因素可分为内在因素与外部因素。其中内在因素包括成本因素、效用因素、风险因素与产权属性因素，而外部因素包括制度因素与市场因素，这些因素的共同作用决定了知识资产的价值。知识资产的劳动成本、机会成本与风险补偿（经济剩余预期）决定了知识资产这一稀缺性效用或者资源的供给和稀缺性。同时，知识资产的可模仿程度、垄断性、生命周期、技术水平、组合效应等效用因素影响着知识资产需求方对知识资产这一稀缺性资源的需求，从而决定与制约着知识资产的效用与需求这两者之间的相互关系和作用方式，必然影响知识资产价值。而知识资产的风险因素和产权属性因素通过对知识资产效用因素的影响，将影响知识资产价值决定要素之间的相互关系，进而影响知识资产价值。同时，知识资产制度与市场环境等外部因素对知识资产的稀缺性、效用和需求同样会产生影响，进而影响知识资产的价值决定。

可见，知识资产价值决定的根本是知识资产价值决定内在因素之间的相互关系和作用方式，这些要素间的相互关系和作用方式决定了知识资产价值的运动和变化趋势，同时这些内在因素还通过与外部因素的相互关系调节外部因素对知识资产价值的决定与影响作用。知识资产价值决定的外部因素是知识资产价值形成的条件，他们通过对知识资产价值决定内在因素的影响，改变内在因素之间的相互关系和作用方式，通过内在因素的传导机制来影响和决定知识资产的价值。

第二，知识资产需求方与供给方对知识资产的价值预期基础的差异导致价值预期的差异。知识资产供给方在对知识资产价值预期时将会考虑劳动成本的补偿以及经济剩余的获取这两方面的因素。只有在知识资产劳动成本得补偿的情况下，知识资产供给方才会有研发的积极性，只有在能够获取预期经济剩余的情况下，知识资产供给方才会有交易的积极性。因此，知识资产的劳动成本补偿和经济剩余预期是供给方进行知识资产价值预期的基础。知识资产需求方对知识资产的价值预期取决于知识资产给企业带来的效用大小，即取决于知识资产为企业带来的盈利价值和战略效应。知识资产的效用对知识资产需求企业而言，就是为企业带来超额收益，使企业具备市场竞争优势。效用的大小是指知识资产能够在多大程度上满足企业获取市场竞争优势和超额收益的需求，是知识资产价值之体现。因此，知识资产效用价值可用为企业带来的盈利价值和战略效应来衡量。

本书在评价知识资产的战略效应时，采用了非线性的模糊综合评价法，因为非线性的评价模型更符合评价的实际，更能反映某些评价指标对评价结果的突出影响。同时，本书运用熵值法根据数据信息特征做出权重判断，以较好体现评价对象的客观情况。

知识资产供给方与需求方在完全理性假设下，由于对知识资产价值预期的角度差异，导致知识资产价值预期存在一定的差异。知识资产供给方的价值预期基础为知识资产的劳动成本与经济剩余，而需求方的价值预期基础为知识资产的盈利价值与战略效应。同时，由于人类行为的有限理性，双方在价值预期中除了受到理性因素的影响外，还会受到感性因素的影响，供给方的价值预期往往会高于理性预期，而需求方的价值预期则会更加偏向于理性。这将导致双方在对知识资产的价值预期中产生禀赋效应，进一步促使双方价值预期差异的产生。这种禀赋效应来源于双方的拥有效应、损失规避及乐观倾向心理，且禀赋效应的大小受到知识资产稀缺性与获取知识资产方式的影响。

第三，知识资产价值的决定机制在于知识资产供给方与需求方的博弈。知识资产供给方与需求方对知识资产价值预期的差异导致双方的博弈，博弈的均衡结果将决定知识资产的均衡价值。本书主要运用了完全信息下的讨价还价博弈模型与不完全信息下的双方叫价博弈模型来分析知识资产价值决定的博弈机制。

在完全信息的讨价还价模型中，知识资产供给方与需求方讨价还价博弈的均衡值取决于该博弈是有限期博弈还是无限期博弈。有限期博弈情况下，知识资产均衡价值取决于博弈的期数以及双方的贴现因子。在无限期博弈情况下，知识资产均衡价值取决于博弈双方的贴现因子。

在不完全信息的双方叫价模型中，供给方与需求方的贴现因子决定了双方叫价差异分享比率，进而影响着知识资产均衡价值的确定。知识资产的成本、效用以及效用的分布情况对知识资产均衡价值的确定都有影响。随着效用分布状况参数的提高，知识资产均衡价值将提高；随着效用的提高，知识资产均衡价值将提高；随着成本的提高，均衡价值也将提高。

第四，本书通过实证研究发现，我国知识资产占无形资产比率较低，且行业分布较为集中。同时，我国企业研发成本与所拥有的知识资产价值有着显著的相关性，并且研发成本对知识资产的影响存在滞后性。通过回归系数的分析与比较可知，制造业企业的研发投入对知识资产价值的影响大于信息技术业和所有行业样本企业的平均水平。本书的实证研究还表明企业的市场竞争优势与知识资产价值有显著的相关性。其中，制造业企业市场竞争优势对知识资产价值的影响系数小于所有行业样本企业的影响系数，而信息技术业企业市场竞争优势对知识资产价值的影响系数大于所有行业样本企业的影响系数。这说明我国企业知识资产价值受到市场竞争优势的影响与决定，凸显了效用因素对知识资产价值的影响与制约。本书的实证研究验证了知识资产的市场均衡价值受到成本因素与效用因素的决定与制约这一结论。

（本篇执笔人：周江燕）

第三篇

知识资产价值贡献论

第十章　耦合理论与知识资产价值贡献机理

本书第一篇、第二篇已充分论证了知识资产已经成为经济增长的"第三要素",它不仅是有价值的,而且其本身的价值是可以测度的。当然,人们更关心知识资产有多少价值贡献。我们在研究中发现,知识资产具有明显的耦合现象,运用耦合理论可以更为清楚地测度其价值贡献。

与自然科学的前瞻性指向有所不同,社会科学的反思性指向使得每一个现代社会学理论的发展几乎都有其久远的历史渊源,知识资产价值贡献问题也一样。追根溯源,"考察每个问题都要看某现象在历史上怎样产生,在发展中经历了哪些阶段,并根据它的这种发展去考察这一事物现在是怎样的,对该问题的产生和发展情况做一概括的历史的考察"❶,据以宏观把握该学科的演进脉络。

一、知识资产的耦合现象

(一) 耦合概念

"耦合"一词源于古希腊语,或曰协和、和谐、协作、合作,是协同学的基本范畴。"两人并耕"称为"耦","耦合"一词是"物理学上指两个或两个以上体系或运动形式之间通过相互作用而彼此影响以至于联合起来的现象"❷,《现代汉语词典》举例说,如放大器级与级

---

❶ 《列宁选集》(第4卷),人民出版社1960年版,第43页。
❷ 中国社会科学院语言研究所词典编辑室编:《现代汉语词典》(第5版),商务印书馆2005年版,第1012页。

之间信号的逐次放大通过阻容耦合或者变压器耦合；两个线圈之间的互感是通过磁场的耦合。

通过以上对"耦合"词义的考察，可以明确"耦合"有以下几层含义或特点：第一，耦合表明有两个或两个以上相互独立的物体、体系或运动形式并存；第二，并存的相互独立物之间存在互系、交流与影响作用；第三，两者相互关联与依赖，通过相互作用与某种外在作用可使两者联合起来。

"在社会科学中，可以把两种现象通过特定条件，使二者有机结合起来并发挥作用的客观事物，视为耦合。"[1] 所谓耦合，是指协调两个或者两个以上不同形式资源或者个体，使它们一致地完成某一目标的过程或能力。

关于耦合理论源远流长，无论是古老的东西方哲学，还是现在的自然与社会科学，实际上在研究人与人、人与自然乃至整个宇宙协调发展问题的同时，都必然涉及耦合问题。[2]

非生物世界和生物世界存在着耦合现象，人们对耦合的研究由来已久。古代的哲学家提出了独到见解，"天地和气，万物自生"的元气自然论[3]，清代学者王夫之提出"分而为一"与"合二以一"的和谐论观点。[4] 近代科学家也注重研究各个不同结构、层次、系统内部的各个要素之间的协调问题，伟大的物理学家爱因斯坦说："如果不相信我们世界的内在和谐性，那就不会有任何科学。"

（二）耦合原理

20世纪60年代初期，哈肯教授在研究激光的过程中发现了耦合现

---

[1] 中国社会科学院语言研究所词典编辑室编：《现代汉语词典》（第5版），商务印书馆2005年版，第1012页。

[2] 杜栋：《协同管理系统》，清华大学出版社2008年版，第58页。

[3] 田昌五：《论衡》，中国国际出版社2011年版。

[4] （清）王夫之著，王孝鱼点校：《周易外传》，中华书局1962年版。

象。哈肯教授考察了不同领域中非平衡有序结构的类似性，发现在那些千差万别的学科中所出现的有序结构形成过程，都遵循相似的数学方程。哈肯教授概括了耦合现象的共同特点，即各系统由许多子系统构成，子系统通过非线性的作用产生相干和协同效应，使大系统成为自组织结构，在宏观上表现为时—空结构、时间结构、空间结构。

2005年哈肯教授提出耦合理论。耦合理论研究范围日益宽广，从自然科学系统到社会科学系统，哪里有有序结构的形成，哪里就有耦合作用，哪里就有耦合理论的研究对象。下面简单阐述耦合的相关概念，如系统和有序、两种趋势、平衡相变与非平衡相变等内容。

1. 系统和有序

我们所处的世界是一个由多层次物质构成的统一整体，根据系统论的基本知识我们可以称这个物质世界是一个系统。为了研究方便，耦合理论把系统称为宏观领域，将子系统称为微观领域。系统在宏观领域上的特征和性质，是由微观领域不同的关联及协同方式决定的。

为了便于探讨系统内部子系统之间的联系与规律，耦合理论依据系统的存在形式将系统分为三类：开放系统、孤立系统、封闭系统。孤立系统是指外界与系统既无能量交换又无物质交换。当系统和外界的联系弱到可以忽略不计的程度时，才将其视为孤立系统，当然，孤立系统只是想象的中系统，现实中不可能存在。当外界与系统有能量而无物质交换时，此系统视为封闭系统，这是建立在经典理论基础之上的近似描绘。当外界与系统既有能量又有物质交换甚至是信息交换时，此系统视为开放系统，开放系统是自然界乃至社会界实际存在的大量系统的真实写照。

根据不同条件下系统的演化规律和系统的宏观特征，可将系统分为有序系统和无序系统（可以简称有序或者无序），也可以称为有序结构或者无序结构。

当系统具有一定规律性的结构时称为有序结构。当系统有结构而无一定规律可循时称为无序结构。各子系统之间的组织状况及相互关系表现为系统结构。系统结构可以划分为三类：时—空结构、空间结构、时间结构。此处谈及系统结构的"规律"是指系统的结构有无周期性和重复性。

系统的功能，是系统对外界作用时表现出的特性和能力。由于系统的结构、功能存在密切联系，在描述系统变化时，主要谈及它的结构功能的演化问题。系统的变化有两种趋势：即有序—无序，无序—有序。

2. 两种趋势

系统总是向两个相对方向演化和发展：一个情形是从有序状态向无序状态变化，孤立系统的热力学第二定理就说明了这种趋势；另一个情形是系统从无序状态突变发展到有序状态，平衡相变和非平衡相变就描述了这种趋势。对于无序—有序这种趋势，只要我们开阔一下视野，从天体的形成直到源自世界的各个层次上，都会看到系统的有序演化的例子，而任何现象的演化进程都是由一个突变的序列组成，在一定条件下，系统从无序向有序的转变，具有普遍意义。

3. 平衡相变和非平衡相变

物质所处的不同结构或者不同的状态称为相❶，在平衡系统中发生的相变称为平衡相变❷。非平衡相变实际上指的是在远离平衡的系统中发生的相变现象。在开放系统中出现的非平衡相变具有广泛应用性，平衡相变和非平衡相变的共同点体现在以下几点。

（1）当控制参量达到阈值时，相变突然发生。这与平衡相变相似。

（2）当系统从无序向有序转变时，新结构形态一般具有较丰富的时空结构。

（3）系统突变发展到新形态后需要外界提供能量流、物质流、信息流来保证其运行。

---

❶ 比如气体、液体、固体就是空间结构不同的三种相。

❷ 此处的平衡指系统处于热力学的平衡状态，在平衡状态时系统内部不会发生宏观迁移现象。

(4) 新结构形态一旦出现，就表现为相对的稳定性，并不因为外界环境的细微变化而出现动荡。

4. 序参量

根据系统学的观点，系统是由若干个子系统组成，各个子系统处于自发的无规则运动状态。子系统之间相互影响，但是各个子系统的地位不同，有个别子系统影响着这个系统的发展方向和性质，被称为控制参量。当控制参量的运动增强到系统质变临界点以前时（阈值时），各个子系统之间的相互作用变弱，整个系统处于无序状态。当控制参量达到阈值时，各个子系统之间相互关联的作用增强，系统出现新的结构和性质，整个系统发生质变，各个子系统介入整个系统的协同、耦合作用，而系统发生质变其主动作用的子系统被视为序参量。在整个系统发生质变前，序参量的数值是零。当序参量能量增大达到阈值时，系统发生相变（又称为质变），因此序参量可以理解为各个子系统耦合作用的总和。需要解释的是，系统的序参量也不止一个，各个序参量之间的相互协作也是一种耦合现象。

要找出子系统之间耦合的关系，需要考察参量在临界点时的变化情况。当在稳定状态时参量的作用差不多，而到了临界点参量就出现了两极分化的趋势。绝大多数参量属于快弛豫参量❶，因为这类参量对于组织的进程、组织的临界特征、组织的发展前途不起什么作用。只有一个或者几个参量在临界点时，得到多数字系统的响应，呈指数型增长，在演化过程中是中起作用的，所以组织的演化和进程都由它来决定，这是所谓的慢弛豫驰参量。对于异质性企业来讲，从长远来看，企业的有形资本能够在市场上通过交易的形式获得，因此对保证企业的异质性、增加企业的差异性没有什么作用，有形资本相当于快弛豫

---

❶ 为了抓住在演化过程中起支配作用的慢弛豫参量，忽视快弛豫参量的变化对系统演化的影响，可以令快弛豫参量对于时间的微商等于零，将得到的关系式带入有关的运动方程，就可以得到只有一个或者几个慢弛豫参量的演化方程。这就是绝热消去原理。后面的章节会用到这种方法。

参量。而知识资产是企业异质性资源的核心,并且很难在市场通过交易获得,对企业的竞争优势、企业的价值始终起着支配作用,知识资产类似于慢弛豫参量。

5. 涨落

运动是永恒的,系统内部各个子系统始终处于运动状态,并且总处于无规则的自发运动状态;系统处于无序状态时如此,处于有序状态时亦是如此,不过此时系统的序参量没有达到阈值,因此系统处于有序状态时,其表面的风平浪静不能代表内部丰富复杂的"海底世界",系统内部的无规则运动加之外界环境的随机波动,使得系统的宏观指标有可能偏离其均值,这种偏离系统宏观观测值均值的起伏现象称为涨落。涨落用哲学术语来阐释就是量变的现象,而系统序参量的出现是系统相变(质变)的现象,而这有明显的区别。

6. 自组织及其特征

系统发生相变时,外部环境的变化只是系统发生质变的外因,而系统内部序参量的变化才是系统发生质变的内因。系统作为一种有机体,存在自组织结构,阐释描述自组织结构的理论便是自组织理论。和自组织对应的概念是他组织,自组织与他组织的主要区别在于,在特定情境干预下,系统的特定结构和功能是外界环境强加于系统的,则称系统是他组织。

对于自组织系统相应的理论就是自组织理论,该理论解释自组织在形成机制及演化过程中的共同特性。这种特性表现在三个方面:一是系统需要远离平衡状态的开放系统;二是系统的不同要素之间存在非线性影响机制;三是系统与发生涨落的可能诱因。作为经济系统的微观细胞——企业,其本身也是由物质资本、人力资本、结构资本、关系资本等要素构成的有机整体。随着外部环境的影响,企业出现自组织特性。

(1)企业系统的开放性与非平衡性。系统理论一个首要的观点就是,如果一个系统要成为持续发展的且不断适应外界环境变化的自组织系统，该系统应该是开放系统。开放系统前面已经提及，此处不再展开。

现实中存在的企业具有开放性，企业需要从要素市场获取各种资源，并将企业生产的产品（或者服务）在产品市场上销售出去。在此过程中就有物质、能量、信息进行交换，反映出企业的新陈代谢过程。

系统理论认为系统演化发展的基本前提是系统本身远离平衡、处于非平衡状态。企业的非平衡性表现在企业的运营过程中企业与外界环境存在着各种交换。企业系统的非平衡性还表现在其内部各个子系统之间的非平衡性。各个子系统在分布上不是均匀的，它们为获得同质或者异质性资源而相互竞争，是引发企业演化发展的重要内因。

（2）企业内部子系统之间的非线性作用。如果从数学的角度来解释非线性，就是方程的解不能是唯一的或者是不能确定的。在系统学中，非线性表示系统组成要素之间相互作用的关系不是一种均匀比例的变化关系，而是不成比例的、随机的、变动的、偶然性的。子系统之间的线性关系是指子系统之间的作用是他们单独作用的机械叠加，如果用数学语言表示，就是满足加法原理。

（3）企业系统的涨落。系统内部的无规则运动加之外界环境的随机波动，使得系统的宏观指标有可能偏离其均值，这种偏离系统宏观观测值均值的起伏现象称为涨落。当系统处于平衡状态时，外部的影响一般对企业内部系统不起什么作用；当系统处于接近平衡状态时，外部环境的影响只会使系统发生微小的偏离，是企业暂时偏离平衡状态，称为微涨落。只有当企业处在远离平衡状态的非线性区域时，外界环境的变化会通过非线性作用被放大、传递转化为巨涨落。使企业由原来的状态跃迁到新的稳定状态产生整体演化，形成新的有序结构。

耦合理论源于物理学，它是指两个或者两个以上的体系或者运动形式之间相互作用而彼此影响的现象。当两个或者两个以上性质相似的系统具有相互亲和的趋势，在条件成熟时，可以结合为一个高一级的机构功能体，就是系统的耦合（任万周，万长贵，1994）。系统耦合的根本原因是系统自由能的积累,系统自由能可由公式(10-1)表示(任万周,万长贵,1994;Katchalsky,1971):

$$F = E - TS \qquad (10-1)$$

式中,F——系统的自由能;

E——系统的总能;

S——系统的熵。

在一定条件下,当能量投入较大而熵恒定时,自由能增大。自由能不断积累使系统进入非平衡状态,自由能增加到一定限度后,成为一种不稳定的势能(这是系统之间发生耦合的动力),它需要寻找新的出路,或者通过信息反馈来降低系统自由能的积累,以维持系统的稳定。在自然状态下,这一过程类似于生态系统向高级状态发展的过程。这个新的状态或者系统不是原来系统的能量增大,而是产生了新的结构功能体,这个新的结构功能体在能量驱动下,形成新的能量流、信息流和物质循环,这一个高一级的新的系统便称为耦合系统。

通过上述耦合概念、耦合理论相关的术语——系统与有序、两种趋势、平衡相变与非平衡相变、序参量、涨落、自组织等内容的简练阐释,本书用简洁的语言说明了耦合理论的原理,探求了企业知识资产价值贡献的耦合理论渊源。上文强调了在企业价值贡献系统中,知识资产是企业价值贡献的慢弛豫参量,它决定了企业的异质性,知识资产的三要素之间相互作用、相互影响,处于演化共生的状态。至于知识资产如何去耦合,实现其价值贡献,本书将在后面借鉴耦合理论原理,借助于梳理推导,研究知识资产三因素价值贡献耦合机制问题。

(三)耦合理论在知识资产中的应用

著名的战略管理学家伊戈尔·安索夫(Igor Ansoff)曾于1965年第一次从经济学和管理学角度解释了"协同"的概念,并认为企业的整体价值大于企业各个独立组成部分价值的简单相加之和。进而,安索夫还以协同的职能为标志将企业的投资收益区分为销售协同、营运协同、投资协同以及管理协同带来的收益。

日本学者殷丹广之于1987年在安索夫研究的基础之上,将企业协同效应分解为"互补效应"和"协同效应"两个部分。其中协同效应就是"搭便车",企业从一个部门中积累的资源(企业积累的独特的隐形资源)可以同时无成本地被其他部门应用,便产生了协同效应。他指出通过提高实物资源的使用效率以节约成本来增加销售的办法是互补效应。殷丹广之特意强调对隐形资源的使用。

耦合理论在经济学和管理学、地理学、农业学中已经不是什么新鲜词语,宏观经济学、产业经济学、农业经济学、金融学、旅游经济学等学科也都广泛吸纳了耦合理论的原理并进行实证研究。但是在会计学界耦合理论却鲜为人知,对其进行实证研究更是凤毛麟角。本书将耦合理论应用于会计学领域,并进行一次尝试性的实证研究。

探讨企业知识资产价值贡献耦合机理问题需要研究知识资产的经济学和管理学渊源问题,以下着力解决知识资产的经济学渊源和管理学渊源。

二、企业知识资产价值贡献机理剖析

"机",事物发展的内部原因。张载曰:"凡圜转之物,动必有机,既谓之机,则动非自外也。"❶ "理",指条理准则或者规律,韩非曰:"理者,成物之文也",理是事物的特殊规律,有区别于表示事物普遍规律的道。❷ 机理是指为实现某一特定功能,一定的系统结构中各要素的内在工作方式以及诸要素在一定环境条件下相互联系、相互作用的运行规则和原理。

前两篇研究了知识资产的基本概念和基础理论,本篇力图在前两

---

❶《辞海》,上海辞海出版社1989年版,第1408页。

❷ 同上书,第1367页。

篇的基础上讨论企业知识资产的价值贡献机理问题，包含两方面内容，即知识资产每个要素单因素对企业价值贡献问题、耦合视角下企业知识资产对企业价值的贡献机理问题。

（一）企业各类知识资产的价值贡献

本部分在假设知识资产三因素中其他两个因素不变的情况下，运用单因素分析法对知识资产的企业价值贡献进行分析，并且分别讨论知识资产的三个组成要素对企业价值的影响问题，即人力资本对企业价值贡献的影响问题、结构资本对企业价值贡献的影响问题、关系资本对企业价值贡献的影响问题。

各类知识资产价值贡献是在假定知识资产构成要素中所有其他要素保持不变，只有某种要素是可变的情况下，进行的局部静态分析。企业知识资产的三个要素对企业价值贡献的作用各不相同，其中人力资本在企业价值贡献中起核心作用，结构资本是企业价值形成的基础设施，起"平台"作用，关系资本是企业价值实现的重要途径。

1. 企业价值贡献的核心作用：人力资本

在知识经济时代，知识资产成为企业竞争优势的主要源泉已是不争的事实，而在知识资产的三大要素中，人力资本是知识资产的重要组成部分。人们越来越能够对非人力资本进行智能化管理，人力资本逐渐将自己的知识与创新能力渗透到物质资本中去，从而提高物质资本的服务潜能，实现资本的广化和资本的深化，提高企业的绩效，增加企业的价值。但是个体人力资本并不能直接形成组织的竞争优势，个体的人力资本只有通过转化为企业的人力资本并发挥其优势才能形成企业的竞争优势，增加企业的价值。

结构资本是支撑企业人力资本和关系资本的"基础设施"，是企业创造价值的平台，并对企业价值具有集成放大的功能，是将其他资本转化成企业价值的必需条件。人力资本只有在企业结构资本、关系资本以及有形资本的耦合下才能实现个体人力资本向组织人力资本的转化。而人力资本则借助于有形资本的物质支撑并对知识资产的其他要素起作用，决定着结构资本、关系资本的质量。

（1）人力资本价值贡献的逻辑分析。人力资本根据不同的标志可以划分不同的类别，以人力资本对企业的价值贡献为标志一般把人力资本划分为三种类别，即企业家人力资本、专业型人力资本和一般型人力资本。

企业家人力资本是异质性人力资本，专业型人力资本是指对技术人员的投资形成的人力资本，一般型人力资本是指接受普通义务教育所形成的人力资本。其中专业型人力资本和一般型人力资本合称普通型人力资本。

异质性人力资本具有资源稀缺性，对企业价值贡献具有特定意义，它可以调动专业型人力资本和一般型人力资本的积极性并借助于有形资本和其他知识资产对企业价值作出贡献。异质性人力资本——企业家人力资本包括不同的维度，根据汪丁丁教授的理解，异质性人力资本包括"创新精神"、"敬业精神"、"合作精神"三个维度。"创新精神"即熊彼特提出的企业家能够打破市场旧的平衡，为市场提供新产品，以恢复市场的平衡能力。该精神体现为企业家的生产性人力资本。"合作精神"表现为企业家对员工关系以及对企业利益相关者的关系协调、整合、沟通能力，该精神体现为企业家的社会性人力资本。在企业治理机制的作用下，企业家在降低激励成本和代理成本的条件下，努力工作表现为企业家的"敬业精神"。

人力资本对企业价值贡献的简易示意图如图10-1所示。

（2）异质性人力资本价值贡献分析。第一，企业家生产性人力资本对企业价值的贡献作用。

企业家"创新精神"即熊彼特提出的企业家能够打破市场旧的平衡，为市场提供新产品，以恢复市场的平衡能力。该精神体现为企业家的生产性人力资本。具体地讲，企业家生产性人力资本是企业家顺利完成企业生产经营活动所必需的体能、技能、知识，体能是作为企

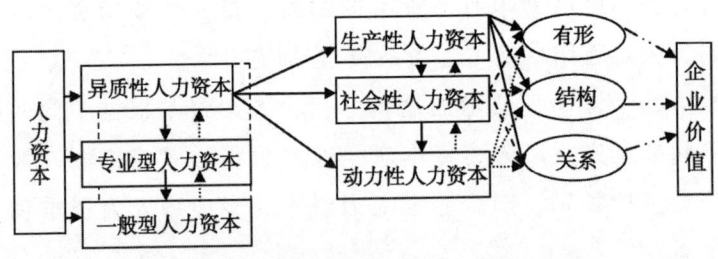

图 10-1 人力资本对企业价值贡献示意

业员工所必需的健壮的体魄,技能是指企业家所具备的专业技术能力,知识包括社会知识、管理知识、专业知识等,其中企业家的技能和知识构成异质性人力资本。这里的异质性人力资本主要体现在企业家一定的创新能力,这种创新主要体现在资源配置方面的创新和专业技术方面的创新。

对资源配置方面的作用。企业家通过识别企业有限的生产资源,并努力整合它们。这些资源可以是有形的,也可以是无形的,有形的如有形资本,无形的如知识资产。企业家将各类资源在企业各部门之间进行调配,为异质性资源的形成作第一步的准备工作。但是随着企业间竞争的加剧,企业的经济租最终会被侵蚀,因而企业家通过隔离机制(Isolating mechanism)等手段使异质性资源固化,防止异质性资源被模仿或替代发生,从而保持企业持续拥有经济租。显然企业家通过整合企业资产、技术及其他资源,从而形成新的异质性资源,这是企业资源结构创新的一个重要举措,既是形成竞争优势的关键步骤,也是企业保值增值的必要环节。

对企业技术创新的作用。对企业技术创新的作用主要表现在生产要素创新和产品创新。生产要素创新就是指物质因素创新和人力资本培训。物质因素创新主要包括提出新观点、开发新的材料、利用新材料、提高原材料性能、改造革新原设备、减少手工劳动的比重、提高机械化与自动化程度等。人力资本培训则是指对企业现有不同层次的员工进行培养、培训、教育,以适应新环境的要求。在技术创新中产品创新是最为重要的内容。企业通过产品创新以实现"满足社会需求来获得利润"，企业的各种创新举措最终将反映在企业的产品质量上，企业只有不断向社会提供物美价廉、客户认可的产品才能获得利润，唯此才能获得企业发展所需的资源与能量。

第二，社会性人力资本对企业价值的贡献作用。"合作精神"表现为企业家对员工关系以及对企业利益相关者的关系协调、整合、沟通能力。该精神体现为企业家的社会性人力资本，其主要表现为对企业内外部的网络关系的处理和协调上。企业社会网络主要有三个类别：第一类是企业价值链纵向延伸的关系——主要是指企业与其上下游资源拥有者之间的关系及企业内部企业家与企业内部员工之间的关系，包括企业与其购货商的伙伴关系和企业与其客户的伙伴关系；第二类是企业所在产业的价值链横向延伸关系——包括行业的竞争者、潜在入侵者、替代品生产者、战略联盟者等通过竞争合作形成的合作竞争关系；第三类是企业社会价值链的延伸——包括社区、政府等社会网络关系等。社会性人力资本是企业家利用企业社会网络，挖掘并利用内外部关系的一种能力。社会性人力资本对企业价值贡献表现在以下两个方面。

提高企业组织能力。社会性人力资本在企业中表现为一种信任机制。知识资产对企业创造价值不是在高压、命令、威胁、掠夺、强迫等环境下进行的，企业需要建立良好的企业文化氛围，让员工在自如、轻松的环境中自愿地奉献自己的知识、才能。从微观层面上看，企业经营活动涉及的具体环节都牵涉一种信誉和信任的问题，企业的各项活动都是在授权与信任基础上进行的。从宏观层面上看，企业在进行对外联络时，需要建立在较高的信任、信誉机制上，从而提高企业联盟的共同利益。

降低企业交易成本。企业家在长期合作的关系网络中进行信任交易，可以减少交易过程中不必要的环节从而降低交易成本。企业契约论认为，企业在运营过程中，合作网络越长，合作双方依赖性越强，那么资产专用性就越高，企业交易费用就越低。因而企业家的社会性人力资本对降低企业交易成本具有一定的作用。

　　第三，动力性人力资本对企业价值的贡献作用。此处动力性是心理学中的专业术语（能动性），能动性主要是指企业家的需要、动机、情感、意志和性格等意识倾向性因素在对企业员工进行奖励时的作用。❶ 这种作用的发挥将使企业家具有更大的积极性和更高的责任感从事企业管理活动，在一定程度上减少企业的激励成本，提高企业绩效，提升企业价值。❷

　　人力资本是知识资产三要素中的能动因素，人力资本的积累能够产生生产要素自身的递增收益。由于"干中学""用中学"等现象中知识的溢出效应的存在，也使追加的其他生产要素像资本、劳动的收益呈现出递增现象，这在本书第二章经济增长与知识资产的相关内容中有所阐释，从古典经济学家集大成者马歇尔到新经济增长理论的著名经济学家罗默的观点中可见一斑，此处不再展开。

　　组织形态的人力资本通常以潜含、未编码知识的形式存伏于员工个体之中。根据前述的动态能力理论的观点，资源具有黏性特征，企业拥有的异质性资源并非随意更改的，具有依路径依赖之特征。因此企业培育提升人力资本时，有必要将培养提高人力资本质量数量和健全完善结构资本双管齐下，以构建组织化的人力资本。结构资本可以帮助企业收集组织的诀窍（know-how）形成企业的知识资产（布提斯［Bontis］，1998）。

　　以结构资本为平台耦合人力资本，提升企业价值，需要建立良好的激励机制。❸ 企业制度因素——激励机制影响着知识资产三要素之间

---

　　❶ 雷亚萍、王星："人力资本的三重性对企业绩效的作用"，载《自然辩证法研究》2007年第4期。

　　❷ 黄慧群："控制权作为企业家的激励约束因素：理论分析及现实解释意义"，载《经济研究》2000年第1期。

　　❸ 张宗益、韩海东："基于协同机理的知识资产转化路径研究"，载《商业研究》2010年第12期。

的耦合度以及企业价值的实现。激励机制的主旨在于能够正确地诱导员工、团队的工作动机，并让其发挥工作积极性。激励机制一般遵循这样一种发展路径：需求→目标→动机→行为→绩效→奖酬→满足→积极性。对企业员工因势利导进行激励，上述发展路径给出了激励的指导思想，但是员工的需求层次是不相同的，因而不同的员工要采用差别激励方式。企业应该将物质激励与精神激励结合，来刺激各类知识资产主体的主观能动性，以提升企业的价值。具体而言，企业高管适宜按其贡献和受益权相匹配的模式；主要技术人员适宜采用知识资产股权化模式；因为主要营销人员控制了企业的关系资本，适宜采用收益权及与其贡献程度相匹配的激励模式并分享企业的剩余收益；企业的普通员工适宜采用财务业绩考核标准作为短期激励，激励效果更明显。激励机制体现了结构资本的质量，决定了知识资产耦合状况。

（3）人力资本价值贡献的数理分析。国外学者关于人力资本定价问题的探索不胜枚举，比较有代表性的是布瑞·贝克等创立的人力资源计分卡、舒斯特开发的人力资源指数以及杰克·菲力浦斯提出的人力资源有效性指数等。[1] 国内测度人力资本的方法大致有非购入商誉法、经济价值法、未来净资产折现法等。非购入商誉法仅能计算能够获得超额利润企业的人力资本的价值，对于获得平均利润的企业无能为力。经济价值法用未来盈余计量人力资本价值能够体现出资产的本质，囊括了企业正常利润的全部盈余，但此法只适用能获得利润的企业，模型只是反映人力资本的剩余价值而不反映必要劳动所创造的价值，有低估人力资本之嫌。未来净资产折现法需要把全部利润都归结为人力资本的贡献，否定了其他非人力资本要素的贡献。总之，讨论人力资本对企业价值的贡献程度的研究并不多见。此处我们借鉴财务学家莫迪利亚尼（Modigliani）和米勒（Miller）关于企业估价的逻辑

---

[1] 赵曙明、沈群红："论企业人力资源管理评估的功能与方法"，载《生产力研究》1998年第6期。

框架进行探索。

股利分析专家莫迪利亚尼和米勒认为企业的价值是由企业预期盈利按照与之风险程度相适合的折现率进行贴现而得到的资本化价值。通过对上述人力资本的三个维度对企业价值贡献的影响分析及对异质性人力资本对企业价值贡献的影响分析,可以知道,人力资本的价值实际上是由两部分现金流的现值组成,一部分是企业人力资本预期的一系列工资薪金的现值之和,另一部分是人力资本参与企业分配的现值之和。可以得到下述人力资本对企业价值贡献的公式(10-2)[1]。

$$V = \sum_{t=1}^{n} \frac{(HR_{t-1} + R_{t-1} \cdot HCT) \times (1+g)^t}{(1+r)^t} \quad (10-2)$$

式中,V——企业人力资本的价值,即人力资本对企业价值的贡献值;

HR_{t-1}——人力资本的 $t-1$ 期货币性收入(可用应付职工薪酬代替);

R_{t-1}——企业的 $t-1$ 期利润总额;

HCT——人力资本投资占企业投资的比例;

g——企业销售可持续增长比率;

r——折现率;

t——人力资本的服务年限。

特别强调公式(10-2)中的人力资本的货币性收入和企业利润总额可以从企业年度报告中获取。

公式(10-2)中的 HCT 可以用公式(10-3)求出。

$$HCT = \frac{WF + SE}{AA + HC + AD} \quad (10-3)$$

式中,HCT——人力资本投资占企业投资的比例;

WF——企业职工的工资和福利费;

SE——职工的保险费和教育费,其中 $WF + SE$ 用应付职工薪酬

---

[1] 罗静、毛宇阳:"人力资本群体价值计量模型的比较及修正",载《商业时代》2011年第4期。

代替；

　　AA——企业的流动资产投资额；

　　HC——企业的人力资本投资额；

　　AD——企业固定资产的折旧额。

这些数据可以从企业年度报告中获取。

公式（10-2）中的企业销售可持续增长率 g 可用公式（10-4）表示。

$$g = P \times A \times R \times T \quad (10-4)$$

式中，P——销售净利率；

　　A——资产周转率；

　　R——留存收益率；

　　T——权益乘数。

（4）人力资本价值贡献的实际应用。利用公式（10-2）~（10-4）的原理，测度人力资本的价值贡献，通过国泰安数据库以及新浪财经网（http：//finance.sina.com.cn/stock）对目标公司相关数据的搜索，整理得到表 10-1，以说明该计算方法的实用价值。

表 10-1　目标上市公司人力资本价值贡献相关数据汇总[*]

会计年度	2007	2008	2009	2010
利润总额 R（元）	39 322 568.3	52 884 752.4	69 184 734.4	1 043 096 007
应付职工薪酬 WF + SE（元）	18 896 684.53	40 802 556.58	40 802 556.58	23 578 150.41
流动资产 AA（元）	2 519 600 000	4 488 440 000	5 009 060 000	6 366 680 000
固定资产折旧额 AD（元）	197 146 000	277 431 000	297 200 000	283 139 000
销售可持续增长率 g（%）	0.25335	0.032464	0.085411	0.225775
折现率[❶] r（%）	8.5	8.5	8.5	8.5

注：　*　为了保护某上市公司的商业秘密，没有注明该上市公司的名称。

　　❶　折现率用近三年来无通胀、无风险的利率来反映。

根据表 10-1 相关数据计算相关内容：

人力资本资本投资占企业投资的比例，根据公式（10-3）计算各会计年度目标企业人力资本占企业投资的比率。

① 2008 年人力资本占企业投资的比率。

$$HCT_{2008} = \frac{WF + SE}{AA + HC + AD}$$

$$= \frac{40\ 802\ 556.58}{4\ 488\ 440\ 000 + 40\ 802\ 556.58 + 277\ 431\ 000}$$

$$= 0.008489$$

② 2009 年人力资本占企业投资的比率。

$$HCT_{2009} = \frac{WF + SE}{AA + HC + AD}$$

$$= \frac{40\ 802\ 556.57}{5\ 009\ 060\ 000 + 40\ 802\ 556.57 + 297\ 200\ 000}$$

$$= 0.007631$$

③ 2010 年人力资本占企业投资的比率。

$$HCT_{2010} = \frac{WF + SE}{AA + HC + AD}$$

$$= \frac{23\ 578\ 150.41}{6\ 366\ 680\ 000 + 23\ 578\ 150.41 + 283\ 139\ 000}$$

$$= 0.004410$$

④ 计算相关数据。根据公式（10-3）及表 10-1 可知下列数据：

$R_{2007} = 39\ 322\ 568.3, R_{2008} = 52\ 884\ 752.4, R_{2009} = 69\ 184\ 734.4$

$HR_{2007} = 18\ 896\ 684.53, HR_{2008} = 40\ 802\ 556.58, HR_{2009}$
$= 23\ 578\ 150.41$

$HCT_{2008} = 0.008489, HCT_{2009} = 0.007631, HCT_{2010} = 0.004410$

$g_{2008} = 0.032464, g_{2009} = 0.085411, g_{2010} = 0.225775$

$r_{2008} = r_{2009} = r_{2010} = 8.5\%$

将相关数据代入公式（10-2）后，如下式所示：

$$V = \cdot \left\{ \begin{array}{l} \left[\dfrac{(18\ 896\ 684.53 + 39\ 322\ 568.3 \times 0.008489) \times (1 + 0.032464)^3}{(1 + 0.085)^3}\right] + \\ \left[\dfrac{(40\ 802\ 556.58 + 52\ 884\ 752.4 \times 0.007631) \times (1 + 0.085411)^2}{(1 + 0.085)^2}\right] + \\ \left[\dfrac{(23\ 578\ 150.41 + 69\ 180\ 734.4 \times 0.004410) \times (1 + 0.225775)^1}{(1 + 0.085)^1}\right] \end{array} \right\}$$

2008~2010年这三年内，企业利润总额的现值是：

$V = 16\ 570\ 132.26 + 41\ 237\ 343.65 + 26\ 982\ 004.97$

$V = 84\ 789\ 480.01$

$V_R = \dfrac{52\ 884\ 752.4}{(1 + 0.085)^3} + \dfrac{69\ 184\ 734.4}{(1 + 0.085)^2} + \dfrac{1\ 043\ 096\ 007}{(1 + 0.085)}$

$V_R = 41\ 403\ 900.94 + 58\ 769\ 338.4 + 961\ 378\ 808.3$

$V_R = 1\ 061\ 552\ 048$

人力资本价值贡献的现值占利润总额现值的比率是：

$r = \dfrac{V_R}{V} = \dfrac{84\ 789\ 480.01}{1.061552048} \approx 7.987\%$

通过计算得出2008~2010年三年内目标人力资本对企业价值的贡献额的现值是84 789 480.01元，三年内目标企业利润现值是1 061 552 048元，目标企业人力资本价值贡献现值占目标企业利润现值的比率为7.987%。这只是单因素分析方法下的人力资本价值贡献的案例分析，可以推测在耦合作用下，人力资本对企业价值贡献比率将更大。

笑述的简单案例可知，人力资本对企业价值有重要贡献，而人力资本对企业价值贡献的前提是对人力资本的投资，鉴于人力资本的类别不同，其投资的积极性有所差异，需要对人力资本的投资问题进行博弈分析。

（5）人力资本投资问题的博弈分析。要探讨人力资本对企业价值贡献问题，首要探讨人力资本的投资问题。根据第一章人力资本基本理论，容易知道，企业人力资本可分为专用性人力资本和通用性人力资本。企业人力资本投资可分为专用人力资本投资和通用人力资本投资。专用性人力资本投资主要是指对该类人力资本投资企业可以获得专用性的技能，通用性人力资本的投资是指通过对该类人力资本的投资，个人潜在能力有一定的提升。企业乐于投资员工的专用性技能，以利于企业最大化利润的实现；而员工对通用性人力资本的投资较感兴趣，会提高员工的市场获利能力，由于上述原因则形成企业人力资本投资的风险。企业以利润最大化为目标，员工以个人效用最大化为目标，二者的目标既有一致的地方，也有分歧的地方。下面运用博弈论对专用性人力资本的投资问题进行阐述。

第一，专用性人力资本投资问题的博弈分析。在对专用性人力资本投资问题的博弈分析之前，本书作出如下假设：①企业第一专用性人力资本投资后，专用性人力资本的产出可以观测并可以衡量；②假设企业和员工都知道专用性人力资本的产出，即产出是共同知识。

企业和员工拥有不同的目标，具有不同的动机。企业与员工关于对专用性人力资本的投资问题属于扩展的纳什（Nash）讨价还价问题，该问题转化为企业与员工针对专用性人力资本投资收益分享而进行的纳什谈判。如公式（10-5）所示：

$$\max M = \pi(w, \gamma, \lambda)^{1-\beta}(V-U)^{\beta} \qquad (10-5)$$

式中，β——员工相对应于企业的谈判能力，并且 $0 \leq \beta \leq 1$；

w——企业给员工的固定契约性工资；

γ——企业改善人力资本质量而进行的专用支出；

λ——员工在企业专用性人力资本投资收益中的比例。

$$\pi(w, \gamma, \lambda) = (1-\lambda)P \qquad (10-6)$$

其中：

$$P = \frac{f(s\gamma) - w}{1 + r} - \gamma, \qquad (10-7)$$

式（10-6）和式（10-7）中，P——专用性人力资本净收益；

r——折现率；

s——员工努力程度；

$f(s\gamma)$——企业专用性人力资本的产出量。

借用冯纽曼—摩根斯登效用函数模型的思路,员工的净效用函数公式如(10-8)所示:

$$V - U = u(w) + g(\lambda P) - [h(s) + u(w)] \quad (10-8)$$

式中,$u(w)$——员工的固定契约支付的效用;

$g(\lambda P)$——员工分享专用性人力资本投资收益的效用;

$h(s)$——员工付出的努力费用;

$u(w)$——员工解雇时的效用;

w——市场机会工资。

将公式(10-6)、公式(10-7)、公式(10-8)代入公式(10-5),分别求出 $\frac{\partial M}{\partial \lambda} = 0, \frac{\partial M}{\partial \gamma} = 0, \frac{\partial M}{\partial w} = 0$,容易得到公式(10-9):

从 $\frac{\partial M}{\partial \lambda} = 0$,推导出

$$f's = 1 + r$$

$$(10-9)$$

从公式(10-9)中可以看出,企业专用性人力资本投资的边际回报等于边际成本是专用人力资本投资的最优水平。这说明企业人力资本投资水平与双方谈判力量无关。

从 $\frac{\partial M}{\partial \lambda} = \frac{\partial M}{\partial w}$,推导出

$$(1 + r)u' = g'$$

$$(10-10)$$

从公式(10-10)中可以看出,固定契约性支付和员工分享的收

益的边际效用在均衡时，员工分享的收益是固定契约性支付效用的 $(1+r)$ 倍。

从 $\frac{\partial M}{\partial w} = 0$，推导出

$$(1-\lambda)\beta g'P - (1-\beta)\{u(w) + g(\lambda P) - [h(s) + u(w)]\} = 0 \quad (10-11)$$

从公式（10-10）中容易看出，员工分享企业专用性人力资本投资收益的比例受谈判力量、专用性人力资本净收益、员工净效用以及员工利润分享的边际效用的影响。

从 $\frac{\partial M}{\partial \lambda} = \frac{\partial M}{\partial s} = 0$，推导出

$$h'(s) = \frac{g'f'\gamma}{1+r} \quad (10-12)$$

因为 $h'(s) \geq 0, f'' < 0, g' > 0, g'' < 0$，在均衡条件下，从公式（10-12）中可知，员工的努力水平提高，企业专用性人力资本投资水平能够增加很多，员工努力对企业人力资本投资水平具有推动作用。

第二，通用性人力资本投资问题的博弈分析。因为通用性人力资本可以自由流动，而通用性人力资本的培训费用、教育成本要由员工自己支付，企业可以雇佣普通员工，也可以解雇普通员工，这样企业与通用性人力资本之间的博弈，使普通员工处于不利的境地❶，证明如下：

设有 n 个普通员工，他们需要自己支付培训费用，每个员工都有决定自己是否进行培训的自由。我们用 $g_i \in [0, \infty)$ 代表第 i 个经过自己支付培训费用而培养成的普通员工的数量，$i = 1, 2, \cdots, n$，$G = \sum_{i=1}^{n} g_i$，代表所有自己支付培训费用而培养成的员工数量；v 代表普通员工的平

---

❶ 张维迎：《博弈论与信息经济学》，上海三联书店、上海人民出版社2005年版，第25~79页。

均价值。一个重要的假设就是 v 是 G 的函数，$v = v(G)$，所有的人员都培养成普通型职业人员的数量是 G_{max}：由于有辍学、不愿上学等原因，当 $G < G_{max}$ 时，$v(G) > 0$；当 $G \geq G_{max}$ 时，$v(G) = 0$。当普通型职业员工比较少时，增加一位普通型职业员工对其他员工的平均价值影响不太大，但随着 G 的增大，每位员工的平均价值会急剧下降，因此，我们假定：

$$\frac{\partial v}{\partial G} < 0 \qquad (10-12)$$

$$\frac{\partial^2 v}{\partial G^2} < 0 \qquad (10-13)$$

在这个博弈里，每个员工的问题是选择 g_i 以最大化自己的人力资本收益，而企业则是以最小化企业的支出以最大化自己的利润。假定普通员工的培训成本是 c，那么，利润函数为：

$$\pi_i(g_i, \cdots g_i, \cdots, g_n) = g_i v\left(\sum g_j\right) - g_i c, \ i = 1, 2, \cdots, n$$
$$(10-14)$$

$$\Rightarrow \frac{\partial \pi_i}{\partial g_i} = v(G) + g_i v'(G) - c, \ i = 1, 2, \cdots, n \qquad (10-15)$$

令（10-15）式等于零，得到最优化的一阶条件是：

$$\frac{\partial \pi_i}{\partial g_i} = v(G) + g_i v'(G) - c = 0, \ i = 1, 2, \cdots, n \qquad (10-16)$$

上述公式（10-15）可以解释为：增加一位普通职业员工有正负两方面的效应，正效应是每位普通员工的平均价值，负效应是使其他普通员工的价值下降（$g_i v'(G) < 0$）。

上述 n 个一阶条件定义了 n 个反应函数如公式（10-17）所示。

$$g_i^* = g_i(g_1, \cdots, g_{i-1}, \cdots g_{i+1}, \cdots, g_n), \ i = 1, 2, \cdots, n \qquad (10-17)$$

$$\therefore \frac{\partial^2 \pi}{\partial g_i^2} = v'(G) + v'(G) + g_i v''(G) < 0，根据公式（10-15）的原理$$

$$\frac{\partial^2 \pi_i^*}{\partial g_j \partial g_i} = v'(G) + g_i v''(G) < 0 \qquad (10-18)$$

$$\therefore \frac{\partial g_i}{\partial g_j} = -\frac{\partial^2 \pi_i/\partial g_j \partial g_i}{\partial^2 \pi_i/\partial^2 g_i} < 0 \qquad (10-19)$$

也即第 i 个普通型员工的价值随着普通型员工的增加而递减。n 个反应函数的价差点就是纳什均衡：$g^* = (g_1^*, \cdots, g_i^*, \cdots, g_n^*)$，纳什均衡的总量为：$G^* = \sum_{i=1}^{n} g_i^*$。

将 n 个一阶条件相加，得到：

$$v(G^*) + \frac{G^*}{n} v'(G^*) = c \qquad (10-20)$$

化简为：

$$nv(G^*) + G^* v'(G^*) = nc \qquad (10-21)$$

对（10-23）式求关于 n 的一阶导数，得到（10-22）式。

$$\frac{\partial G^*}{\partial n} = \frac{c - v[G^*(n)]}{nv'G^*(n) + G^* v'' + v'} \qquad (10-22)$$

$\because c - vG^*(n) < 0$，（根据是：价格应该大于成本）

$nv'G^*(n) + G^* v'' + v' < 0$（根据是：式（10-12）、（10-13）的原理）

$$\therefore G^{*\prime} > 0 \qquad (10-23)$$

公式（10-23）证明了纳什均衡点上普通型职业员工个人边际成本小于社会边际成本，纳什均衡的总量大于员工数量，企业与员工的博弈结果对通用性人力资本投资不利。

2. 企业价值贡献的提升作用：结构资本

结构资本需要结合人力资本以及结合关系资本才能对企业价值作出贡献，单独的结构资本无法展示其"才能"。结构资本的作用主要概括为提高企业的效能与效率、增加企业的收益、增大企业的价值。结构资本是企业内生的组织力，反映了企业整合资源的能力。

（1）结构资本价值贡献的逻辑分析。统览学者们关于知识资产的观点及其构成的看法，本书认为企业结构资本由两部分构成，一部分是知识产权资本，另一部分是基础结构资本，其中知识产权资本涵盖版权、商标、商业秘密、专利、特许权、专有技术等，基础结构资本囊括组织结构、企业文化、企业制度、企业惯例等内容。❶ 人力资本对企业价值的贡献程度在一定条件下取决于人力资本所有者对企业制度、企业文化方面的满意程度，如果人力资本所有者认为该企业的氛围能够适合其发挥才能，那么员工的积极性、主动性、创造性就能得到激发，从而会为企业贡献更大的价值，西方学者巴尔伯、海德和贝文（Barber，Hayday，Bevan）为这方面的研究做出了很大的努力。❷ 而企业的制度、文化氛围是企业结构资本的一个体现。显然，知识产权资本可以直接提高企业的市场价值，基础结构资本可以间接地创造企业价值。因此，结构资本的质量影响智力成果。❸

结构资本可以促进人力资本的组织化，形成组织的核心竞争力，是知识资产对企业价值作贡献的"场力"❹，是人力资本转化成有效的组织资本的基础。因而从组织理论的角度来分析，结构资本体现了企业整合人力资本、企业提高价值贡献的潜在能力，体现了企业运行机制的良莠。结构资本整合关系资本反馈的信息可以提升企业处理外部关系的能力。

从资源的投入产出关系上可以看出，企业内部发生投入产出转化

---

❶ 王晓灵、彭正龙、侯云章："R部门顾客关系管理与企业知识资产关系研究"，载《科技管理研究》2010年第9期。

❷ Barber L., Hayday S., Bevan S. From people to profits, *The Institute for Employment Studies*, 1999 (1), p. 335.

❸ 刘晓民、于君："论知识资产质量及其提高途径"，载《财会研究》2010年第12期。

❹ 此处借用物理学场的概念，"场"是物质体系的各要素间，因信息、能量、物质而产生和形成的一种中间载体和时空场所。场力表现为物质、能量、信息之间的作用力。

过程，即物质资源的转变过程和人力资源的整合过程，这两个过程转化的效率与效果决定了企业合约中物质资源所有者与人力资源所有者能够获得的剩余索取权多少的问题。物质资源转化过程具有相对的客观性，其转化效率与效果取决于企业的工艺流程以及企业机器设备的生产效率。而人力资源的整合过程中需要信息沟通、信息识别、信息加工等带有主观价值判断的行为，该价值判断会影响组织中个体人力资本的努力程度和企业整体的整合效果。另外，企业人力资本是专用性很强的资产，它对结构资本具有较强的依赖性，结构资本的质量将影响所有专用性资产的使用效果和效率。

企业知识资产各构成要素之间存在着密切的联系，具有非线性、层次性、价值贡献的制约性和依存性等特征，其中最重要的特征是非线性。

知识资产从知识形态向货币形态转化是企业知识资产运行的终极目标。但是知识资产向货币形态的转化，既不表明所有知识资产系统要素都转化成货币，也不表示知识资产所有的要素都能从知识形态直接转化为货币形态，知识资产中一部分要素会始终以知识的形态存在。知识资产向货币形态转化的起点是人力资本，但人力资本并不能直接转化为货币价值（咨询、服务类企业除外），人力资本的价值转化通过人力资本企业职能活动向组织层次的结构资本、客户资本转化来实现。

知识资产的运行过程必然伴随着物质资本的流动，并以物质资本为载体，最终以物质资本的运动形式表现出来。换言之，就是因为有了物质产品的生产活动才促成了知识的创造和运用，促进了知识资产的流动。[1]

（2）结构资本价值贡献的数理分析。普莱斯考特（Prescott）和维斯切（Visscher, 1980）认为隐含在组织过程和组织结构中的信息十分

---

[1] 冯天学：“企业知识资本系统的价值转化与系统演进”，载《学术交流》2008年第12期。

重要，它影响着企业生产的可能性集，并与产品一起被生产出来，企业的这部分资产称为结构资本。组织资本的积累是需要成本的，会限制企业发展速度，影响生产的可能性集合。❶

假设企业产品产出的过程中伴随着知识的产生与共享过程，笔者将知识产生的价值视为产品产出价值创造的内生因素。这样产品生产过程中有两种联合产品，即产品产出的价值和知识（A）产出。企业可以采用激励办法来增强知识的创造和共享，即企业健全良好的结构资本，便于知识的传递与共享，并假设公司能够拿出产出份额的 α 部分来创造知识，企业联合的生产技术函数描述为公式（10-24）和公式（10-25）。

$$output = (1 - \alpha) F(K_o, L_o) \qquad (10-24)$$

$$knowledge = \varphi(\alpha) F(K_k, L_k) \qquad (10-25)$$

式（10-24）（10-25）中，F——递减的、线性齐次凹函数；

$\qquad\qquad F(K_o, L_o)$——产品的生产函数；

$\qquad\qquad K(K_k, L_k)$——知识的生产函数；

$\qquad\qquad \varphi(\alpha)$——公司产出份额的 α 部分的函数。

设 $0 \leq \alpha \leq 1, \varphi(0) = 1, \varphi(1) = 0, \dfrac{d\varphi}{d\alpha} < 0$；容易推出 $knoweledge \leq F$，便于求解 $output$，笔者设定 $\varphi(\alpha)$ 函数为公式（10-26）。

$$\varphi(\alpha) = (1 - \alpha)^{1/\beta} \qquad (10-26)$$

这里，设定 $0 < \beta < 1$，将（10-26）式代入（10-25）式，整理得到公式（10-27）：

$$1 - \alpha = knowledge^{\beta} [F(K_o, L_o)]^{-\beta} \qquad (10-27)$$

将公式（10-27）式代入公式（10-24）中求出 $output$：

$$output = [knowledge]^{\beta} [F(K_o, L_o)]^{1-\beta} \qquad (10-28)$$

---

❶ 龙先东、王文锋："组织资本对公司创业的影响：一个理论分析框架"，载《企业经济》2007 年第 7 期。

本书将产品数量 output 用单价 p 来计量，假设企业知识共享的成本为 τ，τ 值的大小由企业组织资本的能力来决定。设 $c^F(w,r)$ 为企业技术集 F 约束下的最小成本，此处 w 和 r 分别表示劳动和资本的报酬。则产出 output 的成本可以记做公式（10-29）。

$$(output)p = c^F F + \tau(knowledge) \qquad (10-29)$$

求解约束条件下的成本最小化问题：

$$Min[c^F F + \tau(knowledge)] \qquad (10-29.1)$$

$$s.t.\ f(F, knowledge) = output \qquad (10-29.2)$$

建立拉格朗日函数，求最优解得到公式（10-30）。

$$L = c^F F + \tau(knowledge) - \lambda[f(F, knowledge) - output]$$

$$(10-30)$$

将公式（10-30）分别对 F 和 knowledge 求微分，得到一阶导数：

$$-\frac{c^F}{\tau} = \frac{\partial f(F, knowledge)/\partial F}{\partial f(F, knowledge)/\partial knowledge} \qquad (10-31)$$

将公式（10-29）代入式（10-31），化简后得到公式（10-32）。

$$\frac{c^F}{\tau} = \frac{(1-\beta)knowledge}{\beta F} \qquad (10-32)$$

将 $(output)p = c^F F + \tau(knowledge)$ 与 $\frac{c^F}{\tau} = \frac{(1-\beta)knowledge}{\beta F}$ 联立方程组，求出知识生产的比例如公式（10-33）所示。

$$\beta = \tau(knowledge)/(output)p \qquad (10-33)$$

将公式（10-35）化简得到知识创造集中度为公式（10-34）所示。

$$kc = knowledge/output = \beta(output)/\tau \qquad (10-34)$$

通过公式（10-34）可以看出：知识创造集中度随产品价格的提高而增加，随知识共享成本的降低而增加。

3. 企业价值实现的重要途径：关系资本

早期的研究者将关系资本称为客户资本，因为那时学术界强调客户对企业价值贡献的重要性,随着企业的关注焦点从以交易为中心转移到以关系为中心的变迁(马丁·克里斯托夫［Martin Christopher］,1992),以及研究者的深入探讨,学者们认为,企业除了强调客户的重要性以外,还应该关注其他利益相关者对企业价值的贡献作用,亦即关系资本的作用(布提斯,1996;奈特［knight］,1999;穆恩和凯姆［Moon and Kym］,2006)。关系资本反映了企业对环境的控制能力及其协调适应的程度。

关系资本是企业与利益相关者(包括客户、供应商、中间商、竞争者、政府机构、员工等)为了实现其目标而建立、维持与发展关系并进行投资而形成的资本或者称为关系价值。当然,西方学者对关系资本的理解不完全一致,根据斯图尔特(T. A. Stewart)和埃德文森(L. Edvinsson)的理解,关系资本表现为企业与其业务往来者之间的组织关系的价值。❶ 加拿大学者布提斯认为,关系资本的实质是企业外部关系中所蕴含的知识,表现为企业从组织外部获得的潜在能力。❷

关系资本给企业带来的价值,一般视为经济租金的一种形式。❸ 该经济租金分为两类,其中一类是因合作而在关系网络中产生的租金,它对关系网络中每一成员都有利,称为合作租金;另一类是因为企业在关系网络中位置不同(资源上下游的位置不同)而获取的不同租金,称为位置租金。

从现象上看,关系资本是企业与其外部利益相关者的关系网络的表现,呈现出企业的某些外部特征。从本质上讲,关系资本是影响企业生产经营活动的内生变量,因为以产定销的稀缺经济时代一去不复

---

❶ T. A. Stewart, Intellectual Capital : The New Wealth of Organizations, *Doubleday/Currency*, 1997, pp. 10 ~ 18.

❷ N. Bontis, Intellectual Capital: An Exploratory Study that Develops Measures and Models, *Management Decision*, 1998, 36 (2), pp. 63 ~ 76.

❸ Kogut B. Joint ventures : The oretical and empirical perspectives, *Strategic Management Journal*, 1988, 9 (4), pp. 312 ~ 332.

返了，而以销定产的经营理念代之而起，由生产导向转变为市场导向，顾客将成为企业的稀缺资源和企业价值贡献的不竭源泉。因而企业经营"必须看成是一个满足顾客需求的过程，不是一个简单的产品生产过程。产品是短暂的，可是顾客群及其需求则是永恒的"❶。关系资本是知识资产乃至企业价值实现的重要保障。在这些方面实证性的研究也比较深入，班克（Banker Potter）和斯里尼瓦桑（Srinivasan）发现顾客满意度与企业未来业绩呈正相关。❷ 托马斯（Thomas）和雷戈（Rego）表明，顾客满意度既能增加未来现金流，又能降低企业未来现金流的波动性。❸ 从关系资本对企业的价值影响来看，关系资本具有以下特性。

关系资本具有载体的能动性。虽然关系资本表现为企业与其利益相关者之间的相互关系，具有相互作用的特征，但是在卖方市场条件下，客户较企业有更多的主导权和选择权。在这种条件下，企业的利益相关者表现出积极的能动作用与创造性。

关系资本具有价值创造的双向性。关系资本既是企业价值实现的重要表现，也是企业决定如何生产的重要参考指标，它是影响企业价值形成的重要参数。

关系资本具有知识属性。通过关系资本，企业可以了解客户、供应商、竞争合作伙伴对企业产品的需求竞争情况，从而把有关产、销、竞争合作等方面的消息传递给企业，企业根据有关信息适当地调整生产、配置资源。

关系资本具有交易主导性。关系资本主要是因为企业与其利益相

---

❶ ［美］菲利普·科特勒：《营销管理》，上海人民出版社1999年版。

❷ Banker R. D., Potter G., Srinivasan D., An empirical investigation of an incentive plan that includes nonfinancial performance measures, The Accounting Review, 2000, 75 (1), pp. 65~92.

❸ Thomas S. G., Rego L. L. Customer satisfaction, cash flow, and shareholder value, The Journal of Marketing, 2005, 69 (3), pp. 115~130.

关者的交易这一事实而产生和存在，他们之间各取所需，并形成良好的信息反馈网络。关系资本的收益不仅来源于关系中所蕴含的企业未来经济利益以及现在的经济收益，同时还来源于客户感知价值的一部分。❶

从宏观角度来理解关系资本，企业组织与外部利益相关者之间的关系可以分为三大类：第一类是企业价值链纵向延伸的关系——主要是指企业与其上下游资源拥有者之间的关系，包括企业与其购货商的伙伴关系和企业与其客户的伙伴关系；第二类是企业所在产业的价值链横向延伸关系——包括行业的竞争者、潜在入侵者、替代品生产者、战略联盟者等通过竞争合作形成的合作竞争关系；第三类是企业社会价值链的延伸——包括社区、政府等社会网络关系等，这三类关系处在动态变化之中。

（1）关系资本价值贡献的逻辑分析。关系资本是企业价值来源的一个重要组成部分，它整合了企业利益相关者，从一个有机整体的角度去考虑和运作，进而形成企业的关系优势，该关系优势可以改进生产方式、塑造规模优势从而降低生产成本，关系优势增强关系资本内部主要素之间的信任（具体表现为增强企业的商业信用从而缩减了企业的营运资金）、填补关系内部的间隙、促进关系和谐、防止违约，同时减少监督、签约等交易费用，裁减销售流程的冗余环节、提高交付速度，从而降低交易成本。

关系资本使得企业与其行业竞争者、潜在入侵者、替代品的生产者等形成战略伙伴关系，创新了企业的经营方式，实现了风险共担、优势互补，提高了企业的经营业绩，增强了关系资本对企业价值的贡献力量。❷ 关系资本对企业价值的影响机理如图10-2所示。

---

❶ 冯天学："企业知识资本视角下的客户资本及其价值来"，载《学术交流》2011年第2期。

❷ 韦恩·贝克：《社会资本制胜——如何挖掘个人与企业的隐性资源》，上海交通大学出版社2002年版，第234页。

在纵向价值链关系中，客户对企业价值的影响是客户与企业之间关系及客户知识中所隐藏的市场经济价值，该价值有两种表现形式：一种是企业与其客户进行的交易价格，一般由可用货币计量，即购买价值；另一种是不可量化的价值，比如口碑价值、客户知识本身价值等❶。客户口碑价值、客户知识本身价值能够扩充企业市场份额和提高企业盈利能力。但这些非货币化收益之效益实现存在一个滞后期的问题，并不是立竿见影，而且转化成货币收益还有不确定性问题，同时在如何精确计量方面还有一定的难度。

值得一提的是，客户感知价值虽然是一种主观感受价值，但在纵向价值链关系中的作用是不可小觑的。客户感知价值是客户对企业所提供的服务或者商品价值的感知，表现为感知收益（产品或服务的质量、性能、先进性以及与其相关的技术支持等要素）与感知成本（商品或者服务的购买价格、获取成本及在使用过程中所承担的其他风险）之间的比较和衡量。客户感知价值决定客户的购买动机，既是企业生产的商品被社会认可的关键一步，也是企业商品从生产阶段向价值实现阶段进行质变的惊险一跳，同时也是企业价值的一个来源。

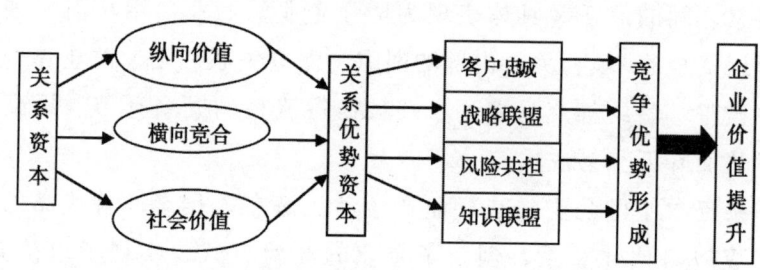

图 10-2 关系资本提升企业价值的影响机理

客户忠诚对企业价值的影响表现在：降低直接交易成本，增加交

---

❶ 徐岚："顾客资产的获得与保留"，载《经济管理》2004 年第 4 期。

易数量，扩大交易范围。❶

（2）关系资本价值贡献的数理分析。关系资本价值是指企业因拥有这些关系而给企业带来的利润的增加（或者称为价值的增加）。此处关系资本价值专指关系资本单个因素对企业价值的贡献，没有包含关系资本与其他两个知识资产的耦合而带来的企业价值的增加。关系资本价值采用边际价值概念这一指标，边际价值是指企业从关系资本那里得到的收入减去为关系资本服务的成本。

关系保留率。公司不可能永远留住客户，关系保留率用 r 表示，从动态角度来看，它的含义是企业客户增加率 r_I 与客户减少率 r_D 之差，即 $r = r_I - r_D$。

关系资本对企业价值贡献数理分析，主要从以下五个方面着手：在不变边际价值和关系保留率、无限时间条件下的关系资本对企业价值贡献情况；当关系资本的边际价值是连续产生时，关系资本对企业价值的贡献情况；当边际价值是增长情况下，关系资本对企业的价值贡献情况；当关系保留率提高时候，关系资本对企业价值贡献的影响情况；关系保留弹性和边际价值弹性对企业价值贡献的影响。

第一，在不变边际价值和关系保留率、无限时间条件下的关系资本对企业的价值贡献情况。虽然一些研究表明交替的流失模式会随时间发生系统的变化，客户变化可能反映客户群体的异质性，而不是客户忠诚度随时间的动态变化，但是出于简化问题的考虑，我们假定边际价值不随时间变化，采用无限时间维度来估计关系资本对企业价值的贡献。我们假定在时刻 0，公司投入的关系资本成本是 AC，每年关

---

❶ 刘建秋、宋献中："社会责任与企业价值创造机理：一个研究框架"，载《财会通讯》（综合下）2010 年第 7 期，第 127~130 页。

系资本产生的净现金流量为 m❶，时间的贴现率是 i，可以得到关系资本对企业的价值贡献（Contribution of Relational Capital，CRC）如公式（10-35）所示。

$$CRC = \frac{mr}{(1+i)} + \frac{mr^2}{(1+i)^2} + \frac{mr^3}{(1+r)^3} + \cdots + \frac{mr^n}{(1+r)^n} - AC$$
(10-35)

因为是无限期（假定），所以 $n \to \infty$，公式（10-35）可以转化为公式（10-38）。

$$CRC = \lim_{n \to \infty}\left[\frac{mr}{(1+i)} + \frac{mr^2}{(1+i)^2} + \frac{mr^3}{(1+i)^3} + \cdots + \frac{mr^n}{(1+i)^n} - AC\right]$$
(10-36)

整理公式（10-36）得到结果如公式（10-37）所示。

$$CRC = m\left(\frac{r}{1+i-r}\right) - AC \qquad (10-37)$$

第二，当关系资本的边际价值连续发生时，关系资本对企业的价值贡献情况。如果边际价值在一年内是连续产生，就需要利用连续贴现，在这种情况下，CRC 的计算如公式（10-38）所示❷。

$$CRC = \int_0^\infty me^{-\left(\frac{1+i-r}{r}\right)t}dt - AC = m\left(\frac{r}{1+i-r}\right) - AC \qquad (10-38)$$

通过计算，连续贴现情况下企业关系资本的边际价值和无限期情况下对企业的价值贡献在数量上是相等的。

第三，当边际价值在增长情况下，关系资本对企业的价值贡献情况。此处讨论边际价值增长的两种情况，即固定增长和递减增长这两种情况下

---

❶ 此处的净现金流量用 m 表示，是一种简化的形式，只是为了推导方便而已；其实 $m = [(N_{\Delta t} + G_{\Delta t}) - (EX_{\Delta t} + LS_{\Delta t})] + D_t + M_t$，式子中：$N_{\Delta t}$ 代表因为关系资本带来的收入，$G_{\Delta t}$ 代表因为关系资本带来的利得，$EX_{\Delta t}$ 代表因为关系资本带来的费用，$LS_{\Delta t}$ 代表因为关系资本带来的损失，D_t 代表第 t 年的折旧费，M_t 代表第 t 年的摊销额。

❷ 参见 Richard A. Brealey and Steward C. Myers，Principles of Corporate Finance，7th Edition，NewYorK McGraw-Hill，2002.

关系资本对企业价值贡献情况。

其一，边际价值在固定增率情况下，其价值贡献情况。

我们假设边际价值以固定的速度 g 增长率增长，依据式（10-37），可以容易得到关系资本对企业的价值贡献如式（10-39）所示。

$$CRC = m\left[\frac{r}{1+i-r(1+g)}\right] - AC \quad (10-39)$$

式（10-39）测算出边际价值以固定增长率增长时，关系资本的边际价值对企业价值的贡献数额。

其二，边际价值在递减增率情况下，其价值贡献情况。

对边际价值固定增长率的假设往往过于乐观，现实的情况可能是边际价值随着时间的变化而增长，但是增长率是递减的。式（10-40）计算了这种类型的增长情况。

$$m_t = m_0 + (m_\infty - m_0)[1 - \exp(-kt)] \quad (10-40)$$

式（10-40）中，m_t 为 t 时刻的边际价值，m_0 为 0 时刻的边际价值，m_∞ 是经过无限期后的边际价值，k 是边际价值的变化速度，t 为时间（如年、季、月等）。

$$CRC = \left[m_0\left(\frac{r}{1+i-r}\right) - AC\right]\left[\frac{(1+i-r) + kr\frac{m_\infty}{m_0}}{1+i-(1-k)r}\right] \quad (10-41)$$

根据连续贴现的模型（10-38），本书用式（10-40）的 m_t 的代数式来替换式（10-38）中的变上限定积分中的被积函数中的一个因子 m，化简得到式（10-41）。

第四，当关系保留率提高的时候，关系资本对企业价值的影响情况。笔者沿用边际价值递减的思路处理它，但是推导关系保留率对企业价值贡献问题相当复杂，此处省略数学推导过程，仅给出关系保留率的递减模型如式（10-42）所示。

$$r_t = r_0 + (r_\infty - r_0)[1 - \exp(-kt)] \quad (10-42)$$

式（10-42）中，r_t 为 t 时刻的关系保留率，r_0 为 0 时刻的关系保留率，r_∞ 是经过无限期后的关系保留率，k 是关系保留率的变化速度，t 为时间（如年、季、月等）。

第五，关系保留弹性和边际价值弹性对企业价值的影响情况。

前面的四个内容主要探讨关系保留率和边际价值的绝对数值变动对企业价值的影响，此处主要就关系保留率和边际价值的相对变动对企业价值的影响情况进行分析。此处借用经济学的弹性概念来分析它，一般来说，只要两个变量之间存在函数关系，我们就可以用弹性表示因变量的变化量对自变量的变化量的敏感程度。❶ 相应的，假设两个经济变量之间的函数关系是 $Y=f(X)$，则弹性的一般公式表示为公式（10-43）。

$$e = \frac{\frac{\Delta Y}{Y}}{\frac{\Delta X}{X}} = \frac{\Delta Y}{\Delta X} \cdot \frac{X}{Y} \qquad (10-43)$$

式中，e——弹性系数；

ΔX、ΔY——X、Y 的变动量。

若经济变量的变化量趋向于无穷小，则弹性公式为（10-44）式所示。

$$e = \lim_{\Delta X \to 0} \frac{\Delta Y}{\Delta X} \cdot \frac{X}{Y} = \frac{dY}{dX} \frac{X}{Y} \qquad (10-44)$$

利用公式（10-44）的原理，对公式（10-37）求关系保留弹性和边际价值弹性。

对公式（10-37）求关于 r 的一阶偏导，得到 CRC 相对 r 的变化，如公式（10-45）所示：

$$\frac{\partial CRC}{\partial r} = \frac{m(1+i)}{(1+i-r)^2} \qquad (10-45)$$

则容易得到关系保留弹性 e_r 的计算公式如公式（10-46）所示：

$$e_r = \frac{\partial CRC}{\partial r} \cdot \frac{r}{CRC} = \frac{m(1+i)}{(1+i-r)^2} \cdot \frac{r}{m\left(\frac{r}{1+i-r}\right) - AC}$$

---

❶ 高鸿业：《西方经济学》（微观部分，第 4 版），中国人民大学出版社 2009 年版，第 37 页。

$$= \frac{mr(1+i)}{mr(1+i) - AC(1+i-r) - mri} \quad (10-46)$$

同理得到边际价值弹性 e_m 的公式为（10-47）所示：

$$e_m = \frac{mr}{mr - AC(1+i-r)} \quad (10-47)$$

由公式（10-47）可以推导出式（10-48）的结果：

$$\left. \begin{aligned} e_m &= \frac{mr}{mr - AC(1+i-r)} = \frac{mr - AC(1+i-r) + AC(1+i-r)}{mr - AC(1+i-r)} \\ &= 1 + \frac{AC(1+i-r)}{mr - AC(1+i-r)} \\ \because\ & CRC > 0 \\ \Rightarrow\ & m\left(\frac{r}{1+i-r}\right) - AC > 0 \\ \Rightarrow\ & mr - AC(1+i-r) > 0 \\ \because\ & AC(1+i-r) > 0 \end{aligned} \right\} \Rightarrow \frac{AC(1+i-r)}{mr - AC(1+i-r)} > 0 \right\} \Rightarrow e_m > 1$$

$$(10-48)$$

根据公式（10-48）容易知道，边际价值弹性 e_m 大于 1 的，说明企业价值的变动幅度大于边际价值的变动幅度，换言之，边际价值对企业价值有扩大作用。因此，企业管理当局应该重视关系资本对企业价值贡献的杠杆作用。❶

（二）企业知识资产价值贡献的特征

企业知识资产与财务资本（或者称为有形资本）不仅在形态上有明显的区别——前者无形后者有形，而且知识资产与有形资本在对企业价值贡献方面也存在显著的不同。因为知识资产具有价值属性，此处主要分析一下知识资产的价值特征，它的价值特征主要表现在以下几个方面。

---

❶ 公式（10-45）和财务管理学中经营杠杆或者财务杠杆的定义可以发现，财务管理学中的杠杆和经济学中的弹性在本质上是一样的。

1. 构成因素多维性

企业知识资产对企业价值的贡献是多维度的,从知识资产的构成来看,知识资产由人力资本、结构资本和关系资本构成。企业价值来源至少由这三部分组成。如果单独分析这三要素对企业价值的贡献问题,我们很容易得到上文的三个内容,即人力资本——企业价值贡献的核心作用,结构资本——企业价值贡献的提升作用,关系资本——企业价值实现的重要途径。如果换个角度,从经济学的视角再次考察这三种资本对企业价值的贡献作用,我们可以认为知识资产是通过这三种方式进行价值贡献的。企业为员工提供职位,员工充分发挥人力资本的作用为企业贡献劳动价值。企业建立健全完善的规章制度、企业文化、业务流程等,为员工充分发挥自己的才能以及企业整合资源优势提高管理效率,能够为企业带来更多的现金流量,表现为企业的资本价值。企业生产优秀的产品并提供良好的服务,上下游资源关系处理融洽,企业的产品最终在社会中实现表现为关系价值。

2. 价值贡献耦合性

企业作为一个系统,各个组成要素不是孤立地进行价值贡献,而是相互影响、互相作用的。知识资产是企业系统的一个子系统,知识资产包括三个因素:人力资本、结构资本、关系资本,它们三个共生演化、互相匹配,在利用有形资本的条件下提升企业价值。其实,对知识资产进行先驱性研究的西方学者们很早已经意识到知识资产三要素之间的耦合性这一重要特性,但当时并没用"耦合性"一词而是采用"互补性"(complementarity)一词[1],由于知识资产及其耦合性难以定义和衡量,鲜有文献对知识资产的耦合性进行考量。[2] 随着耦合理论的引入,本书借鉴耦合理论原

---

[1] Quinn, J. B., P. Anderson, and S. Finkelstein, Leveraging intellect. The Academy of Management Executive, 10, pp. 7~27.

Ulrich. D. 1998. Intellectual capital = competence × commitment. Sloan Management Review, 39, pp. 15~30.

[2] Nerdrum, L., and T. Erikson, Intellectual capital: A human capital perspective. Journal of Intellectual Capital, 2 (2), pp. 127~135.

理对知识资产价值贡献问题进行探讨。耦合变压器中流动的电流具备无形性，而企业中存在的知识资产也是无形的，二者有相似之处。输入耦合变压器的电流的电势比较低，经过耦合之后输出的电势是输入电势的若干倍，具有扩大效应；而知识资产对企业价值的贡献具有强大的杠杆作用，二者功能相似。耦合变压器（或者电元件）是一个控制系统，会计也是一个控制系统，二者原理相通，因此我们借助于物理学的耦合理论来阐释企业知识资产的价值贡献问题。笔者不仅要探讨知识资产的演化过程，而且要探究知识资产之间的匹配关系。至于知识资产如何与有形资本耦合以及知识资产各要素之间如何耦合，下面企业知识资产耦合作用的价值问题将进行逐一分析。

（三）企业知识资产耦合作用的价值贡献

耦合理论是物理学家哈肯于 2005 年提出的，它是一门横跨自然科学和社会科学的横断科学。耦合理论研究系统从无序到有序或者从有序到无序的转变规律和特征，主要探讨系统中子系统之间怎样合作以产生宏观尺度上的空间结构、时间结构或时空结构，该理论既可以处理确定性问题，又可以处理随机过程。

1. 知识资产价值耦合的函数分析

虽然知识资产的三个组成要素能够分别影响企业的价值，并为企业价值作出贡献，但从系统论、耦合理论的角度思考，笔者发现知识资产三要素并非孤立作用的，而是三者之间动态、匹配、耦合的结果。知识资产三要素价值耦合过程是一项抽象的、复杂的系统工程。知识资产耦合理论强调从企业整体的视角出发进行系统思考，在剖析影响知识资产耦合因素的基础上，动态地、系统地分析知识资产的转化、转移、共享以及结构优化问题，最终实现企业价值的提升。

在对知识资产价值贡献方面进行探索的西方学者中 Edvinsson，Onge 和 Petrash 最早提出了企业知识资产价值贡献的三叶草模型，根据他们的论证，他们认为知识资产三要素的交集表现为企业知识资产的价值，三要素之间联系得越紧密，企业的价值空间就会越大，知识资产为企业创造的价值也将越大。该研究思路较早地折射出耦合理论的火花。

知识资产三个要素相互融合、相互影响、互相匹配，在利用有效的物质资本的前提下共同为企业创造价值。我们力图较为清楚地表述企业价值与知识资产构成要素以及物质资本之间的关系，假设物质资本 PC 保持不变，知识资产 IC 由人力资本（HC）、结构资本（SC）和关系资本（RC）构成，由知识资产的变动引起的企业价值的变动成为边际企业价值（MV），边际企业价值是指增加投入一个单位 IC 所产生的企业价值变动量，那么 MV 与 IC 构成要素之间的抽象函数关系表示为公式（10-49）。

$$CV = f(PC, HC, SC, RC) \qquad (10-49)$$

式中，CV——企业价值；

PC——物质资本；

HC——人力资本；

SC——结构资本；

RC——关系资本。

这两大类资本（物质资本和知识资产）或者四小类资本（物质资本、人力资本、结构资本、关系资本）在相互联系中对企业价值作出贡献。值得注意的是，在企业中，每类知识资产通常存在一个阈值的问题，如果某类知识资产没有达到该阈值，就可能阻止知识资产其他组成的生产效率。基本思想可以用公式（10-50）表示❶：

$$MP_{ic} = \alpha_1 ic_1 \cdot \alpha_2 ic_2, \cdots, \alpha_n ic_n$$
$$IC_i = \theta_1 hc_i \cdot \theta_2 oc_i \cdot \theta_3 ic_i \qquad (10-50)$$
$$ic_1 \geq ic_1', ic_2 \geq ic_2', \cdots, ic_n \geq ic_n'$$

公式（10-50）中，MP_{ic} 表示 IC 的边际生产率，IC 和 ic 都表示知识资产，α_1、α_2，$\cdots\alpha_n$ 表示各个知识资产权重，θ_1、θ_2、θ_3 分写表示人力资本、结构资本、关系资本的权重，hc、oc、cc 分别表示人力资本、结构资本、关系资本，ic_1'、ic_2'，$\cdots ic_n'$ 分别表示各个知识资产的阈值。

---

❶ 公式（10-50）中的前两个式子运用乘法，是根据概率论中的乘法原理，一个事件由几个步骤构成，需要几个步骤同时完成才算完成这一事件用乘法法则。

显然，在企业价值贡献中，不同类型的 IC 对企业价值贡献的作用是不同的，并且各种 IC 之间的耦合性也会影响企业价值。为了进一步挖掘这四种资本之间的相互关系对 CV 的作用，本书需要对公式（10-50）进行如下改进：

$$CV = f_1(PC) + f_2(HC) + f_3(SC) + f_4(RC) + f_5(PC \cdot HC) +$$
$$f_6(PC \cdot SC) + f_7(PC \cdot RC) + f_8(HC \cdot SC) + f_9(SC \cdot RC) + f_{10}$$
$$(PC \cdot HC \cdot SC) + f_{11}(PC \cdot SC \cdot RC) + f_{12}(PC \cdot HC \cdot SC \cdot RC)$$

（10-51）

式中，运算符"·"——资本之间的耦合作用。

公式（10-51）指出了各类资本抽象的耦合机理。

公式（10-51）等号右边前 4 项表示企业物质资本、人力资本、结构资本和关系资本单因素对企业价值的贡献；第 5~9 项表示企业物质资本、人力资本、结构资本以及关系资本中任意两类资本之间的耦合价值贡献；第 10~11 项是表示企业物质资本、人力资本、结构资本和关系资本中三类资本的耦合价值贡献；最后一项表示企业物质资本、人力资本、结构资本和关系资本四类资本之间的耦合价值贡献。

根据公式（10-51）容易知道，所有构成要素都存在一个阈值，每种要素只有超过阈值，才会与其他要素相互作用而产生价值贡献；如果某种要素的数量低于阈值，就会阻碍其他要素发挥价值增值作用。

那么物质资本和知识资产的投入量分别是多少？关于这个问题，根据经济学基本原理：每种投入要素的边际收益等于边际成本原则来确定该种要素的最优投入量，即各种投入要素的边际收益与该要素所消耗的最后一单位成本相等时，资源达到最优配置。因而衡量构成 IC 的各种要素是否匹配的标准可以表示为公式（10-52）。

$$\frac{MV_1}{P_1} = \frac{MV_2}{P_2} = \cdots = \frac{MV_n}{P_n} \qquad (10-52)$$

式（10-52）中，$P_1, P_2 \cdots P_n$ 分别代表资本的各种要素的投入成本，$V_1, V_2, \cdots V_n$ 分别代表各种要素所产生的边际企业价值。

经过多次调整，直到企业内部各种要素所产生的边际企业价值与其投入成本的比值都相等时,组合投资效率达到最优。在实践中,不同行业和企业的管理者应该以理论上的最优投资效率评价标准为依据,充分考虑 IC 构成要素的互补性和阈值效应,根据实际情况合理调整 IC 的投资方向。[1]

2. 知识资产价值耦合的机理分析

能够增加企业价值的资源有哪些?如第一章所述,古典经济学和新古典经济学的企业价值论(劳动价值论、效用价值论、供求均衡价值论)将企业视为资本(专指货币资本)、劳动、土地、技术等一组投入的组合体。资源基础理论认为企业价值来源于不可为竞争对手所模仿的企业资源。在知识经济时代,知识要素从其他要素中分离出来,成为企业价值贡献的主要因素。

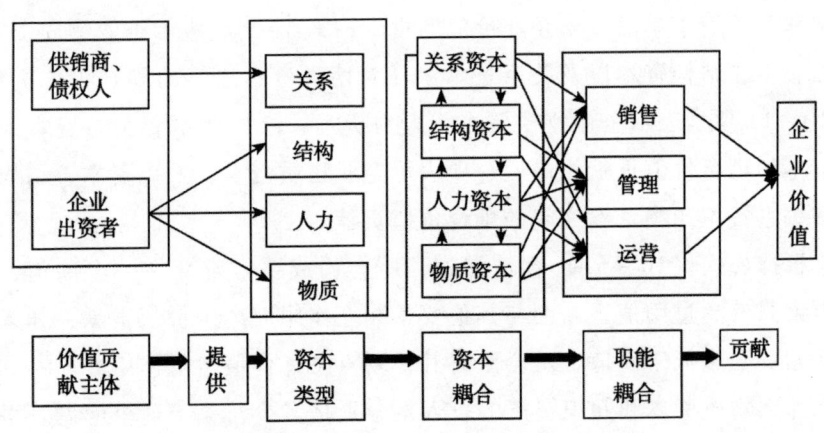

图 10-3 企业价值贡献的耦合

对企业价值作出贡献的资源包括有形资本和知识资产两大要素。知识资产又可分为人力资本、结构资本、关系资本(客户资本)三类。企业价值的增加如何进行?在此通过图 10-3 来做一个简易的阐释。

通过图 10-3 我们可以发现,最左边的方框是企业价值贡献主体,企

---

[1] 张超群、郑建国、高顺成:"知识资产构成要素的投资效率研究",载《情报杂志》2011 年第 1 期。

业价值贡献主体为企业提供知识资产和物质资本，知识资产由人力资本、结构资本和关系资本构成。四小类资本的耦合形成企业职能的耦合，在企业职能耦合的条件下，产生企业价值的增值。知识资产的价值贡献一般不能直接和企业的营业收入以及成本相关联，需要通过物质资本以及企业职能部门的日常活动间接地创造价值。其中销售耦合的结果表现为企业直接的耦合价值，是通过品牌资本的共享以及专利资本的共享来增加收入。管理耦合的结果表现为内在耦合价值，是通过管理效率、运作效率的提高和组织能力的提升来实现的。运营耦合的结果表现为外在耦合价值，是通过企业生产经营、研发的提高以及企业声誉的优化来实现的。

（1）有形资本与知识资产的耦合机理。马克思很早就提出固定资本和流动资本相结合产生剩余价值的论断，强调资本的有机构成，生产力是由物的因素和人的因素结合而成，其中隐含着耦合的观点。

知识资产本质上是企业能力的集合。知识资产和物质资本之间的关系是互动的，它们的共同目标是对企业价值作出贡献。

企业出资者提供物质资本，员工提供人力资本。企业的规章制度以及企业文化提供结构资本，供销商、债权人及其他社会团体与企业建立关系资本。

物质资本是企业进行价值创造的必要条件。毋庸置疑，充足的资金是企业进行生产经营的制约条件。其次，充足的资金和先进的设备是企业的"硬资产"，能够吸引优秀的人才加盟，能够吸引新的投资。物质资本是企业创造价值的物质载体，就像耦合变压器对电流的耦合必须通过变压器的物质设备如铁壳、线圈、绝缘层等才能进行。

（2）人力资本与其他资本的耦合机理。人力资本是知识资产的核心，也是联系其他资本的纽带，结构资本、关系资本的相互耦合作用实现及其效率的发挥都依赖于人力资本的能力发挥。人力资本是知识资产的核心，企业价值的实现必须通过人这一要素来完成。结构资本和关系资本从本质上是不会创造价值的，知识企业价值实现的重要途径，需要通过人力活动进行转换（格兰特［Grant］，1995）。因此，对人力资本采取必要的激励机制才能更好地实现企业价值。

以结构资本为平台耦合人力资本来创造企业的价值，需要通过对企业员工的激励，满足员工的需求并激发其工作潜能，提高企业员工贡献，从而提升企业价值。企业制度因素——激励机制影响着知识资产三要素之间的耦合度以及企业价值的实现。激励机制的主旨在于能够正确地诱导员工、团队的工作动机，让员工、团队的积极性与创造性得到保持和发挥。因而，企业应该以差别激励为导向，将物质激励与精神激励结合环境激励，来刺激各类知识资产主体的主观能动性，以提升企业的价值。具体而言，对于企业高管可以采用受益权和其贡献相匹配的模式进行激励；对于企业的核心技术人员可以采用知识资产股权化的模式；对于企业的主要的销售人员，因为他们控制了企业的关系资本，可采用收益权及与其贡献程度相匹配的激励模式并分享企业的剩余收益；对于企业的非核心员工，用可观测的财务业绩考核标准作为短期激励，激励效果更明显。激励机制的设计体现了结构资本的质量，激励机制运用得好坏在一定程度上决定了知识资产协同效果。❶

（3）关系资本与其他资本的耦合机理。关系资本价值的实现是企业知识资产耦合作用的根本目的，因而关系资本直接影响着企业价值的实现，其中关系资本中的客户关系资本价值直接与企业价值相联系，企业价值归根结底是企业客户关系价值的总和（卫兰德［Wayland］，1997）。人力资本可以看成是满足客户需要的员工技能性资本。结构资本可以看做是企业满足市场需求而正常运营的组织能力。

（4）结构资本与其他资本的耦合机理。结构资本是企业其他资本耦合作用发生的平台，其他三类耦合作用只有在结构资本的保障下才能顺利实施。结构资本对充分发挥知识资产的作用具有举足轻重的地位，它为人力资本提供了创造和利用其知识的环境。如果对图 10-3 企业价值贡献的耦合示意图稍加改进，假定人力资本离开企业时，企业仍然可以正常运转且保留企业内部的知识资产，借鉴迈克尔·波特（1985）的价值链思路并整合其价值链模型，可以得到企业价值贡献耦合的价值链分析框架，如

---

❶ 张宗益、韩海东："基于协同机理的知识资产转化路径研究"，载《商业研究》2010 年第 12 期。

图 10 - 4 所示。

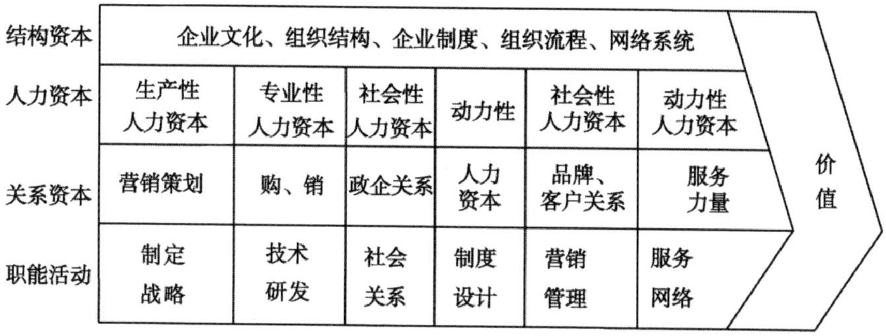

结构资本	企业文化、组织结构、企业制度、组织流程、网络系统					
人力资本	生产性人力资本	专业性人力资本	社会性人力资本	动力性	社会性人力资本	动力性人力资本
关系资本	营销策划	购、销	政企关系	人力资本	品牌、客户关系	服务力量
职能活动	制定战略	技术研发	社会关系	制度设计	营销管理	服务网络

图 10 - 4 知识资产耦合机制的价值链分析

从图 10 - 4 中可以看出，在结构资本运营的平台下，企业人力资本中的生产性人力资本在关系资本中的作用表现为营销策划，在企业职能活动中表现为制定企业的战略；在结构资本的支持下，企业人力资本中的专业性人力资本在企业职能活动中表现为企业的技术更新与研究开发；在结构资本的支撑下，企业人力资本中的社会性人力资本在关系资本中的作用概括为建立完善的采购和销售关系以及与政府建立并保持良好的政企关系，以及创建企业品牌、处理客户关系、完成营销职能；在结构资本的支持下，企业人力资本中动力性人力资本对企业的职能活动的作用表现为企业制定制度、规则等，以及完成关系资本中的服务力量与服务网络等。人力资本、结构资本和关系资本相互作用提升企业价值。

3. 知识资产耦合机理的数理分析

利用前文所阐述的耦合理论基本原理，结合数学分析工具，对企业知识资产价值贡献的耦合机理进行简要分析。

（1）知识资产是企业的慢弛豫参量。耦合理论认为系统中存在着慢弛豫参量和快弛豫参量，有序结构是由一个或者几个缓慢增加的变量决定的（慢弛豫变量），所有子系统都受这些慢弛豫参量的支配，通过他们可以描述系统的演化。企业的金融资本、实物资本难以反映企业的异质性，这种观点可以从资源基础理论以及能力基础理论中得到阐释，这些资源容易通过市场交易让企业的对手获得，因此其演化与形成的速度比较迅速，它是企业系统的快弛豫参量。从企业成长的角度来看，企业的异质性表现为企业长期发展过程中累积的知识资产，知识资产的存量是企业竞争优势或者超额利润的来源，知识资产的增量是企业能力的来源，因此知识资产才是企业系统的慢弛豫参量。根据前文可以知道，企业系统相变是指物质资本、知识资产两个子系统具有不同聚集状态之间的转变，而标志相变出现的序参量是慢弛豫参量。慢弛豫参量表示企业系统的有序结构和结构类型，是子系统介入耦合过程的集中体现。慢弛豫序参量来源于子系统之间的耦合，同时又起着支配子系统行为的作用。因此系统的整个时空行为都受知识资产这一慢弛豫参量役使，但是其他子系统也会作用于这一慢弛豫参量，这就符合循环因果规律。❶

（2）知识资产系统是复杂的子系统。在企业系统中，知识资产是企业系统的慢弛豫参量。每个企业系统都是由一定的知识资产支撑的，而知识资产系统本身也是复杂的系统，这些复杂系统表现出复杂的行为。其中最为明显的特点之一就是知识资产各个子系统之间的耦合作用，这也是本书着力解决的问题之一。企业通过物质资本、人力资本、结构资本、关系资本的协作与耦合在企业宏观层次上表现出新的属性，如企业价值的增加，而这种属性在微观层次的各个子系统中是不存在的。研究企业价值贡献的一大难题就是对微观层次和宏观层次之间的高度整合。为此，本书将组织理论应用于企业知识资产系统中，分析知识资产的耦合机制。

（3）知识资产自组织运动方程分析。前已述及，序参量是通过自组织状态来维持的。在一定条件下由系统内部自身组织起来，并通过各种形式的信息反馈来控制和强化的组织结构称为自组织结构。知识资产自组织的产生和演化是由竞争和耦合共同决定的。系统从无序向有序状态的转化不在于它是否处于平衡状态，也不在于它离平衡位置有多远，而在于各个系统在一定条件下，通过非线性的相互作用能否产生相干效应和耦合作用，并通过这种作用产生相出结构和功能有序的系统。这意味着有序系统

---

❶ 复杂系统的各个子系统确定甚至产生序参量，序参量同时又役使其他各个子系统。

的出现在宏观上表现为系统的自组织现象。

尽管各个学科的不同系统之间存在这样那样的差别，但是"令许多科学家惊奇的是，为数很多的这类系统在从无序状态过渡到有序状态时，它们表现出惊人的类似的行为。这一点有力地表明，这些系统的功能服从一些相同的偏微分方程"❶。令我们欣慰的是，我们可以利用自组织理论来求解知识资产演化共生的规律。自组织过程通常发生于具有适当非线性动力学特性的系统中，而该类系统最为典型的情况就是非简谐振子，本书企图利用非简谐振子的运动特性来阐释企业知识资产的演化共生过程。非简谐振子的势函数方程可以表示为公式（10-53），"势"表示系统从一种状态发展到另一种状态的能力❷。

$$V(q) = \frac{1}{2}Kq^2 + \frac{1}{4}K_1q^4 \qquad (10-53)$$

自组织运动方程可以表示为公式（10-54）。

$$\dot{q} = -Kq - K_1q^3 \text{ ❸} \qquad (10-54)$$

---

❶ 转引自郭治安等：《协同学入门》，四川人民出版社1988年版，第2页。

❷ 势，用耦合理论的观点来解释，可以表示为系统内部各个组成部分之间相互作用的外在表现。在社会科学中，泛指系统具有某种走向的特性。或者表示为从一种状态发展到另一种状态的能力。苗东升：《系统科学原理》，中国人民大学出版社1990年版，第480页。

❸ 自组织运动方程的推导过程如下：如果把施加给系统"外力"的实施者当作系统的一部分，这实际上就拓展了系统的范围。原来外部给定的外力就成为系统内部相互作用的内力了。用 q_1 表示力 F，用 q_2 表示 q。可以得到一组方程：

$$\dot{q}_1 = -\gamma_1 q_1 - \alpha q_1 q_2$$
$$\dot{q}_2 = -\gamma_2 q_2 + \beta q_1^2$$

利用绝热消去原理，令 $\dot{q}_2 = 0$，得到 $q_2(t) = \gamma_2^{-1}\beta q_1^2(t)$，并将该等式代入上边第一个等式消去 q_2 变量，得到下式：

$$\dot{q}_1 = -\gamma q_1 - \frac{\alpha\beta}{\gamma}q_1^3$$

该等式和上面公式（10-54）的实质完全相同。详细证明可以参阅郭治安等：《协同学入门》，四川人民出版社1988年版，第202~212页。

相似的，企业知识资产自组织系统的运动方程可以近似地表示为公式（10-57）。

$$\dot{q} = (-K + \theta)q - K_1 q^3 + F_0 \qquad (10-55)$$

本书用公式（10-54）表示企业知识资产的运动状况。企业中的知识资产存量是随时间的延续而变化的，是一个矢量，公式（10-56）可以抽象简化为态矢量，用公式（10-56）表示。

$$q = q(t) \qquad (10-56)$$

上述公式（10-53）到式（10-56）中，文章假定态矢量 q 随时间变化时，其变化由以下几个因素决定。

①知识资产当前的存量是 q；

②知识资产的三个分量之间存在关联，即知识资产三要素之间相互作用，这是本书的首要假设，即存在分量 q_i；

③存在控制序参量 θ，他表示促使企业知识资产演化的变量，它可能会改变知识资产的演化规律；

④ F_0 表示随机涨落，即外部环境变化对企业知识资产的影响。并假定企业知识资产的增减变化率与企业原有知识资产的状态有关系，说明企业知识资产演化受到原来状态的影响，设 K 表示知识资产变化速率与原来知识资产存量的关系。

那么，公式（10-54）中的 $-K_1 q^3$ 已经表明企业知识资产形成过程的非线性。其中 w_1 是 q^3 的系数，w_1 为常数。

因为公式（10-56）是企业知识资产的变化率函数，对其求一个变上限的定积分就可以得到知识资产系统的势函数方程，该方程如公式（10-57）所示。

$$V(q) = -\int_0^q \dot{q}\,dt = -\int_0^q [(-K+\theta)q - K_1 q^3]\,dt = \frac{1}{2}(-K+\theta)q^2 + \frac{1}{4}w_1 q^4$$

$$(10-57)$$

因为公式（10-57）是齐次函数，所以 $\vec{q} = 0$ 肯定是 $V(q) = 0$ 的解，说明如果企业在生产经营过程中没有任何活动，他将永远保持在 $\vec{q} = 0$ 的状态,自组织现象不可能发生,但这与企业经营理念相违背。

企业是一个开放系统,只要企业进行生产经营活动,就会同外界进行物质、能量以及信息的交换。❶ 企业内部的物质资本和知识资产以及知识资产的子系统(人力资本、结构资本、关系资本)同样也会不断地发生变化并相互作用,并出现随机扰动。知识资产的三个子系统的各自独立运动以及任意两个之间的耦合作用,加之外部环境的变化,会使知识资产的瞬时值常常偏离其均值,出现涨落并产生新的有序结构。这样新的涨落促使知识资产系统搜索新的状态,直到找到新的稳定结构,这就是知识资产系统从无序到有序,再到新的有序,周而复始的演化过程。

4. 知识资产匹配状况的耦合分析

前三个问题主要探讨知识资产的动态演化过程,现在转化一下视角,探索一下知识资产三要素之间是如何搭配的。❷ 任意两个要素之间的搭配是否最佳。以耦合视角对知识资产价值贡献问题进行研究,基于以下动机:

(1) 知识资产的各要素存在相互影响、相互合作的关系,处于动态均衡,符合耦合理论的定义。

(2) 电元件中的电流是无形的,而知识资产也是无形的,二者有相似之处。电元件中电流的互相感应类似于知识资产各要素之间的相互影响、相互作用。

(3) 电元件的耦合现象强调扩大作用(输出的电压大于输入的电压),而知识资产对企业价值贡献具有强大的杠杆作用,二者有共同之处。

(4) 电原件的耦合现象表明电原件是一个控制系统,而会计也是一个控制系统,二者原理相通。

(5) 对于知识资产价值贡献问题已有大量学者从不同视角进行研究,而以耦合视角进行探索者寥若晨星。

---

❶ 此处可以参阅本部分对开放系统的相关定义。

❷ 相关内容参阅李经路:"关于知识资产测度的探讨",载《统计与决策》2012年第7期。

（6）耦合现象只是物理现象，作为自组织的企业，我们借助于该现象阐释企业知识资产价值贡献问题。

以静态均衡分析为基础的新古典经济理论陷入了危机，演化经济学将注意力从新古典理论的静态均衡分析转向了动态演化过程，考虑了企业组织内部的差别与动态性，对组织内部行为与企业价值贡献问题来讲，演化经济学提供了一种很好的研究方法。而耦合理论就是基于动态视角的一种理论。除测度知识资产各要素如何分别影响企业价值外，还要建立耦合测度模型探究知识资产各要素之间的耦合程度。耦合度的测量过程如公式（10-58）～（10-64）所示。

知识资产各个指标间没有统一的度量标准，难以直接进行比较，需要对数据进行无纲量化处理。知识资产评价指标根据性质可分为效益型指标（指标越大越好）、成本型指标（指标越小越好）、适度性指标（指标在某一固定值处最佳）和区间型指标（指标在某一区间内最佳）四类。根据不同类型的指标采用不同的规范化函数进行无纲量化处理。

效益型指标无纲量化的规范函数如公式（10-58）所示：

$$u_i = \frac{x_i - x_{\min}}{x_{\max} - x_{\min}} \quad (10-58)$$

成本型指标无纲量化的标准化函数如公式（10-59）所示：

$$u_i = \frac{x_{\max} - x_i}{x_{\max} - x_{\min}} \quad (10-59)$$

适度性指标无纲量化的规范化函数如公式（10-60）所示：

$$u_i = \frac{1}{1 + |x_0 - x_i|} \quad (10-60)$$

区间型指标无纲量化的规范化函数如公式（10-61）所示：

$$u_i \begin{cases} 1 - \dfrac{x_1 - x_i}{\max(x_1 - _{\min}, x_{\max} - x_2)} & x < x_1 \\ 1 - \dfrac{x_i - x_2}{\max(x_1 - _{\min}, x_{\max} - x_2)} & x < x_2 \\ 1 & x_i < x_1 < x_2 \end{cases} \quad (10-61)$$

式（10-58）至（10-61）中，x_i 为第 i 个指标的实际观测值，x_0 为

适度型指标的最佳值，$[x_1, x_2]$ 为区间型指标的理想区间，$x_{\min}$ 为第 i 个指标的最小样本值，$x_{\max}$ 为第 i 个指标的最大样本值，u_i 为知识资产各要素无量纲化后的数据。

根据得到的 u_i，计算耦合系统综合发展水平，借助于物理学的容量耦合概念和容量耦合系统模型，构建知识资产各要素之间的耦合度函数如公式（10-62）所示：

$$C_i = \left[\frac{4 U_{xi} U_{yi}}{(U_{xi} + U_{yi})^2} \right]^2 \qquad (10-62)$$

式中，C_i——耦合度函数，值域在（0，1）之间，当 C_i 趋向 1 时，说明知识资产耦合度较大，向有序方向发展；当 C_i 趋向 0 时，知识资产耦合度较小，向无序方向发展。

将两个系统综合考虑进来，构建耦合协调度函数，如公式（10-63）和公式（10-64）所示：

$$D_i = \sqrt{C_i \times T} \qquad (10-63)$$

$$T_i = a U_{xi} + b U_{yi} \qquad (10-64)$$

在式（10-63）和（10-64）式中，T_i——知识资产综合调和指数；

a、b——待定系数；

D_i——耦合协调度。

根据相关判断标准判断其耦合度状态是低度耦合、中度耦合、高度耦合还是极高度耦合。

第十一章　企业知识资产价值贡献经验分析

上一章对知识资产的价值贡献机理以耦合理论为基础进行了系统探讨，在理论上证明了测度知识资产价值贡献的可能性和可行性，本章在分析目前国内外实证研究的基础上，选择适当的样本公司，利用结构方程软件 AMOS20.0 版本以及 SPSS16.0 版本对知识资产价值贡献耦合机制进行进一步实证分析，利用实证分析的结果，测算知识资产价值贡献度与知识资产价值贡献耦合协调度，并作出经验研究结论。与上一章是对知识资产的某一点进行深入研究的视角不同，本章主要将知识资产的价值贡献由点状研究扩展到面状研究，验证知识资产价值贡献机理存在的合理性。

一、研究设计

（一）时间窗口确定

企业价值不仅受到其企业内部驱动因素的影响，尤其是知识资产的影响，而且还受到企业外部宏观经济发展形势等多方面的影响，国家宏观经济形势不仅影响企业整体价值的评估结果，而且还影响资本市场对于企业知识资产价值贡献程度的评价。前已述及，当经济处于衰退期，人们容易低估企业市场价值；当经济处于扩张期，人们容易高估企业的市场价值；并且衰退期和扩张期人们低估与高估的程度还不一致这一问题。在金融危机的背景下我们考量知识资产对企业价值的贡献问题，更具有现实意义。在金融危机背景下，有形资本对企业价值贡献程度有所下降，而知识资产在危机时期更能显出其价值贡献的潜力，国家特别注重低耗费高增长因素在经济发展中的作用，知识资产首当其冲。鉴于现实背景及实际情况的考虑，本书的研究期间设定为 2007 年 1 月 1 日至 2010 年 12 月 31 日。选取这个研究期间,不仅是由宏观经济环境决定的,而且 2006 年 2 月 15 日财政部颁布了《企业会计准则(2006)》,并要求上市公司 2007 年 1 月 1 日起采用,为了便于信息的可比性,就设定研究期间为 2007 年 1 月 1 日至 2010 年 12 月 31 日。我们期望能够比较公允地体现企业内部知识资产对企业价值的贡献程度以及外部行情因素对企业价值的影响。

(二)时间间隔确定

组织理论认为,个体知识转化为组织知识和能力时,并非立竿见影,而是存在一定的时间间隔,即知识资产对企业价值的贡献存在时间滞后效应。苏尔(Sull,1999)研究发现,对知识资产的投资,经过一段时间后企业才能感知并执行,这显示了知识资产投资的惯性特征,并将这一现象称为时间间隔带。觉立亚(Joia,2000)的研究则发现,企业价值变量与知识资产变量放在同一期间,知识资产的长期效果无法表现出来。综合考虑卡利班等(Canlban et al.,2000)和霍兰德(Holland,2003)等学者的研究,我们认为,知识资产的投资是需要积累的,研究知识资产对企业价值贡献问题需要注意知识资产投入产出的时间间隔期。毋庸置疑,研究时间间隔越长,投资回收的效果就越明显,以考察资源对企业价值的贡献。但是滞后时间的长短存在一个相关范围,超过此相关范围可能出现环境变化使得绩效与投资不相关。鉴于上述考虑,我们需要构建动态模型分析知识资产对企业价值的贡献程度,以充分体现情境因素调节作用。遗憾的是,目前关于知识资产对企业价值贡献的时间滞后期应该是多长还没有相关的实证研究,我们只能主观估计知识资产对企业价值贡献的滞后期。

本书设定企业的滞后期间是 3 年,在选择相关变量时,将时间点卡在 T_0 和 T_1 之上,设定企业知识资产投入时间点在 T_0 点,即 2007 年、2008 年、2009 年,T_1 设定为下一年的相应时间点。选择 3 年作为知识资产对企业价值贡献的时间间隔原因如下:技术的竞争使得企业的生产服务周期缩短,2007~2010 年这么短的时期内只能这样选择。

(三)样本选取

在确定时间窗口之后,随后需要确定样本的选取。由于本书致力于研究知识资产对企业价值的贡献问题，所以聚焦于知识资产含量比较高的企业和行业——高科技，主要是因为高科技企业和传统行业相比，更依赖知识资产的作用，更重视知识在企业中的作用，并将知识资产作为企业价值的关键因素（Klevorick et al.，1995），选择高科技企业更能体现企业内外部情境变化中知识资产对企业价值贡献的影响作用。本书在进行总体样本选择时设定下述条件。

（1）高科技企业一定符合国家统计局印发的《高技术产业统计分类目录》的规定。国家关于高科技企业的规定如表11-1所示。

2000～2006年之间，我国沿用国际经合组织OECD关于高技术产业的划分标准，2006年11月23日国家统计局在官方网站挂出了中国对高技术产业的统计分类标准。中国科技部对高技术产业界定为具有一定规模并且对相关产业具有较大影响知识含量高、技术含量大，对国家经济发展具有高附加值、效益高的产业，简言之，高技术产业的主要特征是技术密集程度高。

表11-1显示，国家统计局核定的高技术产业主要包括核燃料加工、化工制造、航空航天制造、医药制造、医疗设备、电子通信设备、电子计算机制造、仪器仪表制造、公共服务等行业。

（2）选用上市公司为样本，会计处理相对规范并经过独立审计。本书需要测量企业价值，而企业价值评估水平目前国内较为薄弱，可是上市公司的市场价值及账面价值基本上是得到资本市场认可的价值，这种企业价值的数据与评估出来的企业价值数据相比，其信赖程度高，可利用性强。

表11-1 高技术产业统计分类

行　　业	统计分类
一、核燃料加工	253
二、信息化学品制造	2665
三、医药制造业	27
其中：化学药品制造	271+272
中成药制造	276
生物、生化制品制造	277

续表

行　业	统计分类
四、航空航天器制造	376
1. 飞机制造及修理	3761
2. 航天器制造	3762
3. 其他飞行器制造	3769
五、电子及通信设备制造	40～404
1. 通信设备制造	401
其中：通信传输设备制造	4011
通信交换设备制造	4012
通信终端设备制造	4013
移动通信及终端设备制造	4014
2. 雷达及配套设备制造	402
3. 广播电视设备制造	403
4. 电子器件制造	405
电子真空器件制造	4051
半导体分立器件制造	4052
集成电路制造	4053
光电子器件及其他电子器件制造	4059
5. 电子元件制造	406
6. 家用视听设备制造	407
7. 其他电子设备制造	409
六、电子计算机及办公设备制造	404 + 4154 + 4155
1. 电子计算机整机制造	4041
2. 计算机网络设备制造	4042
3. 电子计算机外部设备制造	4043
4. 办公设备制造	4154 + 4155
七、医疗设备及仪器仪表制造	368 + 411 + 412 + 4141 + 419
1. 医疗设备及器械制造	368
2. 仪器仪表制造	411 + 412 + 4141 + 419
八、公共软件服务	6211 + 6212

资料来源：据 http://www.stats.gov.cn/tjbz/t20061123_402369836.htm 数据整理得到。

(3) 企业的营业性质在研究期间没有发生本质变化。如果在研究期间企业主营业务性质发生急剧变化，会使企业面临不同的内、外部经营环境，随之企业战略要进行调整，这些因素对知识资产发挥其价值贡献作用的工作状态发生急剧震荡，不利于我们的研究。

(4) 剔除数据不全以及异常值的企业。统计数量分析过程中主要是采用平均数代表整体，因此删除异常值，并不影响实证分析的结果。我们剔除ST公司、金融行业公司、数据不全的公司，经过筛选处理后，得到通信、生物工程、生物制药、化工、软件、电子、传媒、航空、卫星制造等高新科技产业的样本公司118个，传统制造业中选取普通机器制造和交通运输行业各10个公司，观测窗口从2007年1月1日至2010年12月31日，得到552个观测样本。这些公司都符合《高技术产业统计分类目录》中规定的高技术行业。本书得到上市公司样本数量（环境测量）及行业分类如表11-2所示。

表11-2 样本公司分布概要

行业	年份/样本量				
高科技行业与制造业的划分（按照证监会的分类）	2007	2008	2009	2010	合计
1. 信息化学品制造（个）	20	20	20	20	80
2. 医药生物制造（个）	34	34	34	34	136
3. 航空航天器制造（个）	4	4	4	4	16
4. 电子及通信设备制造（个）	44	44	44	44	176
5. 公共软件服务	16	16	16	16	64
样本总数（个）	118	118	118	118	472

（四）数据来源

由于产业、企业管理体制不同，知识资产流量、存量结构方面存在差异，再加上现行会计准则没有要求强制性披露知识资产，要想实施大规模的问卷调查来获取资料有实际困难。另外，调查问卷的调查结果是否值得信赖还是一个问题。笔者在国泰安数据库、巨灵数据库、色诺芬数据库以及新浪财经网（http：//finance.sina.com.cn/stock）搜集数据。

上述数据中的财务数据是上市公司根据中国证监会要求提供的年报信息，企业的"四表一附注"是经注册会计师事务所独立审计的，相对比较可信。❶ 企业规模、企业价值、行业分类等也来自CSMAR、CCER这两个数据库。

二、研究变量选取

本节主要探讨经验研究中的自变量、因变量以及控制变量的选取与测度问题。

（一）自变量指标选取

从管理学角度而言，知识资产的成功测量将为企业的战略管理和丰富会计信息的内涵、功能提供理论依据（本纳比 [Burnaby]，2002）。西方学者探索了多种测度知识资产的方法，本书采用企业财务与非财务指标相结合共同测度知识资产的方法。

1. 人力资本的测量及指标选取

人力资本是知识资产的重要组成部分。人们越来越能够对非人力资本进行智能化管理，人力资本逐渐将自己的知识与创新能力渗透到物质资本中去，从而提高物质资本的服务潜能，实现资本的广化和资本的深化，提高企业的绩效，增加企业的价值。人力资本是知识资产的核心，是企业知识创造价值的能动因素与知识活动参与者。

西方学者从质和量两个维度划分人力资本，员工数量这个指标是

---

❶ 四表一附注，即资产负债表、利润表、现金流量表、所有者权益变动表和财务表附注。

人力资本的量的反映，表现为有形指标，而员工的技术、知识和能力是人力资本质的反映，表现为无形指标（Bukhetal，2001）。

综上分析，虽然通过实践能够增加、累积经验，提高人力资本中的应用技术的成分，但是员工提高的是使用技术，而不是研究开发知识。对于完成知识的累积，还需通过完整的学历教育来达成。因此，较完整衡量企业人力资本，并考虑到人力资本具有累积效果，我们选取员工受教育程度作为测度人力资本累积的指标。企业雇佣员工的平均学历越高，表明企业所拥有的员工专业知识越丰富，能够有效率地执行工作，以提升企业价值。

本书意欲探求企业知识资产对企业价值的贡献问题，因此在选取指标时，主要选取那些能够体现企业价值的指标，故将员工给企业的价值贡献作为其观测指标，即每个员工价值增值（value-added）Employee，VA/E）作为人力资本的测度指标。

选取 VA/E 作为人力资本的指标鉴于以下考虑：第一，VA/E 是体现了人力资本的价值贡献程度，衡量人力资本效率的基本指标，可衡量劳动生产率；第二，VA/E 不像利润指标那样，不易被管理当局进行利润操控，并且能从企业对外公布的数据中获得。VA/E 是个相对数指标，易于不同企业进行比较。

VA 表现为价值增值，是产出和投入的差额，其计算公式可以表示为公式（11-1）：

$$VA = OUT - IN \qquad (11-1)$$

式中，VA——价值增值；

OUT——总收入；

IN——总成本。

对于增加至指标（Pulic，2004）作出一定的贡献，成功地测算了该指标，其计算过程如公式（11-2）所示：

$$VA = OP + EC + D + A \qquad (11-2)$$

式中，OP——企业主营业务利润；

EC ——应付职工薪酬；

D ——固定资产折旧数额；

A ——企业无形资产的摊销额。

结合我国财务报表披露的实际情况，万希提出了改进 VA 的计算方法，计算程序如公式（11-3）所示：

$$VA = OP + EC + I \qquad (11-3)$$

式中，其他字母的含义和公式（11-2）式中的相同；

I ——利息费用。

本书将采用万希改进的公式来计算每位员工的增值指标。

2. 结构资本的测度及指标选取

结构资本的作用主要概括为提高企业的效能与效率、增加企业的收益、提升企业的价值。结构资本是企业内生的组织力，反映了企业整合资源的能力。企业流程、企业规范、企业程序与信息系统、企业文化等构成企业结构资本的要素。因而，对结构资本的测度包括对企业流程效率的测度以及对企业管理效率的测度。

丹麦产业贸易委员会（1997）指明，用管理流程与生产效率等指标来测度企业的结构资本。陈（Chen et al.，2004）、王和常（Wang and Chang，2005）利用企业各种资产周转率来说明企业流程执行情况。

研究表明，流程资本测度的主要目的是反映员工及企业将知识和信息运用到工作中的方式与效果，反映企业管理状况与效率。结合我国会计信息披露的实际情况，本书选取各种资产周转率以及管理费用率和对流程改造与软件费用上的投资等作为测度指标。

鲍希和布伦（Bassi and Van Buren，1999）指出研发支出代表企业对创新行为的投入，蕴含着企业创新能力与发展潜力，影响企业未来盈利能力，驱动着企业价值。而企业专利权数量与品质意味着企业研究开发能力的结果，是创新的产出；创新行为的指标可以用研发投入以及专利权数量与品质来测度。博思沃斯和罗杰斯（Bosworth and Rogers，2001）使用研发支出和专利权的数量。吴安妮（Anne Wu，2007）使用研发密度和专利权数来测度企业的研发投资。迪兹（Deeds，2001）使用研发密度，贝克奥伊（Ahmed Rahi-Belkaoui，2003）选用专利权作为代理变量。

3. 关系资本的测度及指标选取

关系资本是企业与利益相关者（包括客户、供应商、中间商、竞争者、政府机构、员工等）为了实现其目标而建立、维持与发展关系并进行投资而形成的资本或者称为关系价值。在竞争日益激烈的环境中，关系资本对于企业的重要性不言而喻。

虽然主要客户对企业价值贡献较大，但是企业的主要市场被几个主要客户控制后，其议价能力提高，会导致企业竞争力降低，虽如此企业也不能完全专注于主要客户而忽视整个市场。

综上所述，我们选取了企业采购比率、销售费用率、客户集中度以及企业主营业务收入增长率来测度企业关系资本。

（二）因变量指标选取

罗斯和约翰逊（Roos，1997；Johnson，1999）曾经把企业价值分为有形价值与无形价值。企业有形价值主要是指企业的账面价值（Book Value，BV），企业账面价值即企业净资产，在数量上等于资产减去负债。而研究知识资产对企业价值贡献这一问题时，企业账面价值这一指标并不能反映企业真实的价值，因为企业价值更需要关注企业的未来盈利能力。笔者认为，能够反映企业未来盈利能力的应是企业内在价值。

与企业有形价值这一指标相对应，企业无形价值是指企业的隐藏价值。罗斯等（Roos et al.，1998）、斯维比（1997）和埃德文森（Edwinsson）、沙利文（Sullivan，1996），约翰森、罗斯等（Johnson、Roos et al.）把企业市场价值与企业账面价值之间的差额认定为企业的隐藏价值（Hidden Value），即知识资产的价值。其隐藏价值可用

Tobin'sQ 值、MV/BV 等指标予以测度。本书选用 ROA、ROE 作为测度企业内在价值的指标,选用 Tobin'sQ 值、MV/BV 作为测度企业隐藏价值的指标。

1. 企业内在价值

本书选择能够反映企业未来收益能力实现程度的指标来测度其内在价值。本书中企业未来获利能力测度指标用未来三年 ROA、ROE 的平均值表示。在 T_0 时期,ROA、ROE 这两个数据选取当年的数据,在 T_1 时期,ROA、ROE 这两个数据采用连续三年的均值来表示,这里采用三年的均值主要是避免某一年内波动性数据的影响。

2. 企业隐藏价值

前已述及,Tobin'sQ 是一种用于预知投资行为的测量工具,Tohin'sQ 比较适宜测度企业经过较长一段时间后的知识资产的价值贡献。本书使用的 Tobin'sQ 数据直接来自于国泰安研究服务中心的计算结果。

(三) 控制变量指标选取

在已有研究中,最常用的控制变量是企业成立时间、企业财务杠杆以及上年度绩效。本书利用上年度价值作为控制变量,测量被控制在 T_0 时点。

表 11 – 3 变量指标选取确定

变量类别	指标意义	度量方法	数据来源	前人对该指标的使用情况
自变量	—	—	—	—
知识资产构成要素	—	—	—	—
人力资本（HC）	—	—	—	—
HC_1（员工平均增值）	每位员工对企业价值的贡献,VA/员工总人数	$VA = OP + EC + I$,OP 代表企业营业利润,EC 代表企业员工总工资与薪酬总和,I 代表利息费用	利息费用以财务费用代替	借鉴 Pulic 的 VA 公式进行计算

续表

变量类别	指标意义	度量方法	数据来源	前人对该指标的使用情况
HC_2（员工收入贡献额）	每位员工对主营业务收入的贡献	主营业务收入/员工总人数	通过国泰安数据库搜索整理得到	Steward（1997），Meng-YuhChenget al（2008）等
HC_3（员工净利贡献额）	每位员工对企业净利润的贡献	净利润/员工总人数	通过国泰安数据库搜索整理得到	Tsan（2002）
HC_4 高文化水平员工比重	专科以上员工比率	专科以上员工人数/员工总人数	在新浪财经网的股票栏目中 http://finance.sina.com.cn/stock 输入样本公司的股票代码，笑 市公司年报中的董事会报告搜索得到	Bukh et al（2001，2002）
HC_5 薪酬收入比	所有员工薪酬占主营业务收入之比	员工薪酬/主营业务收入	通过国泰安数据库搜索，取自现金流量表中的"所有用于员工的支出"项目，整理得到	Wen-Ying（2006）
结构资本	—	—	—	—
SC_1 研发密度	企业研发支出占主营业务收入净额	研发支出/主营业务收入	通过国泰安数据库搜索得到	Edvinsson and monle（1997）
SC_2 存货周转率	主营业务成本与存货的比率	主营业务成本除以平均存货	通过国泰安数据库搜索得到	Thomasm W. Lin（2008）；Meng-Yuh Cheng, Jer-Yan; Lin, Tzy-Yih（2008）
SC_3 应收账款周转率	主营业务收入净额与平均应收账款的比率	主营业务收入净额除以平均应收账款	通过国泰安数据库搜索得到	Thomasm W. Lin（2008）；Meng-Yuh Cheng, Jer-Yan; Lin, Tzy-Yih（2008）；Hummert（2004）
SC_4 流动资产周转率	主营业务收入净额与平均流动资产之比	主营业务收入净额/平均流动资产	通过国泰安数据库搜索得到	Thomasm W. Lin（2008）；Meng-Yuh Cheng, Jer-Yan; Lin, Tzy-Yih（2008）
SC_5 专利占无形资产比	企业的专利专有技术商标的价值之和与企业无形资产的比率	专利价值和/无形资产	在新浪财经网的股票栏目中 http://finance.sina.com.cn/stock 输入样本公司的股票代码，搜索上市公司年报中关于专利、专有技术、商标的披露。无形资产价值通过国泰安数据库搜索得到	Edvinsson and Malone（1997）；Roos and Roos（1997）；Chen（2004）；

续表

变量类别	指标意义	度量方法	数据来源	前人对该指标的使用情况
SC_6 管理费用率	管理费用占主营业务收支净额的比率	管理费用/主营业务收支净额	通过国泰安数据库搜索得到	自己设定
关系资本（RC）	—	—	—	—
RC_1 销售比	企业前5大客户的销售额占企业销售额的比重	前5大客户的主营业务收入净额/主营业务收入净额	在新浪财经网的股票栏目中 http://finance.sina.com.cn/stock 输入样本公司的股票代码，笑 市公司年报中的董事会报告搜索得到	Thomasm W. Lin（2008）；Meng-Yuh Cheng, Jer-Yan；Lin, Tzy-Yih（2008）
RC_2 主营业务收入增长率	主营业务收入增长率	本期主营业务收入增长量/上期主营业务收入	通过国泰安数据库搜索得到	Thomasm W. Lin（2008）；Meng-Yuh Cheng, Jer-Yan；Lin, Tzy-Yih（2008）
RC_3 销售费用率	销售费用占主营业务收入净额的比重	销售费用/主营业务收入净额	数据库的数据	—
RC_4 采购比	企业前5大供应商的采购占应收账款的比重	前5大供应商材料采购额/应收账款	在新浪财经网的股票栏目中 http://finance.sina.com.cn/stock 输入样本公司的股票代码，找到上市公司年报中的董事会报告搜索得到	Edinvisson and Malone（1997）；Wang and Chingfu Chang（2005）
因变量	—	—	—	—
内在价值	—	—	—	—
ROA	净利润与总资产的比率	净利润/总资产	通过国泰安数据库搜索得到	Keat and Hitt（1988）；McGee and Dowling（1994）
ROE	净利润与股东权益比率	净利润/股东权益	通过国泰安数据库搜索得到	Keat and Hitt（1988）；McGee and Dowling（1994）
隐藏价值	—	—	—	—
MV/BV	市场价值/普通股账面价值	市场价值/普通股账面价值	通过国泰安数据库搜索得到	Desas et al.（2003）；Lehn and Makhij（1996）
Tobin's Q	市场价值/重置成本	市场价值/年末总资产	通过国泰安数据库搜索得到	Montgomery and Wernerfelt（1998）

三、经验研究技术

（一）因子分析

本书对原始数据采用因子分析法处理。首先进行因子适合度的检验，利用 SPSS16.0 对原始数据进行标准化处理，采用 KMO❶ 和巴特利球数值进行检验，以检验原始数据之间的结构以及相关关系。其次，提取公因子，利用 SPSS16.0 软件将特征值大于 1 的因子提取出来。最后，将因子载荷矩阵进行对比。

（二）结构方程模型

结构方程实质上是协方差结构分析的一种应用，协方差分析应用非常广泛，应用于心理学、经济学、社会学、行为科学等研究领域。是探讨问卷调查或者实验型数据，用于分析潜在变量❷（latent vaiables，无法观察的变量或者理论变量）间的假设关系，潜在变量可以用显示性指标❸（manifest indicators，观察指标或者实证指标）来测度。一个完整的协方差结构模型包括两个内容：测量模型（measurement model）和结构模型（structural model）。测量模型描述的是潜在变量如何被显性指标所测度或者概念化（operationalized）；结构模型指的是潜在变量之间的关系，以及模型中其他变量无法解释的变异变量部分。协方差结构分析本质上是一种验证式的模型分析，试图利用研究

---

❶ KMO（Kaiser-Meyer-Olkin）检验统计量是用于比较变量间简单相关系数和偏相关系数的指标。主要应用于多元统计的因子分析。

❷ 很多社会、心理、经济学中涉及的变量都不能准确、直接地测量的变量称为潜在变量，如知识资产、学习动机、社会地位等。

❸ 显示性指标是间接测量潜在变量的变量，比如，通过学生的学习成绩考察学生的能力，学习成绩可以通过成绩单及学生平时的表现来测量，学生成绩是显示性指标。

者所搜集的资料来确定假设变量之间的关系，以及潜在变量与显性指标的一致性程度。结构方程模型整合了因素分析（factor analysis）和路径分析（path analysis）两种统计方法。❶

简言之，结构方程是运用面很广的一种数学模型，可以分析一些涉及潜在变量的复杂关系。许多流行的传统方法（如回归分析），虽然允许因变量含测量误差，但是需要假设自变量是没有误差的，如果自变量和因变量都不能准确测量，回归方程将无法估计。结构方程模型能够克服传统分析的弱点。概括起来，结构方程有以下优点（Bollen & Long，1993）。

1. 同时处理多个变量

结构方程分析可以同时考虑并处理多个因变量。在回归分析或者路径分析中，就算统计结果的图表中展示了多个因变量，其实在计算回归系数或者路径系数时，仍是对每个因变量逐一计算的。图表貌似多个因变量同时考虑，但在计算对某一变量的影响或者关系时，都忽略了其他因变量的存在及其影响，这正体现了本书一贯坚持的动态的、共生的、演化的观点——耦合观点。

2. 允许自变量和因变量含测量误差

态度、行为、知识资产等变量往往含有误差，也不能简单地用某一指标测量。比如知识资产有三个组成部分，每个组成部分的测度都有一定的误差。如上所述，结构方程允许自变量和因变量含有误差。变量也可以由几个指标来测量。传统方法估算的回归系数与结构方程测度的变量之间的相关系数可能相差很大，这种差距的大小取决于因子负荷的强弱。

3. 同时估计因子结构与因子关系，允许更大弹性的测量模型

传统方法只允许一个指标同属于单一因子，结构方程分析中允许

---

❶ 吴明隆：《结构方程模型——AMOS的操作与应用》，重庆大学出版社2011年版，第1页。

某个观测指标同时分属于不同的因素，并可以假定一个固定的因素负荷量，或将数个指标的负荷量设定为相同，同时也可以将潜在变量之间的关系设定为相关或者不相关，甚至将潜在变量之间的相关关系设为一样。

结合上述结构方程的优点，兼顾知识资产本身模糊特性，借鉴耦合理论的主要观点，本书拟用结构方程模型来测度知识资产对企业价值的贡献程度。

简而言之，结构方程模型可分为测量方程（measurement equation）和结构方程（structural equation）两个部分：测量方程描述潜在变量与指标之间的关系，如家庭收入等指标与社会经济地位的关系，又如语文、数学、外语三科成绩与学习成绩的关系；结构方程则描述潜在变量之间的关系，如社会经济地位与学业成就的关系。

结构方程的指标可以划分为测量指标和潜在指标，每类指标含有随机误差和系统误差，前者是指测量上的不准确性，后者反映测量变量以外的特性。

测量变量。对于指标与潜在变量间的关系，一般写成公式（11-4）和公式（11-5）的测量方程形式。

$$x = \Lambda_x \xi + \delta \quad (11-4)$$

$$y = \Lambda_y \eta + \varepsilon \quad (11-5)$$

式（11-4）和（11-5）中，

x ——外因变量（exogenous variable）组成的向量；

y ——内因变量（endogenous variable）组成的向量；

Λ_x ——外因变量与外因潜在变量之间的关系，是外因变量在外因潜在变量上的因子负荷矩阵；

Λ_y ——内因变量与内因潜在变量之间的关系，是内因变量在内因潜在变量上的因子负荷矩阵；

δ ——外因变量的误差项；

ε ——内因变量的误差项。

结构模型。对于潜在变量之间的关系，一般归纳为公式(11-6)的结构方程：

$$\eta = B\eta + \Gamma\xi + \zeta \qquad (11-6)$$

式中，η——内因潜在变量，

ξ——外因潜在变量，

B——内因潜在变量之间的关系，

Γ——外因变量与外因潜在变量之间的关系，

ζ——残差部分，代表 η 未能解释的部分。

(三) 耦合测度模型

纵观国内外学者对知识资产价值贡献方面的研究情况，大部分学者已经运用了结构方程分析方法探讨知识资产对企业价值的贡献问题。虽然通过结构方程能够测度出知识资产对企业价值的贡献度，但是结构方程仍然是静态考察知识资产对企业价值的影响，仍然属于经济学中的静态分析方法。知识资产之间的动态的、演化的、共生的以及匹配的机理并没揭示出来。耦合理论试图在这方面作出一定的贡献。因此，本书在实证研究时，直接采用前述的测度模型对知识资产价值贡献问题进行进一步的深入研究。

耦合度是物理学中对耦合系统中各个子系统耦合程度进行度量和评价的重要指标。耦合度必须具备以下几个特征：

第一，耦合度的数值介于 0~1，当耦合度为 0 时，表明子系统之间没有发生耦合行为；当耦合度是 1 时，表明子系统之间将紧密依赖，互相以对方的存在作为自己存在和发展的基础，此时子系统之间的关系类似于生物间的共生关系。

第二，耦合度指标应该具有参数来表明耦合系统内部由几个子系统组成、子系统之间发生了多少次的耦合过程，只有这样，各个相类似耦合系统进行耦合度比较才有意义。

第三，耦合系统的总耦合度由各个子系统之间的耦合度来表征。

第四，耦合度是一个动态指标，它随系统输入、输出的变化而变化。

四、经验研究过程

（一）理论综述与假设推演

通过对知识资产价值贡献机理的探讨，已经初步了解知识资产之间的互动关系，三因素之间是在耦合状态下共生演化、互相促进的。在知识资产的研究过程中，埃德文森和马龙（Edvinsson and Malone，1997）较早地认识到知识资产存在互补效应，他们指出，人、结构、顾客资本必须三者相互影响，并结合企业组织的文化气氛，才能创造出企业最大价值，进而在企业财务资本上表现出来。他们认为如果把知识资产比作一棵树，那么人力资本是树根，负责知识的吸收与学习；结构资本是树干，负责知识的转化与传导；顾客资本是树叶、树枝，代表茂盛的生命；财务资本是花与果实，代表企业的最终目的。约翰逊（Johnson，1999）认为结构资本所强调的是对于人力资本效能发挥的支援功能，而关系资本重视其对于人力资本与结构资本效能的提升效果。邦迪斯等（Bontis et al.，2000）认为人力资本会影响顾客资本与结构资本。企业内部的作业流程、IT流程、产品开发与创新以及与外部顾客和供应商的关系的经营，都会受到员工本身知识、经验与技能的影响。素质高的员工有可能形成高效的作业流程和建立良好的对外关系。员工的能力会影响到公司的流程效率以及创新过程，较高素质的员工能够利用较为亲切的态度对待顾客及其关系伙伴，建立较佳的关系。此外，顾客资本显著地影响结构资本，因为和顾客或者关系伙伴保持较佳的关系能使员工在互动过程中产生更多改善流程或者创新的想法，这对企业的收益存在良好的影响。因此，对于一个企业而言，拥有最优秀的人力资本并不是企业提升价值的充分条件，尚需要一个支持员工分享知识的组织学习环境,以将人力资本外显于结构资本与关系资本之中。人力资本、结构资本、关系资本之间的关系已有邦迪斯(1999)、林恩(1998)、约翰逊(1999)和台湾学者陈美纯(2001)进行初步研究,斯图尔特(1997)和台湾学者林秀英(2001)、关廷谕(2004)、林雀妙(2005)验证了知识资产三要素之间有正向的交互关系。

Ch-Yao Tseng 的研究发现,企业人力资本对结构资本有正向的影响,研究知识资产的先驱之一 Saint-Onge Hubert 强调二者之间的动态双向关系。❶ 托马斯 W. 林(2008)、陈梦云(Meng-Yuh Cheng, 2008)、林哲彦, 萧子宜(Zy-Yih Hsiao, 2008)已经验证出人力资本对企业关系资本有正向的影响。卡普兰和诺顿认为,结构资本(企业内部程序)对企业外部关系有正向影响。邦迪斯等企业以市场为导向观念的确立,会对客户与市场进行大量投资,并获得高效的企业流程与企业惯例,进而为客户提供优质服务。❷

经过上述讨论,提出如下假设。

H_1 人力资本耦合利用其他两类资本对企业内在价值有正向作用。

H_2 结构资本耦合利用其他两类资本对企业内在价值有正向作用。

H_3 关系资本耦合利用其他两类资本对企业内在价值有正向作用。

埃德文森和马龙(1997)曾经指出知识资产三因素虽各自独立,但单独存在的资本并不产生综合效应,唯有在价值平台上相辅相成整合运作才能创造出企业的价值。

---

❶ Saint-Onge Hbert, The key to the strategic alignment of intellectual capital, *Strategy &Leadership*. 1996, 24 (2), pp. 10~14.

❷ Bontis N., William Chua chong Keow, Stanley Richardson, Intellectual capital and business performance in Malaysian industries, *Journal of Intellectyal Capital*, 2000 (1), pp. 5~6.

(二) 数据分析

在对数据分析之前,需要对数据进行整理,像人力资本的 HC_1(员工平均增值)、HC_2(员工收入贡献额)、HC_3(员工净利贡献额)是属于效益性指标绝对数,为了便于和其他类别指标的比较,对其进行无纲量化处理,无纲量化处理采用公式(11-7)的思路。

1. 描述性统计

本书利用 SPSS16.0 以及 Eviews6.0 软件对经验研究的数据进行描述性统计,揭示各个变量指标的偏度、峰度,是否服从正态分布等。结构方程模型对数据是否符合正态分布的要求较高。人力资本、结构资本、关系资本以及企业价值的各类指标的描述性统计如表11-4所示。

表 11-4 知识资产变量指标的描述性统计

Descriptive Statistics

	N	Range	Minimum	Maximum	Mean		Std. Deviation	Variance	Skewness		Kurtosis	
	Statistic	Statistic	Statistic	Statistic	Statistic	Std. Error	Statistic	Statistic	Statistic	Std. Error	Statistic	Std. Error
HC_1	472	1.0000	.0000	1.0000	.349267	.0040672	.0883618	.008	3.867	.112	11.736	.224
HC_2	472	1.0000	.0000	1.0000	.113651	.0045048	.0978683	.010	3.435	.112	10.333	.224
HC_3	472	1.0000	.0000	1.0000	.415634	.0032978	.0716465	.005	3.295	.112	13.231	.224
HC_4	472	1.1519	.0815	1.2334	.482650	.0115976	.2519653	.063	.547	.112	-.639	.224
HC_5	472	.5149	.0165	.5313	.107738	.0029692	.0645067	.004	2.494	.112	10.432	.224
SC_1	472	.4461	.0000	.4461	.028142	.0024335	.0528702	.003	4.318	.112	9.430	.224
SC_2	472	1.5096	.0024	1.5120	.060010	.0047983	.1042457	.011	2.595	.112	9.694	.224
SC_3	472	.6000	.0075	.6075	.080125	.0043148	.0937413	.009	2.296	.112	9.207	.224
SC_4	472	.0791	.0021	.0812	.013568	.0004140	.0089944	.000	2.926	.112	9.778	.224
SC_5	472	.9467	.0000	.9467	.214291	.0092268	.2004580	.040	1.171	.112	1.003	.224
SC_6	472	.6317	.0216	.6533	.101121	.0029471	.0640272	.004	2.046	.112	9.772	.224
RC_1	472	.9364	.0120	.9484	.297114	.0082907	.1801210	.032	1.077	.112	1.099	.224

续表

Descriptive Statistics

	N	Range	Minimum	Maximum	Mean		Std. Deviation	Variance	Skewness		Kurtosis	
	Statistic	Statistic	Statistic	Statistic	Statistic	Std. Error	Statistic	Statistic	Statistic	Std. Error	Statistic	Std. Error
RC_2	472	3.5835	-.7137	2.8698	.222469	.0148238	.3220544	.104	2.253	.112	9.206	.224
RC_3	472	.5299	.0013	.5312	.094719	.0040992	.0890575	.008	2.304	.112	6.480	.224
RC_4	472	.9655	.0036	.9691	.360813	.0097321	.2114344	.045	.955	.112	.462	.224
ROA	472	.5051	-.1798	.3253	.058569	.0028248	.0613700	.004	.863	.112	3.197	.224
ROE	472	4.5635	-.3358	4.2277	.362552	.0271708	.5903010	.348	2.577	.112	8.564	.224
TOBIN	472	15.1417	.7874	15.9291	2.535346E0	.0770284	1.6717116	2.795	2.122	.113	9.002	.225
VAE	472	7.1510	-.8324	6.3186	.209996	.0248815	.5405647	.292	2.496	.112	9.642	.224
Valid N (listwise)	472	—	—	—	—	—	—	—	—	—	—	—

一般认为，当偏度（Skewness）指标小于3，峰度（Kurtosis）指标小于10时，样本基本上服从正态分布（Kline，1998）。表11-4中统计数据显示，除了HC_1（员工平均增值）、HC_2（员工收入贡献额）、HC_3（员工净利贡献额）、HC_5（员工薪酬收入比）没有达到指标要求外，其他指标基本上服从正态分布。需要说明的是人力资本的HC_1（员工平均增值）、HC_2（员工收入贡献额）、HC_3（员工净利贡献额）是属于效益性指标绝对数，为了便于和其他类别指标的比较，对其进行无纲量化处理，无纲量化处理采用公式（11-7）的思路。

2. 信度与效度检验

对数据进行结构方程分析之前，结构方程首先要求对各个变量指标的信度与效度进行检验，这是结构方程必须有的程序。只有各个指标的信度与效度达到要求值，结构方程的设计才有意义。信度指标包括内部一致性、探索性因子分析等内容。

（1）内部一致性信度分析。变量指标信度表现为测量结果的稳定性或者一致性，内部一致性信度（Internal Consistent Reliability or Internal-item Reliability）重在研究多重子问题去测量同一概念时，各个问题之间的一致性问题。❶ 本书采用 Crobach's α 来评估多维变量的一致性。本书使用 SPSS16.0 软件检验各维度的信度，统计结果如表 11－5 所示。

表 11－5 知识资产各变量指标的内部一致性信度分析

Reliability Statistics（可靠性统计）	
Cronbach's Alpha（信度系数）	N of Items（项目个数）
.831	15

表 11－5 中的 Cronbach's Alpha 指标是 0.831，大于信度均值 0.8，说明评价指标具有较高的内部一致性，适合做验证性因子分析。以 Cronbach's α 系数作为信度分析验定，每组指标的各变量的 Cronbach's α 值越高表示每组变量内各项指标一致性越高。当 Cronbach's α 系数低于 0.3 时属于不可信，在 0.3～0.4 之间属于勉强可信，在 0.4～0.5 之间属于可信，在 0.5～0.9 之间属于很可信，高于 0.9 属于十分可信（吴宗正，吴育东，2000）。上述指标属于很可信的状况。

（2）变量指标效度分析。变量指标效度测量指标达到真值的程度。本书采用探索性因子分析方法，因为斯特拉卜（Strabu，1989）指出，探索性因子分析方法对验证测量工具结构性效度很有帮助。探索性因子分析的目的在于确认量表结构因素或者一组变量的模型，常考虑要确定多少因素以及因素负荷量的组型如何。探索性因子分析偏向于理论的产生，而非理论构架的检验。

（3）验证性因子分析。验证性因子分析依据一个严谨的理论，检验一组变量或者一组可以解释测量变量的因素之间的关系。

---

❶ 马庆国：《应用统计学》，科学出版社 2005 年版，第 52 页。

表 11-6　知识资产探索性因子分析结果

变量代码	因子 1	因子 2	因子 3	因子 4
HC_1	.919	—	—	—
HC_3	.900	—	—	—
HC_4	.897	—	—	—
SC_1	—	.873	—	—
SC_2	—	.865	—	—
SC_4	—	.708	—	—
RC_1	—	—	.991	—
RC_2	—	—	.975	—
ROE	—	—	—	.846
TOBIN	—	—	—	.786

表 11-6 的数据显示，本书选取进入结构方程的变量是 HC_1、HC_3、HC_4、SC_1、SC_2、SC_4、RC_1、RC_2、ROE、TOBIN。

（三）实证结果分析

1. 结构方程图

运用 AOS20.0 版本的软件，经过 49 次迭代计算后得出的结构方程，标准化处理之后，结构方程拟合图如图 11-1 所示。

结构方程图解释说明，在图 11-1 中，人力资本对企业内在价值的路径系数是 0.789，表示人力资本对企业内在价值的贡献度是 0.789，人力资本的方差是 0.62；结构资本对企业内在价值的路径系数是 0.146，表示结构资本对企业内在价值的贡献度是 0.146，结构资本的方差是 0.02；关系资本对企业内在价值的路径系数是 0.997，表示关系资本对企业内在价值的贡献度是 0.997，关系资本的方差是 0.99。权益净利率 ROE 对企业内在价值的路径系数是 0.02，权益净利率的方差是 0.00，Tobin'sQ 对企业内在价值的路径系数是 0.44，Tobin'sQ 的方差是 0.19。结构方程图中，人力资本、结构资本、关系资本和企业内在价值这四个变量是潜在变量，是无法观察到的。这正是传统回归分析方法最棘手的

企业知识资产价值论

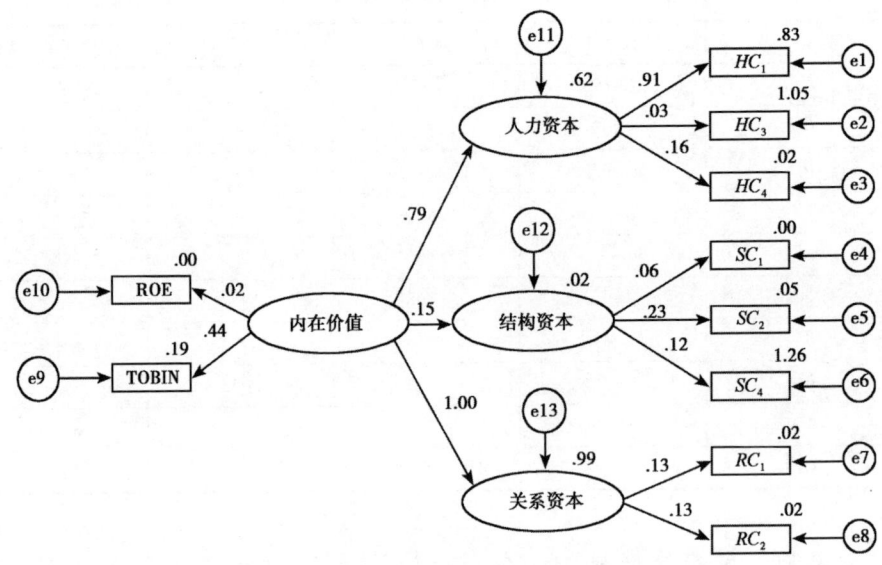

图 11-1　企业知识资产价值贡献耦合的结构方程

问题，但是结构方程对知识资产度量方面给予有力的支持。

人力资本有三个可以观测的变量，分别是 HC_1（员工平均增值）、HC_3（员工净利贡献额）、HC_4（高文化水平员工比重），需要说明的是，为了更好地拟合出结构方程模型，对于效益型指标 HC_1 和 HC_3 笔者采用无纲量化处理，处理方法详见式（11-7）。HC_1（员工平均增值）对人力资本的路径系数是 0.91，表示 HC_1（员工平均增值）对人力资本的贡献度是 0.91，HC_1 的方差是 0.83；HC_3（员工净利贡献额）对人力资本的路径系数是 0.03，表示 HC_3（员工净利贡献额）对人力资本的贡献度是 0.03，HC_3 的方差是 1.05；HC_4（高文化水平员工比重）对人力资本的路径系数是 0.16，表示 HC_4（高文化水平员工比重）对人力资本的贡献度是 0.16，HC_4 的方差是 0.02。

结构资本有三个可以观测的变量，分别是 SC_1（研发密度）、SC_2（存货周转率）、SC_4（流动资产周转率）。SC_1（研发密度）对结构资本的路径系数是 0.065，表示 SC_1（研发密度）对结构资本的贡献度是

338

0.065，SC_1 的方差是 0.00；SC_2（存货周转率）对结构资本的路径系数是 0.232，表示 SC_2（存货周转率）对结构资本的贡献度是 0.232，SC_2 的方差是 0.05；SC_4（流动资产周转率）对结构资本的路径系数是 0.124，表示 SC_4（流动资产周转率）对结构资本的贡献度是 0.124，SC_4 的方差是 1.25。

关系资本有两个可以观测的变量，分别是 RC_1（销售比）、RC_2（主营业务收入增长比）。RC_1（销售比）对关系资本的路径系数是 0.13，表示 RC_1（销售比）对关系资本的贡献度是 0.13，RC_1 的方差是 0.02；RC_2（主营业务收入增长比）对结构资本的路径系数是 0.13，表示 RC_2（主营业务收入增长比）对结构资本的贡献度是 0.13，RC_2 的方差是 0.02。

人力资本对内在价值的路径系数是 0.789，结构资本对内在价值的路径系数是 0.146，关系资本对内在价值的路径系数是 0.997，这三个路径系数验证了假设 H_1、H_2、H_3 的正确性。

2. 文字说明

(1) 群组注释。

组群记录（Group number 1）

递归模型（The model is recursive.）

样本量（Sample size）= 472

变量摘要（Variable Summary）（Group number 1）

说明：假设模型为递归模型（单一箭头所示），样本观测值有 472 个。

(2) 变量内容摘要。

Your model contains the following variables（Group number 1）

Observed, endogenous variables

HC_1、HC_3、HC_4、SC_1、SC_2、SC_4、RC_1、RC_2、TOBIN、ROE

Unobserved, endogenous variables

人力资本、结构资本、关系资本和企业价值

Unobserved, exogenous variables

e_1、e_2、e_3、e_4、e_5、e_6、e_7、e_8、e_9、e_{10}、e_{11}、e_{12}、e_{13}、e_{14}

模型中相关变量的概述如表 11 – 7 所示。

表 11 – 7　变量内容摘要

Variables Summary（Group number 1）

模型中变量个数（Number of variables in your model）	28
可观测变量个数（Number of observed variables）	10
不可观测变量个数（Number of unobserved variables）	18
外生变量个数（Number of exogenous variables）	14
内生变量个数（Number of endogenous variables）	14

说明：模型中的变量共有 28 个，观察变量（指标变量）有 10 个，潜在变量（无法观察变量）18 个，内因变量 14 个，外因变量 14 个。

（3）模型参数内容摘要。预设模型中不同类型参数的统计情况如表 11 – 8 所示。

表 11 – 8　参数摘要

Parameter Summary（Group number 1）

	权数分析 （Weights）	协方差分析 （Covariances）	方差分析 （Variances）	平均值分析 （Means）	截距分析 （Intercepts）	总计 （Total）
固定参数 （Fixed）	18	0	0	0	0	18
标记参数 （Labeled）	0	0	0	0	0	0
非标记参数 （Unlabeled）	9	0	14	0	10	33
总计 （Total）	27	0	14	0	10	51

说明：在参数摘要表中固定参数有 18 个，9 个待估计参数，全部参数共有 27 个。

（4）估计值内容。预设模型中观测变量与潜在变量的标准化回归系数如表 11 – 9 所示。

Estimates（Group number 1-Default model）

Scalar Estimates (Group number 1-Default model)

表 11 – 9　标准化回归权数分析

Standardized Regression Weights (Group number 1-Default model)

			估计值（Estimate）
人力资本	<---	内在价值	.789
结构资本	<---	内在价值	.146
关系资本	<---	内在价值	.997
HC_1	<---	人力资本	.911
HC_3	<---	人力资本	.025
HC_4	<---	人力资本	.156
SC_1	<---	结构资本	.065
SC_2	<---	结构资本	.232
SC_4	<---	结构资本	.124
RC_1	<---	关系资本	.126
RC_2	<---	关系资本	.127
TOBIN	<---	内在价值	.437
ROE	<---	内在价值	.018

说明：商标为标准化的回归系数值（Beta 值），亦即路径分析中的路径系数。

（5）截距分析。预设模型中观测变量的截距估计值、标准差、估计统计量以及 P 值情况如表 11 – 10 所示。

表 11 – 10　预设模型截距回归分析

Intercepts (Group number 1 - Default model)

	估计值 (Estimate)	标准误 (S. E.)	组成信度 (C. R.)	显著性水平 (P)	标记 (Label)
HC_1	.349	.004	85.884	***	par_10
HC_3	.416	.003	126.048	***	par_11
HC_4	.483	.012	41.621	***	par_12
SC_1	.028	.002	11.566	***	par_13
SC_2	.060	.005	12.508	***	par_14
SC_4	.014	.000	32.775	***	par_15

续表

	估计值 (Estimate)	标准误 (S. E.)	组成信度 (C. R.)	显著性水平 (P)	标记 (Label)
RC_1	.297	.008	35.841	***	par_16
RC_2	.222	.015	15.009	***	par_17
TOBIN	2.536	.077	32.934	***	par_18
ROE	.363	.027	13.345	***	par_19

说明：右边第一列为估计值，第二列为估计值的标准误（standard error），第三列组成信度（composite neliability）C. R. 为检验统计量，此值达到1.96表示达到0.05显著水平。表中几个指标均达到显著水平。

（6）残差的方差分析。结构方程相关变量相对应的14个残差情况如表11-11所示。

表11-11 残差的方差分析
Variances (Group number 1 - Default model)

	估计值 (Estimate)	标准误 (S. E.)	组成信度 (C. R.)	显著性水平 (P)	标记 (Label)
e_{14}	.531	.241	2.208	.027	par_20
e_{11}	.002	.002	1.484	.138	par_21
e_{12}	.000	.000	.542	.588	par_22
e_{13}	.000	.001	.002	.998	par_23
e_1	.001	.000	4.726	***	par_24
e_2	.000	.000	1.180	.238	par_25
e_3	.062	.004	15.367	***	par_26
e_4	.003	.000	15.300	***	par_27
e_5	.010	.001	9.968	***	par_28
e_6	.000	.000	.156	.876	par_29
e_7	.032	.003	12.528	***	par_30
e_8	.102	.008	12.473	***	par_31
e_9	2.257	.261	8.643	***	par_32
e_{10}	348	.023	15.346	***	par_33

说明：表11-11中分析了结构方程中的残差的方差情况，其中e_1、e_3、e_4、e_5、e_7、e_8、e_9、e_{10}比较显著。

（7）多元相关平方分析。观测变量被其潜在变量解释的变异量，表示观测变量的细腻度系数。预设模型中观测变量的多元相关系数如表 11-12 所示。

表 11-12　多元相关系数分析
Squared Multiple Correlations（Group number 1 - Default model）

	估计值（Estimate）
ROE	.098
TOBIN	.191
RC_2	.016
RC_1	.016
SC_4	.264
SC_2	.054
SC_1	.004
HC_4	.024
HC_3	.051
HC_1	.830

说明：表 11-12 中数据为观察变量（测量变量）多元相关平方，与复回归中的 R^2 性质相同，表示个别变量被其潜在变量解释的变异量，亦即个别测量变量的信度系数。

（8）假设模型隐含协方差矩阵。隐含协方差矩阵是根据假设模型图所推导的适配协方差矩阵，模型中观测变量的隐含协方差矩阵如表 11-13 所示。

表 11-13　假设模型隐含协方差矩阵分析
Implied Covariances（Group number 1 - Default model）

	ROE	TOBIN	RC_2	RC_1	SC_4	SC_2	SC_1	HC_4	HC_3	HC_1
ROE	.348									
TOBIN	.008	2.788								
RC_2	.000	.030	.103							
RC_1	.000	.016	.001	.032						
SC_4	.000	.001	.000	.000	.000					

续表

	ROE	TOBIN	RC_2	RC_1	SC_4	SC_2	SC_1	HC_4	HC_3	HC_1
SC_2	.000	.003	.000	.000	.000	.011				
SC_1	.000	.000	.000	.000	.000	.000	.003			
HC_4	.000	.023	.001	.001	.000	.000	.000	.063		
HC_3	.001	.042	.002	.001	.000	.000	.000	.003	.005	
HC_1	.001	.046	.003	.001	.000	.000	.000	.003	.006	.008

说明：表 11-13 中数据是相关变量的协方差，对角线上的数据是相关变量的方差。

模型中观测变量之间的相关系数如表 11-14 所示。

表 11-14 假设模型隐含变量相关系数

Implied Correlations (Group number 1 - Default model)

	ROE	TOBIN	RC_2	RC_1	SC_4	SC_2	SC_1	HC_4	HC_3	HC_1
ROE	1.000									
TOBIN	.008	1.000								
RC_2	.002	.055	1.000							
RC_1	.002	.055	.016	1.000						
SC_4	.003	.072	.021	.021	1.000					
SC_2	.001	.015	.004	.004	.261	1.000				
SC_1	.000	.004	.001	.001	.073	.015	1.000			
HC_4	.002	.054	.016	.015	.020	.004	.001	1.000		
HC_3	.015	.353	.102	.102	.133	.027	.008	.160	1.000	
HC_1	.013	.314	.091	.090	.118	.024	.007	.142	.934	1.000

说明：表 11-14 是各变量的相关系数。

（9）变量影响效应分析表。预设模型中观测变量与潜在变量之间的总效应如表 11-15 所示。

表 11-15 标准化总效应分析
Standardized Total Effects (Group number 1 - Default model)

	内在价值	关系资本	结构资本	人力资本
关系资本	.997	.000	.000	.000
结构资本	.146	.000	.000	.000
人力资本	.789	.000	.000	.000
ROE	.018	.000	.000	.000
TOBIN	.437	.000	.000	.000
RC_2	.127	.127	.000	.000
RC_1	.126	.126	.000	.000
SC_4	.165	.000	.124	.000
SC_2	.034	.000	.232	.000
SC_1	.010	.000	.065	.000
HC_4	.123	.000	.000	.156
HC_3	.809	.000	.000	.025
HC_1	.719	.000	.000	.911

说明：从表 11-15 中可以看出，关系资本对企业内在价值的相关效应是 0.997，结构资本对企业内在价值的相关总效应是 0.146，人力资本对企业内在价值的相关总效应是 0.789，ROE 对企业内在价值的相关总效应是 0.018，Tobin's Q 对企业内在价值的相关总效应是 0.437，RC_2 对企业内在价值的相关总效应是 0.127，RC_1 对企业内在价值的相关总效应是 0.126，SC_4 对企业内在价值和结构资本的相关总效应分别是 0.165 和 0.124，SC_2 对企业内在价值与结构资本的相关总效应分别是 0.034 和 0.232，SC_1 对企业内在价值和结构资本的相关总效应分别是 0.010 和 0.065，HC_4 对企业内在价值和人力资本的相关总效应分别是 0.123 和 0.156，HC_3 对企业内在价值和人力资本的相关总效应分别是 0.809 和 0.025，HC_1 对企业内在价值和人力资本的相关总效应分别是 0.719 和 0.911。

预设模型中观测变量及潜在变量之间直接效应标准化处理之后的结果如表 11-16 所示。

表 11－16　标准化直接效应分析

Standardized Direct Effects

	内在价值	关系资本	结构资本	人力资本
关系资本	.997	.000	.000	.000
结构资本	.146	.000	.000	.000
人力资本	.789	.000	.000	.000
ROE	.018	.000	.000	.000
TOBIN	.437	.000	.000	.000
RC_2	.000	.127	.000	.000
RC_1	.000	.126	.000	.000
SC_4	.000	.000	.124	.000
SC_2	.000	.000	.232	.000
SC_1	.000	.000	.065	.000
HC_4	.000	.000	.000	.156
HC_3	.000	.000	.000	.025
HC_1	.000	.000	.000	.911

说明：表 11－16 中列出潜在变量与其观测变量间的效应，称为直接效应。关系资本对企业内在价值的直接效应是 0.997，结构资本对企业内在价值的直接效应是 0.146，人力资本对企业内在价值的直接效应是 0.789，ROE 对企业内在价值的直接效应是 0.018，Tobin's Q 对企业内在价值的直接效应是 0.437，RC_2 对关系资本的直接效应是 0.127，RC_1 对关系资本的直接效应是 0.126，SC_4 对结构资本的直接效应是 0.124，SC_2 对结构资本的直接效应是 0.232，SC_1 对结构资本的直接效应是 0.065，HC_4 对人力资本的直接效应是 0.156，HC_3 对人力资本的直接效应是 0.025，HC_1 对人力资本的直接效应是 0.911。

预设模型中相关变量之间的间接效应标准化处理之后的情况如表 11－17 所示。

表 11－17　间接效应标准化分析

Standardized Indirect Effects

	内在价值	关系资本	结构资本	人力资本
关系资本	.000	.000	.000	.000
结构资本	.000	.000	.000	.000

续表

	内在价值	关系资本	结构资本	人力资本
人力资本	.000	.000	.000	.000
ROE	.000	.000	.000	.000
TOBIN	.000	.000	.000	.000
RC_2	.127	.000	.000	.000
RC_1	.126	.000	.000	.000
SC_4	.165	.000	.000	.000
SC_2	.034	.000	.000	.000
SC_1	.010	.000	.000	.000
HC_4	.123	.000	.000	.000
HC_3	.809	.000	.000	.000
HC_1	.719	.000	.000	.000

说明：表11-17中，RC_2、RC_1对企业内在价值的标准化间接效应分别为0.127和0.126，HC_4、HC_3、HC_1对企业内在价值的间接标准化效应分别是0.165、0.034、0.010，在这三者中HC_1的间接效应最弱，HC_4、HC_3、HC_1对企业内在价值的标准化间接效应分别是0.123、0.809、0.719，这三者中HC_3对企业内在价值的间接效应最大。

预设模型中观测变量与潜在变量中的回归系数如表11-18所示。

表11-18 标准化回归权数分析

Standardized Regression Weights (Group number 1 - Default model)

			估计值（Estimate）
人力资本	<---	内在价值	.789
结构资本	<---	内在价值	.146
关系资本	<---	内在价值	.997
HC_1	<---	人力资本	.911
HC_3	<---	人力资本	.025
HC_4	<---	人力资本	.156
SC_1	<---	结构资本	.065
SC_2	<---	结构资本	.232
SC_4	<---	结构资本	.124

续表

			估计值（Estimate）
RC_1	<---	关系资本	.126
RC_2	<---	关系资本	.127
TOBIN	<---	内在价值	.437
ROE	<---	内在价值	.018

说明：表 11-18 中数据显示，人力资本对企业内在价值的回归系数是 0.789，结构资本对企业内在价值的回归系数是 0.146，关系资本对企业内在价值的回归系数是 0.997，HC_1 对人力资本的回归系数是 0.911，HC_2 对人力资本的回归系数是 0.025，HC_4 对人力资本的回归系数是 0.156，SC_1 对结构资本的回归系数是 0.065，SC_4 对结构资本的回归系数是 0.124，RC_1 对关系资本的回归系数是 0.126，RC_2 对关系资本的回归系数是 0.127，Tobin's Q 对企业内在价值的回归系数是 0.437，ROE 对企业内在价值的回归系数是 0.018。

（10）适配度摘要 Model Fit Summary。模型最小差异值（minimum discrepancy）是没有限制的样本协方差矩阵与限制协方差矩阵之间的差异或者不一致，是一种概似比的检验统计量，此统计量为卡方值。结构方程的相关数值如表 11-19 所示。

表 11-19 最小差异值

CMIN

Model	模型被估参数个数（NPAR）	卡方值（CMIN）	自由度（DF）	概率值（P）	卡方自由度比值（CMIN/DF）
预设模型（Default model）	33	47.613	32	.371	1.488
饱和模型（Saturated model）	65	.000	0		
独立模型（Independence model）	10	1149.377	55	.000	20.898

说明：预设模型参数个数是 33，卡方值（CMIN）是 47.613，模型的自由度是 32，显著性概率值 $p = 0.371 > 0.05$，未达到显著水平，接受虚无假设，卡方自由度比值（CMIN/DF）为 1.488（47.613/32 = 1.488），卡方自由度比值 1.488 < 3.000，表示模型适配度良好。

模型的基准线比较估计量如表 11-20 所示。

表 11-20 基准线比较估计
Baseline Comparisons

Model	规范拟合指数 (NFI Delta1)	相对拟合指数 (RFI rho1)	增值拟合指数 (IFI Delta2)	塔克—路易斯 拟合指数 (TLI rho2)	比较拟合 指数 (CFI)
预设模型	.959	.929	.986	.975	.986
饱和模型	1.000		1.000		1.000
独立模型	.000	.000	.000	.000	.000

说明：表 11-20 中各种比较基准（Baseline Comparisons）估计量，模型适配度指标中的 NFI 等于 0.959 大于 0.900，RFI 等于 0.929 大于 0.900，TFI 等于 0.975 大于 0.900，GFI 等于 0.986 大于 0.900 均符合模型适配指标。表示假设理论模型与观察数据的整体适配度较佳。

模型的简约调整测量值情况如表 11-21 所示。

表 11-21 简约调整测量值
Parsimony-Adjusted Measures

Model	简效比率 (PRATIO)	简效规范拟合指数 (PNFI)	简效比较拟合指数 (PCFI)
预设模型	.582	.558	.574
饱和模型	.000	.000	.000
独立模型	1.000	.000	.000

说明：表 11-21 中简约调整后的测量值（Parsimony-Adjusted Measures）PRATIO 等于 0.582，PNFI 的数值为 0.558，PCFI 的数值是 0.574，均大于模型可接受的数值 0.500。

评价模型估计参数的偏离程度指标情况，可以通过非中心性参数来度量，如果假设模型不正确，测量值呈现出非集中化的卡方分布和非集中化的参数。本模型的非中心性的参数如表 11-22 所示。

表 11 - 22　非中心性参数表
NCP

Model	非中心性参数 （NCP）	90% 置信区间下限值 （LO 90）	90% 置信区间上限值 （HI 90）
预设模型	15.613	.988	38.198
饱和模型	.000	.000	.000
独立模型	1094.377	987.850	1208.304

说明：表 11 - 22 中 NCP 是非中心性参数（Noncentrality parameter）评估估计参数偏离程度，表中 NCP 的值是 15.613，其中 90% 的置信区间为〔0.998,38.198〕，区间没有包含 0 值，表示 NCP 估计值没有达到 0.10 的显著水平，理论模型与实际观察的数据整体适配度较佳。

模型的最小差异值函数检验理论模型与实际模型的适配度情况，经验研究中理论模型与实际模型的适配度情况如表 11 - 23 所示。

表 11 - 23　最小差异值函数
FMIN

Model	最小差异值 （FMIN）	总体与模型差异程度 （F0）	下限值 （LO 90）	90% 置信区间上限值 （HI 90）
预设模型	.090	.030	.002	.072
饱和模型	.000	.000	.000	.000
独立模型	2.177	2.073	1.871	2.288

说明：表 11 - 23 中 FMIN 是最小差异值函数（minimum discrepancy function）$\hat{F}$。FMIN 等于 0.090，为最小差异值，此值接近于 0，表明理论模型与实际数据的适配度很好。

模型的适配度可以通过渐进残差均方和平方根的数值来反映，经验研究中模型的渐进残差均方和平方根情况如表 11 - 24 所示。

表 11 - 24　渐进残差均方和平方根
RMSEA

Model	近似误差均方根 （RMSEA）	下限 （LO 90）	上限 （HI 90）	接近适合性检验的概率 （PCLOSE）
预设模型	.030	.008	.048	.972
独立模型	.194	.184	.204	.000

说明：表 11 - 24 中，RMSEA 是渐进残差均方和平方根（root mean square error of approximation），其值为 0.030，小于 0.05，表明模型适配度佳。

预设模型是否是最佳的、最精简的？可以通过信息效标值（Akaike information criterion）来检验，该值越小表明模型适配度越佳、越精简。经验研究中模型的精简及适配度情况如表11-25所示。

对于模型的比较可以挑选期望跨效度指数值较小的模型，期望跨校度指数反映了模型与观测数据的契合程度，若是进行单一模型适配度检验，一个可以接受的模型其预设模型的期望跨度指标值应同时小于独立模型的期望跨度指标值和饱和模型的期望跨度指标值。经验研究中模型的期望跨度指标如表11-26所示。

表11-25 信息校标

AIC

Model	赤池信息准则（AIC）	布朗尼—库德克准则（BCC）	只叶斯信息准则（BIC）	一致赤池信息准则（CAIC）
预设模型	113.613	115.018		
饱和模型	130.000	132.766		
独立模型	1169.377	1169.802		

说明：表11-25中，AIC为信息效标，其值越小表设计模型适配度越佳。

表11-26 期望跨效度指标

ECVI

Model	预期交叉验证指标（ECVI）	90%置信区间下限值（LO 90）	90%置信区间上限值（HI 90）	期望跨度指标（MECVI）
预设模型	.215	.187	.258	.218
饱和模型	.246	.246	.246	.251
独立模型	2.215	2.013	2.431	2.216

说明：表11-26中，ECVI（expected cross-validation index）是期望跨度指标，预设模型的ECVI等于0.215，小于饱和模型的ECVI数值2.215，说明模型可以接受。

对于模型的适配度检验还需要验证模型的临界样本数，临界样本数用来估计需要多少个样本才能满足来估计模型的参数和达到的模型适配度，亦即，根据模型的参数数目，估计要产生一个适配度复合的假设模型时所需要的样本数为多少。

本次经验研究中预设模型的临界样本情况如表 11-27 所示。

表 11-27 临界样本数值
HOELTER

Model	赫尔特临界值 （0.05 显著性水平）	赫尔特临界值 （0.01 显著性水平）
预设模型	513	594
独立模型	34	38

说明：表 11-27 中，HOELTER 是赫尔特临界值 N，在 0.05 显著水平时，临界值为 513，大于 200；在 0.01 显著水平时，临界值是 594，大于 200，均达到模型可适配标准，表示假设模型适配情况比较好。

通过上面相关指标的验证，可以知道，知识资产价值贡献耦合的结构方程模型较为适合观测的数据。尤其是图 11-1 比较直观地显现出知识资产三要素耦合作用进行价值贡献的机理。

3. 知识资产价值贡献耦合协调度测算

有关知识资产价值贡献耦合机理问题相关章节已经完成了任务，此处直接对其进行测度。借助于物理学的容量耦合概念和容量耦合系统模型，构建知识资产各要素之间的匹配函数。知识资产价值贡献耦合匹配函数揭示知识资产三要素中任意两个要素之间的匹配状况，耦合有和谐之意，而要素之间有良好的搭配才会呈现出良性的发展，因此耦合匹配函数要阐释匹配的两要素之间的力量相当，不能差别太大。当两因素价值贡献的力量相当、贡献度相差不多时，耦合匹配函数能够达到最优状况，有鉴于此，本书将耦合匹配函数设定如公式（11-16）所示。

$$C_i = \left[\frac{4U_{xi}U_{yi}}{(U_{xi}+U_{yi})^2}\right]^2 ❶ \qquad (11-14)$$

式中，C_i 为匹配度函数，值域在（0，1）之间，当 C_i 趋向 1 时，说明知识资产耦合度较大，向有序方向发展；当 C_i 趋向 0 时，知识资产耦合度较小，向无序方向发展；U_{xi} 代表知识资产中某一类知识资产对企业价值的贡献度，亦即结构方程软件拟合出来的结构方程中某类知识资产对企业价值的路径贡献系数，U_{yi} 代表另外一类知识资产对企业价值的路径贡献系数。

根据表 11-9 Standardized Regression Weights（Group number 1 - Default model）标准化回归权数可知，人力资本、结构资本、关系资本对企业价值的贡献度如表 11-28 所示。

---

❶ 该函数的证明过程如下：U_{xi} 和 U_{yi} 之间的耦合状态表示二者演化共生互相匹配的状况，U_{xi} 和 U_{gi} 耦合协调度的离差越小越好，也即离差系数越小越好。即有 C_v 越小越好。

$$C_v = \frac{S}{\frac{U_{xi}+U_{yi}}{2}} = \sqrt{1-\frac{U_{xu}\cdot U_{yi}}{\left(\frac{U_{xi}+U_{yi}}{2}\right)^2}}$$

要使得 C_v 越小越好的充要条件是 C' 越大越好，这里令 $C' = \dfrac{U_{xi}\cdot U_{yi}}{\left(\dfrac{U_{xi}+U_{yi}}{2}\right)^2}$

则协调系数 $C = \left[\dfrac{U_{xi}\cdot U_{yi}}{\left(\dfrac{U_{xi}+U_{yi}}{2}\right)^2}\right]^k$

式中，k——调节系数，令 $k \geq 2$，上式（11-14）中，令 $k=2$，可得到：

$$C_i = \left[\frac{4U_{xi}U_{yi}}{(U_{xi}+U_{yi})^2}\right]^2$$

证毕！

表 11-28　人力资本、结构资本、关系资本对企业价值贡献*

			Estimate
人力资本	<---	内在价值	.789
结构资本	<---	内在价值	.146
关系资本	<---	内在价值	.997

* 此表节选自表 11-9。

利用计算机计算得出，人力资本与结构资本的匹配度如公式（11-15）~（11-17）所示：

$$C_{H \leftrightarrow S} = \left[\frac{4 \times 0.789 \times 0.146}{(0.789 + 0.146)^2}\right]^2 = 0.43592 \quad (11-15)$$

人力资本与关系资本的匹配度是：

$$C_{H \leftrightarrow R} = \left[\frac{4 \times 0.789 \times 0.997}{(0.789 + 0.997)^2}\right]^2 = 0.97306 \quad (11-16)$$

结构资本与关系资本的匹配度是：

$$C_{S \leftrightarrow R} = \left[\frac{4 \times 0.146 \times 0.997}{(0.146 + 0.997)^2}\right]^2 = 0.19862 \quad (11-17)$$

将两个系统综合考虑进来，借鉴 LiXiao-Kun 的思路，构建耦合协调度函数❶，如下式：

$$D_i = \sqrt{C_i \times T} \quad (11-18)$$

$$T_i = \alpha U_{xi} + (1-\alpha) U_{yi} \quad (11-19)$$

式（11-18）和（11-19）中，T_i——知识资产综合调和指数；α——待定系数，D_i 为耦合协调度。

根据相关判断标准判断其耦合度状态是低度耦合、中度耦合、高度耦合还是极高度耦合。

由于知识资产三要素在企业中处于同等重要的地位，三者缺一不可，根据金融学、物理学、生物学、农业科学等学科中关于确定公式

---

❶ LiXiao-Kun, Compling Relations between Envionment and Economy Metropolis, A case study of Chongqing China, *Ecological Economy*, 2007 (3), pp. 249-256.

(11-19) 中待定系数 α 的方法，将待定系数赋值为 0.5。[1]

据此，计算人力资本与结构资本的耦合协调度为：

$$\left.\begin{array}{l} \because T_{H\leftrightarrow S} = 0.5U_H + (1-0.5)U_S \\ \because U_H = 0.789 \\ \because U_S = 0.146 \end{array}\right\} \Rightarrow T_{H\leftrightarrow S} = 0.4765$$

$$\left.\begin{array}{l} D_{H\leftrightarrow S} = \sqrt{C_{H\leftrightarrow S} \cdot T_{H\leftrightarrow S}} \\ \because C_{H\leftrightarrow S} = 0.43592 \\ \because T_{H\leftrightarrow S} = 0.4765 \end{array}\right\} \Rightarrow D_{H\leftrightarrow S} = 0.4557$$

(11-20)

计算人力资本与关系资本的耦合协调度为：

$$\left.\begin{array}{l} \because T_{H\leftrightarrow R} = 0.5U_H + (1-0.5)U_R \\ \because U_H = 0.789 \\ \because U_R = 0.997 \end{array}\right\} \Rightarrow T_{H\leftrightarrow R} = 0.893$$

$$\left.\begin{array}{l} \because D_{H\leftrightarrow R} = \sqrt{C_{H\leftrightarrow R} \cdot T_{H\leftrightarrow R}} \\ \because C_{H\leftrightarrow R} = 0.97306 \\ \because T_{H\leftrightarrow R} = 0.893 \end{array}\right\} \Rightarrow D_{H\leftrightarrow R} = 0.94357$$

(11-21)

计算结构资本与关系资本的耦合协调度为：

$$\left.\begin{array}{l} \because T_{S\leftrightarrow R} = 0.5U_S + (1-0.5)U_R \\ \because U_S = 0.146 \\ \because U_R = 0.997 \end{array}\right\} \Rightarrow T_{H\leftrightarrow R} = 0.5715$$

$$\left.\begin{array}{l} \because D_{S\leftrightarrow R} = \sqrt{C_{S\leftrightarrow R} \cdot T_{H\leftrightarrow R}} \\ \because C_{S\leftrightarrow R} = 0.19862 \\ \because T_{S\leftrightarrow R} = 0.5717 \end{array}\right\} \Rightarrow D_{S\leftrightarrow R} = 0.33697$$

(11-22)

根据 AMOS20.0 版本软件的模拟以及利用计算机的测算，笔者得

---

[1] 黄瑞芬、王佩服："海洋产业集聚与环境资源系统耦合的实证分析"，载《经济学动态》2011 年第 2 期。

出知识资产价值贡献耦合状况由下述两组解表示，分别是知识资产对企业价值贡献度的这组解和企业知识资产三因素耦合协调度另一组解。其中知识资产对企业价值贡献度的解组如公式（11-23）所示。

$$\begin{cases} U_H = 0.789 \\ U_S = 0.146 \\ U_R = 0.997 \end{cases} \quad (11-23)$$

知识资产三因素的耦合协调度是：

$$\begin{cases} D_{H \leftrightarrow S} = 0.4557 \\ D_{H \leftrightarrow R} = 0.9435 \\ D_{S \leftrightarrow R} = 0.33697 \end{cases} \quad (11-24)$$

本书还将进行知识资产价值贡献耦合协调度的检验。关于耦合协调度的标准问题，没有一个准确的认定标准，一般认为耦合协调度可以划分为以下几个级别：极度失调、严重失调、中度失调、轻度失调、勉强耦合、初级耦合、中度耦合、高度耦合、极高度耦合。❶ 耦合协调度与耦合协调等级对应关系如表11-29所示。

表11-29　耦合度等级区分

耦合协调度	0~0.09	0.1~0.19	0.2~0.29	0.3~0.39	0.4~0.49
耦合协调等级	极度失调	严重失调	中度失调	轻度失调	濒临失调
耦合协调度	0.5~0.59	0.6~0.69	0.7~0.79	0.8~0.89	0.9~1.0
耦合协调等级	勉强耦合	初级耦合	中度耦合	高度耦合	优质耦合

通过知识资产三因素耦合协调度解组（11-24）与耦合度等级区分表11-29进行比较可知，人力资本与结构资本的耦合协调度是0.4557，0.4557 ∈ [0.4,0.49]，处于濒临失调阶段；人力资本与关系资本的耦合协调度是0.9435，0.9435 ∈ [0.9,1.0]，处于优质耦合阶段；

---

❶ 胡曼菲、关伟："基于产业结构视角的我国经济与环境耦合系统的演化分析"，载《资源开发与市场》2010年第10期。

结构资本和关系资本的耦合协调度是 0.33697，0.33696 ∈ [0.3,0.39]，处于轻度失调阶段。通过指标验证，人力资本与关系资本耦合状况比较理想，而结构资本与关系资本的耦合状况不理想，人力资本与结构资本的耦合状况令人担忧。本书将在结论部分展开。

五、经验研究结果说明

本书通过实证研究验证了知识资产价值贡献机理的存在，结合知识资产的价值贡献度测度出知识资产价值贡献的耦合协调度。其基本结论如下。

（一）人力资本价值贡献度偏高

人力资本对企业价值的贡献度是 0.789，说明高新企业已经重视人力资本的作用，从另外一个方面也说明高新企业是知识密集型企业。该指标高于前人的研究指标，有几个原因可以阐述，一个原因是在金融危机时，物质资本对企业价值贡献有所衰减，而人力资本呈现增长趋势。另一个原因是不得不考虑的因素，就是在选择样本公司时，由于知识资产不是强制性披露，而是企业自愿性披露，就存在知识资产存量较高的企业更愿意披露知识资产的相关信息，恰好被选中作为样本公司。而知识资产存量较差的企业，担心披露其知识资产会对企业的价值有不良影响，就有降低披露知识资产的倾向。其实知识资产是企业的隐性资产，别的企业很难通过模仿、学习来提升知识资产的配置能力，这是企业能力基础理论所强调的核心观点。因此本书建议现行的企业尽最大力度披露其知识资产，既有利于会计信息的透明性，又有利于会计信息的可比性，从而增强会计信息的有用性，提高新决策者的判断能力。

（二）关系资本价值贡献度最大

关系资本对企业价值的贡献度是 0.997，是这三类资本中贡献度最大的一个，再次印证了现在是市场决定生产的年代，以产定销的时代已经一去不复返了。从本质上讲，关系资本是企业利益实现的重要环节，企业价值的增加表现为收益的增加，而收益的增加，表现为企业客户对产品或者服务的认可，最终表现为关系资本对企业价值的贡献。本书前面章节曾经推导出关系资本对企业价值贡献的弹性大于1，本章经验实证再次证明了关系资本具有主要的价值贡献。同时，笔者也多次强调，关系资本表现为人力资本的能力，此处再次印证了关系资本与人力资本的正相关关系。同时也含蓄地说明了人力资本与关系资本的耦合状况。同时印证了斯维比1997年的观点，该观点认为拥有丰厚人力资本的企业能够维持发展客户关系，从而促进关系资本的积蓄。

令人遗憾的是，关系资本中的企业采购比这个指标并没有进入结构方程中去，这需要从两个方面去解释，一方面根据本特尔（Bentler，1987）和周（Chou，1987）提出的理论：对于包含较多变量的模型来说，完全达到一般认定的拟合优度是比较困难的❶，本书模型的CFI和IFI的值均接近一般认定的拟合优度0.9，所以可以认为模型的拟合优度是较好的。结构方程的变量指标数目是有上限要求的，不是随意增加变量的。❷ 另一方面可能隐含的意思是，高新企业的资源比较充裕，货源并不影响企业经营问题。而对于企业采购比对目标企业价值的影响程度，以后再研究，因为本书着意于知识资产的耦合协调度问题，为会计计量问题做准备。

（三）结构资本价值贡献度最低

结构资本对企业价值的贡献度是0.146，是这三类资本中贡献度最低的一个。说明我国高新企业在企业运作管理方面存在较大的问题。

---

❶ Bentler P. M., *EQS Structural Equations Program Manual*, Multivariate Software, Inc, 1995.

❷ 吴明隆：《结构方程模型——Amos的操作与应用》，重庆大学出版社2011年版。

企业需要从资产流转、流程改造、培养企业文化、规范企业制度等方面采取相应的措施。

(四) 知识资产耦合协调度差别较大

通过测算知识资产耦合协调度,人力资本与结构资本的耦合协调度是 0.4557,人力资本与关系资本的耦合协调度是 0.9435,结构资本与关系资本的耦合协调度是 0.3370,这充分说明了由于结构资本贡献度较低影响了结构资本与人力资本的耦合协调度,同时也影响了结构资本与关系资本的耦合协调度。因此我国高新企业应该提升结构资本的质量,增强其企业价值的贡献度。通过耦合协调度数据再次证明了企业知识资产三因素共生演化的趋势,说明了三者之间互相影响、相互作用的机制,这既证明知识资产阈值存在的正确性,也说明了本书所倡导的整体角度、耦合视角探讨知识资产价值贡献的道理。如果是采用传统的分析方法,单独分析知识资产中某一知识资产对企业价值的贡献,很可能得出截然相反的结论。

第十二章 企业知识资产价值贡献案例研究
——以深圳华为公司为例

前文对知识资产的三个维度进行了结构性解析,已经证明了知识资产对企业的价值贡献,但这些理论和方法是否能为实际所运用。本章采用案例研究方法对前述的结论进行再次检验。尽管案例研究的严谨性还不完全令人满意[1],但是案例研究在工商管理中的作用是毋庸置疑的。1961年和1980年,美国管理大师孔茨(Harold Koontz)明确了案例学派"对过去的管理经验或过去的管理工作'是怎样做的'进行分析"的重要性。管中窥豹,我们能够领会出案例研究方法对工商管理发展所做出的理论贡献。"通过对企业管理实践活动的认识,借助于案例研究方法总结提炼升华,来构建新理论或拓展原有理论的解释范畴都被视为理论创新,已经成为工商管理理论发展的重要途径。"[2]"通过个案研究可以提供研究变量之间的新洞见。"[3]

案例研究的价值表现在案例研究能够突出公司情境、展示行为过程和揭示复杂关系。案例研究的本质,即各类案例研究的核心意图在于展现做出一个或者一系列决策的过程,为什么做出这个决策?决策

---

[1] 因为案例研究的"定性、经验性"的特性经常遭到那些从事定量研究的学者们的批判和质疑,在他们看来,数字和统计远比文字更加缜密、精确和客观。

[2] 张丽华、刘松博:"案例研究:从跨案例的分析到拓展现有理论的解释力——中国第二届管理案例学术研讨会综述",载《管理世界》2006年第12期。

[3] Eisenhardt, K. M., Building Theory from case study research, *Academy of Management Review*, 1989, 14 (4), pp. 532~550.

是怎样执行的？其结果怎样？❶ 首先，案例研究对情境的关注有助于解答"为什么"的问题，有助于研究者深入了解管理现象，进而理解并应用学术研究的成果。其次，案例研究对过程的展示突出了历史因素和时间因素的重要性，有助于实践者进行过程设计。此外，案例研究能够展示复杂现象背后的各种关系，而截面式研究则难以挖掘这些关系。本书利用华为公司的真实案例来佐证企业知识资产价值贡献机理问题，以典型的案例来阐释、佐证前面章节已经论证过的企业知识资产价值贡献机理。

一、华为公司简介

华为技术有限公司（以下简称"华为公司"）是生产电信设备的民营科技公司，于1987年在中国深圳正式注册成立，注册资本2.1万元。公司初始发展时是一个小型的代理商代理通信产品，目前成为全球顶级的电信与网络设备制造商，其主要经营范围是交换、传输等电信产品。在2011年11月8日公布的2011年中国民营500强企业榜单中，华为技术有限公司名列第一。

（一）发展简史

1987年华为在深圳注册成立，是个香港某公司的销售代理商，经营业务为代理销售PBX机器。1990年研究开发PBX-JK1000机器，开始自主生产。1992年取得突破性进展，研发成功农村数字交换相关的解决方案。1995年市场份额扩大，主要聚焦中国农村市场，并取得销售额150 000万元人民币的好成绩。1997年，华为在发展进程史创立了纪元性的突破，走出了"农村包围城市"的路线，成功推出DMS方

---

❶ ［美］罗伯特·K. 殷，周海涛译：《案例研究设计与方法》，重庆大学出版社2004年版。

案，于 1998 年成功地推向中国主要城市，进军城市市场。1999 年，华为跨出国门迈向印度，把目光聚焦于班加罗尔，并把研究开发中心设在那里。2000 年把视野扩向欧洲，在瑞典首都斯德哥尔摩创建研发中心，当年的海外收入已经达到 10 000 万美元。2001 年又瞄准北美洲最发达的国家——美国，将华为的非核心子公司 Avansys 销售给爱默生公司，并在美国设立四个研究开发中心。2004 年与荷兰运营商 Telfort 建立销售合同，实现欧洲的重大突破。2005 年华为的海外营业收入首次超过国内的营业收入。2006 年华为公司推出新的标识：和谐、创新、稳健、聚焦。2008 年华为公司被《商业周刊》评价为全球十大有影响力的公司。Informa 的报告显示华为公司在移动设备方面处于全球第三名。2009 年华为公司更上一层楼，荣获 IEEE 标准组织该年度杰出公司贡献奖，2010 年在英国成立安全认证中心，跻身联合国宽带委员会，荣获《经济学人》2010 年度创新大奖。2011 年华为公司为英国承办 2012 年伦敦奥运会贡献了一份力量——为伦敦地铁提供移动电话网络。

通过上述华为公司的发展简史可以看出华为公司的发展模式主要是坚持自主创新，技术领先，胸怀祖国、放眼世界，以国际化、本土化、职业化为导向进行资源配置。

（二）财务概要

根据华为公司网站的披露[1]，2006～2010 年，华为公司相关财务数据（主营业务收入、主营业务利润、净利润、运营资本、经营活动现金流量、现金与现金等价物、总资产、总借款、所有者权益以及营业利润率和资产负债率的相关数据）如表 12 - 1 所示。

---

[1] http：//baike.baidu.com/view/14877.html？fromtaglist.

第十二章 企业知识资产价值贡献案例研究

表 12-1 华为公司 2006～2010 年主要财务数据❶

年度 项目	2006	2007	2008	2009	2010
主营业务收入（万元）	6 636 500	9 379 200	12 521 700	14 905 900	18 517 600
主营业务利润（万元）	484 600	914 500	1 619 700	2 105 200	2 927 100
营业利润率（%）	7.3	9.7	12.9	14.1	15.8
净利润（万元）	399 900	755 800	784 800	1 827 400	2 375 700
经营活动现金流量（万元）	580 100	762 800	645 500	2 174 100	2 845 800
现金与现金等价物（万元）	824 100	1 382 200	2 101 700	2 923 200	3 806 200
营运资本（万元）	1 067 000	2 347 500	2 958 800	4 183 500	5 399 100
总资产（万元）	5 850 100	8 105 900	11 824 000	13 965 300	16 084 100
总借款（万元）	290 800	273 100	1 400 900	1 637 700	1 164 000
所有者权益（万元）	2 084 600	3 003 200	3 745 400	4 331 600	5 525 100
资产负债率（%）	64.4	63.0	68.3	69.0	65.6

资料来源：根据华为公司官方网站数据整理得到。

5 年来，华为公司的主营业务收入、主营业务利润及净利润呈增长趋势，其中主营业务收入从 2006～2010 年的数额分别是：6 636 500 万元、9 379 200 万元、12 521 700 万元、14 905 900 万元、18 517 600 万元；主营业务利润从 2006～2010 年的数据分别是：484 600 万元、914 500 万元、1 619 700 万元、2 105 200 万元、2 927 100 万元；2006～2010 年的净利润分别是：399 900 万元、755 800 万元、784 800 万元、1 827 400 万元、2 375 700 万元。这三类数据呈现递增趋势，而且 2011 年继续保持 20% 的增长，2011 年上半年实现销售收入 983 亿元人民币，同比增长 11%，实现营业利润 124 亿元。其中主营业务收入增长趋势如图 12-1 所示。

为了深入了解华为公司的主营业务收入的具体构成情况，以及配合公司管理的需要，将华为公司的主营业务收入划分为国内和海外两

---

❶ http://www.huawei.com/cn/about-huawei-corporate-info/financial-highlights/index.htm.

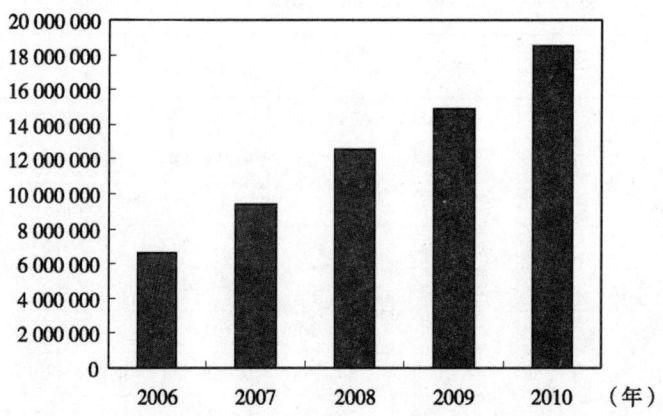

图 12-1　华为公司 2006~2010 年主营业务收入趋势（万元）

资料来源：http：//www.huawei.com/cn。

大部分进行比较。该公司 2009~2010 年度区域分布主营业务收入情况如表 12-2 所示。

表 12-2　华为公司 2009~2010 年区域分部收入　　　（千元）

	2009 年度	2010 年度
中国国内主营业务收入	59 038 000	64 771 000
海外主营业务收入	90 021 000	120 405 000
合　　计	149 059 000	185 176 000

资料来源：http：//www.huawei.com/cn。

据表 12-2 数据计算可知，华为公司 2009 年国内业务收入占当年总收入的 39.6%，海外业务收入占当年总收入的 60.4%，说明了华为公司在国际市场中的重要地位。2010 年国内收入占当年总收入的 35%，海外业务收入占当年总收入的 65%，海外收入与 2009 年相比有增加的趋势，展示了华为公司兼顾本土化、实现国际化的战略意图。

另外，华为公司根据产品和服务类型将业务分部划分为三大类别，分别是电信网络业务收入、全球服务业务收入、终端客户服务业务收入。其中华为公司电信网络业务收入主要包括无线接入、网络、核心

第十二章 企业知识资产价值贡献案例研究

网、业务与软件、站点解决方案等业务；华为公司全球服务主要涵盖系统集成解决方案、保障服务解决方案、学习与发展解决方案等业务；华为公司终端客户服务业务收入囊括移动宽带终端、手机、融合终端、视讯解决方案等内容。华为公司2009～2010年业务分部收入情况如表12-3所示。

表12-3 华为公司2009～2010年分部收入 （千元）

	2009年度	2010年度
电信网络（业务收入）	99 943 000	122 921 000
全球服务（业务收入）	24 499 000	31 507 000
终端（业务收入）	24 617 000	30 748 000
合计	149 059 000	185 176 000

资料来源：http：//www.huawei.com/cn。

从表12-3中可以看出，2009年度华为公司电信业务收入占总收入的67.05%，全球业务收入占总收入的16.44%，终端客户服务业务收入占总收入的16.51%。2010年度华为公司电信业务收入占总收入的66.38%，全球业务收入占总收入的17.14%，终端客户服务业务收入占总收入的16.48%。

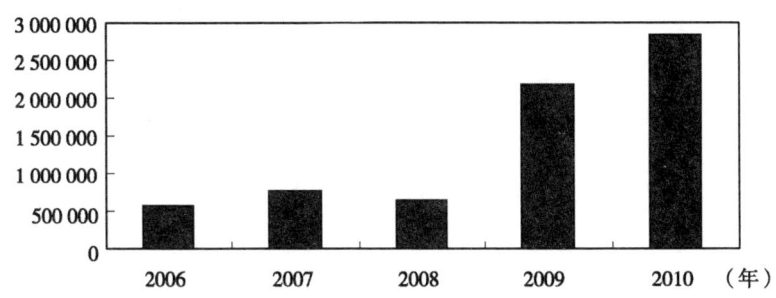

图12-2 华为公司2006～2010年经营活动现金流量（万元）

资料来源：http：//www.huawei.com/cn。

收入是权责发生制确认的结果，现金流量指标更能反映企业的资金运营管理状况。2006～2010年华为公司的经营或现金流量可以看

365

出，基本上呈现增加趋势：2006年的经营活动现金量是580 100万元，2007年是762 800万元，2008年是645 500万元，2009年是2 174 100万元，2010年是2 845 800万元，这反映出华为公司的经营活动质量较高，如图12-2所示。

资产规模反映了企业的扩张能力。从华为公司近5年来总资产的发展趋势可以看出，华为公司的规模在不断扩展，几乎呈直线上升趋势。2006年总资产是5 850 100万元，2007年是8 105 900万元，2008年是11 824 000万元，2009年是13 965 300万元，2010年是16 084 100万元。如图12-3所示。

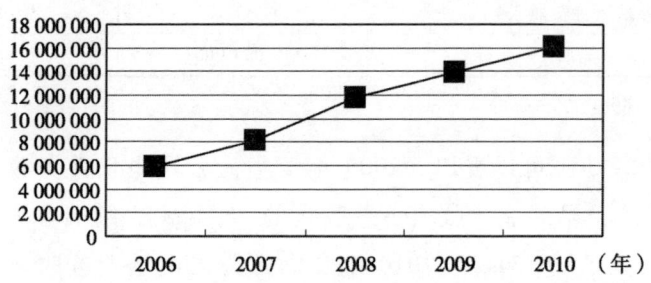

图12-3　华为公司2006年至2010年总资产规模（万元）

资料来源：http://www.huawei.com/cn。

据美国《财富》的数据显示，华为2010年成为继联想集团之后成功闯入世界500强的第二家中国民营科技企业，也是500强中唯一没有上市的公司。

二、重视人力资本

华为是中国企业中最成功的员工持股的民营科技公司之一。2011年，海外科技杂志法斯特公司（Fast Company）评出2011年全球最具创新能力的公司，华为排名第18位，为中国最高名次。在2011年中国企业500强中，华为排名39。华为公司的成功很大程度上取决于华为公司人力资本的贡献。法斯特公司曾经指出，企业的真正价值是由知识资产贡献的,并不是企业的砖瓦和水泥创造的。迄今为止,华为公司员工中大学本科以上学历占员工比例的85%以上,硕士、博士、博士后占员工比例的70%以上❶,并且华为公司已经成立了博士后工作流动站。

华为公司非常重视人力资本的培育,并认为"员工的素质、产品的质量以及合作关系,对企业来讲作用重大,可以决定企业的生命"。

(一) 人才引进

华为公司认为人力资本是企业的第一资源,人力资源管理是各级管理者的要务。华为公司做到以人为本,知人善任,以绩效管理为纲,以业绩多寡论英雄,以适才适用为宗旨,人尽其才,积极构建以绩效为导向的人力资源管理体系。

华为公司强调知人善任。他们认为,招聘比培训更重要。因为员工之间本身可能存在"天赋"的差异,即所谓"江山易改,秉性难移",培训只对有前途的员工具有提升能力的作用,对另一些员工可能不起作用,一旦招错了人,即使再多的培训也难以达到预期的效果。

华为公司的人力资源管理是《华为公司基本法》中最为耀眼的内容,华为公司从人员招聘、培训、岗位设置、薪酬激励等方面均有独到之处,实现了华为公司对人才的吸引与利用。

1. 人员招聘

公司初创时,华为公司高层经理亲自进行员工招聘的面试工作,通过与员工交流,初步了解其潜力,严把质量关。在初试结束后,仍然要进行3~4次的专业管理人员对应聘者的面试。华为到现在还是采用早期雇佣开发人员的办法来招收程序经理、测试工程师、产品经理等。据不完全统计,华为公司每年要到国外久负盛名的高校进行人才"挖掘",在国内"211""985"高校以及中国科学院研究生院、中国

---

❶ 截至本书撰写时的2010年年底,现在的数据可能有新的变化,特此说明。

社科院研究生院广罗高层人才。人力资源部门的员工专门安排招聘程序，技术部门或者产品部门对有经验的资深技术员工进行初试，有希望、有潜力的候选人才再到华为总部进行2~3次的总部面试。

高效的人员面试过程。华为总公司的面试工作是由公司相应的技术人员进行的，比如开发人员要从事开发人员的面试，测试工程师要进行测试工程人员的面试工作，以此类推，最终由老总作出最后的定夺。面试的目的在于抽象地判定一个人的智力水平，不仅仅是候选人知道多少编码或者测试的知识，或者有没有市场营销的特殊专长（在判定新雇员四种重要的素质，即上进心、智商、专业知识、和商业判断能力时，主要看看应聘者分析问题的能力与方法），另外一个问题就是看应聘者接受不接受华为公司的企业文化，对华为公司文化的认可度是招聘人才时的一个重要环节，即使应聘者能力再高，不认同华为公司的企业文化，华为也绝不录用。

华为注重应聘者的总体智力状况和学习能力的高低。事实上，华为进行人才的选择与配置的主要目的是发现最聪明、最有学习能力的人，然后把它们安排在与他们能力匹配的职位上去。华为公司一般拒绝那些在软件开发领域已经有多年经验的求职者，而是经常到一些名牌大学的数学系或者物理系去网罗那些智商高的学生，即使这些学生没有什么直接的程序开发经验。能通过筛选的人才寥若晨星，在大学里招收开发程序员时，华为公司仅仅挑选其中的10%~15%的去总部进行面试，而最后仅招聘去总部复试者的10%~15%，换言之，华为公司仅仅雇佣初次参加面试者的2%~3%。可是一旦雇佣，新员工将面临一系列的挑战与考验，这些挑战与考验可能包括总裁的考查等。

2. 评定标准

（1）对本小组或者自己公司生产的产品具有起码的好奇心，并且能够熟练应用。因为高新技术行业更新换代的周期很短，对于原有技术的掌握很难做到一劳永逸，需要了解新产品并掌握其操作要领。否则将很快出局。

（2）在与顾客交谈如何使用产品时，以极大的热情打动顾客，了解其喜欢什么，不喜欢什么，并清醒地指出本产品有哪些不足，哪里需要改进。

（3）了解顾客需求后，力求寻找满足顾客需要的产品。

（4）员工与公司一样需要有长期计划，并与公司指定的长期计划保持一致。员工必须致力于公司的长远目标，把工作视为事业，以整体利益为重，加强团队合作等，这无疑会使员工因有显著回报而更加出色。

（5）员工虽有远见卓识，仍需专业技能。

（6）一个好的员工应该了解做生意的经济学原理，公司为何这样运作？其业务模式怎样？怎样才会盈利？员工要了解公司盈利和亏损的原因。

（7）关注竞争对手的动态。员工要分析竞争对手的可借鉴之处，注意避免重犯竞争对手相同的错误。

（8）好的员工善于动脑子。分析问题，但不至于"钻牛角尖"。

（9）不要忽视明显的基本条件，如诚实、有道德、刻苦勤奋。

（二）绩效管理

在绩效管理方面，华为公司紧扣企业战略目标，以绩效考核为依据，根据员工日常工作情况灵活考核。华为是中国企业中最成功的员工持股的民营科技公司之一，运用员工持股计划实行知本主义或智本主义。1982年开始发放年度奖金，并给员工配股，发给员工补偿金，以及股票认购权证和用工资购买股票时享受的折扣等项目。一个员工在公司工作18个月后，就可以获得认股权中25%的股票，此后，每6个月获得其中的12.5%，10年内兑现全部认购权证。这种工资报酬制度，虽然没有向员工提供固定收入或者福利，但是将员工的收益与其对企业的股份投资相联系，从而将员工个人利益同企业效益、管理以及员工努力程度结合起来。这样对员工具有长期的吸引力，不仅留住高级人才，还具有明显的激励效果。

华为绩效考核的结果决定了员工的报酬，薪酬分配依据考核结果，并严格兑现。

1. 年薪制

中层以上干部实行年薪制。年初制定目标，并与公司签订目标责任书。平时只发放年薪的60%~80%（视干部的级别而定），年末考核后兑现年薪。年终首先由目标责任人写出述职报告，对自己的目标完成情况作出自我评价，上级主管对其内容进行综合评估，据以计算总分（评价分数 = $\sum$ 各项目标得分 × 权重），最后根据薪资 = 得分 × 绩效工资，来决定薪资。

2. 月薪制

中下层以下人员实行月薪制。实行月薪制的管理、技术人员采取月考核方式兑现工资和奖金除签订年度目标责任书外，还要实行月度目标考核按工资的40%上下浮动，与绩效挂钩。

3. 日考核

一线员工不同于中上层干部以及中下层员工的薪资制度，而是采取日考核。一线员工的工资根据每日工作情况考核打分，然后汇总成当月绩效工资，某些岗位实行计件工资制，以此种方式激励一线员工的工作潜能。

4. 高加薪

2011年6月底，华为首度披露该公司员工薪酬构成。在2011年，华为4万多基层员工上半年工资平均涨幅11.4%，并且华为下半年工资预计增幅为5%~10%。除了加薪，华为的薪资水平也让不少企业员工羡慕，华为2010年销售收入1 852亿元，同比增长24%，而在雇员费用这块的支出是306亿元，同比增长23%，以华为11万员工计算，其员工年平均雇员费用近28万元。

（三）温馨家园

公司新员工住宿的百草园堪称"世外桃源"，其名字取自鲁迅的

"从百草园到三味书屋",种植的花草超过百种,百草园的人与自然和谐的环境、方便的吃穿住行以及员工之间的密切沟通都令人神往。"到这里的第一印象就是像大学校园,这对于我们这些刚从大学毕业的新员工来说感觉非常亲切。"一个华为新员工如是说。

这个能容纳2 000多名员工的百草园如今已经成为新老员工争抢之地。事实上员工住宿的选择已经非常多,很多人在市区买了住宅,而坂田基地附近的房地产业也发展起来了,除了万科城等高档住宅之外,大量针对华为员工的农民房也如雨后春笋般冒出来,租金也非常便宜。相比起来百草园的租金则并不便宜,为何新老员工仍对其情有独钟,这从一个侧面说明了其设计理念的人性化。

华为的人力资本培训丰富多彩,几乎涉及公司营运过程中每一个需要培训的环节,有生产培训、促销培训、管理培训、新员工入职培训、专业技术培训等形式。华为公司为此建立了自己的培训中心,培训中心占地130 000平方米,并聘请专职兼职老师进行授课,培训中心设有三星级的宾馆、健身中心、餐厅等。从2000年以来,华为公司给新入职的员工进行培训的投资额达到数亿人民币。

三、强化结构资本

(一)企业文化

当企业对内能够有效地整合内部资源形成独特能力养成学习惯例,对外能够有弹性地适应环境变化作出适当反应,这样由内部和外部的反应而形成的企业的制度、惯例、规范、流程等可以称为企业文化,或者称为企业的结构资本。华为公司为了规范本企业的业务流程,于1988年颁布了《华为公司基本法》。

有形资源有可能是枯竭的,但是文化可以经久不衰,生生不息。华为公司的核心文化可以概括为团队精神。华为公司的核心价值观简单概括为满足顾客、诚实守信、开拓进取、团队合作。

华为公司自己创办刊物——《营赢》《华为技术》《华为为人》《华为服务》等杂志。《营赢》分析全球商界成功经验以及独特的经营模式，分享华为公司与客户成功合作双赢的成功事例。《华为技术》聚焦于客户解决方案和前沿技术，把握技术动态、分享成功之道、探索商业制胜之术。《华为为人》彰显华为的人文精神和华为的核心价值观。《华为服务》关注华为的专业服务与华为的交付实践活动。

在海外，华为同样为社会贡献自己的力量，并勇于承担社会责任。如尼日利亚的儿童节，华为在尼日利亚首都阿布贾举办"快乐儿童节"慈善活动。并通过其他活动进行节能减排、灾难救助、支持本地教育、扶持社会弱势人群，树立中国公司在尼日利亚社会的良好企业公民形象。2010年国际上出现了特大灾害，华为公司献出爱心进行国际援助，为墨西哥、委内瑞拉、越南等洪水灾害国家捐助105.5万美元的现金。❶

（二）流程重整

在华为基本法的指引下，华为引进了世界上最先进的管理咨询公司，建立了国际化的 IT 管理体系。和世界著名公司 Hay 合作，创建了国际顶尖的评估系统，完善了工资薪酬体系、职称资格体系等系统，形成了国内企业界最为先进的人力资本管理系统。在运营生产方面，华为公司与德国应用技术研究所建立长久合作关系，建立世界先进的生产运营系统。在财务管理方面，与 KPMG 建立合作关系，设立财务管理系统中的编码、流程、监控、制度的统一化。在业务流程方面，采用 IPD 体系和 ISC 体系。❷

---

❶ http://www.huawei.com/ucmf/groups/public/documents/attachments/hw-093032.pdf.

❷ 张志学、张建君、梁钧平："企业制度和企业文化的功效：组织控制的观点"，载《学术交流》2009年第5期。

（三）研发专利

华为公司高度重视研究开发的人员配备以及研究开发的资金投入情况，对于以高科技产品为主要经营的企业来讲，研发就是生命线。华为公司不仅潜心进行研发，而且在知识产权保护方面也令同行汗颜。

1. 研发情况

根据华为公司《华为公司基本法》的规定，华为公司年进行研发投入的资金占每年主营业务收入的比重不能少于10%，并且将研发投入的总资金10%以上的经费注入企业基础技术、核心技术以及前沿技术项目中。华为公司的研发投入在国内企业界处于领先地位。从基本法的规定上可以看出华为公司是何等重视其先进的核心技术。

表12-4 华为公司近8年研发投入及业务收入情况

会计年度	2003	2004	2005	2006	2007	2008	2009	2010
研究开发投入（万元）	320 000	440 000	470 000	590 000	710 000	1 050 000	1 330 000	1 740 000
主营业务收入增长率（%）	43.4	45.6	0.5	50.6	48.6	45.7	17.6	30.1

资料来源：根据华为公司官方网站以及年报数据整理得到。

对华为公司研究开发投入资金的增减变动情况，如果用柱状图来描绘，更能体现其增长趋势。柱状图如图12-4所示。

从表12-4和图12-4中可知，华为公司研究开发投入呈逐年增长趋势，2003年的研发投入是320 000百万元人民币，2004年是440 000百万元人民币，2005年是470 000百万元人民币，2006年是590 000百万元人民币，2007年是710 000百万元人民币，2008年是1 050 000百万元人民币，2009年是1 330 000百万元人民币，2010年是1 740 000百万元人民币。

2. 专利情况

国家专利局网站http://www.sipo.gov.cn的统计结果显示，华为公司在国内申报专利数位居榜首，专利申请数逐年增幅高于100%，并且年度申报专利数量超过1 000件，发明专利占85%以上。近四年内，

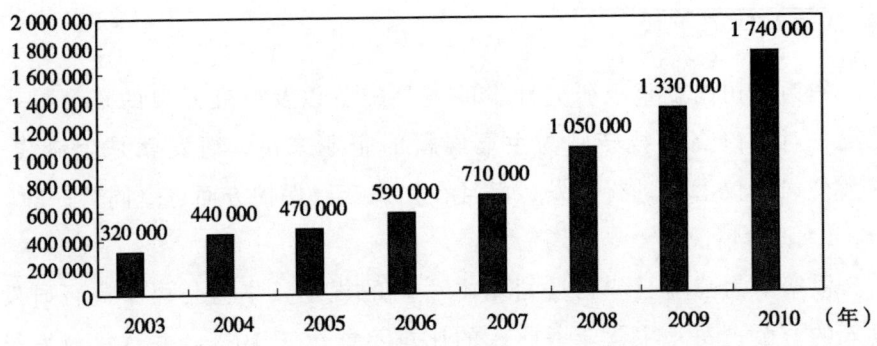

图 12-4　华为公司 2003～2010 年研发投入趋势（万元）

资料来源：根据华为公司官方网站以及年报数据整理得到。

华为公司还荣获四项国家科技进步奖，这为华为公司技术领先的竞争优势奠定了坚实的基础。

从图 12-5 中可以发现，2001 年华为公司申报专利数量是 507 件，2002 年华为公司申报专利数量是 1 197 件，2003 年华为公司申报的专利数量是 1 579 件，2004 年华为公司申报的专利数量是 2 176 件，2005 年华为公司申报的专利数量是 4 389 件，2006 年华为公司申报的专利数量是 5 043 件，2007 年华为公司申报的专利数量是 6 502 件，2008 年专利数量达到目前的最大值 8 893 件，2009 年专利申报数量有所回落，降至 6 770 件，2010 年华为公司申报的专利数量是 6 557 件。

据不完全统计，截至 2010 年 12 月 31 日，华为公司已经累计申报中国专利达到 31 869 件，国际专利 8 892 件，海外专利 8 279 件。在 LTE/EPC 专利领域内，华为公司居于世界领先地位。❶

华为公司的员工比例中，研究开发人员占总员工的 46%，从事销售服务的员工占 33%，生产员工占 12%，管理及后勤人员占 9%，体现了华为公司重视研发和营销的人员配备观念。

---

❶ http://www.huawei.com/cn/about-huawei/corporate-info/research-development/index.htm.

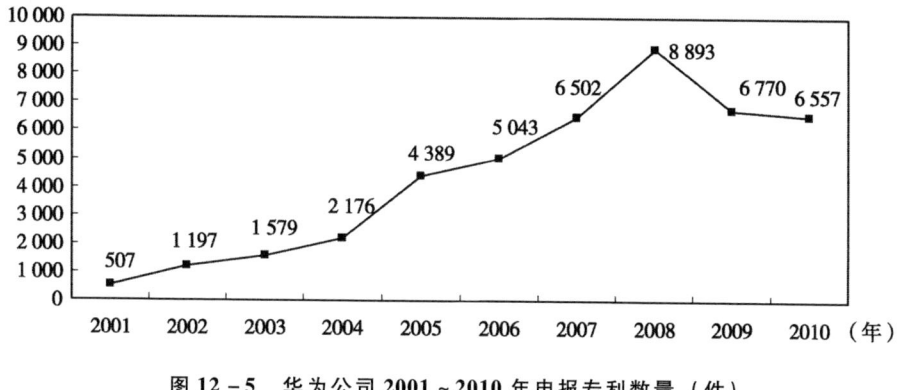

图12-5 华为公司2001~2010年申报专利数量（件）

资料来源：根据华为公司官方网站和国家专利局网站整理得到。

华为的知识产权部早在1995年就创立。从2000年起华为国内专利申请量以每年翻倍的速度增长，2004年超过2 000件。在国外专利申请方面，累计PCT申请或国外专利申请已经超过600件，申请国内外商标也超过600件。

华为专利数以平均每天申请六个的速度增长，对于中国公司来说，很少有如此高数量的专利申请量，而且质量也比较高，在华为申请的专利中超过85%都为发明类。

由于华为专利增长的迅猛，令国外厂商越来越不能小视，通过谈判协商进行专利交叉许可成为华为知识产权部的一项重要工作。华为已经和3Com、爱立信、摩托罗拉等领先厂商达成了专利合作协议。

将专利与标准相结合从而获得利益也是一个明显趋势。标准由于在行业具有一定的强制性而日益被国外厂商用作巩固其知识产权垄断地位的有力工具，目前国际上已经形成了要做产品必须遵守国际标准，国际标准又与先行者的专利壁垒密不可分的局面。

华为从事标准工作的专兼职员工已经超过200人，从列席国际会议到承办国际会议，从跟踪国际标准到起草编纂国际标准再到获得标准工作组组长、副组长席位。同时华为在专利和标准的发展历程说明，中国公司完全有能力在专利和标准上迎头赶上，成为举足轻重的力量。

对于高科技产业的华为公司来讲，软件、专利权以及商标权是华为公司的核心资产。华为公司2009年度及2010年度的软件、专利权、商标权等知识资产的成本及账面价值增减变动情况如表12-5所示。

表12-5　华为公司2009、2010年软件、专利权、商标使用权明细　　　（万元）

	软件	专利权	商标权	合计
成本				
2009年1月1日	163	476	24	663
本年增加	542	131	1	674
本年处置	(8)			(8)
2009年12月31日	697	607	25	1 329
2010年1月1日	697	607	25	1 329
本年增加	278	76	1	355
本年处置	(4)	(1)		(5)
2010年12月31日	971	682	26	1 697
摊销				
2009年1月1日	155	362	20	537
本年增加	205	41	1	247
本年处置	(8)	—	—	(8)
2009年12月31日	352	403	21	776
2010年1月1日	352	403	21	776
本年增加	232	27	1	260
本年处置	(4)	—	—	(4)
2010年12月31日	580	430	22	1 032
账面净值				
2009年12月31日	345	204	4	553
2010年12月31日	391	252	4	647

资料来源：根据华为公司2010年年报数据披露的相关数据整理得到。

表12-5中的数据显示，华为公司2009年度软件的账面价值是345万元，专利权的账面价值是204万元，商标使用权的账面价值是4万元，三者合计为553万元；到2010年华为公司软件的账面价值是

252万元，专利权的账面价值是 252 万元，商标使用权的账面价值是 4 万元，三者的合计数是 647 万元，较 2009 年度呈增长趋势。

（四）知识地图

知识地图（Knowledge Map）从技术层面上讲是利用信息技术制作的有关组织知识资源的总目录以及对知识资源之间关系的描述，它是一种知识库管理系统（DBMS）与 Internet 技术相结合的新型知识管理技术。其实质上是以知识仓库形式储藏的反映企业内外部知识资源状况的总目录，是企业内部资源的导向，明确标明企业知识的方位，指出储存的文件和数据库。可以使现存的知识透明化，将责任规划为维护各类知识的人员，协助确定需要创造什么样的职位来管理知识，组织知识资源应该集中在哪里才能保证知识的有效储存和积累。❶

当时的"华为信息系统小组"开展了一项技能规划与开发计划，就是把每个系统开发人员的能力和某种特定工作需要的知识制作成地图，以便协助公司维持行业内的领导地位的能力，同时让员工与团队的配合更加默契。华为公司的这一计划分为四个阶段：创建企业知识能力形态、明确某特定工作需要的知识、为个别员工在特定工作中的知识和能力评分、将知识模型和教育训练结合起来。

华为公司的知识地图的做法，表现出管理层重视知识并支持知识交流，不仅使员工容易找到所需的知识，也表明企业知识属于企业而不是属于个人。公司信息服务小组负责建立公司内部网络项目。该内部网络项目具有以下功能：（1）可以对大量不同类别的信息、服务和工具进行同时访问；（2）信息可以更加方便地被加以定位和定时公布；（3）提高了信息应用的综合性，在内部网上将应用方法安装在页面上；（4）保证每个员工能够得到最新的信息，并且信息工具也得到了改善；

---

❶ 张小红：《知识资产及其管理研究》，中国农业科学技术出版社 2008 年版，第 192 页。

（5）每个员工都成为信息开发员。

（五）强化沟通

知识资产共享能够有效地促进个体知识向企业知识资产的转化，强化知识资产沟通与交流是知识资产共享的有效手段，通过知识资产的沟通与交流，加强知识资产在科研机构内部流动。交流环节在知识资产共享中的作用是非常重要的，科研人员之间如果无法沟通，知识资产的共享将变成一句空话。除了以上相互利用信息技术、知识地图等手段进行知识资产贡献交流外，传统的交流方式也不能忽视，因为很多知识资产的共享是在非正式的场合下进行的，是在科技人员之间潜移默化的接触中达成的。所以鼓励科研人员之间建立良好的家庭式的信任感，让他们进行大限度地无私交流。同时，企业经常举行联谊会、课题（项目）讨论会、经验交流会，借以扩大科研人员的接触层面，使企业成为学习型组织。❶

为了让员工的工作充满新鲜感，华为公司采用岗位轮换制，在岗位轮换过程中，既有晋升、平调，也有降级使用的情形。

四、扩充关系资本

华为 OSS 合作、合作伙伴、服务渠道以及华为公司资源上下游之间的供应链问题，说明华为独特的公司关系资本管理状况。

（一）运营支持体系（OSS）合作

运营支持体系（Operation support system，OSS）是华为公司的集成解决方案，是针对华为公司客户需求的可用性、OPEX 服务质量而建立

---

❶ 张小红：《知识资产及其管理研究》，中国农业科学技术出版社 2008 年版，第 193 页。

的解决方案。

2009年7月华为与HP签署了U2000&TeMIP的全世界IOT证书，实现了与华为U2000和TeMIP的技术对接。同年2月，华为公司又实现了TTITelecom业务保障的解决方案。2007年4月系统完成与Aircom Datasafe的对接。

（二）合作伙伴

先后与WANDL（业界领先的网络规划、设计、管理供应商）、TELCORDIA（领先的一家固网、移动、宽带通信软件及服务提供商）、ORACLE（通信界的霸主企业）、BOCO INTER TELECOM（中国最大的电信管理软件、信息安全、增值业务、智能交通的开发商）建立合作关系。

（三）供应链

华为坚持实施道德采购、绿色采购、推行供应链社会责任管理，用流程制度确保产品采购符合社会责任的要求，以实现以下战略目标：

提升供应商CSR意识和管理能力，推动产业链可持续发展，推动供应商建立CSR管理体系，帮助供应商改善CSR关键领域，降低供应商、华为及华为客户所面临的CSR风险，为所有利益相关方包括供应商的员工在内创造价值。

此举措不仅使华为的供应商遵守CSR标准，而且还敦促和鼓励他们同样要求自己的供应商遵守CSR标准案例。2010年供应商CSR培训大会2010年，华为召开了以"绿色环保、节能减排、健康安全、社会责任"为主题的华为全球关键供应商CSR培训大会，170家关键供应商和合作伙伴的总裁和副总裁参加了大会。出席本次会议的还有英国电信、德国电信、沃达丰和法国电信等全球知名运营商的高层管理人员和行业资深CSR专家。

华为持续建设柔性的供应链能力，赢得快速、高质量、低成本供货保障的比较竞争优势。华为建设了扁平化的制造组织，高效率、柔性地保障市场要货需求并认真推行集成供应链（ISC）变革，保证新流程和系统的落实。华为实施了质量工程技术，供应链能力和客户服务水平得到持续改善，发展与主要供应商的合作伙伴关系，加强采购绩效管理和推行基于业界最佳实践 TQRDCE 的供应商认证流程。

与客户和供应商建立更稳固的合作关系，加强与国际、中国主流运营商的战略合作，改善与主要供应商的合作关系，提高供应链的响应速度和服务优势。另一方面扩大与友商的多层次合作，共同构建面向未来的、多赢的、共同生存的安全发展模式，实现分工合作、优势互补，更好地为全球客户创造价值。

在过去的几年中，启动了与友商在技术、产品和市场等方面多领域多层面的合作，以互相依存，共同抗御风险。与西门子成立了合资公司，专注于 TD-SCDMA 的研发、生产、销售和服务，共同推动 TD-SCDMA 的进一步发展。与摩托罗拉在上海成立了 UMTS 联合研发中心，旨在为全球客户提供功能更强大、全面的 UMTS 产品解决方案和高速分组接入方案（HSPA）。

在管理方面，从 1997 年起，同 IBM、Hay Group、PwC 和 FhG 等世界一流管理咨询公司合作，引进了集成产品开发（IPD）、集成供应链（ISC）等流程，并在人力资源管理、财务管理和质量控制等方面进行了深刻变革，引进业界最佳实践，建立了基于 IT 的管理体系。

而在技术方面，与世界一流公司（如 Intel、Texas Instruments、Freescale Semiconductor、Qualcomm、Infineon、Agere Systems、Microsoft、IBM、Sun Microsystems 和 HP 等）进行合作和建立联合实验室。

（四）服务渠道

服务渠道是华为公司在中国区域内（安捷信）的基本策略。该策略以提升服务质量、保证客户满意度、扩大服务业务规模为目标。为实现该目标，华为公司树立安捷信渠道服务品牌，建立与经销商长期、稳定的战略合作伙伴关系，建立了一套渠道服务认证体系，以规范经销商服务行为，同时牵引经销商交付与维护能力的提升。对于有意愿参加安捷信 CSP（Certified Service Partner）服务认证的经销商，安捷信将按照如下标准和流程对经销商的资质进行评估，CSP 认证分为 4 个级别：五钻、四钻、三钻、认证级服务经销商。认证正式通过的经销商将授予 CSP 证书，并与安捷信签订 CSP 合作协议。

总经销商的营销目标：承担华为企业产品的销售目标；招募华为公司在企业市场的二级渠道，实现对区域的覆盖；执行华为公司品牌计划和市场推广计划；执行华为公司在分销二级渠道的渠道激励计划以及二级渠道销售管理。

一级经销商（VAP）的目标：承担华为企业产品及解决方案的销售目标；负责特定行业客户关系平台建设，负责面向特定行业用户提供华为产品的技术支持、解决方案、品牌支持工作；配合华为渠道发展政策，发展自己的技术服务能力。

二级经销商的营销目标：负责认证区域/行业的客户关系平台建设，承担华为认证区域/行业企业业务产品及解决方案的销售目标；负责面向认证区域/行业的用户提供华为产品的售前技术支持、售后技术支持、品牌支持工作认证经销商定位。

对于所有的渠道合作伙伴，华为制定了一系列销售返点规则，根据渠道合作伙伴的实际销售情况给予优厚的返点激励。在此基础上，针对全球各个地区的市场形式和渠道体系所处的不同发展阶段，可以有针对性地展开多元化的激励形式，如销售金额激励、价值产品激励、项目报备激励、销售人员激励以及 JMF（品牌合作发展基金）等都可以是华为的渠道合作伙伴激励和扶持政策。

华为拥有丰富的产品资料和强大的支持能力，并且致力于支撑渠道合作伙伴更有效地开拓市场，为渠道合作伙伴以及最终客户带来更高的价值和满意度。华为会根据渠道合作伙伴的不同需求，向渠道合作伙伴提供所销售产品及解决方案的售前、售后培训，大力提升渠道合作伙伴的产品和解决方案的整合能力，这样能为最终客户创造更高的价值和满意度。同时华为还将为渠道合作伙伴提供合理和限定数量的产品销售资料，以及在实际项目的运作过程中予以渠道合作伙伴必要的技术支持。

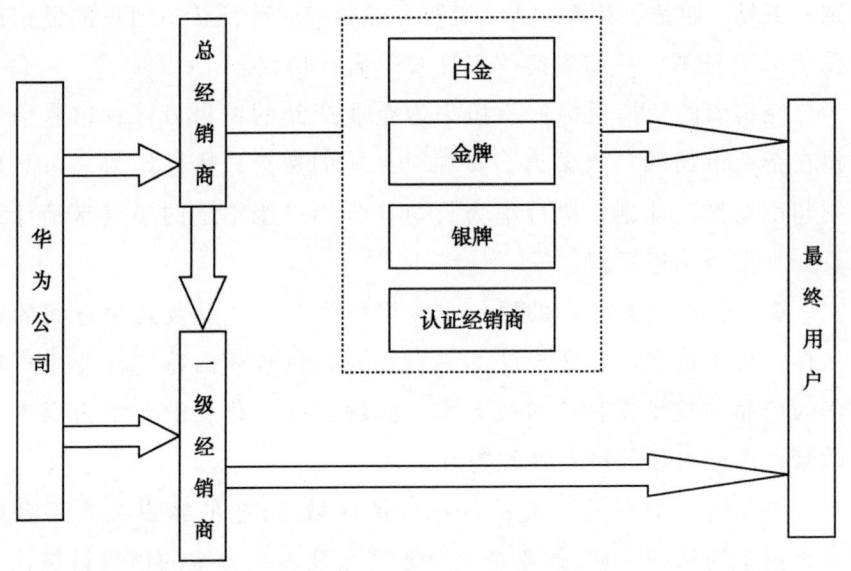

图 12-6　华为公司服务渠道

资料来源：根据华为公司官方网站数据整理得到。

从图 12-6 可以看出，华为公司的渠道架构中包括了总经销商、VAP（Value Added Partner）以及白金、金牌、银牌、认证经销商等多种角色，华为将联合合作伙伴共同营造良性的渠道生态系统，同时配合合作伙伴共同开拓市场，共同成长。

华为的 ICT 市场份额逐年扩大，且拥有业界最齐全的产品线以及行业解决方案，可以更高效地满足企业客户各种需求，预计在 2015 年华为企业业务的全球销售收入将超过 150 亿美元。在此基础上，华为建立了渠道体系，将秉承公开、公正、公平的原则与各级经销商共同开拓市场，协助经销商与华为公司共同成长和成功。

五、案例小结

通过华为公司知识资产的运营情况，可以看出华为公司强调人力资本的投资，注重结构资本的巩固，聚焦关系资本的维持。从 1992 年华为公司的战略转移可见一斑。

1992 年是华为公司发展史中具有重大意义的一年，这一年华为公司在研究开发方面取得了突破性进展，成功研发农村数字交换相关的解决方案。其销售收入突破亿元大关，营业利润超过千万元。就在这一年，华为公司的领军人物——任正非做出了"意想不到"的抉择，执意将全部销售额投资于研制国际一流的技术——C&CO8 机器的研制。对于一个刚刚在中国农村市场站稳脚跟的民营企业，突然把目光锁定在国际一流技术的研发，和国际一流的技术赛跑，对公司的发展来讲可能会带来灭顶之灾。

决策作出之后，华为公司一方面开始在全球网络罗优秀人才，另一方面对本企业的员工进行相关基本技术的培训，在人力资本方面投入了巨额资本，为新技术的研发奠定基础。

实践证明了任正非的抉择果敢英明。1993 年初华为公司研制出 2 000 件 C&CO8 机器，1994 年随后推出上万件 C&CO8 机器，1995 年华为公司在该领域获得了长足的发展，在国内处于领先地位。

C&CO8 机器研制的案例说明了知识资产管理实务中这样一种连带关系：企业战略目标的变化引起企业结构资本的变化，结构资本的变化带动人力资本的变化，而新产品的上市，毕竟会引起顾客的不同反应，如何实现顾客价值，和上下游企业建立良好的合作伙伴关系又是关系资本所要解决的问题。这一案例再次证明企业知识资产中的耦合动态均衡关系，知识资产三因素之间是处于演化共生、互相影响、互相匹配的状态。

第十三章 知识资产对企业核心竞争力贡献的经验分析
——以我国IT行业为例

上一章以华为公司为案例进行的分析,毕竟只是在一个企业的层面上验证了知识资产对企业的价值贡献。本章再以我国IT行业的经验数据从另一视角进一步验证知识资产对企业核心竞争力的价值贡献。

一、知识资产:创造和提升企业核心竞争力

自普拉哈拉德(C. K. Prahalad)和哈默尔(Gary Hamel)于1990年在《哈佛商业评论》上首次正式论述了企业核心竞争力及其在工商管理实践中的应用以来,世界各国诸多战略管理学家对核心竞争力的定义、特征、范围和作用等做了诸多的研究,取得了令人瞩目的成果。核心竞争力是企业经营战略的核心内容,培育核心竞争力是企业发展的关键,世界上很多著名公司几乎无一例外地是以核心竞争力为基础发展起来的。同时,我们也看到,缺乏核心竞争力是我国多数企业面临的一个突出问题。有资料显示,我国企业的平均寿命不到8年,民营企业更是只有区区3.5年,抑或2.9年,❶ 我国IT企业也不例外。❷ 经过20多年的发展,中国的IT业出现了一批具有一定影响力的公司,基于中国市场的巨大需求,这些企业在生产成本、产品本地化等方面

---

❶ 新浪财经:中国民营企业平均寿命3.5年,http://finance.sina.com.cn/2010-01-03。《三秦都市报》2005年11月8日。

❷ 本书之所以选择IT行业作为经验研究,是因为IT行业是技术密集型行业,其价值创造的源泉主要是知识资产。特此说明。

拥有巨大的比较优势，然而就战略竞争优势而言，很难说中国本土IT企业已经普遍形成核心竞争优势。随着IT发展新阶段的到来，IT行业竞争将更加激烈，这也促使我们不得不再次关注企业的核心竞争力问题，力争在更大范围、更深层次、更加激烈的竞争中寻找并发挥新的比较优势，从而使中国IT企业能够在下一个增长周期中占据更为有利的地位。

人类进入21世纪后，将全面进入知识经济时代。在知识经济时代，知识成为经济发展的主要驱动力，以知识资产为代表的无形资产成为创造财富的主要资产。在市场经济体制下，竞争是市场经济的主旋律，"优胜劣汰，适者生存"是市场竞争的无情规律，也是经济上最公平、最平等的自然法则。企业具有核心竞争力，不仅能生存而且能迅速发展，而缺乏核心竞争力的企业则处境艰难，随时受到倒闭的威胁。

作为市场经济运行主体的企业，如何提高企业核心竞争力，在激烈的市场竞争中生存并发展壮大，就成为影响一个企业生存发展、甚至一个地区的产业发展乃至国家国际竞争力的基本因素。当前，国外跨国公司占据知识产权优势，通过知识产权的发明、占有、许可和转让，在全球获取巨大的经济利益。而且"产品未动，专利先行"的专利战略已成为跨国公司争夺全球市场、形成综合竞争力的核心战略。在经济全球化背景下，知识产权在世贸组织的全球体系中占据了战略性的核心地位。在知识经济时代，知识产权竞争是高科技行业生存发展竞争的最高形式。作为高科技行业的IT企业而言，这种专利战略显得尤为重要。

IT行业作为战略性、基础性和先导性支柱产业，长期以技术为核心竞争力，是经济增长的催化剂和倍增器。在经济全球化进程中，IT行业面临着巨大的竞争压力。众所周知，我国IT产业起步晚、基础薄弱。当外国IT制造商大举进军我国市场时，我国自己的IT行业几乎还是空白。中国IT企业在面对国际国内的残酷竞争，以及国家全力扶持企业自主创新这个大环境时应该清醒地认识到，没有自己的技术、专利、品牌，不仅不能更多地分享高附加值的利益，而且很难立足世界强国之林。

有鉴于此，本书的研究具有重大的理论意义和现实意义。一方面，IT 行业作为战略性、基础性和先导性支柱产业，在国民经济中意义重大。IT 行业作为先导性支柱产业，评价其核心竞争力可以发现目前我国整个 IT 行业的核心竞争力如何，与世界 500 强企业的差距多大。另一方面，技术进步和技术创新是 IT 行业生存的至关重要的一项因素。技术的进步和创新，在知识经济时代则体现为一个企业所拥有的专利数量。因此，本书从无形资产中的专利数量的视角来研究我国上市公司中 IT 行业的核心竞争力，可以看出目前我国 IT 行业对无形资产及知识产权的重视程度如何。

二、知识资产与核心竞争力的关系

（一）问题的提出

谭劲松、熊传武（2000）明确提出了培育企业核心竞争力——会计应该怎么办，并认为企业核心竞争力对会计的影响是十分深刻的，无论是对会计的内部管理职能，还是对对外信息披露，都将产生重大影响。刘爱东、谭艳（2001）进一步发展了谭劲松等人的观点。❶ 冯巧根等（2002）对此问题提出了以企业核心竞争力为导向的管理会计的思路。郑丽惠（2003）认为，不仅战略管理会计的外向型是保持企业核心竞争力的基础，而且战略管理会计综合运用了财务和非财务指标对企业业绩和运营情况做出评价，能够更准确把握竞争环境，通过战略管理会计监控，合理进行企业核心竞争力的投资、开发和保持，以建立长久的竞争

---

❶ 刘爱东、谭艳："企业核心竞争力的会计问题思考"，载《技术经济》2001 年第 8 期。

优势。❶ 王跃堂、毛旦霞、罗慧（2004）则首次明确提出了"会计的核心竞争力"概念，认为会计计量和报告构成了会计的核心竞争力。❷

（二）实证分析

刘爱东、刘亚伟（2008）以大中型工业企业为例，选取 1990～2004 年的历史数据，尝试性地以发明专利授权数量来量化企业核心技术的竞争力，对企业核心技术的竞争力与 R&D 投入进行相关性以及回归分析。结果表明，R&D 投入与核心技术的竞争力存在显著的正相关关系，但不是简单的线性关系，并且 R&D 投入对核心技术竞争力的培育存在滞后效应。❸ 王振领（2007）从核心竞争力角度来进行无形资产能力空间研究，提出了一种基于 BP 神经网络的企业无形资产评价方法。姜军（2005）从企业的专利战略来研究企业核心竞争力，认为企业专利战略是企业面对市场需求和竞争对手的技术动向，运用与专利相关的法律的、经济的、技术的资源优势，配合企业竞争战略，从总体上提高企业创新能力和核心竞争力。

（三）无形资产与核心竞争力的关系

哈维和迈克尔（Harvey & Michael, 1997）研究了无形资产对企业核心竞争力的作用，并研究了如何保护的问题❹；阿斯顿和亚当（Aston & Adam, 2002）对商标、专利等无形资产及其投资清算进行

---

❶ 郑丽惠："战略管理会计对提升企业核心竞争力的作用"，载《福建税务》，2003 年第 10 期。

❷ 王跃堂、毛旦霞、罗慧："会计的核心竞争力：信息技术的挑战与展望"，载《会计研究》2004 年第 1 期。

❸ 刘爱东、刘亚伟："大中型工业企业核心技术竞争力与 R&D 投入的实证研究"，载《科技进步与对策》2008 年第 4 期。

❹ Harvey, Michael: Protecting the Core Competences of a Company: Intangible Assets Security, European Management Journal, Vol. 15, Issue, August, 1997, pp. 370~380.

了研究❶等。汤湘希（2004，2006）研究了无形资产与企业核心竞争力的关系，认为无形资产是企业核心竞争力的构成要素，是其载体，企业核心竞争力是以无形资产为基础。无形资产的质与量是衡量企业核心竞争力大小的基本依据，提升企业核心竞争力的资产是无形资产，企业核心竞争力的本质是一项合力无形资产。❷ 坎特维尔和安德森（Cantwell & Andersen，1996）分析了从1980年开始美国和欧洲主要企业的专利申请情况，他们发现尽管领导地位随着时间的变化而消失，技术领导确实在保护他们的领导地位。

三、IT业的核心竞争力

（一）IT业界定及其特点

IT业是第三次科技革命的直接产物，它以计算机技术和信息技术为基础，主要包括电子计算机工业、通信设备制造业、软件工业和消费电子工业等行业和部门，含义较为广泛。在当今世界经济中，信息技术产业具有十分重要的战略意义，它对国家经济的影响不仅是其产值本身的贡献，更在于其产品和服务能动地改造其他产业，使其他产业的生产工艺、组织和管理发生深刻变化。IT企业将创新技术和成果应用于生产或管理方面，通过商品和服务成为新经济时代经济增长的亮点。因此，信息技术产业是一个国家综合实力的重要标志。

根据证券会颁布的《上市公司行业分类指引》中的规定，我国IT行业分为4大类和13小类，如表13–1所示❸。

---

❶ Aston, Adam, Brainpower on the Balance Sheet, Business Week, 8/19/2002 – 8/26/2002, Issue 3796, p. 110, 2p, 1c.

❷ 汤湘希：“基于企业核心竞争力理论的无形资产经营问题研究”，载《中国工业经济》2004年第1期。

❸ http://www.csrc.gov.cn.

表 13-1　我国 IT 行业的分类

IT 行业（大类）	小　　类
通信及相关设备制造业	通信设备制造业、雷达制造业、广播电视设备制造业、通信设备修理业
计算机及相关设备制造业	电子计算机制造业、计算机相关设备制造业、计算机修理业
通信服务业	电信服务业、其他通信服务业
计算机应用服务业	计算机软件开发与咨询、计算机网络开发及维护与咨询、计算机设备维护咨询业、其他计算机应用服务业

首先，IT 企业作为一种高新技术企业，具有高新技术企业的普遍特征：高投入、高智力、高风险、高收益。高投入是指知识资本的发展需要高精密仪器和大量前沿的数据和信息，需要强大的初始推动力和持续推动力，因而需要大量货币资金投入。高智力是指 IT 企业是知识密集型企业，其产品价值主要取决于知识资本价值的转移量。高风险是指高额研发投入不一定能成功地开发出产品，即使开发出产品也还要受到市场许多不确定因素的制约，另外还有知识产权被侵犯的风险等。高收益是指，IT 企业边际成本相对较低，一旦具有市场规模，企业就能在短期内迅速获取巨大的回报。

其次，IT 企业还具有高竞争性和高集中性。IT 企业的高新技术是当前最活跃和发展最快的技术领域，高速度发展必然存在高强度的竞争。由于当前世界各国的发展更多的开始逐渐依靠高新技术来提供强有力的推动与支持，因此高新技术领域的竞争不仅日益激化，而且正在远远超出企业以及企业集团之间的市场竞争，成为国家之间激烈竞争的焦点。IT 企业的高竞争性使得高新技术企业出现空间集聚现象，空间集聚反过来又促进了 IT 企业的发展。

最后，IT 企业相对于传统企业而言，具有较强的创新特点。IT 企业首先需要创新的就是技术。技术创新不仅能为其带来技术上的垄断优势，而且还能为其带来经济效益。其次，IT 企业比其他企业的管理创新更快。技术的创新带来了产品的创新，而产品的创新需要企业管理的创新。因此，创新是 IT 企业的一个显著特点。

（二）IT企业核心竞争力的形成

企业核心竞争力是一个动态系统。对于IT企业而言，高度激烈的竞争环境迫使IT企业不断培养和发展企业核心竞争力，获得竞争优势而持续地发展。IT企业核心竞争力的来源是IT企业经营活动所形成或创造的能力，是通过经营管理活动的有机结合，使IT企业在市场上超过竞争对手的能力。核心竞争力的来源分为显性来源和隐性来源。显性来源在市场竞争中体现为比竞争对手更强的优势，如价格、质量、品牌、信誉等，但这些显性的优势不可能在市场上自动生成，这需要通过IT企业的技术、知识、资源、创新、管理、营销等无形资产的长期积累而形成核心竞争力的隐性来源，这是核心竞争力来源的本质性因素。

1. IT企业核心竞争力形成的源泉——技术

技术尤其是核心技术是凝聚资金、人才的核心，是支持IT企业不断成长的原动力，是IT企业获取长期竞争优势的主要来源。核心技术在不同产品中表现不一样，有表现为专利、产业标准等不同形式的知识。这类技术可以重复使用，并且在使用过程中价值不会减少，具有连续增长、报酬递增的特征。企业一旦拥有其竞争对手不具有的技术优势，就可通过该技术优势占据市场优势。核心技术是企业在市场中取得超额收益的主要原因。如世界500强企业中的可口可乐公司就是靠其可口可乐配方来占领饮料市场，获取了高额利润。核心技术是一种能为企业带来竞争优势的技术资源和能力，是一种有价值的、稀有的、难于模仿的、不可替代的技术竞争力。技术优势是形成企业核心竞争力的源泉。

2. IT企业核心竞争力形成的基础——资源

资源要素是一个综合的概念，是企业能够持续运行的基础要素，总的来说分为有形资源和无形资源。有形资源指原材料、机器、设备等；无形资源指知识、人力、关系、组织等。无形资源是企业获得核心竞争力的重要基础。在 IT 企业的核心竞争力中，有两种资源尤为重要：资金、人力资源。

作为资金密集型行业，IT 企业的一个重要的经营要素就是资金。首先，无论是硬件设备的制造，还是软件的生产与开发，IT 企业均需要大量的资金投入。在 IT 企业发展初期，技术开发、基础建设、设施装备、人员培训等都是漫长而耗费资金的过程，需要投入大量的人、财、物。而当企业发展起来以后，为了保持竞争优势，仍然需要不断地追加大量的投资用于产品和技术创新、市场推广、渠道建设等方面，稍有懈怠就可能被竞争对手超越，前期的投入就可能前功尽弃。其次，创新是有风险的，信息产业的高度创新性也必然蕴含着高风险性，这不仅因为信息技术产业化所需的资金相对较大，而且由于信息技术产业化的成功率较低，加上形成产业化的过程周期较长，因此在信息产业发展的整个过程中，都需要有较充足的资金来支持。

与传统的劳动力密集型行业不同，IT 行业属于知识技术密集型，因而作为知识载体的人才对于 IT 企业而言，其重要性是毋庸置疑的。首先，IT 企业是以输出技术性的产品和服务为先导，因此高水平的科技人才是 IT 企业极为重要的要素；其次，由于 IT 企业自身的发展特点，拥有高素质的管理人才才能保证 IT 企业的持续快速发展。信息化建设和信息产业的国际竞争，最终都将取决于信息技术人才的竞争。

3. IT 企业核心竞争力形成的动力——创新

对于 IT 企业而言，技术创新是其在激烈的市场竞争中生存的基础，是企业核心竞争力的生命，是企业核心竞争力不断发展的动力源泉，它不仅包括有形的新产品研制、新技术的发明和运用，还包括企业理念创新、制度创新、经营方式创新等。在当今激烈竞争的大背景下，只有创新才能使企业立于不败之地。由于市场的多变性和竞争的激烈性，企业的核心竞争力决非"一朝成功万事休"，它也要适时地更新。为保持企业必需的核心竞争力存量，保持企业长久的竞争优势，单靠追加投入改进原有核心竞争力是远远不够的。因为技术需求等因素的变化,核心竞争力的存量会在短期内急剧减少,从而使企业原有的核心竞争力变为其他企业都具有的一般竞争力,于是企业原有的竞争优势也就随之化为乌有。同时,核心竞争力是企业通过长期的发展和强化而建立起来的。一旦形成,必须加以维护和不断提升。维护和提升最主要的手段就是创新。

4. IT企业核心竞争力形成的保证——管理

IT企业成功的关键并不仅仅在于它掌握了或者垄断了什么技术,还在于它如何非常快地使用了该技术,利用这种技术来创造价值,创造自己独特的竞争优势。因为一方面,市场上技术和产品变化是非常快的,竞争对手也在不断增加,这时候速度就显得尤其重要。但由于资源条件的不同,不可能所有的IT企业都能拥有自主的核心技术,完全靠技术领先的毕竟只是极少数企业。另一方面,对最终客户而言,他并不关心产品背后的技术,而更关心创新的产品能给客户带来的独特的价值、独特的收益。同时,对IT企业来说,如何创新地利用他人拥有的技术是极为重要的。这个过程涉及如何将他人的技术和自身的技术尽快地结合在一起,并把它变成满足客户需求的创新性产品。在更高的层次上,IT企业可以将这种技术策略和更广泛的企业战略联系在一起,建立自己的品牌,改变企业竞争的方式。因此,无论是创新地利用他人的技术,还是更善于捕捉客户的需求等,这些其实就是企业长期积累的管理能力,管理不但把握企业竞争力的提升方向,而且决定企业竞争力提升的速度。因此,我们才说,在以速度取胜的IT市场竞争中,管理是提高IT企业核心竞争力的保证。

四、IT行业核心竞争力评价指标和评价方法

(一)指标选取原则

核心竞争力的测度指标体系要真实准确地反映其本质,体现其内

在逻辑结构，这是对任何一个测度指标体系最基本的要求。要达到这些要求，核心竞争力测度指标体系的设计力求遵循以下基本原则。

1. 主导性原则

由于企业生产经营系统十分复杂，涉及面很广，但并不意味着不分主次地将所有可能的方面都包括进来，而是应该经过认真的调查、仔细的分析，抓住系统的主要方面。对那些与系统主要行为不十分密切的方面，予以简化或省略。

2. 综合性原则

一个企业就是一个系统，其中包括多个子系统。对这样的一个系统作出评价，应涉及较多的信息，涵盖较广的范围，才能准确地将系统描述出来。

3. 行业性原则

不同行业的企业，因其外部环境和内部条件差异很大，所以对不同的行业用统一的标准是不妥当的，但过分地细分行业和设置指标同样不可行。

4. 全面性原则

核心竞争力指标的设置，不是哪一个指标所能说明的，需要一系列相互依存的指标配套，从不同角度对企业的生产经营活动进行全方位的评价剖析。

5. 合理有效性原则

所选取的指标能够合理有效地反映公司核心竞争力本质及特征，并基本预测出企业的未来发展。

6. 可操作性原则

各评价指标含义明确，信息集中，数据易得。

对企业核心竞争力的评析，指标的选取及指标体系的建立非常重要，它直接关系到评价的科学性、客观性、准确性及可靠性，关系到能否为企业提供一个合理的可供量化的、用于比较的依据。

(二) IT 行业核心竞争力指标评价体系设计

1. 理论指标体系

核心竞争力是一个具有内在结构的有机整体和复杂系统,是由许多不同的因素相互作用而产生,从本质来讲核心竞争力是不可分割的。但是为了合理评价不同企业的核心竞争力,就必须对核心竞争力加以分解,通过不同指标进行评价,这就是核心竞争力评价理论与评价实践的矛盾,这一矛盾提示我们在进行核心竞争力评价时,必须把企业核心竞争力的分解度量与整体把握有机结合起来。根据 IT 行业的特点,本书构建的评价 IT 企业的核心竞争力的理论指标体系如表 13 – 2 所示。

表 13 – 2 核心竞争力评价理论指标体系

核心竞争力指标体系	评价指标	指标说明
核心技术系统	R&D 经费投资率	报告期内 R&D 经费投入 ÷ 同期销售收入 ×100%
	R&D 人员比重	R&D 人员数 ÷ 企业员工总数 ×100%
	企业专利成果发明数量	主要反映企业研发能力的效果和技术创新综合水平及技术领先程度
	设备投资率	报告期内设备投资额 ÷ 同期销售收入 ×100%
	新产品比重	实现新产品销售收入 ÷ 同期销售收入总额 ×100%
核心管理系统	企业战略管理能力	企业是否有完善而科学的整体思路与发展规划
	组织学习能力	企业领导和员工是否有不断学习进取的能力
	信息沟通能力	是否有畅通的沟通渠道
	激励机制	是否对员工(尤其是技术人员)进行有效的激励
核心财务系统	规模实力	反映实力能力
	盈利能力	反映获取利润的能力
	资产运营能力	衡量公司资产管理效率
	生存发展能力	衡量公司生存、发展能力

续表

核心竞争力指标体系	评价指标	指标说明
核心市场系统	产品市场占有率	本企业对应商品的销售额÷同行业的商品销售总额×100%。
	市场覆盖率	企业产品的销售地区数÷行业同类产品的销售地区数×100%
	市场拓展能力	报告期内产品销售收入÷同期营销费用总额×100%
	品牌美誉度	报告期内有关企业品牌的正面报道数÷同期有关企业品牌报道的总数×100%
核心价值观系统	企业文化	企业文化是否与企业目标相辅相成,是否能激发员工的积极性与创造性
	团队精神	反映本部门以及跨部门之间的协作能力
	观念开发度	是否可以利用已有的知识和智慧,从而创造价值和进行市场创新的能力

2. 实践指标体系

IT企业核心竞争力理论评价指标体系是用于对IT企业自身及竞争对手进行评估,其关键之一在于是否可以获得全面、准确的数据。理论指标体系注重前瞻性、全面性,因此,很多指标所需的数据是难以从公开场合获取或现阶段无法获取的,它的目的仅在于为衡量IT企业核心竞争力给予理论上的指导。因此,本书从我国现阶段的数据的可获取性角度出发,设计了一套操作性较强的实践指标体系。

(1) 企业规模实力。企业规模实力主要包括资产规模和主营业务收入指标:资产规模用以反映IT企业的资产规模,主营业务收入用以反映企业的核心业务在企业中的重要性。通过该指标可以反映主营业务的规模水平。

(2) 资产运营能力。资产运营能力指标主要是总资产周转率。该指标表示总资产的利用情况,反映IT企业资产管理方法的实施和应用效果,是考察企业资产管理效率的一项重要指标,体现企业经营期间全部资产从投入到产出周而复始的流转速度,反映企业全部资产的管理质量和利用效率。一般情况下,该指标数值越高,周转越快,资产利用效率越高。

$$总资产周转率 = 销售收入 \div 平均资产总额 \times 100\%$$

（3）生存发展能力。企业生存发展能力指标包括流动比率、资产负债率和经营活动产生的现金流量净额等三个指标。

①流动比率，反映 IT 企业的短期偿债能力。用流动比率来衡量企业的偿债能力，是要求企业的流动资产有足够能力偿还短期的债务，并有余力去应付日常经营活动中的其他资金需要。根据西方国家经验，一般情况下，流动比率达到 2∶1 的水平，表明企业的短期偿债能力是好的。但由于企业所处的行业不同，对指标的要求也不一样，应该结合行业或地区的不同情况制定不同的衡量标准。

$$流动比率 = 流动资产 \div 流动负债 \times 100\%$$

②资产负债率，考察 IT 企业长期偿债能力的指标。适度的资产负债率表明企业经营安全、稳健、有效、具有较强的筹资能力。该指标是国际上公认的衡量企业负债偿还能力和经营管理好坏的重要指标，根据我国当前企业生产经营实际，一般平均为 50% 为宜。

$$资产负债率 = 负债总额 \div 资产总额 \times 100\%$$

③经营活动产生的现金流量净额。一般而言，上市公司经营活动产生的净现金流量应为正数，而且经营活动的现金流量占全部现金流量的比重越大，说明公司的财务状况越稳定，从而支付能力越有保证。若日常生产活动中产生的现金非常充裕，偿还借款就较有保证，且公司发展壮大也有相当雄厚的自有资金实力。

（4）总资产增长率。总资产增长率是企业本年总资产增长额同年初资产总额的比率，反映企业本期资产规模的增长情况。资产是企业用于取得收入的资源，也是企业偿还债务的保障。资产增长是企业发展的一个重要方面，发展性高的企业一般能保持资产的稳定增长。

（5）营利能力。营利能力是指企业获取利润的能力，是经营者经营业绩和管理效能的集中表现，也是职工集体福利设施不断完善的重要保障。主要指标包括每股收益、利润总额、利润总额增长率、净资产收益率、总资产收益率、主营业务利润率等。

①每股收益,即 EPS,又称每股税后利润、每股盈余,指税后利润与股本总数的比率。它是测定股票投资价值的重要指标之一,是分析每股价值的一个基础性指标,是综合反映公司获利能力的重要指标,该比率反映了每股创造的税后利润,比率越高,表明所创造的利润越多。

$$每股收益 = 期末净利润 \div 期末总股本$$

②利润总额是衡量企业经营业绩十分重要的经济指标。

③利润总额增长率,是指企业实现的全部利润(包括企业当年的营业利润、投资收益、补贴收入、营业外收支净额和所得税等内容)的持续增长能力。

④净资产收益率,亦称股东权益报酬率、净值报酬率、权益报酬率、权益利润率、净资产利润率等,是衡量上市公司盈利能力的重要指标,是利润额与平均股东权益的比值,该指标越高,说明投资带来的收益越高;净资产利润率越低,说明企业所有者权益的获利能力越弱。

$$净资产收益率 = 净利润 \div 平均股东权益 \times 100\%$$

⑤总资产收益率,是分析公司盈利能力又一个非常有用的比率,是另一个衡量企业收益能力的指标。在考核企业利润目标的实现情况时,投资者往往关注与投入资产相关的报酬实现效果,并经常结合每股收益(EPS)及净资产收益率(ROE)等指标来进行判断。实际上,总资产收益率(ROA)是一个更为有效的指标。总资产收益率的高低直接反映了公司的竞争实力和发展能力,也是决定公司是否应举债经营的重要依据。

⑥主营业务利润率,反映企业主营业务的盈利水平,相对的也反映主营业务成本状况。相同的市场价格和产品销量,主营业务利润率越高,所花费的成本越低。

(6)潜在发展能力。潜在发展能力是指企业未来的发展后劲,主要指标有无形资产均值、技术人员比率平均值、总资产价值等。

无形资产是企业核心竞争力的构成要素,是其载体;核心竞争力也可以说是主要以无形资产为基础。拥有一定数量和质量的无形资产是培育企业核心竞争力的必要条件,并决定着企业价值的高低。

无形资产均值 =(期初无形资产 + 期末无形资产)÷ 2 × 100%

技术人员比率平均值,是 IT 企业技术研究人员所占比例,这是反映企业技术能力强弱的一个重要方面。该指标反映 IT 企业直接从事科技活动的人才投入。其中,R&D 人员除了专门或经常从事科研与技术开发的人员,还包括产品售后的技术服务人员。

总资产价值。是采用特定时间上市公司的股票收盘价与流通股的乘积来核算。其反映了投资者对公司的预期。本书选取的是 2008 年 12 月 30 日样本公司的收盘价,作为计算总资产价值的基础。

(三)企业核心竞争力的因子分析

因子分析(Factor Analysis)是由心理学家在 20 世纪初发展起来的,最初用来解释人类的行为和能力的一种分析方法。在随后三四十年间,其理论和数学基础逐步得到完善,其作为一种统计分析工具也逐渐被人们所认识和接受。自 20 世纪 70 年代以来,随着计算机的普及和各种统计软件的出现,因子分析在社会学、经济学、管理学、医学以及农林等越来越多的领域中得到了应用。

数理统计分析法之中的因子分析法是通过研究多个指标相关矩阵的内部依赖关系,找出控制所有变量的少数公因子,将每个指标变量表示成公因子的线性组合,以再现原始变量与因子之间的相关关系;其目的是寻求变量基本结构,简化观测系统,减少变量维数,用少数的变量来解释所研究的复杂问题。利用因子分析技术,可以从决定企业竞争能力的多个指标之中提炼出更少的公共因子,而且这些因子都具有明确的经济含义,可以帮助企业在有限资源状况下聚焦于主要指标,以更小的成本获得更大的利益,更好地提升企业的综合竞争力。

因子分析技术使得评价结果具有很强的客观合理性和经济实用性。因此，本书将选取因子分析法来建立企业竞争力综合评价模型，并以此来分析评价企业的竞争力。

因子分析作为一种系统的分析方法，应遵循如下步骤。

1. 对原始变量数据进行标准化处理

由于各个指标会随着经济意义和表现形式的不同而不具有可比性，因此，为了进行科学的综合评价，有必要对各个指标予以标准化处理。所谓标准化处理，也就是对评价指标数值的无量纲化、正规化处理，确保数据的可比性、有效性。目前，国际上比较通行的做法是采用 Z-score 法。

2. KMO 测定

在为样本数据作因子分析之前，我们首先做 KMO（Kaiser-Meyer-Olkin Measure of Sampling Adequacy）测定，以便确定本书中比率指标是否适合做资料精简。通常按以下标准解释该指标值的大小：0.9 以上，非常适合作因子分析；0.14~0.9，适合作因子分析；0.7~0.8，一般；0.14~0.7，差；0.14~0.6，很差；0.5 以下，不能接受。根据样本的 KMO 测定值，就可以判断样本是否适合作因子分析。

3. 因子个数的确定

理论上讲，有 K 个变量就有 K 个主成分，也就是说，如果有 10 个财务比率就有 10 个主成分。因子分析的目的是为了取前几个主成分作为初始因子，以代表原始数据中的主要信息。目前还没有精确的定量方法来确定因子个数，通常用以下两种方法确定因子个数：

（1）特征值准则。取特征值大于等于 1 的主成分作为初始因子。因为每个变量的方差为 1，该准则认为每个保留下来的因子至少应该解释一个变量的方差，否则达不到精简的目的。

（2）累计贡献率原则。取累计贡献率大于等于 80% 的因子为最大因子数目。累计贡献率越高，说明较少的因子反映整体的能力越强，具有越高的说服力。

4. 碎石图检验准则（Scree Test Creterion）

按照因子被提取的顺序，画出因子的特征值随因子个数变化的散点图，根据图的形状来判断因子的个数。该图的形状像一座山峰，从第一个因子开始，曲线迅速下降，然后下降变得平缓，最后变成近似一条直线，曲线变平开始前的前点被认为是提取的最大因子数目。因为后面的散点就像山脚下的碎石，舍去并不损失很多信息，该准则因此得名。

5. 因子旋转

建立因子分析模型的目的不仅是找出主因子，更重要的是知道每个主因子的意义，以便对实际问题进行分析。如果求出主因子解后，各个主因子的典型代表变量不很突出，还需要进行因子旋转，通过适当的旋转得到比较满意的主因子。

旋转的方法有很多，正交旋转（orthogonal rotation）和斜交旋转（oblique rotation）是因子旋转的两类方法。最常用的方法是最大方差正交旋转法（Varimax）。进行因子旋转，就是要使因子载荷矩阵中因子载荷的平方值向 0 和 1 两个方向分化，使大的载荷更大，小的载荷更小，进而根据线性组合中权重较大的几个指标的综合意义来确定每个主因子的实际含义。

6. 因子得分与综合得分

因子分析模型建立后，还有一个重要的作用是应用因子分析模型进行综合评价。由于各主因子对企业核心竞争力的贡献率不一样，这时需要将公共因子用变量的线性组合来表示，以得出综合得分。进而可以进行后续研究。

因子分析法是目前评价企业核心竞争力常用的方法，它不仅仅是评价出了企业核心竞争力，而且还可以利用因子分析的结果进行后续研究，如进行相关回归分析等。

五、IT 企业核心竞争力的实证研究

信息技术代表了当今社会最为先进的生产技术和生产力,目前,世界上信息产业已经进入一个加速发展的新时期,它以科技研发为先导的特点日益明显。信息技术的扩充速度是每三年增加一倍,专利每年新增超过 30 万件,科研资料的有效寿命平均只有 5 年。本章将在理论研究结果的基础上,对我国沪、深两市 IT 企业进行实证研究。

(一) 对 IT 企业核心竞争力实证研究

我们从企业的规模实力、盈利能力、资产运营能力、安全能力、潜在发展能力五个方面中选择了共 16 个指标作为定量研究的对象。为了更准确地评价核心竞争力,除了总资产价值采取 2008 年 12 月 30 日的数据外,其余指标的数据均采用三年数据的均值来衡量。

本章共选取在沪、深两市上市的属证券会信息技术业的 92 家上市公司为样本,剔除 ST、PT 和资料不齐全的,共得到 46 家上市公司的样本数据资料。数据来源于巨灵数据库,同时参照了巨潮资讯网上的相关信息。采用 SPSS17.0 进行相关数据处理。

1. KMO 测定

根据因子分析法的一般步骤,在为样本数据做因子分析前,我们先做 KMO (Kaiser-Meyer-Olkin Measure of Sampling Adequacy) 测定,以判断该样本是否适合做因子分析。KMO 测定值如表 13-3 所示。

表 13-3　KMO 测定值

KMO 和巴氏球面 (Bartlett) 的检验		
Kaiser-Meyer-Olkin 取样适合性检验度量		.763
Bartlett 的球形度检验	近似卡方	1 293.951
	df	120
	Sig.	.000

表 13-3 中，列示样本数据的 KMO 值为 0.736，且 Bartlett 的球形度检验的近似卡方为 1 293.951，相应的概率接近 0，可以认为相关系数矩阵与原单位矩阵有着显著差异，表明该样本适合作因子分析。

2. 提取因子

提取因子及解释的总方差如表 13-4 所示。

表 13-4 提取因子及解释的总方差

成分	初始特征值 合计	初始特征值 方差的百分比(%)	初始特征值 累计百分比(%)	提取平方和载入 合计	提取平方和载入 方差的百分比(%)	提取平方和载入 累计百分比(%)	旋转平方和加载 合计	旋转平方和加载 方差的百分比(%)	旋转平方和加载 累计百分比(%)
1	6.599	41.242	41.242	6.599	41.242	41.242	6.067	37.916	37.916
2	3.585	22.404	63.645	3.585	22.404	63.645	3.771	23.569	61.484
3	1.483	9.269	72.915	1.483	9.269	72.915	1.765	11.030	72.514
4	1.210	7.561	80.476	1.210	7.561	80.476	1.274	7.962	80.476
5	0.943	5.896	86.372	—	—	—	—	—	—
6	0.642	4.014	90.387	—	—	—	—	—	—
7	0.547	3.417	93.804	—	—	—	—	—	—
8	0.310	1.938	95.743	—	—	—	—	—	—
9	0.267	1.672	97.414	—	—	—	—	—	—
10	0.183	1.141	98.555	—	—	—	—	—	—
11	0.144	0.903	99.458	—	—	—	—	—	—
12	0.079	0.495	99.953	—	—	—	—	—	—
13	0.004	0.024	99.977	—	—	—	—	—	—
14	0.003	0.018	99.996	—	—	—	—	—	—
15	0.000	0.002	99.998	—	—	—	—	—	—
16	0.000	0.002	100.000	—	—	—	—	—	—

表 13-4 是采用主成分分析法提取的因子的特征值和累计贡献率表。根据"主成分特征值大于 1，累计贡献率 80%"原则，选取前四个主成分因子。第一个因子的特征值为 6.599，贡献率为 41.242%；第二个因子的特征值为 3.585，贡献率为 22.404%；第三个因子的特

征值为 1.483，贡献率为 9.269%；第四个因子的特征值为 1.210，贡献率为 7.561%。这四个因子的累积贡献率达到了 80.476%。该样本数据中，提取四个因子是合适的。

3. 因子分析碎石图

对因子分析的结果可用碎石图表示。如图 13-1 所示。

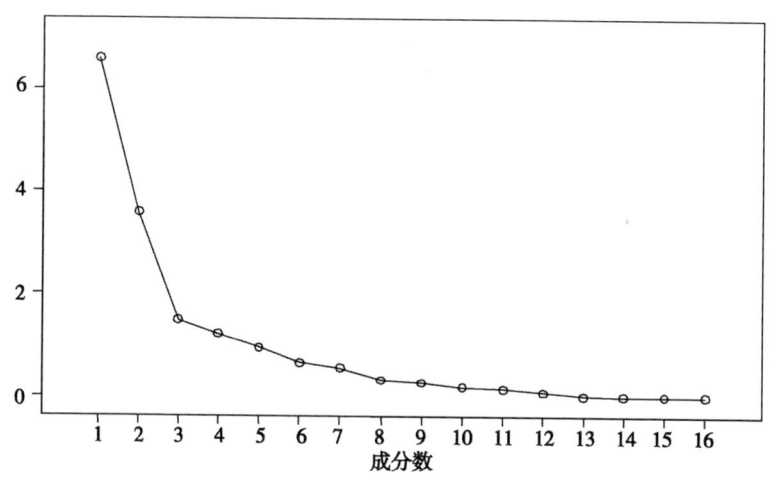

图 13-1　因子分析碎石图

在因子个数的提取中，还可以通过因子分析碎石图直观地确定因子的个数。图 13-1 为因子分析碎石图，该图的横坐标表示因子，纵坐标表示特征值。此图表明前三个因子的累计贡献率较大，在到达第四个因子后，边际累计贡献率越来越小。第三个因子的特征值小于 2，在 1 附近；第四个因子的特征值与 1 接近。因此，选取前 4 个因子为主成分因子。因子分析碎石图虽然直观，但在具体选取过程中很难操作。它是解释的总方差图的补充。

4. 未经旋转的因子分析

未经旋转的因子分析成分矩阵如表 13-5 所示。

表 13 – 5　未经旋转的成分矩阵[a]

	成　分			
	1	2	3	4
Zscore（利润总额均值，元）	.956	-.263	-.104	.044
Zscore（资产总额均值，元）	.949	-.292	-.103	.028
Zscore（主营业务均值，元）	.942	-.279	-.027	.133
Zscore：总资产价值 交易时间：2008-12-31 单位：百万元	.929	-.234	.006	-.005
Zscore（无形资产价值均值，元）	.925	-.304	-.145	.032
Zscore（经营活动产生的现金流均值，元）	.918	-.293	-.166	.042
Zscore：加权每股收益 单位：元 报告期：2008年	.644	.519	.304	-.006
Zscore：总资产增长率（%）	.631	.285	.267	-.404
Zscore：资产收益率（%）	.328	.774	.205	.177
Zscore：营业利润率（%）	.344	.739	-.066	-.193
Zscore：净资产收益率（%）	.440	.717	.158	.059
Zscore：利润总额均增长率（%）	.260	.662	.196	-.075
Zscore：研究人员比率均值（%）	.027	.404	-.350	-.351
Zscore：流动比率均值（%）	-.107	.417	-.721	.222
Zscore：资产负债率均值（%）	-.147	-.572	.582	-.339
Zscore：总资产周转率均值（次）	-.017	.080	.398	.811

提取方法：主成分分析法。

a. 已提取了 4 个成分。

表 13-5 为没有经过旋转的成分矩阵。从输出的结果可以看出，因子提取的结果比较理想，但是表中各个初始因子的差别不是很明显。为了更好地描述各个因子，需要将因子负荷矩阵进行旋转，使各个系数向 0 与 1 分化，使大的载荷更大，小的载荷更小，使其差别化，进而根据线性组合中权重较大的几个指标的综合意义来确定每个主因子的实际含义。

5. 旋转后的因子分析

将相关数据进行旋转分析后,如表 13-6 所示。

表 13-6 旋转成分矩阵[a]

	成分			
	1	2	3	4
Zscore（资产总额均值,元）	.994	.088	-.036	.020
Zscore（利润总额均值,元）	.992	.113	-.017	.008
Zscore（无形资产价值均值,元）	.983	.053	-.004	.032
Zscore（主营业务均值,元）	.978	.116	-.051	-.106
Zscore（经营活动产生的现金流均值,元）	.977	.051	.021	.032
Zscore：总资产价值 交易时间：2008-12-31 单位：百万元	.936	.170	-.116	.009
Zscore：资产收益率（%）	.006	.841	.201	-.177
Zscore：净资产收益率（%）	.129	.830	.168	-.052
Zscore：加权每股收益 单位：元 报告期：2008 年	.359	.800	-.060	-.063
Zscore：营业利润率（%）	.050	.751	.260	.268
Zscore：利润总额均增长率（%）	-.032	.737	.064	.045
Zscore：总资产增长率（%）	.409	.616	-.284	.295
Zscore：流动比率均值（%）	-.118	.037	.851	.125
Zscore：资产负债率均值（%）	-.046	-.307	-.840	.020
Zscore：总资产周转率均值（次）	-.051	.138	.034	-.895
Zscore：研究人员比率均值（%）	-.088	.255	.304	.494

提取方法：主成分分析法。

旋转法：具有 Kaiser 标准化的正交旋转法。

a. 旋转在 5 次迭代后收敛。

表 13-6 为采用最大方差法进行 5 次旋转后的成分矩阵。此时因子负荷系数已经明显地向两极分化。第一个因子对于资产总额均值、利润总额均值、无形资产价值均值、主营业务均值、总资产价值指标

有较高的负荷系数,将其命名为规模能力因子;第二个因子对于资产收益率、净资产收益率、加权每股收益指标有较高的解释,而这三个指标反映了企业的盈利能力,因此将其命名为获利能力因子;第三个指标对流动比率均值、资产负债率均值的负荷系数较高,这两个指标常用来衡量偿债能力,因而将这个因子命名为偿债能力因子;第四个指标对总资产周转率的负荷系数大,故而将其称为资产运营能力因子。

6. 因子综合得分

根据提取的因子得分和旋转后的因子贡献率,计算因子综合得分,对企业进行排名。计算公式如下:

$$Z（综合） = W1F1 + W2F2 + W3F3 + W4F4$$

在此资料中,该公式具体为:

$$Z（综合） = 0.37916 \times F1 + 0.23569 \times F2 + 0.1103 \times F3 + 0.07962 \times F4$$

据此公式可以计算出各个公司的因子综合得分,进而进行排名。如表13-7所示。

表13-7 部分上市公司因子综合得分比较

公司	F1		F2		F3		F4		Z	排名	专利数量（件）
中国联通	6.48392	1	0.28448	14	0.13274	17	0.23558	22	2.56	1	151
中兴通讯	0.99449	2	1.13328	6	-1.43662	46	-0.09665	32	0.48	2	13476
欣网视讯	-0.01801	8	-0.51734	38	4.82001	1	0.98752	5	0.48	3	0
用友软件	-0.18782	22	1.97536	1	0.34919	10	0.01959	26	0.43	4	10
恒生电子	-0.40377	46	1.93192	2	0.5293	9	0.6233	12	0.41	5	13
东软集团	-0.18955	24	1.29271	5	0.17488	16	0.93476	6	0.33	6	21
中国卫星	-0.29699	42	1.49668	4	-0.83211	39	1.29554	2	0.25	7	0
宝信软件	-0.38888	44	1.7718	3	-0.25226	27	0.12298	24	0.25	8	115
新大陆	-0.23605	36	0.14458	21	1.32485	3	0.60492	14	0.14	9	29
中信国安	-0.07249	12	0.48132	11	-0.27309	28	0.8809	7	0.13	10	1

(续表)

公司	F1		F2		F3		F4		Z	排名	专利数量（件）
亨通光电	-0.20213	26	0.79928	8	-0.07835	22	-0.00085	28	0.1	11	84
亿阳信通	-0.23353	34	0.43493	12	0.17871	15	0.72696	10	0.09	12	16
金证股份	-0.30041	43	0.88713	7	0.34347	11	-0.54146	35	0.09	13	0
闽福发A	-0.19882	25	0.23442	16	0.00525	19	1.2281	4	0.08	14	0
长城开发	-0.04267	10	0.79804	9	1.27227	4	-3.34042	46	0.05	15	25
浪潮软件	-0.18748	21	-0.27248	34	1.21399	5	0.6127	13	0.05	16	26
同方股份	0.20391	3	0.17871	19	-0.79722	38	0.10947	25	0.04	17	403
烽火通信	-0.13657	15	0.22647	17	-0.18289	24	0.4518	19	0.02	18	236
中国软件	-0.23406	35	0.38748	13	-0.20673	26	0.55663	16	0.02	19	5
长城信息	-0.1856	20	-0.1342	28	0.71119	6	0.31087	21	0	20	24
长江通信	-0.20592	29	-0.25611	33	0.64751	7	0.85217	8	0	21	0
南天信息	-0.25709	38	0.61681	10	-0.6345	37	-0.05632	30	-0.03	22	34
太工天成	-0.29615	41	0.26463	15	-0.37802	31	0.59591	15	-0.04	23	22
航天长峰	-0.06314	11	-0.94212	40	1.50537	2	0.46124	18	-0.04	24	22
S前锋	-0.39573	45	0.0326	24	-0.3217	30	1.23593	3	-0.08	25	0
上海金陵	-0.2116	31	0.09295	23	0.04652	18	-0.66408	37	-0.11	26	4
大恒科技	-0.20656	30	0.1267	22	-0.10278	23	-0.71774	38	-0.12	27	7
浙大网新	-0.21699	32	0.03147	25	-0.44176	33	-0.14096	33	-0.13	28	6
方正科技	-0.08731	13	0.15001	20	-0.3043	29	-1.40127	44	-0.14	29	9
工大首创	-0.24282	37	0.02308	26	0.33258	13	-1.26004	43	-0.15	30	0
高鸿股份	-0.18788	23	-0.18304	31	-0.54384	35	0.18678	23	-0.16	31	4
宏图高科	-0.15798	18	0.22075	18	-0.86408	40	-1.07289	40	-0.19	32	21
长城计算机	-0.13241	14	-0.30766	35	0.00304	20	-1.21967	42	-0.22	33	83
紫光股份	-0.14916	17	-0.13094	27	-0.42203	32	-1.09287	41	-0.22	34	34
永鼎股份	-0.20398	27	-0.15054	29	-1.31347	45	0.32386	20	-0.23	35	129
华东计算机	-0.28139	40	-0.16212	30	-0.19547	25	-0.82416	39	-0.23	36	0
东方通信	-0.02838	9	-0.21338	32	0.62469	8	-3.12014	45	-0.24	37	39
数源科技	-0.22222	33	-0.50585	37	-1.12907	44	0.83403	9	-0.26	38	23
华盛达	-0.27629	39	-0.48275	36	-0.60652	36	0.01206	27	-0.28	39	0
信雅达	-0.01578	7	-1.61403	43	0.33325	12	0.47955	17	-0.31	40	17

（续表）

公司	F1		F2		F3		F4		Z	排名	专利数量（件）
上海普天	0.04305	5	-1.61751	44	0.27792	14	-0.05775	31	-0.34	41	42
交大博通	-0.20433	28	-1.15634	41	-1.00289	42	1.3256	1	-0.36	42	0
宁通信B	-0.17492	19	-0.8079	39	-0.87334	41	-0.36916	34	-0.38	43	50
湘邮科技	-0.14156	16	-1.62638	45	-0.02488	21	0.63473	11	-0.39	44	2
航天通信	-0.0042	6	-1.59563	42	-1.11066	43	-0.64037	36	-0.55	45	0
兆维科技	0.15325	4	-3.34127	46	-0.49814	34	-0.02666	29	-0.79	46	35

（二）对实证结果的解释说明

由表13-7可以看出，综合因子得分排名前三的为中国联通、中兴通讯和欣网视讯。在对单个因子进行分析中发现：F1（规模能力因子）最高的为中国联通，为6.48392，比第二名中兴通讯的F1因子0.99449要高出5.52倍，可能这就是中国联通综合得分排名第一的重要原因；F2（获利能力因子）最高的为用友软件，为1.97536，第二名为恒生电子，为1.93192，两者相差不大；F3（偿债能力因子）最高为欣网视讯的4.82001，第二名为航天长峰的1.50537，第一名比第二名高出了2.21倍；F4（资产运营能力因子）前两名分别为交大博通、中国卫星，因子分别值为1.3256和1.29554，相差也不大。

一般认为，综合因子得分为正，则意味着这个企业已经形成了核心竞争力。综合得分越高，则样本企业具有的核心竞争力就越强；综合得分越接近0，则表明该企业的核心竞争力越小；如果得分为负值，则表明综合竞争力在平均水平之下，样本企业还未形成核心竞争力。

表13-7中，综合得分在0以上的共有19家公司，占样本公司的比重为41.3%；综合得分为0的公司有2家，所占样本比率为4.35%；而综合得分小于0的公司为25家，所占比重为54.35%。由此数据可以看出，在我国的信息技术行业的上市公司中，有超过一半的公司没有核心竞争力。从因子综合得分的数据可以看出，我国信息技术行业

的上市公司综合得分普遍不高。除第一名中国联通2.56外，剩下的公司的因子综合得分均为超过1。同时，因子综合得分排名的第一、二名，因子综合得分分别为2.56和0.48，前者比后者高出4.33倍。可见，我国信息技术行业整体的核心竞争力不均衡。

美国《商业周刊》的"全球IT企业百强榜"是在全球3万余家公开上市的IT企业中展开，根据标准普尔统计的总营收、营收增长、每股回报率和股东回报率等四大指标进行综合排名。与一般以资产、营业额、收益率等论英雄的榜单不同，这是一张"面向未来"的榜单，它描绘了全球商界人士对榜中企业发展前景的综合预期。

根据美国《商业周刊》的"全球IT企业百强榜"排名可以知道，中国移动已经在世界IT行业占据了很重要的份量，可以说中国移动代表着世界IT行业中的顶尖企业。因此，将中国联通与中国移动进行对比，以发现目前我国大陆地区的IT企业的竞争力如何。表13-8为美国《商业周刊》"全球IT企业百强榜"排名中中国移动与中国联通各自的排名。

表13-8　中国移动与中国联通的全球竞争力排名（2006~2008）

	2006	2007	2008
中国联通	未上榜	未上榜	35
中国移动	8	10	7

在表13-8中，中国移动2006~2008年均在"全球IT企业百强榜"中，并且排名都在前10名。对于中国联通而言，其只在2008年进入了该排名，并且是位列第35名。以2008年的排名为基准，中国移动与中国联通排名的差距为28位。在中国大陆IT行业中核心竞争力排名第一的中国联通，在"全球IT企业百强榜"中排名第35位，可以推测未在本书研究范围内的中国移动核心竞争力会很强。

六、IT 企业专利权数量与核心竞争力的实证研究

在上部分,我们分析出了样本公司的企业核心竞争力排名、单个因子得分及综合因子得分。在这一部分,我们利用上文的因子分析结果,进一步研究无形资产中的专利数权量与核心竞争力的关系。

(一) 专利数量与核心竞争力

在企业核心竞争力的形成过程中,无形资产起到了很重要的作用。对于信息技术行业来说,技术创新、技术进步是其获利的一个重要保证。技术创新、技术进步一方面可以体现在企业的无形资产中,另一方面也在企业的专利数权量上有所反映。随着对知识产权知识的推广及国外高新技术行业依靠对技术的垄断而在中国获取高额利润,申请专利保护显得尤为重要。本书同意衡量企业核心竞争力大小的依据是无形资产的质与量,企业核心竞争力的强弱体现在创造无形资产的能力上,提升企业核心竞争力的资产主要是无形资产(汤湘希,2004)。因此,在计算出样本数据的因子综合得分及排名后,研究样本数据的核心竞争力与专利数权量的关系有其重要的意义。

相关性检验是研究变量间密切程度的一种统计检验。相关系数的取值范围在 -1 和 $+1$ 之间,即 $-1 \leq r \leq +1$。其中:若 $0 < r \leq 1$,表明变量之间存在正相关关系,即两个变量的相随变动方向相同;若 $-1 \leq r < 0$,表明变量之间存在负相关关系,即两个变量的相随变动方向相反。因子综合得分 Z 与专利数量的相关性分析如表 13-9 所示。

表 13-9　核心竞争力与专利权数量的相关性分析

		Z	专　利
Z		1	0.163
	显著性（双侧）		0.279
	N	46	46
专利权		0.163	1
	显著性（双侧）	0.279	
	N	46	46

在表 13-9 中，Z 与专利权数量的相关系数为 0.163，表明因子综合得分与专利权数量之间呈正向关系；其现实意义是专利权数量越多，企业的核心竞争力的因子得分就越高。显著性水平为 0.279，表明 Z 与专利权数量的相关性不高，可能是由于专利权只是无形资产的一个方面，也只是构成核心竞争力的一个要素。企业的核心竞争力是众多要素之间相互协调、共同作用的结果。单纯用专利权的数量来反映核心竞争力是不足的。

（二）对实证结果的解释

从表 13-7 中可以看出，专利权最多的企业为中兴通讯，13 476 项。最少的为 0 项。其中专利数量为 0 的公司共有 11 家，所占比重为 23.91%；专利数量不为的 0 的公司为 35 家，所占比重为 76.09%。表明在我国信息技术行业的上市公司中，大多数企业都具有专利。在具有核心竞争力的 19 家公司中，专利数量为 0 的公司有 4 家，所占比重为 21.05%；在不具有核心竞争力的 25 家上市公司中，专利数目为 0 的有 6 家，所占比重为 24%。在排名前十位的公司中，专利数量为 0 的公司是欣网视讯、中国卫星。因子综合得分排名第一的中国联通，其专利数量为 151 项，其专利数量排名为第四名。与专利数量最多的中兴通讯 13 476 项相比，其专利数量仅为后者的 1.12%。

目前，中国移动通信服务市场主要有中国移动、中国联通和中国电信，❶ 他们把握着中国移动电话的命脉。对中国移动和中国联通的核心竞争力进行对比分析后，本书对这两个公司的专利也进行比较。由中国知识产权局的专利检索可知，截至 2008 年 5 月 20 日，中国移动在中国知识产权局登记的专利为 1 130 项，而中国联通注册登记的专利为 151 项，中国移动比中国联通多 979 项，是中国联通的 7.48 倍。可能这也是中国移动比中国联通在美国《商业周刊》"全球 IT 企业百强榜"排名中靠前的一个原因。

核心竞争力的构成要素包括核心技术与技术创新、资源优势、环境条件与营销网络、管理协调、企业文化与经营理念（汤湘希，2004）。核心竞争力不能脱离企业个体而独立存在，其蕴藏于企业生产经营的各个环节和企业价值链的各个环节中。核心竞争力是企业资源、能力在一定的制度环境中整合后产生的、其他企业或组织所不具有的能为企业带来超额收益的资源。它不是局限于某一要素而排斥其他要素，而是泛指一个企业比同行做得更好、能够持续成功的独特资源、能力和制度（汤湘希，2004）。在因子综合得分与专利的实证研究中，其结果没有显示它们之间存在明显的关系。这一方面体现了核心竞争力不仅仅是要求在技术上领先，另一方面也体现了企业核心竞争力的提高是多方面因素综合发展的结果。

无形资产中的专利，作为技术创新的成果，体现了企业核心竞争力。但是技术创新只是核心竞争力诸多要素中的一种，专利也就只能反映核心竞争力的一个方面。目前还没有实证数据显示企业的专利数量越多，其核心竞争力越强。本书的资料也没能得出相关的检验。但是，选择同一行业数据进行比较研究，对比分析从而发现核心竞争力差距，有助于我们进一步了解我国整个 IT 企业的核心竞争力状况。

（三）实证结论

一般而言，综合因子得分为正，则意味着这个企业已经形成了核

---

❶ 对于中国电信运营的 CDMA 和 3G 移动业务，暂未考虑。特此说明。

心竞争力。综合得分越高，则样本企业具有的核心竞争力就越强；综合得分越接近 0，则表明该企业的核心竞争力越小；如果得分为负值，则表明综合竞争力在平均水平之下，样本企业还未形成核心竞争力。在本书的数据样本中，核心竞争力在平均水平之上的有 19 家。由于数据量大，在此就不一一列举出来。表 13 - 10 列出了各个因子中前 10 名企业和后 10 名企业的名单。按照从大到小的顺序排列。

表 13 - 10　　因子排序前 10 名与后 10 名企业对比

因子	前 10 名企业	后 10 名企业	说明
综合因子	中国联通、中兴通讯、欣网视讯、用友软件、恒生电子、东软集团、宝信软件、中国卫星、新大陆、中信国安	东方通信、数源科技、华盛达、信雅达、上海普天、交大博通、宁通信 B、湘邮科技、航天通信、兆维科技	19 家企业在平均水平之上 $Z_{max} = 2.56$ $Z_{min} = -0.79$
规模能力	中国联通、中兴通讯、同方股份、兆维科技、上海普天	工大首创、南天信息、华盛达、华东电脑、太工天成、中国卫星、金证股份、宝信软件、S 前锋、恒生电子	5 家企业在平均水平之上 $F1_{max} = 6.48392$ $F1_{min} = -0.40377$
获利能力	用友软件、恒生电子、宝信软件、中国卫星、东软集团、中兴通讯、金证股份、亨通光电、长城开发、南天信息	数源科技、欣网视讯、宁通信 B、航天长峰、交大博通、航天通信、信雅达、上海普天、湘邮科技、兆维科技	25 家企业在平均水平之上 $F2_{max} = 1.97536$ $F2_{min} = -3.34127$
偿债能力	欣网视讯、航天长峰、新大陆、长城开发、浪潮软件、长城信息、长江通信、东方通信、恒生电子、用友软件	南天信息、同方股份、中国卫星、宏图高科、宁通信 B、交大博通、航天通信、数源科技、永鼎股份、中兴通讯	20 家企业在平均水平之上 $F3_{max} = 4.82001$ $F3_{min} = -1.43662$
资产运营能力	交大博通、中国卫星、S 前锋、闽富发 A、欣网视讯、东软集团、中信国安、长江通信、数源科技、亿阳信通	上海金陵、大恒科技、华东电脑、宏图高科、紫光股份、长城电脑、工大首创、方正科技、东方通信、长城开发	27 家企业在平均水平之上 $F4_{max} = 1.3256$ $F4_{min} = -3.34042$

从表 13 - 10 可知，规模能力因子在平均水平之上的仅有 5 家企业，所以没有列出前 10 名企业的名单。

在这四个因子中，规模能力因子的贡献率为 41.242%，获利能力因子的贡献率为 22.404%，偿债能力因子的贡献率为 9.269%，资产运营能力因子的贡献率为 7.561%。因而，在计算综合因子得分时，规模能力因子对综合因子得分的影响最大。但是规模能力因子在平均水平之上的仅有 5 家，占整个样本量的 5/46，可见目前我国大陆 IT 企业的规模不高。规模能力因子最大的为中国联通 6.48392，最小的为 -0.40377；在获利能力方面，在 46 个样本中，有 26 家企业的获利能力因子在平均水平之上，占样本数据的一大半，获利因子得分最高的为用友软件的 1.97536，最低的为兆维科技的 -3.34127；偿债能力因子最高得分为欣网视讯的 4.82001，最低为中兴通讯的 -1.43662，有 20 家企业的偿债能力在平均水平之上；有 27 家企业的资本运营能力在平均水平之上，最高值为交大博通的 1.3256，最低值为长城开发的 -3.34042。

从上述分析中可以看出：我国 IT 行业的上市公司中仅有 19 家企业有核心竞争力，还不到样本公司的一半。核心竞争力得分最高的中国联通其得分也仅为 2.56。在单个因子得分分析中同样也可知，只有一半左右的公司在平均水平之上。由此可见，我国目前 IT 行业的上市公司的核心竞争力还不强，很多公司还不具备核心竞争力。

第十四章 财务结构对核心竞争力影响的实证分析

本篇前几章从资产的视角研究了知识资产对企业价值贡献的理论模型、案例分析、经验实证和逻辑实证,即主要从资产负债表的左边——资产配置的视角而展开,而事实上,企业的财务结构是否合理同样会影响企业核心竞争力,亦即合理的财务结构同样为企业予以价值贡献。因此,本章将采用数理实证的方法研究财务结构对企业核心竞争力的影响。

一、研究假设

合理的财务结构通过三个路径影响公司核心竞争力:构造稳定的内部经营环境、建立合理的投资者与管理层激励约束机制、保持核心能力利用与创新的动态平衡。财务结构可以用控股股东持股比例、股东独立性、管理层与员工持股、债务水平等指标来度量。

控股股东持有较高的股权比例一方面可以保持公司控制权的稳定性,从而有助于企业学习并积累技术、经营和管理等方面的知识和技能;另一方面较高的持股比例可以提高控制权与现金流权的吻合度,降低长期专用性投资的外部性,从而激励股东实施长期经营战略,避免经营的短视行为,在既有能力充分利用与能力创新之间合理、平衡配置资源。据此提出第一个假设:

假设1:控股股东持股比例与公司核心竞争力呈正相关关系。

对公司具有控制权、重大影响或参与经营决策的股东具备独立性有助于提升公司核心竞争力。股东的独立性是指股东具备独立的生存能力、经营能力和投资能力，而不是依靠公司来维持其生存状态，或将公司作为股东自身投资项目的融资平台。如果股东不能依靠其经营活动来维持生存，公司就会面临较大的现金分红压力。现有财务会计报告准则将大多数构成核心竞争力要素的投资都作为期间费用，如组织资本、人力资本、客户关系资本、研究费用等。公司面临的现金分红压力会从资金和盈利两个方面制约核心竞争力的投资。而且，这种压力在公司盈利有限或分红仍不足以弥补股东的现金流短缺情况下可能会演变为股东直接占用公司资金。这会导致处于竞争性行业的公司陷于资源不足与核心竞争力缺乏的恶性循环。股东缺乏投资能力则倾向于将公司作为其自身投资项目的融资平台，从而导致公司资金或融资能力（为股东提供担保）被股东占用。据此提出第二个假设：

假设2：股东的独立性与公司核心竞争力呈正相关关系。

交易成本理论指出专用性投资应采用所有权治理结构，企业能力的研究者认为投入要素的所有者界面激励匹配是组织效率的重要条件（Foss, 1996a），代理理论也认为管理层持股可以激励其努力程度并实现与股东利益的一致性。但是管理层较高的持股比例具有与外部股东不同的效应。外部股东可以通过分散投资来降低在某一个公司大量持股带来的风险，而管理层自身在技术、经营和管理知识方面就具有高度企业专用性，大量持有本公司股份则进一步导致了其个人能力和财富风险更加集中并难以分散，因此持股比例较高的管理层会倾向于选择降低公司风险的投资政策。合适的管理层持股比例取决于激励效应和风险回避效应的平衡。据此提出第三个假设：

假设3：管理层和员工持股水平与公司核心竞争力呈先增后减的倒U型关系。

交易成本理论认为债务不适合于为专用性较强的项目融资。代理理论认为债务融资的作用在于激励管理层努力以免被债权人接管而丧失工作和声誉及防止管理层利用自由现金流量过度投资，其成本包括债务约束下的投资不足和资产替代，合适的债务水平需要权衡其收益与成本。债务对企业核心竞争力的影响在于,一方面债务并不适合于为高度专用性的核心竞争力投资融资。较高的债务水平不仅会导致企业缺乏核心竞争力投资与创新的自由现金流量,降低企业再融资能力和限制财务灵活性,而且会迫使管理层在债务压力下放弃长期性、风险性的核心竞争力投资。另一方面,在自有资金规模有限的情况下,债务又是企业充分利用现有核心竞争力实现规模经济不可或缺的资金来源。适度的债务水平可以保证企业将有限的自有资金用于核心竞争力投资。据此提出第四个假设:

假设4:较高的债务水平与公司核心竞争力呈负相关关系。

二、模型设计

根据前述改进财务结构与核心竞争力关系检验模型的考虑,本章模型设计包括基本思路、解释变量、控制变量、模型的数学表达式和采用的计量分析方法等几个方面。

(一)基本思路

财务结构通过影响内部经营环境、资本与人力要素投入的激励机制及核心竞争力利用与创新的平衡三个方面作用于企业核心竞争力,此外从实证检验的角度看财务结构还可能对核心竞争力有直接的影响。这种关系可以用式(14-1)描述:

$$y = F(g(X), X, Z) \qquad (14-1)$$

式中,y——核心竞争力;

X——财务结构,是由资本结构、股权结构构成的向量;

Z——影响核心竞争力的其他因素;

$g(X)$——财务结构对内部经营环境、激励机制以及利用与创新权衡的影响。

财务结构与核心竞争力的检验模型如图14-1所示。

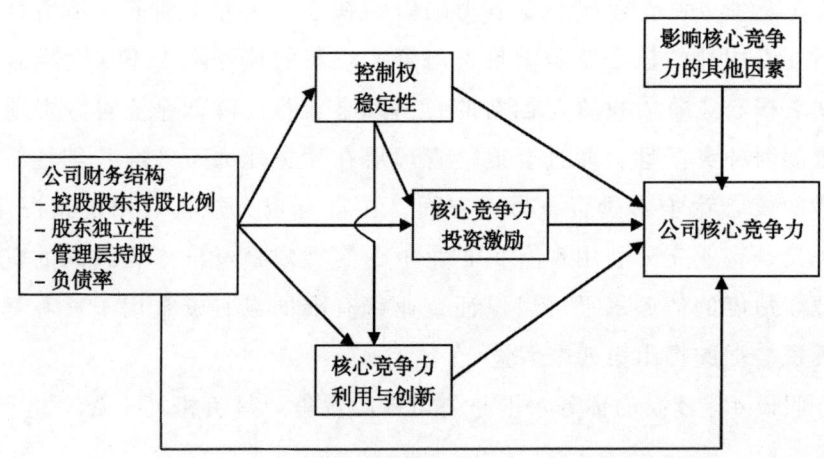

图 14-1　财务结构影响公司核心竞争力实证检验模型

对自变量与因变量之间的多层次关系如何设计检验模型，希尔和斯奈尔（Hill & Snell, 1989）对股权集中度与企业生产率之间关系的分析提供了借鉴。他们的检验模型中股权集中度对企业生产率的影响存在五个层次。

（1）股权集中度直接并通过管理层持股、多元化模式、研究开发支出和资本密集度间接影响生产率。

（2）管理层持股直接并通过多元化模式、研究开发支出和资本密集度间接影响生产率。

（3）多元化模式直接并通过研究开发支出间接影响生产率。

（4）研究开发支出直接并通过资本密集度间接影响生产率。

（5）资本密集度影响生产率。

为分析股权集中度直接和间接影响，他们采用了层次回归分析技术。

但是，我国上市公司只是在公开发行证券融资（首次公开发行或后续融资）时才会披露研发投资、广告支出和员工培训支出等相关信息，年报披露规范对此并没有强制要求。❶ 因此准确分析财务结构对核心竞争力投资这个中间变量的影响存在较大的难度。有鉴于此，本书设计的模型将不分析财务结构对核心竞争力的直接影响及通过这三个中间变量对核心竞争力的间接影响，而直接分析财务结构对公司核心竞争力的综合效果。

中国社会科学院中国产业与企业竞争力研究中心（以下简称"竞争力研究中心"）与中国经营报社自 2003 年起逐年发布的《中国企业竞争力报告》具有相当的影响力并得到了较高的认同。本书将借鉴他们的思路，分行业构建上市公司核心竞争力综合衡量指标，但在具体方法上存在重大差异。本书借助市场占有率和盈利率构建上市公司竞争力指标，该指标不是竞争力的绝对度量，而是行业内公司的相对排序，具体方法和结果将在下一部分详细描述。下面对解释变量和控制变量的选择与设计进行说明。

---

❶ 李青原（2006）实证检验了研发和广告费支出的会计处理方式，李青原和王永海（2006）检验了资本结构与资产专用性之间的关系，文中他们指出研发和广告费数据来源于国家统计局，但这似乎并非可以公开获得的数据。李青原："研发和广告支出摊销：费用化还是资本化——来自我国制造业上市公司的经验证据"，载《财会通讯（学术版）》2006 年第 10 期，第 7~9 页；李青原、王永海："资产专用性与公司资本结构——来自中国制造业股份有限公司的经验证据"，载《会计研究》2006 年第 7 期，第 66~71 页。

袁琳和赵芳（2006）研究资本结构与资产专用性的关系时就指出了获取数据的困难，从而采用前 5 名客户销售比重和销售费用率作为替代变量。袁琳、赵芳："资产专用性与资本结构相关性——基于上市公司 A 股市场的动态检验"，载《北京工商大学学报（社会科学版）》2006 年第 21 期，第 44~50 页。

袁艳红（2009）对实施《企业准则（2006）》后 2007 年公司年报中研发支出信息披露的研究发现，在抽查的 60 家计算机和制药行业公司中，只有不到 20% 的公司披露了研发费用余额或投入信息。目前的财务信息披露状况还难以支持对中间变量的实证研究。袁艳红："现行会计准则下研发费用的信息披露"，载《会计之友》2009 年第 24 期，第 69~71 页。

（二）解释变量

根据假设，模型的解释变量由控股股东持股比例、股东独立性、管理层和员工持股比例以及公司负债率四个变量构成。

1. 控股股东持股比例

控股股东持股比例取自上市公司年报中披露的第一大股东实际持股比例。预计该变量的系数为正。同时，大量实证研究发现股权集中度与公司绩效存在倒 U 型关系，本书将检验股权集中度与核心竞争力是否存在这种关系，因此在对照模型中将引入控股股东持股比例的平方。如果确实存在倒 U 型关系，持股比例的系数预计为正，而持股比例平方的系数将为负。

对于股权集中度的内生性问题德姆塞茨和莱恩（Demsetz & Lehn，1985）；德姆塞茨和比利亚隆加（Demsetz & Villalonga, 2001），本书认为样本考察期内在我国上市公司股权分置与股权流通性较低的现实情况下，股权集中度与公司核心竞争力之间存在内生性问题的可能性很小。孙兆斌（2006）也认为目前股权分置、一股独大的股权结构特征基本上是制度改革不彻底的结果，从而倾向于将股权结构看做外生变量。

2. 股东独立性

上市公司并不需要披露股东的财务报表，因此无法直接度量股东独立性。为此，本书选用股东关联方占用上市公司资金余额来度量股东的独立性，该指标取占用资金绝对额的自然对数。预计该变量的系数为负。

3. 管理层和员工持股比例

管理层和员工持股比例取自年报中披露的数据，并引入持股比例的平方来检验是否存在倒 U 型关系。预计持股比例的系数为正，而其平方数的系数为负。

4. 资产负债率

韦尔奇（Welch, 2007）指出了资本结构实证研究中经常出现的错误，其中之一就是资本结构代理变量使用金融负债与总资产的比率，因为非金融负债并不是权益。他认为资本结构正确的度量指标应当是金融负债与资本的比例或资产负债率这两个指标。为此，本书采用了三个负债率指标来衡量负债程度对企业核心竞争力的影响。第一个指标是金融负债对资本的比率，即银行借款、应付票据❶、应付利息、长期借款、应付债券之和除以金融负债、实收资本与资本公积之和。第二个指标是资产负债率。第三个指标需要度量较高的负债率对核心竞争力的影响，因此采用的是相对负债程度而不是绝对负债程度。为此本书设计了一个虚拟变量，以一个行业中上市公司资产负债率的中位数（不用平均值是为了消除资产负债率高于100%样本异常值的影响）为标准，超过中位数的取值为1，否则为0。本书以金融负债对资本的比率为度量资本结构的首要指标，其原因在于相对于商业信用和其他应计负债，金融负债能够更好地反映债务资金来源对企业投融资行为的激励与约束，尤其是考虑到我国经济环境中的商业信用处于较低水平的实际状况。

根据假设，预计负债变量的系数为负。

（三）控制变量

控制变量的设计主要是分离财务结构之外的其他因素对企业核心竞争力的影响。核心竞争力理论的主要内容集中于其构成要素❷与特征的分析，而对于哪些因素影响企业核心竞争力的系统研究却甚少。金碚（2003a）从微观经济学、产业经济学、发展经济学、区域区位经济

---

❶ 我国商业承兑汇票的应用还非常有限。2008年应付票据总额居于前几位的中石化、五矿发展、宝钢股份、苏宁电器、中兴通讯和云南铜业等六家公司主要是银行承兑汇票。

❷ 关于核心竞争力的构成要素，汤湘希从两要素论到九要素论进行了全面总结。汤湘希：《企业核心竞争力会计控制研究》，中国财政经济出版社2006年版，第110～112页。

学、企业经济学、制度经济学和超越经济学总结了影响竞争力的主要因素。刘平（2007）认为影响和决定企业竞争力的因素来自四个方面：环境、资源、管理和核心能力。然而他们的分析关注的是企业的竞争力而不是核心竞争力。金碚（2003a）指出，每个企业都或多或少存在一些竞争力，但未必具有核心竞争力。从实证分析角度本书设计了以下三个控制变量。

1. 企业规模

按照实证分析的通常做法，企业规模采用取总资产的自然对数来衡量。企业规模对核心竞争力的影响体现在以下几个方面：第一，大型企业对优秀人才具有更高的吸引力，在配置技术创新资源方面具有更强的实力和灵活性，尤其是在那些研发投资额度需求大而且持续周期长的行业（如制药）。第二，大型企业可以充分实现规模经济和范围经济，从而有助于激励企业进行技术、组织和市场等方面的专用性投资。第三，企业规模也可能限制企业提升核心竞争力，如超出合理规模可能会导致企业经营管理和组织能力下降。但是以我国上市公司而言，目前的企业规模还处于太小而不是太大的境地（金碚等，2007）。因此，预计企业规模与公司核心竞争力呈正相关。

2. 企业年限

企业核心竞争力的形成和发展是一个学习和积累的过程，需要较长的时间才能培育而成（Barney，2001）。孙兆斌（2006）的研究就发现已上市年限与企业技术效率显著正相关。但是，我国证券市场发展历程仍然很短，而且对资本市场功能和作用的认识也是逐步演进的，不同时期上市公司的质量存在差异。20世纪90年代早期的上市公司是以探索试点为主，在国民经济中具有重要地位和影响的企业大都不在上市之列。90年代中期以后国有企业出现了经营和资金困境，资本市场承担了为这些企业脱贫解困服务的职能。上市指标配给制使得一些优质民营企业转向香港和境外市场（陈梦根，2004）。受制于国内资本市场规模，一些大型优质国有企业也纷纷到香港和境外资本市场上市融资。这个状况进入 21 世纪后逐步得到改善。国民经济持续发展积累了大量资金，外汇储备快速增长，国内的资金供应状况的改善促进了海外上市优质企业回归，大型优质企业采取了境内外同步上市的策略。[1] 监管机构也在 10 多年的过程中积累了经验，促进了拟上市公司改制和规范运作。

因此，以我国沪、深上市公司为对象，企业年限对公司核心竞争力的影响取决于上述两个方面的净效果。与孙兆斌（2006）选用已上市年限指标不同，本书采用成立股份有限公司的时间来计算，数据来自于对公司公开披露年报中附注信息的整理。但是这个指标仍然还有缺陷。一是对以持续经营企业为主、采用发起方式设立的股份公司和有限责任公司整体变更的股份有限公司来说，与其核心竞争力形成相关的历史被缩短了。二是对于发生重大资产重组或资产置换的公司而言，上市公司实际经营资产、主要管理人员等都可能发生重大变化，企业年报中披露的公司成立时间存在高估或低估的可能性。为了缓解这个影响，模型中采用股份公司已成立年限的自然对数作为控制变量，其影响方向不能事先确定。

3. 企业所在区域

在国际市场上具有竞争力的企业大多位于经济发达国家。经济发达区域在基础设施、人才吸引、技术水平、市场专业化分工程度、经济开放性、资本供给、产权保护、政府协调管理经济的能力与政策等方面具有相对优势。奥尔特加—阿基里斯等（Ortega-Argiles et al.，2005）在以西班牙公司为样本分析股权结构对创新影响的模型中引入了区域因素，以所在区域的技术机会（Technology Oppourtunity）指数与西班牙全国平均指数的大小关系为依据，将其设置为一个二值变量。

根据金碚（2007）区域上市公司竞争力排名的结果，上海、北京、

---

[1] 见吴晓求教授 2006 年 10 月 21 日在深圳第四届中国虚拟经济研讨会上的演讲"中国资本市场进入新的发展阶段"，http：//www.fsi.com.cn/wxq/06110101.htm。

广东、浙江、山东位于前五名。虽然江西和云南在排名中表现不错（都进入了前10名），但是仔细分析发现，采掘企业（主要是铜业）和重大资产重组企业对这两个省份的排名提供了巨大贡献：赣南果业❶基础指标排名第2、云南铜业第8、江西铜业第9、驰宏锌锗综合排名第10）。因此对于主要依赖自然资源的企业，区域经济发展水平对其影响比较有限，拥有的自然资源和市场需求状况是决定企业绩效的关键。❷ 孙兆斌（2006）的分析认为采掘业不属于竞争成熟行业而剔除在外。

本书采用公司办公地址作为区域的代理变量。区域变量设置为一个虚拟变量，办公地址在经济发达城市的变量取值为1，否则为0。经济发达城市范围的确定依据中国社科院财贸所发布的《城市竞争力蓝皮书：中国城市竞争力报告》2004～2006年排名前10位的城市确定，即3年累计上榜次数排在前10位的城市：上海、北京、深圳、广州、天津、宁波、苏州、杭州、厦门和无锡。预计该变量系数为正。

除了规模、年限和所在区域以外，研究中也发现还有其他因素影响企业竞争力。贝克等（Beck et al., 2005）对54个国家4000家公司的调查发现，金融和法律制度不完善及腐败会阻碍企业成长。相比较于体制完善和腐败程度较低的环境，在不完善体制和腐败程度较高的环境中经营的企业会面临严重得多的障碍，中小企业比大型企业受到

---

❶ 对江西省排名贡献巨大的公司赣南果业（深圳代码：000829）现已更名为天音控股。在金碚依据2002年年报编制的《中国企业竞争力报告（2003）》中该公司名不见经传，以基础指标计算2003年进入百强，2004～2006年分列第13、7和第2位，2008年则不在前20位之列。查其原因发现，2003年下半年该公司控股股东将深圳天音通讯公司注入上市公司，公司的主业已经不再是农业而是移动电话销售，移动电话销售业务占据公司营业收入的90%以上。因此以2002和2003年为基础计算的增长率指标和在农业类上市公司中计算竞争力均具有误导性。虽然公司注册地址、办公地址仍然保留在江西省赣州市，作为公司核心的控股子公司天音通讯却在深圳注册和办公。

❷ 2007年光环照耀的有色金属行业在2008年出现了大幅下滑，江西铜业和云南铜业都退出了排行榜前20位，驰宏锌锗虽然排在综合第6位，但营业收入下滑了24%、每股收益不足上年的12%。

的限制更多。金碚和李钢（2004）比较了 A 股上市公司与 H 股上市公司竞争力，认为香港上市公司的竞争力要高于沪、深上市公司的竞争力，并将原因归结于内地金融监管整体水平低于香港金融监管水平。宏观经济环境、产权法律保护、科技发展水平以及社会人文环境等都会对财务结构与核心竞争力的关系产生影响。但是本书以我国 A 股上市公司为样本，在考虑了规模、年限和地域因素之后，企业面临的金融、法律、监管、宏观经济以和科技水平及人文社会环境基本相同，因此不再对这些因素设置控制变量。

（四）检验模型

根据上述分析，本书的实证检验的基本模型为公式（14-2）。

$$COMP = \beta_1 CRSH + \beta_2 LNSHID + \beta_3 MESH + \beta_4 MESHSQ + \beta_5 FDCA + \beta_6 LNASSET + \beta_7 LNAGE + \beta_8 REGION + \varepsilon$$

$$(14-2)$$

检验控股股东持股比例是否存在倒 U 型关系的对照模型为公式（14-3）。

$$COMP = \beta_1 CRSH + \beta_2 CRSHSQ + \beta_3 LNSHID + \beta_4 MESH + \beta_5 MESHSQ + \beta_6 FDCA + \beta_7 LNASSET + \beta_8 LNAGE + \beta_9 REGION + \varepsilon$$

$$(14-3)$$

此外，对于负债程度除了使用金融负债对资本比率（FDCA），本书还将分别使用资产负债率（LEV）以及过度负债（OLEV）进行分析。各项变量的含义和系数预计如表 14-1 所示。

表 14-1 实证检验模型的变量、含义及预计影响方向

变量名称	变量	计算方法	预计系数
1. 被解释变量			
核心竞争力	COMP	以市场占有率和盈利率划分 9 档	
2. 解释变量			
控股股东持股比例	CRSH	第一大股东持股比例	+

续表

变量名称	变量	计算方法	预计系数
控股股东持股比例平方	CRSHSQ	第一大股东持股比例的平方	?
股东独立性	LNSHID	股东关联方占用资金的自然对数	-
管理层持股比例	MESH	董事、监事和管理层持股比例之和	+
管理层持股比例平方	MESHSQ	董事、监事和管理层持股比例之和的平方	-
金融负债对资本比率	FDCA	金融债务/（金融债务＋实收资本＋资本公积）	-
资产负债率	LEV	负债总额/资产总额	-
过度负债	OLEV	虚拟变量，超过行业负债率中位数为1，否则为0	-
3. 控制变量			
公司规模	LNASSET	公司总资产的自然对数	+
公司年限	LNAGE	股份有限公司成立至资产负债表日所经历年限的自然对数	?
公司所处地域	REGION	虚拟变量，办公地址位于城市竞争力排名前10位城市的取值为1，其余为0	+

由于本章将公司核心竞争力排序划分为9个等级，9表示拥有最高的核心竞争力，1表示核心竞争力水平最低。这意味着数字从小到大依次表示核心竞争力增强，但这仅反映在序数意义上，不同等级的差异并不反映核心竞争力之间的真实差异。例如，9和7之间的差距不能理解为是2和1之间差距的两倍。因此计量模型选用解释排序离散因变量的Ordered Probit模型，工具则是Stata 11.0，❶ 其基本思路如下。

假定潜变量 y^* 是不能被直接观察的公司核心竞争力，y^* 由公式（14-4）决定。

---

❶ Long & Freese 指出：（1）对于采用最大似然法估计参数，样本少于100都存在风险，合适的样本量是在500以上，而且样本量至少应当是变量数的10倍以上；（2）如果自变量之间存在高度共线性或者因变量取值变化很小，则样本量需要扩大；（3）排序回归模型需要更大的样本量。因此，受制于分行业样本量数据，本章将不进行分行业的回归分析。分行业应用本模型将是后续研究的内容。Long J. S., Freese J. *Regression Models for Categorical Dependent Variables Using Stata*, Texas：Stata Press, p. 65.

$$y^* = X\beta + \mu \qquad (14-4)$$

X 是 n 维自变量，μ 是随机误差，服从均值为 0、方差为 1 的标准正态分布。以公式（14-5）确定的 k_i 为分界点，可以得出核心竞争力排序值 y 与潜变量 y^* 之间的关系由公式（14-6）确定。

$$k_1 < k_2 < \ldots < k_8 \qquad (14-5)$$

$$\begin{cases} y = 1 \text{ if } y^* < k_1 \\ y = 2 \text{ if } k_1 \leq y^* < k_2 \\ \ldots \\ y = 8 \text{ if } k_7 \leq y^* < k_8 \\ y = 9 \text{ if } y^* \geq k_8 \end{cases} \qquad (14-6)$$

从公式（14-5）和公式（14-6）可以得到公式（14-7）确定的概率分布状况。

$$\begin{cases} P(y=1) = \Phi(k_1 - X\beta) \\ P(y=2) = \Phi(k_2 - X\beta) - \Phi(k_1 - X\beta) \\ \ldots \\ P(y=8) = \Phi(k_8 - X\beta) - \Phi(k_7 - X\beta) \\ P(y=9) = 1 - \Phi(k_8 - X\beta) \end{cases} \qquad (14-7)$$

因此，回归形成的系数 β 不能简单地理解为自变量对公司核心竞争力等级的边际影响，需要转换来解释对核心竞争力处于不同等级的概率影响。

三、核心竞争力评价指标的构建

（一）核心竞争力评价研究综述

汤湘希（2006）指出评价核心竞争力需要先对已经存在的核心竞争力进行必要的分析。核心竞争力的分析方法有因素分析法、对比差距法、内涵解析法、灰色系统分析法和综合指数分析法。在辨认了已经存在的核心竞争力之后，一个方面是进行纵向评价，反映企业核心竞争力的变化趋势；另一方面是进行横向评价，以了解企业之间的核心竞争力差距。横向评价有模糊综合评价、因子分析评价等方法。

  金碚（2003a，2003b）认为市场环境下企业竞争力最直观的表现就是一个企业能够比其他企业更有效地向消费者提供产品或服务，并能使自身得以发展的能力或者综合素质。竞争力评估中基本竞争力的显示指标就是市场占有率和盈利率，前者反映企业在多大程度上为市场所接受，后者反映企业自身发展的基本条件，而长期来看这两个指标具有一致性。竞争力包含五个基本意义：(1) 企业竞争力所涉及产业是竞争和开放的市场，垄断和封闭市场谈不上竞争力；(2) 竞争力实质是一个企业同其他企业比较的相对生产率或效率；(3) 企业竞争力体现在消费者价值（市场占有率和消费者满意度）和企业自身利益（盈利和发展）两个方面；(4) 企业竞争力决定了企业的长期存在状态，具有持续性和非偶然性；(5) 竞争力是企业具有的综合性质，决定和影响企业竞争力的因素多种多样而且相互作用，如企业的产权制度、经济体制、国家参与和管制的制度和行为等。自2003年开始，竞争力研究中心对企业竞争力进行持续监测并公开发布评价结果。截至2009年12月已经对中国企业竞争力进行了连续七年的监测。他们的基本评价方法如表14-2所示。

  上海世纪联融企业咨询有限公司分别于2004年7月和2005年9月发布了《2004中国上市公司排行分析：企业竞争力排行》和《2005中国上市公司排行分析：企业竞争力排行》。他们的评价体系包括：(1) 客户能力，由净资产收益率、主营业务利润率和总资产报酬率三项指标构成，占43.75%；(2) 财务能力，由资产负债率、流动比率、速动比率和现金流动负债比四项指标构成，占21.25%；(3) 流程能力，由资产周转率、存货周转率、应收账款周转率三项指标构成，占17.5%；(4) 成长能力，由主营业务增长率、净资产增长率、总资产增长率和无形资产比重四项指标构成，占 17.5%。

表 14-2　中国产业与企业竞争力研究中心与中国经营报企业竞争力监测评价方法[1]

指标类别		指标名称	权重	数据获取方式
基础评分（70%）	规模（44%）	营业收入	19%	企业年报
		净资产	10%	
		净利润	15%	
	增长（29%）	近3年营收增长率	16%	
		近3年净利润增长率	13%	
	效率（27%）	净资产收益率	8%	
		总资产贡献率	8%	
		全员劳动效率	6%	
		出口比例	5%	
人气指数（30%）	—	知晓程度	—	问卷调查
	—	发展信心	—	

　　张友堂和程瑞川等（2008）用钻石模型构建了上市公司三维财务竞争力指数，他们的模型如图 14-2 所示。[2] 三维财务竞争力指标包括反映财务环境适应竞争力的财务先导指标、反映财务资源配置竞争力的财务同步指标和反映财务利益协同竞争力的财务滞后指标。这三类准则层财务指标分别由 3 个指数层指标构成，9 个指标层指数又分别由若干基础层指标构成。具体计算方法方面，首先是用标准化方法采集基础层指标，然后计算基础层指标的几何平均数得到指数层指标，准则层指标则等于各构成指标层指数之和，反映综合竞争力指标的目标层指数等于指标层指数的平均值。对企业的最终评价采用二维矩阵，

---

[1] 金碚：《中国企业竞争力报告（2009）》，社会科学文献出版社 2009 年版，第 6~9 页。

[2] 张友堂、程瑞川等："中国上市公司三维财务竞争力指数评价研究报告（2008）"，载《财会通讯》2008 年专辑，第 8 页。

如图 14-3 所示。❶

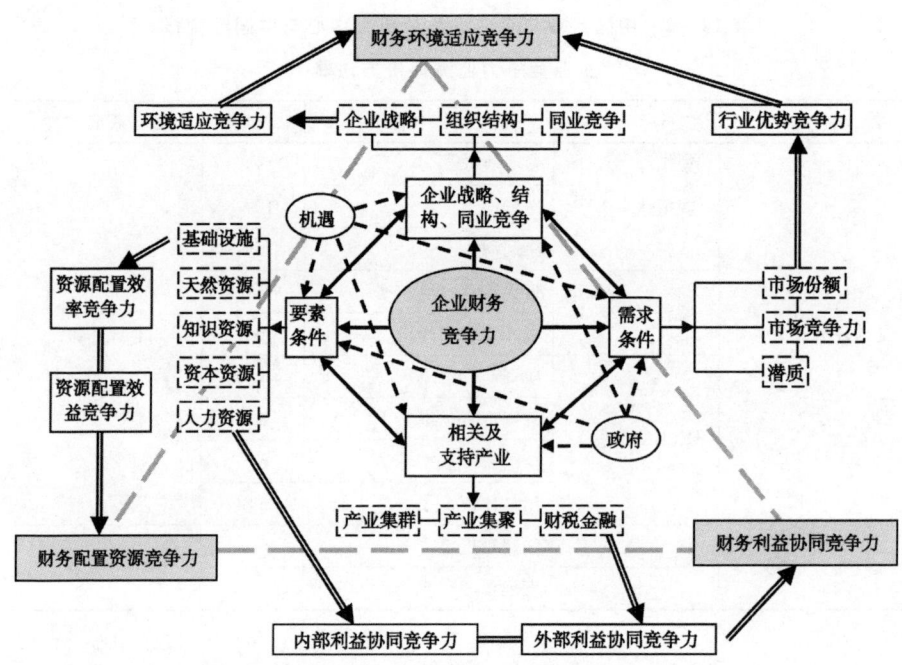

图 14-2　基于波特钻石模型的三维财务竞争力整合模型

纽波特（Newbert, 2007）对资源基础企业理论实证文献的综述发现，对资源、能力、竞争力、核心竞争力等概念设计的变量存在很大的差异，能力和核心竞争力比资源能更好地解释企业绩效和竞争优势差异。阿姆斯特朗和史密祖（Armstrong & Shimizu, 2007）则从变量设计的角度回顾了资源基础企业理论的实证文献。资源（能力、竞争力、核心竞争力）指标的构建有三个层次：综合性指标（如核心能力）、具体指标（如人力资本）和直接可用的变量（如管理人员资历、经验）。尽管可以使用直接可用的数据来作为替代变量，但是创造性地构建合适的指标对推动核心竞争力理论大有裨益。在方法上可以使用定

---

❶ 张友棠、程瑞川等："中国上市公司三维财务竞争力指数评价研究报告（2008）"，载《财会通讯》2008 年专辑，第 17~18 页。

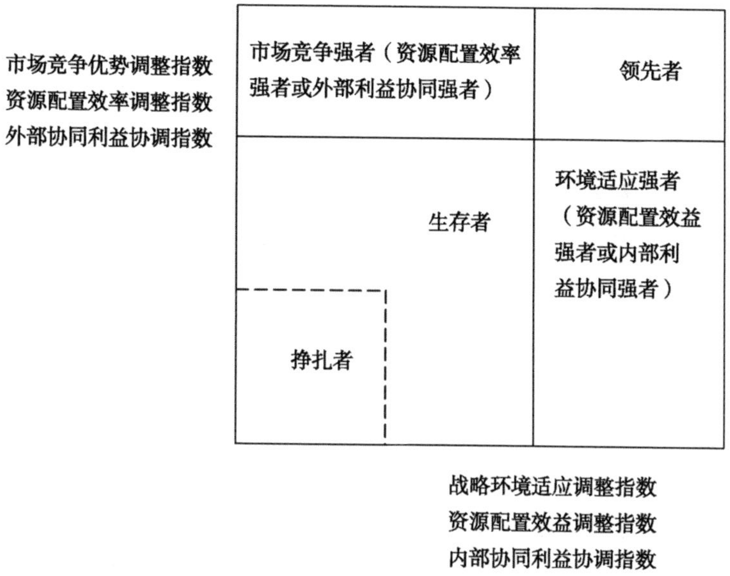

图 14-3 企业财务综合竞争力类型

性方法、问卷调查法和客观代理变量。虽然核心竞争力理论关注的是企业持续竞争优势,然而在回顾他们的 125 篇发表于顶级学术刊物的实证检验文献中,仅有 4 篇文献考虑了竞争优势的持续性,而其中又仅有 2 篇在企业层面综合考虑竞争优势持续性计量。佩图斯(Pettus,2001)采用的是企业持续成长指标,即企业总资产、营业收入和员工数量。威金斯和鲁夫利(Wiggins & Ruefli,2002)用的是 5 年平均的 ROA 和托宾 Q 值。

(二)核心竞争力指标的构建方法

纽波特(Newbert,2007)指出,尽管核心竞争力(资源基础企业理论)追溯的是持续竞争优势的源泉,但是目前还缺乏一致认可的核心竞争力度量指标。他所回顾的文献中大多数(76%)都用绩效指标代替了竞争优势,学者们倾向于将竞争优势与绩效不加区分地交替使用。本书检验财务结构对核心竞争力的影响,其代理变量选择与构建主要有以下几个方面的考虑。

第一，尽管存在各种各样评价核心竞争力的方法，但为了以大样本数据来检验公司财务结构的影响，其评价方法应当尽量有效、合理、简单和可独立验证。问卷调查、因素分析、模糊评价等方法由于过程的复杂性和差异性难以满足上述要求。因此，本书拟采用金碚（2003a）提出的方法，用市场占有率和盈利率两个指标来构建核心竞争力代理变量。

选择盈利率指标需要考虑我国上市公司的特殊情况。境内资本市场上公司退出机制不完善，企业面临退市之际会采用形式多样的非经常性损益来保住壳资源。因此本书采用扣除非经常损益的总资产报酬率（ROA）作为盈利率指标，其计算方法如公式（14-8）所示❶。

$$ROA = （营业利润 + 财务费用） \div 平均资产总额 \times 100\%$$

$$(14-8)$$

第二，核心竞争力的基本界定就是能够为企业带来持续竞争优势，其代理变量应当考虑持续性。张友棠和程瑞川（2008）以及上海世纪联融咨询公司（2004，2005）对上市公司竞争力的评价都是基于当年财务指标，缺乏持续性，而且他们的报告缺乏连续性，其结果不能满足本书检验模型的要求。希勒（2008）认为 10 年平均可以熨平经济周期的影响，然而 10 年这个周期对核心竞争力来说显得过长，核心竞争力的动态性也反映了这一点，而且我国资本市场的历程太短而难以提供足够的样本数据进行检验。阿姆斯特朗和史密祖（Armstrong & Shimizu, 2007）建议用 3 年平均，中国产业与企业竞争力研究中心与中国经营报对企业竞争力监测与评价采用的也是 3 年平均。

因此，本书构建核心竞争力指标的市场占有率和盈利率将采用连续 3 年平均值计算。其优点在于不仅可以反映核心竞争力带来的持续

---

❶ 选用总资产报酬率而不是扣除非经常性损益后的净资产收益率有两个考虑：一是可以消除地区税收差异对企业盈利能力衡量的影响，二是排除债务对净资产收益率的杠杆作用。

竞争优势，从而与其概念保持一致，而且可以降低单一年份异常值的影响。竞争力研究中心对企业竞争力监测评价方法对企业规模、效率和信心指标均选用当期数据，增长率指标则是选用近 3 年的增长率。本书与他们的方法存在一个重大差异，即采用滞后 3 年的平均盈利率和市场占有率数据来评价公司核心竞争力。这种处理方式更能准确反映核心竞争力的本质特征：核心竞争力是企业过去投资与积累的成果，能够为企业未来带来持续竞争优势。这也是本书没有选用竞争力研究中心结果作为核心竞争力替代变量的主要原因之一。3 年平均市场占有率（AVMKS）和 3 年平均 ROA（AVROA）的计算公式分别如公式（14-9）和公式（14-10）所示。

$$AVMKS_{ij} = \frac{\sum_{t=1}^{3} i 行业 j 公司 t 年度营业收入}{\sum_{t=1}^{3} i 行业 t 年度营业收入总额} \times 100\% \quad (14-9)$$

$$AVROA_{j} = \frac{\sum_{t=1}^{3} j 公司 t 年度 ROA}{3} \times 100\% \quad (14-10)$$

式中，i，j——公司和行业。

第三，正如金碚（2003a）指出的，只有在开放和竞争市场中的企业才会涉及竞争力问题，垄断行业无所谓企业竞争力。因此在构建核心竞争力指标样本选择方面将会剔除那些不具备竞争市场的行业。此外，以市场占有率和盈利率构建核心竞争力指标需要一定的样本量支持，因此上市公司数量较少的行业将被剔除。

按照上述三个条件，本书运用市场占有率和总资产报酬率构建核心竞争力如图 14-4 所示。计算过程如下：

（1）制作分布散点图：分行业将企业 3 年平均市场占有率（AVMKS）和 3 年平均 ROA（AVROA）构成的组合用散点图方式置于二维坐标系。

（2）数据分组：去掉散点图中的奇异值，分别将 AVMKS 和

AVROA 的取值区间平均分为 5 个区域，即用去奇异值后的最小值 + 去奇异值后最大值与最小值之差 ×20%、40%、60% 和 80%，设定 4 条分界线。根据上组限不在内的原则❶，低于 20% 线的得分为 1，大于等于 20% 线但小于 40% 线的得分为 2，以此类推，最高得分为 5，奇异值也按这个标准计算得分。

（3）公司的核心竞争力综合指标由其 AVMKS 和 AVROA 得分决定，对应关系如图 14 - 4 所示。公司核心竞争力综合指标取值处于 1 ~ 9 之间，即分行业将公司核心竞争力排列为 9 个等级，9 为最高，1 为最低。

AVROA					
	5 (1,5)	6 (2,5)	7 (3,5)	8 (4,5)	9 (5,5)
	4 (1,4)	5 (2,4)	6 (3,4)	7 (4,4)	8 (5,4)
	3 (1,3)	4 (2,3)	5 (3,3)	6 (4,3)	7 (5,3)
	2 (1,2)	3 (2,2)	4 (3,2)	5 (4,2)	6 (5,2)
	1 (1,1)	2 (2,1)	3 (3,1)	4 (4,1)	5 (5,1)
					AVMKS

图 14 - 4 核心竞争力指标计算与排序示意

（三）样本选择条件

1. 数据来源

本章研究以我国沪、深上市公司为对象，数据来源于国泰安研究服务中心数据库（CSMAR）。

---

❶ 统计的一般做法是，对于越大越好的变量，采用上组限不在内原则；对于越小越好的变量，则采用下组限不在内的原则。

2. 数据年限

该数据库中公司股东研究的数据起始期为 2003 年,行业销售总额数据起始期为 1998 年,因此本章研究期限为 2003~2008 年。

根据前述指标构建方法,某个时点的核心竞争力以随后 3 年平均市场占有率和盈利率来排序计算,即分别以 2006~2008 年、2005~2007 年及 2004~2006 年平均数计算得到 2005 年年末、2004 年年末和 2003 年年末的企业核心竞争力排序指标,由此得到了财务结构与核心竞争力排序指标对应的 3 年有效数据组:2003 年年末公司财务结构与以 2004~2006 年市场占有率和 ROA 衡量的核心竞争力;2004 年年末的司财务结构与以 2005~2007 年市场占有率和 ROA 衡量的核心竞争力;2005 年末公司财务结构与以 2006~2008 年市场占有率和 ROA 衡量的核心竞争力。

3. 数据选择

数据选择需要处理分行业市场总额数据可获得性、异常公司剔除、行业选择以及上市公司按证监会指引(2001)分类与宏观数据按国民经济行业分类(2002)之间的转换四个问题。

关于分行业营业收入总额,该数据库的宏观经济数据只能提供工业子行业和建筑业的行业销售总额数据,数据按照国民经济行业分类(2002)进行分类,明细程度为 2 位行业代码。

异常公司有几种情况。一是基年(分别为 2003、2004 和 2005 年)存在、但后 3 年中退市了的公司,这类公司直接从当年样本中排除。[1] 二是发生重大资产重组或资产置换导致公司主营业务和主要资源发生实质性变化的,以变化当年为基年,根据 3 年标准判断是否应该剔除。三是计算期内发生了行业变更的,以变更当年为基年,根据 3 年标准判断是否应该剔除。这样处理的原因是公司前后年度处于不同行业,

---

[1] 如 2006 年退市的公司因不满足 3 年指标计算而不被纳入样本之中,但 2007 年退市的公司对 2003 作为基年满足 3 年指标计算,故纳入 2003 年分析但不在 2004 年分析。

无论是按式（14-5）还是按年度市场占有率简单平均计算而得到的平均市场占有率都失去意义。而且经过分析发现，公司变更行业主要是因重大资产重组或资产置换引起的，依赖公司自身经营和财务能力主动进行产业调整的比较少。需要剔除异常公司是本书没有采用竞争力研究中心评价结果的另外一个重要原因。❶

行业选择涉及非竞争性行业和特殊行业的剔除以及行业内样本公司数量不足三个问题。目前对于哪些是竞争比较充分的行业并未有一致的意见。孙兆斌（2006）研究股权集中度与公司技术效率的关系时剔除了所有采掘业（B）、电力煤气及水的生产和供应业（D）、金融保险业（I）、石油化学塑胶塑料业（C4）、石油化工及炼焦业（C41）、黑色金属冶炼及压延业（C65）、有色金属冶炼及压延业（C67）、单纯的B股公司和ST公司以及所有房地产业（J）。❷ 本书在对非竞争性行业的界定方面持稍谨慎的态度，仅剔除了电力、煤气及水的生产和供应业（D）、交通运输和仓储业中的铁路运输业（F01）、管道运输业（F05）、交通运输辅助业（F11）（包括铁路、公路、港口、机场等基础设施）等行业，❸ 这些行业属于典型的市政公用设施或基础设施，而且目前我国的这些行业多呈地区分割现象。金融行业属于特殊行业

---

❶ 例如，前文仔细介绍了赣南果业（深圳：000829）重大资产重组对竞争力评价结果的误导性。

❷ 行业分类代码为中国证监会行业分类指引（2001）。

❸ 行业代码为中国证监会行业分类指引（2001）。单从市场占有率这个指标来将并不需要详细介绍行业选择情况。但实证检验的最后一部分将采用以增长率代替市场占有率来克服行业信息受限的影响，以扩大样本范围对基本检验模型提供稳健性检验。另外，稳健性检验时异常公司的剔除标准为：基年因经营困难导致营业收入为零或很小的公司，发生重大资产重组或资产置换导致增长率失去意义的公司。对于公司利用自身能力和资源主动进行行业升级和产业调整，而不是被动重组并导致控股股东或控制权变更的公司，在以增长率衡量公司核心竞争力时不需要从样本中剔除。

也被剔除。❶ 此外，纯 B 股公司由于资本市场的边缘化也被排除在外。行业选择的最后一个条件是能够计算 3 年平均市场占有率和 ROA 数据的公司不少于 15 家。如果行业内公司数量太少，计算核心竞争力排序等级容易产生较大的偏误。

在计算市场占有率时，本书根据行业分类的具体内容，将证监会行业分类指引转换为国民经济行业分类标准，其对应关系如表 14-3 所示。该对应关系并非全部行业，而是仅包括数据库中可以获取行业营业收入总额的行业。

表 14-3 证监会行业分类（2001）与国民经济行业分类（2002）对应关系

证监会行业代码	国民经济行业代码	行业名称	证监会行业代码	国民经济行业代码	行业名称
B01	B06	煤炭采选业	C47	C28	化学纤维制造业
B03	B07	石油和天然气开采业	C48	C29	橡胶制造业
B05	B08	黑色金属矿采选业	C49	C30	塑料制造业
B07	B09	有色金属矿采选业	C51	C40	电子元器件制造业
B09	B10	非金属矿采选业	C61	C31	非金属矿物制品业
B49	B11	其他矿采选业	C65	C32	黑色金属冶炼及压延工业
C01	C13	食品加工业	C67	C33	有色金属冶炼及压延工业
C03	C14	食品制造业	C69	C34	金属制品业
C05	C15	饮料制造业	C71	C35	普通机械制造业
C11	C17	纺织业	C73	C36	专用设备制造业
C13	C18	服装及其他纤维制品制造业	C75	C37	交通运输设备制造业
C14	C19	皮革、毛皮、羽绒及制品制造业	C76	C39	电器机械及器材制造业
C21	C20	木材加工及竹、藤、棕、草制品业	C78	C41	仪器仪表及文化、办公用机械制造业

---

❶ 剔除金融业除了行业特殊以外，样本量不足（2005 年年底前四大国有银行和交通银行均未登陆 A 股市场）、负债率差异很小也是重要原因。

续表

证监会行业代码	国民经济行业代码	行业名称	证监会行业代码	国民经济行业代码	行业名称
C25	C21	家具制造业	C81	C27	医药制造业
C31	C22	造纸及纸制品业	C85	C27	生物制品业
C35	C23	印刷业	E01	E47	土木工程建筑业
C37	C24	文教体育用品制造业	E05	E49	装修装饰业
C41	C25	石油加工及炼焦业	G81	G40	通信及相关设备制造业
C43	C26	化学原料及化学制品制造业	G83	G40	计算机及相关设备制造业

按照上述标准，本章最终获得的样本数据共2 038个，其中2003年组636个、2004年组703个、2005年组699个，其中在三个年组中均出现的公司有599家。样本分行业情况如表14－4所示。

表14－4　分年分行业样本数量汇总　　　　　　（个）

国民经济行业代码	行业名称	2003年组	2004年组	2005年组	总计	3年均存在公司数量
C13	食品加工业	23	21	20	64	19
C15	饮料制造业	25	25	25	75	25
C17	纺织业	28	37	39	104	27
C18	服装及其他纤维制品制造业	15	18	17	50	13
C22	造纸及纸制品业	20	22	20	62	15
C26	化学原料及化学制品制造业	81	89	86	256	76
C27	医药制造业	73	87	88	248	72
C28	化学纤维制造业	17	17	17	51	16
C30	塑料制造业	0	16	16	32	0
C31	非金属矿物制品业	49	47	47	143	47
C32	黑色金属冶炼及压延加工业	31	30	30	91	29
C33	有色金属冶炼及压延加工业	22	21	21	64	20
C35	普通机械制造业	29	31	33	93	28
C36	专用设备制造业	46	51	49	146	44
C37	交通运输设备制造业	58	62	60	180	55

续表

国民经济行业代码	行业名称	2003年组	2004年组	2005年组	总计	3年均存在公司数量
C39	电器机械及器材制造业	41	44	43	128	38
C40	电子元器件制造业	58	62	64	184	56
E47	土木工程建筑业	20	23	24	67	19
	总计	636	703	699	2038	599

（四）核心竞争力指标的构建结果

样本2004~2006年、2005~2007年和2006~2008年分行业的平均市场占有率和总资产报酬率总体情况分别如表14-5、表14-6和表14-7所示，其中市场占有率为千分数。

表14-5　2004~2006年平均市场占有率和平均总资产报酬率

行业代码	行业名称	样本数量（个）	平均市场占有率				平均总资产报酬率			
			最大值（‰）	最小值（‰）	中位数（‰）	平均值（‰）	最大值（%）	最小值（%）	中位数（%）	平均值（%）
C13	食品加工业	23	12.52	0.10	0.81	1.72	19.30	-14.96	1.63	1.94
C15	饮料制造业	25	32.20	0.15	2.34	5.30	26.73	-8.53	5.45	6.34
C17	纺织业	28	3.98	0.08	0.91	1.15	11.52	-5.96	3.08	2.44
C18	服装及其他纤维制品制造业	15	10.13	0.03	2.60	3.18	8.26	-63.49	0.54	-3.38
C22	造纸及纸制品业	20	23.90	0.07	1.75	3.28	19.92	-22.20	3.38	-0.22
C26	化学原料及化学制品制造业	81	4.06	0.07	0.68	0.84	24.99	-27.70	4.76	4.79
C27	医药制造业	73	27.55	0.01	1.85	3.89	18.16	-27.68	3.97	4.08
C28	化学纤维制造业	17	60.78	0.75	4.13	8.43	8.58	-6.32	2.70	2.42
C31	非金属矿物制品业	49	12.71	0.04	0.66	1.15	11.44	-30.73	1.36	1.21
C32	黑色金属冶炼及压延加工业	31	54.22	0.02	5.27	7.96	22.54	-7.54	8.22	8.19
C33	有色金属冶炼及压延加工业	22	18.95	0.50	3.37	4.78	33.30	-0.27	9.47	10.49
C35	普通机械制造业	29	7.63	0.12	0.70	1.23	13.91	-16.31	3.87	3.04

续表

行业代码	行业名称	样本数量(个)	平均市场占有率 最大值(‰)	平均市场占有率 最小值(‰)	平均市场占有率 中位数(‰)	平均市场占有率 平均值(‰)	平均总资产报酬率 最大值(%)	平均总资产报酬率 最小值(%)	平均总资产报酬率 中位数(%)	平均总资产报酬率 平均值(%)
C36	专用设备制造业	46	19.83	0.08	1.67	2.42	14.84	-22.36	3.99	3.22
C37	交通运输设备制造业	58	12.94	0.03	0.88	1.85	16.99	-17.89	3.12	1.92
C39	电器机械及器材制造业	41	14.77	0.03	0.88	2.07	16.02	-10.96	5.46	4.40
C40	电子元器件制造业	58	8.27	0.00	0.37	0.78	12.53	-36.27	2.43	0.30
E47	土木工程建筑业	20	5.30	0.09	0.50	0.88	15.25	-2.03	3.49	3.68

表14-6 2005~2007年平均市场占有率和平均总资产报酬率

行业代码	行业名称	样本数量(个)	平均市场占有率 最大值(‰)	平均市场占有率 最小值(‰)	平均市场占有率 中位数(‰)	平均市场占有率 平均值(‰)	平均总资产报酬率 最大值(%)	平均总资产报酬率 最小值(%)	平均总资产报酬率 中位数(%)	平均总资产报酬率 平均值(%)
C13	食品加工业	21	12.55	0.15	0.65	1.58	21.56	-3.96	3.03	4.52
C15	饮料制造业	25	29.57	0.19	2.01	4.94	33.16	-17.83	5.29	7.96
C17	纺织业	37	3.51	0.07	0.61	0.91	10.84	-10.03	4.02	3.29
C18	服装及其他纤维制品制造业	18	9.78	0.16	1.63	2.47	14.29	-18.52	3.42	1.64
C22	造纸及纸制品业	22	24.26	0.00	1.68	3.37	10.49	-71.33	3.82	0.19
C26	化学原料及化学制品制造业	89	3.79	0.01	0.51	0.76	29.32	-22.16	6.30	5.98
C27	医药制造业	87	24.50	0.00	1.62	3.16	22.99	-35.73	4.92	5.51
C28	化学纤维制造业	17	51.58	0.75	4.62	7.38	8.49	-24.94	3.20	0.57
C30	塑料制造业	16	7.62	0.44	1.70	2.53	13.13	-13.58	3.81	3.11
C31	非金属矿物制品业	47	12.75	0.09	0.59	1.10	11.99	-13.68	2.15	2.20
C32	黑色金属冶炼及压延加工业	30	57.79	0.00	5.99	8.16	21.63	-9.03	7.26	7.24
C33	有色金属冶炼及压延加工业	21	20.77	0.56	3.08	5.06	25.54	-7.69	11.61	11.39
C35	普通机械制造业	31	3.75	0.07	0.54	0.80	16.43	-14.09	4.55	3.91
C36	专用设备制造业	51	20.87	0.00	1.18	2.22	16.11	-12.22	4.29	4.68
C37	交通运输设备制造业	62	22.63	0.01	0.73	1.79	17.80	-26.04	3.33	1.97
C39	电器机械及器材制造业	44	14.77	0.02	0.73	2.00	17.98	-15.07	5.45	4.19
C40	电子元器件制造业	62	8.03	0.00	0.29	0.66	19.76	-35.27	2.69	0.81
E47	土木工程建筑业	23	5.34	0.07	0.52	0.90	16.88	0.06	3.61	4.09

表 14-7　2006~2008 年平均市场占有率和平均总资产报酬率

行业代码	行业名称	样本数量（个）	平均市场占有率 最大值（‰）	最小值（‰）	中位数（‰）	平均值（‰）	平均总资产报酬率 最大值（%）	最小值（%）	中位数（%）	平均值（%）
C13	食品加工业	20	11.80	0.11	0.52	1.41	22.67	-3.36	3.61	4.59
C15	饮料制造业	25	27.50	0.16	1.98	4.58	37.88	-17.35	6.42	9.53
C17	纺织业	39	2.70	0.05	0.47	0.76	11.83	-11.95	4.18	3.13
C18	服装及其他纤维制品制造业	17	10.66	0.05	1.35	2.41	15.61	-24.35	4.25	1.95
C22	造纸及纸制品业	20	22.86	0.16	2.06	3.64	12.22	-9.08	4.38	3.91
C26	化学原料及化学制品制造业	86	3.19	0.00	0.60	0.76	37.91	-45.52	5.99	6.38
C27	医药制造业	88	23.15	0.00	1.39	2.85	26.28	-56.20	4.76	5.24
C28	化学纤维制造业	17	44.89	0.47	3.39	6.53	6.03	-27.41	0.83	-2.61
C30	塑料制造业	16	7.68	0.29	1.69	2.29	11.15	-26.27	4.40	2.08
C31	非金属矿物制品业	47	12.48	0.08	0.47	1.03	27.87	-12.19	3.70	3.12
C32	黑色金属冶炼及压延加工业	30	51.64	0.00	6.17	7.98	16.48	-12.48	6.03	5.39
C33	有色金属冶炼及压延加工业	21	23.49	0.52	2.81	4.90	22.58	-7.63	9.74	9.88
C35	普通机械制造业	33	3.22	0.04	0.49	0.66	16.87	-10.97	4.01	4.38
C36	专用设备制造业	49	20.32	0.00	1.01	2.27	16.87	-12.23	5.14	5.49
C37	交通运输设备制造业	60	30.15	0.01	0.64	1.86	17.92	-19.08	3.99	3.01
C39	电器机械及器材制造业	43	14.81	0.02	0.67	1.97	18.92	-12.30	5.37	4.12
C40	电子元器件制造业	64	8.86	0.00	0.27	0.60	14.30	-35.42	2.43	1.10
E47	土木工程建筑业	24	5.19	0.06	0.44	0.98	14.95	0.69	3.53	3.85

从表 14-5、14-6 和 14-7 可以发现，以市场占有率衡量我国制造业上市公司的规模仍然偏小，这一点与金碚等（2007）得出的结论一致。具体而言，3 年平均市场占有率达到 1% 的公司占样本比例不足 5%，超过 50% 的公司市场占有率在 0.1% 以下，超过 80% 的公司市场占有率在 0.5% 以下。3 年平均市场占有率超过 5% 的公司仅出现在化纤业和钢铁行业，而且仅有一家公司，仪征化纤（000871）分别为 6.08%、5.16% 和 4.49%，呈明显下降趋势；宝钢股份（600019）分

别为 5.42%、5.78% 和 5.16%。样本公司规模的分段统计指标如图 14-5 所示。

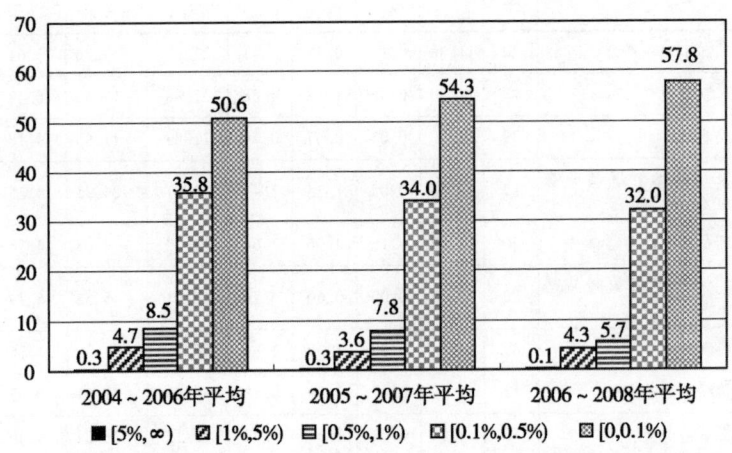

图 14-5 3 年平均市场占有率分布状况（%）

从持续盈利能力来看，3 年平均 ROA（不含非经常性损益）达到或超过 5% 的约占样本的 40%❶，其中平均 ROA 超过 10% 的仅约占 15%，低于 0 的约占 20%。在三组数据中都存在的 599 家公司构成的面板数据中，48 家公司的 3 年平均 ROA（扣除非经常性损益）持续在 10% 以上，占 8.01%；18 家公司在 15% 以上，占 3.0%；6 家公司在 20% 以上，占 1.0%。❷ 这反映出上市公司的持续盈利能力虽然呈现逐步改善的趋势，但问题仍然比较严峻。样本公司持续盈利能力的分段统计指标如图 14-6 所示。

---

❶ 如果按照央行发布的金融机构贷款基准利率作为参照，2002~2008 年 6 个月至 1 年期基准贷款利率在 5.31%~7.47% 之间，即使按照下浮 10% 的优惠利率计算（4.78%~6.72%），将近 6 成的企业经常性 ROA 都在这个指标以下。由此可见我国上市公司持续盈利能力问题的严峻性。

❷ 这 6 家公司分别为贵州茅台（600519）、山西汾酒（600809）、盐湖钾肥（000792）、烟台万华（600309）、新安股份（600596）和江西铜业（600362）。

442

第十四章 财务结构对核心竞争力影响的实证分析

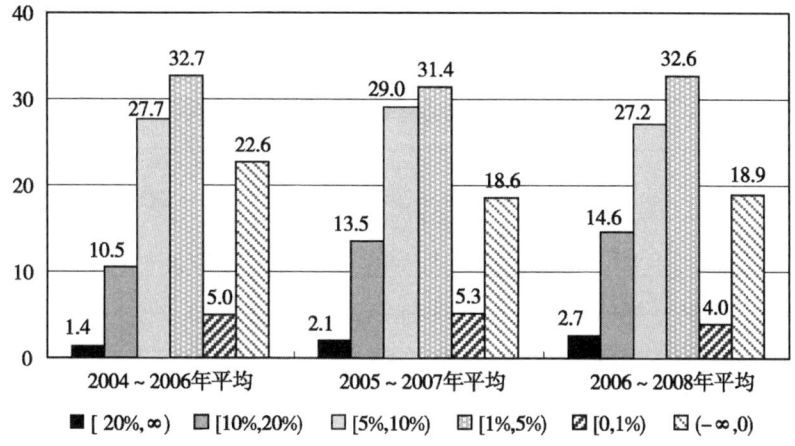

图 14-6　3 年平均 ROA 分布状况（%）

图 14-7 反映样本公司核心竞争力排序等级的分布状况。

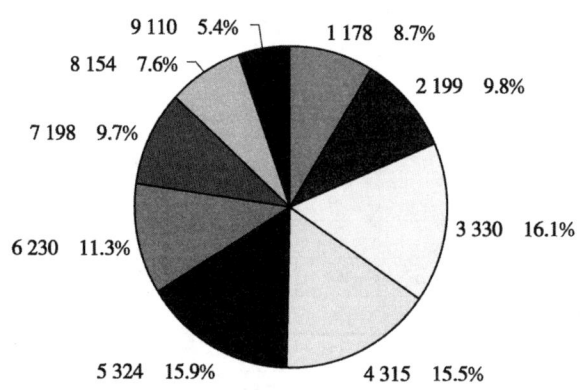

图 14-7　样本公司竞争力排序等级分布

表 14-8 是对分行业各年进入核心竞争力排序前 20% 的公司在 3 年中上榜次数的统计。从表中可以发现，进入排序前 20% 的公司中，超过一半的公司连续 3 年上榜，两次进入和仅一次进入的各约占 25%。有色金属（C33）、化学原料与制品（C26）、医药（C27）、纺织（C17）和普通机械（C35）等五个行业公司核心竞争力排序变化比较大，而电器（C39）、交通运输设备（C37）、黑色金属（C32）、非金

属矿物（C31）、造纸（C22）和食品加工（C13）等六个行业公司核心竞争力排序状况比较稳定。

表14-8 分行业核心竞争力前20%公司的稳定性

行业代码	行业名称	排名前20%数量（家）	进入前20%的公司数量（家）	3次连续进入前20%的比例（%）	2次进入前20%的比例（%）	1次进入前20%的比例（%）
C13	食品加工业	12	5	60.0	20.0	20.0
C15	饮料制造业	15	7	57.1	28.6	14.3
C17	纺织业	21	9	44.4	44.4	11.1
C18	服装及其他纤维制品制造业	9	4	50.0	25.0	25.0
C22	造纸及纸制品业	12	5	60.0	20.0	20.0
C26	化学原料及化学制品制造业	51	24	41.7	29.2	29.2
C27	医药制造业	51	24	41.7	29.2	29.2
C28	化学纤维制造业	9	4	50.0	25.0	25.0
C30	塑料制造业（2年数据）	6	3	—	100.0	0.0
C31	非金属矿物制品业	30	12	66.7	16.7	16.7
C32	黑色金属冶炼及压延加工业	18	7	71.4	14.3	14.3
C33	有色金属冶炼及压延加工业	12	7	28.6	14.3	57.1
C35	普通机械制造业	18	9	44.4	11.1	44.4
C36	专用设备制造业	30	13	53.8	23.1	23.1
C37	交通运输设备制造业	36	14	78.6	0.0	21.4
C39	电器机械及器材制造业	27	10	80.0	10.0	10.0
C40	电子元器件制造业	36	16	50.0	25.0	25.0
E47	土木工程建筑业	12	8	—	50.0	50.0
合计		405	181	51.9	22.7	25.4

四、财务结构对核心竞争力影响的实证检验

前文分析了财务结构影响企业核心竞争力的四个假设：控股股东持股比例、股东独立性与公司核心竞争力呈正相关关系，管理层和员工持股比例与公司核心竞争力呈先增后减的倒U型关系，较高的债务水平与公司核心竞争力呈负相关关系。此处再以2003~2008年我国

沪、深上市公司为样本对上述假设进行检验，并运用其他方法构建核心竞争力指标进行稳健性检验。

（一）描述性统计

样本总数 2 038 个，涵盖 18 个行业（按国民经济行业分类标准 2002），样本的因变量核心竞争力（COMP）、解释变量控股股东持股比例（CRSH）、管理层持股比例（MESH）、股东独立性（LNSHID，即股东占用资金的自然对数代替）、资产负债率（LEV）、金融负债对资本比率（FDCA）、过度负债（OLEV，虚拟变量）、控制变量公司规模（LNASSET，即总资产的自然对数）、公司年限（LNAGE，即股份公司年限的自然对数）和公司所处区域（REGION，虚拟变量）的描述性统计。

1. 主要变量的描述性统计

表 14-9 是对样本的均值、标准差、最大值、最小值和中位数的描述性统计。从该表可以发现，首先，自变量控股股东持股比例、股东资金占用、金融负债对资本比率、公司规模和公司年限等五个指标的均值与中位数比较接近，而且最大值与均值的比例在 1.5~5.2 倍之间。其次，管理层持股比例的中位数竟然为 0，而且最大值是均值的 56.9 倍，表示样本中除少数公司以外，其他公司管理层持股均处于较低水平。最后，资产负债率尽管中位数与均值比较接近，但最大值达到了 16.33，是均值的 30.3 倍，显示出部分样本存在严重的资不抵债状况。

表 14-9 全部样本描述性统计指标

变量 指标	COMP	CRSH	MESH	LNSHID	LEV	FDCA	OLEV	LNASSET	LNAGE	REGION
均值	4.629	0.433	0.013	1.961	0.539	0.394	0.493	7.346	2.075	0.245
标准差	2.233	0.163	0.072	2.124	0.597	0.202	0.500	0.938	0.412	0.430
最小值	1	0.06	0	0	0	0	0	3.6	0.69	0
最大值	9	0.85	0.74	10.13	16.33	0.849	1	11.86	3.22	1
中位数	4	0.43	0	1.295	0.5	0.408	0	7.29	2.08	0

表 14-10 将自变量按从小到大的顺序，以样本总数量的 10% 分位为标准来观察样本值，并增加 5%、95% 和 99% 三个分位来考察极端值的状况。

表 14-10　自变量详细分布状况

累计比例	CRSH	MESH	LEV	FDCA	LNSHID	LNASSET	LNAGE	OLEV	REGION
最小值	0.0614	0.0000	0.0000	0.0000	0.0000	3.5965	0.6931	0	0
5%	0.1909	0.0000	0.1811	0.0232	0.0000	5.9208	1.3863	0	0
10%	0.2292	0.0000	0.2435	0.0969	0.0000	6.2183	1.6094	0	0
20%	0.2800	0.0000	0.3337	0.2022	0.0000	6.5607	1.6094	0	0
30%	0.2998	0.0000	0.3992	0.2895	0.0000	6.8473	1.7918	0	0
40%	0.3680	0.0000	0.4524	0.3486	0.0000	7.0892	1.9459	0	0
50%	0.4282	0.0000	0.5046	0.4092	1.2931	7.2918	2.0794	0	0
60%	0.4800	0.0001	0.5452	0.4594	2.3893	7.5277	2.3026	1	0
70%	0.5427	0.0002	0.5964	0.5174	3.2686	7.7499	2.3979	1	0
80%	0.5924	0.0003	0.6472	0.5721	4.1054	8.1103	2.4849	1	1
90%	0.6599	0.0010	0.7118	0.6590	5.1244	8.5083	2.4849	1	1
95%	0.7000	0.0233	0.8016	0.7072	5.7410	8.9944	2.6391	1	1
99%	0.7500	0.4511	1.6907	0.7876	6.9520	9.7164	2.8332	1	1
最大值	0.8500	0.7426	16.3291	0.8488	10.1344	11.8638	3.2189	1	1

从表 14-10 可以发现，控股股东持股比例在 20%~75% 之间的占了 90% 以上，有超过 30% 的公司存在绝对控股股东（持股比例超过 50%）。管理层持股比例达到万分之一的公司仅占样本总数的 39%，持股比例达到 1% 的仅占 5.4%，持股比例超过 5% 的公司数目不到样本总数的 5%。约半数的公司资产负债率在 50% 附近或以下，70% 的公司资产负债率低于 60%，资产负债率高于 100% 的公司不到样本的 5%。以金融负债（包括银行借款、银行票据、应付债券）对资本比率（金融负债/金融负债与股本及资本公积之和）度量的负债程度分布则要比资产负债率收敛，约 70% 的样本公司金融负债小于或等于股本与资本公积之和，没有公司出现负债率大于 85% 的情况。约 60% 的公司

存在股东占用上市公司资金的情况。处于经济发达地区的公司（499家次）约占样本总数的25%。

资产负债率超过100%和管理层持股比例超过5%的极端值分布状况如表14-11所示。与总样本相比，资产负债率超过100%的公司控股股东持股比例、管理层持股比例、公司规模等变量的均值都明显要小，而股东占用资金、金融负债对资本比率和公司年限的均值明显要大，核心竞争力排序也显著较低。显然这些负债程度过高的样本与较低核心竞争力相关。对于管理层持股比例超过5%的样本而言，控股股东持股比例、股东占用资金、资产负债率、金融负债对资本比率、资产规模和公司年限等变量的均值都要小于总样本，核心竞争力排序均值略高于总样本。

表14-11 资产负债率和管理层持股比例极端值状况

类别	变量	COMP	CRSH	MESH	LNSHID	LEV	FDCA	OLEV	LNASSET	LNAGE	REGION
LEV>1 N=45	均值	2.78	0.3047	0.0001	3.2173	2.8347	0.4627	1	5.8722	2.4484	0.33
	中位数	3	0.2900	0.0000	3.7100	1.6300	0.4764	1	6.0500	2.4800	0
	最小值	1	0.1300	0.0000	0.0000	1.0300	0.0991	1	3.6000	1.7900	0
	最大值	7	0.7000	0.0005	7.0200	16.3300	0.7722	1	8.6000	2.8900	1
MESH> 0.05 N=86	均值	4.72	0.2786	0.3068	0.3494	0.3867	0.3206	0.27	6.7114	1.6559	0.21
	中位数	5	0.2700	0.2945	0.0000	0.4050	0.3443	0	6.6700	1.6100	0
	最小值	1	0.0600	0.0536	0.0000	0.0000	0.0600	0	5.6900	0.6900	0
	最大值	9	0.6400	0.7426	3.2300	0.7947	0.7800	1	8.6000	2.5600	1

2. 核心竞争力与自变量相关性的图示分析

表14-12以竞争力排序等级为依据将样本公司划分为9组，对各自变量的均值和标准差进行了分析，图14-8至图14-11以核心竞争

力等级为横轴对因变量与自变量之间的关系进行了描述。❶

表14-12 按竞争力等级分组的样本财务结构与控制变量的描述性统计ª

COMP	CRSH	MESH	LNSHID	LEV	FDCA	OLEV	LNASSET	LNAGE	REGION
1	0.364 (0.149)	0.002 (0.021)	2.525 (2.256)	0.745 (0.762)	0.417 (0.193)	0.663 (0.474)	6.688 (0.832)	2.257 (0.405)	0.208 (0.407)
2	0.424 (0.149)	0.007 (0.040)	1.995 (2.142)	0.537 (0.438)	0.368 (0.193)	0.472 (0.500)	6.939 (0.714)	2.073 (0.412)	0.241 (0.429)
3	0.405 (0.152)	0.012 (0.067)	1.894 (1.983)	0.491 (0.387)	0.351 (0.194)	0.406 (0.492)	6.802 (0.667)	2.105 (0.412)	0.230 (0.422)
4	0.430 (0.158)	0.012 (0.069)	1.980 (2.124)	0.515 (0.307)	0.389 (0.187)	0.511 (0.501)	7.123 (0.734)	2.059 (0.420)	0.181 (0.386)
5	0.440 (0.170)	0.033 (0.111)	1.715 (2.087)	0.567 (1.217)	0.367 (0.203)	0.407 (0.492)	7.314 (0.842)	1.949 (0.424)	0.265 (0.442)
6	0.444 (0.166)	0.014 (0.077)	1.818 (2.100)	0.503 (0.177)	0.427 (0.214)	0.526 (0.500)	7.648 (0.793)	2.092 (0.389)	0.230 (0.422)
7	0.490 (0.152)	0.009 (0.067)	2.047 (2.145)	0.520 (0.157)	0.448 (0.192)	0.566 (0.497)	8.005 (0.745)	2.091 (0.393)	0.348 (0.478)
8	0.467 (0.177)	0.007 (0.056)	2.083 (2.103)	0.518 (0.142)	0.457 (0.198)	0.571 (0.496)	8.235 (0.777)	2.054 (0.390)	0.292 (0.456)
9	0.466 (0.178)	0.009 (0.062)	1.824 (2.315)	0.471 (0.158)	0.372 (0.144)	0.400 (0.492)	8.442 (0.923)	2.074 (0.365)	0.255 (0.438)

注：a：统计指标为均值，( )内为标准差。

从表14-12和图14-9~图14-11可以发现：

（1）控股股东持股比例（CRSH）的均值与核心竞争力（COMP）呈现正相关关系，达到最高值（0.490）时核心竞争力等级为7，此后虽然控股股东持股比例略有下降但核心竞争力等级仍在上升。

（2）管理层持股比例（MESH）的均值与核心竞争力关系比较复

---

❶ 理论上说应当以自变量为横轴、以因变量为纵轴来作图，但是由于因变量是取值有限的离散变量，而自变量取值范围和量纲差别比较大，从而导致作出的图形趋势并不明显。如果自变量和因变量存在单调关系，横轴与纵轴的改变可能会导致图形的斜率发生变化，但并不改变图形的单调递增或递减关系。因此，以因变量为横轴、自变量为纵轴的图形可以反映核心竞争力与自变量之间存在的单调关系。对于不存在单调关系的将补充散点图以观察趋势。

第十四章 财务结构对核心竞争力影响的实证分析

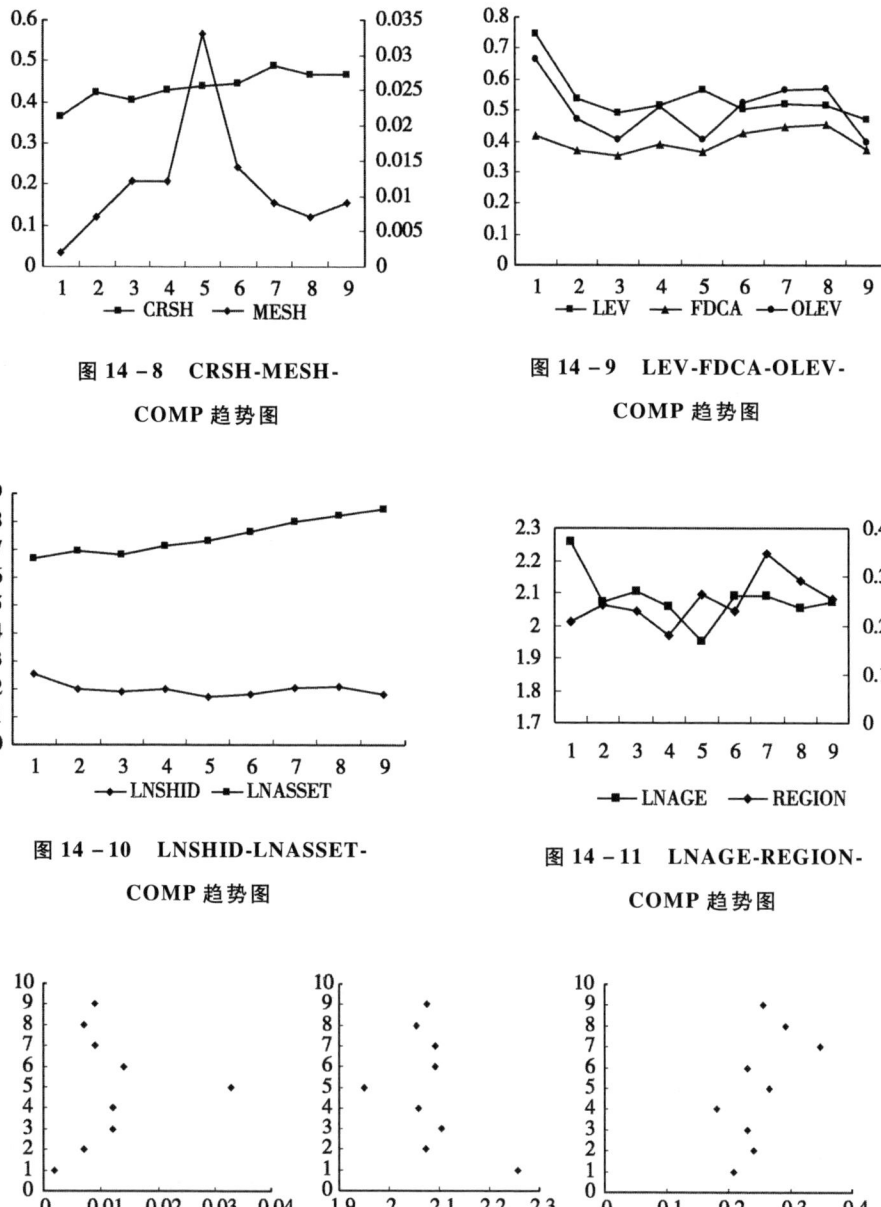

图 14-8 CRSH-MESH-COMP 趋势图

图 14-9 LEV-FDCA-OLEV-COMP 趋势图

图 14-10 LNSHID-LNASSET-COMP 趋势图

图 14-11 LNAGE-REGION-COMP 趋势图

图 14-12 MESH-LNAGE-REGION-COMP 散点图

杂，较低的管理层持股比例对应较低和较高两种核心竞争力状态，而较高的管理层持股比例对应中等核心竞争力，如图 14-12 所示。然而从均值来看，管理层持股比例远未达到一些研究认为的 5% 的界限。

（3）核心竞争力上升的趋势与股东占用资金（LNSHID）下降趋势相联系。

（4）核心竞争力随资产负债率（LEV）、金融负债对资本比率（FDCA）和过度负债（OLEV）三个度量指标均值的下降而上升。核心竞争力从最低等级上升时负债率出现大幅度下降，在中等程度核心竞争力范围内负债程度变化不明显，核心竞争力由 8 级上升为 9 级时负债程度再一次出现显著下降。

（5）核心竞争力与随公司规模（LNASSET）增大而上升的趋势非常显著。

（6）核心竞争力与企业年限（LNAGE）、企业所处区域（REGION）的关系不明显。在图 4-12 所示的散点图中，企业年限与核心竞争力的关系仍不清晰，而区域与核心竞争力则呈现正相关趋势。

3. 皮尔逊（Pearson）及斯皮尔曼（Spearman）相关性分析

表 14-13 是各变量之间的皮尔逊和斯皮尔曼相关系数矩阵。第一，控股股东持股比例、公司规模和所处区域都在 1% 的水平上与核心竞争力显著正相关，并且这几个变量在皮尔逊和斯皮尔曼检验中的系数都非常接近，其中公司规模与核心竞争力之间的相关系数达到了 0.55。这表明控股股东、公司规模和公司所处区域与核心竞争力的正相关关系比较稳定。第二，趋势图分析中与核心竞争力关系不清晰的公司年限在皮尔逊和斯皮尔曼相关系数检验中都表现出显著的负相关关系（1% 水平），并且两个检验的系数比较接近。第三，管理层持股比例与核心竞争力相关系数为正，但仅斯皮尔曼检验系数在 1% 水平上显著。第四，对于度量负债的三个变量，金融负债对资本比率与核心竞争力在两个检验中都表现出显著正相关关系（1% 水平）；资产负债率与核心竞争力在两个检验中虽然都表现为负相关关系，但仅皮尔逊

检验系数显著（1%水平）；过度负债则在两个检验中都不显著。度量负债程度的两个指标都具有显著影响，但方向不一致，这与前面趋势图分析的结果不一致。第五，股东占用资金虽然系数为负但都不显著。

因变量与自变量之间的上述相关性检验是在单变量基础上进行的，并未控制其他变量，因此上述初步推断尚需经进一步的回归分析检验。此外，表 14-13 也显示，除了度量负债的三个指标之间，自变量之间相关性最强的分别为公司规模与金融负债对资本比率（0.3577）、控股股东持股比例与公司年限（-0.3477）。回归分析不会在一个模型中同时使用两个或两个以上负债变量，因此受自变量多重共线性的影响会比较小。❶

（二）Ordered Probit 模型分析

1. 模型回归结果

表 14-14 是以核心竞争力排序等级（COMP）为被解释变量的顺序概率单位（Ordered Probit）回归分析实证检验结果。回归分析包括 6 个模型，所有模型的控制变量都一样，差别在于应用了不同的解释变量。模型 1 是基本检验模型，解释变量包括控股股东持股比例（CRSH）、管理层持股比例（MESH）、管理层持股比例的平方（MESHSQ）、股东占用资金（LNSHID）和金融负债对资本比率（FDCA）。模型 2 在模型 1 的基础上去掉了管理层持股比例的平方（MESHSQ），模型 3 和模型 4 分别在模型 2 的基础上将金融负债对资本比率（FDCA）替换为资产负债率（LEV）和过度负债（OLEV）。模型 5 和模型 6 的目的是检验控股股东持股比例是否会存在先增后减的倒 U 型关系。模型 5 在模型 1 的基础上增加了控股股东持股比例平方

---

❶ 设计自变量的过程中也考虑了第二至第五大股东持股比例这个变量，但与控股股东持股比例这个变量的皮尔逊和斯皮尔曼相关系数分别达到了 -0.69 和 -0.72，显示二者高度负相关，并且在回归分析中也不具备统计显著性，因此该变量没有纳入到模型之中。

表 14-13　各变量的皮尔逊和斯皮尔曼相关系数矩阵[a][b]

变量	COMP	CRSH	MESH	LNSHID	FDCA	LEV	OLEV	LNASSET	LNAGE	REGION
COMP		.1771**	.0723**	-.0425	.0957**	-.0294	-.0065	.5552**	-.0793**	.0631**
CRSH	.1746**		-.1611**	.1944**	-.0446*	-.0924**	-.0689**	.2291**	-.3437**	-.0294
MESH	.0217	-.1882**		-.0706**	.0507*	-.0502*	-.0475*	.0606**	.2140**	-.0044
LNSHID	-.0400	.1854**	-.1414**		.0525*	.1570**	.1176**	.2019**	.0434*	-.0081
FDCA	.0835**	-.0494*	-.0652**	.0534		.7449**	.6224**	.3577**	.1420**	-.0434*
LEV	-.0597**	-.1007*	-.044*	.0787**	.2611**		.8078**	.1900**	.2292**	.0314
OLEV	-.0112	-.068**	-.0841**	.1188**	.6074**	.3054**		.1517**	.1509**	.0027
LNASSET	.5540**	.2466**	-.1087**	.2095**	.3179**	-.1350**	.1178**		.0162	.0243
LNAGE	-.0762**	-.3109**	-.1932**	.0725**	.1604**	.1464**	.1566**	.0113		.0480*
REGION	.0624**	-.0255	.0103	.0007	-.0411	.0767**	.0027	.0239	.0352	

注：
a：左下半部分为皮尔逊相关系数，右上半部分为斯皮尔曼相关系数。
b：系数上标 * 代表 5% 的显著水平，** 代表 1% 的显著水平（双尾检验）。

(CRSHSQ)，模型 6 则在模型 5 的基础上减少了管理层持股比例平方（MESHSQ）。

模型 1 是根据前文提出的四个假设而设计。变量 CRSH 的系数为正而且在 1% 的水平上显著，假设 1 "控股股东持股比例与公司核心竞争力正相关"获得支持。变量 LNSHID 的系数为负而且在 0.1% 水平上显著，假设 2 "股东独立性与公司核心竞争力正相关"获得支持。变量 MESH 的系数为正且在 5% 的水平上显著，虽然 MESHSQ 的系数为负，但在 5% 的水平上不显著（实际 P 值为 0.143，即在 10% 水平上仍不显著），因此，不能认为管理层持股与公司核心竞争力存在倒 U 型关系，即假设 3 "管理层和员工持股水平与公司核心竞争力呈先增后减的倒 U 型关系"没有获得支持。变量 FDCA 的系数为负而且在 0.1% 水平上显著，因此，假设 4 "较高的债务水平与公司核心竞争力呈负相关关系"获得支持。控制变量中的公司规模系数为正而且在 0.1% 水平上显著，公司所处区域系数为正并在 5% 水平上显著，这两个控制变量符号与预期相同。公司年限系数为负但不显著。

由于模型 1 中管理层持股的倒 U 型关系没有获得支持，因此，模型 2 去掉了解释变量管理层持股比例平方（MESHSQ）。其结果与模型 1 的主要差异在于两点：变量管理层持股比例（MESH）的系数大幅度降低但显著性水平由 5% 上升到 0.1%，公司年限（LNAGE）的负向作用在 5% 水平上显著。其他变量无论在系数大小还是显著性水平都没有较大的变化，整个模型的 Pseudo R^2 也仅下降了 0.2%。

模型 3 在模型 2 的基础上将金融负债对资本比率（FDCA）替换为资产负债率。与模型 2 相比，公司年限（LNAGE）的显著性水平上升到 1%，管理层持股比例（MESH）和公司年限（LNAGE）的系数绝对值都有所增大，其他变量的系数和显著性水平变化都不大。但是资产负债率（LEV）的系数为正而且在 5% 的水平上显著，这与假设 3 不符。模型 3 的 Pseudo R^2 较模型 2 下降 3%。

表 14-14　财务结构对核心竞争力影响的回归分析（Ordered Probit 模型）[a]

变量	预计符号	模型1	模型2	模型3	模型4	模型5	模型6
CRSH	+	0.4508	0.4271	0.5146	0.4602	-0.0228	-0.1305
	—	(2.814**)	(2.679**)	(3.239**)	(2.891**)	(-0.0293)	(-0.1681)
CRSHSQ	?	—	—	—	—	0.5347	0.6304
	—	—	—	—	—	(0.6206)	(0.7340)
MESH	+	2.6550	1.1183	1.1760	1.1020	2.5830	1.0939
	—	(2.411*)	(3.380***)	(3.554***)	(3.328***)	(2.332*)	(3.289**)
MESHSQ	—	-3.0990	—	—	—	-2.9950	—
	—	(-1.463)	—	—	—	(-1.409)	—
LNSHID	—	-0.0983	-0.0988	-0.0999	-0.0942	-0.0981	-0.0986
	—	(-8.663***)	(-8.719***)	(-8.776***)	(-8.283***)	(-8.648***)	(-8.699***)
FDCA	—	-0.6364	-0.6396	—	—	-0.6377	-0.6410
	—	(-5.211***)	(-5.239***)	—	—	(-5.22***)	(-5.249***)
LEV	—	—	—	0.0797	—	—	—
	—	—	—	(2.015*)	—	—	—
OLEV	—	—	—	—	-0.1518	—	—
	—	—	—	—	(-3.244**)	—	—
LNASSET	+	0.8317	0.8292	0.7835	0.7869	0.8308	0.8282
	—	(27.07***)	(27.04***)	(26.93***)	(27.09***)	(27.01***)	(26.98***)
LNAGE	?	-0.1112	-0.1201	-0.169	-0.1375	-0.1097	-0.1180
	—	(-1.8070)	(-1.961*)	(-2.764**)	(-2.251*)	(-1.7810)	(-1.9240)
REGION	+	0.1268	0.1249	0.1336	0.1403	0.1266	0.1247
	—	(2.385*)	(2.350*)	(2.515*)	(2.646**)	(2.381*)	(2.347*)
Cut1	—	4.018***	3.964***	3.871***	3.828***	3.923***	3.855***
Cut2	—	4.552***	4.499***	4.399***	4.361***	4.457***	4.389***
Cut3	—	5.152***	5.098***	4.996***	4.959***	5.057***	4.988***
Cut4	—	5.655***	5.601***	5.498***	5.460***	5.560***	5.491***
Cut5	—	6.187***	6.132***	6.029***	5.990***	6.092***	6.023***
Cut6	—	6.628***	6.573***	6.469***	6.429***	6.533***	6.464***
Cut7	—	7.120***	7.066***	6.959***	6.919***	7.026***	6.957***
Cut8	—	7.724***	7.669***	7.554***	7.516***	7.630***	7.561***
LR Chi2	—	872.9***	870.7***	847.3***	853.8***	873.2***	871.3
Pseudo R2	—	0.1	0.0998	0.0971	0.0978	0.1001	0.0998
观察值	—	2038	2038	2038	2038	2038	2038

注：a：()内为t值，上标 *、** 和 *** 分别代表达到5%、1%和0.1%的显著水平。

模型 4 在模型 2 的基础上将金融负债对资本比率（FDCA）替换为过度负债（OLEV）这个虚拟变量。与模型 2 相比，其他变量主要是公司所在区域（REGION）显著性水平上升到 1%，过度负债（OLEV）的系数仍然为负而且在 1% 水平上显著。模型 4 的结果与模型 2 保持一致，Pseudo R^2 下降约 2%。

模型 5 和模型 6 是为了检验控股股东持股是否会存在倒 U 型关系而设计。在模型 5 中包含了控股股东持股比例平方（CRSHSQ）和管理层持股比例平方（MESHSQ）两个变量。但是这两个变量以及控股股东持股比例（CRSH）的影响都不显著。模型 1~4 表明管理层持股比例平方（MESHSQ）这个变量的影响不显著，因此模型 6 去掉了这个变量，但控股股东持股比例及其平方这两个变量的影响仍然在统计上不具有显著性，无法拒绝系数为零的备择假设。

模型 1~6 的回归结果还表明，对潜变量 y^* 在 1~9 之间取值分界点 k_i 的估计值（表 14-14 中间部分 Cut1~Cut8）都在 0.1% 的水平上显著，表示对样本公司核心竞争力排序等级的区分在统计上具有显著性。

2. 回归结果的进一步分析

对于表 14-14 的 6 个回归模型结果可以从以下 5 个方面来解读。

（1）控股股东持股比例、公司规模和公司处于经济发达地区与公司核心竞争力显著正相关，股东缺乏独立性与公司核心竞争力显著负相关。

（2）公司规模对核心竞争力的影响在统计和经济上都存在非常显著的作用。图 14-10 反映出公司规模与核心竞争力明显的正相关趋势，皮尔逊和斯皮尔曼相关性检验中二者的相关系数都在 1% 的显著性水平上达到了 0.55，表 14-14 的六个模型中公司规模的系数变化很小（最大变化幅度不超过 6%），并且统计显著性水平非常之高，基本不受模型中其他变量增减的影响。公司规模的强势影响与核心竞争力指标的构建方式有较大的关系。一般而言，对于制造业来说，市场占有率高的公司规模都相对较大。即使剔除核心竞争力构建时运用的市场占有率这个规模指标，公司资产规模对核心竞争力仍然具有显著的正向作用，这一点将在本章第三节的稳健性检验中发现。

（3）模型1和模型5反映了管理层持股的倒U型关系趋势，尽管这个趋势在统计上并不显著。从描述性统计指标来看，管理层没有持股的占样本的36.4%，持股并达到1%的占58.2%，持股在1%~5%之间的占1.2%，高于5%的仅占4.2%。样本公司股权结构最近的日期是2005年12月31日。2005年5月中国证券市场启动了股权分置改革试点，同年11月中国证监会发布了《上市公司股权激励规范意见（试行）》，2005年后中小板的发展（2005~2009年上市家数分别为50、102、202、273和327），以及2009年创业板的推出，管理层持股的范围和比例预计将会上升。这将为检验管理层持股对核心竞争力的影响是否会存在先增后减的倒U型关系提供了机会。

（4）公司年限与核心竞争力呈负相关关系。从核心竞争力的学习、积累和惯例化以及企业文化的沉淀来看，较长的企业年限应当具有积极的促进作用。企业平均寿命的统计研究也证明了这一点。但是中国证券市场发展过程中的特殊性却导致样本会存在一定的系统性偏误。随着人们对证券市场作用认识的逐步演进，不同时期上市公司的自身质量会存在显著差异。证券市场建立之初上市企业以股份制改革试点公司为主，关系国计民生的重点企业并未上市或者只是部分上市，20世纪90年代中后期的上市条件变化到为国有企业脱贫解困服务，公司上市是作为指标分配到省、市、区和各部门。同时期的一些重点国有企业和优质民营企业纷纷走向海外上市。2001年以后上市条件逐步向市场化转变，鼓励境外上市优质企业回归A股以及推动企业整体上市等政策对同期上市公司质量存在重大影响。此外，我国证券市场退市制度不严格导致的壳资源现象也会影响年限与核心竞争力之间的关系。

（5）关于负债的作用。相关性分析发现核心竞争力与资产负债率（LEV）负相关，与金融负债对资本比率正相关。但表14-14中的模型3发现资产负债率与核心竞争力在5%水平上正相关，而其他模型都显示金融负债对资本比率与核心竞争力在0.1%水平上负相关。相关性分析是对两个变量关系的简单分析,并未考虑其他变量的影响,而多元回归分析结果是控制了其他因素影响之后得出的。因此,资产负债率系数与其他两个负债变量系数的不同方向,有可能是资产负债率极端值的影响。描述性统计反映资产负债率超过100%的样本有45家,其中最大值是1633%。为了消除负债率极端值的影响,此处采用两种方法。一是对位于极端1%的变量值予以温赛化处理(Winsorized)方法,即用1%分位值代替1%分位以下值以及用99%分位值代替99%分位以上值,共38个,其中低于1%的18个,高于99%的20个。二是剔除资产负债率大于100%的样本,共45个。对极端值按上述方法处理后的回归模型分别为模型7和模型8,如表14-15所示。

表14-15 对资产负债率极端值处理后的Ordered Probit回归结果[a]

变量	CRSH	MESH	LNSHID	WLEV	LEV	LNASSET	LNAGE	REGION	obs	Pseudo R2	LR chi2
模型7	0.445 ***	1.000 ****	-0.091 ***	-0.365 ****	—	0.777 ****	-0.120 *	0.148 ***	2038	0.098	855.2
模型8	0.422 ***	1.102 ****	-0.096 ***	—	-0.895 ***	0.844 ****	-0.105 *	0.148 ***	1993	0.100	852.7

注:a,WLEV是以1%对LEV进行温赛化后的变量;上标 *、**、***、**** 分别代表在10%、5%、1%和0.1%水平上显著;两个模型的潜变量分界点Cut1~Cut8均在0.1%水平上显著,未列示在表中。

表14-15表明,与模型3相比,处理了极端值之后的资产负债率(LEV)与公司核心竞争力在0.1%水平上显著负相关,其余变量的影响除公司年限(LNAGE)的显著性水平由5%下降到10%以外都没有重大变化,模型总体解释水平略有上升。因此,总的来看,负债程度度量的三个指标都对假设4"较高的债务水平与公司核心竞争力呈负相关关系"表示了支持。

(三)回归系数解读

Ordered Probit模型回归的系数不能像OLS回归结果那样直接解读,必须进行相应的转换才能够解读。表14-16~14-19是基于表14-15

中模型 2 的自变量回归系数进行的分析。

表 14 - 16 的标准化系数可以解读自变量 X 对潜变量 y^* 的边际影响。控股股东持股比例（CRSH）、管理层持股比例（MESH）、资产规模（LNASSET）和公司所处区域对公司核心竞争力的边际影响为正，而股东独立性（LNSHID）、金融负债对资本比率（FDCA）和公司年限（LNAGE）的边际影响为负。边际影响的具体计算如表 14 - 17 所示。

表 14 - 16　回归模型 2 自变量系数的标准化[a]

COMP	b	z	P > z	bStdX	bStdY	bStdXY	SdofX
CRSH	0.4271	2.679	0.007	0.0698	0.3404	0.0556	0.1634
MESH	1.1180	3.380	0.001	0.0809	0.8914	0.0645	0.0724
LNSHID	-0.0988	-8.719	0.000	-0.2099	-0.0788	-0.1673	2.1241
FDCA	-0.6396	-5.239	0.000	-0.1293	-0.5099	-0.1031	0.2022
LNASSET	0.8292	27.039	0.000	0.7775	0.6609	0.6197	0.9377
LNAGE	-0.1201	-1.961	0.050	-0.0495	-0.0957	-0.0395	0.4125
REGION	0.1249	2.350	0.019	0.0537	0.0995	0.0428	0.4301

注：a，表中 bStdX = x 标准化系数，bStdY = y 标准化系数，bStdXY = 完整标准化系数，SDofX = X 的标准差。

由于无法获得潜变量核心竞争力的实际值，因此在表 4 - 8 中各自变量对潜变量 y^* 的边际影响以 y^* 的标准差来度量。保持其他变量恒定，自变量增加一个标准差对核心竞争力经济上的绝对影响，从高到低分别是公司规模、股东独立性、负债程度、管理层持股比例、控股股东持股比例以及公司年限。公司所处区域（REGION）是一个二值变量，其边际影响是指处于经济发达地区与其他地区导致的核心竞争力差异。控股股东持股比例和管理层持股比例具有相同的量纲，因此还可以比较单位变化的边际影响差异。尽管二者各自变化一个标准差对潜变量的边际影响仅存在 16% 的差异，但是控股股东持股比例的标准差却是管理层持股比例标准差的 2.26 倍。因此可以发现对于持股比例的单位变化，管理层持股对核心竞争力的边际影响要比控股股东持股大。

表 14 - 18 和 14 - 19 分析了自变量对因变量核心竞争力排序等级

(COMP) 概率的边际影响。表 14-19 反映了在其余变量取均值条件下某个自变量对核心竞争力处于 1~9 级的概率的边际影响。随控股股东持股比例、管理层持股比例、公司规模的上升,以及公司所处区域由一般地区变为经济发达地区,核心竞争力处于 1~4 级的概率下降,处于 5~9 级的概率上升,股东占用资金、负债程度和企业年限的影响则刚好相反。

表 14-17 自变量对潜变量的边际影响效果

自变量	边际变化	边际变化量	潜变量变化（以标准差度量）
CRSH	一个标准差	0.1634	0.0556
MESH		0.0724	0.0645
LNSHID		2.1241	-0.1673
FDCA		0.2022	-0.1031
LNASSET		0.9377	0.6197
LNAGE		0.4125	-0.0395
REGION	0→1	1.0000	0.0995

表 14-18 自变量对因变量取值概率的边际分析[a,b]

变量	CRSH	MESH	LNSHID	FDCA	LNASSET	LNAGE	REGION[c]
P(COMP=1)	-0.0428**	-0.1121**	0.0099***	0.0641***	-0.0831***	0.0120	-0.0119*
P(COMP=2)	-0.0474**	-0.1242**	0.0110***	0.0710***	-0.0921***	0.0133	-0.0136*
P(COMP=3)	-0.0580**	-0.15174**	0.0134***	0.0868***	-0.1125***	0.0163	-0.0171*
P(COMP=4)	-0.0221*	-0.0580**	0.0051***	0.0332***	-0.0430***	0.0062	-0.0071*
P(COMP=5)	0.0204*	0.0534**	-0.0047***	-0.0306***	0.0396***	-0.0057	0.0052*
P(COMP=6)	0.0411**	0.1076**	-0.0095***	-0.0615***	0.0798***	-0.0116	0.0117*
P(COMP=7)	0.0484**	0.1267**	-0.0112***	-0.0725***	0.0939***	-0.0136	0.0143*
P(COMP=8)	0.0393**	0.1030**	-0.0091***	-0.0589***	0.0764***	-0.0111	0.0119*
P(COMP=9)	0.0211*	0.0554**	-0.0049***	-0.0317***	0.0410***	-0.0059	0.0066*
X(均值)	0.4333	0.0135	1.9606	0.3939	7.3455	2.0749	0.2448

注:a,边际影响在其他变量取均值并保持不变的情况下计算得到;

b,上标 *、**、*** 分别表示 5%、1% 和 0.1% 水平上显著;

c,REGION(区域)是二值变量,其边际影响是指从 0 变化为 1 的影响。

表 14-19　自变量变化对因变量取值概率的影响分析[a]

变量	P(COMP=1)	P(COMP=2)	P(COMP=3)	P(COMP=4)	P(COMP=5)	P(COMP=6)	P(COMP=7)	P(COMP=8)	P(COMP=9)
CRSH	-0.0336	-0.0370	-0.0455	-0.0178	0.0153	0.0319	0.0380	0.0314	0.0173
	-0.0182	-0.0185	-0.0207	-0.0060	0.0099	0.0160	0.0175	0.0134	0.0067
	-0.0154	-0.0185	-0.0248	-0.0118	0.0054	0.0159	0.0206	0.0180	0.0106
MESH	-0.0432	-0.0638	-0.1074	-0.0813	-0.0247	0.0407	0.0863	0.1034	0.0900
	-0.0015	-0.0017	-0.0020	-0.0008	0.0008	0.0014	0.0017	0.0014	0.0007
	-0.0417	-0.0621	-0.1054	-0.0805	-0.0255	0.0392	0.0846	0.1020	0.0893
LNSHID	0.1646	0.1166	0.0935	-0.0051	-0.0867	-0.0969	-0.0919	-0.0641	-0.0300
	0.0166	0.0200	0.0270	0.0131	-0.0056	-0.0172	-0.0224	-0.0198	-0.0117
	0.1481	0.0965	0.0665	-0.0182	-0.0811	-0.0797	-0.0695	-0.0444	-0.0183
FDCA	0.0574	0.0602	0.0710	0.0254	-0.0269	-0.0513	-0.0599	-0.0489	-0.0268
	0.0205	0.0254	0.0352	0.0181	-0.0058	-0.0216	-0.0292	-0.0264	-0.0161
	0.0369	0.0347	0.0358	0.0073	-0.0212	-0.0297	-0.0307	-0.0225	-0.0107
LNASSET	-0.9256	-0.0505	-0.0190	-0.0039	-0.0004	0.0019	0.0080	0.0339	0.9554
	-0.8773	0.0310	0.1499	0.1873	0.2028	0.1345	0.0969	0.0545	0.0205
	-0.0483	-0.0815	-0.1689	-0.1911	-0.2032	-0.1326	-0.0889	-0.0206	0.9349
LNAGE	0.0300	0.0333	0.0411	0.0163	-0.0135	-0.0287	-0.0344	-0.0284	-0.0157
	0.0145	0.0174	0.0231	0.0109	-0.0052	-0.0150	-0.0192	-0.0167	-0.0098
	0.0154	0.0159	0.0180	0.0054	-0.0083	-0.0137	-0.0152	-0.0117	-0.0059
REGION	-0.012	-0.014	-0.017	-0.007	0.005	0.012	0.014	0.012	0.007

注：[a]，各变量影响是在其他变量取均值并保持不变的条件下计算，其中第一行为从最小值变化到最大值，第二行为从最小值到均值，第三行为从均值到最大值。

表 14-19 反映了在其他变量取均值条件下，某个自变量从最小值变化到最大值、从最小值变化到均值和从均值变化到最大值时对核心竞争力排序等级概率变化的影响。从中可以发现公司规模对核心竞争力的重要影响。例如，公司规模从最小值变化到最大值，核心竞争力处于最低等级的概率下降了 92.6%，处于最高级的概率增加了 95.6%；从最小值变化到均值则导致核心竞争力位于最低级的概率下降 87.7%，位于中等级（4、5 或 6）的概率上升了 52.5%。进一步的概率预测表明，当其他变量取均值、规模取最小值时，公司核心竞争力排序处在最低三级的概率达到了 99.6%，规模取 10% 分位值对应最低三级概率仍在 65.8%；其他变量取均值、规模取最大值时，排序处在最高三级的概率达到了 99.7%，规模取 10% 分位值对应的概率仍在 50.7%。其他变量的上述变化对核心竞争力等级变化概率的影响则远没有公司规模大。

（四）稳健性检验

1. 稳健性检验的必要性

上面描述性统计和 Ordered Probit 模型回归结果表明，控股股东持股比例、管理层持股比例与公司核心竞争力正相关，而股东缺乏独立性以及公司负债比例与核心竞争力负相关。除了因样本中管理层持股比例偏低而未能支持管理层持股的倒 U 型关系外，本章提出的假设都获得了实证检验的支持。但是，模型中公司规模的效应占据了主要地位，这与核心竞争力指标构建过程中选用市场占有率有密切关系。

按照金碚（2003a）的观点，用市场占有率和盈利率构建的核心竞争力指标与核心竞争力理论比较吻合。但是从实证检验的角度来看却存在几个不足。一是受制于有限的分行业信息而放弃了一些行业的公司。我国统计年鉴中主要是工业的细分行业信息，而且也停留在工业行业的二级子行业，缺乏更明细的行业数据。由于行业市场规模信息的缺乏，以市场占有率构建指标过程中不得不舍弃服务业、批发零售行业、农业以及按照证监会行业分类标准划分为综合类的上市公司，从而检验样本受到一定的限制。二是缺乏细分行业信息导致低估高速成长的专业化公司的竞争力。如果将细分行业中拥有较高市场占有率的成长型企业放在上一级行业中比较排序，相对于那些在不同细分行业或跨细分行业经营的公司来说，可能会偏低，只要后者规模足够大，即使其在核心竞争力构成要素的主要方面都比较缺乏。这种现象在我国比较常见，一些大型企业的规模不是依靠自身经营而是依赖行政手段通过联合与重组形成。缺乏细分行业信息会面临将处于不同市场竞争的公司放在一起评价排序的风险。比如电子行业（国民经济统计行业代码C40）包含了通信设备（C401）、广播电视设备（C403）、计算机制造（C404）、电子器件（C405）、电子元件（C406）和家用视听设备（C407）等子行业，目前国内电子行业上市公司主营业务大多集中在某个子行业，跨越多个子行业的公司很少。三是市场占有率绝对数忽略了公司的成长性，尤其是在高新技术行业。

因此，本书拟采用其他方法构建核心竞争力指标，按照前述模型重新检验本章提出的四个假设是否成立，并检验公司规模是否仍然与核心竞争力显著正相关。

2. 以增长率构建核心竞争力指标

（1）构建方法。金碚（2003b）指出了在市场占有率信息不可获得的情况下可以采用营业收入增长率作为替代。中国社会科学院中国产业与企业竞争力研究中心与中国经营报社在计算企业竞争力基础指标时，增长率的权重为29%，包括最近三年营业收入增长率（16%）和最近三年净利润增长率（13%）。

此处为进行稳健性检验而构建的核心竞争力指标，以增长率和盈利率为基础。盈利率的计算方法与前文相同，即取连续三年扣除非经常性损益后总资产报酬率的算术平均值。增长率则采用三年平均营业收入增长率，具体计算方法又存在两种方式。第一种是直接计算，不考虑公司规模的影响，公式见式（14-11）。

$$AVGR = \sqrt[3]{\frac{营业收入_{t+3}}{营业收入_t}} - 1 \qquad (14-11)$$

式中，$AVGR$——三年平均营业收入增长率；

t——年度。

但是这种方法会存在与选用市场占有率类似的风险，可能会低估某类公司的竞争力。差异在于，以市场占有率计算会低估成长性公司的竞争力，而直接以营业收入增长率计算会低估大型企业的竞争力，因为一般认为较大的基数上增长会变得更困难一些。❶ 因此第二种计算方法把资产规模因素考虑进去，用平均资产增长率来进行调整，具体计算公式见公式（14-12）。

$$AVGRA = \frac{\sqrt[3]{\dfrac{营业收入_{t+3}}{营业收入_t}}}{\sqrt[3]{\dfrac{总资产_{t+3}}{总资产_t}}} - 1 \qquad (14-12)$$

式中，$AVGRA$——资产规模调整后的三年平均营业收入增长率；

t——年度。

在计算得到三年平均营业收入增长率和三年平均总资产报酬率之后，将这两个指标构成的组合置于二维坐标图，对增长率和报酬率在1~5分范围内分别计取得分，然后根据两项指标的得分组合排序为1~9级，9级为最高。

（2）样本选择情况。数据来源和数据年限与前文一致。与前文的差别在于行业选择和异常公司的认定两个方面。行业选择差异在于，

---

❶ 对于公司规模与增长率之间是否存在显著的相关性，本书在指标构建过程中做了一个检验。1 372家上市公司2003年末总资产与相应的AVGR之间的相关系数为0.047，2004年末1 458家上市公司对应的相关系数为0.038，2005年末1 457家上市公司对应的相关系数为0.009，3年样本集中的相关系数为0.019。因此以2003~2005年公司规模以及2006~2008年的3年平均营收增长率来看，我国上市公司上规模与增长率之间不存在明显的关系。

计算营业收入增长率并不需要行业信息，因此补充了那些缺乏行业规模信息而排除在市场占有率计算之外的上市公司。其余剔除非竞争性行业、特殊行业和公司数量太少的行业的标准与前文保持一致。按照证监会行业指引，则增加了农业（A01）、金属制品业（C69）、其他制造业（C99）、计算机应用服务业（G87）、零售业（H11）、商业经纪与代理业（H21）、房地产开发与经营业（J01）、旅游业（K34）和综合类（M），丰富了样本的行业构成。

在平均市场占有率计算时异常公司认定与处理有涉及退市、重大资产重组或置换和行业变更等三类公司。前两类公司在以增长率来构建的过程中采用相同的处理，即基年（分别为2003、2004和2005年）存在、但后三年中退市了的公司，这类公司直接从当年样本中剔除；发生重大资产重组或资产置换导致公司主营业务和主要资源发生实质性变化的，以变化当年为基年，再根据3年标准判断是否应该剔除。对于第三类公司，市场占有率计算方法要求保持行业的一致性，因此需要从变更后开始计算。在以增长率计算时没有这个限制，但存在将公司归于哪一个行业的问题。本书选择将公司划归于基年的行业。除了上述三类情况，以增长率计算还存在第四类异常公司，即基年的营业收入非常小，甚至为零。如果没有退市，这类公司会表现出相当高的增长率。因此，本书选择将这类公司经营恢复正常后再纳入样本之中。

按照上述标准最终获得的新样本数据共2 836个，其中2003年组884个、2004年组958个、2005年组994个，其中在3个年组中均出现的公司有827家。新样本行业分布情况如表14-20所示。

（3）核心竞争力指标构建结果。表14-20是新样本平均总资产报酬率和营业收入增长率的描述性统计指标。就3年平均总资产报酬率而言，与前文的样本的相应统计指标进行比较发现，包含了更多行业的新样本盈利率明显下降：前者样本均值分别是3.31%、4.11%和4.31%，新样本3年均值分别为2.87%、3.73%和4.25%；中位数变化不大，最大值没有超过前者，但后两年组的最小值均低于前者。由此可见制造业的盈利能力仍是我国上市公司的根本所在。3年平均营收增长率的均值分别为11.32%、13.46%和13.18%，即使用总资产增长率调整后仍然达到了4.46%、3.99%和2.65%，反映出上市公司整体保持了较好的增长速度，而且营收增长的速度超过了总资产的增长速度。这与国民经济宏观状况持续高速增长的趋势基本一致。较大的标准差反映了公司盈利和增长状况分布比较分散，表14-20对此进行了进一步的说明。

从表14-21反映的持续盈利能力来看，3年平均ROA（不含非经常性损益）达到或超过5%的约占样本的40%，并呈不断上升的趋势，反映企业盈利能力逐步得到改善；3年平均ROA低于零的比例虽然不断下降，但仍然在20%左右。约63%的上市公司盈利率在1%~10%之间，盈利率在10%及以上的公司约占一成到一成半。新样本的盈利分布状况与原样本非常相似。在三组数据中都存在的827家公司构成的面板数据中，53家公司的3年平均ROA（扣除非经常性损益）持续在10%以上，占6.41%；19家公司在15%以上，占2.30%；7家公司在20%以上，占0.85%。

表14-20 分年分行业样本数量汇总 （个）

行业代码	行业名称	2003年组	2004年组	2005年组	合计	3年均存在公司数量
A01	农业	17	16	17	50	15
C01	食品加工业	23	23	23	69	22
C05	饮料制造业	26	24	23	73	22
C11	纺织业	30	36	41	107	30
C13	服装及其他纤维制品制造业	16	16	18	50	15
C31	造纸及纸制品业	19	20	20	59	16
C43	化学原料及化学制品制造业	81	87	89	257	79
C47	化学纤维制造业	18	17	18	53	17
C49	塑料制造业	0	17	17	34	0

续表

行业代码	行业名称	2003年组	2004年组	2005年组	合计	3年均存在公司数量
C51	电子元器件制造业	24	25	26	75	23
C61	非金属矿物制品业	50	48	47	145	47
C65	黑色金属冶炼及压延加工业	31	32	33	96	31
C67	有色金属冶炼及压延加工业	22	21	21	64	20
C69	金属制品业	0	0	15	15	0
C71	普通机械制造业	28	30	33	91	26
C73	专用设备制造业	46	51	48	145	41
C75	交通运输设备制造业	56	60	56	172	51
C76	电器机械及器材制造业	41	48	47	136	38
C81	医药制造业	66	75	71	212	63
C85	生物制品业	0	16	16	32	0
C99	其他制造业	0	0	16	16	0
E01	土木工程建筑业	20	23	24	67	19
G81	通信及相关设备制造业	28	29	29	86	28
G87	计算机应用服务业	32	33	34	99	30
H11	零售业	50	50	62	162	50
H21	商业经纪与代理业	16	16	21	53	16
J01	房地产开发与经营业	43	43	42	128	37
K34	旅游业	0	0	16	16	0
M	综合类	101	102	71	274	91
合计		958	994	2836	827	—

表14-21　3年平均总资产报酬率和营收增长率描述性统计　　　　　　　　（%）

	平均ROA（AVROA）			平均营收增长率（AVGR）			调整后平均营收增长率（AVGRA）		
	2004~2006年	2005~2007年	2006~2008年	2004~2006年	2005~2007年	2006~2008年	2004~2006年	2005~2007年	2006~2008年
最大值	33.30	33.16	37.91	126.18	121.02	192.53	363.43	145.57	168.37
最小值	-63.49	-72.50	-92.93	-100	-100	-100	-100	-100	-100
中位数	3.82	4.35	4.62	13.22	14.61	13.67	5.24	4.26	3.41
平均值	2.87	3.73	4.25	11.32	13.46	13.18	4.46	3.99	2.65
标准差	8.18	8.71	8.98	28.44	25.88	26.04	25.88	21.00	20.67

从表 14-22 反映的增长率来看，近 60% 的公司 3 年平均营业收入增长率在 10% 及以上，用资产增长率调整后仍然在 10% 及以上的在总样本中略高于三成。超过 20% 的公司营业收入处于负增长状态。在三组数据中都存在的 827 家公司构成的面板数据中，158 家公司的 3 年平均 ROA（扣除非经常性损益）持续在 20% 及以上，占 19.11%；19 家公司在 30% 以上，占 2.30%；7 家公司在 50% 以上，占 0.85%；总资产报酬率和增长率都在 10% 及以上的公司共 45 家（5.44%），调整后增长率仍在 10% 以上的 3 家（0.36%）；总资产报酬率在 10% 以上且增长率在 30% 以上的共 12 家（1.45%）。

表 14-22　3 年平均总资产报酬率和营收增长率分布状况　　　　（%）

指标	区间	2004～2006 年	2005～2007 年	2006～2008 年	全部公司
平均总资产报酬率 AVROA	(-∞, 0)	22.29	19.10	17.81	19.64
	[0, 1%)	4.86	4.49	3.42	4.23
	[1%, 5%)	34.62	32.67	32.49	33.22
	[5%, 10%)	28.17	29.96	30.58	29.62
	[10%, 20%)	8.94	12.00	13.28	11.50
	[20%, ∞)	1.13	1.77	2.41	1.80
平均营收增长率 AVGR	(-∞, -10%)	13.69	12.21	12.07	12.62
	[-10%, 0)	9.05	8.77	9.66	9.17
	[0, 10%)	19.57	19.83	19.62	19.68
	[10%, 20%)	23.87	20.88	23.04	22.57
	[20%, 50%)	28.73	32.57	30.08	30.50
	[50%, ∞)	5.09	5.74	5.53	5.47
调整后平均营收增长率 AVGRA	(-∞, -10%)	14.59	17.75	18.41	17.00
	[-10%, 0)	19.23	19.21	20.62	19.71
	[0, 10%)	30.43	30.27	30.68	30.47
	[10%, 20%)	21.15	19.31	19.92	20.10
	[20%, 50%)	12.56	11.06	8.65	10.68
	[50%, ∞)	2.04	2.40	1.71	2.05

图 14-13 是上述新样本按两种方法计算增长率而得出的样本公司核心竞争力排序等级的分布状况。图中左边 COMP_RG 和右边 COMP_RGA 分别代表依据营业收入增长率（AVGR）和调整后的营业收入增长率（AVGRA）进行的排序结果。

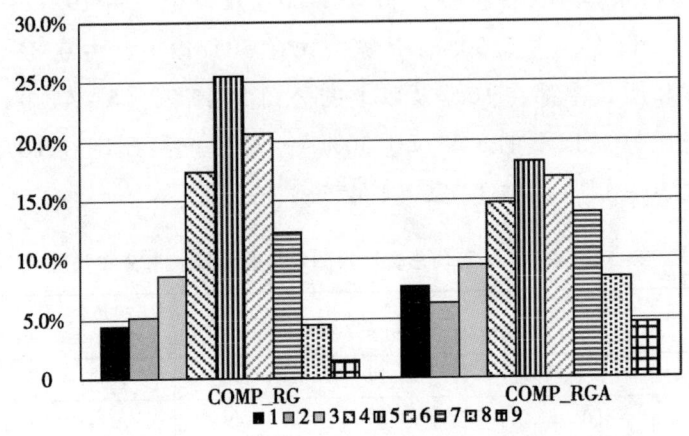

图 14-13 核心竞争力排序等级分布状况

进入各行业排序前 20% 的公司中，仅有 15% 保持连续三年上榜，26% 两年上榜。这一点与其他依据增长率进行核心竞争力评价的结论是一致的，即我国上市公司竞争力持续状况并不稳定。此外，对于三种方法评价结果之间的差异性，本章将同时拥有三种评价结果的公司所获得的排序等级进行两两取差异的绝对值，然后将差异之和按公司数目平均，结果分别以市场占有率、营收增长率和调整后营收增长率的平均排序差异分别为 1.68、1.45 和 0.97，显示三种构建方法会导致有差异的排序，但不至于导致根本不同的结果。

3. 样本的描述性统计

新样本的主要描述性统计指标如表 14-23 所示。各变量与原样本相比，其他变量的分布状况变化不大，但资产负债率（LEV）受极端值影响更为严重，其标准差从 0.597 增长到 0.91，最大值从 16.33 增加到 43.08；资产负债率大于 1 的样本从 45 家次（占 2.21%）增长到

67 家次（占 2.36%）。

表 14-23 主要描述性统计指标

	均值	标准差	最大值	99%分位	95%分位	中位数	5%分位	1%分位	最小值
COMP_RG	4.97	1.74	9	9	8	5	2	1	1
COMP_RGA	5.05	2.13	9	9	8	5	1	1	1
CRSH	0.41	0.16	0.85	0.75	0.69	0.39	0.18	0.11	0.01
MESH	0.01	0.07	0.74	0.42	0.01	0.00	0.00	0.00	0.00
LNSHID	1.76	2.06	11.85	6.88	5.56	0.70	0.00	0.00	0.00
LEV	0.57	0.91	43.08	1.99	0.82	0.52	0.19	0.11	0.00
WLEV[①]	0.53	0.25	1.99	1.99	0.82	0.52	0.19	0.11	0.11
FDCA	0.41	0.20	0.91	0.79	0.72	0.42	0.02	0.00	0.00
OLEV	0.49	0.50	1	1	1	0	0	0	0
LNASSET	7.33	0.92	11.86	9.67	8.90	7.27	5.92	5.16	3.67
LNAGE	2.13	0.42	3.22	2.89	2.71	2.30	1.39	1.10	0.69
REGION	0.31	0.46	1	1	1	0	0	0	0

注：WLEV 是对 LEV 在 1% 水平上进行温赛化（Winsorized）处理形成的变量。

表 14-24 是各变量之间的皮尔逊和斯皮尔曼相关系数矩阵。两个检验方法都反映出核心竞争力排序等级与控股股东持股比例、管理层持股比例和公司规模在 1% 水平上的显著正相关性，股东占用资金、调整极端值后的资产负债率、过度负债以及企业年限都在 1% 水平上显著负相关，而资产负债率、金融负债对资本比率的相关系数虽然都为正，但显著性水平不一致。有趣的是核心竞争力与处于经济发达地区呈显著负相关关系，这有待在回归分析中进一步验证。

4. 回归分析

运用 Ordered Probit 进行回归分析的结果如表 14-25 所示，共 6 个模型。模型 14~11 的被解释变量是以营业收入增长率和总资产报酬率为基础构建的核心竞争力排序指标（COMP_GR），模型 14~14 的被解释变量则是以调整后营业收入增长率和总资产报酬率为基础构建的核心竞争力排序指标（COMP_GRA）。解释变量则增加了对资产负债

表 14-24　各变量的皮尔逊和斯皮尔曼相关系数矩阵[a][b]

	COMP_RG	COMP_RGA	CRSH	MESH	LNSHID	LEV	WLEV	FDCA	OLEV	LNASSET	LNAGE	REGION
COMP_RG		.757**	.057**	.070**	-.105**	-.091**	-.091**	-.027	-.074**	.063**	-.109**	-.039**
COMP_RGA	.784**		.074**	.048**	-.198**	-.169**	-.169**	-.067**	-.151**	.086**	-.167**	-.021
CRSH	.082**	.091**		-.158**	.178**	-.125**	-.125**	-.068**	-.072**	.212**	-.365**	-.037**
MESH	.068**	.128**	-.167**		-.084**	-.024	-.024	.078**	-.034	.100**	.178**	.002
LNSHID	-.114**	-.208**	.172**	-.129**		.137**	.137**	.043*	.106**	.138**	-.006	-.049**
LEV	-.26	-.56	-.29	-.034	.091**		1.00**	.738**	.794**	.180**	.272**	.055**
WLEV	-.095**	-.171**	-.137**	-.099**	.179**	.500**		.738**	.794**	.180**	.271**	.055**
FDCA	-.037*	-.079**	-.066**	-.088**	.052**	.149**	.532**		.620**	.371**	.178**	-.027
OLEV	-.084**	-.159**	-.073**	-.087**	.110**	.208**	.615**	.604**		.141**	.131**	-.006
LNASSET	.092**	.111**	.232**	-.114**	.160**	-.124**	-.037*	.342**	.114**		.025	.030
LNAGE	-.118**	-.182**	-.343**	-.209**	.027	.115**	.273**	.197**	.141**	.020		.089**
REGION	-.04*	-.18	-.034	.021	.036	.058**	.067**	-.028	-.006	.024	.072**	

注：

a：左下半部分为皮尔逊相关系数，右上半部分为斯皮尔曼相关系数。

b：系数上标*代表 5% 的显著水平，**代表 1% 的显著水平（双尾检验）。

率在 1% 水平上进行温赛化（Winsorized）处理后形成的变量 WLEV，控制变量和其余解释变量与模型 1~6 相同（表 14-14）。表 14-25 没有列示那些在 5% 水平上不显著的变量构成的模型，如资产负债率（LEV）、控股股东持股比例平方（CRSHSQ）和管理层持股比例平方（MESHSQ）。未列示的回归模型表明，核心竞争力与控股股东持股比例、管理层持股比例都不存在显著的倒 U 型关系。❶

上述模型表明，即使运用不同的核心竞争力指标，控股股东持股比例、管理层持股比例和公司规模都与核心竞争力显著正相关；股东占用资金和公司年限都与核心竞争力显著负相关；金融负债对资本比率和过度负债都表现出显著的负相关性；对于温赛化处理极端值后的资产负债率，在以营业收入增长率构建的核心竞争力模型中，虽然系数为负但不显著（模型 9，P = 0.108），在调整后营业收入增长率构建的核心竞争力模型中表现出显著的负相关性（模型 12）。公司所处区域在模型 14-11 中表现出与核心竞争力的负相关性，但模型 12-14 中则不显著。

表 14-25 财务结构对核心竞争力影响的回归分析（Ordered Probit 模型）[a]

自变量	因变量 预计符号	模型 9 COMP_GR	模型 10 COMP_GR	模型 11 COMP_GR	模型 12 COMP_GRA	模型 13 COMP_GRA	模型 14 COMP_GRA
CRSH	+	0.3444	0.3265	0.3257	0.3881	0.3667	0.3593
		(2.578**)	(2.44*)	(2.437*)	(2.903**)	(2.737**)	(2.686**)
MESH	+	0.7919	0.791	0.7631	1.485	1.498	1.44
		(2.676**)	(2.675**)	(2.578**)	(4.987***)	(5.031***)	(4.835***)
LNSHID	-	-0.06367	-0.0667	-0.06374	-0.1106	-0.1184	-0.1127
		(-6.509***)	(-6.947***)	(-6.611***)	(-11.22***)	(-12.22***)	-(11.58***)
FDCA	-		-0.2702			-0.5182	
			(-2.632**)			(-5.037***)	

---

❶ 管理层持股比例的平方的系数虽然为负，但各模型中最高 P 值仅为 0.117，即在 10% 的水平上仍不显著。

续表

自变量	因变量预计符号	模型 9 COMP_GR	模型 10 COMP_GR	模型 11 COMP_GR	模型 12 COMP_GRA	模型 13 COMP_GRA	模型 14 COMP_GRA
WLEV		-.1314 (-1.608)			-0.3526 (-4.29***)		
OLEV	-			-0.1291 (-3.288**)			-0.2679 (-6.805***)
LNASSET	+	0.1149 (5.257***)	0.1387 (5.939***)	0.1251 (5.693***)	0.1681 (7.65***)	0.2146 (9.135***)	0.1904 (8.613***)
LNAGE	?	-0.186 (-3.549***)	-0.1839 (-3.549***)	-0.1897 (-3.687***)	-0.3106 (-5.916***)	-0.3219 (-6.209***)	-0.3314 (-6.432***)
REGION	+	-0.0834 (-1.996*)	-0.09361 (-2.241*)	-0.08955 (-2.146*)			
CUT_1		-1.37***	-1.249***	-1.312***	-1.152***	-0.8829***	-1.003***
CUT_2		-0.9517***	-0.8301***	-0.8914***	-0.7834***	-0.5143**	-0.6316**
CUT_3		-0.5369**	-0.4152*	-0.4753*	-0.4027*	-0.1338	-0.2483
CUT_4		0.01639	0.1382	0.07882	0.0483	0.3171	0.2054
CUT_5		0.6813***	0.8034***	0.7443***	0.5379**	0.8069***	0.6972***
CUT_6		1.318***	1.441***	1.381***	1.025***	1.294***	1.186***
CUT_7		1.981***	2.104***	2.045***	1.565***	1.836***	1.729***
CUT_8		2.602***	2.727***	2.667***	2.16***	2.433***	2.326***
$LRCHI^2$		126.9	131.3	135.1	340.7	347.6	368.6
$PSEUDOR^2$		0.0115	0.0119	0.0123	0.0285	0.0291	0.0308
观察值		2836	2836	2836	2836	2836	2836

注：

a：( ) 内为 t 值，上标 *、** 和 *** 分别代表达到 5%、1% 和 0.1% 的显著水平。

模型 2、模型 10 和模型 13 除了因变量核心竞争力排序等级的构建方法有一定的差别以外，所有自变量都保持一致，表 14-26 列示了三个模型的自变量标准化系数、显著性水平 P 值和各自的均值和标准差。表中所列自变量就均值和标准差而言，差异并不大。对比这三个模型可以发现以下几点。

表 14-26　回归模型自变量标准化系数比较^a

		P > z	bStdX	bStdY	bStdXY	SDofX	Mean
COMP （模型 2） （N = 2038）	CRSH	0.0070	0.0698	0.3404	0.0556	0.1634	0.4330
	MESH	0.0010	0.0809	0.8914	0.0645	0.0724	0.0130
	LNSHID	0.0000	-0.2099	-0.0788	-0.1673	2.1241	1.9610
	FDCA	0.0000	-0.1293	-0.5099	-0.1031	0.2022	0.3940
	LNASSET	0.0000	0.7775	0.6609	0.6197	0.9377	7.3460
	LNAGE	0.0500	-0.0495	-0.0957	-0.0395	0.4125	2.0750
	REGION	0.0190	0.0537	0.0995	0.0428	0.4301	0.2450
COMP_GA （模型 10） （N = 2836）	CRSH	0.0150	0.0537	0.3188	0.0525	0.1646	0.4123
	MESH	0.0070	0.0544	0.7722	0.0531	0.0688	0.0122
	LNSHID	0.0000	-0.1376	-0.0651	-0.1344	2.0635	1.7607
	FDCA	0.0080	-0.0551	-0.2638	-0.0538	0.2040	0.4080
	LNASSET	0.0000	0.1273	0.1354	0.1242	0.9177	7.3261
	LNAGE	0.0000	-0.0769	-0.1795	-0.0751	0.4185	2.1319
	REGION	0.0250	-0.0431	-0.0914	-0.0421	0.4608	0.3057
COMP_GRA （模型 13） （N = 2836）	CRSH	0.0060	0.0603	0.3440	0.0566	0.1646	0.4123
	MESH	0.0000	0.1030	1.4051	0.0967	0.0688	0.0122
	LNSHID	0.0000	-0.2444	-0.1111	-0.2293	2.0635	1.7607
	FDCA	0.0000	-0.1057	-0.4862	-0.0992	0.2040	0.4080
	LNASSET	0.0000	0.1969	0.2014	0.1848	0.9177	7.3261
	LNAGE	0.0000	-0.1347	-0.3021	-0.1264	0.4185	2.1319
	REGION						

注：a，表中 bStdX = X 标准化系数，bStdY = Y 标准化系数，bStdXY = 完整标准化系数，SDofX = X 的标准差，Mean = X 的均值，N 表示观察值数量。

（1）控股股东持股比例对核心竞争力的影响比较稳定，标准化系数维持在 0.055 左右，而且统计显著性水平也在 1% 上下。

（2）管理层持股比例对核心竞争力的影响为正，标准化系数在 0.053~0.098 之间，统计显著性水平在 1% 以下。

（3）股东占用资金对核心竞争力的影响为负，标准化系数在 -0.229~-0.134 之间，统计显著性水平在 0.1% 以下。

（4）金融负债与资本比率对核心竞争力的影响为负，标准化系数在 -0.103~-0.054 之间，统计显著性水平在 1% 以下。

上述分析表明以营业收入增长率替代市场占有率构建的核心竞争

力指标进行稳健性检验对前述基本检验结论提供了支持。

五、实证检验结果

从模型 1~6 和 9~14 分析可以认为,本章提出的四个假设以及对控制变量预计影响的分析得到了实证检验的支持,具体描述如下。

(1) 假设 1 "控股股东持股比例与公司核心竞争力呈正相关关系"在所有模型中都得到了显著支持,二者之间并不存在类似股权集中度与公司价值之间的倒 U 型关系。因此,提高控股股东持股比例、保持控制权与现金流权的吻合度有利于企业提高核心竞争力。

(2) 假设 2 "股东独立性与公司核心竞争力呈正相关关系"在所有模型中都得到了显著支持。增强股东自身的独立生存能力和发展能力有助于企业将资源用于核心竞争力投资。

(3) 假设 3 "管理层和员工持股水平与公司核心竞争力呈先增后减的倒 U 型关系"得到部分支持。所有模型中管理层持股比例都与核心竞争力呈显著正相关关系,而加入管理层持股比例平方的模型中,虽然平方项的系数为负显示出可能存在倒 U 型关系,但在 10% 的显著性水平上未能获得支持。这可能是样本中管理层持股范围和比例普遍较低(样本中 36.4% 的公司管理层没有持股,仅 4.2% 的公司管理层持股比例达到 5%),没有达到研究中认为由正转负的临界值。因此,就目前现状来说提高管理层持股比例有助于提高公司核心竞争力。

(4) 假设 4 "较高的债务水平与公司核心竞争力呈负相关关系",在以金融负债对资本比率、过度负债和对极端值进行温赛化处理后的资产负债率三个度量指标的模型中都得到了支持。因此从提高企业核心竞争力角度来说,企业应当保持较低的负债水平。

(5) 控制变量中的企业规模在所有模型中都与核心竞争力呈显著的正相关关系。核心竞争力指标的构建方法有助于解释这一关系。通过分行业的皮尔逊简单相关性检验发现,全部行业资产规模与市场占有率正相关（系数平均在 0.8 以上），79% 的行业资产规模与总资产报酬率呈正相关关系，略过半数的行业营业收入增长率与规模正相关，这有助于解释资产规模在模型 2 中的标准化系数要比在模型 9 和 13 高出许多，以及模型 1~6 的解释力要高出模型 9~14。这个结论也支持了金碚等（2007）的研究结论，当前我国上市公司的规模不是太大而是太小，做大仍然是实现做强的重要途径。

（6）控制变量中的企业年限在所有模型中都表现出显著的负相关性。从核心竞争力理论来说较长的企业年限应当有助于学习和积累能力与知识，但是中国资本市场发展中的特殊性却导致样本存在一定的系统性偏误。由于对证券市场作用认识的逐步演进，不同时期上市公司的自身质量会存在显著差异。此外资本市场退市制度不严格导致的壳资源现象也会导致劣质公司长期存在。

（7）控制变量中的公司所处地域与以市场占有率和增长率构建的核心竞争力呈现不同的关系，前者为正而后者为负。比较核心竞争力指标构建方法发现，2/3 的行业表现出经济发达区域与市场占有率相关系数为正，与总资产报酬率正负相关的各半，而与增长率相关系数为正的仅占 30%。这表明，大型企业总部多选择经济发达区域，但总部位于发达地区的公司在研究期间（2003~2008）并未表现出更高的营业收入增长率。

（本篇执笔人：李经路　崔伶俐　田延平）

第四篇

知识资产的产权界定
—— 职务发明的权利归属与分享机制

第十五章　知识资产与职务发明制度

在当今知识经济时代，全球化进一步加强，知识资产成为企业生存发展的重要支撑，同时也是一个国家、一个民族屹立于世界之林的重要保障。目前，世界主要国家都发布了国家知识产权战略，我国国务院在 2008 年也发布了《国家知识产权战略纲要》，把知识产权提升到国家战略高度，充分体现了我国政府对知识产权的重视，同时对知识产权的产权界定亦需进行充分的讨论，以进一步提升知识资产对企业的价值贡献，并构建知识产权的权利分享机制，进一步提升知识资产创造者的积极性。

在知识产权中，专利权作为最重要的组成部分，最能体现技术创新，更是展现一个国家发明创造的重要指标。因此，本篇以专利权为代表，研究其权利归属及其产权分享机制。

一、研究缘起

（一）研究背景

为鼓励创新，促进经济发展，我国于 1985 年 4 月颁布《专利法》并实行以来，取得了令世人瞩目的成就。截止到 2010 年 12 月，我国国内的专利申请量累计超过了 600 万件，其中职务专利 280 万多件，占总量的 46.8%；非职务专利 319 万多件，占总量的 53.2%。国外专利超过 100 万件，其中职务专利 99.7 万件，占国外专利的 96.2%，非职务专利不到 4 万件，占国外专利的 3.8%。❶ 专利数量之多，速度之快，为世界所罕见。这表明，在经济社会发展过程中，我国科学技术取得了巨大的发展和长足的进步。

在科学技术高速发展的今天，科技越来越发达，技术也越来越复杂，完成一项发明创造，一方面需要大量的资本作为支撑和长期的技术积累；另一方面需要技术人员的不懈钻研和努力创新。尤其是在知识经济时代，知识资产（智力资本）日渐成为参与分配的一个重要因素，因此需要对原有的分配制度进行调整。

（二）研究意义

综观世界各主要国家，职务发明在所有的专利中占据绝大部分，成为衡量一个企业和一个国家科学技术发展水平的重要标志。然而，如何界定职务发明、职务发明的权利归属及职务发明的报酬制度，始终是困扰世界各国的难题，职务发明纠纷也时有发生，而且难以解决。各国学者都对职务发明制度作了不同程度的探索，但是迄今为止，还没形成解决职务发明权利归属和报酬问题的统一看法，更没有哪个国家完全解决了这两个难题。

具体到我国，由于专利制度发展历史不长，职务发明制度作为重要的专利制度，也是舶来之物，《专利法》及《专利实施细则》经过三次修改，虽然在一定程度上适应了我国经济的发展，但仍然存在很多不合理之处，这直接导致了技术人员缺乏创造热情，职务发明比例不高。因此，很有必要对职务发明制度进行进一步的探索研究。

二、研究内容

本书首先从专利制度的历史起源开始研究，通过回顾专利制度的

---

❶ http://www.sipo.gov.cn/ghfzs/zltj/zljb/201101/t20110110_562647.html, 2012-02-28。

发展历史，论述职务发明制度产生的必然性和存在的合理性。其次，着重研究如何界定职务发明，通过国内外职务发明制度的比较，发现我国职务发明制度存在的问题，并提出相应的完善建议。最后，从微观层面上提出企业构建合理的职务发明利益激励机制的建议。主要内容涵盖本篇的第 15~17 章。

第 15 章主要介绍职务发明制度的历史起源。职务发明制度作为专利制度的一项重要制度，是随着专利制度的产生发展而逐步发展形成，各国由于社会发展状况不同，职务发明制度也不尽相同。然后介绍职务发明制度的理论基础。

第 16 章主要对职务发明内涵和外延以及权利归属进行研究。首先分析主要发达国家的职务发明制度，发现当今世界主要包括两种权利归属模式。其次比较它们间的异同，分析两种模式的优缺点。再次，研究我国现行的职务发明制度，发现我国职务发明权利归属制度有其合理性，但也存在范围过大的问题。最后，提出完善建议。

第 17 章对各国职务发明报酬制度展开研究。首先分别对主要发达国家和我国职务发明报酬制度进行研究，然后通过比较，发现我国职务发明制度存在的问题并提出完善职务发明报酬制度的建议。

通过比较研究，得出以下结论：

（1）职务发明申请专利的权利应该归单位享有；

（2）应当缩小职务发明的范围；

（3）在职务发明报酬制度的设计上，应当充分保障发明人的利益，应构建合理的职务发明利益激励机制。

三、研究动态

在经济高速发展的今天，经济对科学技术的依存度越来越高。技术人员运用自己的智力资源，在雇主的支持下完成的发明创造也越来越多（如前文述及的华为公司就是典型的案例）。这类发明的权利归属及收益分配问题始终是困扰实务界和理论界的难题，为此，不少学者作了不同程度上的探索，主要从以下两方面作了研究：一是如何界定职务发明，其内涵与外延究竟如何判定，二是职务发明权利归属及报酬制度问题。

对于如何界定职务发明，我国《专利法》第 6 条规定：执行本单位的任务或者主要是利用本单位的物质技术条件所完成的发明创造为职务发明创造。❶ 对此，有学者认为职务发明的范围过大，并主张缩小职务发明的范围，应将"主要利用本单位物质技术条件"所完成的发明创造排除在职务发明范围之外，他们认为该类成果的权利应归发明人享有，为完成发明提供物质技术条件的单位对该专利享有免费的、非专有的、不可转让的实施权。有学者虽然也认为这类发明创造不应当界定为职务发明，但是他们主张通过发明人与单位间的约定，协商决定职务发明的归属，而不是通过法律直接规定的方式，将这类发明直接排除在职务发明之外。

在职务发明专利权归属的研究方面，我国《专利法》第 6 条规定："职务发明创造申请专利的权利属于该单位；申请被批准后，该单位为专利权人；利用本单位的物质技术条件所完成的发明创造，单位与发明人或者设计人订有合同，对申请专利的权利和专利权的归属作出约定的，从其约定。"通过对国外主要国家职务发明制度的研究，我们发现，多数国家都没有把"利用本单位的物质技术条件"完成的发明创造纳入职务发明之列，而是给予雇主一种免费的、非独占性的、不可转让的许可的"雇员发明实施权"。就职务发明权利归属具体而言，可概括为以下三种观点：

（1）发明人与雇主间的合约优先论。法律尊重发明人与雇主间的契约，允许他们通过契约的方式来约定职务发明的权利归属。这是私法领域当事人意思自治原则的体现。

---

❶ 《中华人民共和国专利法》（2008 年修正）第 6 条。

（2）职务发明人与单位共有制论。这并非国际上通行的制度，目前只有巴西在其相关法律中规定了此种制度，我国的法律也没采纳共有论的观点。

（3）"美德日模式"论。即主张发明人享有职务发明的原始权利，但是发明人有义务将"雇主发起的发明"的权利转让给雇主。

在职务发明的报酬方面，基本都主张发明人与雇主间可以约定，或者通过单位的规章制度规定具体的报酬，如无规定或者约定，按因利用职务发明而带来的收益的一定比例来计算报酬，我国在《专利法实施细则》中规定，对于发明专利或者实用新型专利而言，该比例最低为2%；对于外观设计专利而言，该比例最低为0.2%。[1] 除此之外，单位还可以参照上述比例，给予发明人一次性报酬。并指出各国规定的报酬计算方法不够具体，都不同程度上缺乏可操作性和合理性，但基本都没能提出更好的计算方法。这无疑给后来继续研究留下了巨大的空间和严峻的考验。

四、职务发明制度概要

（一）专利制度的产生

职务发明制度构成专利制度的重要内容，是随着科技的进步、专利制度的形成和发展而逐步形成的。

专利制度是一项保护发明创造的知识产权制度，肇始于欧洲，源于王室特权，是一国君主赐予其臣民某个行业的垄断权，早在10世纪，雅典政府就授予某厨师对其烹饪方法独占使用的特权，到12~13世纪，为了引进国外的先进技术，英国王室对采矿、织布、漂洗和染色技术予以保护，授权技术人员以特权，成为专利制度的雏形。

---

[1] 《中华人民共和国专利法实施细则》（2010年修订）第78条。

1421年，佛罗伦萨政府授予建筑师布伦内莱希（Brune Heschi）第一个真正的发明专利开始，欧洲各国政府陆陆续续颁发了众多专利，造成专利的泛滥，导致国民的严重不满，从而直接刺激了1474年和1623年《英国垄断法》的出台。❶《威尼斯专利法》也成为目前已知的世界上第一部专利法，这部法律体系完备、设计周密，在顾及公共利益的同时，正式以法律的形式确认了最先发明人获得专利权的资格，无疑避免了因封建君主滥发专利权而引起的社会不满。

1623年颁布的《英国垄断法》废除英国国王已经授予的所有垄断权，规定国王只能授予真正的第一个发明者专利权，使其在14年内独家拥有制造或生产某种产品的权利。这部法规赋予了一项发明的最先完成者在一定时期内和在限定条件下的垄断特权，适应了社会经济发展对科学技术的强烈需求，被认为是世界上第一部现代意义上的专利法，对英国资本主义制度的建立和发展产生了重大影响，为后来的美国、荷兰和德国的欧美国家所效仿，建立符合本国国情的专利制度。

（二）职务发明制度溯源

早期的专利发明，技术比较简单，物质投入不大，自然人个体或者个体间的联合完全能够承担，某技术的发明也就是独立的自然人个体或者个体联合自己投入物质，自发创造，因此早期的专利法无不规定最初发明人享有其发明创造的垄断性权利。专利法作为一种法律制度法并非一成不变，必须随着经济的发展和社会的变革作出相应的调整，从而更好地平衡社会各方面的利益关系。职务发明制度正是在社会经济和技术不断发展中而产生和发展的。

1. 职务发明制度的产生和发展

随着科技的进步，发明创造的技术难度越来越大，物质投入越来

---

❶ 吴汉东：《知识产权基本问题研究（第2版）》，中国人民大学出版社2009年版，第194~199页。

越多，单纯依靠个人难以实现复杂产品的创造和重大技术的革新，更为普遍的情形是智力劳动者们在雇主的组织安排下，利用雇主提供的资金等物质条件完成发明创造。传统专利法所规定的发明创造成果一律为发明人所享有，显然对于投入大量资金和承担研发风险的雇主不公平。逐利是资本的本性，如果大量的投入无法得到相应的回报，显然违背了资本的意志。如果不改变传统的规定，资本的利益无法保障，资本必将转投其他能够获得回报的领域而不是研发创造。这样，发明创造就会成为无源之水，技术发展将陷入停滞，从而影响经济的发展和社会的进步。为避免这种恶性循环，必须对发明创造的权利归属方式作出调整，在资本与发明人之间在权利的分配上建立新的平衡关系，这样，一种新的有关专利权归属模式制度的产生便成为必然。最先涉及职务发明问题的是1897年奥匈帝国的专利法，该法规定对雇员在职务上的发明，"除合同或者服务规程另有规定外，发明人有获得专利的权利"[1]。这表明，在专利权的归属上，已经不再是单纯的一律归发明人所享有，而是有了允许发明人和雇主就职务发明的权利归属做出合同约定或依服务章程确定的例外，从而打破了专利权均归发明人享有的传统规定，体现了享有专利权主体的多元性，标志着职务发明制度的初步形成。随后，为了适应现代社会发展的需要，各国对专利法进行了相应调整，对职务发明做出了新的规定。

2. 我国职务发明制度的产生与发展

我国第一次提出并加以具体规定职务发明的是在1985年颁布的《专利法》中，该法第6条规定了有关职务发明的权属。此次制定的专利法产生于计划经济时期，虽然一定程度上解决了关于职务发明权属的有关所有制方面的重大争议问题，但是该法的规定也带有较为浓郁的计划经济色彩，不完全符合社会主义市场经济发展的方向和原则。

---

[1] 高言、王香荣：《专利法理解适用与案例评析》，人民法院出版社1996年版，第18页。

为了适应中国特色建立社会主义市场经济体制和实现国家知识产权战略的需要,《专利法》经历了 1992 年 9 月、2000 年 8 月和 2008 年 12 月三次修正(改)。这三次修正(改)总结了我国深化经济体制改革以来的实践经验和教训,充分吸收了国外立法成果,按《与贸易有关的知识产权协议》(Agreement On Trade-related Aspects of Intellectual Property Rights,TRIPs 协议)的要求进一步调整和完善了我国职务发明制度。在 2000 年的修改中,首先取消了全民所有制单位对专利权"持有",这一明显带有计划经济色彩的规定,对我国国有企业参与国际竞争具有重要的意义。其次对利用单位的物质技术条件所完成的发明创造,允许发明人和单位以合同的形式约定权利归属。这表明根据修改后的《专利法》,不再采用"一刀切"的办法,一律规定专利权利归单位所有,而是采用约定权利归属优先的原则,体现了灵活性,有利于提高技术人员发明创造的积极性。2008 年 12 月的第三次修正,虽然未对该项规定进行修改,但在随后颁发的《专利法实施细则》中进一步规定了奖励、报酬的方式和数额也可以采用约定的方式,同时明确了未作约定奖励和报酬的法定标准。至此,我国职务发明的权利归属和收益分享制度基本完善,与 1985 年第一次颁布的专利法相比,有了明显的进步,适应了我国经济的发展,但也有许多不足之处,仍需进一步探讨和研究。

(三)职务发明制度的理论基础

1. 利益平衡论

众所周知,法律是调节社会利益关系的均衡器,可以确认和保障一定的权利和利益。在社会生活中,各种利益相互依赖、相互制约、相互影响,有时候各利益之间会发生冲突,这是就需要法律发挥调节作用,平衡各方利益,促使社会有序运转,实现公平正义。利益关系的平衡包括整体利益与局部利益的平衡、个体利益与社会公共利益的平衡和个体之间的利益均衡。这些待平衡的利益相互交织、相互博弈,合理有效的法律应在公平正义的原则下使这些利益都得到体现。

与职务发明制度有关的利益包括个体利益与社会公共利益、平等个体之间，即发明人或设计人与雇主之间的利益，因此，这两组利益的如何平衡问题是职务发明制度设计时应注重解决的。首先，职务发明制度的实质可以归结为平衡个体之间，即发明人和其雇主之间的利益关系。在知识经济的时代背景下，发明创造的产生不仅依赖于雇主大量物质技术的投入，同时还依赖于发明人的智力活动，只有资本和智力的完美结合，才能高效完成重大的发明，因此，从事智力活动的发明人和投入大量资本的雇主的利益均应得到保障。为了激发发明人的创造热情，同时鼓励资本在技术领域内的投入，职务发明制度应平衡发明人与雇主之间的利益，设法给予双方适当的利益回报。另外，职务发明制度是专利制度的重要组成部分，而专利制度一方面保护专利权人的合法权益，给予专利权人一定期限的垄断权，另一方面要求专利权人公开专利技术，能够让社会公众了解专利技术，分享其发明创造带来的便利，从而提高整个社会的技术水平，实现了专利权人的个体利益与社会公众利益的均衡。职务发明的权益归属采取何种模式，直接影响发明人和雇主的创造积极性及职务发明的实施效果，因此，从这一角度来说，职务发明制度不仅体现了个体利益之间的平衡，还体现了个体利益与社会公众利益的平衡。

2. 约定优先论

约定优先原则，是指事前有合同作相关约定，按照合同的约定执行。这一原则集中体现私法领域平等自愿原则，充分尊重双方当事人的意愿。职务发明专利申请权是民事权利，属于私权范畴，各国专利法基本都允许对其权属和收益分配作自由约定，我国《专利法》第6条第3款也作了类似规定。只要当事人事先作出的约定不违反公序良俗和法律的规定，不妨碍国家利益和社会公共利益，就可以获得专利法的保护的专利申请权。这一原则与利益平衡原则相互作用、互相影响，对实现发明人和雇主之间的利益平衡具有重要意义。

3. 人力资本理论

前已述及，人力资本理论是美国著名经济学家舒尔茨、明塞于20世纪50年代提出，主要用以解释剔除物质资本和劳务增长后，对美国经济增长所作的贡献部分。所谓人力资本，是指知识、技术、资历、经验及熟练程度、健康等的总称，代表人的能力及素质。其显著标志是它既是人自身的一部分，又是一种资本，是未来收入的来源。由此看来，技术拥有者作为一种特殊的劳动力，其必然具备资本的属性，是一种人力资本。

人力资本理论认为，市场中的企业是一个人力资本与非人力资本的特别契约。人力资本的产权相当特别，只能属于个人，非"激励"难以调度。正是人力资本的产权特点，使市场的企业合约不可能事先规定一切，而必须保留一些事前说不清楚的内容而由激励机制来调节。"激励性契约"是企业制度的关键，不但要考虑各要素的市场定价机制，而且要考虑各人力资本要素在企业中的相互作用，以及企业组织与不确定的市场需求的关联。"激励"得当，企业契约才能节约一般（产品）市场的交易费用，并使这种节约多于企业本身的组织成本，即达到企业的"组织盈利"。

第十六章　职务发明的界定及权利归属研究

一、国外对职务发明的界定及权利归属概况

因为受长期计划经济体制的影响，我国职务发明制度自建立之初就缺乏相应的物质基础，导致具有"先天不足"的缺陷，后来虽几经改进，但在很大程度上是被迫进行的，仍然存在很大的不足，可以说我国的职务发明制度在建立后的很长一段时间内也是"后天失调"的。为此，很有必要首先深入研究外国的相关法律制度，并将其长处移植引进，汲取精华，结合我国的实践，从而完善我国这一"先天不足，后天失调"的法律制度。

从法律形式来看，墨西哥、沙特阿拉伯等国家在劳动法中规定了职务发明创造的条款。而以德国为代表的国家则制定了专门的法律——"雇员发明法"。以美国为代表的国家在行政法中涉及职务发明制度内容，通过行政命令及判例加以规定，将其纳入行政法体系；但大多数国家还是将职务发明创造制度单独在专利法中作出较为明确的规定，采用此种做法的主要国家有英国、法国、荷兰、巴西、马来西亚、日本。

从制度层面上看，职务发明制度要解决的核心问题是发明创造的权利归属，各国法律对此有不同的规定：法国、英国、俄罗斯等国采用职务发明权归属于雇主的制度，而在德国、日本、美国职务发明专利权归属于雇员，这两种做法都使用适当的报酬制度来保持发明者和雇主间的权益平衡。美国联邦政府虽然没有作明确的规定，但各州的法律基本都规定了雇主可通过契约取得职务发明的专利权。为了更好

地研究我国的职务发明制度,本书选取几个具有代表性的国家,对其职务发明制度进行比较研究。

(一) 美国

进入知识经济时代以来,美国一直强调保护知识产权,尤其注重专利权的保护,其在创新方面的能力也遥遥领先其他国家,制药、信息技术和生物技术三方面的优势更为明显,美国在这三大行业的专利发明均占到世界的一半以上,而且多为职务发明。因此,美国作为一个职务发明专利大国,对其职务发明制度的研究必不可少。

通过对美国相关判例的研究,基本可以得出美国职务发明专权属遵循两大基本原则:一是职务发明是当发明人在受雇期间主要利用雇主的物质技术条件作出的,如果事前没有对权属作明确的约定,专利申请权归发明人享有,雇主拥有专利的实施权;二是如果从事特定的创造活动,在雇佣合约条款中事先明确约定发明成果转让给雇主,则职务发明专利权归雇主享有。美国的专利法没有明确地提出职务发明的概念,仅对雇员发明作了规定。

1. 雇主发起的发明 (Employer-Initiated Inventions)

雇主发起的发明,即为解决一个特定的技术问题,某技术人员受雇所做出的发明,即使双方没有约定发明成果的归属,仍推定雇佣双方间存在一个默示的契约,雇员有义务将其发明的专利权转让给雇主,允诺雇主拥有该发明的专利权。

2. 一般雇佣 (General Employment) 发明

一般雇佣发明是雇员利用雇主的物质技术条件、文件资料等在职责范围之外做出的发明,其专利权的归属取决于两个因素:一是发明是否与雇员的工作职责有关;二是作出发明的雇员是否利用了雇主的物质技术条件、文件资料等资源。一般雇佣发明,专利权归雇员享有,但是雇主获得暗免费的实施权 (an implied-in-law royalty-free license),这一权利被称为雇员发明实施权 (shop right)。Shop right 并非一种所有权，而是雇主享有的一种免费实施专利的权利，与雇员是否有义务将发明专利转让给雇主无关，因雇主对发明创造的作出提供了必需的物质技术条件，因此雇主实施此种专利权无须获得专利权人的许可，但也不得将该权利转让给第三人。

3. 自由发明（Free Invention）

自由发明是指在职责范围之外，雇员自己投入物质技术做出的，此种权利与职务无关，也没有利用雇主的物质技术条件，因此雇主无权对此类发明主张权利。❶

美国的专利制度继承英国，但却与英国专利制度有所不同，美国专利法没有对职务发明予以界定，仅对雇员发明作了规定。与职务发明有关的雇员发明包括：雇主发起的发明和一般雇佣发明。"雇主发起的发明"与"一般雇佣"之间从概念上讲差异比较明显，但有时在实务操作中确难以界定，通常需要双方相互对立的证词来澄清。为了使雇员与雇主双方的利益分配达到平衡，法律又允许双方基于契约自由，对雇员发明的权利归属作出约定。

（二）德国

关于职务发明的权利归属制度和报酬制度，德国于1957年7月施行《德国雇员发明法》❷，率先采用单独立法的方式。该法第4条首先界定了职务发明："如果发明是雇员在雇佣期间作出的，源于私人企业或者公共机构雇员的工作任务，或者在本质上基于企业或者政府机构的经验或活动，就属于职务发明，雇员的其他发明为非职务发明。"然

---

❶ Robert P. Merges, The Law and Economics of Employee Inventions, *Harvard Journal of Law and Technology*, Fall 1999, p. 7.

❷ 该法名为"das Gesetz über Arbeitnehmererfindungen"，简称"ArbEG"，1957年7月制定，最近一次修正是在2008年5月，德国议会通过了《专利法简化及现代化法案》(*Act for Simplification and Modernization of the Patent Law*)，对相关内容进行了修正，新规定于2009年10月1日实施。

后，明确了职务发明的权利归属规则，即发明人负有立即书面向雇主汇报的义务。接到雇员职务发明的合格报告以后，雇主依据法律必须表明态度：雇主对职务发明，必须说明主张无限权利、有限权利或放弃权利。雇主若主张无限权利，则职务发明的权利归雇主享有。若雇主主张有限权利，则可享有职务发明的非独占性实施权。若雇主书面放弃权利，则转化为非职务发明，发明的权利归雇员享有。另外，如果雇主在得到雇员的书面汇报后，3 个月内未提出任何权利主张，则发明转为非职务发明。

  笑述《德国雇员发明法》的规定可以看出，虽然推定雇员享有职务发明的原始权利，但雇主在合理的时间内提出无限权利主张时，即可直接申请专利，而无须经雇员的同意，这一规定明显与美国的自由约定权利规定的做法有所不同，一定程度上避免了双方因契约而产生的矛盾，也起到了平衡雇主与雇员双方利益的作用。

（三）日本

  日本有关职务发明的制度，集中体现在《日本特许法》第 35 条。该条规定：使用者、法人、国家或地方公共团体（以下称为"使用者等"）的从业人员、法人的职员、国家公务人员或地方公务人员（以下称为"工作人员等"）在其性质上属于使用者等的业务范围，而且完成发明的行为属于使用者等工作人员现在或过去职务的发明（以下称为"职务发明"），获得特许时，以及职务发明的特许继承职务发明专利权者取得其发明专利时，对其专利权拥有实施权。❶ 可见，日本既承认发明者享有职务发明的原始权利，即在职务发明权利问题归属上采用"发明者主义"，又承认雇主对职务发明成果享有"法定一般实施权"。这种权益界定对雇员和雇主双方之间的利益作了充分考虑，平

---

  ❶ 参见日本《特许法》第 35 条，http://www.sipo.gov.cn/zcfg/flfg/zl/wgf/200804/t20080415_377946.html，最后访问日期：2012 年 2 月 28 日。另外，不同的翻译版本中文略有差异，特此说明。

衡了发明者和雇主之间权益关系。

职务发明是指从业者在使用者的业务范围内所完成的发明，其构成要件包括：首先是主体要件，职务发明是由雇员完成；其次是职务条件，发明在雇主现在或过去的职务范围之内；再次是业务条件，发明应属于雇主的营业范围内。就职务发明的权利归属而言，依据《日本特许法》第 35 条规定，雇员发明人本人首先享有申请职务发明专利的权利以及获取职务发明专利的专利，雇主仅仅享有"一般实施权"。另外，《日本特许法》允许雇员与单位协商约定职务发明创造的权利归属，其形式主要有归雇员享有，或归雇主享有，或归雇员和雇主共有；如果雇员和雇主没有约定或约定不明时，权利再按法定所有，这充分体现了私法领域的契约优先原则。

（四）法国

法国的职务发明制度与我国有些类似，但两国的国情则完全不同，职务发明的制度也有很大区别。作为与我国一样的传统大陆法系国家，对法国职务发明制度的研究对我国相关制度的认识和改进具有重要意义。

法国对职务发明创造有关的规定最早出现在 1978 年颁布的《法国专利发明法》中，该法规定对本国职务发明制度的制定和实施具有深远影响。1992 年 7 月颁发的《法国知识产权法典》有关职务发明的规定则对职务发明作了如下具体规定。

如果雇员是发明人，除非雇主与雇员间的约定更有利于该雇员，取得雇员发明的产权的权利根据以下规定确定。

（1）雇员执行的工作合同是一个与其实际工作职责相对应的任务，或从事雇主安排的任务而完成的发明权利归雇主享有。而雇员完成这种发明获得享受额外报酬的权利，具体条件由企业协议、集体合同及雇主与雇员间单独的劳务合同确定。

（2）除了第 1 款规定之外，其他发明权利归雇员享有。但是如果雇员为完成发明,利用了单位独有的技术手段和数据资料,雇主有权根据有关法规确定的条件及期限获得全部或部分该项雇员发明的所有权或用益权。

雇主应该给予雇员合理的额外报酬作为该项雇员发明的价金,该价金由雇主与雇员协商确定,若双方达不成一致的协议,由雇主与雇员双方和大审法院或调解委员会共同确定。在确定时,法院和委员会应充分考虑雇主和雇员所提供的所有材料,并根据该项发明的工商业价值及雇主与雇员各自的贡献,确定合理的价金。

(3) 作为雇员发明的发明人,雇员有义务以法定的方式,在法定的期限内通知雇主取得了该项发明,雇主出具收据以确认收到了雇员的通知,并且雇员和雇主应相互交换这一雇员发明的所有有用情况。为了避免危及该项雇员发明的全部或部分权利,无论雇主还是雇员都不得进行任何披露。雇员与雇主双方达成的约定雇员发明权利归属的一切协议,都应该用书面的形式,否则一律无效。

从以上规定可以看出,法国的职务发明制度有比较明显的雇主优先倾向。有以下两种发明可以界定为职务发明:一是雇员在执行职位任务或雇主安排的其他任务时完成的发明创造属于职务发明。二是雇员根据雇主提供的数据资料,主要利用雇主独有的技术手段和条件所完成发明也属职务发明。这两种界定为职务发明的情形,与我国有关职务发明的规定十分相似。但是,就第二种情形而言,法国与我国的规定又有所不同,主要体现在法国专利法将利用雇主物质条件作出的发明界定为职务发明中的"物质条件"作了比较严格的限制:一方面要求这些物质技术条件要有独有性,即从雇主之外的其他任何人处均不能获得;另一方面规定雇主必须根据有关法规确定的条件,在法定的期限内,才能获得全部或部分该项雇员发明的所有权或用益权。❶

---

❶ 黄晖译:《法国知识产权法典》(法律部分)第 611.7 条,商务印书馆 1999 年版。

二、我国职务发明的界定及权利归属

(一) 我国职务发明创造的界定

按照我国《专利法》第6条第1款的规定，职务发明创造的完成方式有两种类型：一是发明人或者设计人执行本单位的任务完成，二是发明人或者设计人主要利用本单位的物质技术条件完成。从本条可以看出，职务发明主要包含以下几个因素。

1. 发明人或者设计人

世上所有的发明都是由人作出的，无论职务发明还是非职务发明，都只可能是由自然人作出，而不可能是由单位或者法人等法律拟制人作出。要判断一项发明是职务发明还是非职务发明，是根据发明人与所在单位之间的关系予以确定。《专利法实施细则》第13条规定："专利法所称发明人或者设计人，是指对发明创造的实质性特点作出创造性贡献的人。在完成发明创造过程中，只负责组织工作的人，为物质技术条件的利用提供方便的人或者从事其他辅助工作的人，不是发明人或者设计人。"该条不仅从正面界定了发明人或者设计人的范围，还专门从反面列举了对发明创造的完成起辅助作用但不属于创造性贡献的情形。

2. 本单位的含义

我国《专利法》第6条所称的"单位"是指能够以自己的名义从事民事活动，独立享有民事权利，独立承担民事责任和义务的组织，既包括法人单位，也包括能够独立从事民事活动的非法人单位，而法人或者非法人组织的内部部门，如公司内设的研发中心、大学的院系、研究所内的研究室等，由于不能独立享有民事权利、独立承担民事义务和责任，不属于《专利法》所述"单位"，不能成为申请专利的权利主体。而"本单位"包括临时工作单位，在借调、兼职、实习等情况下，虽然被借调人员、兼职人员、实习人员的编制和工作关系人在其原单位，但在工作任务上受借入单位、聘用单位、实习单位支配和管理，所以才完成借入单位、聘用单位、实习单位分配的任务或者利用其提供的物质技术条件的情况下，这些单位就是第6条所提的"本单位"。

3. 执行本单位的任务所做出的发明创造

《专利法》第6条所称执行本单位的任务所完成的发明创造，是指：

（1）在本职工作中作出的发明创造，此处的本职工作是指劳动合同、聘用合同等确定的工作人员的工作职责，本职工作的性质常常是判断发明创造的作出是否为执行本单位的任务的首要因素。

（2）履行本单位交付的本职工作之外的任务所做出的发明创造，这种任务通常是单位临时或者在一段时间内分配，主要包括两种情况：一是某个工作人员的本职工作不是从事研究开发或者设计，单位临时或者在一段时间内分配给他一项研究开发或者设计任务；二是某个工作人员的本职工作是从事甲项目的研究开发，单位临时将其调入乙项目的项目组进行研发工作。无论哪种情形，执行该任务所完成的发明创造仍然是职务发明创造。判断单位是否分配给工作人员其本职工作之外的其他任务，应当有明确、具体的依据，如单位有关部门发出的有关书面通知、办理相关的手续等，不能仅以单位负责人的号召或者口头指示为依据。

（3）退休、调离原单位后或者劳动、人事关系终止后1年内作出的，与其在原单位承担本职工作或者原单位分配的任务有关的发明创造。❶

需要注意的是，本单位的任务与本单位业务范围并不是一回事。每个雇员所完成的任务并不一定属于本单位的业务范围。如某从事新

---

❶ 《中华人民共和国专利法实施细则》（2010年修订）第13条。

药品研发的公司，本单位的任务就是药品的研发，其研发团队的本职工作就是对新药品进行研发，以获取新的制作方案，完成新药品的制作，研发工作也是本单位的业务范围，这时本单位的任务属于本单位业务范围。但对于该公司的专职司机，他的工作任务就是为领导或者公司员工驾车，为他们的出行提供方便，但专职司机的工作任务很明显不属于研发公司的业务范围。如果该司机在工作过程中勤于思考、努力创新，对汽车发动机的结构进行了改进，完成了一项发动机省油装置的发明创造，虽然这项发明是在执行本单位的任务过程中取得的，但是专职司机的工作职责并不是发明创造，因此，发动机省油装置的发明不属于执行本单位的任务而完成的发明创造。

4. 主要利用本单位的物质技术条件完成的发明创造

物质技术条件是指本单位的资金、设备、零部件、原材料或者不对外公开的内部技术资料等。[1] 其中，不对外公开的内部技术资料应当是指该单位拥有的只有少数经过许可的员工才能接触到的内部情报或者内部资料，如技术档案、设计图纸、实验数据、技术信息等。"主要利用"是指对本单位物质技术条件的利用时完成发明创造不可缺少或者不可代替的。相反，少量的利用或者对发明创造的完成没有实质性帮助的利用，则可以认为不属于"主要利用"。

（二）我国职务发明创造的权利归属

从我国现行专利法律的规定来看，我国的职务发明创造分为两类：执行本单位任务完成的发明创造、利用本单位的物质技术条件完成的发明创造。就第一种执行本单位任务完成的发明创造而言，单位为该项发明创造主动有计划有组织地投入物质技术条件，有意追求发明创造的完成，我国的专利法直接规定了申请专利的权利归属于该单位；专利申请被批准后，该单位为专利权人。第二种利用本单位的物质技

---

[1] 《中华人民共和国专利法实施细则》（2010年修订）第12条第2款。

术条件所完成的发明创造，虽然单位没有同意，但实际上发明人为发明的目的专门使用了单位的物质技术条件，按照现行法律规定，如果单位与发明人或者设计人定有合同，对申请专利的权利和专利权的归属做出约定的，从其约定。❶ 这种约定应当采用书面合同的形式，如果没有订立书面合同约定该项发明创造的权利，则认定为职务发明，权利归本单位享有。两类职务发明的区别在于：第一种职务发明在主观状态上是积极主动地追求发明创造的完成。在客观投入的物质技术的投入上，二者并没有实质上的区别。

通过对现行专利制度的理解与分析，当今理论界就职务发明创造的权利归属大致形成了三种观点。

一是认为职务发明创造的权利应归发明人所在单位享有。主要有两方面的理由：一方面，单位不仅提供为完成发明创造所必需的技术资料等物质技术条件，还要大量投入对技术人员进行培训，给予他们学习深造的机会，协调研发过程中的困难，最主要还得承担大量投资而一无所获的巨大风险，从谁投入谁获利这一理论出发，职务发明成果的主要权利应该为单位享有；另一方面，发明创造的生命在于运用，将发明创造转化为现实的生产力，才能真正体现技术创新的社会意义。职务发明创造同样遵循这样的规律。职务发明的权利归属还得考虑如何更有利于该发明的实施。一般说来，无论物力、财力还是人力，单位的实力都比发明人个人强太多，更具备实施专利技术的条件。因此，我国关于职务发明成果的主要权利归单位享有这一规定得到很多国内学者的赞同，他们认为，这既符合经济效益原则，也能够达到鼓励发明创造、推动社会科技进步的目的。持这类观点的学者同时还主张重视对职务发明人的创造性劳动予以补偿，使他们获得比较丰厚的回报以保持或者提升发明人的创造热情。

二是主张单位与发明人共同享有职务发明专利。有学者认为在完

---

❶ 《中华人民共和国专利法》（2008年修订）第6条第3款。

成本职工作或单位交付的任务过程中所作出的发明创造，其权利应归发明人和单位共同享有；而仅仅利用单位的物质条件所完成的发明创造，权利归发明人个人享有，单位享有无偿实施权。他们认为单位投入的资本和发明人投入的创造性活动，都是完成职务发明必不可少的条件，建立产权共有制度更合理地体现了投入和产出的关系；一方面可以充分调动科技人员的积极性，激励他们更热心地投入研发活动；另一方面可以给予投资者合理回报的同时，减少因职务发明权利归属问题引发的纠纷。但是实践证明，共有制度不仅没有解决纠纷，反而带来了一些难以解决的问题。有的学者也从共有意思缺失的角度从理论上来否定这种共有观点。其认为，在雇员发明中，雇员和单位往往缺乏关于发明成果共有的一致合意。

第三种观点主张将职务发明专利权归发明人所有，单位享有不可撤销、不可转让的免费实施权。持此观点的人主要基于劳动创造价值论，从保护职务发明人权利出发。

三、职务发明界定及权利归属比较研究

（一）国外主要国家比较研究

通过对国外主要国家职务发明制度的研究，可以发现，如下两种方法常被用来界定何谓职务发明：

一是按照职务责任划分，将职务发明界定为，雇员在完成本职工作即雇主指派的任务或者雇佣劳务合同约定的工作时作出的发明创造。此类划分对职务发明的界定比较明确，各国都把为完成本职工作而做出的发明界定为职务发明。

二是按照使用的资源划分，为完成发明创造，雇员利用了雇主的机器设备、技术资料等物质条件做出的发明创造也视为职务发明创造。将此类发明创造界定为职务发明，具有很大的不确定性，各国对此的

态度差异也比较大。

就职务发明权利归属的法律制度来看，世界上主要有两种典型模式：

一是规定职务发明的原始权利归发明人享有。此类立法的模式的意图，侧重于保护发明人的权利，以美国为代表。

二是以法国为代表的大陆国家规定职务发明权利归雇主享有。此类立法模式从形式上看更多地倾向于保护雇主。虽然两者从形式上看有所不同，但在某些方面实质上是一样的。虽然第一种模式将雇员作为职务发明的原始权利人，但允许雇主通过事前的契约取得该职务发明的权利，实质上职务发明的权利最终还是为雇主所享有。

随着社会的发展和科技的进步，现代技术越来越复杂，研发投入也越来越大，重大发明创造往往需要雇主提供的机器设备、技术资料等物质条件，雇员才能够完成。如何平衡雇主和雇员间的利益，是各国职务发明制度要解决的重要问题。以美国为代表的保护雇员立法和以法国为代表的保护雇主立法，孰优孰劣？法律制度并非是一成不变的，近年来，德国和日本职务发明制度由过去的"雇主优先模式"，逐渐向美国模式转变。美、日、德作为发达国家中的佼佼者，其科学技术水平也是遥遥领先的，这与其倾向于保护雇员的职务发明制度是分不开的。人作为社会的主体，是历史的创造者，一项制度只有充分调动人的主观能动性，才能更好地推动社会的发展与进步。[1]可见，美国模式似乎更适应当今知识经济时代的需要。

当然，美国模式并不一定适合所有国家的经济发展状况，职务发明专利制度作为上层建筑是建立在相应的物质基础之上的，只有适应了本国的经济状况，才能更好地促进该国社会的发展和技术的进步。

---

[1] 何敏："职员发明财产权利归属正义"，载《法学研究》2007年第5期。

（二）我国与国外主要国家比较研究

1. 共同点

对国内外职务发明制度进行研究可以看出，各国设计职务发明制度的出发点是一致的。职务发明制度实质是职务发明人和雇主利益平衡机制，通过该项制度的建立和完善，职务发明人在物质上获得奖励与在精神上得到满足，雇主对职务发明的研发投入能够得到预期的回报，从而调动雇佣双方的创造积极性，创造出更多的新产品、发明更多的新技术，达到鼓励发明创造，推动新技术、新知识的应用，提高创新能力，推动科学技术进步和社会经济发展的目的。国内外几乎所有的国家都将完成本单位任务而作出的发明界定为职务发明。

2. 差异性

与国外主要国家的职务发明制度相比，我国法律将"职务发明"的范围界定得比较宽泛，不仅如此，还将职务发明成果财产权利归属于单位或国家，专利法虽然经过几次修改，但"重雇主主义"的立法倾向仍然比较明显。与我国职务制度形成鲜明对比的是美国将发明成果原始的财产权利归属于雇员发明人，为雇主设定了"优先受让权"与"非排他使用权"，体现了知识经济时代下更注重智力创造的立法倾向。法国的职务发明制度采用了折中的办法来解决成果财产权利归属问题，但是仍然没有从根本上解决雇员发明人与雇主之间有关职务发明的利益公平分配问题，在雇员发明人与雇主之间，仍然可能导致较为严重的财产权益方面的冲突。

在一般情况下，一项复杂的技术，大量的物质资源投入和技术人员创造性智力投资都是必不可少的。因此，物质投资者与智力投资者都有资格主张享有发明创造成果的财产权利。正因为如此，一项合理的职务发明报酬制度不仅要充分体现物质资源投资者一方的利益，同时也需要充分考虑投入创造性智力的技术人员一方的财产利益。换句话说，一项发明创造成果应由所有的投资人分享，既包括投入创造性智力的技术人员，也包括物质资源投资人雇主。

在知识经济时代，职务发明制度的设计应基于以人为本的思想，代表智力的人应当处于一项制度体系中的主体地位，在组织机构中起主要作用。一种新的人与组织间的关系模式正在形成。崇尚以人为本，尊重人的智力资本，不仅是一个企业生存和发展的关键，更与伦理道德相联系，是一个社会、一个民族生存和发展的关键。在西方的立法中，越来越注重人本思想，法国著名民法学家菲利普·马洛黑（Philippe Malaurie）和洛珩·埃奈斯（Laurent Aynes）在他们所著的《民法》系列丛书《财产》一书的封底提醒道："财产权利是一项有关财富的权利。如果没有财产权利，就既没有自由也没有繁荣。但若过分强调财产权利，这几乎是不可避免地将降低人的价值；从可持续发展来看，西方的未来在于智慧财产权和非物质财产权；财产权利的学者试图找到符合可持续发展规律和生态规律的财产权利制度，这并不太容易，但也并非是咬文嚼字的空想。"[1]

四、我国职务发明权利归属制度存在的问题剖析

对职务发明制度的研究，就是对如何分配"利益之油"的研究。如何平衡单位和发明人之间的利益，直接影响职务发明的数量，进而影响一个国家科学技术的进步。通过对主要国家发明制度的对比研究，笔者认为，我国的职务发明权利归属制度还存在以下问题需要进一步解决。

1. "本单位任务"范围的过于宽泛

《专利法实施细则》将执行本单位的任务所完成的发明创造分为三类：（1）在本职工作中作出的发明创造；（2）履行本单位交付的本职工作之外的任务所做出的发明创造；（3）退职、退休或者调动工作后

---

[1] 何敏、肇旭："职务发明类分之中外比较与研究"，载《科技与法律》2009年第3期。

1年内作出的,与其在原单位承担的本职工作或者原单位分配的任务有关的发明创造。[1]

对于前两种情况,各国基本都承认是"本单位任务",因此完成的发明创造实质上也多归单位享有,因为这两种情况是雇主雇佣雇员的目的,单位通过工资、奖金等形式向雇员支付了部分职务发明创造价值的对价,单位享有发明的权利并无不妥。但将"退职、退休或者调动工作后(劳动人事关系解除或者终止后)1年内作出的,与其在原单位承担的本职工作或者原单位分配的任务有关的发明创造"也完全界定为职务发明创造并且其权利由单位享有,则显得不够合理。这一条规定对于防止雇员在即将完成发明创造时带走职务发明成果,确实有一定的作用,但这一规定有臆测发明人为恶意之嫌,将退职、退休或者调动工作后(劳动人事关系解除或者终止后)1年内作出的,与其在原单位承担的本职工作或者原单位分配的任务有关的发明创造一律作为职务发明创造更是有些牵强。主要有以下两个原因。

首先,"与其在原单位承担的本职工作或者原单位分配的任务有关的发明创造"的范围不明确。前面已对"本职工作"和"原单位分配的任务"进行了阐述,但是"有关"这一词汇过于模糊,是相同还是相似,或者只是有些许牵连就算是"有关",没有相关立法加以明确界定,使得单位可以比较容易地将雇员的发明创造归为职务发明的范畴,对发明创造人作了一个很不公平的"兜底"。

其次,采用"一刀切"的做法过于绝对。若工作调动1年内,主要利用新单位的物质技术,最后完成发明创造,如果直接规定与其在原单位承担的本职工作或者原单位分配的任务有关的发明创造归原单位所有,那新单位不能享有该发明的权利,这显然对新单位不公平。随着经济的发展,人才流动十分频繁,"跳槽"属于正常现象。而随着社会专业分工的细化,技术人员大多数的"跳槽"是换单位而不转换

---

[1] 《中华人民共和国专利法实施细则》(2010年修订)第12条。

行业，这可能就会涉及雇员调动工作 1 年内作出的，与其在原单位承担的本职工作或者原单位分配的任务有关的发明创造归谁所有更为合理的问题。雇员到新单位后，很有可能将继续从事其在原单位性质相同或相近的研发工作，此时作出的发明创造应归谁所有呢？对此，《全国法院知识产权审判工作会议关于审理技术合同纠纷案件若干问题的纪要》（以下简称《纪要》）第 6 条规定："完成技术成果的个人既执行了原所在法人或者其他组织的工作任务，有就同一科学研究或者技术开发课题主要利用了现在法人或者其他组织的物质技术条件所完成的技术成果的权益，由其原所在法人或者其他组织和现在法人或者其他组织协议确定，不能达成协议的，由双方合理分享。"❶ 该条对如何分配前后单位之间的权益有一定的意义，但这一规定过于笼统，对解决前后单位之间权益争议，起不到实质性的作用。

诚然，完成一项发明创造需要复杂的脑力劳动，是一个长期的过程，更离不开在原单位知识和经验的积累，正因为如此，技术人员在离职、退休后一段时间内往往会主动继续从事与原单位的工作密切相关的研究，并有可能最终完成在职期间没有完成的发明创造。如果将此种发明一律归为职务发明且由单位享有其成果，给人以错误的政策导向，即不主张研究人员在离职后继续从事在职时的研究，这将严重挫伤发明人的创造积极性，不利于科学技术的进步。

2. 物质技术条件的规定不够合理

《专利法实施细则》将"本单位物质技术条件"解释为"本单位的资金、设备、零部件、原材料或者不对外公开的技术材料等"。《纪要》第 5 条第 1 款把《合同法》第 326 条第 2 款所称"物质技术条件"，解释为"资金、设备、器材、原材料、未公开的技术信息和资料"。最高人民法院《关于审理技术合同纠纷案件适用法律若干问题的解释》第 3 条

---

❶ 《全国法院知识产权审判工作会议关于审理技术合同纠纷案件若干问题的纪要》（2001 年 6 月印发）第 6 条。

也认为:"《合同法》第326条第2款所称'物质技术条件',包括资金、设备、器材、原材料、未公开的技术信息和资料等。"这些对"物质技术条件"的解释基本相同,都包括诸如零部件、原材料、机器设备等可以花钱购买或者支付一定的资金就可以使用的物质,这些都不是构成职务发明创造的主要因素。而构成职务发明创造的主要因素应当是技术,即发明人、设计人长期在本单位从事某种工作,通过学习、观察、讨论、实践等可以学到的在本单位以外不能学到的许多知识、技术、经验等东西,这些是花钱也不容易买到的,这些东西才是发明人借以做出发明创造的基础。技术条件比物质条件更为重要,因此《专利法》把物质技术条件笼而统之加以规定,显然不够明确,更不够合理。

3. 如何界定"主要利用本单位的物质技术条件",面临很大困难

关于这一问题,最高人民法院于2004年年末出台的《关于审理技术合同纠纷案件适用法律若干问题的解释》(以下简称《解释》)作了规制。该解释规定:"主要利用法人或其他组织的物质技术条件",包括职工在技术成果的研究开发过程中,全部或者大部分利用了法人或其他组织的资金、设备或者原材料等物质条件,并且这些物质条件对形成该技术成果具有实质性的影响;还包括该技术成果的实质性内容是在法人或者其他组织尚未公开的技术成果、阶段性技术成果的基础上完成的情形。但下列情形除外:对利用法人或者其他组织提供的物质技术条件,约定返还资金或者缴纳使用费的;在技术成果完成后利用法人或者其他组织的物质技术条件对技术方案进行验证、测试的。[1]

《解释》对于"主要利用"的理解给出了较为明确的回答。但是仍然存在不足之处。主要原因是"主要利用"与"次要利用"在理论上可以通过制定一些标准加以区分,但现实情况比较复杂,实际操作起来面临比较大的挑战,不是简单地通过制定标准能够加以解决的。

---

[1] 《关于审理技术合同纠纷案件适用法律若干问题的解释》(2004年11月发布)第4条。

具体而言，各个行业不同，各个单位的规模大小不一，对"主要利用"难以统一标准。因此，既没有约定发明创造的权利归属，又不能确定对单位物质条件的利用是主要的还是次要的，就无法界定发明创造是否是职务发明。这种情况下，发明人和单位之间往往会发生纠纷，单位通常利用自己的有利地位获得发明创造的权利，而发明人的利益难以得到保证，造成单位与发明人之间利益分配的不平衡。

现行专利法将这类创造发明界定为职务发明，其成果允许单位与发明人通过合同或者单位规章约定，在无明确约定的情况下，归单位享有。但是否应该否认这样的规定，笔者认为仍需商榷。在专利法中确立了约定优先原则，在一定程度上有助于提高科技人员的工作积极性，从这点上讲，现行专利法有其可取之处，但"主要利用"这一定性用语有待进一步细化和明确。本书建议去掉"主要"这一限定语，而对物质技术条件加以明确的限定。

五、完善我国职务发明权益归属制度的建议

（一）我国职务发明权益归属模式的选择

总的说来，在我国现行的职务发明制度体系下，职务发明人的权利严重不足，仅有的权利也缺乏有力的保障。要改善这一状况，首先得从确立更优的职务发明权利归属模式入手。正如前文所述，职务发明的权利归属无非三种模式：（1）权利首先归单位享有；（2）权利首先归发明人享有；（3）权利归单位与发明人共同享有。职务发明共有制将发明人和单位作为共同的权利主体，似乎能够很好地调动双方的积极性，但却对职务发明如何实施考虑不足，实践证明，共有制并不是解决职务发明权利如何归属这一难题的可行的模式，因此，世界上除了巴西，几乎没有其他国家采用。因此，可供选择的权益归属模式也仅前两种。为完善我国职务发明权益归属制度，我们应面对现实，

立足于我国的国情，充分认识我国职务发明制度实施过程中出现的问题和认真分析产生这些问题的原因，借鉴国外发达国家关于职务发明制度的可行做法，以便更好地促进我国技术的进步，推动更多优质的创新智力成果的完成和实施。

我国现有专利制度规定的职务发明权益归属模式与法国模式相似，即职务发明的原始权利归单位（雇主）享有，职务发明的专利申请权和专利权均归于单位（雇主），这一模式明显有利于单位（雇主）。相反，美、日、德规定了职务发明的原始权利首先归发明人享有。在我国，职务发明人的权利不足，甚至一定程度上无法得到保障，严重影响了发明人的创造热情。在国际上，采用雇员优先模式的美、日、德三国的专利申请和专利授权数量都明显高于采用雇主优先的法国，单从制度设计本身来看，美、德、日模式似乎有其明显的优势，特别是《德国雇员发明条例》确立的职务发明申报—确认程序，有效地平衡了职务发明创造关系双方的利益。但是，如果联系目前我国的客观实际，现在就完全实行这样的制度不一定会取得成功。主要原因在于，目前我国单位的专利意识普遍不强，专利管理水平有限，专利经营能力不强，而这种模式需要雇主（单位）有相当高的专利管理水平。

我国的社会主义市场经济是从高度集中的计划经济体制转变而来，现代企业制度虽然开始确立，但相关的制度还不够完善，国有大中型企业资本雄厚、资金充足，研发实力较强，但整体经营能力相对较弱，参与市场竞争的意识不够，对知识产权的利用不够充分，涉及知识产权纠纷，往往无法从容应对。中小企业能够充分参与市场竞争，经营方式也比较灵活，但研发能力不足，对专利权等知识产权不够重视，对技术人员也缺乏充分的尊重。高等学校和科研院所作为研发的重要力量，有着强大科研实力，但缺乏明确的市场导向，科学研究有时与实际需要脱节，其研究成果往往难以直接运用到实际生产和生活中。正是因为我国各类从事研发的单位或多或少存在着不同的问题，现在完全移植美、日、德职务发明归属模式，可能无法接我国的地气，造成"水土不服"。另外，我国职务发明申请比例较小，实施率不够高，本书建议仍然采用法国模式，即职务发明的原始权利归雇主享有，但需要对现有专利制度中职务发明的范围作进一步的限定。

（二）对完善现有职务发明归属模式的建议

1. 对"执行本单位任务"加以限定

如前所述，对雇员为履行工作职责或在本单位交付的本职工作之外的任务所完成的发明创造，权益应归所在单位享有，因为这种发明是在单位有目的、有计划、有组织的条件，并且支付了工资、奖金等对价后完成。但将雇员在退职、退休或者调动工作后1年内作出的，与其在原单位的本职工作或者原单位分配的任务有关的发明创造界定为"执行本单位任务"，权益归单位享有，就不甚合理。作出这一规定的目的无非是防止发明人把原本属于原单位的职务发明带离原单位，以便防止职务发明的非职务化流失，但是笔者认为这样采取"一刀切"的规定缺乏灵活性，更不具备实用性，而应该补充规定对于雇员在单位已完成或实质上完成的发明创造，即使超出1年期，单位仍可对其主张权利；对于虽然是在雇员离职、退休后1年期内做出的，但在职期间并没有取得实质性突破的发明创造，应当属于非职务发明，其相关权利理应由雇员拥有。对于雇员退职、退休后作出的发明创造权益如何归属，应当以技术上取得实质性突破为标准加以界定，而不是简单地以离职、退休后1年来界定。至于应当由哪一方来证明技术是否取得突破性进步，鉴于发明人处于相对弱势地位，笔者认为应当由原单位承担。这样虽然看起来加重了单位的责任，但实质上是对单位规范技术管理制度、提高管理水平提出的要求。在日常研发当中，如果单位比较注重对技术研发进度的掌控，要证明某项技术是否取得实质性突破也并不是难事。

2. 缩小利用本单位的物质技术条件所完成的发明创造中的"物质技术条件"的范围

我国《专利法》将"主要是利用本单位的物质技术条件所完成的发

明创造"界定为职务发明创造，虽然允许单位与发明人约定职务发明的权利归属，但相对于个人，单位始终处于强势地位，最终的专利权多归单位享有。按照我国现有法律的规定，"资金、设备、器材、原材料、未公开的技术信息和资料"均属于物质技术的范畴，考虑到我国现有国情，本书并不否认将"主要利用本单位的物质技术条件完成的发明创造"界定为职务发明创造，但主张缩小"主要利用单位的物质技术条件"中的物质技术条件的范围，将物质技术条件划分为一般物质条件和技术秘密。一般物质条件主要是指设备、器材、原材料这些花钱能够在市场上轻易买到的有形物质，而技术秘密主要是指单位掌握的未公开的影响产品市场竞争力和占有率的技术信息和资料。本书认为，将物质技术条件划分为一般物质条件和技术秘密很有必要，因为前者一般的单位都能提供，后者则涉及本单位自身独有的技术资料和信息，且对发明的完成与否起着极其重要的作用。利用技术秘密完成的发明创造，尽管发明人作出了巨大的贡献，单位在发明的过程中无疑起了主导作用，因为现阶段的发明都需要建立在一定基础之上，如果单位不提供仅本单位知晓的技术秘密，发明人很难完成现有的发明创造，另外，如果将此类发明的专利申请权规定为个人享有，则很有可能披露本单位原本不想披露的技术秘密，失去原有的市场竞争优势，使单位陷入完全的被动。因此，笔者认为可以将主要利用单位技术秘密所完成的发明创造界定为职务发明创造，由单位享有该发明的权利，发明人享有署名权和获得报酬权。而主要利用单位一般物质条件所完成的发明创造则不尽相同，此类发明创意往往源于发明人自身，阻止其完成发明创造的仅仅是些一般物质条件，无论谁给予其需要的物质条件，设计人都有可能完成发明，这时设计人对发明的完成起着主导作用，如果把这类发明同样界定为职务发明，权利归单位享有，显然对发明人极为不公平。因此，本书认为应将此类发明界定为非职务发明，发明创造所产生的权利归属于发明人，单位则享有免费的非独占实施权。

第十七章 职务发明创造报酬制度与分享机制研究

一、国外主要国家职务发明报酬制度研究

广义而言,职务发明报酬包括两大部分:一是因发明人或者设计人完成发明创造而获得的固定奖励,获得这种奖励无须等到发明创造实施;二是因职务发明创造的实施而获得一定比例的由发明创造所带来的经济收益。

就职务发明的性质而言,学术界有三种不同观点,分别为:(1)债权客体说。该观点认为职务发明报酬实际上是一种因职务发明创造单位须向发明人或设计人支付的债权。❶(2)劳动报酬说。主张这一学说的学者认为职务发明报酬是用人单位支付给作为职务发明人的发明设计报酬。❷(3)知识产权客体说。该说认为获取职务发明创造报酬的权利是发明人权利的组成部分,属于知识产权中发明人的财产权,因此获取职务发明报酬的权利也应当属于知识产权的一部分。

(一)美国

有关职务发明问题,美国专利法并没有作明确的规定,而是由各州的法律及判例加以规定。据调查显示,美国公司一般有自己的奖励制

---

❶ 吴卫东:"劳动者的劳动报酬问题初探",载《内蒙古社会科学》2003年第2期。

❷ 关怀:"加强劳动法制,切实保障职工劳动报酬权",载《法学杂志》2003年第5期。

度，在公司雇佣合同中都包括雇员发明的转让条款，并且超过半数的公司给予雇员固定数额的货币奖励。美国公司通常的做法是在与雇员签订雇佣合同中约定雇员发明的归属及保密有关的内容，事先对发明的转让作出规定，本着合同意思自治的原则，雇员通过审查规定后，自愿决定是否接受劳动合同。当雇员发明属于雇佣合同约定的范围时，获得专利的权利属于雇主所有。如果雇员完成的发明在雇主业务范围内，但不属于雇佣合同约定的范围，并且为完成发明而使用了雇主的物质技术资料，则此类雇员发明的权利归雇员享有，雇主享有非独占免费使用权，但是不能许可其他人实施该项发明。

（二）德国

根据《德国雇员发明法》规定，在雇主对职务发明的权利作出要求之后，雇员有权取得合理的报酬。计算报酬依据雇员在公司中的任务职责和所作出的贡献，综合考虑职务发明的商业价值得出，计算的具体方法和数额，允许雇员和雇主在雇主作出要求之后的合理时间内协议决定，如果未能达成协议，雇主有义务单方面最迟在专利获得授权后3个月内确定报酬。如果雇员对报酬的形式或数额有异议，可以在2个月内以书面形式向雇主提出，在异议期间，雇主仍然有义务支付其单方确定的报酬。报酬数额由发明的经济可用性、雇员的职责及其在公司内的职位、在发明过程中的贡献度决定。德国劳动部颁发了指导性规则，对发明者贡献度作了相当具体的规定，贡献度的大小主要取决于以下几个要素：

（1）涉及与发明创造相关问题的提出，雇员所作出的贡献。

（2）雇员为解决发明创造相关的问题所作出的贡献。

（3）雇员在公司中所处的职位及职位职责。

雇员在提出和解决发明创造相关的问题时，所作出的贡献越大，发明人的贡献度也就越大，因此获得的职务发明报酬越多。与之相反，雇员的职位越低，其职责与发明相关度越低，发明人的贡献度越大，在其他条件不变的情况下,发明人贡献度与职位高低和职责相关度大小成反比。举个简单的例子,完成同样的发明,一个专职司机对发明的贡献度远远大于一个专门从事研发的专业技术人员。这是因为德国十分注重社会平衡,在立法时充分考虑到了一个专门从事发明的技术人员的工作职责。劳动部颁发的指导性规则提供了三种计算职务报酬的方法:(1)许可费计提法,这种方法是目前为止德国使用最多的一种,即雇主把专利许可给第三方使用,并获得许可费,雇员取得许可净收入的一定比例,计算公式可表示为:雇员职务发明报酬 = 销售额 × 许可费率 × 发明比例(如果是合作发明)× 发明者的贡献度。(2)雇主在公司内部使用了发明,从而节约了成本,雇员可得到所节约成本的一定比例作为报酬。这种方法通常用于和制造有关的发明,这种发明不改变最终的产品,但可以在公司内部提升产品的生产方式。(3)在交叉许可等没有实际许可收入或销售收入时,发明者和雇主共同估计发明的价值,雇员取得估计价值的一定比例。

此外,德国还专门对高校职务发明作了规定。对于高等院校的教授、讲师等雇员完成的发明,采用了所谓的"大学所有权"原则。从总体上说,这一原则有利于高等院校建立合理有效的专利实施体系加强高等院校与公司之间的联系,便于专利技术的实施。高等院校的教职员工所完成的发明,在原则上应当遵循雇员发明规则,但为了保护学术自由、促进科研成果的实施,德国法律还赋予完成发明的教职员工一些其他权利,享有是否公开其发明的决定权。如果发明人决定公开其发明,还可以决定具体在什么时候公开、以什么样的方式公开,但必须在公开前2个月通知其雇主;如果发明人拒绝公开其完成的发明,则不必通知雇主。在得到发明人的通知之后,雇主在法定期间内可以主张该发明创造的权利,发明人可以继续在教学和研究活动中使用该项发明,并在雇主实施发明时,获得使用收益的30%作为报酬。

(三)日本

职务发明的内容在《日本特许法》第35条作了规定,报酬数额可以通过雇佣合同和有关雇员规则约定,根据雇员为发明所作出的贡献程度以及雇主通过该发明得到的利益而定。日本在职务发明报酬计算方法上尚缺乏详细的规定,只作出"给予合理的补偿"的规定,在判断报酬是否"合理"时,必须考虑雇主在制定规章时,是否与雇员协商过职务发明的报酬标准,或者雇主与雇员在签订雇佣协议时,是否向雇员作了充分的说明,标准是否向雇员公开,并且是否听取了雇员的意见。如果对以上几个条件中的一个作了否定的回答,则该职务报酬制度就可被认定为是不合理的。

雇员完成一项职务发明通常可以获得两种报酬:(1)发明授权补偿。在职务发明申请和获得专利授权时支付,不考虑该项专利是否可以得到运用和实施,通常这种补偿分两次支付,在专利申请日支付一部分,在专利获得授权时给付另一部分,数额比较固定,与我国的奖励类似。(2)收益补偿。在职务发明运用实施产生效益后支付,既包括本公司因实施职务发明专利权获得额外的收益,也包括许可他人实施而获得的专利使用费,按照专利给公司利润和业务带来的贡献确定。需要注意的是,这里公司利润并不是出售使用了专利技术的产品所获得的全部利润,而是因实施专利技术带来的超额收益。

(四)法国

法国要求集体合同、企业协议及雇员与雇主间单独的劳务合同对受雇人应获得的雇员发明报酬比例作出约定。一些行业的集体协议明确规定了雇主必须支付给完成职务发明雇员的额外报酬的两种情形:如果该发明申请了专利,并在提出申请后的 10 年内实施(如化学行业);如果雇员发明给雇主带来非同寻常的利益(如制药行业)。但是,对于职务发明报酬的具体计算方法没有明确规定。若没有行业的集体协议或雇主与雇员没有达成一致,则最终由大审法庭或劳资协调委员会根据双方对完成发明作出的贡献大小和发明本身的商业价值来

确定雇员应得的合理报酬。❶

2003年2月，法国国家科研中心公布了一项决议，就职务发明人、软件开发者、植物（新）品种获得者和成果推广获得的利益作为补充报酬的计算公式作出明确规定：对于每一项职务发明，个人收益（职务工资外的补充报酬）取决于以下因素：

（1）计算的基数（B）＝当年获得的转让费和特许费－当年尚未扣除的国家科研成果推广署的资助金额（当年的直接费用和前几年尚未扣除的直接费用）。

（2）限额（S）＝每年薪水总额－当年12月31日标准确定的与两类补助金相当的数额。

（3）百分比（P）＝以基数100%计算的发明人之间商定的转让费分配比例。

当发明者所能获得的职务工资外的补充报酬低于或等于限额（S）时，计算公式如下。

每年获得的补充报酬 = $B \times 0.5 \times P$；当补充报酬高于限额（S）时，计算公式如下。

年毛报酬 = $S + (B - 2S/P) \times 0.25 \times P$；此公式的含义是当补充报酬收入高于雇员的净年薪，也就是限额时，高出的部分乘以系数25%。因为限额 $S = Y \times 0.5 \times P$（$Y$表示当补充报酬刚好为$S$时的基数），则 $Y = 2S/P$。❷

---

❶ 黄晖译，郑成思校：《法国知识产权法典》，商务印书馆1994年版，第85页。

❷ 刘向妹、刘群英："职务发明报酬制度的国际比较及建议"，载《知识产权》2006年第2期。

二、我国职务发明报酬制度的研究

(一) 对我国职务发明报酬性质的认定

到目前为止,虽然我国的专利法没有明确职务发明报酬的性质,但根据现行法律的规定,我国职务发明报酬性质与劳动报酬说比较接近。但劳动报酬说有明显的缺陷,主要表现在如下方面。

首先,单位单方面可以确定劳动报酬,虽然现在实行劳动合约自由,但是在雇佣双方间,雇主多处于强势地位,雇员很难对劳动报酬产生实质性影响。因此,若将职务发明报酬视为劳动报酬,由单位单方面来确定,作为雇员的职务发明人或设计人几乎没有与单位进行协商的权利和能力,法律也难以介入,职务发明报酬很难得到法律的保护。这样,与职务发明人或设计人所作出的发明创造价值和收益相比,他们真正获得报酬的必然不多,从而使利益分配严重失衡,严重打击发明人或者设计人的创造热情。

其次,劳动报酬具有专属性。这种专属的性质决定了职务发明报酬的转让或者处分难以实现,不利于保护职务发明人或设计人的财产继承人的利益。

最后,追索职务发明报酬时的法律适用问题。若将职务发明报酬定性为劳动报酬,则当雇主不支付报酬而需要司法介入时,必须依据劳动法的相关规定。我国劳动法规定追索劳动报酬实行劳动仲裁前置,只有在对仲裁结果不服时才能提起诉讼,而提起劳动争议仲裁的时限是 60 天,远少于普通的民事诉讼时效 2 年。

(二) 关于我国职务发明报酬的立法规定

根据我国现行《专利法》第 16 条和《专利法实施细则》第 76 条第 1 款的规定,被授予专利权的单位可以与发明人约定或者在其依法制定的规章制度中规定职务发明的奖励、报酬方式和数额。这表明，我国关于职务发明的报酬实行约定优先的原则。如果单位与职务发明人没有约定，也没有在其依法制定的规章制度中规定报酬的方式和数额，被授予专利权的单位实施专利后，每年应当从实施专利的营业利润中提取一定比例作为报酬给予发明人。对于发明专利或者实用新型专利而言，该比例最低为2%；对于外观设计专利而言，该比例最低为0.2%。除此之外，单位还可以参照上述比例给予发明人一次性报酬。

对国外主要国家职务发明报酬制度进行研究，可以得出以下结论：

（1）与其他各国相比，美国更崇尚人的个性，更注重个人的发展和价值的实现，对代表智力资本的人的重视程度也远高于其他国家，雇员在与雇主订立合约时，往往有比较强的讨价还价能力，因此通过雇主与雇员间的协议来约定职务发明报酬，取得了比较好的效果。与美国相比，我国虽然也有"利用单位的物质技术条件所完成的发明创造"的合同优先制度，但我国单位对人才的重视程度还远远不够，技术人员一方面维权意识不够，另一方面生存的空间不大，因此始终处于被动接受合约条款的弱势地位，许多劳动合同中关于职务发明权利归属和报酬的规定只是单位用来抢夺发明人成果的工具。

（2）在近几年的司法实践的巨大冲击下，《日本特许法》对关于职务发明的权利归属和报酬作了较大修改，与美国的模式相近，新的规定更加便于操作，在一定程度上缓解了职务发明制度不合理带来的问题。

（3）德国对职务发明奖酬制度的规定较为细致，但就我国目前对知识产权的应用水平和能力来说过于烦琐，现在如果直接照搬过来加以利用极有可能造成效率低下，难以达到理想效果。因此，德国制度从追求立法具体和公平的角度，很值得我国借鉴，但不适宜直接照搬运用。

（4）法国的规定与我国类似，但相比之下其规定更加具体并利于对雇员利益的保护，从而能更好地激励科研人员的研发积极性。

对如何确定职务发明奖酬，要充分考虑发明本身的价值大小以及雇主和雇员对完成发明所作出贡献的大小，而发明的价值又体现在自己利用、许可第三人使用、转让等许多情况下，雇主和雇员贡献的大小也是很难衡量的，因此对职务发明奖酬标准的制定，本身就很难有一个确定的标准。只有在综合考虑自己国家的具体情况以及历史传统等因素下，才能对本国的职务发明奖酬制度做出相对合理的规定。

三、我国职务发明报酬制度存在的问题

与以前相比，我国专利制度经过三次修改，现行职务发明报酬制度更加合理，但职务发明现状还不令人满意，我国目前实行的《专利法》及《专利法实施细则》对职务发明奖酬制度作了"一奖二酬"的规定，与国外主要国家的职务发明报酬制度进行对比，可以发现我国的职务发明报酬制度还存在如下需要完善的地方。

1. 计算报酬的方法规定比较明确，但是不够具体，实际操作起来比较困难

根据我国的《专利法》及《专利法实施细则》，职务发明的报酬是按照税后利润或税后许可费的一定比例计算。这种规定过于简单，仅仅考虑了因实施职务发明而带来的经济收益，没有考虑发明对收益的实际增长所起的作用大小，也没有考虑发明者对完成发明所作的贡献的大小，不利于合理计算实际报酬。事实上，完成每一项发明，发明人具体起到的作用大小是不一样的。在整个发明过程中，不仅需要技术人员的创造力，也需要发明人所在的单位提供所必需的物质技术条件作支撑。每一项发明，这两者所作的贡献是不相同的，因此单纯考虑营业收益来计算职务发明报酬，不能体现实际贡献的大小，不利于充分调动单位和发明人的创造积极性。

2. 向外出售职务发明时，未作具体的支付报酬的规定

《专利法实施细则》对单位使用和许可他人使用，获得收益时如何

提取支付报酬作了规定，但没有就单位把职务发明出售给第三方时如何支付报酬作出规定。当今世界，科学技术高速发展，一项发明的完成人很多时候并不是发明的最终使用人，专利技术的转让十分普遍，因此，本书认为，应对因出售专利而获得收益时，如何支付发明人的报酬作明确规定。

3. 缺乏对单位的强制性规定，发明人应该获得的报酬难以落实

我国的《专利法》经历了三次修改，2000年修改后的《专利法》允许单位和发明人约定"利用本单位的物质技术条件"完成的发明创造的权利归属，2008年第三次修改时，提高了职务发明的奖励额度和报酬的法定提成比例，并且允许单位和发明人事前约定，职务发明报酬制度在一定程度上得到了完善，但仍然缺乏对单位的强制性规定，发明人应该获得的报酬难以真正落实。因为单位处于与发明人讨价还价的有利地位，而发明人的话语权相当微弱，虽然法律上规定了利益受到侵害时的救济程序，但真正利用法律手段解决职务发明利益纠纷的情况在我国还比较少。发明人迫于现实生存的压力，往往不得不接受单位的规章制度，其经济利益难以通过与单位的博弈最终获得。

从社会立法角度看，我国职务发明报酬制度比较注重对职务发明报酬标准的制定，新的《专利法实施细则》规定了比较细致的奖酬法定标准，但却忽视了支付职务发明报酬的程序，缺乏强制性的程序规定，以确保单位将职务发明报酬落到实处。这样，实际上我国的职务发明制度缺乏职务发明报酬支付的公权力干预程序，难以实现职务发明人和单位之间的利益抗衡。

我国在2000年第二次修订的《专利法》时才明确规定给予职务发明人工资以外的报酬，报酬制度实行的时间并不是太长，而且完成职务发明的技术人员的维权意识和能力都还不够强，所以我国目前有关职务发明报酬的纠纷还不多，但是随着人们专利意识的增强和职务发明数量的增多，可以预见，在不远的将来，有关职务发明报酬的争议也将逐步增加。因此，有必要在专利法中增加处理争议的方法和途径的规定。

四、完善职务发明报酬制度的建议

1. 在立法中明确细化规定职务发明报酬权，保障发明人利益

如前所述，我国现有的专利制度所界定的职务发明范围过广，报酬制度不明确，更没有细化，存在刚性不足和可操作性差等问题。在我国最新的《专利法实施细则》中，规定对奖金、报酬的方式和数额，发明人与单位都可以事先约定，或在单位依法制定的规章制度中规定。这一规定，从立法者的本意来说是可行的，充分尊重了私法领域中当事人双方的意思自治，制度本身也更能与国际上的通行做法相匹配，使我国职务发明的奖酬制度更加灵活，但是我国现阶段对发明人重视程度不够，存在单位利用自己的强势地位，往往制定一些有利于规避奖酬的规章制度导致发明人的权利得不到保障。从这点来说，现行职务发明的奖酬制度存在刚性不足。因此本书建议，首先，在相关法律的规定上，最好使用"必须"等法定性更强的词语。这样看似在奖酬制度的实施中缺乏了灵活性，但却更有利于奖酬制度的真正落实，确实保护发明人的利益。其次，在专利法实施细则中明确界定获得专利单位的性质。在未经第三次修改的《专利法》及《专利法实施细则》中，规定职务发明奖酬的支付主体是国有企事业单位，中国其他单位"可参照执行"，未提及外国单位。这样的规定明显不适应高速发展的市场经济，立法者也认识到此问题，因此在新的《专利法实施细则》中，取消了"国有企事业"这一限定，而直接规定支付职务发明奖酬的主体是被授予专利的单位，通常认为是指依照我国法律而设立的企业、事业单位，除了国有企事业单位，还包括集体企业、私营企业和"三资"企业等。这从立法上来说具有明显的进步，但没有对实施细则中"单位"的国籍作特别的限定，没能明确《专利法》及《专利实施细则》是否对外国企业适用。在经济高度融合的今天，外资企业大量入驻我国，在外资企业从事研发的技术人员也越来越多，如果不明确

我国专利制度是否对外资企业适用的问题,将来在解决职务发明纠纷时可能遇到较为复杂的局面,从而使职务发明人的权利更加难以得到保障。最后,职务发明报酬主要是基于发明人或者设计人对发明创造作出的贡献,而不是仅仅基于发明人与单位之间的劳动人事关系,因此职务发明人获得报酬权作为一种财产权利,即使劳动人事关系终止,发明人仍然有权要求原单位继续支付奖励报酬,并且如果发明人死亡,获得奖励报酬的权利可以被继承。与一般劳动相比,职务发明成果的收益取得往往在做出发明之后的很长一段时间后才能实现,在人才高度流动的现实生活中,职务发明的报酬难以完全在劳动关系存续期间,甚至发明人有生之年得到支付。从实践中来看,由于客观上作为雇员的发明人或者设计人处于弱势地位,在受雇或者受聘期间,即使单位没有按照约定或者依法兑现奖励报酬,发明人或者设计人往往因为担心失去工作而不敢要求单位予以兑现,不少情况下是离开原单位之后才敢于要求原单位支付自己应得的奖励报酬。例如,日本著名的"蓝光二极管"案中的发明人中村修二就是在离职后才向法院起诉的。因此,虽然我国的法律在相关法律中规定了专利财产权的可继承性,但在我国发明人权利保障不够充分的现实中,在《专利法》及《专利法实施细则》中做明确的规定是很有必要的。

2. 改变单一的职务发明报酬模式,确立多层次的报酬制度

在2010年《专利法实施细则》第三次修改前,原有的制度仅仅采用从所得利润纳税后提取一定的比例的方式来计算发明人应当获得的职务发明报酬,这种报酬形式过于单一,而且难以计量,无法适应复杂、灵活、多变的市场经济的需要。鉴于此,在第三次对《专利法》及《专利实施细则》的修改中,加入了允许发明人和单位约定报酬方式的条款。这在一定程度上丰富了报酬制度的内容,但是仍没有从制度上提出更加具体的报酬模式,而是把这一难题仍然交给了发明人和单位自行商量解决。虽然专利法属于私法领域,尊重当事人双方的意思自治,但是立法的本意是实现公平正义,解决当事人之间的争议,

作更为具体的规定有利于保护发明人的利益。在我国，专利制度发展时间不长，普遍存在专利意识不强等一些问题，因此，本书建议细化报酬制度实现形式的规定，以便在法律制度上起到更好的指导作用。在我国实践中，有一些高科技企业开始积极探索员工持股和股票期权计划，并取得了不错的效果，华为公司十分重视智力资本创造价值的作用，把公司大部分股权根据员工才能和贡献的大小分配给员工，因此吸引了大量的高技术人才，激发了他们的创造热情，充分调动了他们的积极性和主动性。近年来，华为公司取得的成绩有目共睹，这充分说明采用像华为这样以员工持股和股票期权的形式作为职务发明报酬的形式，在实践中十分可行。因此，本书认为这种模式可以在制度上明确加以规范和推广，使职务发明报酬模式更加丰富。

3. 确立明确的便于计算的职务发明报酬制度

据前文所述，职务发明人具有获得报酬的权利，但仅有权利，如果不明确如何计算应得的报酬，发明人想要获得合理的报酬也是空谈。我国《专利法实施细则》第78条规定了在发明人与单位未作约定情况下职务发明人获得报酬的法定最低标准，没有对职务发明报酬数额做详细规定，而是鼓励发明人与单位通过协商，自由约定报酬数额和方式。固然从立法上解决职务发明合理报酬的确定十分困难，但是也有较为成功的经验。《德国雇员发明法》作了较为详细明确的计算方法，即根据职务发明的商业实用性、雇员在企业的职责和职位以及企业对发明的贡献，按照一定比例计算。另外，除了对获得专利的职务发明报酬如何计算作了规定外，德国还就作为商业秘密加以保护的职务发明作了补充规定，以保护由于职务发明没有获得专利权保护但雇员应从发明中获得的利益。前文已经论及德国如何具体地计算职务发明报酬，可以看出，确立雇员合理报酬考虑的因素很多，难以准确量化，因此德国在强调具体计算方法的同时，还强调合理报酬标准制定的程序性和支付的程序性。这样，既规定了一个明确的计算职务发明报酬的方法和标准，可以使双方在约定报酬的方式和数额时心中有数，又允许双方通过协商的方式约定报酬的方式和数额，将确定性和灵活性结合起来，不失为一个比较合理的做法，值得我国立法者借鉴。

4. 明确规定职务发明报酬纠纷的救济途径和相应责任

前文已经强调，与单位相比，职务发明人处于明显的弱势地位，要充分保障发明人的权益，将我国职务发明的报酬问题落在实处，在强调职务发明制度实体上可行的同时，也必须强化和落实相关纠纷的处理程序。而我国的专利法及实施细则对职务发明报酬纠纷处理程序的有关规定不多，仅有调解的规定而没有裁定的规定。另外，职务发明人作为雇员，与单位的报酬纠纷同样属于我国《劳动法》调整的法律关系，该劳动法规定，对仲裁不服时，劳动纠纷实行劳动仲裁前置程序，即劳动法律关系纠纷首先要经过劳动仲裁部门仲裁，才能向法院提起诉讼。劳动争议申请仲裁的时效为一年，远不如普通民事诉讼时效两年，这不利于发明人保护自身的权益。此外，劳动仲裁部门处理专利案件的能力远不如法院的知识产权庭，从某种层面上说，职务发明报酬仲裁程序对发明人来讲是十分不利的。虽然最高法院的司法解释对发明人与单位之间职务发明报酬纠纷问题作出了规定，但并没有明确报酬纠纷可以不经劳动仲裁而直接起诉。为了有效解决报酬纠纷，提高效率，本书建议在专利法中明确规定职务发明报酬纠纷，发明人和单位均可以直接向法院起诉，排除劳动法对职务发明报酬纠纷的适用。

五、职务发明分享机制的构建

如前所述，影响职务发明的主要因素是单位的物质投入和研发人员的智力投入。随着知识经济的到来，以华为为代表的高新技术企业加大了研发投入的力度，并取得了骄人的成绩。

（一）职务发明与研发投入——以华为公司为例

前已述及，华为公司高度重视研究开发的人员配备以及研究开发的资金投入情况，对于以高科技产品为主要经营的企业来讲，研发就是生命线。根据《华为公司基本法》的规定，该公司年进行研发投入的资金占每年主营业务收入的比重不能少于10%，并且将研发投入的总资金10%以上的经费注入企业基础技术、核心技术以及前沿技术项目中。

1. 研发情况

华为公司的研发投入在国内企业界处于领先地位（见表17-1）。从其基本法的规定中可以看出华为公司是何等的重视先进的核心技术。

表17-1 华为公司2003~2010年研究开发投入及主营业务收入增长情况

会计年度	2003	2004	2005	2006	2007	2008	2009	2010
研究开发投入（万元）	320 000	440 000	470 000	590 000	710 000	1 050 000	1 330 000	1 740 000
主营业务收入增长率（%）	43.4	45.6	0.5	50.6	48.6	45.7	17.6	30.1

资料来源：根据华为公司官方网站以及年报数据整理得到。

2. 职务发明专利情况

国家知识产权局网站（http://www.sipo.gov.cn）的统计结果显示，华为公司在国内申报专利数位居榜首，专利申请数逐年增幅高。近几年内，华为公司还荣获多项国家科技进步奖。为华为公司在技术领先的竞争优势奠定了坚实的基础。

数据显示，2001年华为公司申报专利数量是507件，2002年1 197件，2003年1 579件，2004年2 176件，2005年4 389件，2006年5 043件，2007年6 502件，2008年达到目前的最大值8 893件，2009年6 770件，2010年6 557件。

截止到2011年华为累计申请中国专利36 344件，国际PCT 10 650件，外国专利10 978件。在LTE/EPC专利领域内，华为公司居全世界

领先地位。❶

（二）构建合理的职务发明利益分享机制

企业在重视研究与开发投入的同时，还应注重构建合理的职务发明利益激励约束机制，以激发研发人员的创造热情。职务发明制度是解决职务发明产权归属的一种法律制度。产权是指一种行为权利，该权利的行使要以有形或无形的物为载体。产权需要通过法律制度加以明确，与外部环境存在紧密联系。通过规定人们的行为边界，产权界定了人们受益和受损的关系，以及如何向受损者进行补偿和向受益者进行索取；产权是一组权利束，包括一切与财产有关的权利。产权主要包括激励和约束功能。明晰的产权制度界定了产权所有者权利受法律保护的空间，为其提供了合法合理收益预期，进而激发人们获取产权的动力；与激励功能相对的约束功能决定了产权主体不能作为的范畴，超出这个范畴，产权不再受法律制度的保护，行为主体甚至有可能会受到不同程度的惩罚，如此一来产权主体便会进行自我约束（内部约束功能）。另外，还有来自外部的约束（外部监督），以此来强化内部自我约束，使产权所有者遵守产权边界和规则。将产权及激励和约束功能运用于企业职务发明的利益激励机制创设中，对改进现行企业与发明人之间利益获得不均衡，实现企业职务发明保值增值具有重要意义。

1. 职务发明利益激励机制的契约化

契约化是建立在企业与发明人地位平等的基础上，根据各自效用函数最大化原则，经过合作、谈判、协商而确定出激励方案。由此设定的激励方案不但需经双方共同认可，而且需有相应的法律和制度保证，对双方都具约束力。发明人激励机制的契约化主要通过企业章程、

---

❶ http：//www.huawei.com/cn/about-huawei/corporate-info/research-development/index.htm，最后访问日期：2012年2月28日。

合同的形式体现。

一方面，企业章程约束。完善的企业章程是企业健康发展的基本保证，也可以对企业人员起到有力约束作用。在章程中应有专项条款对企业智力成果发明权的归属以及补偿作出明确的规定，在章程的制定过程中应有部分研发人员代表参与，真正实现其自治权。

另一方面，知识契约约束。企业与职务发明人在创新研发之初共同商议签署合同，利用具有法律约束力的知识契约条款将企业与发明人的权利、义务及职务发明专利管理的具体事务固定下来，其中应主要包括职务发明专利成果的取得、发明人利益获得与企业收益的比例额度、发明人职务发明非职务化行为的限制惩罚措施、企业落实奖酬制度的监督和强制措施等。

2. 构建阶段性多元化风险激励机制

企业对职务发明人的利益激励机制设计应遵循"个人隐性知识显性化"的基本原则，多维度、多层面激励发明人，促使其乐意贡献出知识技能，变个人知识财富为企业资本。研发新设想的提出应以市场需求为导向，针对发明人的激励措施要以发明专利为基础，以发明人利益获得流程为主线，进行分时段、多元化的风险激励机制设计。

创新是现代企业的灵魂，而创新风险也同样无处不在。根据美国创新经济学会统计，90%的企业创新归于失败，失败率居高不下。"创新"不等于"发明"，是一个由创新团队参与、多因素组合的过程。因此，在对企业职务发明专利发明人进行激励时，采取多元化、阶段性的风险激励，才能真正实现激励的功效。

对发明人的风险激励起于专利产生时，止于专利技术使用（取得收益）后，虽然在整个激励过程中精神激励与物质激励并存，但以实施发明专利为界，前后阶段两种激励措施各有侧重。所谓风险激励是指创新项目团队中发明人的收益与其对企业所获收益的贡献大小休戚相关，激励措施实施的力度主要取决于企业本身所获收益的额度。发明人所处不同工作阶段的贡献值难度系数、工作绩效与市场收益所占比例等指标均可作为风险激励的测度，若发明人能够提前完成工作任务则予以奖励，若延期完成则予以适当的惩罚。

3. 构建精神激励机制

职务发明专利权实施前，发明人的智力投入应得到肯定，而发明专利尚未投入实施环节，因此企业暂无能力为发明人提供足够的物质奖励，故激励方式侧重于精神奖励，且重点在于对发明人创新工作的认可，物质激励则侧重于对职务发明专利创新工作完成的奖励。精神奖励的具体执行虽无法量化，但若能够实现发明人自我价值并激发其后续创造性，精神奖励的目标即得以实现。例如，IBM中国研究中心内一处带有自我激励色彩的装饰——两面蓝色"专利墙"上面写满IBM在全球一年所获专利的发明人姓名。此类特别的创新精神激励方式一方面给予发明人极高的表彰奖励，另一方面为主体间展开互动联系提供了依据。专利使用者可依此寻找到创造该专利的"功臣"并可随时讨教；专利的创造者可随时跟踪技术的后续使用及实施状况，使专利技术寿命延长，实现风险激励的最终目的。

4. 构建物质激励机制

发明专利实施后，企业收益日趋增加，发明人激励措施亦随之变动。以物质激励为主、精神激励为辅的激励机制组合，能够对发明人起到实质性的激励效果。其中，精神激励机制内涵与上一阶段相比有所延伸，主要针对创新成果的使用价值予以高度肯定；而物质奖励则是对发明人的工作成果为企业所带来的收益予以酬谢。执行措施时要依据专利实施前后的具体情况分阶段制定奖酬办法。实施物质激励措施的关键在于兑现的及时性、兑现额度的公平性以及奖励实施的人本化。例如，日本三菱公司对员工发明的"终生多次奖励"制。从申请专利时起至专利使用终止时结束，每个环节的薪金奖励制度各异且针对性强，体现了物质激励的及时性、公平性及人本化特点。具体表现为：专利申请后到获准之前，只要是好的发明，不论获准与否，公司给予"优秀发明表彰"，颁发奖金和奖状；如果这项发明获得专利并在公司内部实施,公司会给予发明人"实绩补偿",每年最少3万日元,直至实施结束;如果这项发明被许可给其他公司实施,公司也会依所获得的权利拨出一定比例作为发明人的"实绩补偿";如果一项发明同时在公司内外实施,则发明人的"实绩补偿"一年最高可以达到100万日元;发明人离职后仍能领取"实绩补偿",甚至死亡后其继承人也可以续领,直到公司不再使用或不再许可他人使用这项专利为止。三菱公司的"终生奖励"制伴随着专利的整个使用过程,不仅满足了发明人的物质需要,而且解决了其后顾之忧。

5. 创新约束机制设计

"胡萝卜加大棒"说明了有激励就必须有约束,建立激励机制的同时必须建立约束机制,这是事物矛盾的两个方面,缺一不可。本书建议企业实行的风险激励机制本身便控制了研发人员需按时、按期、按量完成工作任务,体现了对研发人员的约束:若能够超额完成任务将有相应的奖励;反之,若未能按期完成亦有对应的惩罚措施。另外,股票期权的激励措施也是最能够有效约束企业和发明人行为的约束措施,该措施使两个主体的利益休戚相关。股票期权激励是股权激励的典型方式,它一般只针对以总裁为首的少数高层管理人发明人员和技术骨干,因此常被称做"高级管理人员股票期权"。发明人职务发明的股票期权激励是赋予研发人员一种选择权利,持有者可以在特定时期内行权,即在特定时期以事先确定的行权价(授予期权时股票的公平高价)购买本公司的股票。在行权以前,股票期权持有者没有收益;在行权时,如果股票价格已上升,股票期权持有者将获得市场价和行权价价差带来的可观收益;在行权时,如果股票价格下跌,股票期权将失去价值,持有者可放弃行权。发明人职务发明股权激励模式研究发明人股票期权是分配制度的一种创新。在委托代理关系下,该激励模式要求核心技术人员只有在增加股东财富即为企业作出技术贡献的前提下才可同时获得收益,较好地使委托人(股东)与代理人(职务发明人)之间的利益趋于一致,能充分发挥企业技术人力资本的作用。

这种"资本剩余索取权"驱动技术人员不断努力提高公司业绩,最终达到股东和技术人员双赢的局面。

本篇小结

在知识经济时代下,科学技术成为推动经济发展和社会进步的第一动力,技术的创新离不开给力的制度作为保障。要实现技术上的创新,必须充分激发技术人员的创造热情和单位的投资热情。职务发明制度作为重要的专利制度,是重要的平衡发明人和其所在单位利益的杠杆。职务发明制度是否合理,直接关系到职务发明专利申请数量的多少。通过对发达国家的专利构成研究,发现当经济发展到一定阶段,专利的构成多为职务发明。因此,职务发明专利的多少直接反映了一个国家的技术水平。

与国外主要发达国家相比,我国现阶段职务发明专利比例还不高,一方面是由于我国技术上的相对落后,另一方面则是因为我国职务发明制度的不合理。我国《专利法》及《专利实施细则》经过三次修改,一定程度上适应了我国经济的发展,但仍然存在很大的不足,还有进一步完善的必要。本书认为,由单位享有职务发明的权利有其合理性,但是对职务发明的范围需要做适当的缩小。在职务发明报酬制度的设计上,应充分考虑对发明人利益的保障。

从微观上看,在企业职务发明专利创造活动中,研发人员直接担负着开创性工作的使命,因此,企业能否调动他们的积极性,激发其创新欲望和创新动力,对企业技术创新工作的成功与否起着至关重要的作用。目前,针对企业职务发明专利发明人的激励机制研究更多侧重于一般意义的人员激励,而发明人作为企业技术创新主体的生力军,他们的工作绩效在很大程度上决定了企业的技术创新能力。本书在比较分析国内外职务发明制度的基础上,发现了我国现有制度对发明人激励程度不够等问题,提出了完善利益激励机制的阶段性、多元化模式，旨在为企业实现技术创新的持续发展增添动力。

在研究过程中，笔者还有如下发现：

（1）本书通过研究国内外主要国家的职务发明制度，发现了我国职务发明制度存在的新问题。在职务发明权利归属方面，"本单位任务"范围的过于宽泛；物质技术条件的规定不够合理，对于如何界定"主要利用本单位的物质技术条件"，在实践中面临很大困难。在职务发明报酬制度方面，计算报酬的方法规定比较明确，但是不够具体，实际操作起来比较困难。向外出售职务发明时，未作具体的支付报酬的规定。缺乏对单位的强制性规定，发明人应该获得的报酬难以落实。

（2）通过对国内外职务发明制度的比较研究，对我国职务发明制度的完善提出了新的建议。在职务发明权利归属方面，对"执行本单位任务"加以限定；缩小利用本单位的物质技术条件所完成的发明创造中的"物质技术条件"的范围。在职务发明报酬制度方面，在立法中明确细化规定职务发明报酬权，保障发明人利益；改变单一的职务发明报酬模式，确立丰富的报酬制度；明确规定职务发明报酬纠纷的救济途径和相应责任。

（3）通过宏观层面的制度比较研究，分析现有制度的缺陷，进而对企业微观层面制度的构建提出建议。希望将现有的会计方程式："资产＝负债＋所有者权益"，修正为："有形资产＋无形资产＋知识资产＝负债＋所有者权益＋劳动者权益"，从而为知识创造者分享企业的剩余提供理论和法律上的依据。

（本篇执笔人：黄　兴）

第五篇

知识资产价值报告

第十八章 企业知识资产价值报告

在以知识经济为特征的当今时代，作为知识载体的企业知识资产越来越成为企业生存和发展的关键。而作为企业价值贡献的核心要素——知识资产却在很多情况下游离于报表之外，不能被报表使用者所获知，这显然不能满足信息使用者的需要。传统的报表体系难以反映企业的真实状况，企业真正的价值正是由知识资产所创造的。对于企业内部管理者而言，缺乏必要的披露和报告，往往让其忽略知识资产价值创造的能力，而没有很好对其管理和充分利用；对于外部投资者而言，由于缺乏对企业知识资产信息的认知，往往不能很好地评价企业真正的价值，增加了投资的风险。故在以信息为基础的知识经济条件下，企业知识资产价值报告的地位日渐显现。

知识资产价值受到成本因素、效用因素、风险因素、产权属性因素等知识资产内在因素以及制度因素、市场因素等外部因素的影响。知识资产供给方的价值预期建立在知识资产劳动成本与经济剩余预期的基础上，知识资产需求方的价值预期则建立在知识资产的盈利价值与战略效应预期的基础上，知识资产市场均衡价值的最终确定取决于知识资产供给方与需求方的博弈。根据已有的研究可知，企业的研发成本、市场竞争优势与知识资产价值有显著的相关性。可见，知识资产价值受到成本因素与效用因素的决定与制约。企业应该向信息使用者传递知识资产价值的全面信息，包括研发投入、盈利价值、战略效应、效用价值等信息。

企业所拥有的知识资产是与企业生存发展休戚相关的关键经济资源，其价值决定了企业当期及未来业绩的走势，决定了企业的发展态势。知识资产价值信息可以向信息使用者提供企业业绩与价值预期的依据，逐渐成为企业利益相关者所需要的核心信息。因此，本书试图构建全面反映知识资产价值的报告模式，向企业利益相关者报告知识资产价值信息，提高知识资产价值信息的相关性，有助于利益相关者正确预期企业的业绩，以使企业的市场价值得到更为准确的评价，有利于资本市场的发展，促进社会资源的优化配置，使经济得到循环健康的发展。

一、企业知识资产价值报告的理论依据

（一）公共产品理论

按照公共经济学理论，社会产品分为公共产品和私人产品。纯粹的公共产品或劳务能供社会每一成员消费，而不会导致其他成员对该产品和劳务的减少。公共产品最典型特征是它的消费非竞争性以及收益非排他性。由于这些特性，产品在消费过程中所产生的利益不能为某个人或某些人所专有，将一些人排斥在消费过程之外，不让他们享受这一产品的利益是不可能的。这样带来的直接结果就是，会存在部分消费者有"搭便车"❶的冲动，导致公共产品的供给方因成本无法得到补偿而使得供给不足的问题。

企业对外披露的财务报告信息就是一种典型的公共产品，信息使用者可以通过公共途径获知企业的财务信息，任何人对此信息的掌握不会减少其他人获取信息的可能性，并且所有人享有同样信息的机会和权利是相同的。既然企业对外披露的财务信息满足公共产品的特征，那么它必然也存在供给不足的问题。企业管理者在非强制情况下不愿意多披露相关信息，主要是因为财务信息的生成和披露需要付出成本，

---

❶ 该理论首先由美国经济学家曼柯·奥尔逊于1965年提出。其基本含义是不付成本而坐享他人之利。

不仅不能得到补偿,而且管理者可能还会损失掉可能获得的信息的机会收益。另外,作为企业外部的报表使用者不得不通过其他渠道有偿获取企业未公开的财务信息和相关信息,这也造成了社会资源的浪费。

(二)有效市场理论

有效市场假说起源于 20 世纪初期法国数理金融学家家路易斯·巴舍利耶(Louis Bachelier)对股票收益率研究所得的统计分析结果。1970 年尤金·法玛(Eugene Fama)在此基础上,深化得出了有效市场理论(efficient market theory)。而所谓的证券市场效率,即指证券市场合理配置资金的效率。"有效"即证券的价格能够充分、及时、准确地反映市场相关信息,即"信息有效",投资者无法以掌握的信息调整投资策略获得长期超额收益。

这个理论看到了信息对于证券市场上价格形成的关键性作用,在此基础上,法玛进一步将信息分为历史信息、公开信息以及内部信息三类。按照这三类信息对证券价格的影响存在差异,市场的效率也存在三种不同的程度,分别是弱式市场效率(weak form)、半强式市场效率(semi-strong form)和强式市场效率(strong form)。其中,强式市场效率属于最高层次的证券市场效率,所有历史信息、公开和未公开的内部信息都通过证券价格充分予以反映。在这个市场上,不存在内幕交易,证券价格能够反映企业的真实的内在价值。而在现行准则下,知识资产的相关信息大部分都属于企业内部信息,不易被外部投资者所了解和获知,因此,如果不能很好地解决企业知识资产信息披露问题,就不能满足强势市场效率的前提条件,证券价格和企业内在价值间往往会存在较大差异。

(三)信号传递理论

经济学家迈克尔·斯宾塞(A. Michael Spence)因为率先提出信号传递理论(Signaling Model)而荣获 2001 年的诺贝尔经济学奖。信号传递模型在本质上是一个动态不完全信息对策。这个对策包括信号的发送者和接收者这两种类型的参与人，而往往信号发送者和信号接收者所拥有的信号含量是不一样的。在证券市场中，企业与投资者所掌握的信息含量显然有很大差别，这种信息的非对称性导致了"逆向选择"问题的发生，从而市场资源不能得到有效配置，不能实现帕累托最优。

企业知识资产的信息披露以及知识资产价值报告就起到了信号传递的功能。企业的内部员工（主要是企业的管理层和治理层）比外部投资者更为直接地接触和了解到企业的知识资产的存量以及对企业未来的收益的预期影响等，而这些信息会影响到资本市场对企业内在价值的评估和定位。而对于上市公司的信息披露行为而言，会存在对知识资产相关信息披露的不同意愿。企业会根据自身的管理或经营的需要对会计准则中非强制信息进行选择性的披露或不披露。有关研究表明，在中国资本市场上，上市公司的自愿披露程度与公司的盈利能力正相关（乔旭东，2003）。

（四）成本/效益分析理论

知识资产信息披露和价值报告的成本——效益分析是指在会计信息供给与需求不平衡的状况下，知识资产信息供给花费的成本和由此所产生的需求之间要保持适当的比例，保证为知识资产信息供给所花费的代价不能超过由此而获得的效益，否则应降低相关信息的供给成本或减少信息的披露量。对企业知识资产相关信息的披露必然会给企业造成一定的成本耗费，除了搜集数据、整理资料以及披露相关信息所需的成本外，可能还存在被企业竞争对手获知企业核心要素的损失和监管等方面的成本耗费。这些因素都将导致企业选择尽量不披露或者较少披露知识资产的相关信息。而分析企业知识资产信息披露所获得的收益，更多的是站在企业投资人的角度或者分析师的角度，有助于报表使用者降低预测风险，提高信息的透明度。如果站在企业的角度，从这一理论去权衡知识资产信息披露问题，可以发现，如果仅仅依靠自愿披露的原则，企业通过成本—效益分析的结果往往不利于知识资产的对外披露，故强制其信息披露存在一定的必要性。

二、国内外知识资产报告的现状及模式

（一）国外知识资产报告的实践与标准的建立

西方国家特别是欧洲国家非常重视知识资产的信息披露问题，实践领域对此的重视更为突出。从最初以企业内部管理为目的内部报告披露到对所有信息使用者的公开披露只用了几年的时间，成效显著。更值得一提的是，在企业管理实践需求的基础上又催生了知识资产信息披露的相关标准的出台，这又在一定程度上规范和指导了知识资产信息披露的社会实践。

1. 国外知识资产报告的实践

（1）斯堪的亚（Skandia）知识资产报告表——世界上第一份知识资产报告的问世。1997年，Skandia保险公司对知识资产信息的披露采用了专门的报表形式反映，开创了知识资产信息披露的先河。在该报告中，突出反映了企业内部管理五个方面的关注点，分别是财务方面、顾客方面、人力方面、流程方面以及创新与发展方面。对于这五个方面分别选择了相关的指标予以衡量，其报表呈现为绝对数值和相对比率的列报。这些指标的选取与该企业业务紧密相连，在当时具有很强的操作性，但该报告侧重于企业对自身知识资产的评价。后来这一报告被史特华予以借鉴，从人力资本、结构资本以及客户资本三个视角入手，开发了知识资产星相图，以供财务报表的外部使用者了解企业知识资产的存量信息。

（2）知识资产指数。伦敦的知识资产服务中心也致力于企业知识资产的研究，它通过知识资产指数这一指标来披露企业的知识资产。

它将所选的各项指标赋予适当的权数,然后通过计算转化成有关指数。根据指数的变化来观察企业某一时期内知识资产的变化,以研究知识资产对企业价值的影响。Roos(1998)通过对 Yankee Finanee 知识资产指数研究,得出企业关系资本指数与基础建设资本指数间成反比关系(如图 18-1 所示)。

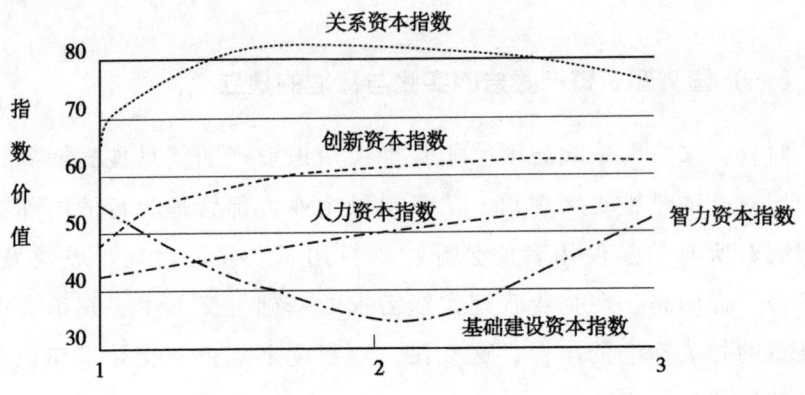

图 18-1 Yankee Finance 知识资产指数

(3)知识资产报告的 ARC 模式。奥地利政府控股的奥地利研究中心(Austrian Research Centers)是一个为政府和企业提供相关研究的服务机构,它借大学研究所的研究力量来服务于企业,为企业寻求解决问题的方案。为了更好地让企业认识到决定企业价值增长的关键因素,该研究所创立了知识资产报告的 ARC 模式(如图 18-2 所示)。

该模型以企业目标和企业的规划及远景为基础,提出了企业的终极目标应是知识目标,并从公共资金使用的透明度、研究成果对投资人收益、企业无形资产的形成和发展、未来预期的收益以及杠杆效应这五个方面对知识目标进行了阐释。ARC 模式根据上述这五个方面的知识目标,分别披露了其知识资产各要素的现存状况和在企业中所起的作用和相互的效果。对于知识资产各要素的划分,该模型采用三分法,从人力资本、结构资本和关系资本三个方面考虑。通过知识资产的财务指标或者非财务信息来反映企业价值创造的要素。后来,这个

模式广泛地应用于奥地利,各个企业分别对企业的知识目标进行演化,并选择了不同的指标予以反映。❶

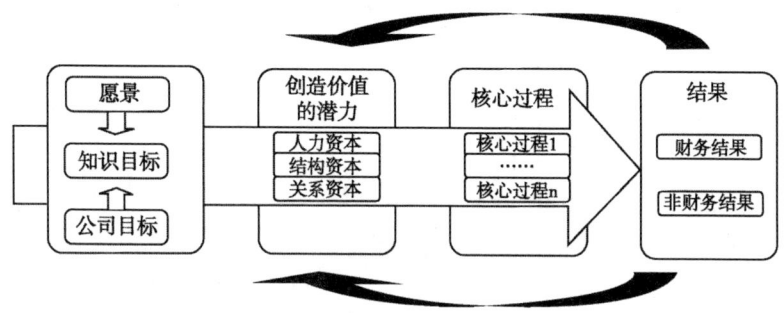

图 18-2 ARC 知识资产报告模式

(4)北欧 COWI 模式。COWI 是北欧一家非常著名的咨询公司。与 ARC 模式相比较,COWI 知识资产报告的思路不仅仅以知识目标为最终目标,在整个报告里还加入了知识形成过程及其对企业产生的结果。

COWI 的知识资产报告基本采用定量指标,从企业资源、程序和结果三个流程中反映客户和市场、组织、员工这三个层面的知识资产要素(如图 18-3 所示)。COWI 报告的逻辑理念为:企业的日常生产经营是由相互影响的一系列程序组成的,在这一系列的程序指导下,企业通过各种资源的使用为客户提供产品和服务,以满足客户和员工的需求。客户及员工的满意程度决定了企业的信誉,而企业的信誉又反过来会影响企业日常的生产经营活动,如此往复,就形成了一个循环。

2. 国外知识资产报告的相关标准

(1)DMSTI 指南。DMSTI 指南是在丹麦政府的资助下由丹麦一个研究项目组经过深入研究后提出的知识资产报告方式的总体框架。第

---

❶ Oesterreichische Nationalbank. Intelleetual Capital Report 2008, http://www. oenb. at/en/presse_ pub/period_ pub/unternehmen/wissensbilanz/wissensbilanz. jsp,最后访问日期:2009 年 11 月 2 日。

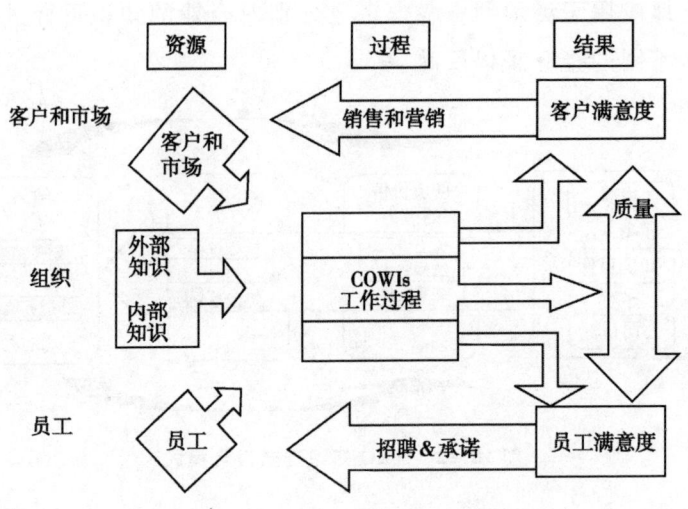

图 18-3 COWI 公司知识资产报告结构

一份指南于 2000 年发表，在 2001~2002 年间继续在 80 多家企业里跟踪验证其效果，于 2002 年 12 月发表了一份修正的指南。

在 DMSTI 框架指南里，要求企业应该对企业价值创造潜力以及知识管理战略这两个方面进行报告，并且还必须提交以"知识"为主要资源的企业价值创造动力的相关说明。DMSTI 指南还对此作了进一步的说明，指出企业的知识资产报告应由四个部分组成，通过这四个部分的披露将企业的知识资源与企业的产品或服务的最终消费者联系起来。这四个组成部分为：一是企业内部知识资源的阐述（knowledge narrative），它有助于帮助报告使用者了解企业所拥有的知识以及知识和企业产品和服务联系的过程；二是企业在知识管理上面对的挑战，主要从知识资源的取得方面来论述；三是企业对上述知识资源的管理问题，如何运用、发展以及更新；四是一系列的指标，通过这些指标来反映以上三个部分中提及的问题和解决的成效。

（2）Metrium 指南。Metrium 指南是由欧洲委员会支持、以欧洲的 6 个国家共同开展的研究计划，具体名称为"计量和报告知识资产用以理解和改进创新管理"。该项目以知识资产的分类、管理控制、资本市场以及具体指南这四个主题为核心，其内容分为三个部分：

第一部分，理论框架部分。（这一部分主要界定了相关的基本概念，如无形资源、知识资产、人力资本、结构资本、关系资本）

第二部分，知识资产的管理。（这一部分包括企业开发管理该系统的步骤和测度及报告知识资产的支持性过程这两方面的内容）

第三部分，知识资产报告模型。（这一部分包括企业的愿景、资源和相关活动的总结以及指标系统）

3. 国外知识资产报告对我国的启示

企业知识资产报告是一个新生事物。虽然从西方国家运用和实施的情况来看，所采用的报告方式和模式有所不同，但也有些相同或者相似的地方，这些地方值得我国在知识资产报告上予以借鉴。

（1）结合企业战略特点，注重知识资产的运作过程和结果的披露。知识资产作为企业的知识资源，是企业生产和发展的关键因素。企业应以知识目标或者知识战略为主导，知识资产的合理使用和运作是企业成功的关键。而知识资产报告则是对企业知识资源运作和管理过程的全面披露和阐释。通过这种报告形式，将企业由于知识所产生的价值增长过程和结果反映给内部和外部信息使用者，有助于满足企业内部管理的需要以及外部投资决策的需要。

（2）对企业知识资产采用定性和定量结合的方法来表征。虽然定量化的信息比定性的信息更直观、更真实，但由于知识资产的无形性、依附性以及收益的风险性等所具有的特性，使得知识资产完全通过定量指标反映既不现实也不准确。另外，要想准确表达知识资产的运作过程也需要企业定性和文字的表述，才能让信息使用者对企业知识资产的存量和流量有一定明晰的理解和把握。因此，对于企业知识资产的价值报告可以采用定性阐述的方式说明其各个组成要素的内容和在企业中的运用情况以及特点。对于可以量化的指标尽量予以量化，将有关表征的内容予以指标化，有利于信息使用者更加直观地把握知识资产的相关信息。

（3）应注重在实施过程中的政府主导作用，准则建设的必要性。在上述几种知识资产报告模式中，以丹麦的 DMSTI 指南对企业知识资产报告的指导意义最为广泛，所进行的知识资产报告的效果也最好。这表明对于知识资产报告的设计和实施仅仅依靠单个企业自身的要求和努力是远远不够的，需要政府作为监督机制设计和实施相应的信息披露和报告准则和相应的法律、法规予以规范。只有这样，才能促进知识资产信息的充分披露，提高外部报表使用者对企业真实价值的了解程度，从而提升整个社会的资源配置效率。

（二）我国知识资产信息披露的现状

1. 知识资产信息披露的制度建设现状

随着我国改革开放步伐的加快，市场经济的不断深入，我国的资本市场也得以迅速发展。为了保护广大投资者特别是中小股东的利益，加强信息的透明度，我国建立了一系列的上市公司信息披露制度（如表 18-1 所示）。

表 18-1　我国知识资产披露涉及的准则及制度

报告内容		法　律	行政法规	部门规章
首次报告	招股说明书	《公司法》第 140 条；《证券法》第 58 条、第 59 条；《会计法》第 20 条、第 21 条	《股票发行与交易管理暂行条例》（以下简称《股票条例》）第 15 条、第 19 条	《公开发行证券的公司信息披露内容与格式准则第 1 号——招股说明书》（2006 年修订）；《公开发行证券的公司信息披露内容与格式准则第 11 号——上市公司公开发行证券募集说明书》；《企业会计准则——基本准则》；《企业会计准则第 6 号——无形资产》
	上市公告书	《公司法》第 153 条；《证券法》第 47 条、第 48 条；《会计法》第 20 条、第 21 条	《股票条例》第 15 条、第 19 条	《公开发行证券的公司信息披露内容与格式准则第 7 号——股票上市公告书》（证监发〔2001〕42 号）；《企业会计准则——基本准则》；《企业会计准则第 6 号——无形资产》

续表

报告内容		法　　律	行政法规	部门规章
定期报告	年度报告	《公司法》第175条；《证券法》第61条、第72条；《会计法》第20条、第21条	《股票条例》第15条、第19条	《公开发行证券的公司信息披露内容与格式准则第2号〈年度报告的内容与格式〉》（2005年修订）；《企业会计准则——基本准则》；《企业会计准则第6号——无形资产》
	中期报告	《公司法》第156条；《证券法》第60条；《会计法》第20条、第21条	《股票条例》第57条、第58条	《公开发行股票公司信息披露的内容与格式准则第3号〈中期报告的内容与格式〉》（2000年修订稿）；《企业会计准则——基本准则》；《企业会计准则第6号——无形资产》
临时公告（重大事件报告）		《证券法》第62条	《股票条例》第60条、第61条、第62条	—
其他报告		股东大会、董事会决议公告等常规性公告，主要由证券交易所的《上市规则》来规范		

从表18-1可知，知识资产信息披露的管制制度涉及法律、行政法规和部门规章三个层次，管制的范围包括首次报告、定期报告、临时报告和其他报告。

从具体管制政策所涉及内容的广度和深度上来看，要数《公开发行证券的公司信息披露内容与格式准则第1号——招股说明书》（2006年修订）（以下简称招股说明书）、《公开发行证券的公司信息披露内容与格式准则第2号〈年度报告的内容与格式〉》（2005年修订）（以下简称年度报告）和《企业会计准则第6号——无形资产》这3个制度所管制的内容要较全面、较具体和较具有代表性。其中招股说明书第39条要求发行人应简要披露员工及其社会保障情况；第45条要求披露其无形资产；第46条要求披露特许经营权情况；第47条要求披露主要产品生产技术所处的阶段；第49条要求披露主要产品和服务的质量控制情况；第57条要求披露董事、监事、高级管理人员及核心技术人员的简要情况。年度报告第26~27条要求披露董事、监事、高级管理人员和员工情况；第28~31条要求报告公司治理结构状况；第

33~38条要求董事会对财务报告与其他必要的统计数据及其他重要事项进行讨论与分析；第49~51条是财务报告及其注释的披露要求。《企业会计准则第6号——无形资产》总共24条，对无形资产的确认、初始计量、后续计量、处置和报废、披露等作了较为详细的规定。

2. 知识资产信息披露的企业实践现状

在我国，企业界对知识资产的认知还不够，笔者走访了十几家上市公司，没有一家上市公司的管理人员能对知识资产有一个较为明晰的解释。很多企业错误地认为知识资产与人力资本是等同的，对知识资产的管理也就是对人力资本的管理。对于企业知识资产相关信息的披露，也没有专门的知识资产价值报告体系，并且对此研究的学者也较少。大多数企业没有意识到知识资产信息的重要性，只是在企业财务报告中通过只言片语的描述一笔带过。从财务报告中对知识资产相关信息的披露来看，主要表现为以下几点：

（1）没有明晰的辨析知识资产的各个要素，没有基于企业战略目标的角度来披露知识资产相关信息。

（2）定量的信息比重很小，绝大部分为定性描述的信息，并且这些信息分散在企业财务报告的各个角落，不利于报表使用者理解、分析和掌握。

（3）披露所涉及的内容很少，不能反映企业知识资产的全貌，给报表使用者提供的信息价值含量较低。

笑述现状可以看出，我国企业对于知识资产认识不够全面，信息披露的水平还比较低。而这与知识资产在企业价值创造过程中所起的作用和产生的结果是不相符的。正如前面第三章所论述的，传统的物质资本和企业的知识资产共同创造了企业的价值，并且由于知识资产所具有的特性，它所起到的价值创造作用已大大超越了物质资本，成为企业价值创造、核心竞争力形成的关键性因素。而现行的披露体系，将其大部分游离于财务报表之外，这既不利于企业管理者对知识资产的管理和运用，也不利于外部财务报表使用者的信息决策。故此，企业知识资产价值报告又存在的理论和实际意义。

三、企业知识资产信息披露的博弈分析

从知识资产信息披露的准则、相关的法律和法规来看，大多数知识资产的相关信息披露属于非强制性披露的范畴，那么企业对知识资产信息披露的过程势必会引发企业与外部报表使用者之间的博弈。外部报表使用者所涵盖的范围非常广泛，包括投资人、政府以及社会公众等。企业提供财务报表的质量直接影响了企业外部人士对于企业财务状况及生产经营现状和前景的了解及把握，企业既要出于成本效益考虑，又要在一定程度上满足外部使用者的要求，故产生了企业对知识资产信息披露与外部信息使用者之间的博弈。

（一）博弈局中人的确定

企业外部报表使用者主要是投资人、政府和社会公众等，博弈过程中往往假设局中的参与人均为"理性的"，即每个决策都以自身利益最大化为前提。因为企业内部管理人员和企业报表使用者之间所掌握的信息是不对称的，外部报表使用者会希望企业作为内部人士能够提供充分的信息，故企业和报表使用者构成了此博弈中的局中人，具体体现在以下三个方面。

1. 企业管理者与投资人之间

现代企业一个典型的特点是产权分离，即企业的所有者与企业的管理者分离开来，由企业的管理者直接管理企业，而企业的所有者从管理岗位抽离出来，这导致了管理者和企业的所有者即投资人之间存在代理问题。企业可以通过披露知识资产的相关信息，让投资人对企业真实经营状况有个清楚的了解，有利于企业提高信誉，增强投资人的投资信心和对投资风险的把握，使企业获得更多的资本投入，出于此目的，企业的经营管理者会披露一定的知识资产信息，以满足投资

人对信息的需求；另一方面，企业对知识资产信息的充分披露，可能会减少管理者因其拥有内部信息的潜在获利能力，从而影响到企业管理者的利益，且披露过程也是要花费一定成本的，故企业的经营管理者为其自身利益可能会选择少披露或不披露知识资产信息。于是，博弈在企业经营管理者与投资人之间展开了。

2. 企业与政府之间

企业通过披露其知识资产的相关信息，可以使政府的相关管理部门了解企业的市场前景、产品的质量状况、企业的科技含量以及未来企业的盈利能力。并且，政府作为监管部门，在资本市场上有保护投资人权益的职能，故在这一层面政府的相关部门是希望企业能认真履行好财务报表的信息披露的责任，对于知识资产的信息披露是倡导和鼓励的。然而，企业对知识资产的信息披露可能会暴露企业生产经营中可能存在的薄弱环节，另外，一旦企业对此信息进行披露，就必须对此信息的真实性和合法性负责，这往往会增加企业在信息披露上所承担的法律责任，故企业出于保护自身的目的，往往不愿意多披露企业的知识资产的相关信息。于是，博弈在企业与政府之间展开了。

3. 企业与社会公众之间

企业的生存和发展依赖于良好的社会关系，企业作为社会的重要组成成分，社会公众是企业利益的来源。社会公众希望企业充分披露知识资产的相关信息，使其对企业有一个充分、客观的了解，这也有助于社会公众对企业的认知和监督，基于此，企业不会自愿披露知识资产信息，有时甚至在披露相关信息时，故意歪曲或修饰相关信息，以夸大企业的前景预期。于是，博弈在企业与社会公众之间展开了。

（二）博弈双方的策略选择

企业对知识资产相关信息披露可以选择以下两个策略：

（1）充分披露企业的知识资产相关信息，包括人力资本信息披露、结构资本信息披露以及客户资本的信息披露。

(2) 少披露、歪曲披露甚至不披露企业的知识资产相关信息。

报表使用者在权衡其付出成本与收益之后也会对企业披露的知识资产信息进行两个策略选择：其一，审计；其二，不审计。

（三）博弈双方的收益情况分析

（1）企业的收益情况分析。如果企业选择了充分披露知识资产相关信息的策略，企业会因此支付一定的成本支出，短期内企业获得的收益为 a；如果企业选择了第二种策略，决定少披露、歪曲披露甚至不披露企业的知识资产相关信息，那么，企业在其生产经营过程的短期收益为 b，且 $b > a$。

（2）外部报表使用者的收益情况分析。外部报表使用者从某一程度上说，也能从企业日常生产经营活动中获得收益，如果企业选择充分披露知识资产相关信息的策略，外部报表使用者可以获得的收益为 c；如果企业选择了第二种策略，决定少披露、歪曲披露甚至不披露企业的知识资产相关信息，那么，外部报表使用者所获得的收益为 d，且 $d < c$。如果外部报表使用者对企业所披露的知识资产信息进行审计，必须支付的成本为 e；如果选择不审计那么则不需要支付审计成本。企业与外部报表使用者之间的博弈得益矩阵如表 18-2 所示。

表 18-2　企业与外部报表使用者的得益矩阵

		外部报表使用者	
		审　计	不审计
企业	充分披露	$(a, c-e)$	(a, c)
	不披露、歪曲披露或不披露	$(b, d-e)$	(b, d)

（四）博弈过程分析

在短期内企业与外部报表使用者的收益呈反向相关，但企业通过披露知识资产信息，可以使外部报表使用者获得相关信息，利于其做出正确的投资决策,这在某一程度上帮助企业树立了良好的社会形象,有利于企业的长期发展。从这个角度上看,在长期范围内两者的收益应该是呈正向相关的。

1. 博弈模型的均衡

基于博弈双方都是完全"理性的"前提假设下,企业和外部报表使用者始终都是以实现自身的最大利益为唯一目标。因 $b > a$,企业会选择第二个策略,即少披露、歪曲披露甚至不披露知识资产相关信息。当外部报表使用者预测到企业这一选择时,会相应地采用不审计的策略($d < c$),并且不需要支付审计成本。但是在这种策略组合选择下,达不到帕累托最优状态,不利于社会利益的最大化,因此,如果要改变上述博弈均衡状况,必须要加入外力改进此模型。

2. 博弈模型的改进

在完全信息条件下,当外部报表使用者选择进行审计的策略时,企业会选择充分披露知识资产的相关信息,而当外部报表使用者选择不审计的策略时,企业可能会减少知识资产的信息披露量或者歪曲披露甚至不披露相关信息。因此,在这个博弈体系中,外部报表使用者可以引入一定的奖惩机制,当企业充分披露了知识资产相关信息时,可以按照外部报表使用者收益的一定比例 m 给予企业一定的奖励;当企业减少知识资产的信息披露或者歪曲披露或不披露时,外部报表使用者如果通过选择审计策略发现后,应给予企业一定比例 n 的惩罚,且 $n > m$。则改进后的企业与外部报表使用者的博弈模型及得益矩阵如表 18 - 3 所示。

表 18 - 3 改进后的企业与外部报表使用者的得益矩阵

		外部报表使用者	
		审 计	不审计
企业	充分披露	$(a^*(1+m), c-e-a^*m)$	$(a^*(1+m), c-a^*m)$
	不披露、歪曲披露或不披露	$(b^*(1-n), d-e-b^*n)$	$(b^*(1+m), d-b^*m)$

3. 社会总收益情况分析

站在整个社会的角度来看，企业作为社会的一个重要组成部分，其企业价值最大化的目标应是企业能给社会带来的收益最大。通过改进后的博弈模型分析，比较在上面相关策略选择后，考虑到总的社会收益情况，企业应该采用对企业最优的策略为充分披露知识资产的相关信息，这时的社会总收益最大为 $a+c$，只有社会总收益最大，才能达到社会的帕累托最优状态。故此，只有外部报表使用者的奖励和处罚机制得以有效实行，且相应的奖惩设计合理，才能够实现这一目标，使企业能够自愿披露知识资产相关信息。

（五）相关政策建议

从企业和外部报表使用者之间建立的博弈分析来看，企业披露相关的知识资产信息虽然在短期内会和外部报表使用者的利益相冲突，但在长期来看，企业的充分披露对双方都是有益的。为了防止企业的短视行为，外部报表使用者必须建立适当的奖励和惩罚机制，通过反复博弈，最终实现企业和外部报表使用者的利益统一。但一定要把握好奖惩的比例设计，因为惩罚过度会使得企业产生悲观情绪，不利于社会经济的总体发展。但如果惩罚过轻，企业不能引起充分的重视。针对我国企业对知识资产信息披露不充分的现状，对外部报表使用者提出如下建议：

（1）作为外部报表使用者的投资人及社会公众，应充分关注企业披露的知识资产信息，对其的真实性和合理性进行适度分析，对其信息给企业带来的风险与收益应有一个合理的认知，并以此作为其投资决策的一个重要参考指标。投资人应该行使自身的权益，多参与企业重大事项的决策，不要仅仅通过"用脚投票"的方式来表示对企业管理者的不满，而要真正意义上尽到企业所有者的职责。社会公众应通过企业知识资产的信息披露来认识企业的发展前景，以企业信誉来评价企业产品和服务的质量，这样迫使企业产生为提升企业形象而主动披露的主观动因。

（2）作为外部报表使用者的政府，它是社会经济运行过程中的监督者，在市场经济中起到保护和维护市场每一个经济权利人的合法利益，而相应法律、法规的建设和完善是其根本。因此，政府应加强对企业知识资产信息披露的准则建设，完善企业信息透明度的法制和法规建设及相应的奖惩措施的建设，为企业知识资产信息披露提供政策指引。

企业作为市场经济的一个重要组成部分，在追逐自身利益最大化的过程中，整个社会包括投资人、政府和社会公众对为企业提供了生存和发展的平台及环境，企业利益实现的同时社会利益也得以实现。在企业与外部报表使用者的博弈中，通过外部报表使用者的合作与监督可以促使企业通过充分披露知识资产信息来实行作为内部管理者的信息披露职责，规范企业的行为，为企业树立良好社会形象，利于企业形成持续的竞争力。

四、企业知识资产价值报告的构建

（一）企业知识资产价值报告的目标

企业知识资产价值报告的目标是知识资产相关信息披露整体体系的起点，是其行动指南。这个目标体系应为一个综合性的目标体系，主要包括两个层级，具体体现为：

（1）知识资产价值报告的外部目标。企业知识资产价值报告的外部目标即为通过报告形式向外部报表使用者披露企业知识资产的存量，以及在企业生产运作过程中所起的作用，为整个价值报告体系奠定了基础。作为具有信息优势的企业应对外部报表使用者实行对外披露相关信息的义务，以便相关利益者对企业进行监督和评价。

（2）知识资产价值报告的管理目标。企业知识资产价值报告的管理目标是面向企业内部管理的，其具体目的在于：便于企业管理当局了解企业知识资产的情况以及预期企业的获利能力，进行合理规划，为实现企业价值最大化服务。

（二）企业知识资产价值报告的原则

企业知识资产价值报告的原则是企业进行知识资产信息披露的前提，是指导其具体报告工作的规范。为实现上述的知识资产价值报告的目标，必须按照一定原则构建其知识资产价值报告的框架。

（1）客观性原则。该原则要求企业披露的知识资产的相关信息应当以实际存在或企业实际发生的情况或交易为依据，如实反映企业知识资产的相关信息，保证相关信息披露的内容真实、数字准确以及资料可靠。知识资产价值报告的客观性要求是对知识资产信息披露的基本要求。它包括下面三层含义：一是知识资产的相关核算应当真实反映企业的财务状况和经营成果，保证相关信息的真实性；二是知识资产价值报告应当准确反映企业的财务情况，保证相关信息的准确性；三是知识资产价值报告应当具有可检验性，使相关信息具有可验证性的特征。

（2）相关性原则。该原则要求企业提供的知识资产相关信息应当能反映企业经营运作的实际情况特别是知识资产在其中所起的实际作用，以满足外部报表使用者的需要。这种需要表现为外部报表使用者能够通过企业所做的知识资产价值报告对企业知识资产的整体状况有个清楚的了解，并以此作为投资决策的基础。作为具备相关性的知识资产信息，必须具备以下基本要素：第一，信息具有预测价值，能够足以对企业未来的情况作出基本的推断和预测，以帮助未来决策；第二，信息具有反馈价值，能够反映和说明企业过去一段时间与知识资产有关的各种问题，能够有助于理解和判断过去决策的正误。

（3）重要性原则。对于企业知识资产的价值报告应满足重要性原则。重要的知识资产信息是指在特定环境下，可能影响会计报表使用者判断或决策的知识资产信息。当这样的信息被遗漏或错误地表达时，可能会影响到依靠该信息的使用者所做出的判断。

(4) 定量与定性结合的原则。企业知识资产价值报告应采用定量化和定性化信息相结合的形式对外披露，定量化的知识资产信息可以帮助报表使用者衡量企业各类知识资产活动，为其提供精确的瞬时固化反应结果，通过定量化的结果披露可以直观地告诉报表使用者企业的知识资产的存续状况；而定性的知识资产信息的披露主要是由于知识资产的特性所决定的，比如对于有些知识资产很难予以量化指标来描述，就可以采用定性化的文字描述予以补充。

(三) 企业知识资产价值报告的设计

按照上述企业知识资产价值报告的目标和原则，可将知识资产价值报告设计为主表和附注两个部分（见表18-4），主表披露企业知识资产的定量信息，附注主要是对企业知识资产信息的定性披露，主要包括知识资产在企业管理流程中的运作分析，主表指标体系的说明，企业所面临的市场前景及风险分析以及企业知识资产管理的结论和未来行为建议这五个方面的内容。通过这五个方面的内容来反映企业现存的知识资产的运作情况以及为报表使用者提供对企业未来业绩预期的相关信息。

1. 主表的设计

(1) 整体层面知识资产信息披露。这一部分采用多指标衡量的方法，本表中选择了托宾Q值（Tobin's Q Ratio）、经济增加值（EVA）和知识资产价值贡献率（VCR）这三个指标来显现知识资产的价值。

(2) 单项层面知识资产信息的披露。按照知识资产三要素划分为人力资本、结构资本以及客户资本，由于所涵盖的范畴和指标均不相同，因此，在这一部分需要按层次对其进行编码，以提高报告的明晰性。具体层次划分如下：第一层次：H、S、C分别代表人力资本、结构资本以及客户资本。第二层次：H_i、S_i、C_i分别代表人力资本、结构资本以及客户资本的某一范畴的指标。

表 18-4　企业知识资产价值报告主表——指标体系　　　　　年度

		编码	指　　标	本期实际数	上年实际数	行业平均数
整体层面知识资产		IC_1	托宾 Q 值			
		IC_2	经济增加值（EVA）			
		IC_3	价值贡献率			
单项智力资本	人力资本 H	H_1	员工总人数			
		H_2	专业员工所占比例			
		H_3	员工平均年龄			
		H_4	高学历员工比例			
		H_5	每年培训支出			
		H_6	高管高学历比例			
		H_7	高管薪酬总数			
		H_8	新进员工比例			
		H_9	研发人员所占比例			
		H_{10}	人均工资			
		H_{11}	离职员工比例			
	结构资本 S	S_1	董事会成员人数			
		S_2	独立董事人数			
		S_3	监事会人数			
		S_4	内审委员会人数			
		S_5	信息化办公系统使用率			
		S_6	企业组织活动次数			
		S_7	企业拥有的专利数			
		S_8	研发费用/销售收入			
		S_9	管理费用/销售收入			
		S_{10}	员工人均管理费用			
		S_{11}	总固定资产/员工人数			
	客户（关系）资本 C	C_1	主要客户数量			
		C_2	年销售额/客户数量			
		C_3	与客户合作的平均年限			
		C_4	客户资产的平均规模			
		C_5	销售费用/客户数量			
		C_6	销售人员数量			
		C_7	每年新增客户数量			
		C_8	每年客户流失数量			
		C_9	产品市场占有率			
		C_{10}	客户满意指数			
		C_{11}	媒体对企业的正面报道			

2. 附注的设计

企业知识资产价值报告的附注是对一些无法定量的知识资产信息的披露。另外也是对主表信息所作的进一步解释或说明。主要包括以下五个方面：

（1）企业战略目标；

（2）企业所面临的市场前景及风险分析；

（3）主表指标体系使用的说明；

（4）企业知识资产管理的结论；

（5）未来行为建议。

这五个方面的内容可以反映企业现存的知识资产的运作情况以及为报表使用者提供对企业未来业绩预期的相关信息。

（四）企业知识资产价值报告与现行财务报告的关系

《企业会计准则第 30 号——财务报表列报》（2006）指出，财务报表是对企业财务状况、经营成果和现金流量的结构性表述，财务报表至少应当包括资产负债表、利润表、现金流量表、所有者权益变动表以及附注这几个重要组成部分。[1] 传统的财务报告模型是以交易和历史成本为基础进行披露的，而由于知识资产是基于企业战略角度，企业内外所有因知识和智力的积累而形成的无形资源，并在企业运作与管理过程中创造价值的资本。它具有无形性、难以测度性，往往无法进入企业传统的财务报表体系中，而无数事实证明，知识资产在企业生产经营过程中所起的作用越来越大，如不及时、充分地进行信息披露往往不能使得报表使用者对企业的真实运作情况和预期的盈利能力作出正确的判断。而企业财务报表列报的目的在于真实反映企业的财务状况、经营成果和现金流量，为报表使用者提供有用的会计信息，鉴

---

[1] 中华人民共和国财政部：《企业会计准则》（2006），经济科学出版社 2006 年版，第 143 页。

于此，笔者认为企业知识资产价值报告应加入到现行财务报告体系中，作为现行财务报告体系的一个组成部分，以提高财务报告信息的有用性。

从报告的内容上看，现行财务报告主要提供企业有形资源方面的相关信息，知识资产价值报告主要提供无形资源方面的相关信息；从报告的时间角度来看，现行财务报告提供的是企业过去和现在的财务状况、经营成果和现金流量，而企业知识资产价值报告则侧重于企业未来的价值创造能力和持续的企业竞争力方面的信息披露。从以上几点可以看出，企业知识资产价值报告并入企业财务报告体系中后，将成为企业财务报告体系有力的补充，能更好地为报表使用者服务。

近20年资本市场的不断发展与完善，上市公司年度报告的独立性（经审计）与鉴证作用已得到投资者基本认可，上市公司的年度报告在信息披露的质量与规范性方面也有了很大的提高，这对我国企业知识资产信息披露制度与方法沿着年报这一路径进行研究奠定了基础。

在独立知识资产报告方面，我国企业应该积极实践，政府和学术领域要不断创新，可以在借鉴西方知识资产报告实例和指南的基础上，形成我国的一套系统的知识资产信息披露指南，指导我国企业知识资产报告的建立，从而提高投资者的决策效率，增强企业的竞争力。

（本篇执笔人：周江燕）

结　语

一、研究结论

　　知识资产作为企业管理的未来主战场，其价值与企业价值休戚相关，因此对于知识资产对企业价值所作贡献的测度显得尤为重要。本书在比较和分析知识资产的相关概念和内涵的基础上展开讨论，梳理知识资产研究的理论渊源和学术流派。在野中郁次郎（Ikujiro Nonaka）提出的知识螺旋的概念上，作进一步延伸，发展性地提出知识资产价值螺旋理论来分析知识资产的价值贡献机理，试图从理论上阐述企业知识资产和企业价值的联系，并通过实证方式对知识资产与企业价值之间的关系进行论证。在实证过程中，本书将Ohlson（1995）模型中其他相关信息变量因素赋予知识资产这一新的内涵，来探讨知识资产各信息变量对企业价值的解释能力，通过模型的拟合优度上升得出相关性的结论，对于方法的使用上具有一定的开拓性。在对知识资产企业价值贡献测度方法的总结和探索的基础之上，本书提出对于知识资产企业价值贡献的测度上要有整体观念，因知识资产的各个要素对企业价值的贡献不可分割，互相协同，故对于知识资产的价值测度应对知识资产整体进行测度，对其单项知识资产进行测度是不现实也是不可取的。最后对知识资产价值报告进行深入研究，构建知识资产价值报告的框架。研究的基本结论包括以下几点。

　　1. 厘清知识资产与国家创新体系建设的关系

　　国家创新体系包括技术创新、管理创新和制度创新。因此，创新是根本、研发投入是基础、创造和发现知识资产是国家创新体系建设的重要支撑,国家创新体系建设的目的是整体提升国家的核心竞争力。为此,应从微观企业入手着手进行创新体系的建设,最终形成微观、中观和宏观的核心竞争力。

2. 分析知识资产与经济增长、社会发展的关系

在全球资本的第三次扩张过程中,以知识资产为核心的无形资产是经济、社会发展的强劲驱动力。从经济新增长理论看来,如同资本和能源取代土地和劳动力一样,独立于财务资本又能够转化为财务资本的非物质形态知识资产,正在取代货币资本和能源成为企业财富和社会财富增长的主要源泉。亦即,知识资产正在逐渐成为企业价值增长的核心驱动因素。

3. 回顾知识资产的已有研究成果,反思现有研究存在的主要问题

知识资产作为企业价值创造的核心因素,虽然学者们对其进行了多方面、全方位的研究,但对其价值及其价值贡献的测度研究明显不足。知识资产的确认、知识资产增值过程分析和知识资产的报告都离不开知识资产价值的测度,正所谓"不能测度就不能管理"。"用数据说话"应是会计学科和相关管理学科必须回答和解决的问题。经济的长期增长和企业价值的增加,不仅取决于物质资本要素的投入,还越来越依赖于知识资产的作用。企业战略是价值创造的决定因素,而战略决策正是人运用知识资产作出的正确判断。价值测度是企业价值创造不可或缺的重要环节,探索改进现有财务报表中忽视知识资产和其价值创造的测度方法,有利于从制度规范上保持价值创造系统的良性互动。

4. 辨析知识资产与相关概念的关系,界定本书的边界

知识资产是基于企业战略角度提出的,企业内所有因知识和智力的积累而形成的,并在企业运作与管理过程中创造财富的资产。知识资产与无形资产、智慧财产、智力资本等具有千丝万缕的联系,相互之间既有相同的地方,但也有所区别。尤其是知识资产与智力资本之间的关系更是令人难以捉摸。为此,本书认为,从资产负债表的左边——资产的视角认为,知识资产就是因创新而形成的知识产权;从

资本的价值增值而言，知识资产的构成仍然采用而言，即人力资本、结构资本和关系资本（客户资本），即 H—S—C 结构。知识资产依附于人力资本，如企业员工所存有的知识、技能等是知识资产的基础。而工作流程、企业文化、规章制度等组织化形式和专利技术、特许使用权等技术创新能力共同构成了企业的结构资本，他们保障了员工个人的知识和能力有效地转化到企业的生产运作过程，保障企业创造财富。关系资本（客户资本）反映了企业价值创造过程中终端实现机制，企业只有拥有良好的顾客群，才能将所创造的社会财富具体体现到企业的利润中去，并最终完成企业价值的社会认可。知识资产各要素之间是相互联系、互为依赖的。

5. 探究知识资产价值决定的影响因素，测度知识资产的价值含量

本书认为，知识资产的价值决定影响因素包括内在因素与外部因素两大部分。其中内在因素又包括成本因素、效用因素、风险因素与产权属性因素，而外部因素包括制度因素与市场因素。根据这些影响因素，采用实证研究的方法验证了知识资产的价值构成，得出了知识资产与研发支出呈正相关的基本结论。

6. 测算知识资产对企业的价值贡献，并以企业、IT 行业、大样本数据验证研究结论

本书利用耦合理论，用结构方程、二元语义模糊评价方法及层次分析方法等分析工具，以及案例研究、经验研究和实证研究等研究方法对企业知识资产的价值贡献进行了定量测度。在研究中，首先分析了知识资产具有耦合现象，然后根据知识资产的构成，采用结构方程等方法对知识资产各构成要素对企业的价值贡献予以测度，并以华为公司、IT 行业为案例，以及从我国上市公司的经验数据等多方面进一步验证其研究结论。在研究过程中，还检验了知识资产与企业核心竞争力的关系。

7. 验证知识资产、财务结构与企业核心竞争力的关系

就现有的研究来看，通常只研究知识资产与企业核心竞争力的关

系，但合理的财务结构是企业可持续发展的基本保证。为此，本书首次在厘清知识资产、财务结构与核心竞争力关系的基础上，以我国上市公司为背景，验证知识资产、财务结构与核心竞争力呈正相关关系，并对我国上市公司进行核心竞争力的排序，从而将理论研究的成果直接运用于实践。

8. 以职务发明为背景构建知识资产的产权保护与分享机制

知识资产是人类的知识创造、发现和发明。在企业微观层面，不可避免地会遇到职务发明的产权归属。为此，本书主要从法律的视角在比较国外已有成功经验的基础上，构建知识资产的产权保护与利益分享机制，并试图对现行的以工业经济时代为背景的会计方程式予以修正。

9. 设计知识资产价值报告体系，并与现行财务报告体系相连接

现行财务报告主要提供企业有形资源方面的相关信息，知识资产价值报告主要提供无形资源方面的相关信息；从报告的时间角度来看，现行财务报告提供的是企业过去和现在的财务状况、经营成果和现金流量，而企业知识资产价值报告则侧重于企业未来的价值创造能力和持续的企业竞争力方面的信息披露。企业知识资产价值报告并入企业财务报告体系中后，将成为企业财务报告体系有力的补充，能更好地为报表使用者服务。

二、研究创新

本书的突出的创新之处表现在如下三个方面：

（1）在知识资产概念界定上突出企业战略视角和知识资产的价值创造属性。提出知识资产为基于企业战略角度，企业内外所有因知识和智力的积累而形成的无形资源，并在企业运作与管理过程中为企业创造价值的资本。并通过人力资本、结构资本以及客户资本这三要素划分方式对企业知识资产的测度、报告进行深入的研究。

（2）构建企业知识资产的价值创造贡献测度的整体测度方法。通过采用结构方程、层次分析法等分析工具对知识资产价值贡献进行测度，具体量化知识资产的价值，在实践上利于知识资产相关信息从表外走入表内，对内利于企业管理者有效管理和评价知识资产，对外利于利益相关者对企业价值有一个正确的认识和评价，降低投资风险。因此，具有重要的实践意义。

（3）构建企业知识资产价值报告体系。从企业知识资产价值报告的目标、原则以及主表和附表的设计，对整个企业知识资产价值报告进行了总体的设计，为以后相关部门在准则制定和实施上提供了一定的理论和实践的借鉴意义。

三、研究不足与后续研究

本书对企业知识资产价值决定与价值贡献问题的研究仍然是探索性的，难免存在一些遗憾。我们认为，本书存在以下不足：

（1）对知识资产对企业价值的影响，虽通过实证的方法证实了其影响的存在，但并没有完全找到其中各要素间的作用机理。

（2）在知识资产价值测度的维度还是比较简单，虽然在整体层面测度时考虑到了知识资产各要素的协同效益问题，也进行了必要的分析，但其结论还需实践进一步验证。

知识资产的作用虽然已经被人们所认知，但对其的研究还不深入，其中蕴含的内容是非常特殊而又丰富的，其为研究提供了很多机遇，也是我们今后继续努力的方向：

第一，进一步延伸知识资产价值螺旋理论，考察知识资产与企业价值之间的联系，采用更详细的划分方式、更深入的方法探索企业价值创造这一关键问题。

第二，在对知识资产价值贡献进行测度时，除了测度知识资产对企业的价值贡献外，还应关注知识资产对行业、对社会的贡献度，进一步阐释知识资产与国家创新体系建设的关系。

第三,知识资产价值报告将是进一步研究的重点,对报告的建立与完善一方面要结合信息经济理论进行制度设计,另一方面要对知识资产价值报告的应用加以研究。

(执笔人:汤湘希)

主要参考文献

本课题在研究过程中参阅了超过1000篇（部）的著作、论文、研究报告等文献，但限于篇幅所限，只列示部分。对于已有学者的研究成果，本书予以的借鉴表示衷心的感谢！

一、中文部分

1　［俄］吉米多维奇著.数学分析习题集题解（1~6册）.费定晖、周学圣译.济南：山东科学技术出版社，1994.

2　［美］丹尼尔·F.史普博著.管制与市场，余晖译.上海：格致出版社，上海三联书店，上海人民出版社，2008.

3　［美］马格丽特·布莱尔，史蒂文·沃曼著.无形财富：来自布鲁金斯无形资产研究特别工作组的报告.王志台，陈春华译.北京：中国劳动社会保障出版社，2004.

4　［美］约翰·N.德勒巴克，约翰·V.C，Jogn N. Drobak, Jogn V. C. Nye 著.新制度经济学前沿.张宇燕等译.北京：经济科学出版社，2003.

5　［美］Charles Ehin 著.开发智力资本——企业内部智力资本的奥秘.郭延航译.北京：机械工业出版社，2003.

6　［美］S.P.科塔里，T.Z.利斯，D.J.斯金纳，R.L.瓦茨，J.L.齐默尔曼著.当代会计研究综述与评论.辛宇等译.北京：中国人民大学出版社，2009.

7　［美］菲利普·阿吉翁，彼特·霍依特著.内生增长理论.陶然等译.北京：北京大学出版社，2005.

8　［美］加里·贝克尔著.人力资本理论：关于教育的理论和实证分析.郭虹，熊晓琳，王筱等译.北京：中信出版社，2007.

9 [美]杰弗里·M.霍奇逊著.演化与制度——论演化经济学和经济学的演化.任荣华等译.北京:中国人民大学出版社,2007.

10 [美]罗伯特·M.索洛等著.经济增长因素分析.史清琪等译.北京:商务印书馆,1999.

11 [美]斯蒂格利茨著.微观经济学:不确定性与研发.纪沫,宛圆渊,李鹏飞译.北京:中国金融出版社,2009.

12 [美]詹姆士·J.海克曼.提升人力资本投资的政策.曾湘泉译.上海:复旦大学出版社,2004.

13 [英]马歇尔.经济学原理.朱志泰,陈良璧译.北京:商务印书馆,1983.

14 [英]亚当·斯密.国富论.郭大力,王亚南译.上海:上海三联书店,2009.

15 [美]巴鲁·列弗.无形资产:管理、计量和呈报.北京:中国劳动社会保障出版社,2003.

16 白暴力.价值价格通论.北京:经济科学出版社,2006.

17 白明,张晖.VAIC法计量的知识资本与财务指标实证研究.统计与决策,2005(8):28-30.

18 毕意文,孙永玲.平衡计分卡中国战略实践.北京:机械工业出版社,2003.

19 蔡吉祥.无形资产学.深圳:海天出版社,1999.

20 曹晓东.人力资本要素贡献的评估及实现机制.上海经济研究,2003(2):39-44.

21 曹晓峰.人力资源整合是提升企业核心竞争力的关键途径.管理世界,2003(4):139-140.

22 曹裕,陈晓红,李嘉华.企业不同生命周期阶段智力资本价值贡献分析.管理科学学报,2010(5):21-30.

23 曾国屏.自组织的自然观.北京:经济科学出版社,1996.

24 柴金艳.基于价值链的企业知识产权竞争优势培育——以华为公司的知识产权管理为例.科技进步与对策,2009(22):53-56.

25 陈国辉.会计理论研究.大连：东北财经大学出版社，2007.

26 陈劲.从技术引进到自主创新的学习模式.科研管理，1994（2）：32-34.

27 陈劲，柳卸林.自主创新与国家强盛——建设中国特色的创新型国家中的若干问题与对策研究.北京：科学出版社，2008.

28 陈劲，谢洪源，祝朝晖.企业智力资本评价模型和实证研究.中国地质大学学报（社会科学版），2004（6）：27-32.

29 陈晓红，李喜华，曹裕.智力资本对企业绩效的影响——基于面板数据的分析.系统工程理论与实践，2010（7）：1176-1184.

30 陈艳艳.知识吸收能力与企业技术能力——基于中国企业得研发投入产出路径研究.北京：经济科学出版社，2010.

31 陈郁.企业制度与市场组织：交易费用经济学文选.上海：生活·读书·新知三联书店，上海人民出版社，1996.

32 程承坪.论企业家人力资本与企业绩效关系.中国软科学，2001（7）：67-71.

33 仇元福，潘旭伟，顾新建.知识资本构成分析及其技术评价.中国软科学，2002（10）：115-118.

34 戴书松.无形资产、价值创造及经济增长方式转变.北京：经济管理出版社，2008.

35 邓孙堂.人力资本及其对应人力资源的确认与计量问题研究.会计研究，2008（2）：17-23.

36 丁堃.开放式自主创新系统理论及应用.北京：科学出版社，2010.

37 董必荣.不同资产的报告模式差异分析.中国工业经济，2008（2）：95-113.

38 董必荣.企业对外智力资本报告研究.会计研究，2009（11）：53-60.

39 董必荣，李虎.资产计量模式差异研究.中南财经政法大学学报，2010（5）：110-116.

40 杜鹃.企业愿景的形成过程及其价值诉求.河北大学学报（哲学社会科学版），2008（5）：101-105.

41	段文斌.企业的性质、治理机制和国有企业改革——企业理论前沿专题.天津:南开大学出版社,2003.
42	段云龙.企业持续技术创新实现的制度结构作用机理研究.北京:经济科学出版社,2009.
43	凡勃伦著.企业论.蔡受百译.北京:商务印书馆,1959.
44	范徵.知识资本评价指标体系与定量评价模型.中国工业经济,2000年(9):63-66.
45	谭崇台.发展经济学.武汉:武汉大学出版社,2011.
46	方齐云,王皓,李卫兵等.增长经济学.武汉:湖北人民出版社,2002.
47	费方域.企业的产权分析.上海:生活·读书·新知三联书店,上海人民出版社,1998.
48	付维宁.企业家人力资本与企业绩效:一个理论分析模型.南方论丛,2003(4):51-59.
49	傅传锐.我国上市公司智力资本与股价相关性的实证研究.经济经纬,2008(1):149-152.
50	傅传锐.智力资本对企业竞争优势的影响——来自我国IT上市公司的证据.当代财经,2007(4):68-74.
51	傅建设.无形资产范围研究.天津工业大学学报,2008(11):60-63.
52	高梁.跟踪模仿和自主创新.宏观经济研究,2004(4):51-53.
53	葛扬,李晓蓉.西方经济学说史.南京:南京大学出版社,2003.
54	耿建新,朱友干.职位资本——人力资本会计研究新视野.会计研究,2009(11):48-53.
55	龚六堂.高级宏观经济学.武汉:武汉大学出版社,2005.
56	郭道扬.郭道扬文集.北京:经济科学出版社,2009.
57	郭晶,袁坚,王剑等.基于双耦合驱动模型的时空混沌流密码系统.清华大学学报(自然科学版),2009(8):1180-1183.
58	郭敏,吴卫星,严渝军.现代资本市场理论研究.北京:中国人民大学出版社,2006.

59 郭毅.企业理论研究——马克思经济学与新制度经济学的比较.北京：经济科学出版社，2008.

60 [德]哈肯著.高等协同学.郭治安译：北京：科学出版社，1989.

61 韩菁，贾建锋，陈希.产业链中的知识转移研究：以电信产业为例.科学学与科学技术管理，2007（5）：97-100.

62 何刚.人力资本投资成本：收益计量与评价分析.合肥：合肥工业大学出版社，2008.

63 贺俊，陈华平，毕功兵.一个基于产品水平创新和人力资本的内生增长模型.数量经济技术经济研究，2006（9）：127-131.

64 贺云龙.无形资本会计论.成都：西南财经大学出版社，2009.

65 侯杰泰，温忠麟，成子娟.结构方程模型及其应用.北京：教育科学出版社，2004.

66 侯媛媛，刘文澜，刘云.中国通信产业自主创新体系国际化发展路径和影响机制研究——以华为公司为例.科技促进发展，2011（11）：32-40.

67 胡汉辉，沈群红.西方知识资本理论及其应用.经济学动态，1998（7）：40-45.

68 胡浩志.企业专用性人力资本与企业绩效——基于我国上市公司的实证研究.商业经济与管理，2010（11）：38-46.

69 黄芳铭.结构方程模式理论与应用.北京：中国税务出版社，2005.

70 黄润荣，任光耀.耗散结构与协同学.贵阳：贵州人民出版社，1988.

71 黄少安.产权理论与制度经济学.湘潭：湘潭大学出版社，2008.

72 加里·贝克尔.人类行为的经济分析.上海：上海三联书店，1995.

73 加里·贝克尔.生活中的经济学.北京：华夏出版社，2000.

74 贾卫峰，党兴华.技术创新网络中核心企业形成的三状态模型研究——基于企业间关系耦合的分析.科学学研究，2010（11）：1750-1757.

75 蒋天颖，王俊江.知识资本、组织学习与企业创新绩效的关系分析.科研管理，2009（4）：44-50.

76 蒋天颖，张一青，王俊江.企业社会资本与竞争优势的关系研究——基于知识的视角.科学学研究，2010（8）：1212－1221.

77 蒋琰，茅宁.智力资本与财务系本，谁对企业价值创造更有效——来自于江浙地区企业的实证研究.会计研究，2008（7）：48－56.

78 金明律，段海宁.一种成功的知识资本评估模型——Skandia 模型探析.南开经济研究，1999（6）：57－63.

79 金水英.企业知识资本管理战略模型的构建.统计与决策，2007（3）：155－156.

80 康芒斯.制度经济学.北京：商务印书馆，1997.

81 乐国林，陈春花.两部企业宪法蕴含的中国本土管理元素探析——基于鞍钢宪法和华为基本法的研究.管理学报，2011（11）：1775－1782.

82 雷亚萍，王星.人力资本的三重性及对企业绩效的作用.自然辩证法研究，2007（4）：83－85.

83 李斌，赵玉勇.智力资本信息披露与公司治理结构实证研究.财经问题研究，2009（6）：93－100.

84 李德顺.价值论（第二版）.北京：中国人民大学出版社，2007.

85 李冬伟，汪克夷.智力资本流派研究.科技进步与对策，2009（20）：194－200.

86 李冬伟，汪克夷.智力资本与高科技企业绩效关系研究——环境的调节作用.科学学研究，2009（11）：1700－1707.

87 李冠众，刘志远.上市公司知识资本业绩相关性探析.现代财经，2008（7）：48－52.

88 李慧娟，王琳.能源行业智力资本对企业绩效影响的实证研究.统计与决策，2010（24）：71－73.

89 李嘉明，黎富兵.企业智力资本与企业绩效的实证分析.重庆大学学报（自然科学版），2004（12）：134－138.

90 李经路.关于智力资本测度的探讨.统计与决策，2012（7）：170－172.

91 李经路.内生经济增长的驱动因素分析.财会月刊,2011（6）：87-89.

92 李经路.新经济增长理论研究评述——基于无形资产经营视角.财务与金融,2011（1）：1-6.

93 李经路.智力资本价值贡献问题研究动态.经济问题探索,2011（11）119-125.

94 李经路,汤湘希.经济增长驱动因素分析.工业技术经济,2011（4）：95-101.

95 李经路,张静,姬雄华.公允价值计量属性初探.财会月刊,2008（8）：33-35.

96 李平.智力资本与核心竞争力的比较分析.商业研究,2006（7）：36-40.

97 李平,刘希宋.国外智力资本报告模式分析及启示.研究与发展管理,2006（6）：29-36.

98 李铁映.劳动价值论读书笔记.北京：社会科学文献出版社,2003.

99 李志能.智力资本经营.上海：复旦大学出版社,2001.

100 林筠,何婕,丁戈,宋彬.企业人力资本与技术创新的关系——基于不同情境的影响分析.科技进步与对策,2009（22）：185-188.

101 刘超,原毅军.智力资本对企业绩效影响的实证研究.东北大学学报（社会科学版）,2008（1）：32-35.

102 刘凤朝.国家创新能力测度方法及其应用.北京：科学出版社,2009.

103 刘凤义.企业理论研究的三种范式——新制度学派、老制度学派和马克思主义的比较与综合.北京：经济科学出版社,2008.

104 刘刚.企业的异质性假设：对企业本质和行为的演化经济学解释.北京：中国人民大学出版社,2005.

105 刘海建,陈传明.企业组织资本、战略前瞻性与企业绩效：基于中国企业的实证研究.管理世界,2007（5）：83-93.

106 刘海生.异质经济人假设：按技术分配的哲学基础.自然辩证法研究,2005（12）：72-76.

107 刘和东，施建军. 自主创新、技术转移与经济增长的动态均衡研究. 数理统计与管理，2010（5）：770-779.

108 刘嘉庭，王怀庭. 中国企业应重视技术资本和创造资本的培育. 财务与会计（理财版），2011（3）：24-26.

109 刘立. 创新型企业及其成长. 北京：科学出版社，2010.

110 刘璐，杨蕙馨. 中国企业吸收能力影响因素与作用的探索性研究. 产业经济评论，2008（2）：68-91.

111 刘寿先. 企业社会资本与技术创新关系研究. 北京：经济管理出版社，2009.

112 刘文. 企业隐性人力资本形成和作用机理研究. 北京：中国经济出版社，2010.

113 刘希宋，李玥. 基于粗糙集理论的企业自主创新能力评价研究. 科技进步与对策，2008（1）：35-38.

114 刘希宋，张倩. 知识管理与学习型组织互动机理分析. 工业技术经济，2005（6）：6-8.

115 刘英，赵晶晶. 企业家人力资本与企业绩效关系的分析模型. 现代管理科学，2009（6）：115-117.

116 卢馨，黄顺. 智力资本驱动企业绩效的有效性研究——基于制造业，信息技术业和房地产业的实证研究. 会计研究，2009（2）：68-75.

117 罗润东，刘文. 区域发展与人力资本关系研究. 北京：经济科学出版社，2009.

118 ［英］马克斯·H.博伊索特著. 知识资产在信息经济中表的竞争优势. 张群群，陈北译. 上海：上海人民出版社，2005.

119 茅宁. 无形资产在企业价值创造中的作用与机理分析. 外国经济与管理，2001（7）：2-8.

120 孟艳芬. 企业资源基础论的经济学基础. 商业研究，2003（20）：9-11.

121 宁烨，樊治平. 知识能力——演化过程与提升路径研究. 北京：经济科学出版社，2007.

122 欧阳峣,刘智勇.发展中大国人力资本综合优势与经济增长——基于异质性与适应性视角的研究.中国工业经济,2010(11):26-35.

123 彭纪生,刘伯军.模仿创新与知识产权保护.科学学研究,2003(4):26-36.

124 邱爽.产权、创新与经济增长.北京:经济科学出版社,2009.

125 冉秋红.智力资本计量方法述评.经济管理,2004(16):39-45.

126 芮明杰,陈晓静.公司核心竞争力培育.上海:格致出版社,上海人民出版社,2008.

127 芮明杰,郭玉林,孙琳.智力资本收益分配论.北京:经济管理出版社,2006.

128 盛乐.人力资本,产权机制与行为偏好——对企业经营者群体的差异性剖析.杭州:浙江大学出版社,2007.

129 石军伟,胡立军,付海艳.企业社会资本的功效结构:基于中国上市公司的实证研究.中国工业经济,2007(2):84-93.

130 石婷婷.人力资本产权制度分析,北京:中国经济出版社,2005.

131 石芝玲,和金生.知识转移与知识发酵.情报杂志,2010(1):35-38.

132 司训练,王晗,郭诗琪.智力资本对自主创新能力得影响研究——一种基于石油企业数据的实证分析.情报杂志,2010(4):193-198.

133 宋柳平.借鉴知识产权保护先进经提升中国企业国际竞争力.人民检察,2011(11):48.

134 孙芳桦,陈红儿.智力资本及其对企业绩效影响机制述评.东南亚纵横,2009(6):92-95.

135 孙洪庆.智力资本论:对企业价值核心的一个认识框架.财经研究,2002(12):44-49.

136 谭崇台,邹薇,庄子银.发展经济学的新发展.武汉:武汉大学出版社,1999.

137 谭劲松.智力资本会计研究.北京:中国财政经济出版社,2001.

138 汤湘希.无形资产的价值确认与估价.武汉:武汉大学出版社,1995.

139	汤湘希.无形资产会计的两大误区及其相关概念的关系研究.财会通讯，2004（7）.
140	汤湘希.企业核心竞争力会计控制研究.北京：中国财政经济出版社，2006.
141	汤湘希.无形资产会计问题探索.武汉：武汉大学出版社，2010.
142	汤湘希.无形资产会计研究.北京：经济科学出版社，2009.
143	汤湘希，杨帆，田延平.企业知识资产价值贡献测度研究.北京：经济科学出版社，2011.
144	唐震.西方战略管理理论.北京：科学出版社，2008.
145	托马斯·A.斯图尔特."软"资产从知识到智力资本.北京：中信出版社，沈阳：辽宁教育出版社，2003.
146	万希.企业智力资本开发与管理.北京：中国社会科学出版社，2009.
147	万希.智力资本对我国运营最佳公司贡献的实证分析.南开管理评论，2009（3）：55-60.
148	汪小娟.理解科技全球化：资源重组，优势集成和自主创新能力的提升.管理世界，2004（6）：11-14.
149	王晨，茅宁.以无形资产为核心的价值创造系统.科学学研究，2004（8）：405-410.
150	王德禄.知识经济竞争力之源.南京：江苏人民出版社，1998.
151	王国顺.技术、制度与企业效率：对企业效率基础的理论研究.北京：中国经济出版社，2005.
152	王华，庄学敏.智力资本计量可行性方法的构建.暨南学报（人文科学与社会科学版），2004（4）：18-24.
153	王林辉.要素贡献与我国经济增长来源识别.北京：经济科学出版社，2010.
154	王培林.对华为知识创新过程的理性分析.科技进步与对策，2010（17）：120-122.
155	王廷惠.微观规制理论研究：基于对正统理论的批判和将市场作为一个过程的理解.北京：中国社会科学出版社，2005.

156 王霆. 结构资本：企业系统效率的源泉. 中共中央党校学报, 2006 (6): 75-78.

157 王兴成. 企业智力资本管理与知识库建设. 科学学研究, 2000 (18): 81-84.

158 王秀为. 企业价值评估方法发展趋向探究. 学术交流, 2011 (2): 78-81.

159 王永海. 资产定价理论. 北京：经济科学出版社, 2001.

160 王勇, 许庆瑞. 智力资本及其测度研究. 研究与开发管理, 2002 (2): 11-17.

161 韦恩·贝克. 社会资本制胜——如何挖掘个人与企业的隐性资源. 上海：上海交通大学出版社, 2002.

162 维纳艾丽. 知识的进化. 珠海：珠海出版社, 1998.

163 翁杰. 企业中的人力资本投资研究：基于雇佣关系稳定性的视角. 北京：经济科学出版社, 2010.

164 吴敬琏. 当代中国经济改革教程. 上海：上海远东出版社, 2010.

165 吴欣望. 知识产权：经济, 规则与政策. 北京：经济科学出版社, 2007.

166 武康平. 高级宏观经济学. 北京：清华大学出版社, 2004.

167 谢凌玲. 人力资源管理实践及其影响因素. 北京：知识产权出版社, 2009.

168 谢雅萍. 企业家人力资本与企业绩效关系的实证研究. 广西大学学报（哲学社会科学版）, 2008 (1): 26-31.

169 谢永珍, 王维祝. 上市公司竞争力评价与培育研究. 北京：经济科学出版社, 2010.

170 谢羽婷. 智力资本增值能力与企业市场价值的实证研究：来自我国企业的经验研究. 科技管理研究, 2009 (12): 281-285.

171 辛冲, 冯英俊. 企业组织与技术的协同创新研究. 研究与发展管理, 2011 (1): 37-43.

172 熊俊. 经济增长因素分析模型, 对索洛模型的一个扩展. 数量经济技术经济研究，2005（8）：25－34.

173　徐爱萍.智力资本三维提升组织绩效的路径与机理分析.武汉理工大学学报（社会科学版），2010（4）：502－506.

174　徐笑君.智力资本管理——创造组织新财富.北京：华夏出版社，2004.

175　许家林.会计理论发展通论（上、中、下）.北京：经济科学出版社，2010.

176　杨帆.基于企业价值创造的智力资本研究.上海：东方国际出版社，2010.

177　杨浩.现代企业理论与运行.上海：上海财经大学出版社，2004.

178　杨建锋，王重鸣，李家贵.组织学完习对组织绩效的影响机制研究.科学学与科学技术研究，2010（7）：158－162.

179　杨瑞龙，杨其静.企业理论，现代观点.北京：中国人民大学出版社，2005.

180　杨瑞龙，周业安.企业共同治理的经济学分析.北京：经济科学出版社，2001.

181　杨小凯，黄有光著.专业化与经济组织，一种新兴古典微观经济学框架.张玉纲译.北京：经济科学出版社，1999.

182　杨永华，诸大建，胡冬洁.内生增长理论下的循环经济研究.中国石油大学学报（社会科学版），2007（2）：21－24.

183　杨政，董必荣，施平.智力资本信息披露困境分析.会计研究，2007（1）：15－23.

184　叶正茂，叶正欣.组织人力资本论：人力资本理论的拓展与应用.上海：复旦大学出版社，2007.

185　叶志锋.企业可持续发展与无形资产经营.中国工业经济，2005（12）：2－3.

186　伊迪丝·彭罗斯.企业成长理论.赵晓译.上海：上海三联书店，上海人民出版社，2007.

187　易余胤，盛昭瀚，肖条军.企业自主创新、模仿创新行为与市场结构的演化研究.管理工程学报，2005（1）：14-19.

188 于同申.发展经济学，新世纪经济发展的理论与政策.北京：中国人民大学出版社，2002.

189 余绪缨.智力资产与智力资本会计的几个理论问题.经济学家，2004（4）：86-91.

190 苑泽明，陈洁，陈广前.无形资产价值管理研究，历史回顾与展望.经济与管理研究，2009（5）：122-128.

191 原军毅，孙晓华，柏丹.我国软件企业智力资本价值创造潜力的评估.中国工业经济，2005（3）：44-50.

192 原毅军，柏丹.智力资本价值评估与战略管理.大连：大连理工大学出版社，2009.

193 约翰·穆勒.政治经济学原理及其在社会哲学上的若干应用.北京：商务印书馆，2009.

194 约翰·伊特韦尔，默里·米尔盖特，彼特·纽曼 编.新帕尔格雷夫经济学大辞典.陈岱孙译.北京：经济科学出版社，1992.

195 翟耘锋.协同力.北京：经济管理出版社，2006.

196 张丹.企业我智力资本及其价值增长的管理理论与方法研究.北京：企业管理出版社，2007.

197 张丹.我国智力资本报告建立的现实基础：来自上市公司年报的检验.会计研究，2008（1）：18-26.

198 张凤林.人力资本理论及其应用研究.北京：商务印书馆，2006.

199 张红兵.虚拟企业知识转移的研究.北京：经济管理出版社，2009.

200 张军.资本形成，投资效率与中国的经济增长——实证研究.北京：清华大学出版社，2005.

201 张梅良，唐代喜.对无形资产价值实现的再认识.求索，2007（9）：47-49.

202 张书军，李新春.企业衍生资源继承与竞争优势.学术研究，2005（4）：31-36.

203 张同全.企业人力资本产权论.北京：中国劳动社会保障出版

社，2003.

204 张维迎.企业的企业家——契约理论.上海：生活·读书·新知三联书店，2003.

205 张炜.智力资本与组织创新能力关系实证研究——以浙江中小技术企业为样本.科学学研究，2007（5）：1010-1013.

206 张炜，杨选良.自主创新概念的讨论与界定.科学学研究，2006（6）：956-961.

207 张炜，袁晓璐.技术企业创业智力资本与成长绩效实证研究.科学学研究，2008（3）：584-588.

208 张文贤.人力资本.成都：四川人民出版社，2008.

209 张武保，任荣伟，张文贤.人力资本借以内部创业战略提升企业竞争力：行为与绩效——中国华为公司内部创业行动案例研究.华南理工大学学报（社会科学版），2011（4）：24-32.

210 张学军，许彦冰.知识型企业价值评估模型研究.上海理工大学学报，2006（3）：303-306.

211 张延港，戎晓霞，王峰.基于研发型知识经济的内生增长模型.山东大学学报（理学版），2008（4）：56-60.

212 赵敏.上市公司利用无形资产提升企业价值的探讨——以浙江省上市公司为例.财贸经济，2005（6）：22-24.

213 赵敏.中小企业无形资产的培育与创新.数量技术经济研究，2003（11）：146-149.

214 赵曙明.人力资源管理理论研究现状分析.外国经济与管理，2005（1）：15-20.

215 中国科协发展研究中心、国家创新能力评价研究课题组.国家创新能力评价报告，北京：科学出版社，2009.

216 周清杰.企业"黑箱"解析动态企业理论研究.北京：中国财政经济出版社，2005.

217 朱海就.市场的本质：人类行为的视角与方法.上海：生活·读书·新知三联书店，2009.

218　朱杏珍.人力资本与企业绩效.广西社会科学，20039（1）：75－77.

219　朱学义，黄元元.我国智力资本会计应用初探.会计研究，2004（8）：61－64.

220　朱瑜，王雁飞，蓝海林.企业文化、智力资本与组织绩效关系研究.科学学研究，2007（5）：952－958.

221　朱瑜，王雁飞，蓝海林.智力资本理论研究新进展.外国经济与管理，2007（9）：5－11.

222　朱志敏，杨慧颖.华为人才激励机制探究.中国人才，2011（2）：54－56.

223　庄永南.知识经济时代"智力资本"的重新定位.经济与管理，2002（1）：26－27.

224　庄子银.创新、模仿、知识产权和全球经济增长.武汉：武汉大学出版社，2010.

225　宗刚，樊毅斌.基于熵视角的价值理论研究.山西财经大学学报，2009（9）：8－13.

226　左大培，杨春学.经济增长理论模型的内生化历程.北京：中国经济出版社，2007.

二、外文部分

1　Aki Jääskeläinen. A contingency approach to performance measurement in service operations, Journal of Intellectual Capital, 2012, 12 (2): 447-479.

2　Aleksandra Grajkowska, Subhash Abhayawansa. A methodology for investigating intellectual capital information inanalyst reports. Journal of Intellectual Capital, 2011, 12 (3): 446-476.

3　Alexander Serenko and Nick Bontis. Global ranking of knowledge management and intellectual capital academic journals. Journal of Knowledge Management, 2008, 13 (1): 4-15.

4　Amzad Hossain. K-economy in the SAARC integration: a comparative study among the member countries. Competitiveness Review, 2012, 22 (1): 28 – 47.

5 Anastasios Zopiatis, Panayiotis Constanti. Extraversion, openness and conscientiousness The route to transformational leadership in thehotel industry. Leadership & Organization Development Journal, 2012, 33 (1): 86 – 104.

6 Andrew J. Thomas, Paul Byard, Roger Evans. Identifying the UK's manufacturing challenges as a benchmark for future growth. Journal of Manufacturing Technology Management, 2012, 23 (2): 142 – 156.

7 Antonio Mihi Ramírez, Víctor Jesuús García Morales and Daniel Arias Aranda. 2 Knowledge creation and flexibility of distribution of information. Industrial Management & Data Systems, 2012, 112 (2): 166 – 185.

8 Archie Lockamy Ⅲ, Kevin McCormack. Modeling supplier risks using Bayesian networks. Industrial Management & Data Systems, 2012, 112 (2): 313 – 333.

9 Ataul Huq Pramanik. Development and democratization from the perspective of Islamic world view: The role of civil society versus state in the Arab world. Humanomics, 2012, 28 (1): 5 – 25.

10 Barbara Bigliardi and Alberto Ivo Dormio. The impact of organizational culture on the job satisfaction of knowledge workers. The journal of information and knowledge management systems, 2012, 42 (1): 36 – 51.

11 Bashar Sami El-Khasawneh. Challenges and remedies of manufacturing enterprises in developing countries Jordan as a case study. Journal of Manufacturing Technology Management, 2012, 23 (3): 328 – 350.

12 Bernard Marr, Karim Moustaghfir. Defining intellectual capital: a three-dimensional approach. Management Decision, 2006, 43 (9): 1114 – 1128.

13 Bill Mulford. Tinkering towards Utopia: trying to make sense of my contribution to the field. Journal of Educational Administration, 2012, 50 (1):

98 - 124.

14 Biserka Komnenic, Dragana Pokrajcic. Intellectual capital and corporate performance of MNCs in Serbia. Journal of Intellectual Capital, 2012, 13 (1): 106 - 119.

15 Charles G. Leathers, J. Patrick Raines. Intuitive psychology, natural experiments, and the Greenspan-Bernanke conceptual framework for responding to financial crises. International Journal of Social Economics, 2012, 39 (4): 281 - 195.

16 Ching Choo Huang, Robert Luther, Michael Tayles. An evidence-based taxonomy of intellectual capital. Journal of Intellectual Capital, 2007, 8 (3): 386 - 408.

17 Ching-Hsun Chang. The determinants of green intellectual capital. Management Decision, 2012, 50 (1): 74 - 94.

18 Christian Nielsen and Henrik Dane-Nielsen. The emergent properties of intellectual capital: a conceptual offering. Journal of Human Resource Costing & Accounting, 2010, 14 (1): 6 - 27.

19 Damian Charles Hine, Helge Helmersson, Jan Mattsson. Individual and collective knowledge An analysis of intellectual capital in an Australian biotechnology venture using the text analytic tool Pertex, international. Journal of Organizational Analysis, 2007, 15 (4): 358 - 378.

20 Daniel Andriessen. On the metaphorical nature of intellectual capital: a textual. Journal of Intellectual Capital, 2006, 7 (1): 93 - 110.

21 Daniel Zé ghal and Anis Maaloul. Analysing value added as an indicator of intellectual capital and its consequences on company performance. Journal of Intellectual Capital, 2010, 11 (1): 39 - 60.

22 Daniela Carlucci and Antonio Lerro. Foreword: investigating the role of intellectual capital in today's business landscape. Measuring Business Excellence, 2010, 14 (4): 3 - 10.

23 Dimitrios Maditinos, Dimitrios Chatzoudes, Charalampos Tsairidis,

Komotiní, Greece, and Georgios Theriou. , The impact of intellectual capital on firms' market value and financial performance. Journal of Intellectual Capital, 2011, 12 (1): 132 – 151.

24　Dipankar Ghosh, Anne Wu. intellectual capital and capitalmarkets: additional evidence. Journal of Intellectual Capital, 2007, 8 (2): 216 – 235.

25　Eduardo Tome. The hidden face of intellectual capital: social policies. Journal of Intellectual Capital, 2008, 9 (3): 499 – 518.

26　Ellen Caroline Martins and Hester W. J. Meyer. Organizational and behavioral factors that influence knowledge retention. Journal of Knowledge Management, 2011, 16 (1): 77 – 96.

27　Enrique Claver-Cortes, Maria Dolores López-Gamero, JoséFrancisco Molina-Azorín and Patrocinio Del Carmen Zaragoza-Sáez. Intellectual and environmental capital. Journal of Intellectual Capital, 2007, 8 (1): 171 – 182.

28　Eric Kong. Analyzing BSC and IC's usefulness in nonprofit organizations. Journal of Intellectual Capital, 2010, 11 (3): 284 – 304.

29　Eric Kong. Innovation processes in social enterprises: an IC perspective. Journal of Intellectual Capital, 2010, 11 (2): 158 – 178.

30　Fabio Donato. Managing IC by antennae: evidence from culturalorganizations. Journal of Intellectual Capital, 2008, 9 (3): 380 – 394.

31　Fang Chen, Hari Bapuji, Bruno Dyck and Xiaoyun Wang. I learned more than I taught: the hidden dimension of learning in intercultural knowledge transfer. The Learning Organization, 2012, 19 (2): 109 – 120.

32　Fethi Calisir, Cigdem Altin Gumussoy, A. Elvan Bayraktarog lu and Ece Deniz. tellectual capital in the quoted Turkish ITC sector. Journal of Intellectual Capital, 2010, 11 (4): 537 – 553.

33　Fiona Sussan. Consumer interaction as intellectual capital. Journal of Intellectual Capital, 2012, 13 (1): 81 – 105.

34　Frank J. Conaty. Performance management challenges in hybrid NPO public sector settings: an Irish case. International Journal of Productivity and Performance Management, 2011, 61 (3): 290 – 309.

35 George Tovstiga, Ekaterina Tulugurova. Intellectual capital practices and performance in Russian enterprises. Journal of Intellectual Capital, 2007, 8 (4): 695 – 707.

36 Giovanni Schiuma and Daniela Carlucci, Antonio Lerro. GUEST EDITORIAL Managing knowledge processes for value creation. The journal of information and knowledge management systems, 2012, 42 (1): 4 – 14.

37 Gregorio Martin de Castro and PedroLópezSáez. Intellectual capital in high-tech firms The case of Spain. Journal of Intellectual Capital, 2008, 9 (1): 25 – 36.

38 Gregory Laing, Jillian Dunn and Susan Hughes-Lucas. Applying the VAICe model to Australian hotels. Journal of Intellectual Capital, 2010, 11 (3): 269 – 283.

39 Herbert A. Nold III. Linking knowledge processes with firm performance: organizational culture. Journal of Intellectual Capital, 2012, 13 (1): 16 – 38.

40 Hong Pew Tan, David Plowman and Phil Hancock. Intellectual capital and financial returns of companies. Journal of Intellectual Capital, 2007, 8 (1): 78 – 95.

41 Huijiong Wang, Yan Hong. Globalization and its impact on China's technology innovation System. Journal of Technology Management in China, 2012, 7 (1): 78 – 93.

42 Irinja Ma¨enpa¨a¨, Raimo Voutilainen. Insurances for human capital risk management in SMEs. The journal of information and knowledge management systems, 2012, 42 (1): 52 – 66.

43 Jamal A. Nazari. Organizational culture, climate and IC: an interaction analysis. Journal of Intellectual Capital, 2011, 12 (2): 224 – 248.

44 Jan Mouritsen. Classification, measurement and the ontology of intellectual

capital entities. Journal of Human Resource Costing & Accounting, 2009, 13 (2): 154 -162.

45 Jing Yang, Thomas G. Brashear Alejandro, James S. Boleks. The role of social capital and knowledge transfer in selling center performance. Journal of Business & Industrial Marketing, 2012, 26 (3): 152 -161.

46 Jocelyn Small, Derek Walker. Providing structural openness to connect with context Seeing the project entity as a human activity system and social process. International Journal of Managing Projects in Business, 2011, 4 (3): 389 -411.

47 John Dumay and Jim Rooney. "Measuring for managing?" An IC practice case study. Journal of Intellectual Capital, 2011, 12 (3): 344 -355.

48 John Dumay. Making sense of intellectual capital complexity: measuring through narrative. Journal of Human Resource Costing & Accounting, 2011, 15 (1): 24 -49.

49 Josee St-Pierre. Intangible assets and performance Analysis on manufacturing SMEs. Journal of Intellectual Capital, 2011, (12): 202 -223.

50 Jui-Chi Wang. Investigating market value and intellectual capital for S&P 500. Journal of Intellectual Capital, 2008, 9 (4): 546 -563.

51 Kamalesh Kumar, Giacomo Boesso, Francesco Favotto and Andrea Menini. Strategic orientation, innovation patterns and performances of SMEs and large companies. Journal of Small Business and Enterprise Development, 2012, 19 (1); 132 -145.

52 Karam Pal and Sushila Soriya. IC performance of Indian pharmaceutical and textile industry. Journal of Intellectual Capital, 2011, 13 (1): 120 -137.

53 Kazem Chaharbaghi and Sandy Cripps. Intellectual capital: direction, not blind faith. Journal of Intellectual Capital, 2006, 7 (1): 29 -42.

54 Kevin Money and Carola Hillenbrand. Modelling bi-directional research: a fresh approach to stakeholder theory. Journal of Strategy and Management,

2012, 5 (1): 5-24.

55　Kin Hang Chan. Impact of intellectual capital on organisational performance: An empirical study of companies in the Hang Seng Index. The Learning Organization, 2009, 16 (1): 4-21.

56　Kongkiti Phusavat. Interrelationships between intellectual capital and performance Empirical examination. Industrial Management & Data Systems, 2011, 111 (6): 810-829.

57　Kuang-Hsun Shih, Chia-Jung Chang, Binshan Lin. Assessing knowledge creation and intellectual capital in banking industry. Journal of Intellectual Capital, 2011, 11 (1): 74-89.

58　KweeKeongChoong. Intellectualcapital: definitions, categorization and reporting models. Journal of Intellectual Capital, 2008, 9 (4): 609-638.

59　Laurence Lock Lee. Visualising and measuring intellectual capital in capital markets: a research method. Journal of Intellectual Capital, 2010, 11 (1): 4-22.

60　Li-An Ho, Tsung-Hsien Kuo. How social identification and trust influence organizational online knowledge sharing. Internet Research, 2012, 22 (1): 4-28.

61　Lindsay Hamilton. Purity in danger: power, negotiation and ontology in medical practice. International Journal of Organizational Analysis, 2012, 20 (1): 95-106.

62　Lucio Cassia and Alfredo De Massis, Emanuele Pizzurno. Strategic innovation and new product development in family firms An empirically grounded theoretical framework. International Journal of Entrepreneurial Behaviour& Research, 2012, 18 (2): 198-232.

63　Luis Enrique Valladares Soler. Evaluating the scope of IC in firms' value. Journal of Intellectual Capital, 2007, 8 (3): 470-493.

64　M. R. Baharum, Liverpool, andM. Pitt. Determininga conceptual framework for green FM intellectual capital. Journal of Facilities Management,

2009, 7 (4): 267 - 282.

65 Majid Ramezan. Examining the impact of knowledge management practices on knowledge-based results, Journal of Knowledge-based Innovation in China, 2011, 3 (2): 106 - 118.

66 Marco Giuliani and Stefano Marasca. Construction and valuation of intellectual capital: a case study. Journal of Intellectual Capital, 2011, 12 (3): 377 - 391.

67 María F. Muñoz-Doyague and Mariano Nieto. Individual creativity performance and the quality of interpersonal relationships. Industrial Management & Data Systems, 2012, 112 (1): 125 - 145.

68 Maryam Dilmaghani, Religiosity., human capital return and earnings in Canada. International Journal of Social Economics, 2011, 39 (1): 55 - 80.

69 Mathias Hö̈glund. Quid pro quo? Examining talent management through the lens of psychological contracts. Personnel Review, 2012, 41 (2): 126 - 142.

70 Matteo Pedrini. Human capital convergences in intellectual capital and sustainability reports. Journal of Intellectual Capital, 2007, 8 (2): 346 - 386.

71 Maura Sheehan. Developing managerial talent Exploring the link between management talent and perceived performance in multinational corporations (MNCs). European Journal of Training and Development, 2012, 36 (1): 66 - 85.

72 Md. Faruk Abdullah. The role of Islam in human capital development: a juristic analysis. Humanomics, 2012, 28 (1): 64 - 75.

73 Miguel Goede, Rostam J. Neuwirth, G. Louisa. The creation of the Knowledge Zone of Curaçao: the power of a vision. Journal of Information, Communication and Ethics in Society, 2012, 10 (1): 52 - 64.

74 Miriam Delgado-Verde, Gregorio Martin-de Castro and JosèEmilio Navas-

López. Organizational knowledge assets and innovation capability Evidence from Spanish manufacturing firms. Journal of Intellectual Capital, 2011, 12 (1): 5-19.

75 Miriam Delgado-Verde, José Emilio Navas-López, Jorge Cruz-Gonzá lez and Javier Amores-Salvado. Radical innovation from relations-based knowledge: empirical evidence in Spanish technology-intensive firms. Journal of Knowledge Management, 2011, 15 (5): 722-737.

76 Morteza Namvar, Mohammad Fathian, Peyman Akhavan and Mohammad Reza Gholamian. Exploring the impacts of Adding value by insight. The journal of information and knowledge management systems, 2010, 42 (1): 117-128.

77 Murali Sambasivan. Impact of interdependence between supply chain partners on strategic alliance outcomes-Role of relational capital as a mediating construct. Management Decision, 2011, 49 (4): 548-569.

78 Nevine El-Tawy and Tony Tollington. Applying artefact-based criteria to the recognition of "organisational" assets. Journal of Intellectual Capital, 2011, 11 (4): 451-480.

79 Nisakorn Somsuk, Jarunee Wonglimpiyarat, Tritos Laosirihongthong. Technology business incubators and industrial development: resource-based view. Industrial Management & Data Systems, 2012, 112 (2): 154-267.

80 Nixon Kamukama. Competitive advantage: mediator of intellectual capital and performance. Journal of Intellectual Capital, 2011, 12 (1): 152-164.

81 Orestes Vlismas and George Venieris. Towards an ontology for the intellectual capital domain. Journal of Intellectual Capital, 2011, 12, (1): 75-110.

82 Paula Benevene, Michela Cortini. Interaction between structural capital and human capital in Italian NPOs Leadership, organizational culture and

human resource management. Journal of Intellectual Capital, 2010, 1 (2): 123 - 139.

83 Paula Kujansivu and Antti Lo ̈nnqvist. Investigating the value andefficiency of intellectual capital. Journal of Intellectual Capital, 2007, 8 (2): 272 - 287.

84 Paula Kujansivu. Operationalising intellectual capital management: choosing a suitable approach. Measuring Business Excellence, 2008, 12 (2): 25 - 37.

85 Pedro Oliveira, Aleda V. Roth. Service orientation: the derivation of underlying constructs and measures. International Journal of Operations & Production Management, 2012, 32 (2): 156 - 190.

86 Peter Massingham and Thi Nguyet Que Nguyen. Using 360 degree peer review to validate self - reporting in humancapital measurement. Journal of Intellectual Capital, 2011, 12 (1): 43 - 74.

87 Philip Young P. Hong, Shanta Pandey. Human capital as structural vulnerability of US poverty. Equal Opportunities International, 2007, 26 (1): 18 - 43.

88 Pirjo Stahle, Ahmed Bounfour. Understanding dynamics of intellectual capital of nations. Journal of Intellectual Capital, 2009, 9 (2): 164 - 177.

89 Po-Young Chu, Kuo-Hsiung Chang, Hsu-Feng Huang. How to increase supplier flexibility through social mechanisms and influence strategies? Journal of Business & Industrial Marketing, 2012, 27 (2): 115 - 131.

90 Ram S. Sriram. Relevance of intangible assets to evaluate financial health. Journal of Intellectual Capital, 2008, 9 (3): 351 - 366.

91 Richard Petty, Federica Ricceri, James Guthrie. Intellectual capital: a user's perspective. Management Research News, 2008, 31 (6): 434 - 447.

92 Richard Reed and Susan Storrud-Barnes. How open innovation affects the drivers of competitive advantage Trading the benefits of IP creation and own-

ership for free invention. Management Decision, 2012, 50 (1): 58 – 73.
93 Rob J. G. Jansen, Petru L. Curşeu, Patrick A. M. Vermeulen and Jac L. A. Geurts, Petra Gibcus. Social capital as a decision aid in strategic decision-making in service organizations. Management Decision, 2011, 49 (5): 734 – 747.
94 Robert Huggins, Maria Weir. Intellectual assets and small knowledge-intensive business service firms. Journal of Small Business and Enterprise Development, 2012, 19 (1): 92 – 113.
95 Ru-Jen Lin, Rong-Huei Che, Chiu-Yao Ting. Turning knowledge management into innovation in the high-tech industry. Industrial Management & Data Systems, 2012, 112 (1): 42 – 63.
96 Samuel Kai Wah Chu. Charting intellectual capital performance of the gateway to China. Journal of Intellectual Capital, 2011, 12 (2): 249 – 276.
97 Samuel Mafabi, John Munene and Joseph Ntayi. Knowledge management and organisational resilience Organisational innovation as a mediator in-Uganda parastatals. Journal of Strategy and Management, 2011, 5 (1): 57 – 80.
98 Sandra M. Sanchez-Canizares, Miguel Angel Ayuso Munoz and TomasLopez- Guzman. Organizational culture and intellectual capital: a new model. Journal of Intellectual Capital, 2007, 8 (3): 409 – 430.
99 Sang M. Lee, Taewon Hwang, Donghyun Choi. Open innovation in the public sector of leading countries. Management Decision, 2012, 50 (1): 147 – 162.
100 Sarah Jinhui Wu, Steven A. Melnyk. An empirical investigation of the combinatorial nature of operational practices and operational capabilities Compensatory or additive? International Journal of Operations & Production Management, 2012, 32 (2): 121 – 155.
101 Segundo Vito Aliaga Araujo. The influence of emotional and social competencies on the performance of Peruvian refinery staff. Cross Cultural Man-

agement, 2012, 19 (1): 19 - 29.

102 Staffan Nilsson, Per-Erik Ellströ¨m. Employability and talent management: challenges for HRD practices. European Journal of Training and Development, 2012, 36 (1); 26 - 45.

103 Stephanie Slater, Matthew J. Robson. Social capital in Japanese- Western alliances: understanding cultural effects. International Marketing Review, 2012, 29 (1): 6 - 23.

104 Sunil Gupta, Donald R. Lehmann, and Jennifer Stuart. "Valuing Customers," Journal of Marketing Research, 2004, February: 7 - 18.

105 Susan Coleman, Alicia Robb. Capital structure theory and new technology firms: is there a match? Management Research Review, 2012, 35 (2): 106 - 120.

106 Swee C. Goh, Catherine Elliott and Tony K. Quon. The relationship between learning capability and organizational performance A meta-analytic examination. The Learning Organization, 2012, 19 (2): 92 - 108.

107 Tanja Kontinen, Arto Ojala. Social capital in Japanese- Western alliances: understanding cultural effects. Journal of Small Business and Enterprise Development, 2012, 19 (1): 39 - 55.

108 Teresita Arenas. Intellectual capital: object or process? Journal of Intellectual Capital, 2008, 9 (1): 77 - 85.

109 Thomas N. Garavan, Ronan Carbery and Andrew Rock. Guest editorial Mapping talent development: definition, scope and architecture. European Journal of Training and Development, 2012, 36 (1): 5 - 24.

110 Tim Jones, Shirley F. Taylor. Service loyalty: accounting for social capital. Journal of Services Marketing, 2012, 26 (1): 60 - 74.

111 Tomi Heimonen. What are the factors that affect innovation in growing SMEs? European Journal of Innovation Management, 2012, 15 (1): 122 - 144.

112 Trond Hammervoll. Honeymoons in supply chain relationships-The effects

of financial capital, social capital and psychologicalcommitment. The International Journal of Logist Management, 2011, (22) 2: 264 - 279.
113 Tzu-Ju Ann Peng. Resource fit in inter-firm partnership: intellectual capital perspective. Journal of Intellectual Capital, 2011, 12 (1): 20-42.
114 Vesna Zupan. Focusing on the human resources in academic librarianship: an outlook from Serbia. Library Management, 2012, 33 (3): 168 - 173.
115 Vijaya Murthy, Jan Mouritsen. The performance of intellectualcapital Mobilising relationships between intellectual and financial capital in a bank. Accounting, Auditing & Accountability Journal, 2008, 24 (5): 622 - 646.
116 Ya-Hui Ling. The influence of intellectual capital on global initiatives. The journal of information and knowledge management systems, 2012, 42 (1): 129 - 144.
117 Yang Xu. Entrepreneurial social capitaland cognitive model of innovation. Management Research Review, 2011, 34 (8): 910 - 926.
118 Yohanes Kristianto. A study of technology adoption in manufacturing firms. Journal of Manufacturing Technology Management, 2012, 23 (2): 198 - 211.
119 Yonggui Wang, Hui Feng. Customer relationship management capabilities Measurement, antecedents and consequences. Management Decision, 2012, 50 (1): 115 - 129.
120 Yvon Pesqueux. Social contract and psychological contract: a comparison. Society and Business Review, 2012, 7 (1): 14 - 33.

《知识产权专题研究书系》书目

1. 专利侵权行为研究　　　　　　　　　安雪梅
2. 中国区际知识产权制度比较与协调　　杨德明
3. 生物技术的知识产权保护　　　　　　刘银良
4. 计算机软件的知识产权保护　　　　　应　明　孙　彦
5. 知识产权制度与经济增长关系的
   实证研究　　　　　　　　　　　　　许春明
6. 专利信托研究　　　　　　　　　　　袁晓东
7. 金融商业方法专利策略研究　　　　　张玉蓉
8. 知识产权保护战略研究　　　　　　　曹新明　梅术文
9. 网络服务提供商版权责任研究　　　　陈明涛
10. 传统知识法律保护研究　　　　　　　周　方
11. 商业方法专利研究　　　　　　　　　陈　健
12. 专利维持制度及实证研究　　　　　　乔永忠
13. 著作权合理使用制度研究
    ——应对数字网络环境挑战　　　　　于　玉
14. 知识产权协调保护研究　　　　　　　刘　平
15. 网络著作权研究　　　　　　　　　　杨小兰
16. 中美知识产权行政法律保护制度比较
    ——捷康公司主动参加美国337行政程序案　朱淑娣
17. 美国形象权法律制度研究　　　　　　马　波